교과서 밖의 역사
유라시아 초원 스키타이 문화의 미라와 여신상

진인진

일러두기

1. 러시아 지명(유적명 포함)은 최초로 나오는 곳에 러시아어명과 영어명을 함께 표기했음.
2. 그림의 인용문헌은 그림 아래에 표기할 경우에 가독성이 심각하게 떨어져서 각 절의 본문 뒤에 따로 표기했음.

교과서 밖의 역사 유라시아 초원 스키타이 문화의 미라와 여신상

초판 1쇄 발행 | 2021년 5월 22일

지   음 | 김재윤
발 행 인 | 김태진
발 행 처 | 진인진
등   록 | 제25100-2005-000003호
본문편집 | 배원일
주   소 | 경기도 과천시 별양상가 1로 18 614호(별양동 과천오피스텔)
전   화 | 02-507-3077~8
팩   스 | 02-507-3079
홈페이지 | http://www.zininzin.co.kr
이 메 일 | pub@zininzin.co.kr

ⓒ 진인진 2021
ISBN 978-89-6347-465-6 93900

* 이 책 내용의 전부 또는 일부를 다시 사용하려면 반드시 자료 제공 협조기관과 출판사 모두의 동의를 얻어야 합니다.
* 이 책은 2019년 대한민국 교육부와 한국연구재단의 지원을 받아 수행된 연구입니다.(2019S1A5A8037922)
* 책값은 표지 뒷면에 있습니다.

교과서 밖의 역사

유라시아 초원 스키타이 문화의 미라와 여신상

목차

I 프롤로그 _____6

II '스키타이' 문화, 파지리크 유적, 동물문양 _____12
  1. '스키타이 문화권' 기원의 고고학 연구사 _____13
  2. 파지리크 유적과 루덴코의 1953년 저서
     『Культура населения Горного Алтая в скифское время』 _____18
  3. 유라시아 초원 스키타이 문화와 동물문양 _____21

III 스키타이 문화의 동부 _____26
  1. 3000~2700년 전 시베리아 사람의 무덤 _____27
    1) 아르잔(Аржан, Arzhan)-1호 _____27
    2) 아르잔-2호 _____65
  2. 2600년 전 알타이의 미라와 무덤 _____168
    1) 루덴코가 경험한 20세기 초의 중앙아시아 민족의 장례식 _____169
    2) 바샤다르(Башадар, Bashadar) 유적 _____172
    3) 투엑타(Туэкта, Tuekta) 유적 _____201
  3. 2500년 전 알타이의 미라와 무덤 _____229
    3-1. 해발 1,500m 파지리크 계곡의 미라와 무덤 _____229
      1) 무덤 아래의 결빙층 _____233
      2) 봉분의 함몰현상 _____235
      3) 파지리크 2호분 _____236
      4) 파지리크 5호분 _____272
      5) 파지리크 1호분 _____310
    3-2. 해발 2,500m 우코크 고원의 미라와 무덤 _____331
      1) 얼음공주의 무덤, 아크 알라하(Ак Алаха, Ak Alaha)-3 유적 _____335

2) 가장 높은 곳의 전사 무덤:
     베르흐 칼쥔(Bepx Кальджин, Verkh Kal'dzhin) II 유적의 3호분 __366

IV   스키타이 문화의 서부 __392
1. 기원전 7세기 유적과 유물 __393
  1) 켈레르메스(Келермес, Kelermes) 유적 __393
  2) 멜구노프(Мельгунов, Melgunov) 유적과 유물 __418
  3) 코스트롬스카야(Костромская, Kostromskaya) 유적과 유물 __422
2. 기원전 5세기 이후의 유적 __430
  1) 쿨-오바(Куль-оба, Kul-oba) 유적 __437
  2) 체르토믈리크(Чертомлык, Chertomlyk) 유적 __437
  3) 톨스타야 마길라(Толстая Могила, Tolstaya Mogila) 유적 __438
  4) 알렉산드로프스키폴 (Александрополь, Aleksandropol') 유적 __438
3. 스키타이신화와 여신상 __440
  1) 전신상: 아르김파사 혹은 키벨레 __441
  2) 얼굴상: 메두사 __445

V   스키타이 문화의 미라와 선사시대 비너스상 __452

참고문헌 __467

History

I

교과서 밖의 역사 유라시아 초원 스키타이 문화의 미라와 여신상

프롤로그

1 '교과서 밖의 역사'의 시작

어느 날 필자를 찾아온 검색어 덕분에 시작하게 되었다. 블로그를 2년 넘게 운영하고 있었고, 코로나가 창궐하기 전이었다. 스키타이 문화에 대한 강의는 몇 년 째 했지만 둘을 연결할 생각은 못했는데, 검색어 때문에 시작하게 되었다.

'스키타이 문화의 미라 복원'이라는 검색어가 어느 날 집중되었고, 유라시아의 고대문화를 알릴 수 있는 좋은 매개체가 될 것이라고 생각했다. 그 날 이후로 몇 년 째 모아오고 있는 대학교 강의 자료를 블로그에 풀기 시작했다.

유라시아 초원의 역사는 우리가 배웠던 중고등학교 교과서에는 거의 찾아 볼 수 없는 내용이고, 독자들에게도 거대한 공백과 같다고 여겨질 것이다. 특히 분단된 한국에서는 더욱이 그렇다. 연구자 뿐만 아니라 일반인과 학생들이 흥미를 가지면 좋겠다는 취지에서 붙여진 제목이다. 이미 유라시아 초원의 역사와 문화는 다양한 시대와 다양한 주제로 연구되고 있는데, 아직도 기초자료에 대한 정보는 역부족이다. 필자는 '인간형상물'과 그 출토지에 대한 정보를 공개해서 미약하지만 앞으로 여러 연구자에게 도움이 되고자 한다.

블로그에 글을 적으면서 전달을 쉽게 하기 위해서 풀어적으니 내용이 자세해 져서 독자에 따라서는 따분하게 느껴질 수도 있겠지만, 유물에 대한 설명을 보시면 또 다른 재미를 느끼실 것이라고 믿는다. 연구자와 일반인 모두에게 도움이 되었으면 하는 바람이다.

2 스키타이 문화의 미라와 여신상

필자는 선사시대 유적에 부장되는 인간형상물에 대해서 매우 관심이 커서 유학 당시부터 그에 관한 논문을 작성하고 있다. 시작은 아무르강 하류의 극동전신상토우(김재윤 2008) 였지만 중국동북지방(김재윤 2019b)부터 최근에는 시베리아(김재윤 2019 a, 김재윤 2021)와 흑해(김재윤 2019a)까지 넓히고 있다.

인류사 전체에 있어서 인간형상물이 가장 먼저 나타나는 곳은 후기구석기시대 흑해와 시베리아 지역이다. 시베리아에서는 신석기시대 및 청동기시대 오쿠네보 문화까지 인간형 상물이 이어지다가 초기 철기시대 스키타이 문화의 동부지역에서는 인간 스스로 형상물이 된 미라가 이를 대체했다고 생각한다. 5장에서 설명하겠지만 미라를 연구한 학자들은 시신을 미라 처리하는 이유를 '부활'에 대한 염원을 담은 것으로 해석한다. 때문에 그 이전 시대 무덤에 부장된 인간형상물도 부활의 의미로 해석할 수 있고, 오랫동안 전통이 이어진다는 점에서 유라시아 초원 문화의 상징물로 볼 수 있다.

스키타이 서부 지역인 흑해에서는 미라를 대신해서 여신상이 유물에 표현된다. 기원전 7세기부터 켈레르메스 유적의 거울부터 기원전 5~4세기 귀걸이, 장신구, 등에서 여신상이 발견된다. 스키타이 동부 지역에서 미라가 발견되는 모습과는 대비된다. 후기구석기시대부터 이어져 온 비너스상 전통이 연속된다고도 볼 수 있다.

3. 글의 전개과정

이 책에서는 '스키타이' 문화라고 명명했지만 좀 더 정확하게는 '스키토-시베리아' 문화권이라고 부르는 것이 일반적이다. 광범위하게 펼쳐져 있는 문화권을 잇는 스키타이 3요소 가운데서 가장 특징적인 동물양식을 '스키타이 동물양식'이라고 부른다. 가뜩이나 어려운 러시아 지역명이 많아서 가독성이 떨어지는 점을 감안해서 간략하게 스키타이 문화권으로 이 책에서는 설명하고자 한다. 실제로 이 책에 다루고 있는 아르잔-1호(그랴즈노프 1980, 스미르노프 2012)나 아르잔-2호(추구노프 외 2017)를 다룬 책이나 논문에서도 '스키타이'라고 간략하게 부르는 경우가 많았는데 이를 참고로 했다.

미라는 스키타이 문화권 내에서 알타이에 위치한 파지리크 문화의 유적에서만 출토된다. 파지리크 문화의 유적 가운데 아크 알라하-3 유적은 이미 국내에 번역서(N.A.폴로스막(강인욱 역) 2016)가 있다. 그러나 파지리크 유적에 대한 소개는 자세하게 없어서 필요한 부분이다. 알타이와 인접한 중국 신강성에서도 미라는 발견되지만 중국 자료는 러시아 자료에 비해서 이미 잘 알려져 있기에 이에 대해서는 제외했다.

이와 함께 스키타이 문화권의 기원지로 일컬어지는 아르잔-1호와 인접한 아르잔-2호 유적도 포함된다. 최근에 발굴되어서 도굴되지 않은 유적으로써 아르잔-1호와 다른 아르잔-2호의 무덤 구조는 파지리크 문화와도 일정정도 징검다리 역할을 한다는 점에서 학술적 가치가 높다.

아르잔-1호는 그랴즈노프(1980)의 책과 아르잔-2호는 종합보고서 성격의 『Царский курган скифского времени Аржан-2 в Туве』(Чугунов К.В., Парцингер Г., Наглер А. 2017)를 참고로 했다. 파지리크 문화의 유적인 바샤다르 유적과 투엑타 및 파지리크 유적은 루덴코(1953, 1960)과 그랴즈노프(1950)의 책이 주요 원천이다.

아크 알라하-3유적은 가장 높은 지역에 위치하면서 가장 완성도 높은 미라가 출토된 유적이다. 필자가 촬영한 사진을 위주로 정리하였다. 더 자세한 내용은 경희대학교 강인욱 교수님께서 번역하신 폴로스막(2016)의 저서를 참고로 할 수 있다.

그래서 스키타이 문화권의 동부라고 명명된 III절에서 알 수 있는 정보는 그랴즈노프(1980), 추구노프 외(2017), 루덴코(1953, 1960), 폴로스막(2001, 2016)의 책을 정리하고 필자의 의견을 붙인 것이다. 각 소절의 마지막에 참고문헌을 표기해 두었다.

아시다시피 스키타이 문화권은 매우 넓은 지역에 다양한 문화가 알려져 있지만 스키타이 문화에서 빼 놓을 수 없는 곳은 흑해이다. 1859년 제국고고학위원회가 설치 되기 전부터 발굴되기 시작했으며, 원래 스키타이 문화를 협의의 개념으로 이해했던 지역이기도 하다.

필자가 이 지역에 관심을 두었던 이유는 미라가 출토되지 않지만, 스키타이 문화권에서 어떤 지역보다 인간형상물이 많이 출토되기 때문이다. 더욱이 시베리아와 함께 후기구석기시대부터 '비너스상'이 출토되기 시작한 지역이기 때문이다. 그런 지역에서 스키타이 문화에서도 인간형상물이 많이 출토되고 있다는 점이 흥미로웠다.

스키타이 문화의 기원지인 시베리아와 가장 멀리 떨어져 있음에도 불구하고 두 지역의 문화적 공통성이 나타나는데 이를 이해하기 위해서는 유적과 유물을 살펴볼 수 밖에 없었고, 학교 강의에서 많은 시간을 할애하고 있어서 그 자료를 공유하고자 한다.

하지만 흑해지역의 무덤은 평지에 높은 봉분이 있는 외형으로 인해서 쉽게 눈에 띄어서, 고고학이란 학문이 자리를 잡기 전부터 도굴이 성행했다. 그래서 아르잔-2호 유적과 같은 수많은 정보를 알기가 힘들어서 가장 이른 유적으로 일컬어지는 켈레르메스 유적, 멜구노프 유적, 코스트롬스카야 유적 위주로 설명했다. 기원전 5세기 이후는 인간형상물이 발견된 유적을 중심으로 마무리 하고자 한다.

시베리아 유적은 20세기에 발굴되어서 단행본으로 출판되었지만, 이 지역의 자료는 19세기 이전부터 연구되기 시작해서 여러 사람에 의해서 출판되는 경우가 많았고, 정보의 내용도 흡족하지 않은 경우가 많아서 아쉬운 점이 많다.

　　심리적으로 섬나라인 한국에서 생각해보면 너무나 먼 곳이라고 생각할 수 있지만, 독립운동을 했던 만주지역의 가장 끝인 대흥안령만 넘어 가면 바로 유라시아 초원이다.

　　끝으로 파랑새처럼 검색어로 나의 블로그에 찾아온 네티즌과 자신이 아는 바를 블로그로 다른 사람들과 공유하라고 권유해주신 분께 감사드린다. 2017년 이후는 필자가 매우 힘들었는데, 바빠지고 정신없이 살면서 삶의 원동력을 찾았다. 책으로 감사를 표시하고 싶다. 또 이 책을 엮는데 고생을 한 부산대학교 박사과정의 강나리 학생에게도 감사를 표시한다. 러시아로 가는 길을 열어 주신 경희대학교 강인욱 선생님께도 감사를 표시한다.

Scythai

Pazyryk

II

교과서 밖의 역사 유라시아 초원 스키타이 문화의 미라와 여신상

'스키타이' 문화, 파지리크 유적, 동물문양

1 '스키타이 문화권' 기원의 고고학 연구사

러시아 학계에서 처음 이해하던 스키타이인은 흑해 북쪽에 거주하던 초기철기시대 사람들이다. 이는 그리스 역사가인 헤로도투스가 자신의 저서 『역사』에 기록한 내용 때문인데, 자신이 살던 올리비아가 속한 흑해 북안에 살던 이민족을 지칭했다(아르타모노프 1966). 그래서 기록에 남은 '스키타이인'은 흑해의 북쪽 연안에 인접한 스텝지대에서 거주하고 있던 초기철기시대 부족이다.

그런데 고고학적으로는 다뉴브 강에서 동쪽으로 알타이에 이르는 광대한 스텝지대에 거주하면서 공통된 경제적, 문화적 생활을 영유하던 여러 지역의 집합체로서 '스키토-시베리아 세계'(마르티노프 1987) 혹은 '스키타이 문화공동체(야첸코, 라에프스키 1980)',라고 하며 '세계'를 '문화권'(강인욱 2018)으로 대치할 수도 있다(표 1). 앞서 언급한 바와 같이 본고에서는 가독성을 위해서 '스키타이 문화권'으로 약칭하기로 한다. 가장 쉽게 이해하면 유라시아 초원 스텝지대의 광대한 지역에 나타나는 연합문화권이다. 스키타이 문화권이 포함되는 지역은 표 1에서 확인할 수 있다. 각 지역마다 무덤양식은 차이가 있지만 무기, 마구, 동물문양장식의 3요소는 넓은 지역에서 공통적으로 나타난다(러시아과학아카데미 1989). 특히 동물문양장식은 이 문화권을 이어주는 역할을 한다. 공통의 문화가 나타나는 이유는 유라시아 대 스텝초원에서 공통의 유목경제가 형성되었기 때문이다(페레보드치코바 1994).

가장 먼저 발굴된 무덤은 우크라이나 엘리자베트그라드(Елизаветград, Elizavetgrad)(현재: 키로보그라드Кировоград, Kirovograd)에서 1763년에 시작되었다. 이 유적의 유물은 표트르 1세가 건립한 상트페테르부르크의 쿤스트카메라 박물관(에르미타주 박물관은 아직 궁전이었음)에 보관되었다. 그때 쿤스트카메라 박물관에는 표트르 1세가 시베리아에서 수집한 금제 유물이 보관되어 있었다.

1830년에 쿨-오바(Куль-оба, Kul-oba) 유적이 발굴되었고, 1859년에 제국고고학위원회(Императорская археологическая комиссия, The Imperial archaeological Commission)가 만들어지면서 본격적으로 흑해 지역의 유적을 발굴하기 시작했다. 그래서 현재 황금유물로 잘 알려진 흑해 북안의 유적들은 특히 대형 고분은 19세기 중후반에 발굴되었다. 뿐만 아니라 평지에 자리잡은 높은 봉분으로 인해서 도굴이 극심했다.

현재는 스키타이 문화권의 기원지로서 시베리아 혹은 중앙아시아가 유력한 곳이지만, 먼저 발굴된 흑해의 유적 덕분에 이 지역은 스키타이 문화의 기원지로 여겨지게 되었다.

표 1 유라시아 스키타이 문화와 인접한 지역의 공간과 시간 비교(The Golden Deer of Eurasia 2000 인용, 필자 재편집), 푸른색 네모-스키타이 문화권, 붉은 네모-이 책에서 다루는 지역

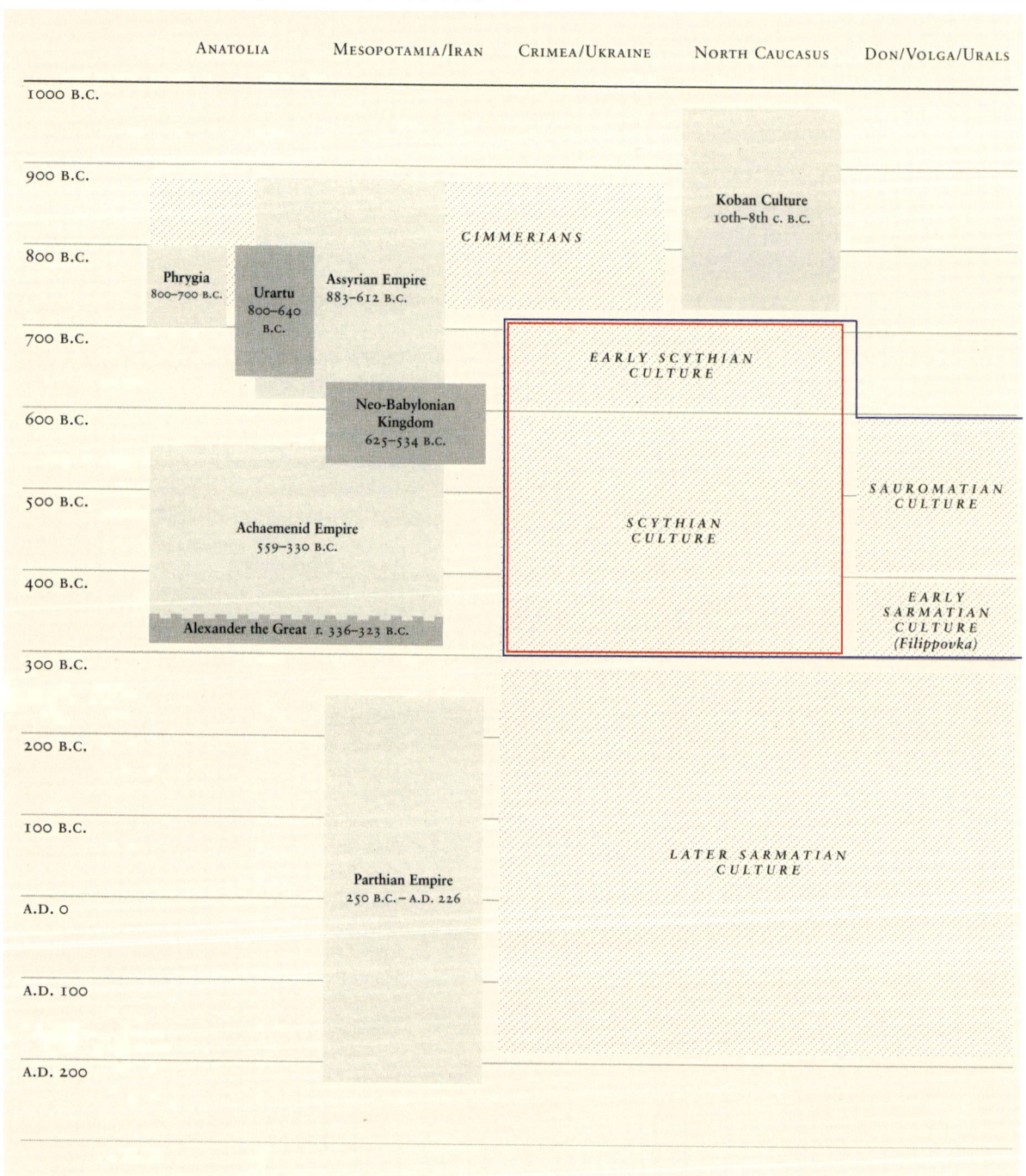

Kazakhstan	Altai Region	Siberia/Minusinsk	China/Mongolia Borders	China/Mongolia Dynastic	
					1000 B.C.
				Western Zhou 1050–771 B.C.	900 B.C.
					800 B.C.
Early Scythian/Saka Culture	Early Scythian/Altai/Siberian Culture		Shanrong & Other Tribes		700 B.C.
				Spring-Autumn 770–481 B.C.	600 B.C.
	Altai Culture	Tagar Culture		Eastern Zhou 771–221 B.C.	500 B.C.
Saka				Warring States 480–221 B.C.	400 B.C.
			Yuezhi		300 B.C.
			Xiongnu	Qin 220–206 B.C. GREAT WALLS CONSTRUCTED	200 B.C.
				Western Han 206 B.C.–A.D. 9	100 B.C.
					A.D. 0
					A.D. 100
				Eastern Han A.D. 25–220	A.D. 200

LEGEND

Settled Culture DATES

NOMADIC CULTURE

15

뿐만 아니라 흑해 위주로 발굴되던 당시에 유적에서 재지 유물과 함께 그리스 혹은 서아시아 지역 전통의 유물이 발견되자 스키타이 문화가 그리스 혹은 서아시아로부터 받아 들인 문화로 인해서 발생되었다는 기원론들이 제기되었다.

그리스 기원설은 스키타이 이오니아 발생론이라고도 하는데, 파르마콥스키(Фармаковский Б.В., Farmakovsky B. V.)가 제기했다. 서아시아와 이오니아 여러 섬의 그리스 도시에서 출토된 유물 중에 스키타이 동물양식과 비슷한 점을 찾아 내었다(파르마콥스키 1914). 그러나 페레보드치코바(1994)는 그가 비슷한 점을 추출한 것은 사실이지만은 극히 일부이고, 완벽하게 일치하는 표현물은 찾지 못했다고 평가했다.

서아시아 기원설은 로스토프체프(Ростовцев М.И., Rostovtsev M. I.)가 제기했는데, 쿠반강 유역의 스키타이 유물 가운데 재지의 특성 뿐만 아니라 고대 이란지역의 유물에 있다는 사실에 주목해서, 쿠반강 유역의 유물들의 기원은 이란이라고 결론을 내렸다. 뿐만 아니라 양 지역의 유물은 중국 오르도스 지역의 청동기와도 유사하다고 지적했다(로스토프체프 1925). 그러나 그가 본 이란지역의 유물은 매우 제한적이었다. 20년이 지나서 이 유물은 루리스탄 청동기(Луристан, Luristan)로 명명되었고 그의 추론과 비슷한 유물이 발견되었다(페레보드치코바 1994).

이 가설은 1947년 이란의 지비예(Зивие, Zivie) 마을에서 유적이 발굴되면서 더 지속되었다. 앗시리아와 우라르트 양식이 혼합되었고, 스키타이 동물 양식이 묘사되어 있었다. 뿐만 아니라 예전에 발견된 '루리스탄 청동기'를 상기시키게 되었다. 지비예 유물과 루리스탄 청동기 유물들은 어떤 세부부위가 강조되는 점 등이 켈레르메스 및 카자흐스탄 유물 등에서 발견되는 스키타이 동물스타일과 연관성이 깊다고 여기게 되었다(츨레노바 1967). 그런데 그 전제 조건은 지비예 유적이 흑해나 중앙아시아의 유적보다 이른 기원전 9세기라고 생각했기 때문이다.

그러나 지비예 유적은 켈레르메스 유적의 연대인 기원전 7세기 경으로 조정되었다. 그 이유는 지비예 유적과 루리스탄 청동기의 출토맥락 때문이었다. 지비예 유적은 농민들이 우연하게 발견했고, 그 유적의 발굴도 농민들 즉 비전문가에 의한 것이고, 유적의 정황이 정확하지 않았기 때문이다. 또 많은 유물이 시장에서 구입되었던 것이다(페레보드치코바 1994).

현재 이 지비예 유물과 루리스탄 청동유물은 기원전 7세기 전후의 유물로 생각되지만(일린스카야, 일린스카야, 테레노쉬킨 1983, 갈라리나 2007), 편년의 자료로는 사용하지 않는다. 스키타이 동물양식의 서아시아 발생설은 거의 인용되지 않지만 그 자세한 내용은 없어지고,

'스키타이 서아시아 발생설'이라는 다소 흥미를 끄는 제목만 양산되어 영미권에서 인용된다.

시베리아 혹은 중앙아시아기원설은 기원전 9세기 중엽의 시베리아 투바에 위치한 아르잔-1호에서 동물문양장식과 마구, 무기가 발견되면서 발굴책임자였던 그랴즈노프에 의해서 강력하게 제기되었다(그랴즈노프 1978, 1980). '스키토-시베리아'(그랴즈노프 1978, 1980, 츨레노바 1997)라는 용어도 만들어지게 되었다.

그랴즈노프(1978, 1980)는 같은 논고에서 '다중심발생설'이라는 개념도 만들었는데, 아르잔-1호를 중심으로 한 '중앙아시아'기원설과는 약간 모순적이다. 동물장식이 흑해 지역보다 아르잔-1호에서 먼저 생긴 것은 맞지만, 양 지역의 문화적 특징 가운데 무덤 양식 등은 차이가 있다. 이를 설명하기 위해서 고려한 것으로 보인다. 다중심발생설은 야첸코와 라에프스키가 발전시켰다(야첸코, 라에프스키 1980).

흑해의 가장 이른 유적 중에 한 곳인 기원전 7세기의 노보체르카스크(Новочеркасск, Novocherkassk) 퇴장지 유적에서는 재갈과 재갈멈치, 투부 등은 확인되지만 동물문양은 확인되지 않는다(이예센 1953).

스키타이 문화의 중앙아시아기원설은 러시아 학계에서도 받아들여졌고, 한국에도 이미 소개되었다(최몽룡·이헌종·강인욱, 2003, 강인욱 2015).

아르잔-1호는 그랴즈노프가 유적을 발표할 당시 기원전 9세기 중반에 해당하는 유적으로 보았고(그랴즈노프 1980), 탄소측정과 나이테를 비교해서 보정한 결과 기원전 885년, 가장 늦은 연대는 기원전 790년이다(Zaitseva GI 외 1998).

흑해지역에서 나타나는 그리핀은 스키타이 문화의 기원을 알리는 척도와 같은 역할을 한다. 스키타이 유형의 그리핀은 귀가 붙은 맹금류인데, 독수리 머리가 형상화되었고(포그레보바 1948), 산양이 결합된 형태이다. 하지만 동그리스와 페르시아에서 나타나는 그리핀은 독수리와 사자의 결합으로 기원전 6세기 말에서 기원전 5세기의 유물이라는 점이 밝혀지게 되었다(시크루코 1982).

스키타이 문화의 기원이 서아시아가 아니라고 해도 일찍부터 교류가 있었던 것은 사실이다. 투바의 아르잔-1호에서는 서아시아지역의 직조물 조각(카펫과 의복)이 출토되어서 기원전 9세기부터 이들 지역과 직접적인 교류가 있었던 것을 보여준다. 스키타이 문화의 이른 시점부터 광범위한 교류가 있었다는 점을 알 수 있다.

해발 1500m이상의 알타이에서 미라가 발견되는 파지리크 유적이 발굴되면서 이 유적의 명칭에 따라서 파지리크 문화가 루덴코(1953, 1960)에 의해서 알려지게 되었다. 헤로도투스의 역사에는 스키타이 왕의 장례 장면 가운데 미라처리하는 방법이 적혀 있지만 실제로 발견된 곳은 흑해가 아니라 알타이 지역이다.

스키타이 문화권 혹은 스키타이 세계의 각 지역에는 여러 문화가 알려져 있다. 파지리크 문화의 무덤 및 부장유물이 유사하고, 파지리크 문화와 접한 몽골 동부의 울란곰 문화, 몽골 서부에는 판석묘 문화가 알려져 있다. 투바와 인접한 미누신스크 분지의 타가르 문화 중국 오르도스 지역의 오르도스 청동기문화, 요서의 하가점상층문화와도 긴밀하게 관계가 있다(강인욱 2018). 흑해 지역과 인접한 사우로마트-사르마트 문화는 흑해지역의 문화와 유사하다(Piotrovsky B. 외 1986). 중앙아시아 사카 문화의 무덤구조는 알타이 지역과 유사하지만 출토되는 유물은 흑해 지역과의 관련이 있다.

그런데 아르잔-1호는 중심부 주인공의 무덤이 도굴당한 상태였고, 알타이 스키타이 문화의 전성기로 불리는 파지리크 문화와는 무덤구조에서 차이가 커서 문화상의 많은 의문점이 남아 있는 상태였다. 1971~1974년 아르잔-1호를 발굴한 이후 2000년대 들어와서 아르잔-2호가 발굴되면서 그간의 연구성과를 새롭게 정비할 수 있는 계기가 마련되었다.

2 파지리크 유적과 루덴코의 1953년 저서 『Культура населения Горного Алтая в скифское время』

파지리크 유적은 1929년 1호를 그랴즈노프가 발굴하기 시작해서, 2호, 5호, 6호는 1947~1949년에 발굴되었고, 이 유적에 대한 종합적인 보고서가 1953년에 발표되었다. 루덴코가 발굴한 2~6호는 대부분 1953년 발표된 책에 기술되었다.

책은 아래와 같이 구성되어 있다.

1장   파지리크계곡의 영구결빙층
2장   고분의 특징
3장   주민의 형질인류학적 특성
4장   생업형태
5장   옷과 장신구
6장   교통수단

7장	유물의 제작방법
8장	사회시스템
9장	예술
10장	신앙과 관습
11장	알타이 출토유물의 문화적 특징과 편년

    1953년 루덴코의 저서는 파지리크 유적에 대한 종합적인 결론을 내어서, '파지리크 문화'로 규정한 것으로 별개의 무덤 특징 보다는 전체 유적의 특징을 설명했다.

    필자는 학생들을 위해서 강의하는 과정에서 생경한 자료의 이해를 위해서는 각 개별의 무덤과 출토유물에 대한 설명이 필요하다는 생각에 루덴코가 종합적으로 설명한 내용을 다 분해했다.

    파지리크 유적이 발굴된 이후에도 알타이에서는 계속 무덤이 발굴되어서 울란디르크(Уландрык, Ulandryk), 유스티드(Юстыд, Yustyd) 유적 등 자료가 집적되었다. 이 자료와 함께 이용하기 위해서는 파지리크 유적도 같은 조건이어야 한다는 생각에서 호수별로 정리해서 강의 자료로 활용하고 있다.

    뒤에서 자세히 설명하겠지만 파지리크 유적은 도굴을 당한 상태였는데, 그나마 파지리크 5호분은 유구와 유물이 잘 남아 있었다. 그 특징은 아래와 같은데 III장의 내용을 정리한 것은 아래와 같다.[1]

    파지리크 5호분은 남녀미라와 함께 4륜 바퀴가 있는 마차가 확인되었다. 통나무로 만들어진 목곽(무덤방)이 2중으로 설치되었고 통나무관이 1개 존재했다. 남성과 여성을 함께 묻었다. 파지리크 2호는 도굴로 인해서 남녀 미라가 관 밖에서 확인되었지만, 관은 1개만 확인되어서 매장양상이 부정확했다. 5호분을 참고로 할 때 같은 방법으로 매장되었을 것이다.

    파지리크 5호분에 묻힌 남녀는 55~60세 가량의 남성과 40대의 여성으로 몽골로이드이다. 남녀 모두 미라처리된 것이다. 미라는 뼈와 피부만 남기고 인간을 인간형상물로 만드는 것인데 내장과 지방을 걷어내는 복잡한 처리과정을 거치고 피부에 일종의 송진과 기름을 발라서 보존처리했다. 파지리크 5호분의 미라처리에 사용된 송진은 열대지역에서 자라는 식물에서 채취된 것이었다. 미라는 온몸에 절개면이 아주 많았는데, 지방을 제거하기

---

[1] 아래의 내용은 파지리크 5호분의 내용을 정리한 것으로 III장에서는 참고문헌을 자세하게 적어놓았다.

위한 목적이 더 크다. 미라처리에서 가장 관건은 근육과 지방은 제거하면서 관절은 남겨두는 것이다. 왜냐하면 관절이 유지되어야 골격이 흩어지지 않기 때문이다.

파지리크 5호분에서는 말이 9마리 배장되었다. 목곽(무덤방)의 바깥공간에 차례대로 부장되었다. 가장 나중에 들어간 말을 제외하고는 재갈 외에도 굴레, 안장 등으로 장식되었다. 특히 가장 먼저 들어간 말은 가면을 씌운 형태로 가장 화려하게 장식되었다. 마차의 선두를 이끌었을 가능성이 크다. 가장 나중에 들어간 말은 아무것도 착장되지 않았다.

말의 가면은 같은 시점에 만들어진 우코크 고원에 위치한 아크 알라하-3유적, 베르흐 칼쥔II유적 유적에서는 확인되지 않는다.

말을 부리기 위한 가장 기본적인 도구는 재갈과 재갈멈치이다. 재갈을 고정하기 위해서 굴레를 씌우는데, 대부분 동물문양으로 장식되어 있다. 말의 이마와 콧잔등 뿐만 아니라 귀 아래와 귀에서 입으로 연결되는 부위에는 사슴, 맹수 등이 전신, 두상으로 표현되어 있다. 특히 맹수는 독수리와 합체 되어 이 세상에는 없는 하이브리드형 동물로 그리핀이라고 부른다. 굴레장식 뿐만 아니라 안장 및 안장덮개가 출토된다. 특히 가장 먼저 들어간 가면이 있던 IX호 말은 안장덮개로 중국산 실크가 출토되었다.

뿐만 아니라 펠트로 제작된 대형 벽걸이 캐노피가 확인되는데, 남녀의 모습이 표현되어 있다. 남녀의 얼굴형태가 다르고, 남성은 알타이에서 확인되지 않는 복장을 하고 있지만, 말과 관련된 도구와 고리투스(활과 화살을 함께 담는 통)는 알타이 식이다.

마차는 해체되어 부장되었는데, 4륜의 바퀴가 있으며, 차양덮개 위에 새모양의 펠트로 만든 인형 4마리가 붙어 있었다. 백조의 모습이지만, 날개는 독수리이다.

이제까지 나온 말 가운데 가장 화려하게 치장된 1호말, 마차, 대형 벽걸이 캐노피에서 확인되는 외래적인 요소(페르시아적인 요소)들 덕분에 파지리크 고분 중 5호분은 러시아학계에서는 가장 높은 사람들의 무덤으로 생각된다.

페르시아적인 요소는 안장의 덮개 중 일부인 고들개에 표현된 그리핀이다. 사자머리 그리핀이 확인되는데, 페르시아의 아케메니드 왕조에서 유행했다. 페르시아적 요소는 흑해북안의 스키타이 무덤에서 자주 확인되는 특징인데, 알타이에서도 엿볼 수 있다.

2500년 전 인간과 말이 상주하는 무덤은 여러 곳에서 확인되는데 알타이 지역의 유적을 통틀어 파지리크 유적을 기념해서 파지리크 문화라고 한다. 스키타이 문화권에서 알타이 지역의 문화이다. 스키타이 문화는 흑해북쪽부터 시베리아 남부지역까지 동물문양을 상징으로 공동체를 이루었다. 좀 더 넓게는 중국의 황하상류 지역인 오르도스 및 만주의 일부인 요서지역까지 그 영향이 있었을 것으로 생각한다. 실제로 유적에서 스키타이 문화의 동물문양장식이 확인된다. 그쪽에서 수입한 것이든, 모방한 것이든 어쨌든 서로의 존재를 알았다.

　　1953년 이 책이 출판될 당시에는 파지리크 유적 2호분의 남성미라만 문신을 했던 것으로 알려졌으나, 2004년에 에르미타주 박물관에서 미라를 보존처리 하는 과정에서 2호분의 여성미라와 5호분의 남녀 미라 모두 문신을 했다는 사실이 밝혀졌다(바르코바, 판코바 2005). 이 책에서는 이 부분도 정리하여 해당 유적에 함께 설명해 두었다.

3　유라시아 초원 스키타이 문화와 동물문양

스키타이 세계를 이어주는 요소 가운데 가장 보편적인 것은 동물문양장식이다. 무기와 마구에 표현될 수도 있고, 단독으로 존재하는 것처럼 보여지기도 하지만 결국 어떤 유물의 일부이다.

　　예를 들면 에르미타주 박물관에 소장된 표트르 1세의 시베리아 황금 유물 컬렉션 중에서 몸을 말고 있는 맹수장식(그림 1)과 같은 것이다. 이 유물은 허리띠의 버클 장식이자 동물문양이었다는 점에서 매우 실용적이다. 비슷한 예는 시베리아 유물에서도 발견된다. 가장 오래된 동물장식으로 여겨지는 아르잔-1호에서 출토된 몸을 말고 있는 맹수장식(그림 2)은 직경 25cm로 뒤에 꼭지가 2개 달려있어 말에 매단 장신구이다.

　　그래서 자연히 동물문양장식의 형식변화는 그 유물이 구현된 사물의 형태변화와 관련되어 있다. 가장 대표적인 유물이 재갈멈치이다. 드네프르 강 하류의 기원전 7세기 유적인 스타르샤야 마길라(Старшая могила, Starshaya mogila)유적에서 발견된 재갈멈치는 골제로 제작된 막대기 형태로 끝에만 동물문양이 부착되었다. 그러나 기원전 5세기 경에는 재갈멈치가 S자 형으로 변화되면서 동물의 몸통이 뒤틀리게 표현되었다.

그림 1　표트르 1세의 황금 유물 컬렉션

이러한 현상을 페레보드치코바(1994)는 실용적 기능이 조합된 결과라고 했다. 비슷한 현상은 알타이에서도 확인된다. 파지리크 유적에서는 대부분 재갈멈치의 양쪽 끝에 동물문양장식이 부착된다. 이때 동물은 전신이 부착되지 않고 동물의 신체 일부만이 부분적으로 달려 있다. 그런데 파지리크 1호에서 출토된 3번(그림 257-1, 2), 4번(그림 257-3, 4) 말의 굴레장식에는 사슴, 산양 등 동물의 전신이 부착되었다. 이때 동물은 앞다리를 접고 뒷다리는 뒤로 펴서 '하늘을 나는 자세'처럼 보이도록 디자인되었다. 이는 스키타이 초식동물의 일반적인 자세와는 다르게 변형된 것이다. 동물문양장식이 재갈멈치로서의 기능을 할 수 있도록 고안된 것이다. 즉 매우 장식적인 것처럼 보이지만 실용적인 스키타이 동물장식의 특징은 알타이에서도 통용된다고 볼 수 있다.

동물문양장식은 실용적이면서도 그들의 세계관이 표현된 것이다(페레보드치코바 1994). 이를 가장 잘 드러내는 유물로 페레보드치코바는 간두령이다. 지팡이 혹은 막대의 끝을 장식하기 위한 것으로 하늘을 의미하는 동물이 부착되는데, 방울 위에 위치한 것은 새, 그리핀 혹은 굽동물[2]이다(페로보드치코바, 라예프스크 1981). 또한 검(劍)도 같은 의미로 제작된 물건이다. 흑해에서 발견된 겁집의 끝에는 맹수, 검자루의 끝은 새의 머리 혹은 부리로 장식되었다(라에프스키 1985).

원형맹수장식은 실용적인 물건이긴 했지만 이 유물에도 관념이 내포되어 있다. 위의 두 유물이 수직적인 세계관을 내포한다면 이 원형맹수장식은 수평상 세계관이 표현된 것이다. 왜냐하면 동물의 형상은 어떤 것의 중앙을 감싸고 있는 듯 하지만, 맹수는 중심이 아닌 가장자리에 위치하기 때문이다. 유목민들에게 가장자리는 하계(지하)를 의미하는 것이다(멜레틴스키 1976).

스키타이 동물장식은 어떤 종인지 구분이 가능할 정도로 사실적이지만, 완전히 실제 동물과는 같지 않고 추상성이 가미되어 있다. 예를 들면 뿔이 있는 동물인 산염소(горный козел, Capra), 산양(горный баран, Ovis ammon), 사이가(Сайга, Saiga tatarica), 사슴(олень, deer), 엘크(Лось, Elk)등은 종이 구분될 정도로 사실적이지만, 실제 동물장식에서는 공통적인 표현으로 추상화시켜서 표현한다. 페레보드치코바(1994)는 스키타이 동물장식의 특징을 어떤 중요속성들이 특정하게 반복되고 있으며 속성들은 구성원칙에 따라서 결합된 것으로 정의했다. 또한 이 동물장식이 유라시아 스텝지역에서 매우 널리 사용될 수 있었던 것은 특정한 의미가 내포되었고, 언어로써의 역할을 하고 있다고 생각했다.

---

2 우제류는 뿔이 있는 동물로 그 자체로 세계수를 의미한다고 보았다.

그림출처

그림 1   표트르 1세의 황금 유물 컬렉션(Алексеев А.Ю. 2012, p.32)

참고문헌

Алексеев А.Ю. 2012 : Золото скифских царей в собрании Эрмитажа. СПб: Изд-во Гос. Эрмитажа. 2012. 272 с. (알렉세예프 2012, 에르미타주박물관 소장 스키타이 차르의 황금유물 콜렉션)

Баркова Л.Л., Панкова С.В. 2005: Татуировки на мумиях из Больших Пазырыкских курганов (новые материалы). // АЭАЕ. 2005. №2 (22). С. 48-59.(바르코바, 판코바 2005, 파지리크 대형 고분의 미라에 새겨진 문신(최신자료)

Грязнов М.П. 1978: К вопросу о сложении культур скифо-сибирского типа в связи с открытием кургана Аржан. // Ранние кочевники. / КСИА. Вып. 154. М.: С. 9-18. (그랴즈노프 1978, 아르잔 쿠르간의 발굴을 통해서 본 스키토-시베리아 유형의 문화성격에 대해서)

Грязнов М.П., 1980, Аржан. Царский курган раннескифского времени. (그랴즈노프 1980, 초기 스키타이 차르 무덤, 아르잔)

Иессен А.А. 1953: К вопросу о памятниках VIII-VII вв. до н.э. на юге европейской части СССР. // СА. XVIII. М.: 1953. С. 49-110. (이예센 1953, 소비에트 유라시아 남부의 기원전 8~7세기 유적에 대한 제문제)

Ильинская В.А. Скифы днепровского Лесостепного Левобережья. Киев, 1968.(일린스카야 1968, 산림스텝지역의 드녜프르 강 좌안의 스키타이 유적)

Мартынов А.И. 1987, О мировоззренческой основе искусства скифо-сибирского мира. — Скифо-сибирский мир. Искусство и идеология. Новосибирск, 1987.(마르티노프 1987, 스키토-시베리아 세계의 예술품에서 세계관)

Мелетинский Е.М. Поэтика мифа. М., 1976.(멜레틴스키, 1976, 신화의 시학(poetics)

Раевский Д.С. 1985, Модель мира скифской культуры. Проблемы мировоззрения ираноязычных народов евразийских степей I тысячелетия до н.э.// М.: ГРВЛ. 256 с.(라에프스키 1985, 스키타이 문화의 세계의 모델화)

Переводчикова Е.В., Раевский Д.С. 1981: Ещё раз о назначении скифских наверший. // Средняя Азия и её соседи в древности и средневековье. М.: ГРВЛ. 1981. С. 42-52((페레보드치코바, 라에프스키 1981, 스키타이인의 상계에 대한 의미에 대해서 다시 한 번)

Переводчикова Е.В. 1994, Язык звериных образов. Очерки искусства евразийских степей скифской эпохи(페레보드치코바 1994, 언어로서의 동물문양장식)

Погребова Н.Н. 1948, Грифон в искусстве Северного Причерноморья в эпоху архаики. // КСИИМК. Вып. XXII. 1948. C. 62-65.(포그레보바 1948, 고대 흑해북안의 그리핀연구)

Фармаковский Б.В. 1914, Архаический период в России. — MAP, №34.(파르모코프스키 1914, 러시아에서 (그리스)고대기)

Ростовцев М.И. 1925, Скифия и Боспор. Л.(로스토프체프 1925, 스키타이와 보스포러스)

Степи европейской части СССР в скифо-сарматское время. М.//Археология СССР / Археология с древнейших времён до средневековья 1989. 464 c(러시아과학아카데미 1989, 소비에트 연방 유럽 내의 스키타이-사르마트 시기, 소비에트 고고학 시리즈 1989)

Членова Н.Л. Происхождение и ранняя история племён тагарской культуры. М., 1967.

Шкурко А.И., 1982, Фантастические существа в искусстве лесостепной Скифии.// рхеологические исследования на юге Восточной Европы. Ч. 2. / Тр.ГИМ. Вып. 54. М.: 1982.(시쿠르코 1982, 초원 스키타이의 예술에서 상상의 주제(동물)에 대해서)

Яценко, Раевский, 1980. Некоторые аспекты скифо-сарматской проблемы (обзорная статья). — НАА, №5.(야첸코, 라에프스키 1980. 스키타이-사르마토프 문제의 여러 관점에 대해서)

한국어

강인욱 2018, 「사카 황금문화의 확산과 고대 실크로드의 형성」, 『카자흐스탄 초원의 황금문화』, 국립문화재연구소

강인욱, 2015, 「스키토-시베리아 문화의 기원과 러시아 투바의 아르잔 1호 고분」, 『중앙아시아연구』, 20

강인욱 외, 2018, 『북방고고학개론』

김재윤, 2008, 「선사시대의 極東 全身像 土偶와 환동해문화권」, 『한국상고사학보』, 60, 한국상고사학회, pp.41-72

김재윤, 2019a, 「시베리아 말타유적과 흑해북안 코스텐키 1유적의 여성형상물(비너스상) 비교고찰」, 『동북아문화연구』, 58호

김재윤, 2019b, 「시베리아 선사시대 인간형상물의 변화에 대한 검토」, 『韓國新石器硏究』 제38호

김재윤, 2021, 「시베리아 청동기시대 오쿠네보 문화 골제인간형상물에 대한 검토」, 『영남고고학』 제89호

최몽룡·이헌종·강인욱, 2003, 『시베리아의 선사고고학』, 주류성

영어

The Golden Deer of Eurasia. Scythian and Sarmatian Treasures from the Russian Steppes, Exhibition catalogue, New York, 2000.1.

Scythai

East

III

교과서 밖의 역사 유라시아 초원 스키타이 문화의 미라와 여신상

스키타이 문화의 동부

1 3000~2700년 전 시베리아 사람의 무덤

1) 아르잔(Аржан, Arzhan)-1호

러시아의 상트페테르부르크(Санкт Петербург, Saint Petersburg)에 있는 에르미타주(Эрмитаж, The Hermitage)박물관에는 표트르(Пётр, Peter)1세가 수집한 시베리아 황금 유물이 전시되어 있다. 이 유물은 18세기 초반에 수집된 유물로 발굴되지 않아서 정확하게 어디서 출토되었는지 모른다. 다만 당시 시베리아 총독이었던 가가린(Гагарин М.П., Gagarin M.P.)이 표트르 1세에게 보내기 시작했고, 그를 통해서 유물은 황제에게 전해진 것으로 알려졌다. 정확하게 어떤 유적인지는 알 수 없으나 출토지가 시베리아인 점은 알 수 있다.

그 중에서 가장 이른 시기의 유물로 추정하는 것은 몸을 말고 있는 호랑이 장식(그림 1)이다. 이 유물이 가장 이르다고 생각할 수 있게 한 계기가 된 것은 시베리아의 투바(Тува, Tuva)에 위치한 아르잔-1호에서 출토된 유물(그림 2-1, 2) 때문이다.

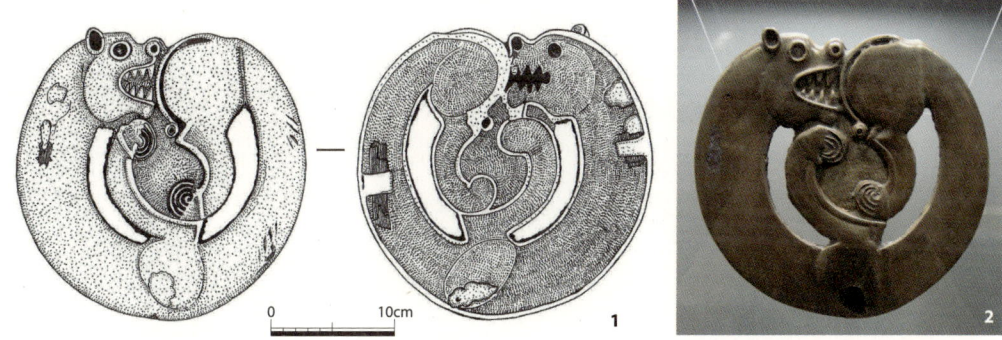

그림 2   아르잔-1호 맹수장식

(1) 무덤의 개요

이 유적은 스키타이 문화에서 가장 이른 시기인 기원전 9세기의 유적으로 1호는 1971~1974년에 발굴되었다. 우코크(Укок, Ukok) 고원과 파지리크(Пазырык, Pazyryk) 계곡의 1호분, 2호분, 5호분)의 유적 보다 최소한 300년은 빠른 무덤으로, 연대차이가 있기 때문에 무덤 구조의 차이는 당연하다. 아르잔-1호는 무덤의 직경이 120m가 넘어서 아직도 구글지도(그림 3)에 흔적이 남아 있다.[3]

---

[3]   이 책에 소개된 지도는 필자의 블로그(https://eastsearoad.tistory.com)에 들어가시면 구글지도

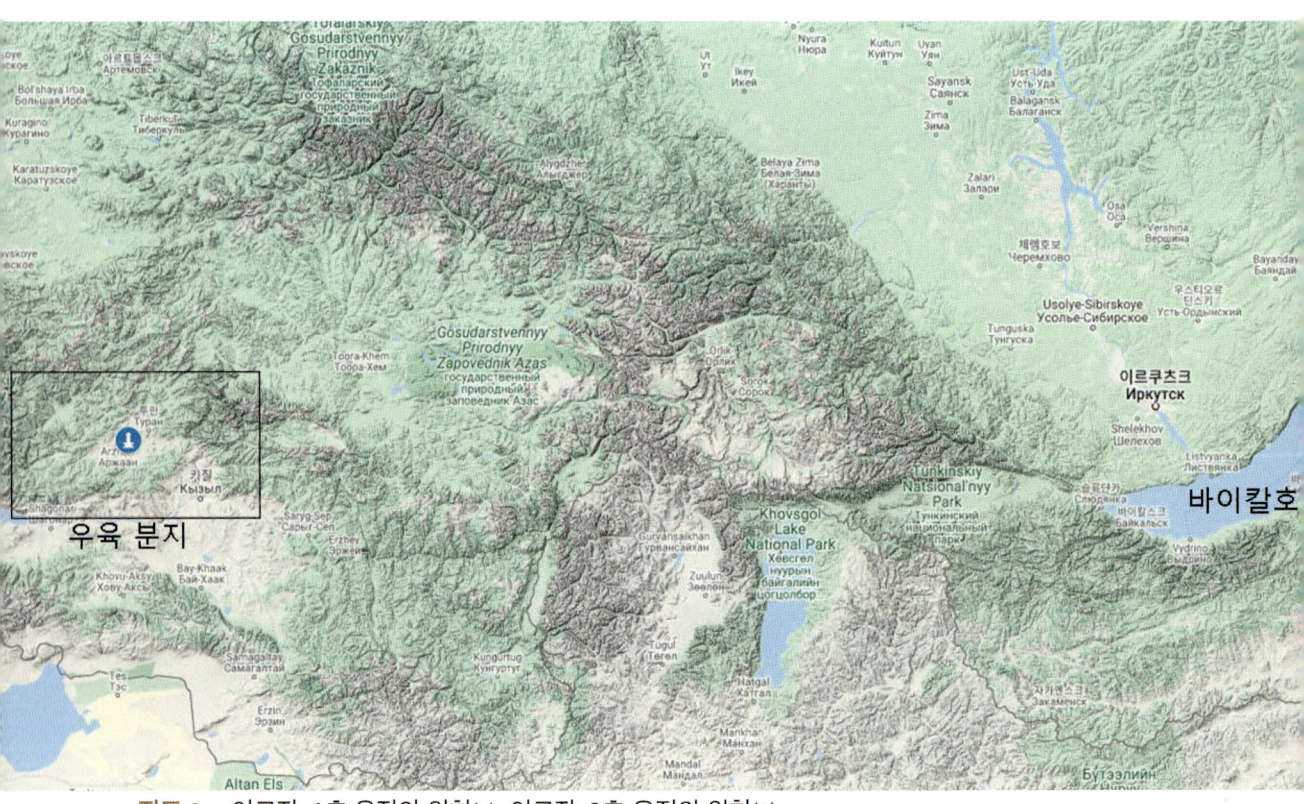

지도 1 아르잔-1호 유적의 위치(1), 아르잔-2호 유적의 위치(2)

| 1 | 2 |

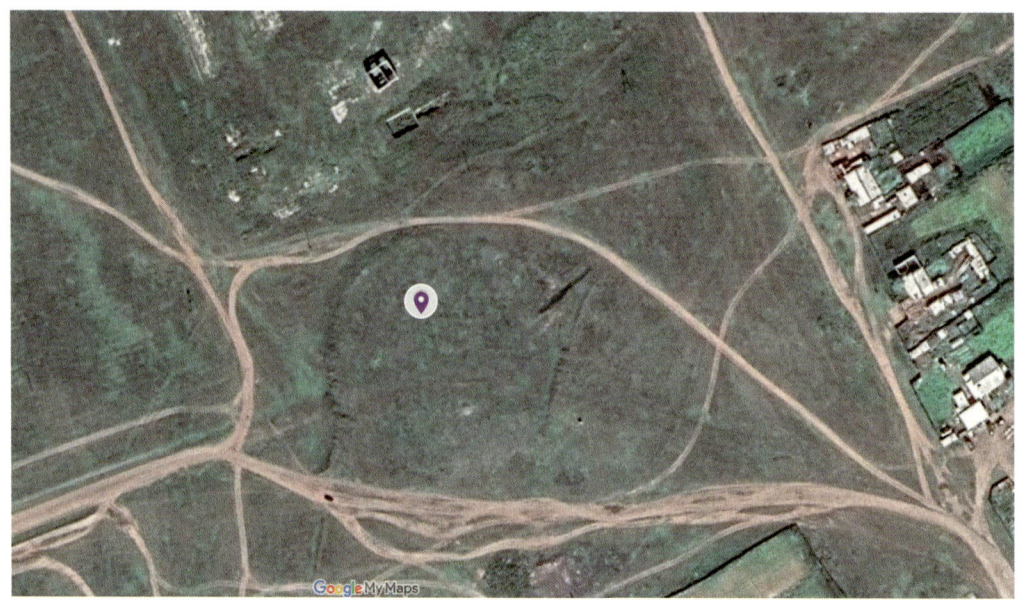

그림 3   아르잔-1호   아직도 무덤 주위의 흔적이 희미하고 둥글게 남아 있다. 그림 4-1과 비교해 보면 도로와 앞에 있는 건물의 위치가 그대로 임을 알 수 있다.

아르잔-1호가 책으로 출간된 것은 1980년이고, 발굴책임자인 그랴즈노프(Грязнов М.П.,Gryaznov M.P.)가 출판했다. 이 책에서 아르잔-1호에 관련된 내용은 기본적으로 그랴즈노프(1980)의 저서를 참고한 것이다.

그랴즈노프는 '아르잔' 유적이 있는 곳(해발 1,050m)을 주변이 높은 산지로 둘러싸인 곳으로 왕의 계곡이라고 불렀다. 아르잔은 이 곳의 마을 이름인데, 마을에서 서쪽으로 반경 4km 내에 6개의 무덤이 줄을 지어 서 있다(그림 5-2). 또한 마을에서 서쪽으로 4~5km 떨어진 곳에는 무덤 11기가 발견되었고, 6km 떨어진 곳에는 3기의 무덤이 확인되었다.

그림 5-2에서 7번 지점에는 2줄로 3km 가량 무덤이 열을 이루고 있는데 각각 13개, 12개가 확인되었다.

아르잔 마을 주변의 많은 무덤 가운데서 가장 특별하고 눈에 띄며, 단독으로 조영된 무덤은 그림 5-2에서 1, 2, 8번이다. 2번이 먼저 발굴되어 아르잔-1호로 명명되었고, 1번이 아르잔-2호이다. 아르잔-1호는 직경 120m, 높이 3~4m로 워낙 직경이 크고 무덤의 봉분이 완만해서 눈에 잘 띄지 않았다.

를 공유할 수 있다. 아르잔-1호의 위치도 찾아 볼 수 있다.

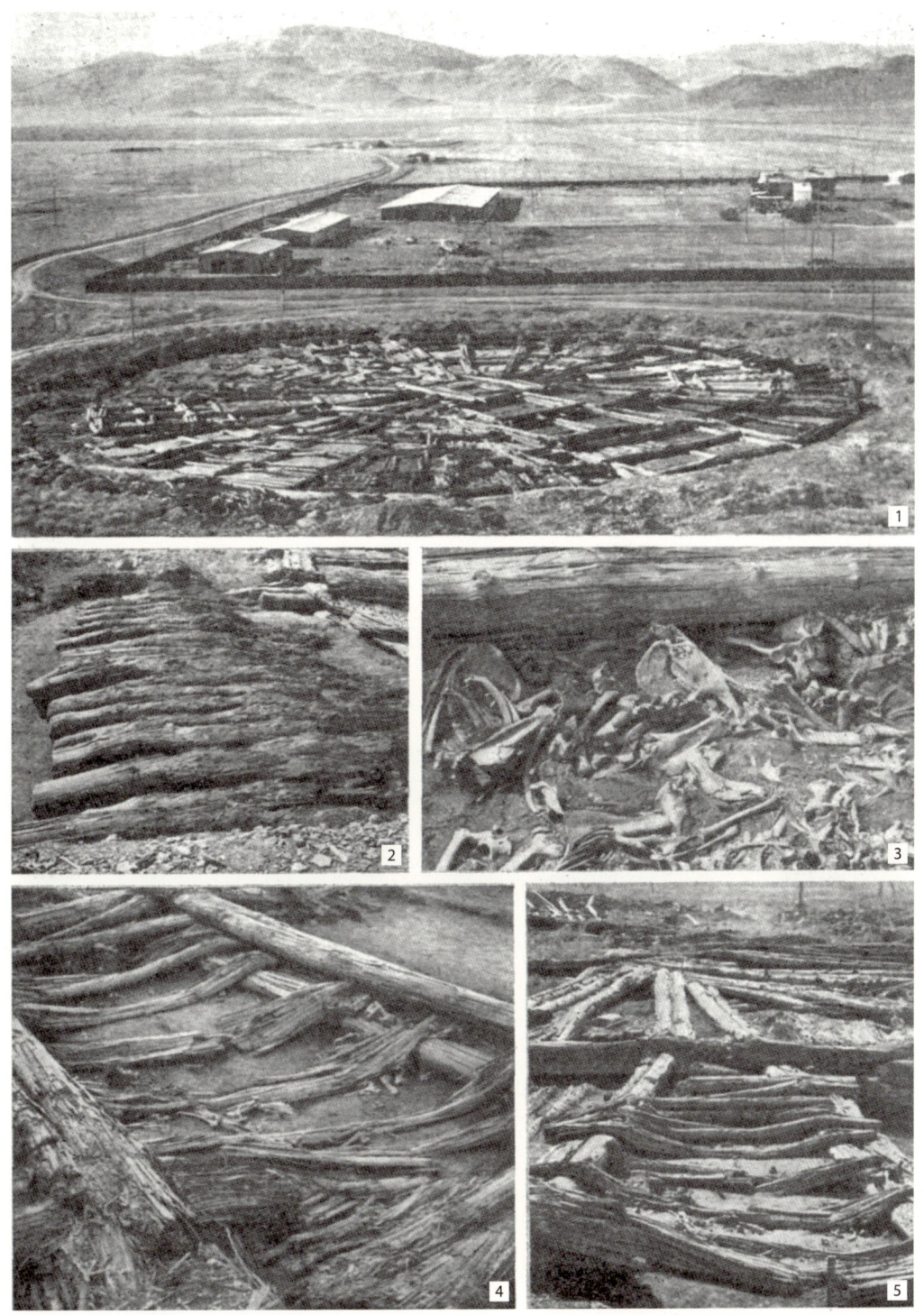

그림 4 아르잔-1호 발굴 모습   1. 전경 | 2. 7호묘 가장자리에 놓인 통나무 | 3. 3호묘 말 출토양상 | 4. 무덤 천장 덮개를 제거한 후 26b호묘 | 5. 무덤 봉분을 제거한 후 드러난 무덤방 모습, 동→북동 방향

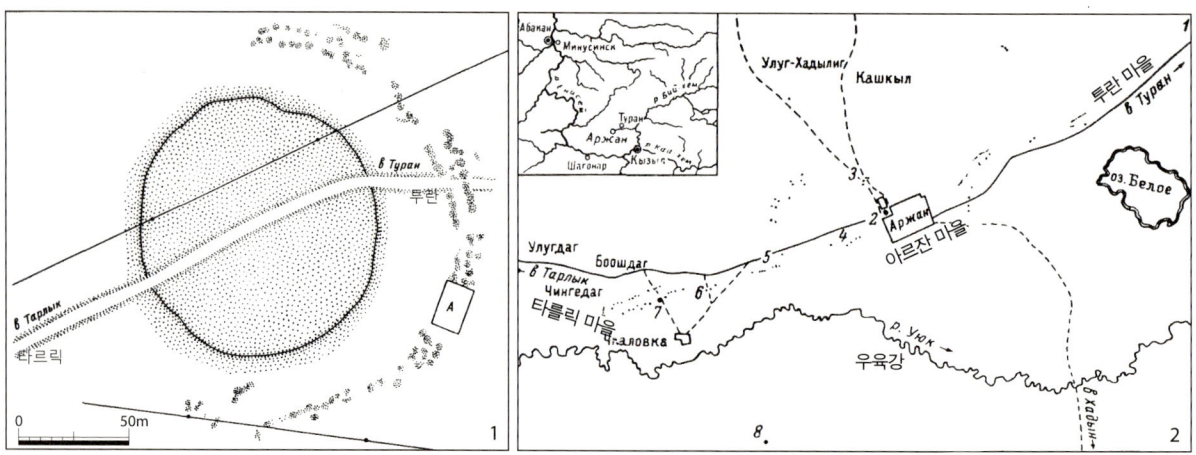

그림 5-1 아르잔-1호 봉분과 주변 제사유구 아르잔-1호 주변 무덤 남동쪽에는 2~3줄의 원형 돌무더기가 무덤을 둘러싸고 있었다. 이곳을 발굴한 결과 비슷한 간격으로 일정한 크기의 돌무더기가 줄을 이루고 있었는데, 일종의 제사유구(그림 7)로 생각된다.

그림 5-2 그랴즈노프가 발견한 아르잔 마을 및 스키타이 시대 무덤 숫자는 무덤이 발견된 위치

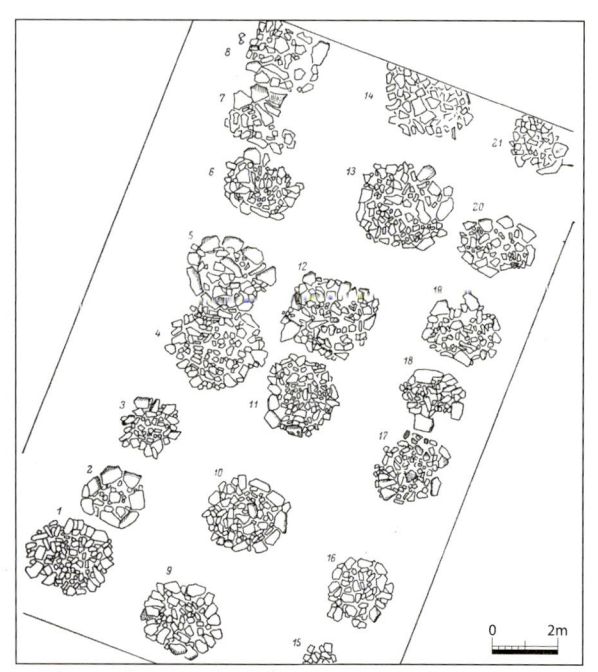

그림 6 아르잔-1호 외곽 그림 5-1의 A부분

(2) 무덤구조와 축조방법

① 무덤구조

아르잔-1호는 봉분 직경이 120m가 넘고, 봉분을 제거한 후에 드러난 나무방은 직경이 80m가량이었다. 직경 80m안에는 무덤방이 70여 개 이상 있었을 것으로 생각된다(그림 8). 무덤은 현대에 이미 훼손된 상태여서 무덤방의 숫자는 정확하지 않다.

중앙무덤방은 지름 50~85cm가량의 낙엽송을 이용했으며, 가장 중앙에 주인공의 무덤방을 중심으로 방사상으로 나무방이 설치되었다. 각 방의 크기와 모양은 다르다. 각 방의 면적은 15~150㎡까지 다양하고, 전체 사용된 통나무의 수는 6,000개가 넘는다(그림 10).

중심부의 메인 무덤방은 크기가 8×8m, 높이는 2.6m이다. 그 안에는 다시 2차무덤방이 설치되었는데, 4.4×3.7m이고, 높이는 1m이다. 그 안에는 남녀가 들어간 통나무관 2개

그림 7   아르잔-1호 발굴광경

가 설치되었다. 바닥에도 지름 20cm나무를 깔았다. 1차 무덤방과 2차 무덤방 사이에는 통나무관 6개와 작은 나무방 2개가 따로 있었는데 그 중에 한 곳(그림 11-2)에는 통나무관이 따로 들어가 있었다. 동쪽에는 마구를 착용한 말이 6마리 부장되었다. 중심부의 메인무덤방에서는 모두 8명의 사람이 확인되었는데, 가장 중심의 2차 무덤방 안(그림 11-1)에 통나무관에는 각각 남성과 여성이 묻혔고, 외부의 작은 무덤방(그림 11-5)에는 남성 1명, 통나무관에는 한 곳(그림 11-3)을 빼고는 모두 남성이 묻혔다. 나이는 다양하다.

아르잔-1호는 발견 당시 이미 파손이 심했다. 그러나 무덤의 봉분을 돌로 덮었고, 중심 매장주체부의 심한 도굴에도 불구하고 페르시아 등 근동지역에서 온 의복 조각이 남겨진 유물이 출토된 것으로 보아 대단한 인물의 무덤으로 추정 할 수 있다.

그런데 아르잔-1호는 앞으로 살펴볼 파지리크 유적과 아크 알라하-3호 유적과 비교해 볼 때 무덤구조가 많이 다르다. 가장 최근에 발표된 이 유적의 탄소연대측정과 나이테를 비교해서 보정한 결과 가장 오래된 연대는 기원전 885년, 가장 늦은 연대는 기원전 790년이다(Zaitseva GI, Vasiliev SS, Marsadolov LS, van der PlichtJ, Sementsov AA, Dergachev VA, Lebedeva LM. 1998.). 이 연대는 그랴즈노프 책(1980)에서도 유사한 연대가 발표되었다.

아르잔-1호는 우코크 고원의 아크 알라하-3 유적과 비교해 볼 때 300년 이상 빠르다. 300년 동안 무덤구조가 그대로라면 그게 더 이상하지만 구조의 차이가 심하다. 이를 구체

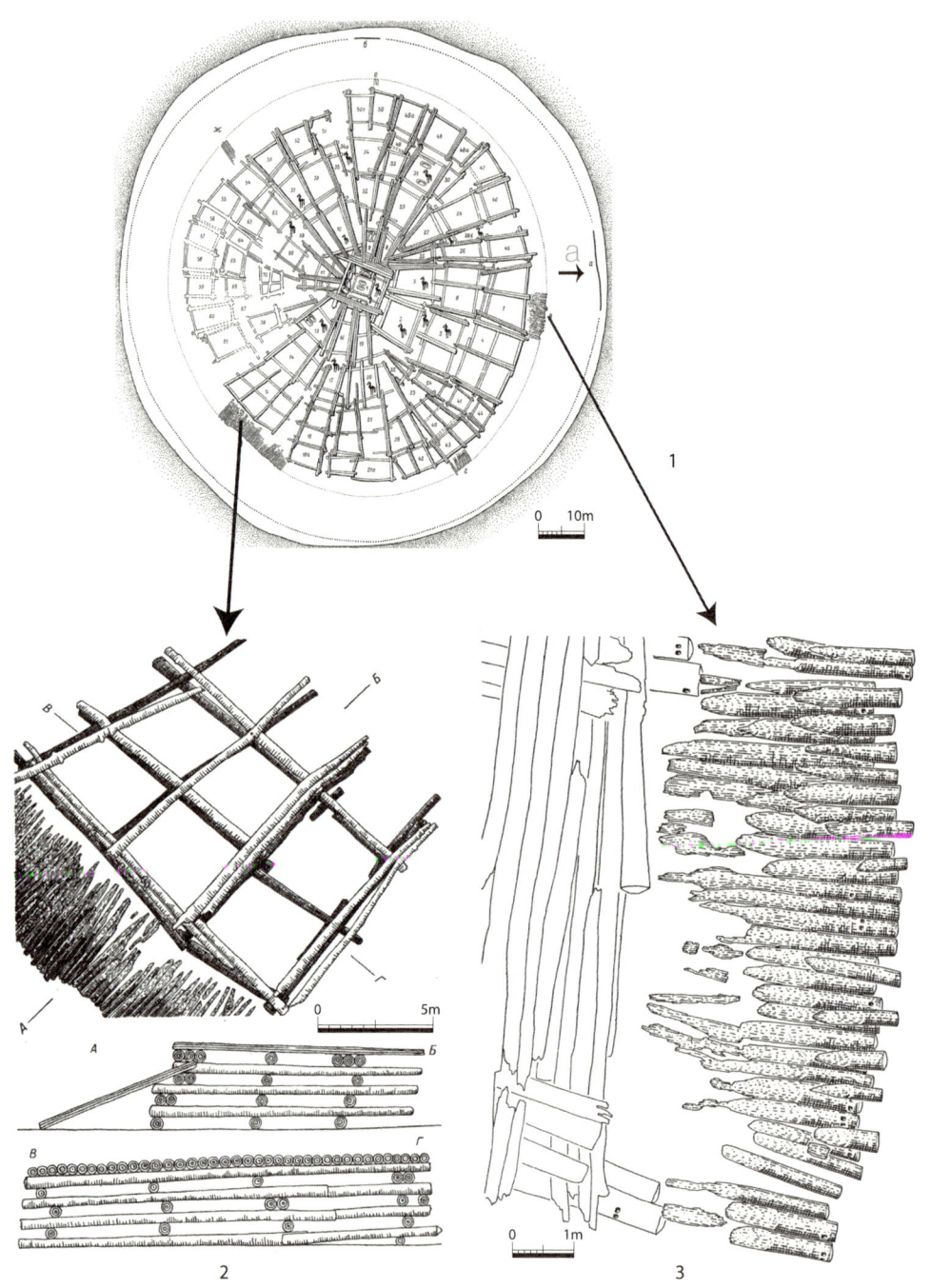

그림 8　아르잔-1호 구조　1. 전체평면도 ｜ 2. 15호묘 단면도 ｜ 3. 7호묘 앞 목재

화하면 아주 많은 특징차이가 있지만, 필자가 생각하기에는 가장 큰 차이점은 구덩이를 파지 않고 무덤을 땅 위에 만들었다는 점이다. 큰 무덤을 만들기 위해서 구덩이를 파지 않았

을 수도 있다.

이 무덤은 가운데 중앙의 무덤방을 가장 먼저 만들었는데, 네모꼴로 가로와 세로방향을 한 단씩 교차시켜서 쌓아올렸으며, 높이 2.6m이다. 중심부의 무덤방 뿐만 아니라 모든 무덤방은 지상위에 가로와 세로로 나무를 교차시켜서 쌓아올렸다. 이 점은 메인 무덤방의 단면도(그림 11)를 보면 알 수 있다.

중심 무덤방의 외부 무덤방을 1차, 안의 무덤방을 2차무덤방이라고 부르고자 한다. 내부에 있는 무덤방의 바깥에는 돌을 쌓아서 고정시킨 것(그림 11-2)이 관찰된다. 이는 무덤의 평면도에도 확인된다.

② **축조방법**

아르잔-1호의 외부는 납작한 판석으로 덮었다. 이를 알 수 있는 부분이 남아 있는 곳은 유구의 평면도에서 동쪽 벽의 a부분(그림 8-1)에 남아 있었다. 높이가 20~40cm가량 남아 있고, 납작한 석회암은 큰 경우 70~80cm도 있다. 50호묘 앞(북쪽)에도 석벽이 남아 있었지만 (b) 동쪽 벽 보다는 훨씬 덜 하다.

매장 주체부의 가장 중심부는 가로방향과 세로방향을 한 단씩 교차시켜서 가로 3단 세로 3단을 높이 2.6m까지 올린 것이다. 무덤방이 대부분 그런 방법으로 축조되었는데, 무덤의 가장자리도 마찬가지이다. 통나무 집의 벽은 완벽하게 바르지는 않지만 일정한 간격으로 설치되었다. 무덤방의 전체 높이는 2.4~3m가량이다. 2호묘와 5호묘는 2.1~2.8m가량이다.

무덤의 아래쪽 절반 전체는 높이가 2.5~3m가량인 것으로 남아 있다. 목조 구조물의 가장 자리에는 위에서 아래로 비스듬하게 목제를 나란히 쌓은 것이 확인되었다(그림 8-2). 15호묘 앞에는 무덤의 가장자리 둘레를 따라서 목재를 연속적으로 놓은 것이 확인되는데(그림 8-2), 5곳 남아 있다.

그랴즈노프는 이 부분에 대해서 크게 설명하지 않았지만, 필자는 이 부분이 매우 중요하다고 생각하는데, 직경 80m 무덤의 높이를 대략적으로 일정하게 맞추는 역할을 했다고 생각하기 때문이다.

무덤의 주변을 둘러싼 부분을 제외하고 매장주체부의 직경은 80m이고, 남은 무덤방은 70개이며, 크기는 5,000m^2에 달한다. 그랴즈노프는 모든 방의 무덤구조가 같지 않기 때문에 숫자가 정확하지 않을 수도 있다고 했다. 무덤방은 연속적으로 건축된 것이 아니라 몇 개의 구역으로 나누어서 축조되었다. 무덤의 서쪽은 반 이상이 없어져서 구조를 아는 것이 불가능했고, 북쪽과 동쪽이 가장 잘 남아 있었으며, 남쪽은 북, 동쪽과 다른 구조이다

(그림 10).

대부분의 무덤방은 네모꼴인데, 전체 무덤 평면은 원형이어서 짜투리 공간이 생긴다. 예를 들면 무덤의 남동쪽에 있는 22~24호묘이다. 크기가 15~130㎡정도이고, 이곳을 포함한다면 무덤방의 숫자는 거의 100개에 달한다. 이 섹션에서는 23번 방은 따로 나무를 써서 만든 공간이 아니고, 40~44번 무덤방을 만들면서 생긴 매개가 되는 공간이다.

남쪽의 무덤방 15호묘는 최소 6개의 방으로 보이지만 무덤방의 번호는 15번으로 하나이다. 왜냐하면 그림 10을 보면 중심부(북동-남서)로 향하는 나무의 길이가 길기 때문이다. 다른 방과는 달리 긴 나무(3~4m)를 이용해서 중간에 방향이 다른(북서-남동)쪽으로 나무를 끼워 넣지 않으면 처질 수 밖에 없기 때문이다. 이런 곳은 21호묘도 있는데, 긴 나무를 이용했다.

아르잔의 직경은 120m이지만, 높이는 3~4m밖에 되지 않는다. 봉분은 무게 20~50kg이고 두께 20~40cm의 납작한 돌을 쌓고 그 위에 작은 자갈돌을 덮었다. 이 외부에는 납작한 돌을 높이 2.5m까지 쌓아 올린 것이다. 거대한 무덤의 흔적은 구글 위성사진에 남아 있다(그림 3).[4]

그림 9 아르잔-2호 내부

4 거대한 무덤의 흔적은 구글 위성사진으로 볼 수 있다. 필자의 블로그(eastsearoad.tistory.com)에 공유해 놓았다.

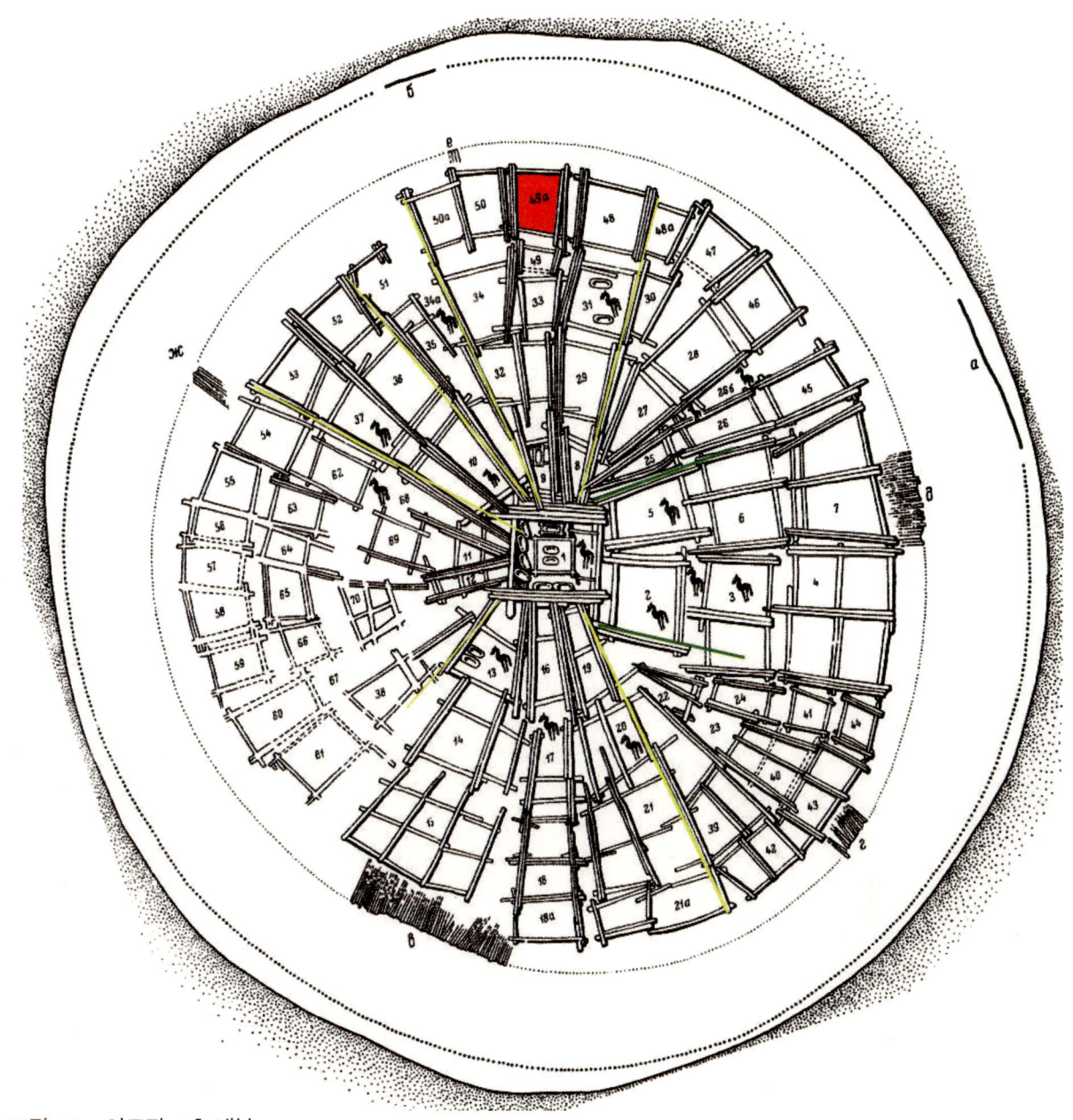

그림 10　아르잔-1호 내부

　　무덤의 외곽에는 15~30m 떨어진 지점에 2~3열로 석열이 돌아가는데 길이가 300m 이다(그림 5-1). 이 곳을 동남쪽 방향에서 조사해 본 결과 돌무더기안에 유물은 없었다. 염소, 소, 말, 멧돼지 등 각종 동물뼈가 확인되었는데, 의례와 관련된 제사기단으로 추정한다. 이 석열은 무덤 전체가 아닌 무덤의 반 정도만 돌렸다.

무덤 주변에 동물뼈를 뿌리는 관습은 이 지역의 청동기시대에도 관찰된다.

아르잔-1호와 인접한 아르잔-2호(그림 9)도 납작한 돌을 쌓아올려서 축조했다. 아르잔-2호는 대략 200년 뒤에 만들어지지만, 같은 지역에서 확인되었고 납작한 돌을 쌓는 전통이 이어진다고 볼 수 있다.

③ 무덤방의 배치

아르잔-1호에서 출토된 유물은 2호묘에서 출토되었고, 이곳에는 말 30마리가 각종 마구 및 말 장식과 함께 출토되었다.

말과 사람이 매장된 곳은 26a와 26b호묘이고, 사람이 묻힌 곳은 정확하게 9, 13, 31호묘이다. 모두 나무방 안에 통나무관이 확인된다.

9호묘(8×3.5m)는 중심 무덤방과 가장 가까운 곳에 위치하는데, 13호묘(7.5×5.5m), 31호묘(5.5×5.5m)에 비해서 월등하게 작은 공간이어서 말이 함께 매장될 수 없었을 것이다. 9호묘는 유적에서 유일하게 사람만 들어간 곳이기도 하다.

13호묘와 31호묘에는 통나무 관이 2개씩 들어가 있어 2인의 합장묘인데, 9호묘에 비해서 계급 차이가 있을 수 있다. 아르잔-1호에는 중심 무덤방 10인을 포함해서 총 15인이 매장되어 있다.

말이 매장된 곳은 중심매장부를 제외하고 말만 매장된 곳은 13곳이고, 13호묘와 31호묘를 포함하면 15개소이다. 그리고 무덤에서 나머지 무덤방 53개는 비어 있었다.

무덤의 평면구조를 살펴보면 동쪽방향의 무덤방과 북과 남쪽의 무덤방 형태가 다르다는 점을 알 수 있다. 동쪽으로는 2~7호묘는 네모꼴(비교적 가까운)이고, 북쪽(8~10호묘, 29~37호묘)과 남쪽 방향(13~21호묘)은 중심 무덤방과 가까운 쪽은 사다리꼴이고, 가장자리로 갈수록 네모꼴 무덤방이 만들어진다. 그러나 남쪽의 무덤방은 명확하지 않다(그림 10).

중심 무덤방에서 부채꼴 모양으로 퍼져가는 무덤의 양상은 북쪽에서 가장 잘 나타난다. 8호묘와 9호묘는 사다리꼴 모양이지만 이 무덤을 최종적으로 원형으로 만들기 위해서 중심부 방에서 모서리에 위치한 10호묘를 만들어야 했을 것이다. 10호묘 덕분에 36, 37호묘가 만들어졌고, 51~53호묘도 축조할 수 있었다.

그런데 51호묘 옆 공간은 왜 나무가 없을까?

필자가 생각하기에는 51호묘가 속한 공간과 바로 인접한 8, 9, 29~34호묘 구역과 동시에 만들었기 때문에 빈 공간이 생기면서 설계오류로 인한 것이다. 양쪽 공간을 동시에 만들었고, 거의 축조된 상태에서 서로 아귀는 맞지 않고, 다시 허물 수도 없고, 짜투리 공간에 나무를 계속 덧대면서 이미 너무 많은 나무를 소비해서 어쩔 수 없는 상황이 아니었을까?

또 흥미로운 공간은 31호묘와 34호묘 사이에 위치한 33호묘와 49호묘이다. 31호묘의 서쪽 벽이 29호묘에서 계속 뻗어진 대로 나무를 연결했다면 이 방도 사다리꼴이 되었을 것이다. 그러나 29호묘의 서쪽벽에서 뺀 나무와 다른 방향으로 틀면서 31호묘는 네모꼴이 되었고, 48호묘의 방향도 정해졌다. 34호묘는 사다리꼴로 유지되고, 50호묘와 50a호묘가 만들어지게 되었다. 31호묘와 34호묘 사이 공간에 49호묘를 넣어서 49a호묘가 만들어졌다. 이 방은 48호묘와 50호묘를 연결하는 역할을 한다. 33호묘의 북벽은 49호묘의 남벽이 역할이 된다.

긴 통나무로 직경 80m의 원형 구조물을 만들기 위해서 엄청나게 계산을 했겠지만, 또 이해가 되지 않는 부분은 아무것도 없는 방이 53개나 된다는 점이다. 그랴즈노프(1980), 강인욱(강인욱·조소은 2014)도 무덤구조가 엉성하다고 지적했다.

(3) 매장주체부: 중심 무덤방

직경 80m의 아르잔-1호에서 매중주체부는 가장 중심에 위치한다.

가장 중심 무덤방은 2겹으로 주인공을 위한 공간인 2차 무덤방(내곽)이 따로 있고, 그 주변(북, 서, 남)에는 1차 무덤방에 무덤시설이 따로 있으며, 이 공간의 동쪽에는 말 6마리가 부장되었다.

중심부의 2차 무덤방(그림 11)은 직경 20~25cm의 통나무를 촘촘하게 쌓아올려서(그림 11-2,3) 축조된 것이다. 통나무관도 남성이 묻혔다. 9호묘 남성은 나이가 기록되지 않았다. 3호묘 통나무관에는 사람이 남아 있지 않았다.

매장주체부의 1차 무덤방에는 모두 남성 8인(3호묘 통나무관을 포함한)이 주변을 둘러싸고 있다. 3호묘 통나무관은 인골이 남아 있지만, 이를 제외한 다른 무덤에서는 주변부가 모두 남성인골이 확인되었다. 3호묘 통나무관에서는 담비가죽, 청동화살촉 등 다른 통나무관과 같은 유물이 출토되었기 때문에 남성 무덤이라고 볼 수 있다. 그렇다면 이 무덤에는 2차 무덤방 안의 주인공 여성 1인을 제외하고는 모두 남성이다.

1차 무덤방 안의 통나무관의 크기(그림 12)는 대부분 1~1.4m이다. 5호묘의 길이는 1m 가량으로 비슷한 크기이다. 관의 크기로 보아서 이곳에 매장된 사람들은 5호묘(그림 12-5)이나 7호묘 통나무관(그림 12-7)에서 마찬가지로 무릎을 구부린 자세로 매장되었을 것이다. 통나무관은 크기가 큰 2호묘 안의 통나무관을 제외하고는 대부분 비슷한 형태이다. 측면의

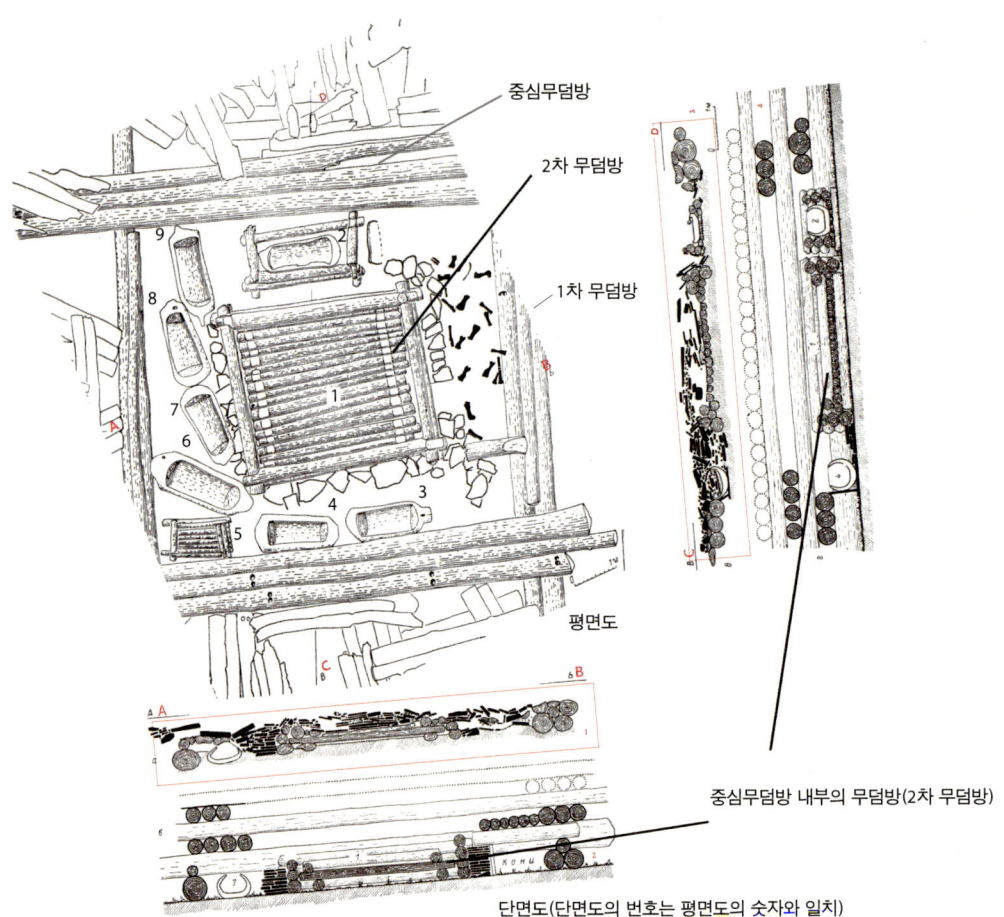

그림 11 아르잔-1호 중심 무덤방과 단면도

모양은 사다리꼴을 반대로 해 놓은 모양이다. 통나무관의 지면 바닥이 통나무관의 입구보다 크며 관의 머리쪽과 다리쪽의 모양이 다르다.

(4) 말 무덤: 원형 범 장식이 출토된 곳

아르잔-1호에서 70여 개의 무덤방 가운데 중앙의 메인 무덤방을 제외하고는 말이 매장된 무덤은 13곳이다. 그 중에서 가장 많은 말이 매장된 곳은 메인 무덤방 바로 옆에 위치한 2호묘(그림 13)이다. 30마리의 말과 함께 골제와 청동제 재갈, 3공 재갈멈치, 골제 및 청동제 화살촉, 장식드리개와 환(環) 등이 출토되었다.

아르잔-1호에는 사람 무덤인지, 말 무덤인지 모를 정도로 말이 많이 묻혔다. 사람은 총 15인이고, 말은 대략 160마리 정도라고 알려져 있으나, 잘 남아 있지 않은 무덤의 서쪽을 고려한다면 이 보다 훨씬 많았을 것이다. 무덤에 부장된 말은 기승용으로, 12~15세의 수

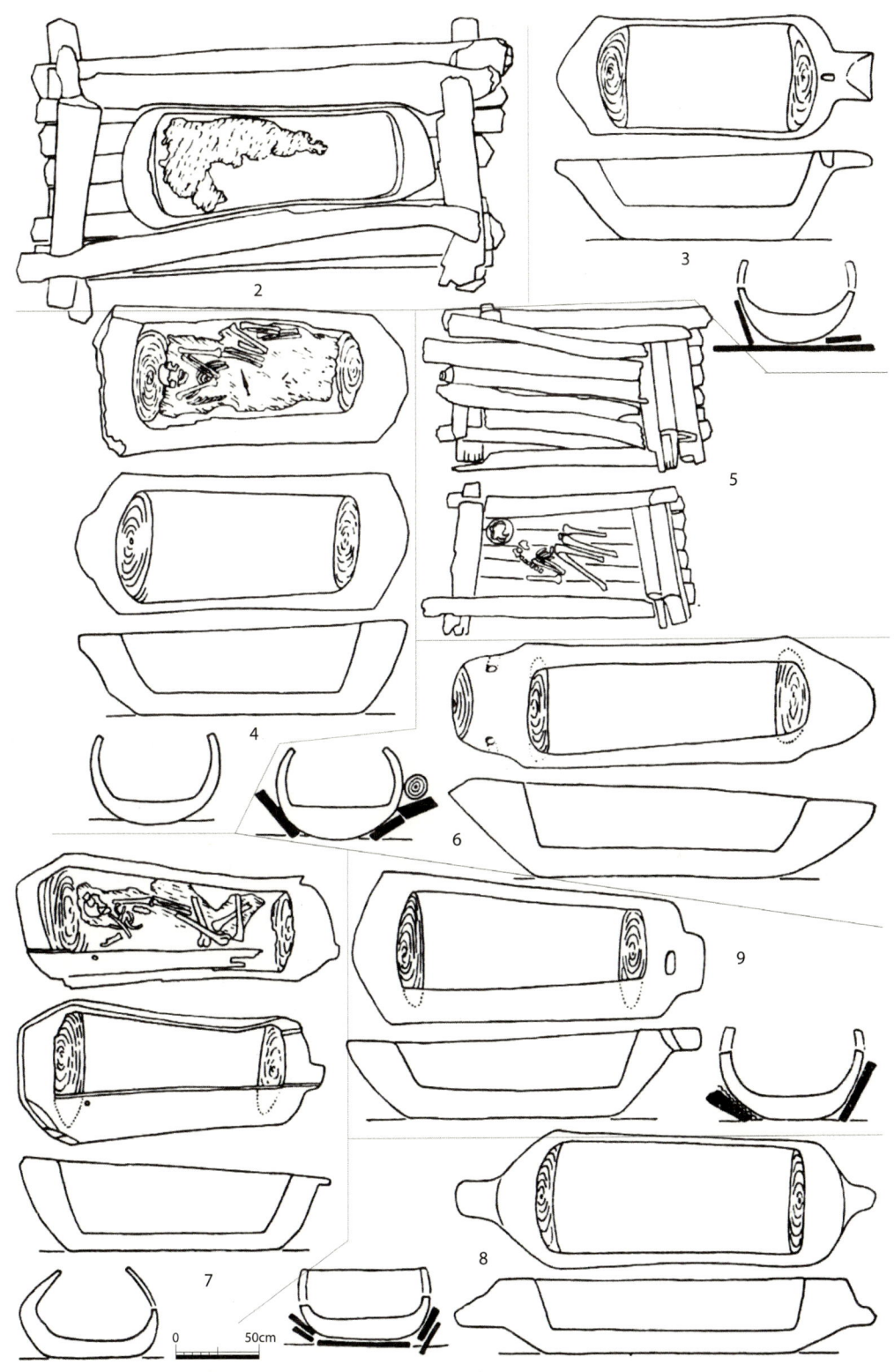

그림 12 아르잔-1호 중심 무덤방의 통나무관 그림 11과 그림번호가 일치

표 2 아르잔-1호에서 말이 부장된 무덤과 말의 수(필자 작성)

아르잔-1호에서 말 만 들어간 무덤방	매장된 말의 수
2호묘	90마리
2~3호묘 사이 사이	3마리
3호묘	3마리
5호묘	15마리
10호묘	2마리
17호묘	8마리
20호묘	18마리
25b호묘	?
26a, 26b호묘	11마리
34a호묘	5마리
37호묘	13마리
68호묘	2마리

컷으로 골라서 부장했다.

매장주체부 동쪽에는 말만 매장된 무덤 3개가 있다(그림 10). 2호묘와 3호묘 사이에도 말 3마리가 확인되었고, 청동재갈(그림 18)이 출토되었다. 그러나 이곳에는 무덤방의 번호가 없는데, 무덤방으로 만들어진 곳이 아니라 2호묘와 3호묘 사이의 공간이기 때문이다.

2호묘(그림 13)의 너비는 9.5×8m, 높이는 0.9m 가량이다. 말 30

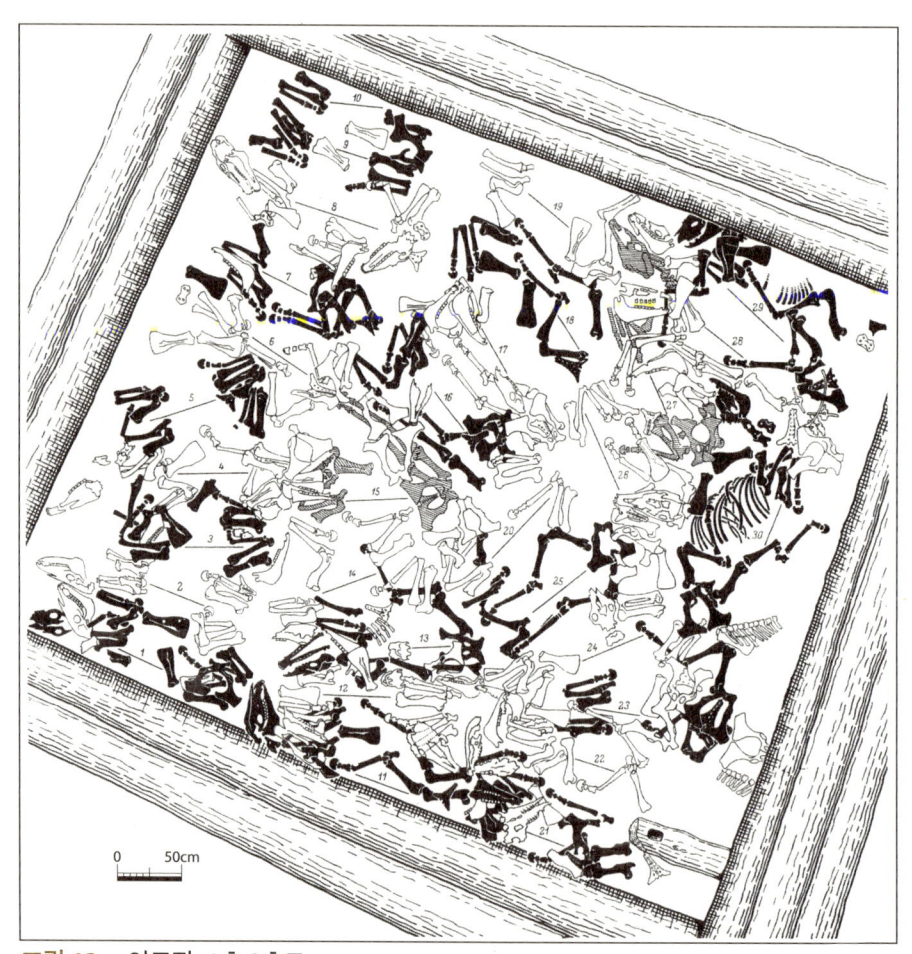

그림 13 아르잔-1호 2호묘

마리가 매장되었다. 말의 두개골이 무덤 중심부를 향하고, 다리를 접고 하늘을 쳐다보도록 묻혔다. 이 곳에서 청동제 원형 호랑이 장식이 출토되었다.

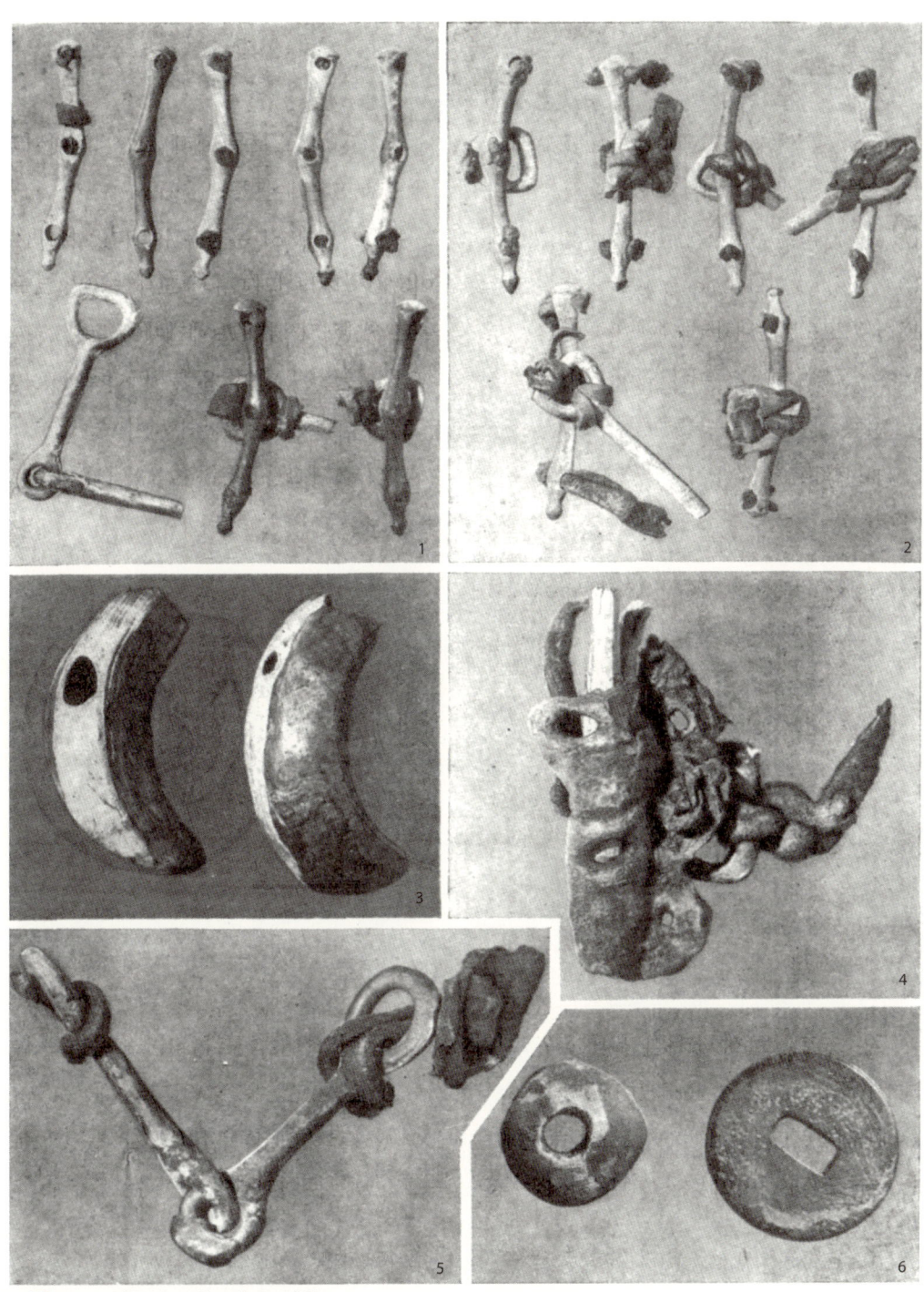

그림 14 아르잔-1호 2호묘 마구

아르잔-1호의 재갈멈치(그림 18-5)는 구멍이 3개이고, 재갈멈치를 끼우기 위한 재갈의 끝에 달린 고리모양이 원형이 아니라 사다리꼴(그림 18-2)에 가깝다. 재갈멈치에 구멍이 세 개인 것은 중간의 것은 재갈과 연결시키고, 위 아래의 구멍은 굴레와 고삐를 채우기 위한 것이다. 재갈과 재갈멈치는 청동으로 제작되었다.

그림 14-3은 굴레에 달았던 장식품이다. 멧돼지 송곳니로 제작되었는데, 189개가 2호묘에서 출토되었다고 한다. 굴레에 달았을 것으로 추정되는 유물 가운데 구부러진 것 외에도 둥근 원판에 네모 구멍이 있는 뼈로 만든 장식(그림 14-6의 오른쪽)도 출토되었다.

3호묘의 크기는 12.5×7.5m로 2호묘의 동쪽에 인접해 있으며, 높이는 2.2m로 2호묘에 비해 2배 이상 높다. 북쪽 반이 말의 뼈로 가득 차있었고, 말의 머리뼈가 30개 출토되었

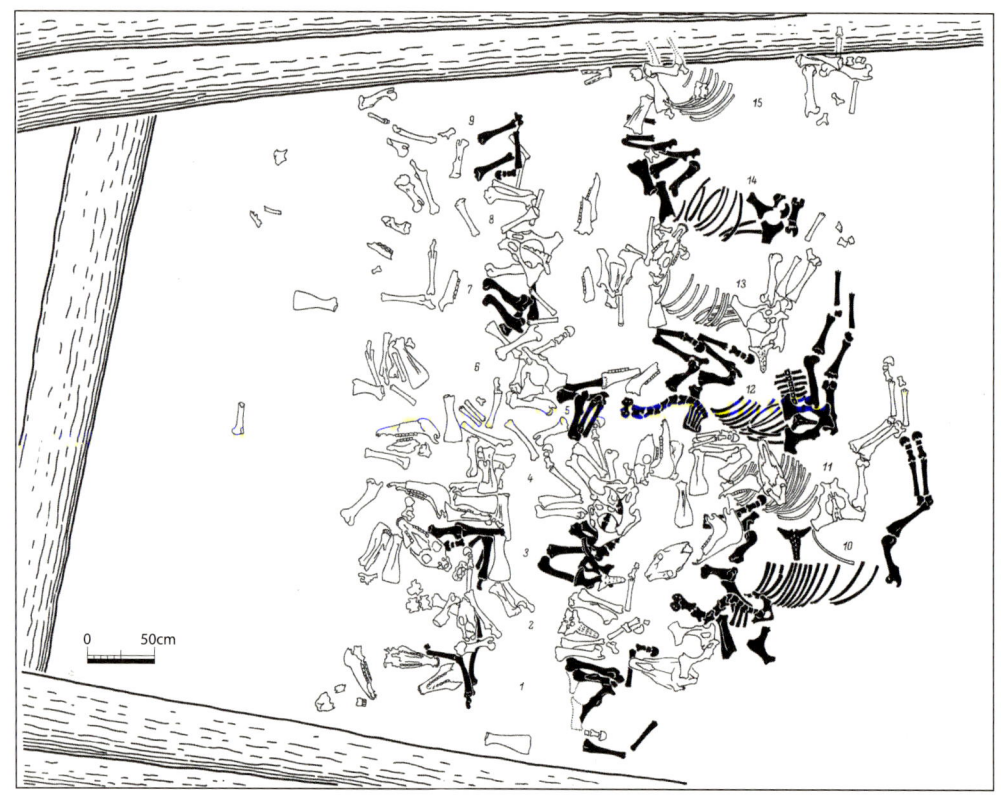

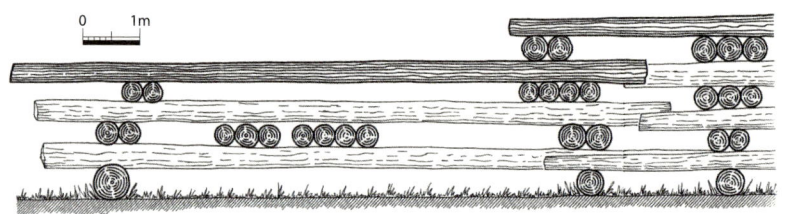

그림 15   아르잔-1호 5호묘

그림 16 　 파지리크 1호 재갈과 재갈멈치

다. 2호묘 보다 더 밀도가 높다. 최소한 6벌에 해당하는 마구 세트가 있었다.

5호묘의 크기(그림 15)는 10×6.5m로 2호묘의 북벽에 위치하고, 높이는 2.4m로 3호묘와 비슷한 높이이다. 15마리의 말뼈가 출토되었고 머리는 중심 무덤방을 향해 있다. 역시 재갈과 재갈멈치(그림 18-1, 3, 5) 등이 출토되었다

아르잔-1호에서 출토된 재갈은 우코크 고원 및 파지리크 계곡에서 출토된 재갈과 차이가 있다. 아르잔-1호의 재갈은 기능에 좀 더 충실했다면, 300년~400년 후의 유적에서 출토된 재갈은 재갈멈치의 기능과 더불어 나무를 조각하여 금박으로 화려하게 장식하는 방향으로 변화되었다(그림 16).

(5) 출토유물

① 주인공 1호묘의 출토유물

아르잔-1호의 매장주체부는 아쉽게도 도굴당했지만, 페르시아지역에서 들어온 옷과 담비 가죽 등은 남아 있었다. 그 외에도 금, 은, 동, 터키석, 갈탄, 뼈 등으로 제작된 장신구(그림 17, 19, 표 3)가 남아 있고 중심 무덤방의 동쪽에 위치한 말 6마리 사이에서도 마구가 많이 출토되었다(그림 20).

그림 17   아르잔-1호 유물

46   교과서 밖의 역사 유라시아 초원 스키타이 문화의 미라와 여신상

표 3 아르잔-1호의 출토유물(김재윤 작성)

무덤방		그림번호	주인공	가족	청동	금제	은제	터키석	걸탄	뼈	멧돼지송곳니
중심무덤방	1호묘 인간	17-1			모인동관						
	1호묘 인간	17-7			장식판						
	1호묘 인간	17-2						장식판			
	1호묘 인간	17-9						장식판			
	1호묘 인간	17-10						장식판			
	1호묘 인간	17-4							고리모양		
	1호묘 인간	17-3								고리모양	
	1호묘 인간	17-5								고리모양	
	1호묘 인간	17-6	남 녀, 사지굴만		재갈			단추			
	1호묘 말(6)	21-1									
	1호묘 말	21-2				목제를 덧입힘					
	1호묘 말	21-4				장식판					
	1호묘 말	21-7				장식판					
	1호묘 말	21-8				장식판					
	1호묘 말	21-10									
	1호묘 말	21-6					이마장식(w금)				
	1호묘 말	21-9			장식판(+은)						
	1호묘 말	21-12									장식판
	1호묘 말	20-1~6									굴레장식
	2호묘 인간	17-8						장식판			
	2호묘 인간	19-5			창	장신구					
	2호묘 인간	19-7			가죽집	장신구					
	3호묘 인간	19-8			단검						
	4호묘 인간	19-1			화살촉						
	4호묘 인간	19-2	남(18~20세)								
	4호묘 인간	19-12				귀걸이(+청동)					
	4호묘 인간	19-10				귀걸이(+청동)					
	4호묘 인간	19-11			단검						
	4호묘 인간	19-13			검 손잡이(금박)						
무덤방 밖	4호묘밖 인간	19-3	·		투부					화살촉	
	4호묘밖 인간	19-4	·								
	4호묘밖 인간	19-6									
	6호묘 인간	19-9	남(60세이상)	?							
	26호묘 말(11)	21-3									
	31호묘 말	21-11	사람 2 有			장식판(+말총)					
	37호묘 말(13)	21-5				장식판					

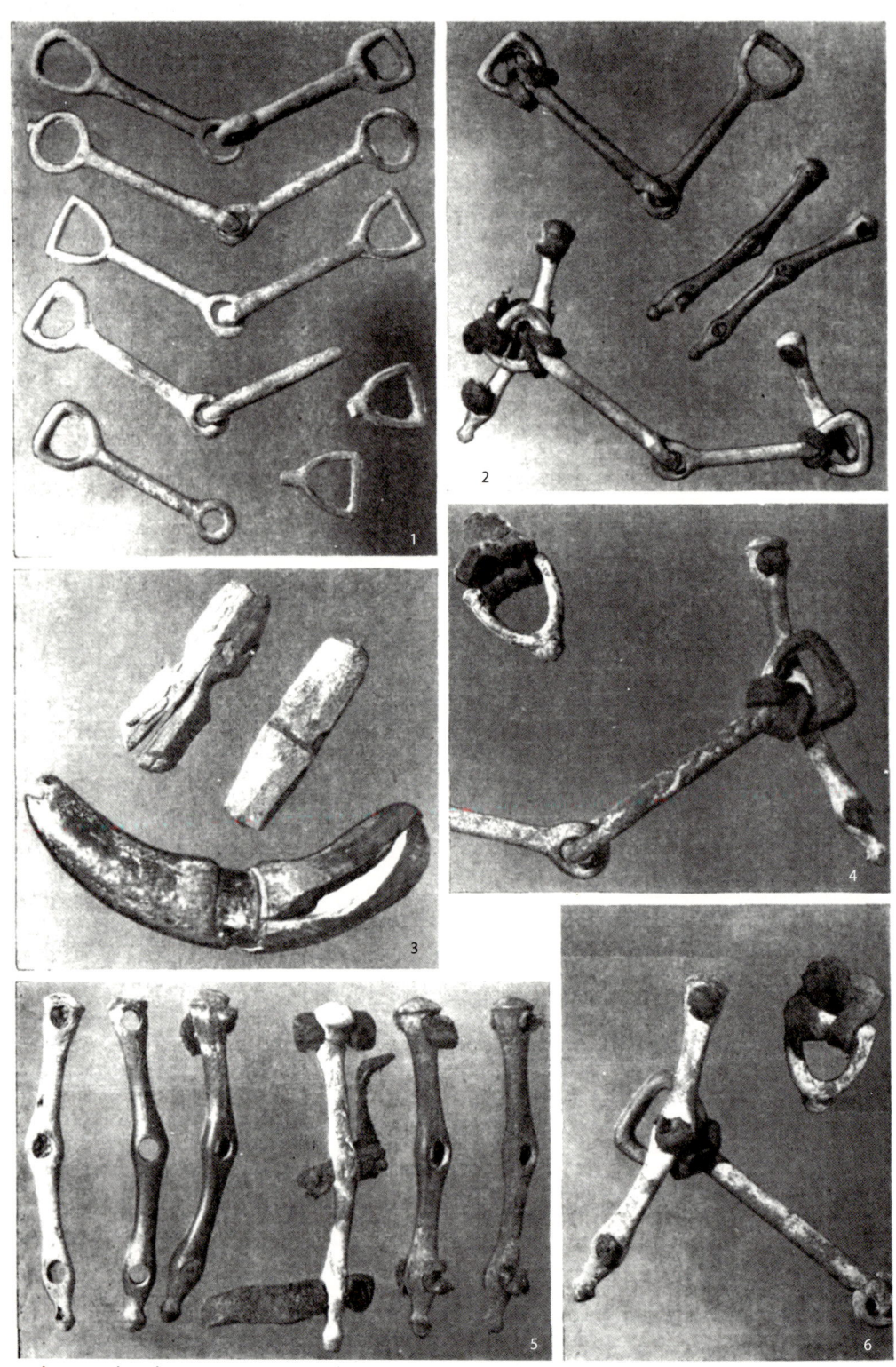

그림 18 아르잔-1호 5호묘(1, 3, 5)와 2~3호묘 사이 마구(2, 4, 6)

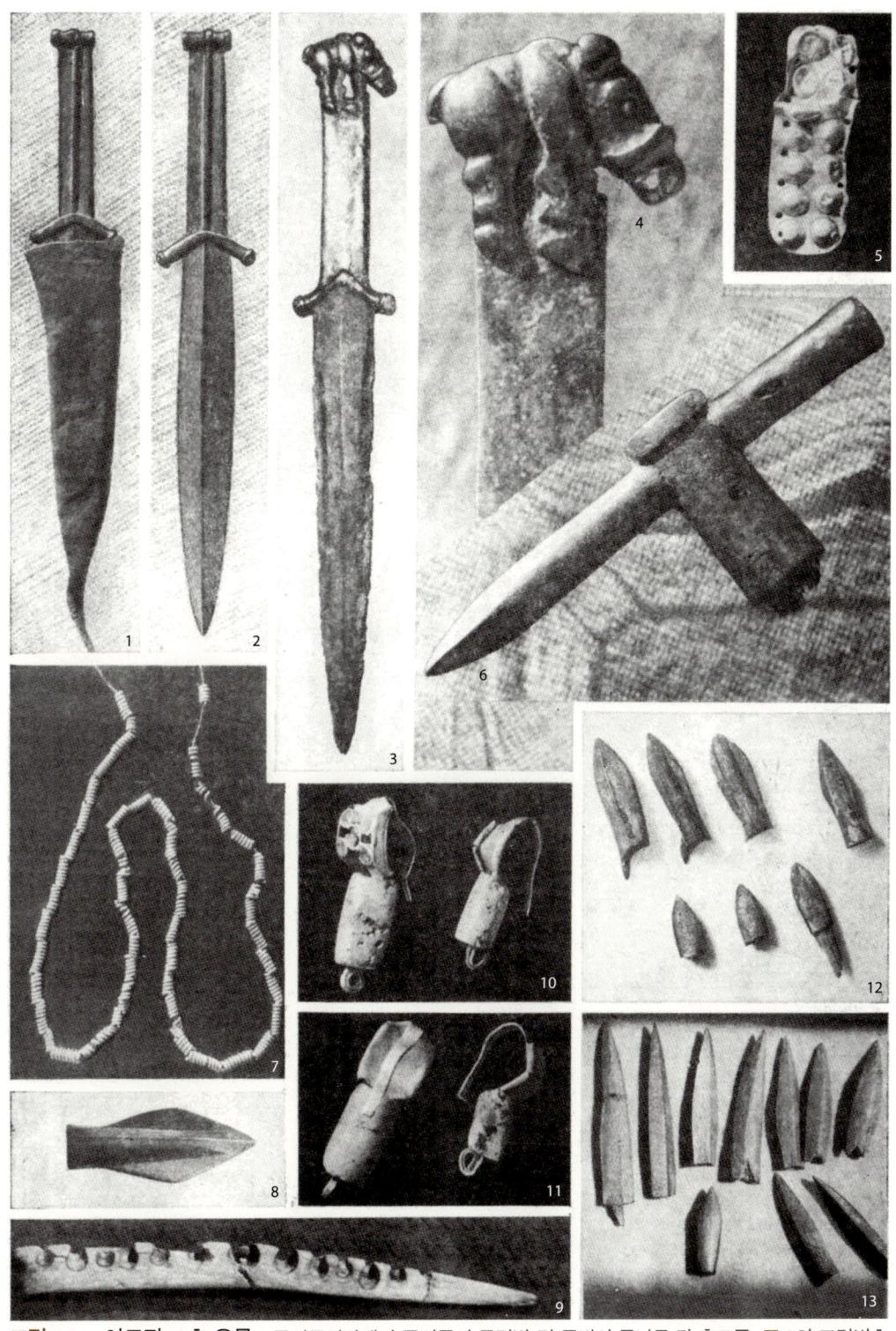

그림 19 아르잔-1호 유물 중심무덤방에서 주인공의 무덤방 및 주변의 통나무 관 출토품. 표 3의 그림번호와 일치

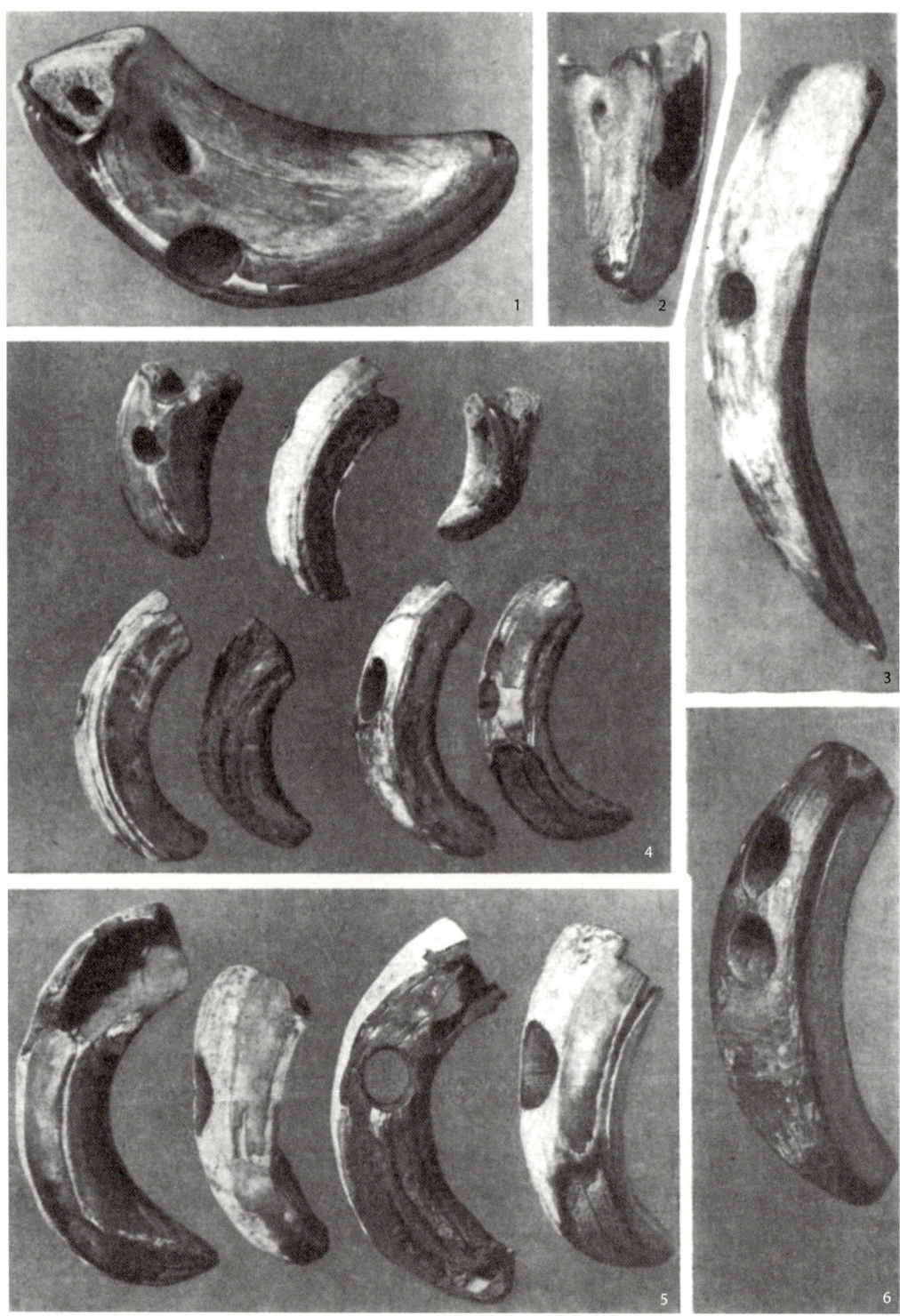

그림 20   아르잔-1호 말 굴레장식

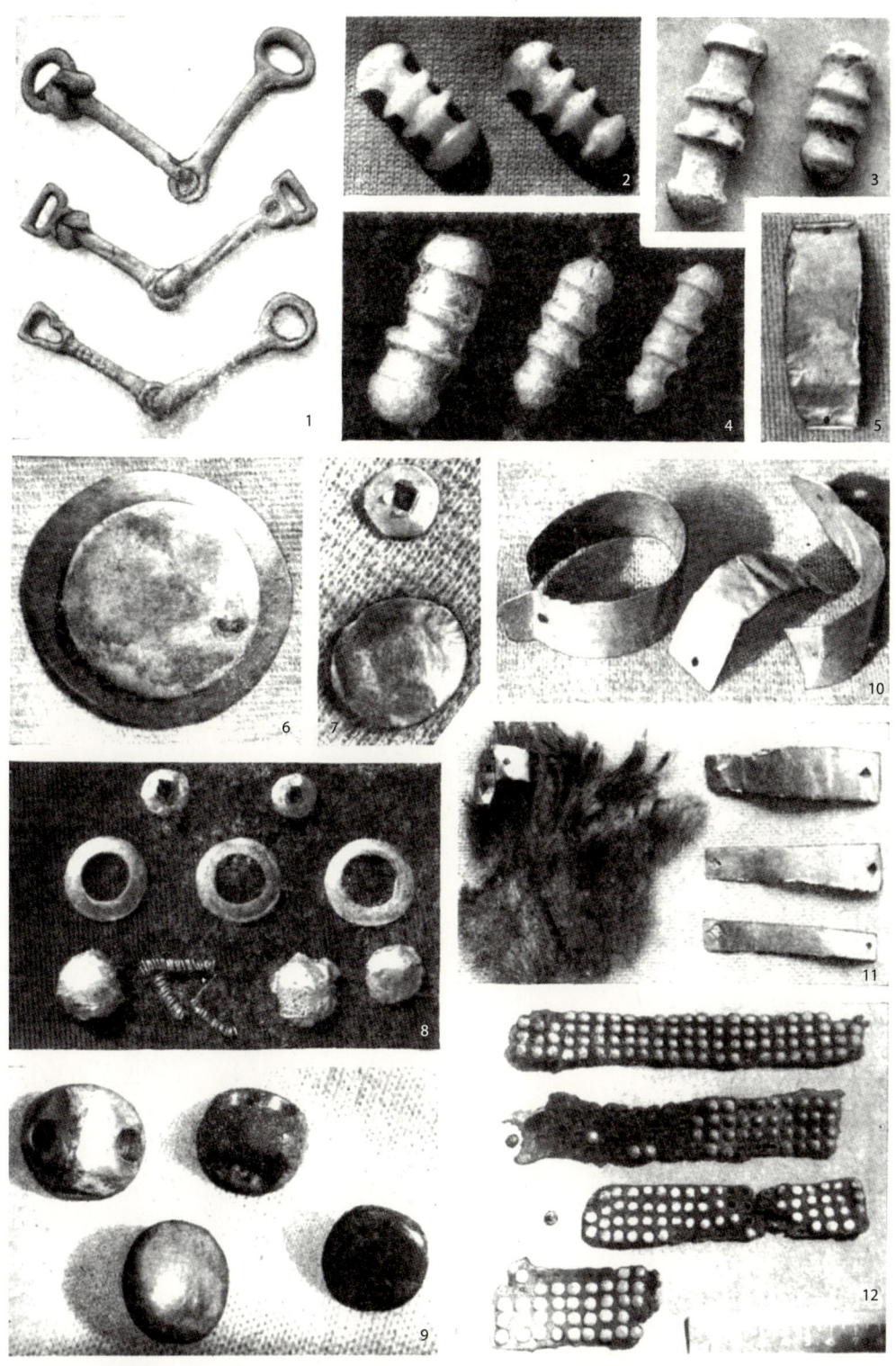

그림 21 아르잔-1호 말 관련 유물 주인공 무덤방 및 26호, 31호, 37호 통나무관 출토품

중심무덤방의 1호묘 외곽에 위치한 통나무관 6개와 2호묘에서도 유물이 출토되었다 (표 3). 5호묘 나무방과 6호묘 통나무관을 제외하고 모두 유물이 출토되었다. 2호묘에는 통나무관도 있었는데, 금제품과 터키석 등이 출토되었다. 주인공 남녀가 묻힌 1호묘는 도굴이 심했기 때문에 확실하게 유물의 전체 수량이나 특징은 파악되지 않는다. 그 중에서 1호묘의 남쪽에 위치한 4호묘 관에는 청동단검 3자루 및 모직 옷, 금제 귀걸이(그림 19-10, 11) 등이 출토되었다. 4호묘 통나무관 밖에서 유물이 출토되는 것으로 보아서 이 통나무관도 도굴되었을 것이다(그림 17~21). 이곳에서 출토된 유물 가운데 동물문양장식이 붙은 청동검의 손잡이(그림 19-3)가 출토되는데, 4호묘 출토품일 가능성이 크다.

그랴즈노프는 4호묘 통나무관에서 담비가죽, 모피 옷, 금제 귀걸이 등이 출토되는 점으로 보아서 다른 통나무관도 비슷했다면, 이들도 높은 계급이었을 것이라고 추정했다.

하지만 1호묘의 주인공 남녀와 주변을 에워싼 8인은 친족관계였는지, 상하관계였는지, 혹은 가깝다면 얼마나 가까운 관계였는지는 정확하지 않다. 아울러 중심 무덤방의 북쪽에 위치한 9호묘에서는 통나무관이 겨우 들어갈 공간이 만들어졌는데 이곳도 1호묘의 주인공을 호위하는 듯 한 8인과 같은 관계였을 것이다. 유물은 출토되지 않았다.

그 외에 31호묘에서도 인간과 말이 함께 매장되고 말을 장식했던 장식판(그림 21-11)도 출토되었다.

② 청동산양 굴레장식

아르잔-1호에서 가장 주목받은 유물은 말 무덤인 2호묘에서 출토된 원형 호랑이장식(그림 2-1)이다. 이 유적에서는 합성된 동물문양인 그리핀은 확인되지 않지만 말무덤인 26a, 26b호묘에서는 산양장식(그림 24)이 출토되었다. 이 무덤방에서는 최소한 말 뼈 11마리분이 확

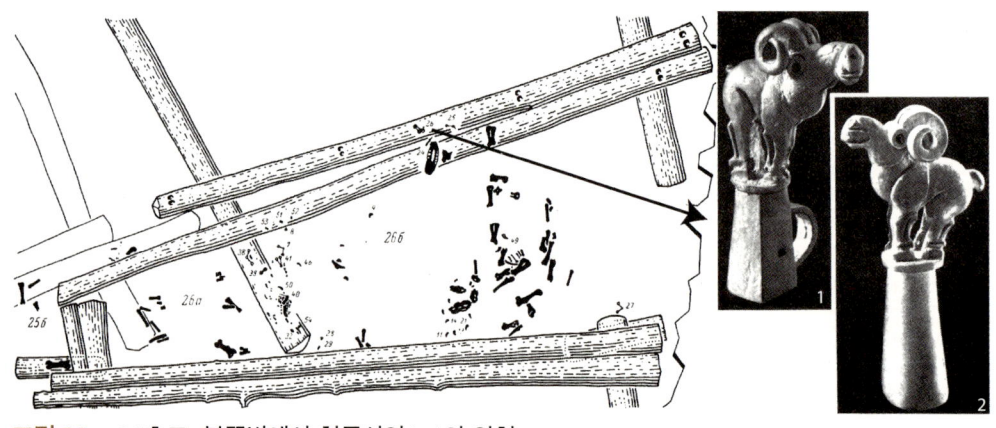

그림 22 26호묘, 북쪽벽에서 청동산양(26)의 위치

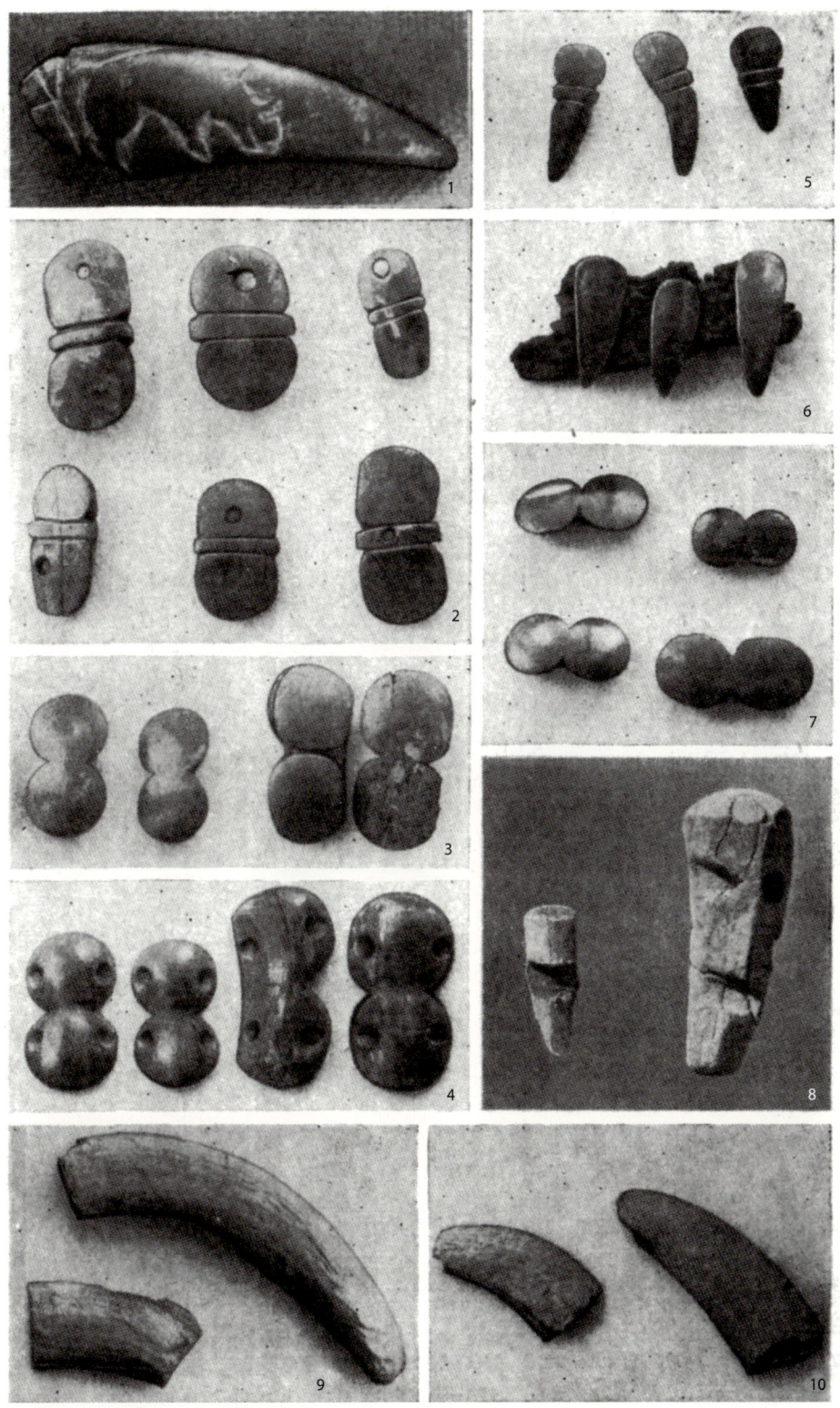

그림 23 26호묘, 마구 굴레장식

53

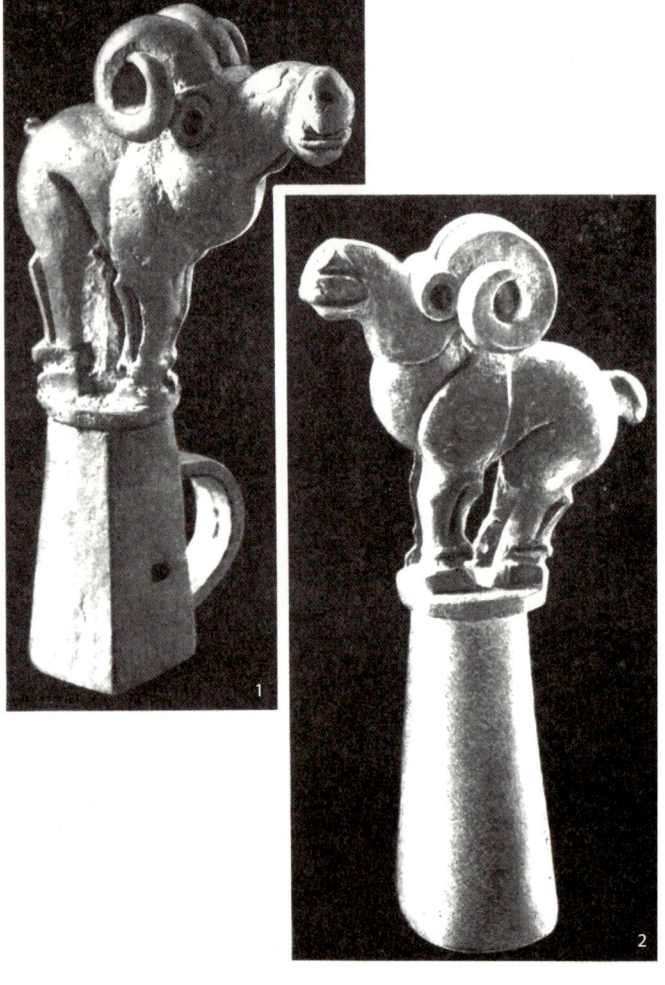

그림 24　26호묘, 청동산양

인되었고 재갈과 재갈멈치 세트도 11벌 출토되었다. 굴레에 달던 각종 장식판들도 있다. 특히 멧돼지 송곳니로 제작된 장식판이 많이 출토되었다.

　그 중에서 청동으로 제작된 산양장식물이 확인되었다. 산양이 발을 세우고, 청동판 위에 올라간 모습이다. 모두 5점이 확인되었고, 산양 아래의 청동판은 원뿔모양에 올라간 것과 방형의 청동판 위에 올라간 것으로 구분된다(그림 24). 산양은 꽤 사실적으로 표현되었는데, 앞 다리와 뒷다리의 근육, 다리의 관절, 굽 등이 그대로 표현되어 있다. 재밌는 점은 눈이 매우 둥글고 크게 과장되었고 다리도 뚱뚱하게 과장되었다. 사슴이나 말 등의 굽동물은 날씬하다는 느낌이 드는데, 이 산양은 그에 비하면 산양의 특징만 부각되고 사실적인 느낌은 적다. 같은 산양이지만 뿔도 둥근 모습을 그대로 표현(그림 24-1)하기도 했고, 측면(그림 24-2)을 깎아서 변형시키기도 했다. 산양을 지지하는 지지대에는 구멍이 있는데, 아래가 비어 있다. 구멍을 통해서 굴레에 달아서 장식했을 것으로 생각하는 의견도 있는데, 말

54　교과서 밖의 역사　유라시아 초원 스키타이 문화의 미라와 여신상

무덤에서 마구와 함께 출토되었기 때문이다.

그런데 비슷한 유물이 출토되는 곳이 또 있다. 아르잔과 멀지 않은 곳으로 저지대인 미누신스크 지역이다. 스키타이 문화권 내의 지역으로 이곳의 문화를 타가르 문화라고 한다.

대체로 기원전 7세기부터 확인되는 문화인데, 산양장식이 올려진 간두령이 발견된다. 완전히 같지는 않지만 종모양의 받침대 위에 다리를 펴고 서 있으며, 뿔을 화려하게 표현하고 있다. 뿔이 산양보다는 더 길고 마디가 있어 야생염소로 생각된다. 다리를 뻗었고, 머리를 치켜들고 눈은 과장되게 표현한 점 등 아르잔-1호의 산양표현과 같다. 물론 다리가 날씬하다는 점, 귀가 표현된 점 등은 차이가 있다. 일종의 지팡이 꼭지장식인 간두령(竿頭鈴)으로 생각하는데, 지지대의 아래가 비어 있기 때문이다(그림 25).

타가르 문화가 존재한 미누신스크 지역에서 그 이전에는 청동기시대 마지막은 카라숙문화가 영위되었다. 과장된 산염소의 눈은 카라숙문화의 여러 유물에서 발견되는 사슴문양의 눈 표현과 같다. 아르잔-1호 무덤의 봉분 위에서 확인된 사슴돌은 이 지역 청동기시대인 카라숙문화(그림 30)에서 널리 유행하던 것이다.

즉 아르잔-1호에서 나온 여러 유물은 스키타이 문화의 기원이 시베리아 재지의 청동

그림 25 타가르 문화 청동염소상

기문화에서 기반했다는 점을 알 수 있게 한다.

　　스키타이문화의 기원론이 흑해 북안으로 생각된 것은 1856년 만들어진 제국고고학위원회에서 주로 19세기에 흑해북안을 위주로 발굴하면서 먼저 나온 것이고, 시베리아를 발굴하면서 그 의견은 재고되기 시작했다. 아르잔-1호의 발굴이 큰 계기가 되었다. 그 의견이 더 설득력이 있어 보이는 것은 시베리아 청동기시대에는 청동유물에 이미 동물 문양장식이 많이 쓰이고 있었기 때문이다.

③ 31호묘의 재갈멈치

아르잔-1호에는 중심 무덤방을 제외하고 사람과 말이 함께 매장된 곳은 13호묘와 31호묘이다. 13호묘(7.5×5.5m, 높이 2.5m)와 31호묘(5.5×5.5m)는 통나무관이 2개씩이 확인되었고, 13호묘에는 말이 7개체분이 발견되어서 각 방에 묻힌 사람은 계급이 높았을 가능성이 있거나 아르잔-1호의 중심무덤방에 묻힌 주인공과의 관련성이 높을 수 있다고 그랴즈노프는 추정했다. 이는 중심무덤방과 북쪽에 바로 인접했지만 말이 출토되지 않는 9호묘와는 다른 관련성일 수 있다(그림 26).

13호묘는 이미 도굴당했는데, 무덤방 바닥에는 검은색 모피와 양모직물로 만든 옷이 남아 있었고, 인골 혹은 피장자의 유물은 거의 남아 있지 않았다. 대신에 13호묘와 14호묘 사이에 두개골 3개, 모피와 직물로 된 옷, 청동 핀, 청록색 터키색을 상감한 금제 귀걸이와 황금 장식판 등이 출토되었다. 또한 기마용 말 7마리와 재갈, 멧돼지 송곳니로 만든 6개의 펜던트, 말꼬리를 장식한 황금판 등이 출토되었다.

필자는 이곳의 상황이 의심스

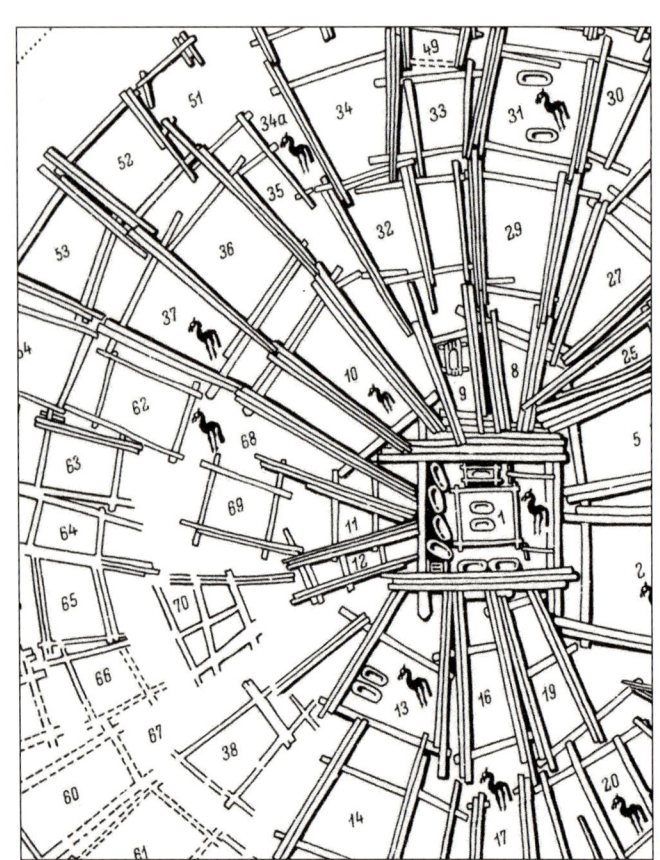

그림 26　아르잔-1호 평면도

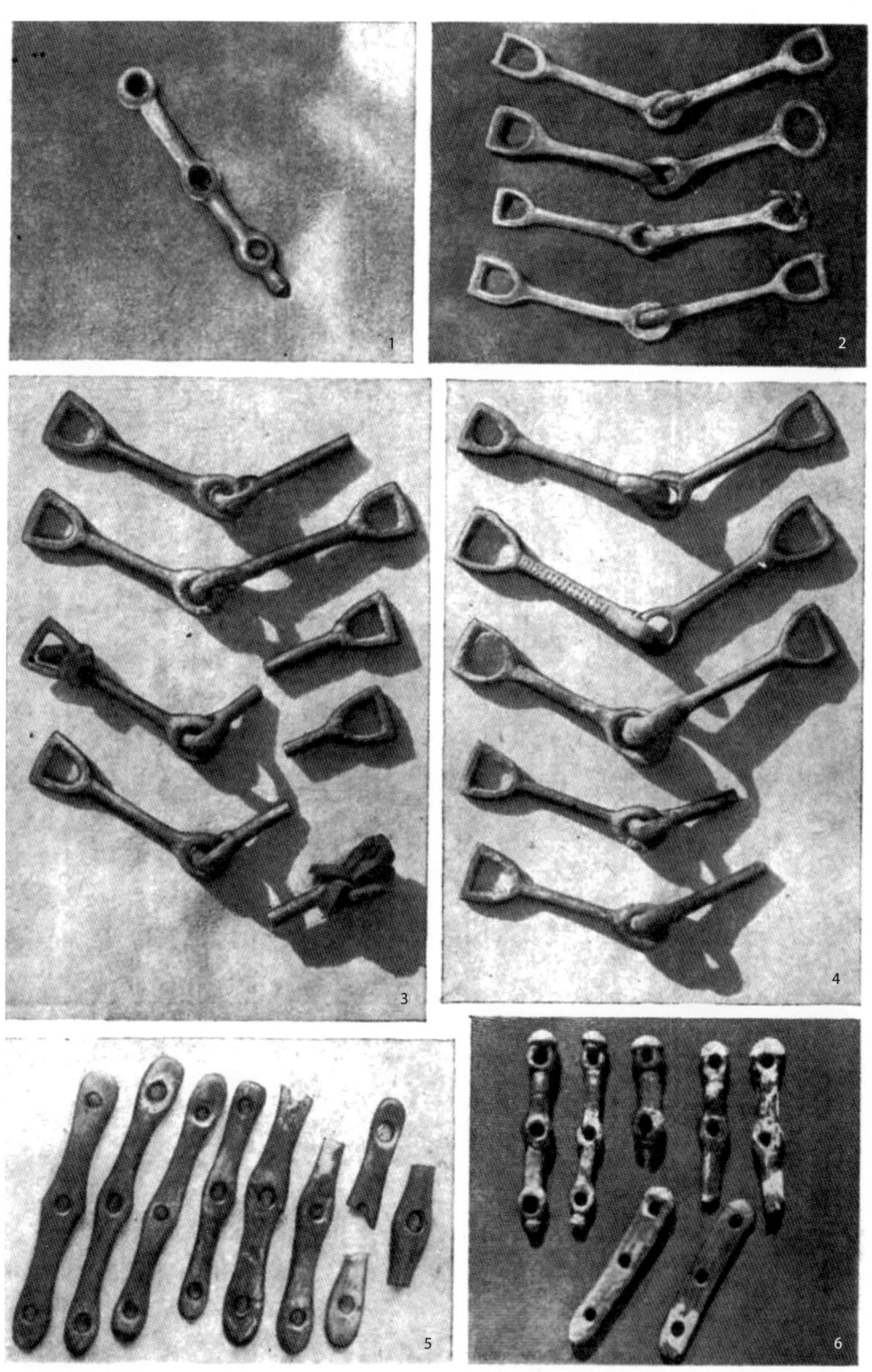

그림 27   아르잔-1호 마구   5, 6은 앞서 본 3공 재갈멈치와 형태도 다르고 소재도 뼈로 제작된 유물이다.

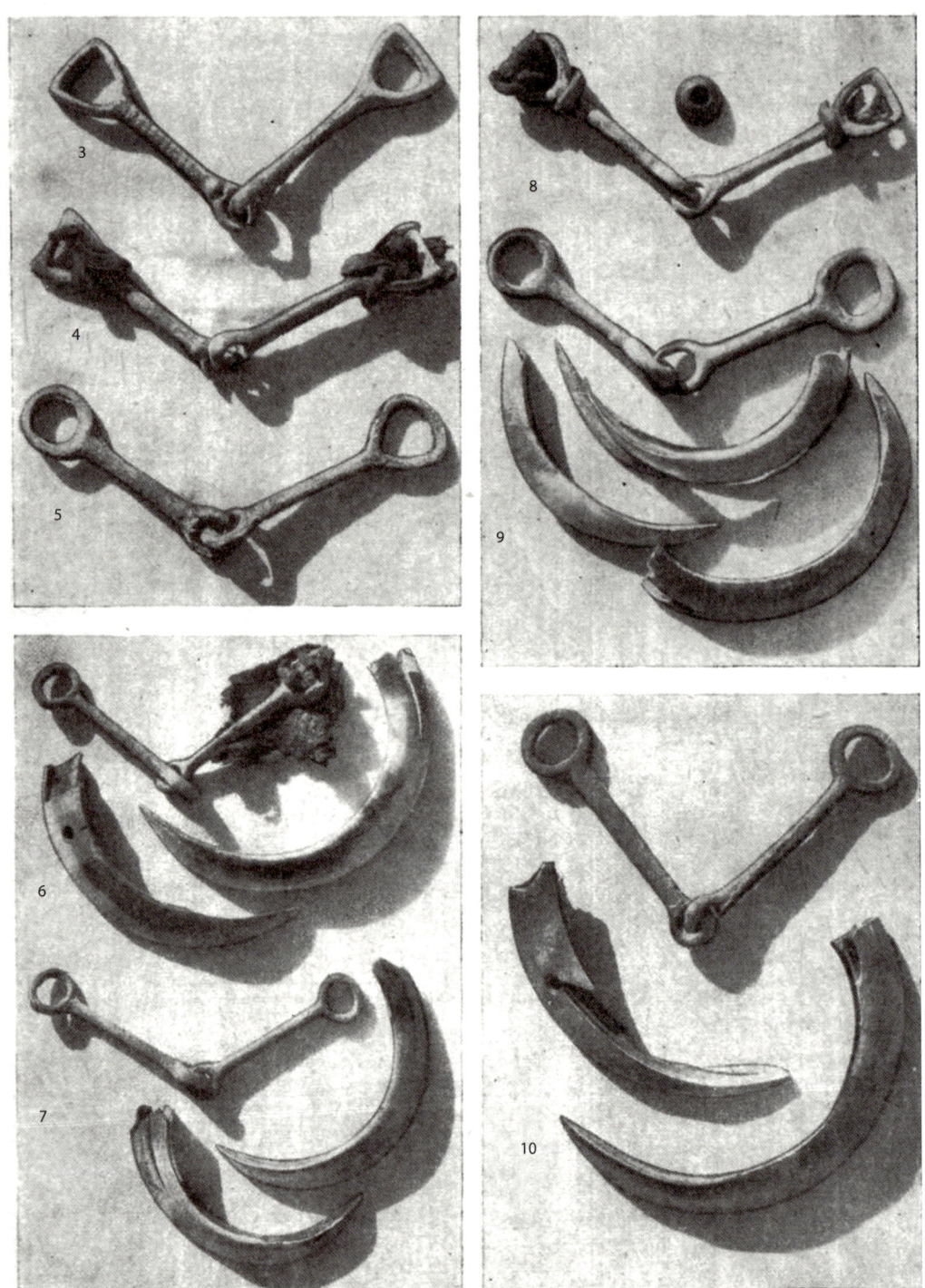

그림 28 아르잔-1호 31호묘 재갈과 굴레장식 말 번호와 일치

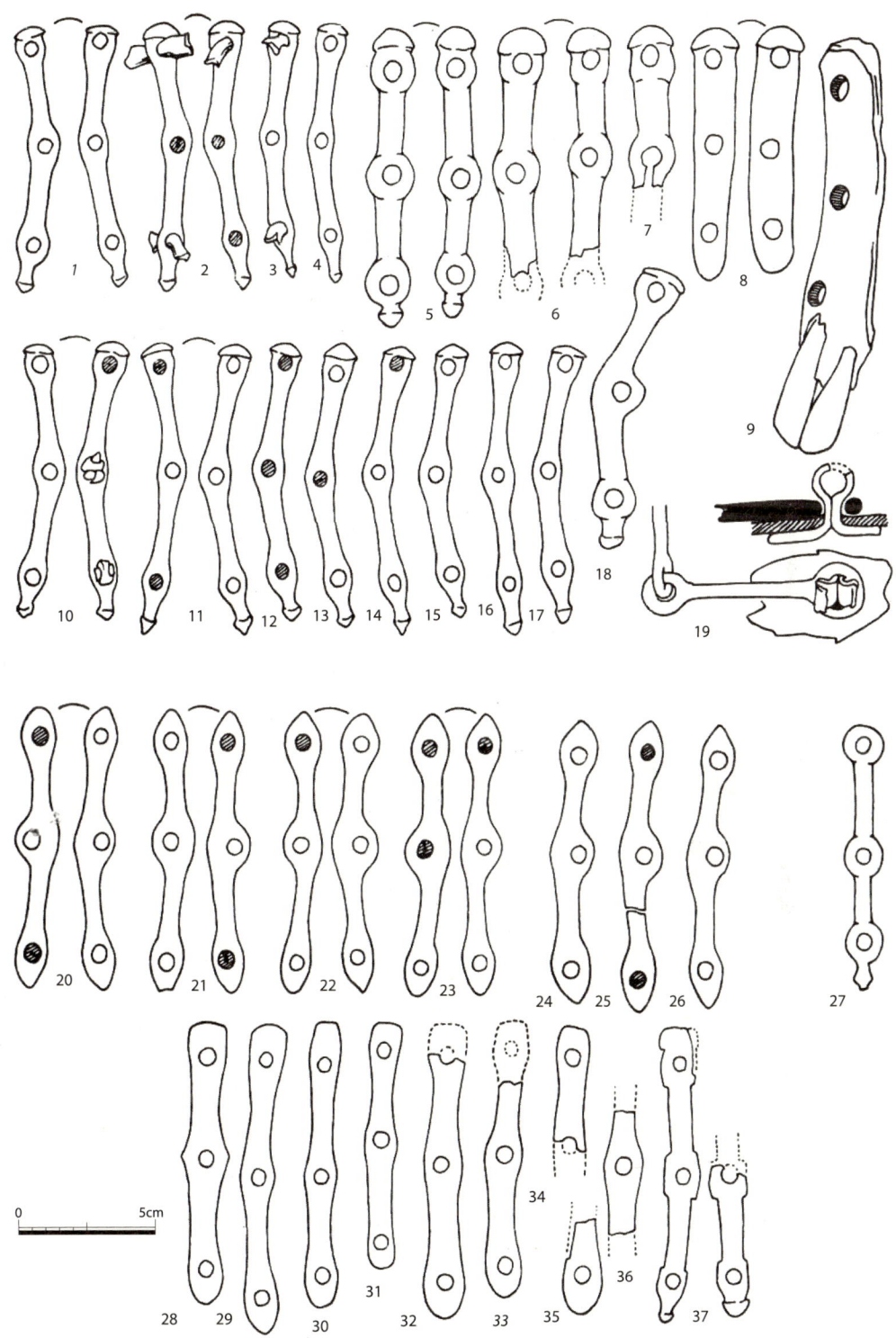

그림 29 아르잔-1호 재갈멈치

러운데, 평면도에도 나오지 않고, 출토된 유물도 기술로만 남아 있다. 도굴을 하다 흘리고 갔던 것으로 추정되는데, 이 무덤에서 사람의 뼈는 적어도 통나무관 혹은 무덤방에서 나오는데, 예외적이기 때문이다.

인간과 말이 함께 부장된 또 다른 무덤방인 31호묘에는 남서쪽 통나무관[5]에서 40세 이상의 남성이 발견되었다. 무릎을 구부리고 옆으로 누운 상태로 매장되었다. 다른 통나무관(관의 전체길이: 2.3m, 관의 내부길이: 1.5m)에는 뼈가 보존되지 않았다.

이 무덤방에서는 모직물과 모피옷이 많이 확인되었고, 귀걸이와 금제 장식편 등이 출토되었다. 31호묘는 도굴당하지 않았고, 말 10마리가 무덤방의 왼편에 일렬로 가지런히 놓인 상태였다. 말 10마리 모두 재갈과 재갈멈치 및 굴레장식으로 멧돼지송곳니를 이용했다.

31호묘에는 다른 무덤방에서 확인되지 않았던 것이 발견되었는데, 2~4번 말의 몸통 뼈 사이에는 나무걸쇠가 확인되었다. 두개골과 거리가 멀어서 굴레가 아닌 안장을 고정하는 걸쇠일 가능성이 있다. 안장은 이미 썩어서 없어진 상태이다.

그런데 31호묘에서 출토된 마구에는 재갈멈치가 없다는 점에서 다른 마구세트와는 차이가 있다. 이 무덤방에는 10마리의 말 두개골이 가지런했고 도굴당한 흔적도 없었지만, 재갈만 있었고 재갈멈치는 확인되지 않는다. 대신에 재갈의 끝 구멍(그림 29-19)에 둥근 나무판이 청동고리로 연결된 것이 확인되었다. 이 나무판이 말의 입 옆을 눌러서 재갈멈치 역할을 했을 것으로 보인다.

인간이 피장되지 않고 말만 부장된 무덤방인 34a호묘에서 특이한 청동제 재갈멈치가 확인되는데, 3개의 구멍 끝에 뾰족하게 튀어나온 부분이 있다(그림 27-1). 이 유물은 앞서 소개한 재갈멈치와는 차이가 있어 확실히 의도적으로 다르게 만들었다. 3공 재갈멈치와는 전혀 다른 형식으로, 거푸집도 따로 마련되어서 제작되었을 것이다.

그랴즈노프는 이와 같은 재갈멈치는 34a호묘에서만 출토되었다고 했으나(그랴즈노프 1980, 그림 27-1)과 같은 재갈멈치를 만들기 위한 거푸집이 만들어졌다면 유물은 더 존재했을 수 있다.

---

[5] 관의 크기: 180×60m, 관의 내부 크기: 130×35m 통나무관은 중심 무덤방에서 출토된 것을 확인하시면 되는데, 통나무의 내부를 다 판 것이 아니며, 도면은 제시되지 않았다.

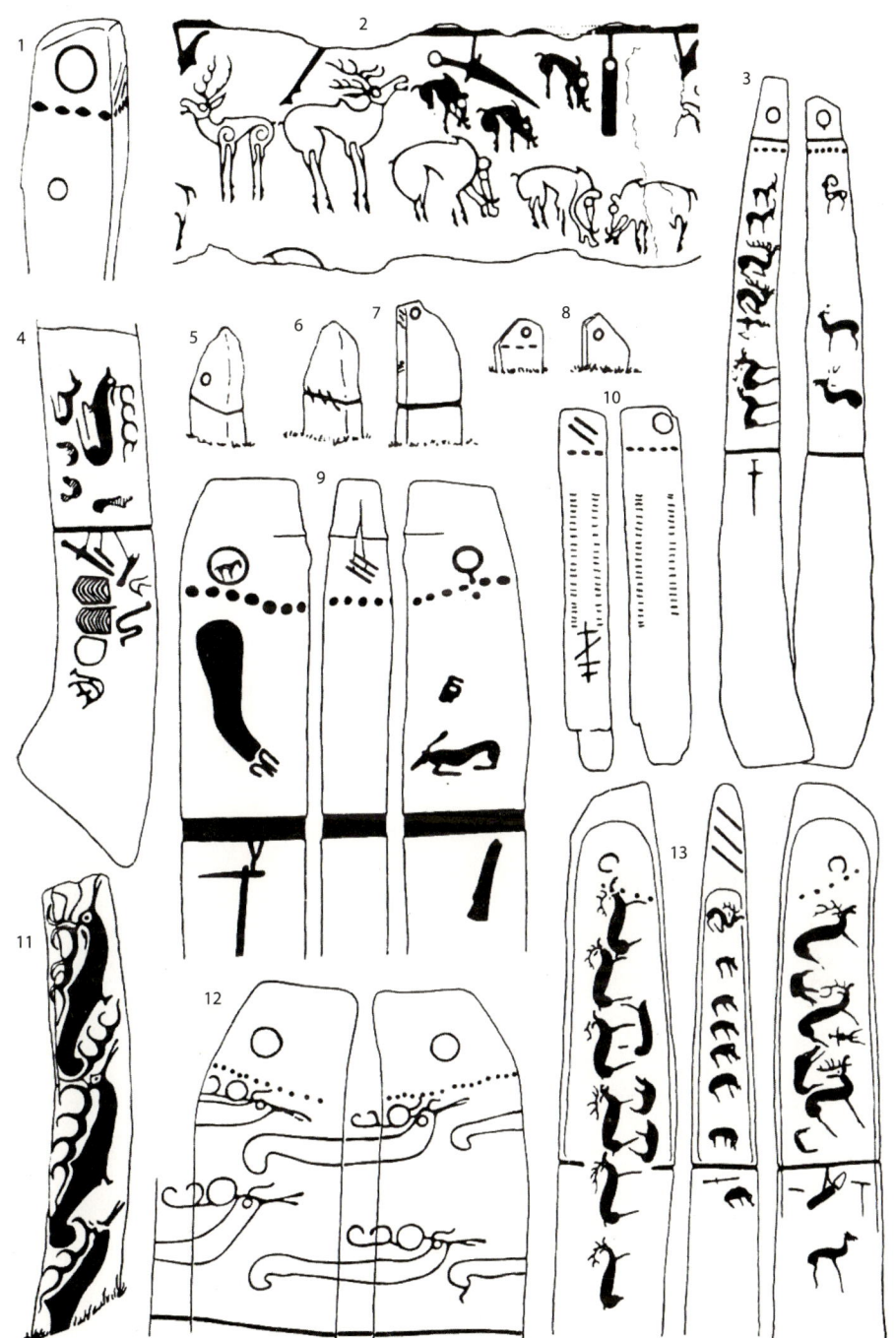

그림 30 아르잔 일대에서 발견된 사슴돌   1. 소스노프키 발견(아르잔과 가까운 곳) | 2. 아르잔-1호 (네 면을 펴서 그린 그림) | 3, 10. 오르삭-악시(Орзак-Аксы, Orzak-Aksy) | 4. 투란(아르잔 무덤에서 우측에 위치한 마을 이름) 발견 | 5, 6, 8. 아르잔과 가까운 벨로예 호수 부근 | 7. 우육고원 | 9. 사말가타이(Самалгатай, Samalgatai) | 11. 볼쇼이 아직(Большой Ажик, Big Azhik) | 12. 친가타그(Чингатаг, Chingatag) | 13. 우육-아르잔(Уюк-Аржан, Uyuk-Arzhan)

④ 아르잔-1호 봉분 위의 사슴돌

무덤방이 위치한 봉분 위에서 사슴돌(그림 30-2)이 발견되었다. 사슴돌은 주로 사슴이 많이 그려져서 사슴돌이라고 불리지만, 사슴만 그려지는 것은 아니다. 사슴과 함께 무기가 많이 그려져 있는데, 무기의 형태는 사슴돌 연대 결정의 중요한 단서 중에 하나이다(노보고르도바 1989). 아르잔-1호 봉분 위에서 확인된 사슴돌에는 등에 혹이 달린 사슴 3마리와 멧돼지 6마리가 그려져 있다.[6] 사슴과 멧돼지 위 쪽에는 검과 알 수 없는 막대기가 달려 있다.

멧돼지는 이 유적에서 멧돼지 송곳니 모양의 굴레장식으로써 다른 표상으로 확인된 바 있다. 아르잔-1호에서 출토된 동물문양장식은 몸을 말고 있는 호랑이와 지지대 위에 올라간 청동 산양이 직접적으로 확인되는 유물이지만, 수 많은 멧돼지 송곳니 모양장식과 사슴돌의 사슴도 간접적으로 포함시킬 수 있다.

멧돼지모양 송곳니는 기원전 6세기부터 알타이 지역에 존재했던 파지리크 문화의 유적에서도 출토된다. 아르잔-1호와 파지리크 문화간의 연대차이에도 불구하고 문화적 전통은 연속된다고 볼 수 있다.

뿐만 아니라 등에 혹이 달린 사슴문양은 이 지역의 청동기시대부터 확인되는 것이다(노보고르도바 1989). 청동의 산양장식물과 함께 재지의 청동기문화가 아르잔-1호의 형성에 많은 영향을 미친 것으로 볼 수 있다.

(6) 지상 위의 무덤 아르잔-1호

시베리아 투바공화국 아르잔 마을에는 3,000여 년 전에 만들어진 것으로 보이는 직경 120m, 높이 3~4m의 아르잔-1호가 있었고, 1971년부터 1974년까지 러시아 학자인 그랴즈노프가 발굴했다.

직경 120m의 무덤 내부에는 6,000여개의 통나무로 쌓아 올린 무덤방 70여 개가 만들어졌고, 가장 중심부에는 2중의 무덤방을 만들었다. 중심부의 가장 안쪽 무덤방에는 주인공 남녀가 매장되었고 이 무덤방 밖의 1차무덤방에는 북, 서, 남쪽에 8명의 사람이 함께 매장되었으며, 동쪽에는 말이 6마리가 확인되었다. 아쉽게도 무덤은 이미 도굴되었고 주인공 남녀는 사지골만 4개 남아 있었다. 중심 무덤방 바깥 북쪽에는 9호묘가 있는데, 통나무관만 들어갈 공간으로, 중심무덤방과 바로 인접하고 있어서 중심무덤방의 주인공과 관련이 있을 가능성이 많다.

---

6 가장 왼편의 사슴 옆에 엉덩이와 입만 남은 사슴이 있다.

아르잔-1호에서 중심무덤방과 9호묘를 제외하고는 13호묘와 31호묘에서 사람이 묻힌 흔적이 확인되었다. 관은 2개이고 말이 함께 매장되었다. 이러한 정황으로 보아서 9호묘는 이 무덤의 주인공을 위해서 만든 것이 아니라 중심무덤방에 딸린 것으로 보는 것이 더 옳다.

중심무덤방을 기준으로 방사상으로 나무를 연결하고 확장해서 지름 80m의 무덤방을 축조했다. 긴 막대로 둥근 원형의 무덤형태를 만들었기 때문에 무덤방의 모양은 제각각이며, 각 방의 크기도 일정하지 않다. 인간과 말이 들어간 무덤을 제외하고는 말만 들어간 무덤방은 13곳(표 2)이다.

70여 개의 무덤방 중에서 빈 방은 53개나 된다. 후대의 고고학자들이 무덤크기와 출토유물을 두고 '차르(황제)'의 무덤이라고 명명은 했지만, 무덤구조는 엉성하기 그지 없다. 6,000여 개의 통나무로 견고하지 못하게 만들었기 때문이다. 마치 '성냥쌓기'하듯이 가로세로로 통나무를 3~4단씩 교차해서 올렸다.

이보다 늦은 아르잔-2호, 파지리크 유적이나 아크 알라하(Ак Алаха, Ak Alakha)-3 유적에서 통나무로 만든 무덤방은 모서리 부분에 홈을 내어서 결구시키는 방법으로 제작되었다. 그래서 빈틈없이 무덤방을 만들 수 있었다.

그런데 아르잔-1호에서도 이 방법이 사용된 공간이 있다. 무덤 가장 중심부의 주인공 남녀가 묻힌 중심 무덤방의 가장 안쪽 무덤방(2차 무덤방)은 단면에서 볼 수 있듯이(그림 11-2, 3) 빈틈 없이 만들어진 공간이다. 가로세로를 교차해서 쌓는 방법이 아니라 방의 모서리에 홈을 내어서 결구시켜서 만든 것이다.

이러한 기술이 있었지만 중심 무덤방 외에 사용하지 않은 이유는 무덤을 크게 만드는데 가장 역점을 두었기 때문으로 보인다. 특히 무덤의 북쪽을 살펴보면 나무가 없는 구역과 아귀가 맞지 않아서 서로 연결되지 않는 부분이 있는데 이를 볼 때, 무덤을 억지로 크게 만드는데 힘썼던 것으로 보인다. 그래서 무덤도 구덩이를 파지 않고, 땅 위에 축조했지 않았을까?

무덤을 땅 위로 올리는 방법은 아르잔-1호 이전인 청동기시대에도 없었다. 근거리에 위치한 아르잔-2호는 200~300년 늦은 유적으로 무덤은 지하에 위치하며 무덤 구덩이를 팠다. 우육 분지에서 아르잔-1호와 같은 무덤은 돌연변이처럼 나타난 무덤인지, 그 시절 유행했었는지, 아직 예가 하나뿐이니 규정할 수 없다.

그림출처

그림 2   아르잔-1호 맹수장식(Смирнов Н. Ю. 2012 재인용)
그림 3   아르잔-1호
그림 4   아르잔-1호 발굴 모습(М.П. Грязнов, 1980 재인용)
그림 5-1 아르잔-1호 봉분과 주변 제사유구(М.П. Грязнов, 1980 재인용)
그림 5-2 그랴즈노프가 발견한 아르잔 마을 및 스키타이 시대 무덤
그림 6   아르잔-1호 외곽(М.П. Грязнов, 1980 재인용)
그림 7   아르잔-1호 발굴광경(М.П. Грязнов, 1980)
그림 8   아르잔-1호 구조(М.П. Грязнов, 1980 필자편집)
그림 9   아르잔-2호 내부(Чугунов К.В., Парцингер Г., Наглер А. 2017 인용)
그림 10 아르잔-1호 내부(М.П. Грязнов, 1980 필자재편집)
그림 11 아르잔-1호 중심 무덤방과 단면도(М.П. Грязнов, 1980 필자재편집)
그림 12 아르잔-1호 중심 무덤방의 통나무관(М.П. Грязнов, 1980 필자재편집)
그림 13 아르잔-1호 2호묘(М.П. Грязнов, 1980 필자재편집)
그림 14 아르잔-1호 2호묘 마구(М.П. Грязнов, 1980 필자재편집)
그림 15 아르잔-1호 5호묘(М.П. Грязнов, 1980 인용)
그림 16 파지리크 1호 재갈과 재갈멈치(국립중앙박물관 1991, 필자 재편집)
그림 17 아르잔-1호 유물(М.П. Грязнов, 1980 인용)
그림 18 아르잔-1호 5호묘(1, 3, 5)와 2~3호묘 사이 마구(2, 4, 6)(М.П. Грязнов, 1980 인용)
그림 19 아르잔-1호 유물(М.П. Грязнов, 1980 인용)
그림 20 아르잔-1호 말 굴레장식(М.П. Грязнов, 1980 인용)
그림 21 아르잔-1호 말 관련 유물(М.П. Грязнов, 1980 인용)
그림 22 26호묘, 북쪽벽에서 청동산양(26)의 위치(М.П. Грязнов, 1980 인용)
그림 23 26호묘, 마구 굴레장식(М.П. Грязнов, 1980 인용)
그림 24 26호묘, 청동산양(М.П. Грязнов, 1980 인용)
그림 25 타가르 문화 청동염소상(М.П. Грязнов, 1980 인용)
그림 26 아르잔-1호 평면도(М.П. Грязнов, 1980 인용)
그림 27 아르잔-1호 마구(М.П. Грязнов, 1980 인용)
그림 28 아르잔-1호 31호묘 무덤방 재갈과 굴레장식(М.П. Грязнов, 1980 인용)
그림 29 아르잔-1호 재갈멈치(М.П. Грязнов, 1980 인용)
그림 30 아르잔 일대에서 발견된 사슴돌(Грязнов М.П., 1980 그림 29인용)

참고문헌

Грязнов М.П., 1980, Аржан. Царский курган раннескифского времени. (그랴즈노프 1980, 초기 스키타이 차르 무덤, 아르잔)

Новгородова Э.А. 1989: Древняя Монголия (Некоторые проблемы хронологии и этнокультурной истории). М.: ГРВЛ. 1989. 384 с.(노보고르도바 1989, 몽골의 고대)

Руденко С.И. 1960: Культура населения Центрального Алтая в скифское время. М.-Л.: 1960. 360 с.루덴코 1960, 스키타이 문화시기의 알타이 산맥의 주민문화)

Смирнов Н. Ю. На чем ездил аржанский 《царь》? // Культуры степной Евразии и их взаимодействиес древними цивилизациями. Материалы международной научной конференции, посвящённой 110-летию со дня рождения выдающегося российского археолога М. П. Грязнова. – СПб., 2012. – Т. 2. – С. 424-431(스미르노프, 2012, 아르잔의 차르는 무엇을 타고 다녔나?)

Чугунов К.В., Парцингер Г., Наглер А. 2017: Царский курган скифского времени Аржан-2 в Туве. Новосибирск: ИАЭТ СО РАН. 2017. 500 с. (추구노프, 파르칭거, 나게르 2017, 투바의 아르잔-2호, 스키타이 차르 무덤)

Zaitseva GI, Vasiliev SS, Marsadolov LS, van der Plicht J, Sementsov AA, Dergachev VA, Lebedeva LM. 1998. A tree-ring and 14C chronology of the key Sayan-Altai monuments. Radiocarbon 40(1):571–80.

강인욱·조소은 2014, 「기원전 9~7세기 초기 스키토-시베리아문화와 비파형동검문화권의 대형무덤 비교연구」, 『인문학연구』, 제28호

2) 아르잔-2호[7]

(1) 아르잔-2호 '의례복합체'

유라시아 전역을 휩쓸었던 스키타이 문화는 대체로 기원전 7세기경에 흑해지역부터 시베리아까지 전 지역에 걸쳐서 모습이 드러나지만, 이 문화가 생겨나게 된 것은 아르잔-1호를 기준으로 할 때 기원전 9세기경이다. 그랴즈노프는 아르잔 계곡 주변에 무덤이 많다고 기

---

[7] 아르잔-2호의 도면은 다음 책을 이용한 것이다. Чугунов К.В., Парцингер Г., Наглер А. 2017: Царский курган скифского времени Аржан-2 в Туве. Новосибирск: ИАЭТ СО РАН.

그림 31 우육분지, 아르잔-1호와 2호 위치

그림 32 아르잔-2호 위성사진

록하였으나, 실제로 발굴되어 공개된 무덤은 2기 뿐이다.

아르잔-2호는 그랴즈노프가 발굴한 1호 보다 동쪽으로 9km 떨어진 곳에 위치한다(그림 31). 아르잔-1호의 외형이 직경 120m, 높이 3~4m인 것에 비해서 아르잔-2호는 약간 작은편으로 직경 80m, 높이 2m 가량이다. 이 무덤은 2,000년부터 2,004년까지 5년에 걸쳐 발굴되었다.[8] 우육고원에 위치한 아르잔 고분군은 그랴즈노프가 왕들의 무덤 계곡이라 불렀던 곳이며, 이곳의 대형고분의 크기는 대체로 직경 70~100m, 높이 2~4m이다.

아르잔-2호는 호석을 기준으로 볼 때 직경은 80m 가량이며, 가장 높은 곳을 기준으로 높이는 2m이다.

그런데 전체적으로 봉분 위는 편평하지 않다(그림 33). 앞에서 살펴본 알타이의 얼음공주 무덤이나, 파지리크 유적에서는 봉분[9]의 함몰이 대체로 중앙이나 치우치더라도 한 곳으

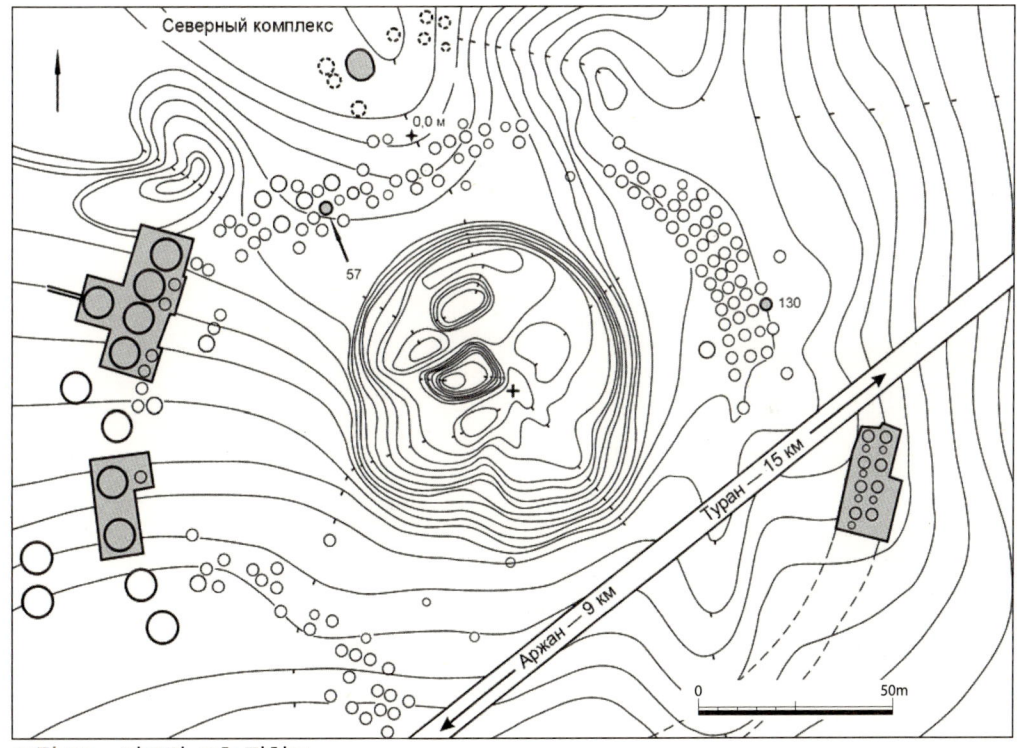

그림 33 아르잔-2호 지형도

8 몇 년에 걸쳐서 왜 이렇게 오래 발굴을 했을까? 러시아에서는 여름에만 발굴을 한다. 극동처럼 상대적으로 따뜻한 곳에서는 6월부터 발굴을 시작하기도 하지만 주로 7, 8월에 한다. 9월이 되면 이미 춥다. 게다가 발굴을 직접 손으로 할 수 밖에 없기 때문에 작업은 더디다. 그래서 러시아 발굴 조사는 몇 년 동안 한 곳에서 머무를 수 밖에 없다.

9 무덤이 지표로 드러난 쌓인 흙 혹은 돌.

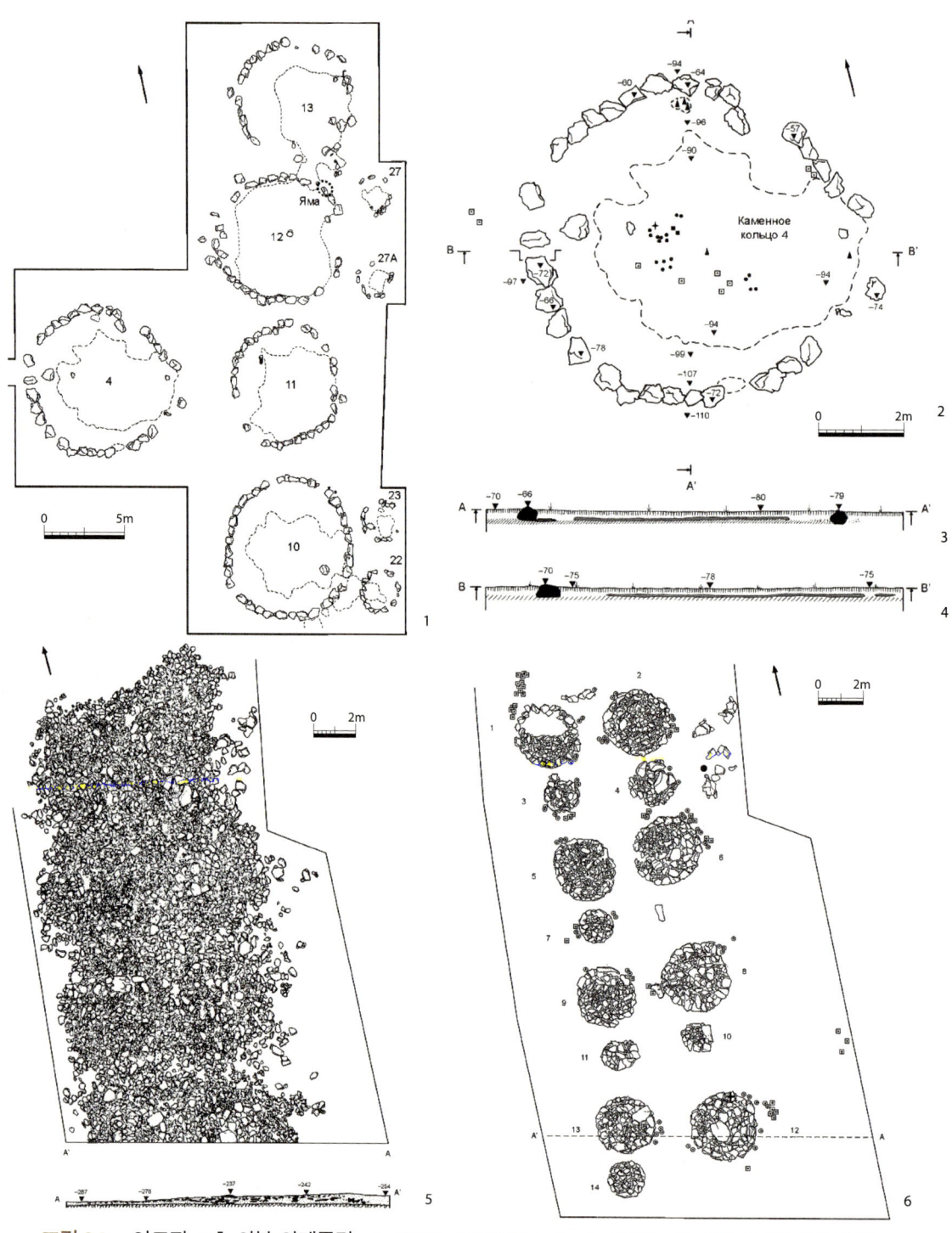

그림 34 아르잔-2호 외부 의례공간   1. 아르잔-2호 지형도 | 2. 아르잔-2호 서쪽 고리형 유구(숫자는 고리형 돌 유구 번호, 그 안의 점선은 점토를 바른 흔적) | 3. 4호 고리형 유구 | 4. 남동쪽 고리형 유구와 A-A′단면도 | 5. 남동쪽의 의례공간 | 6. 그림 34-5의 돌을 드러내자 나타난 집석유구

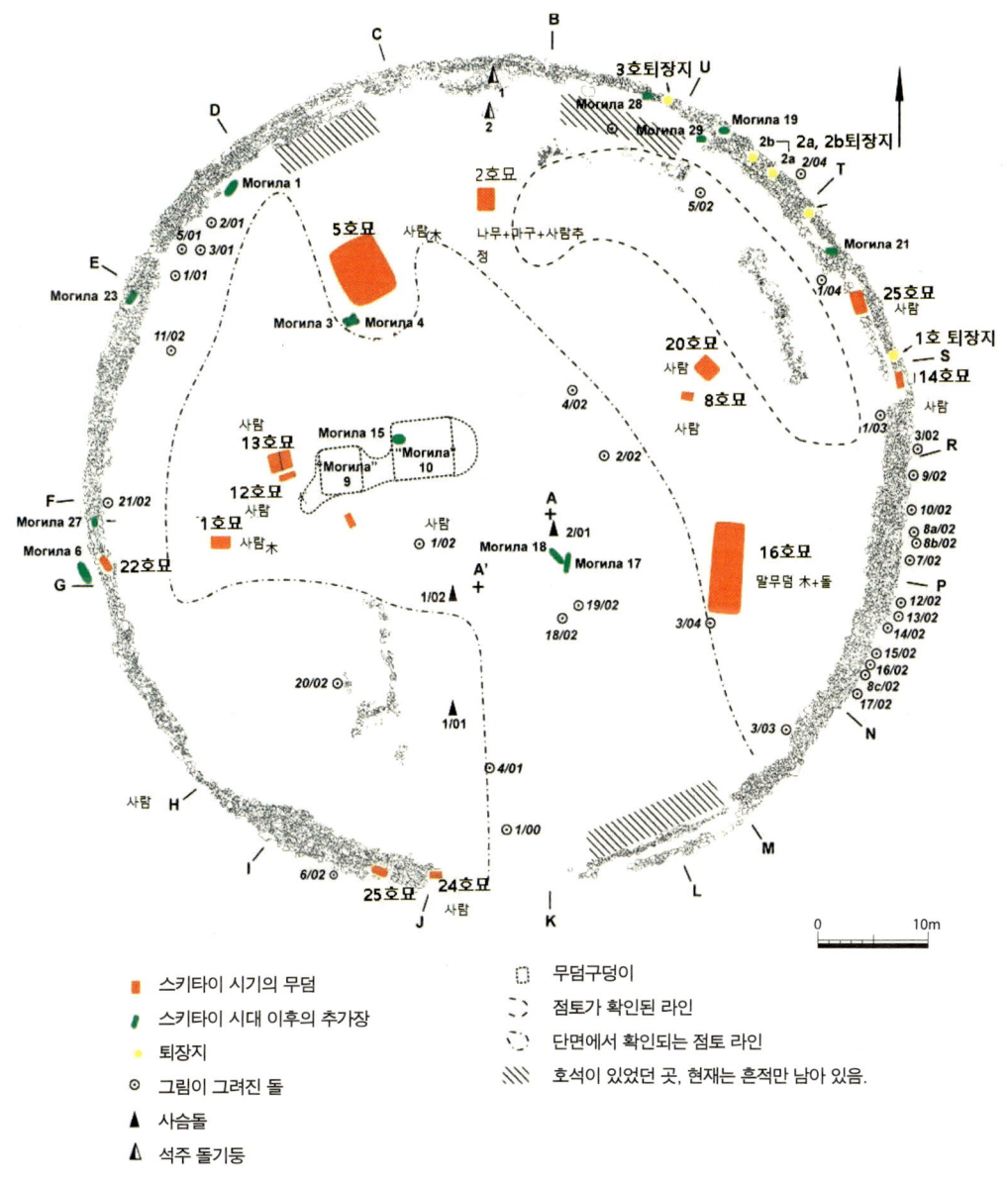

그림 35 아르잔-2호 의례복합체 내부 오렌지색이 스키타이 무덤, 녹색은 그 뒤에 추가장 무덤

로 땅꺼짐 현상이 있는 것과는 다르다. 왜 일까?

아르잔-2호의 주변에는 작은 봉분이 다수 확인되었다. 남동쪽 일부 구간을 제외하고는 무덤을 애워싼 형태인데, 그 부분은 후대에 파손되었을 가능성이 있다. 이러한 작은 봉분은 북쪽을 기준으로 2km 반경 안에서 확인되었다(추구노프 외 2017).

유구 주변으로 돌린 돌 유구를 구덩이를 판 것이 아니라, 돌을 수직으로 세우고 점토를 발랐다는 것을 단면(**그림 34-3, 4**)을 통해서 알 수 있다. 예를 들면 4호의 높이는 5cm가량이고, 크기는 7.5m가량이다. 유물도 출토되었다. 고리형 유구에서 모두 유물이 출토된 것은 아니다.

유적의 남동쪽(그림 33)부분도 조사했다. 이쪽은 양상이 약간 다른데, 지표면을 벗겨내자 처음에 나타난 것은 돌이 그냥 덮인 것이다. 한 면을 잘라서 단면조사를 한 결과 돌 아래로 적석 유구가 드러났다(추구노프 외 2017)(그림 34-5).

무덤을 둘러싼 이 곳의 정체는 무엇일까?

이 유적을 발굴한 추구노프는 아르잔-2호를 단순히 '무덤'이라고 하지 않고, 의례복합체라고 했다. 주변을 둘러싼 이 돌 고리와 돌 무더기는 장례 당시에 의례를 치뤘던 공간으로 해석했다. 돌 고리(그림 34-1)는 대략 130여개 남아 있었다(그림 33). 돌 고리에서는 토기, 동물뼈, 청동 등의 소량 유물이 출토되었다.

그림출처

그림 31	우육분지, 아르잔-1호와 2호 위치
그림 32	아르잔-2호 위성사진
그림 33	아르잔-2호 지형도(Чугунов К.В., Парцингер Г., Наглер А. 2017, p.20 그림 17, 필자재편집)
그림 34	아르잔-2호 외부 의례공간(Чугунов К.В., Парцингер Г., Наглер А. 2017, p.147 그림129, 필자재편집)
그림 35	아르잔-2호 의례복합체 내부(Чугунов К.В., Парцингер Г., Наглер А. 2017, p.492 참고그림1, 필자재편집)

참고문헌

Чугунов К.В., Парцингер Г., Наглер А. 2017: Царский курган скифского времени Аржан-2 в Туве. Новосибирск: ИАЭТ СО РАН. 2017. 500 с. (추구노프, 파르칭거, 나게르 2017, 투바의 아르잔-2호, 스키타이 차르 무덤)

(2) 무덤의 구조와 주인공 무덤 5호묘

아르잔-2호 의례복합체에서는 스키타이 시대 무덤 26기가 확인되었고 그 중에서 22기는 호석 내부에 위치하며 땅을 파고 만들어진 것이다. 땅 위로 무덤 구조물을 만든 아르잔-1호와는 너무 다르다.

무덤 위(봉분)에 생긴 함몰은 무덤을 지하로 파면서 생긴 빈 공간(무덤구덩이) 때문이다. 그래서 무덤 위에 생긴 함몰은 여러 곳일 수 밖에 없다.

그런데, 호석 안의 어떤 곳이 주인공의 무덤방일까?

바로 5호묘인데, 그 이유는 주인공과 관련된 유물이 다량 출토되었고 나무로 만든 이중 목곽은 5호묘(그림 35, 그림 38)에서만 확인되기 때문이다. 5호묘는 비록 통나무관은 없었지만, 2중으로 아주 견고하게 만들어진 나무 무덤방으로 만들어졌다. 11호묘에도 통나무가 사용되었으나 무덤방이 아닌 관이고, 돌로 만들어진 무덤방에 보관되었다.

① **주인공 무덤방 5호묘의 덮개**

아르잔-2호 의례복합체에서 무덤방에 나무를 사용하는 경우는 매우 제한적이다. 나무를 가장 많이 사용한 무덤은 주인공 남녀가 묻힌 5호묘이다. 무덤의 방향은 북서-남동향으로, 무덤 구덩이의 상부는 5.40×4.40m이고, 하부는 4.65×4.20m로 바닥이 약간 작으며, 깊이는 4.35m이다. 무덤방을 제작할 때 사용한 나무는 낙엽송이다.

5호묘의 덮개는 2중(그림 36)으로 가장 위에는 남서-북동방향으로 통나무 22개(그림 37)를 사용하였고, 그 아래에는 11개(그림 38)의 통나무를 사용해서 무덤 천장으로 만들었으며 위와 아래가 교차되게 덮었다(추구노프 외 2017).

무덤방의 높이는 1.4m가량이고, 바깥의 1차 무덤방은 크기가 3.68×3.41m, 2차 무덤방은 2.58×2.42m이다. 1차 무덤방의 벽은 9개의 통나무를 쌓아서 올렸으며(그림 36), 1

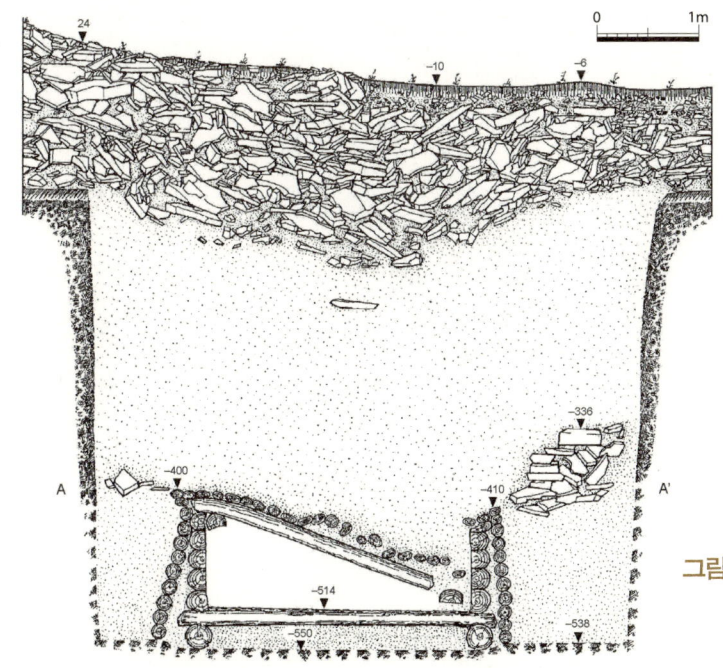

그림 36 아르잔-2호 5호묘 단면도 무덤천장의 균열된 틈을 통해서 무덤구덩이 상부를 채운 흙이 흘러들어왔다.

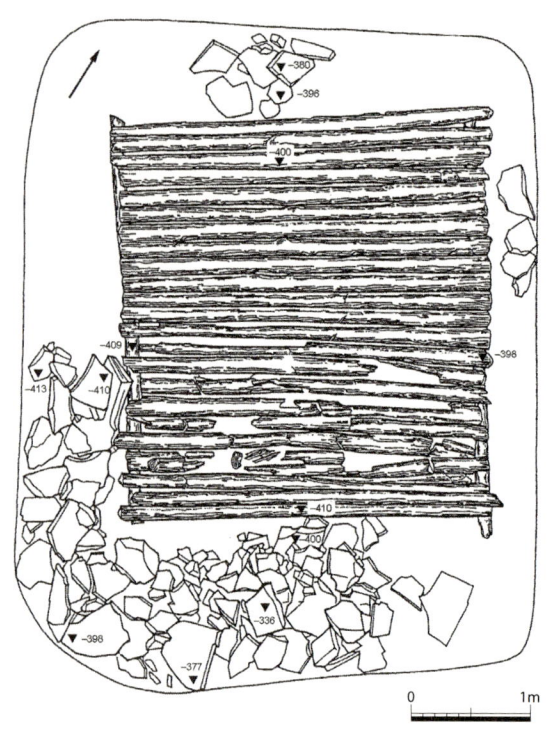
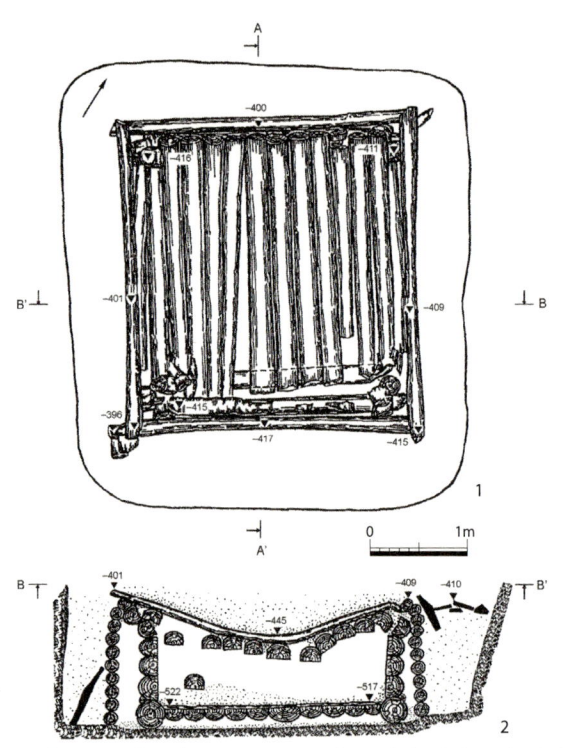

그림 37 아르잔-2호 5호묘 최상부 천장 통나무 22개 이용

그림 38 아르잔-2호 5호묘 2차 무덤방 천장(1)과 단면도(2)

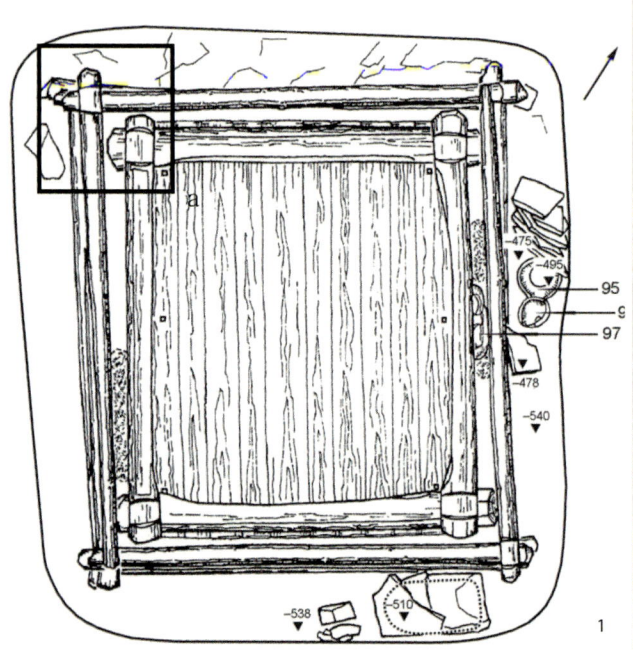

그림 39 아르잔-2호 5호묘 모서리 결구상태

차 무덤방은 바닥을 따로 만들지 않고, 벽만 올렸다(그림 36, 그림 38). 2차 무덤방의 바닥에는 12개의 통나무를 깔았다. 양쪽 가장자리에 2개의 큰 통나무를 놓고 그 사이에 상대적으로 작은 통나무를 깔아 무덤방의 바닥이 땅에서 약간 뜬 상태로 보인다(그림 38)(추구노프 외 2017).

그러나 무덤방을 제거한 후에 무덤구덩이 바닥에서 점토로 채워진 흔적이 발견되어서 무덤구덩이 바닥과 통나무 무덤방의 바닥사이를 점토로 채웠음을 알 수 있다. 이러한 점토 채움 흔적은 무덤의 북동부, 남동부, 남서부에서도 확인되었다.

통나무 나무방은 지상에서 미리 만들어졌고, 무덤 안에서 조립해서 다시 만든 것이다. 이는 무덤방을 만든 통나무를 결구하기 위해서 만든 홈과 나무를 다듬은 흔적으로 충분히 예상할 수 있다(그림 39).

② 무덤방 사이의 청동솥

5호묘의 무덤구덩이와 무덤방 사이(그림 40-2)에서는 청동솥(동복)(그림 41)이 2점 출토되었다. 뿐만 아니라 바깥의 1차 무덤방과 안의 2차 무덤방 사이에서는 나무로 된 접시(그림 42)가 출토되었다.

청동솥은 손잡이가 부착되었고, 하단에 받침이 있다는 점은 공통적이지만, 생김새는

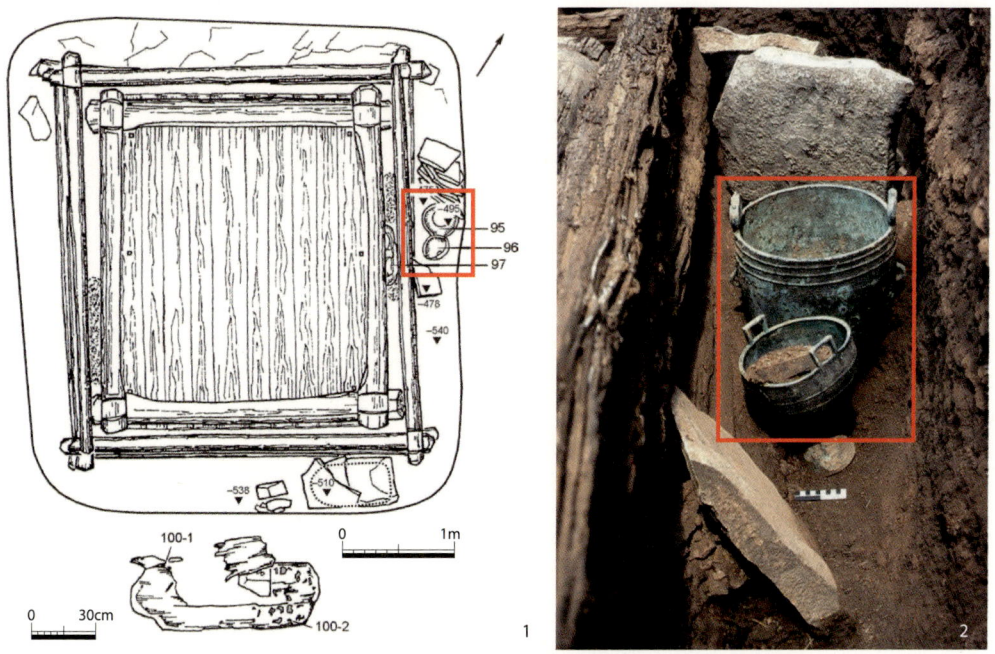

그림 40 아르잔-2호 5호묘 내부와 청동솥 위치(1), 무덤구덩이와 5호묘 벽 사이(2)

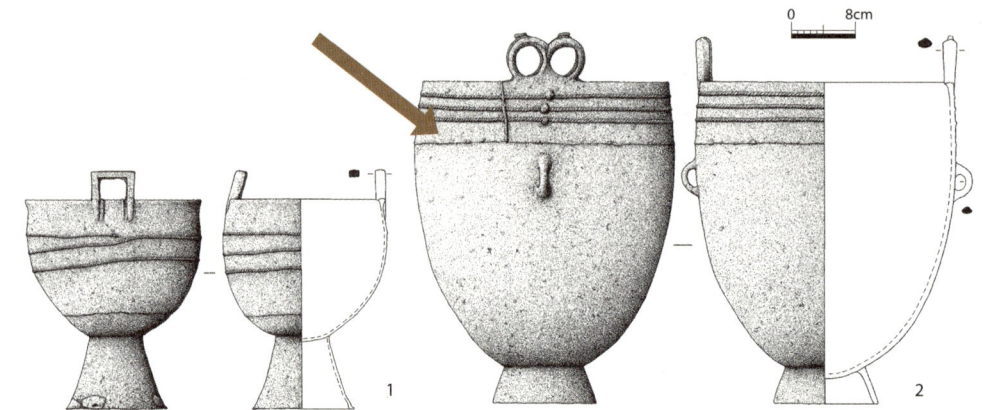

그림 41 아르잔-2호 5호묘 청동솥, 그림 40의 청동솥

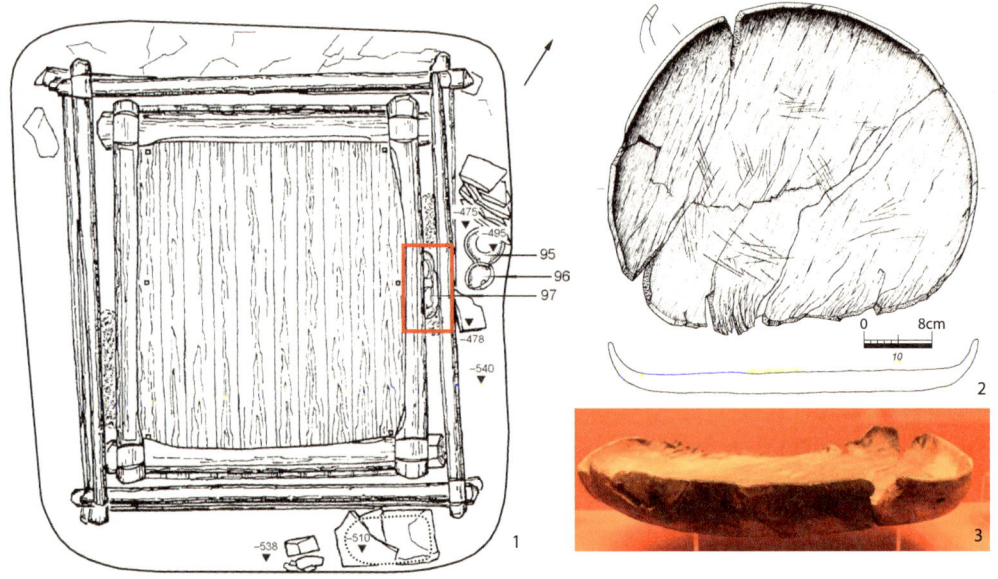

그림 42 아르잔-2호 5호묘 나무 접시

다르다. 그림 41-1의 청동솥(구연지름: 20cm, 높이 29.7cm, 바닥지름: 13.2cm)은 손잡이가 직사각형이고, 솥의 상단에 매듭이 있는 꼬인형태의 끈 모양이 달려 있다. 그림 41-2(구연지름: 22.7cm, 높이 29.7cm, 바닥지름: 13.2cm)의 유물은 손잡이가 8자를 옆으로 눞인 모양이고, 구연부와 가까운 부분에 3개의 돌대가 달려 있고, 그 아래에 손잡이가 2개 더 달려 있다(추구노프 외 2017).

왜 그럴까?

그림 41-2의 유물을 보면 구연부에 불룩 튀어 나온 3개의 줄이 돌아가는데, 손잡이 아

래 부분을 보면 솥을 거푸집에 넣고 제작한 흔적이 남아 있다. 3개의 줄 아래에도 매끄럽지 않은 부분(화살표)이 길게 튀어나와 있다. 이 부분은 선을 경계로 위와 아래를 따로 제작하여 붙인 흔적으로, 땜질한 흔적이다. 이 곳 외에도 수리한 흔적이 남아 있다.

청동솥은 스키타이 문화 만큼 넓은 지역에 분포하고 있던 유물이다. 중국동북지역 즉 만주라고 불리는 지역과 황하상류에서도 출토된다. 아르잔-2호 출토 청동솥은 수리한 흔적이 남아 있는 점으로 보아서 유물을 부장용으로 만든 것이 아니라 일상생활용으로 만들었다는 점을 알 수 있다.

나무로 된 그릇은 1차와 2차 무덤방 사이에서 출토되었다(그림 42-1). 그릇의 높이는 6cm, 직경은 40~43.4cm이다. 이 그릇은 한쪽이 완전하지 않은데, 사용하던 그릇을 부장한 것으로 보인다. 접시의 상면에는 날카로운 칼로 찌른 사용 흔적이 남아 있다.

그런데 앞으로 살펴보겠지만 아르잔-2호는 알타이의 아크 알라하-3유적, 파지리크 2호분, 파지리크 5호분과는 사뭇 다르다. 이들 유적에서는 무덤방 안에 통나무관을 두고 무덤방 안 빈 공간에 흙, 나무, 석제 그릇을 두었다. 그러나 아르잔-2호에는 통나무관이 없고, 무덤방이 관을 대신하면서, 나무그릇은 2차 무덤방(내부)의 바깥, 청동솥은 1차무덤방(외부)의 바깥에 껴묻었다.

③ 주인공 무덤방 5호묘의 바닥과 유물배치

아르잔-2호는 무덤 1기가 아니라 무덤을 에워싼 호석(무덤의 경계를 돌린 돌벽)안에는 26기의 무덤방이 있고, 그 중에서 5호묘는 주인공 남녀의 무덤이다.

5호묘의 나무를 짜서 만든 외부의 무덤방을 1차(3.68×3.41m), 내부의 무덤방을 2차(2.58×2.42m)라고 하자. 내부의 2차 무덤방 바닥에는 12개의 통나무를 사용했는데, 가장자리는 큰 통나무를 이용했고 안쪽의 10개는 상대적으로 직경이 작은 통나무를 이용했다. 2차 무덤방의 벽은 바닥의 부분을 이루는 통나무를 제외하고 4개의 통나무를 쌓아 올렸다. 쌓아 올린 통나무를 해체하고 유물을 수습하고 난 후에 바닥모습이 그림 43-1이다(추구노프 외 2017).

그런데 그림 43-1에서 2차 무덤방의 동쪽 안쪽면이 곧지 않음을 알 수 있다. 왜 그럴까? 아르잔-2호 5호묘의 2차 무덤방은 관의 역할을 한다. 관 바닥에는 유물이 빼곡하게 부장되어 있었는데, 동쪽벽에는 고리트(화살통)와 투부(전투용도끼)가 놓여 있다. 그것을 놓을 공간을 확보하기 위해서 무덤방 벽을 휘어지게 잘라내었을 가능성(그림 43-3)이 있다.

그림 43-2에는 유물 외에도 재밌는 공간이 숨어 있다(그림 43-4). 바닥에 있는 구멍은

그림 43 아르잔-2호 5호묘 바닥 양상 번호는 표 4의 번호와 일치한다 | 2. 아르잔-2호 5호묘의 2차 통나무의 가장 아래 면 | 3. 모서리에서부터 끌과 같은 것으로 다듬어서 잘라냈다 | 4. 아르잔-2호 5호묘 남서쪽 바닥 구멍

무덤벽을 지지하기 위해서 수직으로 나무기둥을 세우려고 만든 것이다. 나무기둥은 발굴 당시에는 없어진 상태였다고 한다.

2차 무덤방 안에는 40~45세의 남성(1호인골)과 30~35세의 여성(2호인골)이 묻혔는데, 특히 여성인골은 상태가 좋지 않았다. 출토된 유물의 목록은 아래 **표 4**와 같다.

표 4 아르잔-2호 의례복합체 무덤 5호묘의 유물목록(김재윤 작성) 그림 43의 번호와 일치

남성(1)호			여성(2)호		
출토위치	유물	재료	출토위치	유물	재료
1	모자장식	금, 아말감	46	모자장식	금
2	모자장식	금, 아말감	47	모자장식	금
	모자장식	금, 아말감	48	모자장식	금
	모자장식	금, 아말감	49	모자장식	금
	모자장식	금, 아말감	50	모자장식	금
3	모자장식	금박, 아말감	51	모자장식	금
4	모자장식	금	52	모자장식	금

남성(1)호			여성(2)호		
출토위치	유물	재료	출토위치	유물	재료
5	목걸이	금	53	사슴모양 모자장식	금
6	귀걸이	황금, 터키석	54	귀걸이	(황금, 터키석, 아말감)
7	호랑이장식	금	55	귀걸이	(황금, 터키석, 아말감)
8	비드(구슬)	토	56	구슬류	터키석, 호박, 금박
9	부츠	일	57	옷에 달렸던 구슬류	금, 호석, 터키석, 황철광, 유리조각
10	펜던트	(금박, 에나멜)	58	옷 장식	금
11	구슬	(납, 황금, 목제, 터키석, 호박)	59	원추형 장식	금
12	검	(황금이 입힌 철제)	60	펜던트	금
13	칼	고리모양 손잡이가 달린 철제, 금이 감입되어 있음	61	팔찌	금
14	칼	고리모양 손잡이가 달린 철제, 금이 감입되어 있음	62	링 모양 클립	금
15	검	고리모양 손잡이, 금	63	검	금, 철제
16	검집의 손잡이장식	황금	64	칼	철제
17	검의 손잡이장식	황금	65	송곳과 막대	청동
18	검초 옆의 장식	황금	66	검의 부속품	금
19	검초 끝의 장식	황금	67	검의 부속품	금
20	시금석	방해석과 금박	68	검의 부속품	금
21	원뿔모양 끈 매듭장식	금	69	검의 부속품	금
22	시금석 끝에 다는 클립	황금	70	주머니에 달린 구슬	금박, 호박, 터키석, 유리조각
23	시금석 끝에 다는 구슬	황금	71	모형 솥	금
24	거울	청동 및 금, 에말, 가죽	72	주머니	가죽
25	고리트	황금과 나무	73	구슬	금
26	고리트장식	황금	74	신발에 붙은 장식	금, 아말감
27	고리트장식	황금	75	목걸이	금. 목제
28	고리트장식	황금	76	클립	금
29	고리트장식	나무, 금박	77	거울	청동, 금,

	남성(1)호			여성(2)호	
출토위치	유물	재료	출토위치	유물	재료
30	고리트장식	금	78	구슬장식	호박
31	고리트장식	금과 은을 상감, 뼈, 청동, 철	79	가슴장식	금
32	고리트장식	금	80	가슴장식	금과 아말감
33	고리트장식	철제와 나무, 황금과 은으로 부분사용됨	81	손잡이 붙은 그릇	청동
34	고리트장식	금	82	그릇	석제
35	고리트장식	금	83	그릇	석제
36	고리트장식	금	84	프리즘모양의 장식	목제
37	고리트장식	금	85	장신구	금박,호박, 터키석, 유리조각
38	고리트장식	금	86	덮개	목제
39	고리트장식	금	87	덮개	목제
40	고리트장식	금	88	그릇	목제, 손잡이는 금박으로 장식
41	고리트장식	금	89	납작한 형상물	금박,호박, 터키석, 유리조각
42	고리트장식	금	90	사다리꼴 판	금박
43	고리트장식	금	91	원추모양	은
44	고리트장식	금	92	목걸이	목제와 금박
45	양모양장식이 붙은 막대기	금	93	원추모양	금박

그림출처

그림 36 아르잔-2호 5호묘 단면도(Чугунов К.В., Парцингер Г., Наглер А. 2017, p.28 그림 27)

그림 37 아르잔-2호 5호묘 최상부 천장(Чугунов К.В., Парцингер Г., Наглер А. 2017, p.29 그림 28)

그림 38 아르잔-2호 5호묘 2차 무덤방 천장(1)과 단면도(2)(Чугунов К.В., Парцингер Г., Наглер А. 2017, p.30 그림 29)

그림 39 아르잔-2호 5호묘 모서리 결구상태(Чугунов К.В., Парцингер Г., Наглер А. 2017 인용, p.31 그림 32, p.33 그림 34, 필자재편집)

그림 40 아르잔-2호 5호묘 내부와 청동솥 위치(1), 무덤구덩이와 5호묘 벽 사이(2)(Чугунов К.В., Парцингер Г., Наглер А. 2017, p.31 그림 32, p.71 그림 66, 필자재편집)

그림 41 아르잔-2호 5호묘 청동솥, 그림 40의 청동솥(Чугунов К.В., Парцингер Г., Наглер А. 2017, p.31 그림 32, p.407 표 69, 필자재편집)

그림 42   아르잔-2호 5호묘 나무 접시(1, 2. Чугунов К.В., Парцингер Г., Наглер А. 2017, p.407 표 69, 필자재편집 | 3. 필자 촬영)

그림 43   아르잔-2호 5호묘 바닥 양상(Чугунов К.В., Парцингер Г., Наглер А. 2017, p.34 그림 37, p.31 그림 32, p.35 그림 38~39, 필자재편집)

참고문헌

Чугунов, К. В. "Аржан-2: реконструкция этапов функционирования погребально-поминального комплекса и некоторые вопросы его хронологии." Российский археологический ежегодник . СПб: Издательство СПб ГУ, 2011, С. 262-335(추구노프 2011, 아르잔-2호: 무덤의례복합 유구의 복원과 연대에 대한 몇 가지 질문)

Чугунов К.В., Парцингер Г., Наглер А. 2017: Царский курган скифского времени Аржан-2 в Туве. Новосибирск: ИАЭТ СО РАН. 2017. 500 с. (추구노프, 파르칭거, 나게르 2017, 투바의 아르잔-2호, 스키타이 차르 무덤)

(3) **주인공 남성의 유물**

① **주인공 남성 외투에 달린 호랑이 장식판**

아르잔-1호의 상징유물과 같은 원형의 맹수장식은 이 유적의 2호묘에서 출토되었는데, 주인공 무덤이 아닌 말 무덤이다. 스미르노프(2012)는 원형 맹수장식을 전차를 몰던 말에 달았던 유물로 판단했으며, 이 무덤의 주인공은 전차를 타고 다녔을 것으로 보았다. 그래서 원형 맹수장식은 주인공과 함께 부장되지는 않았지만 스키타이 동물장식으로 상징성을 대변한다고 볼 수 있다. 200년이 지난 아르잔-2호에서는 주인공의 무덤인 5호묘에서 사슴, 맹수, 멧돼지 등 많은 동물문양장식이 출토되었다.

5호의 남녀는 미라로 처리된 것은 아니지만, 남성과 여성의 인골이 비교적 잘 보존된 상태였다. 둘 다 머리는 경추 끝에서 떨어진 채이다. 남성과 여성의 어깨에는 수많은 동물문양 펜던트가 달려있었는데 맹수장식이다(그림 44-A, B). 남성 옷에 달린 펜던트는 대체로 길이가 2cm, 너비, 1.2cm, 두께는 0.4cm, 무게는 102.22g이다. 동물의 머리방향이 왼쪽(그림 44-A)과 오른쪽(그림 44-B)으로 부착되었는데, 각각 1,121점, 1,512점이었다(추구노프 외 2017).

그림 44-1은 척추와 장식물 사이에 희미한 물질이 있는데, 동물의 모피이다. 고양이과의 맹수장식은 모피로 된 망토 위에 달린 장신구였다. 모피에 달린 고양이과의 맹수라고 보고되었으나, 둥근 귀로 보아서 호랑이다. 이 100g 남짓한 무게의 호랑이는 다리와 팔의

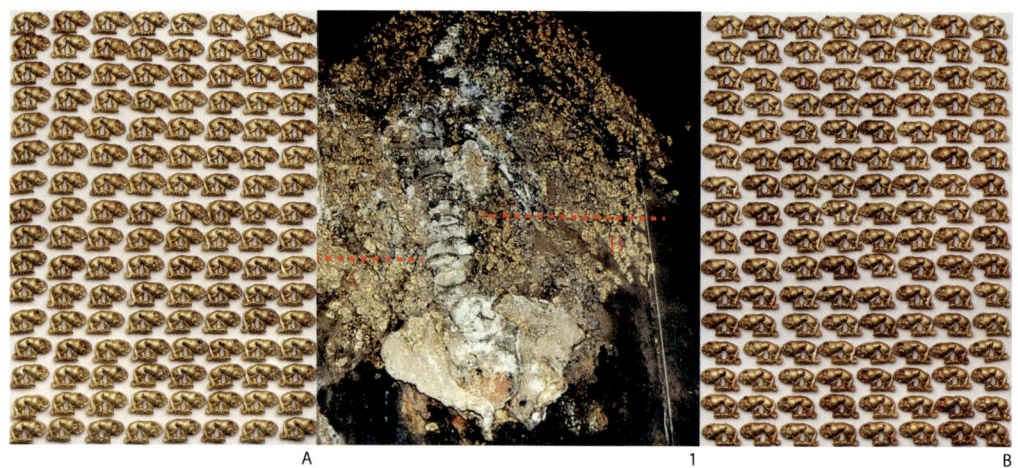

그림 44 아르잔-2호 5호묘 남성인골 척추와 모피흔적(1), 모피에 달린 호랑이 장식 좌측(A), 우측(B)

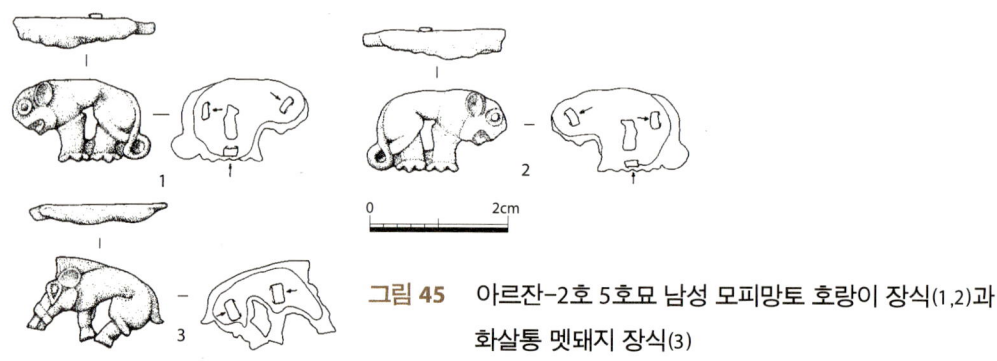

그림 45 아르잔-2호 5호묘 남성 모피망토 호랑이 장식(1,2)과 화살통 멧돼지 장식(3)

근육이 뚜렷하고 발톱까지 표현되었으며, 입을 벌리고 있다(추구노프 외 2017).

    스키타이 동물문양장식을 연구한 대표학자인 페레보드치코바(1994)는 동물문양장식 중에서 근육표현이 뚜렷한 특징의 동물장식이 발견되는 곳은 흑해 지역만의 특징으로 보았다. 예를 들면 흑해에서 가장 이르다고 알려진 기원전 7세기의 코스트롬스카야 유적(기원전 7세기)의 황금 사슴패식(그림 363)이 대표적이다. 이 유물은 동물의 근육이 면과 각으로 매우 뚜렷하게 표현되었다. 길이가 31.7cm, 너비는 19cm, 무게는 634g 정도로 투바의 아르잔-2호 호랑이와 비교하면 훨씬 크다. 동물의 근육을 표현하는 방법이 상대적으로 용이했을 것이다. 하지만 아르잔-2호의 호랑이 장식은 훨씬 작지만 근육의 표현(그림 45-1, 2)이 뚜렷하다.

    동물문양장식 연구가 주로 1980년대와 90년대 이루어졌고, 당시 알타이의 유적에서 출토된 유물은 대부분 나무로 제작된 것만 알려져서 금속제품과는 비교되지 않았다. 페레보드치코바의 연구가 틀렸다기보다는 새로운 유적의 발견으로 재고되어야 한다고 볼 수 있다. 동시기에 흑해 뿐만 아니라 시베리아에도 동일한 표현방법이 금속으로된 동물문양 장식으로 이용되었다고 볼 수 있다.

새로운 정보가 생기면, 그간의 생각이나 고정관념은 바뀌게 된다. 수많은 정보를 제공하는 아르잔-2호로 인해서 예전의 연구 결과가 다 틀린 것이 아니고 수정하게 된다.

② **서 있는 사슴과 앉아 있는 말: 남성모자장식**

남성의 두개골에서 약간 위쪽에서 동물문양장식이 확인되는데, 남성의 모자장식으로 말과

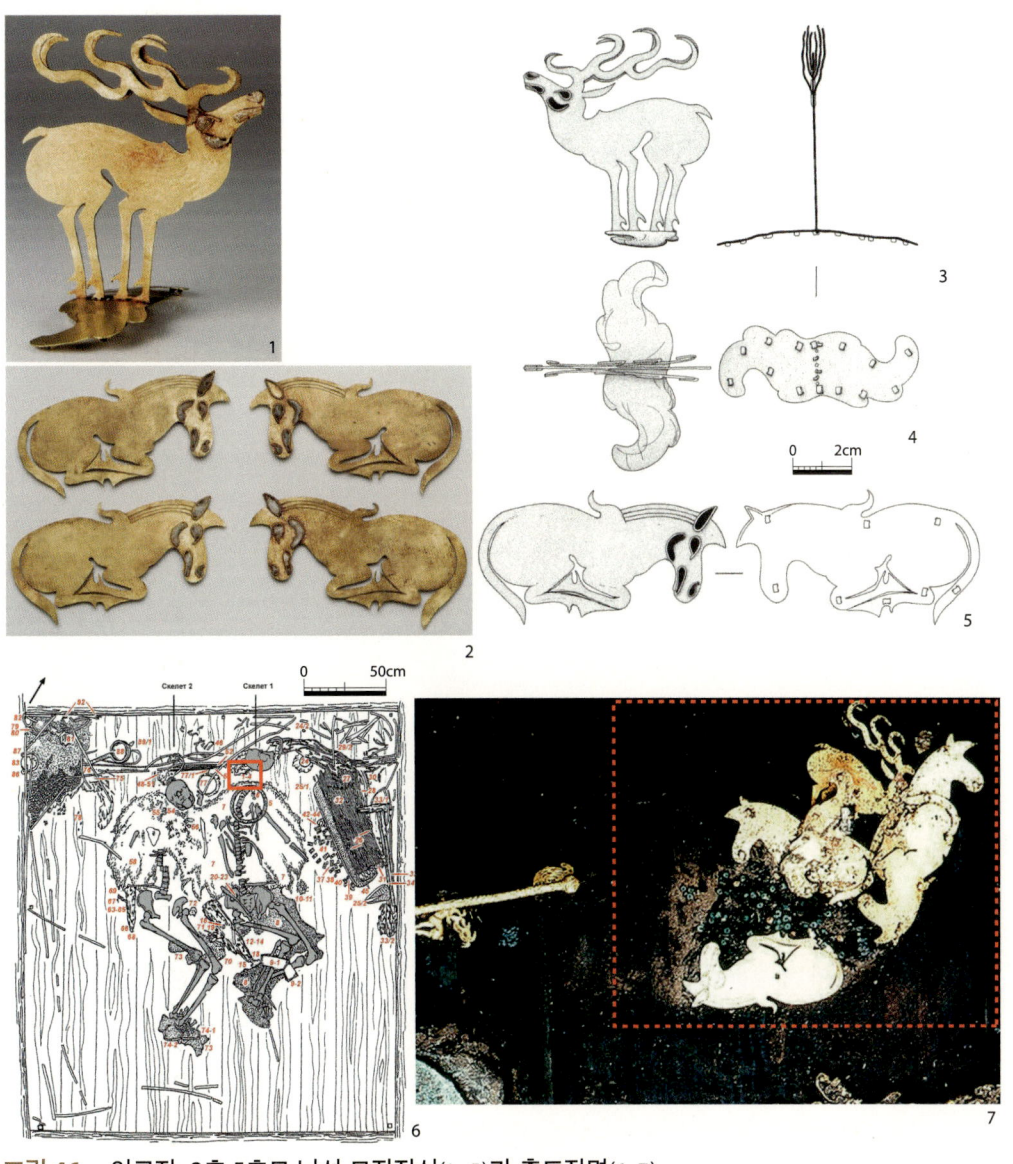

그림 46 아르잔-2호 5호묘 남성 모자장식(1~5)과 출토장면(6, 7)

사슴 모양이다.

사슴(사슴 그림: 길이 6.4cm, 높이 6.9cm, 두께 0.06cm)은 기본적으로 말과 제작방법이 같지만, 뿔과 귀와 다리 아래의 하판을 따로 만들어 붙여서 원래 금판에 못으로 고정했다. 사슴 아래의 금판(길이 7cm, 폭 2.5cm)은 새를 형상화한 것이다. 이 금판에는 14개의 고리가 있어서 모자(그림 46-4)에 고정시킬 수 있다. 사슴의 발끝에는 6개의 구멍이 있다. 사슴다리의 끝을 약간 구부리고 그 끝을 금판 위에 고정한 것이다. 사슴의 가슴 쪽에는 붉은색 칠이 확인되는데, 산화철에 의한 것인지 정확하지 않다. 그런데 말리의 민족지자료를 참고하면 이 지역의 보석에 색을 입힐 때는 소금과 철 화합물로 된 물질을 발랐다고 한다(추구노프 외 2017).

사슴장식 외에 모자에 부착했던 말 장식(그림 46-2, 5)은 금판에 금사를 납땜해서 붙이고 그 사이를 청회색 아말감으로 채워 넣은 것이다. 말은 서로 마주 보는 금장식이 각각 2개씩 확인되었다. 말은 다리를 배쪽으로 접어서 앉은 모습이다. 눈, 코, 입, 귀, 턱에 청회색 에나멜을 채웠다. 말의 갈기 끝에 표현된 돌출부위는 아주 소형화된 날개표현으로도 볼 수 있다(그림 46-2, 5)(추구노프 외 2017)

발견될 당시에 사슴은 말보다 머리에서 가장 먼 곳에서 확인되었다(그림 46). 이는 의미가 있는데, 두 동물문양장식의 뒷판에 붙은 고리의 위치가 다르다는 점과 연결된다. 말 장식(그림 46-4)에는 너비 0.2cm 간격으로 16개의 고리가 2줄로 붙어 있는데, 단단히 고정시키키 위해서 만들어진 것이다.

말 장식판에는 금판에서 잘라낸 흔적이 그대로 남아 있는데, 이러한 점으로 보아서 실제로 사용했다기 보다는 의례용으로 제작되었을 가능성이 크다. 말과 사슴장식판에서 붉은색으로 칠한 흔적이 그대로 확인되었다.

③ **호랑이 문양: 주인공남성의 목걸이**

주인공 5호의 남녀는 모두 목걸이를 착용했는데, 남성의 것은 매우 크고 무겁다. 무게가 무려 1,504.18g이고, 길이는 23.7cm정도이다. 목걸이는 이음새 없이 제작된 것이다. 밀랍으로 거푸집을 만들고 그곳에 금속물을 넣어서 만드는 방법으로 주조한 미세한 금판을 둥근 고리 위에 붙여서 제작한 것이다. 목걸이를 쫙 펴서 살펴보면 동물장식을 4줄(그림 48-1)로 연속해서 표현했다는 점을 알 수 있다(추구노프 외 2017).

첫 번째 줄은 낙타와 가장자리에는 호랑이와 멧돼지로 마무리된다. 두 번째 줄은 염소와 숫양, 세 번째 줄에는 말과 호랑이가 번갈아서 표현되었고, 가장자리에는 목걸이에서

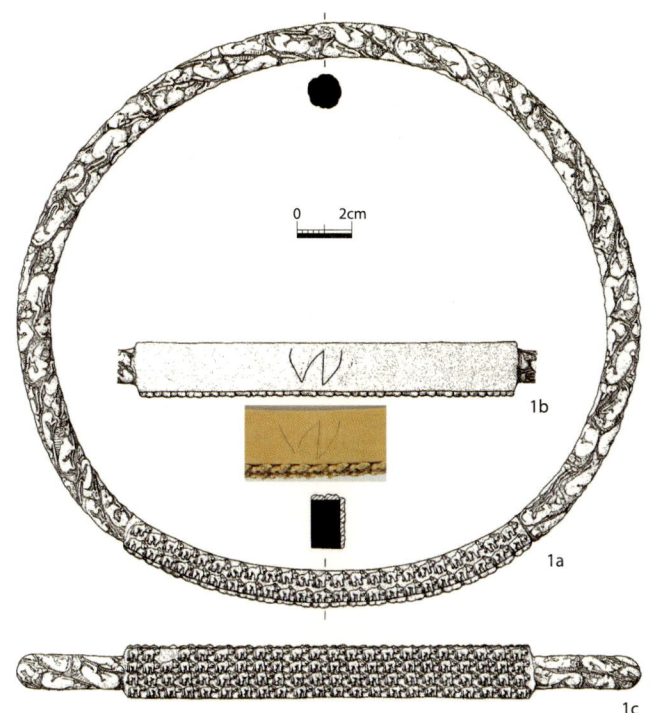

그림 47　아르잔-2호 5호묘 남성 목걸이

유일하게 있는 사슴이 서 있는 모습으로 멧돼지와 함께 있다. 네 번째 줄은 염소, 호랑이, 양이 교대로 구성된다(그림 48-5). 동물문양장식의 긴 판(그림 48-1)을 목걸이 앞의 긴 막대기(그림 47-1b)에 연결했다. 동물문양장식이 보이도록 돌려가면서 장식판을 막대기에 붙였다. 방형의 긴 판을 둥글게 말려면 이 방법 밖에는 없었을 것이다. 목걸이 앞의 긴 막대는 길이 8mm의 호랑이를 주물로 제작하여 땜질해서 고정시켰다. 모두 22개가 4개의 행으로 나눠져서 표현되었다. 그 반대면은 매끄럽다. 매끄러운 면에는 'M'자 혹은 'W'자(그림 47-1b) 모양의 기호가 확인되었다(추구노프 외 2017).

남성 목걸이의 앞 막대기 장식에는 마모된 흔적이 뚜렷하게 보여서 오랫동안 사용되었을 가능성이 큰 것으로 생각된다.

④ **검집의 호랑이 장식**

시베리아 투바의 우육고원에 위치한 아르잔-2호 5호묘에서는 금, 철, 청동 등 다양한 금속 재질로 제작된 유물이 대량 출토되었다. 그런데 유물 개개는 매우 세밀하고 정밀해서, 유물의 목록은 아주 많지만, 실제로는 주인공 남녀가 입은 옷과 그에 딸린 장식과 무기류가 전부이다.

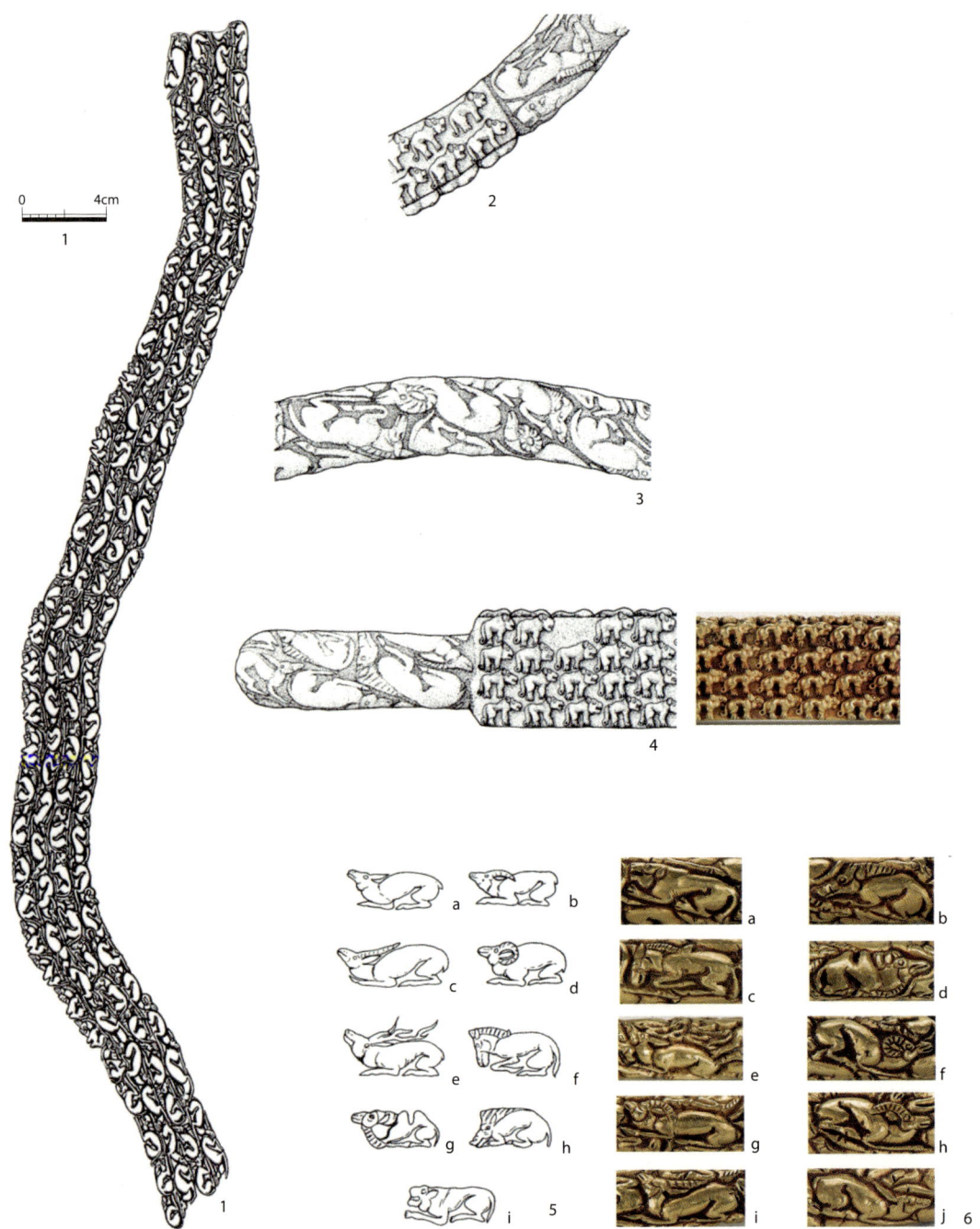

그림 48 아르잔-2호 5호묘 남성 목걸이 분해도와 동물문양 장식

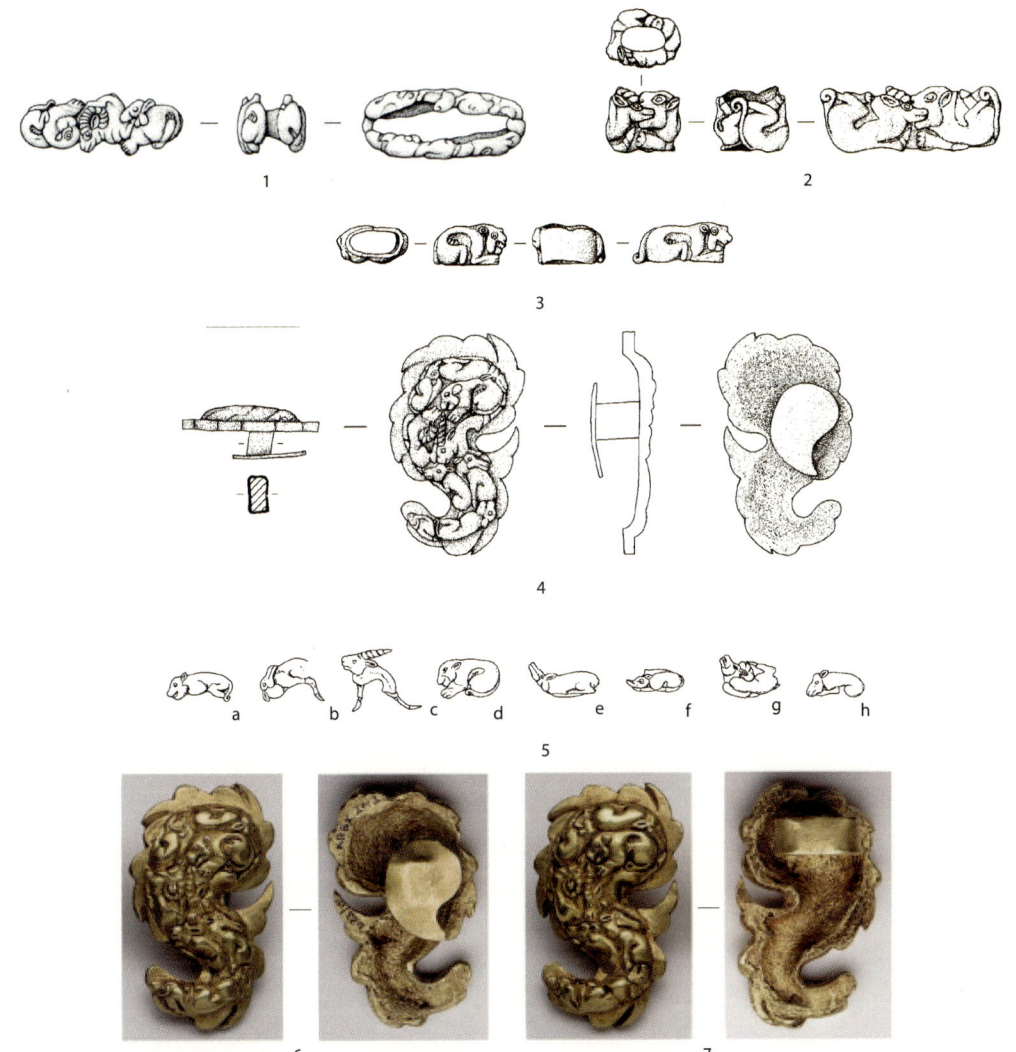

그림 49 아르잔-2호 5호묘 남성 검집 장식

　　남성에게는 칼과 검이 2자루씩 부장되었는데, 검 자루는 아마도 가죽 검초에 넣어진 상태였던 것 같다. 자루는 이미 없어진 상태인데, 검 자루에 부착되었을 것으로 보이는 유물들이 출토된다. 대부분 동물문양이 장식되어 있다. 둥근 클립(혹은 고리)모양의 유물은 그 중에서도 가장 작은 유물 부류에 속하는데, 길이 1.5cm, 너비 1.0cm, 두께 0.2cm, 무게 5.2g 정도로 손톱보다 약간 크다. 이 유물은 앞과 뒤가 다른데, 앞면은 호랑이가 발을 앞으로 뻗고 있는 장면이고, 뒷면은 매끄럽게 처리되었다(그림 49-3). 두꺼운 금판에 거푸집에서 주물로 제작한 호랑이 장식을 덧붙여 제작했다. 링에는 두드린 흔적이 남아 있다. 동일한 유물 4점이 출토되었다(추구노프 외 2017).

85

남성의 검집에는 그 밖에도 여러 장식(그림 49)이 달려 있었다. 그림 49-1의 검집장식은 호랑이 두 마리가 양을 공격하는 장면이다. 단검의 검집 하단에 달았던 장식이다. 앞의 호랑이는 거꾸로 표현되었으나, 표현은 일치한다(길이 1.5cm, 높이 1.3cm, 두께 0.5cm; 무게 30.61 g). 그림 49-2의 유물은 단검의 벨트를 장식하는데 사용되었다. 호랑이가 염소를 입에 넣는 장면을 표현했는데, 고리의 앞면에 두 동물의 머리모양만 표현되었다. 뒷면은 문양이 없다(길이 1.6cm, 높이 1.2cm, 너비:1.1cm, 두께 0.4cm; 무게 11.34 g, 11.44g, 11.82g, 크기는 동일하지만 무게는 약간 차이가 있다). 그림 49-6(그림 49-4와 동일), 그림 49-7은 검집의 상단과 하단에 붙였던 장식판이다. 검집의 상단은 남성의 벨트와 연결하기 위한 중간 끈이 부착되는 공간이 있었는데, 그곳에 S자형 동물장식(그림 49-6)이 부착되었다(추구노프 외 2017).

두 유물은 앞면은 같은 문양이 묘사되었지만 뒷면은 용도에 따라서 차이가 있다. 앞면은 이 유적에서 출토되는 모든 황금장식판과 마찬가지로 별도의 주물틀에서 만든 후 다시 땜질해서 붙여서 제작되었다. 사진에는 표시가 나지 않지만 유물의 가장자리에 붉은색 페인트 자국이 있다고 한다(추구노프 외 2017).

이 S자판 동물문양장식은 동물 8마리가 각기 다른 포즈로 표현되어 있는데, 구분이 되지 않는 유물도 있다. 웅크리고 있는 호랑이, 뒤로 돌아보고 있는 우제류(사슴류?), 구부리고 있는 멧돼지, 몸을 등쪽으로 말고 있는 호랑이 혹은 사슴 등이 표현되어 있다(길이 5.3cm, 높이 1.5cm, 두께 0.3cm, 무게 55.40g)(추구노프 외 2017).

⑤ 고리트(스키타이 화살통) 연결 벨트의 장식판

남성 인골의 팔 옆에는 스키타이 화살통인 고리트와 연결한 벨트 장식(그림 50-2~4)이 발견되었다. 벨트는 검과 고리트(활통)를 연결해서 허리에 감아 사용했고 가죽은 남아 있지 않다. 금으로 제작되었고 길이 4cm, 너비 2cm, 두께 0.9cm, 무게는 20.45~23.83g이다. 흩어진 채로 확인된 것은 29개인데, 거의 크기와 무게가 거의 비슷하다. 직사각형 모양으로 S자가 상하로 각각 2개씩 배치된 모습이다. 그 중에 6개는 S자의 상하단 중간에 리본장식이 있는 것도 있다.

이 벨트의 끝에는 새머리장식판(너비 4.4cm, 높이 4.1cm, 무게 43.82g)이 붙어 있다. 새의 뒷머리가 서로 맞대어 지도록 설계되어 있고, 새의 목이 붙어서 전체 평면형태가 타원형이다.

또 다른 벨트의 끝은 평면형태가 반타원형(길이 4.4cm, 너비 2.4cm, 두께 0.3cm, 무게 19.92g)이고 그 안에 S자형 문양이 2단으로 3개씩 점차 작아지면서 표현되었다. 뒷면은 매끄럽다(추구노프 외 2017).

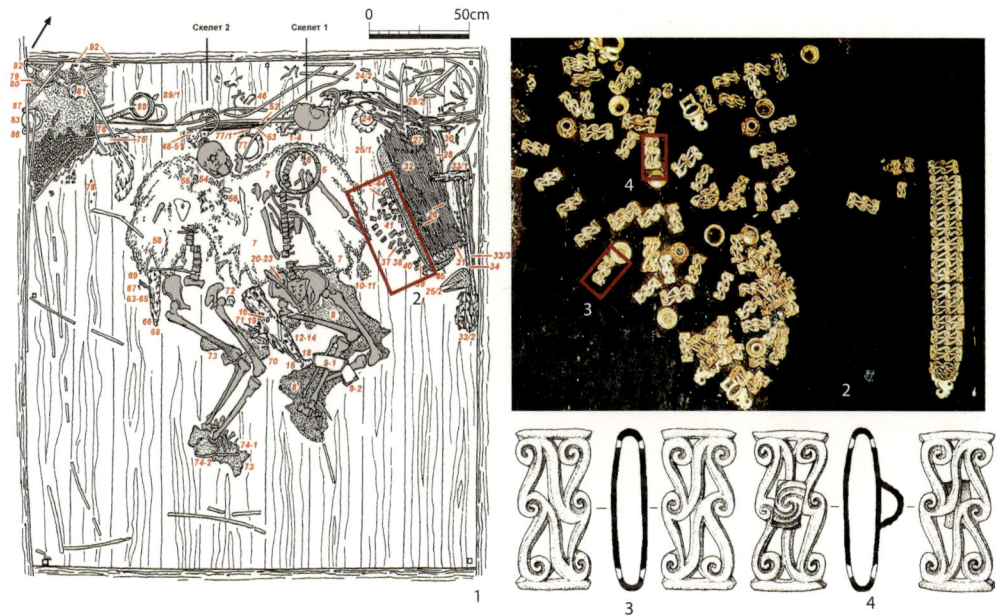

그림 50   아르잔-2호 5호묘 S자형 장식판 위치(1), 노출상태(2)   1. 무덤방 유물상태 | 2. 벨트 및 부속품 위치 | 3, 4. 벨트장식

⑥ 화려한 화살통과 활

스키타이 화살통은 고리트라고 불리는 스키타이 문화의 특징적인 유물이다. 이에 대해서 헤로도투스의 역사에도 스키타이인의 활에 대한 기록이 있고, 페르시아의 아파다나 궁전 벽에도 새겨져 있다. 표트르 1세의 시베리아 콜렉션 유물 중에서 말을 타면서 활을 쏘고 있는 남성전사의 모습이 표현된 유물에서도 스키타이의 화살통인 고리트를 발견할 수 있다(아르타모노프 1966).

아르잔-2호 5호묘에서는 고리트가 실제로 출토되어서 스키타이 활의 모습을 좀 더 구체적으로 알 수 있게 되었다.

남성의 좌측 어깨 부위(그림 50-1)에서 출토되었으나, 활이 고리트에서 빠진 채로 출토된 것으로 보아 원래는 무덤방의 북동쪽벽에 매달려 있던 것이 나중에 떨어진 것으로 볼 수 있다.

고리트(그림 51-4)는 나무와 가죽, 금판으로 만들어진 것인데, 가죽은 이미 썩어서 없어진 상태이다. 나무는 얇은 금판으로 덮였고(그림 51-2,3), 바닥은 금(그림 51-2)으로만 만들어졌다. 길이 50cm 나무뼈대에 새겨진 비늘 모양이 그대로 금판에 찍혔다(그림 51-2). 나무 뼈대가 누르면서 문양도 생기고, 고리트도 단단하게 했을 것이다. 나무 뼈대의 반대면은 매끄러운데, 고리트에 연결했던 장식판이 눌러진 흔적이 남아 있다. 나무판에는 24개

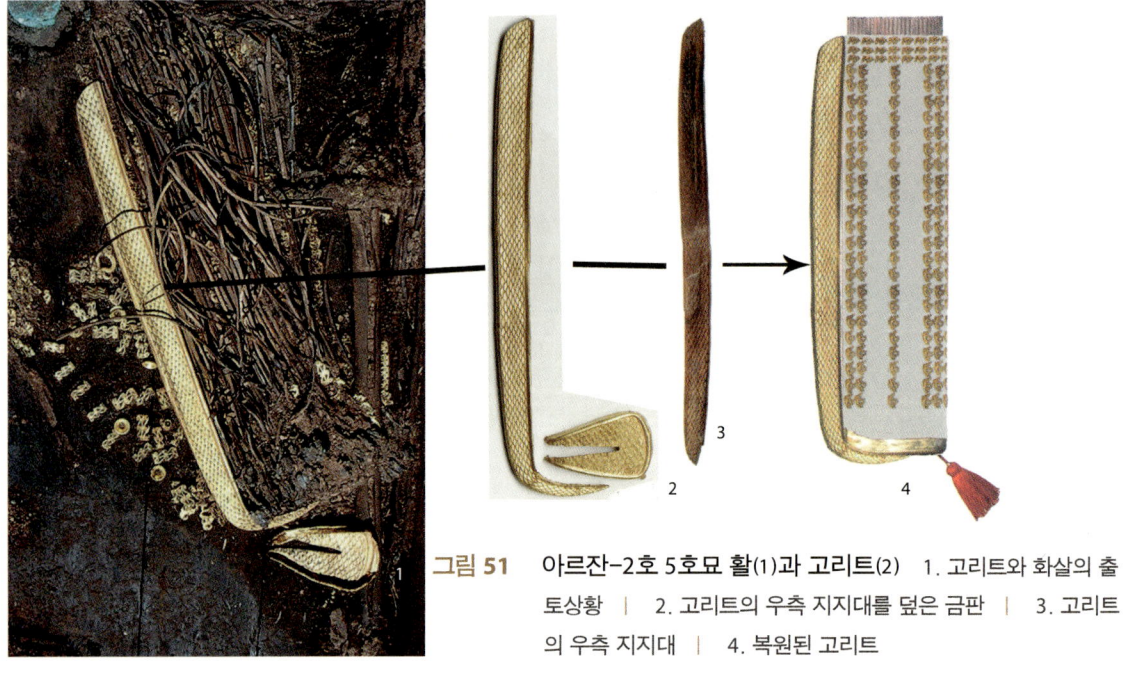

그림 51 아르잔-2호 5호묘 활(1)과 고리트(2) 1. 고리트와 화살의 출토상황 | 2. 고리트의 우측 지지대를 덮은 금판 | 3. 고리트의 우측 지지대 | 4. 복원된 고리트

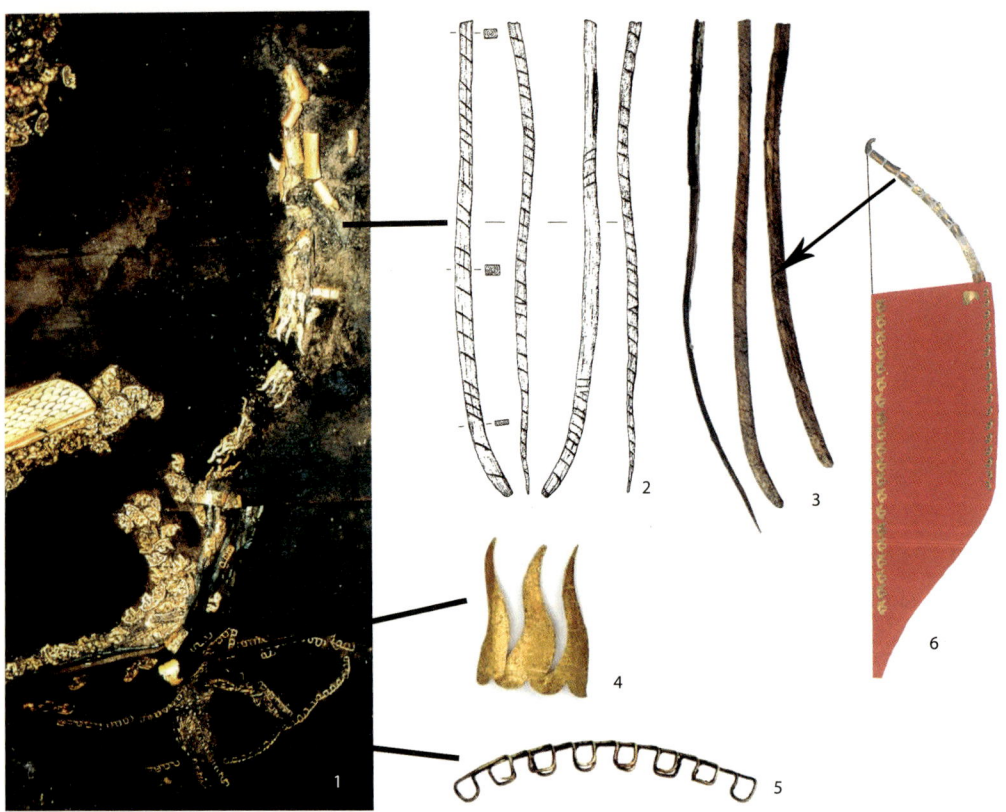

그림 52 아르잔-2호 5호묘 활 모습 1. 활 출토모습 | 2, 3. 활 대 | 4, 5. 활 부속품 | 6. 아르잔-2호 활 복원

의 구멍이 있어서 나무편으로 금판과 연결한 흔적이 남아 있다. 금판은 고리트의 앞면에만 장식되었고, 금판은 하단부의 한쪽 끝을 직각이 되게 제작하였다. 따로 제작된 금판(그림 51-4)으로 연결될 수 있도록 만들어졌다(추구노프 외 2017).

고리트에는 앞서 남성과 여성의 윗옷에 달린 적이 있는 황금 멧돼지 장식판(그림 45-3)이 세 곳(그림 51-4)에 나눠져서 부착되었는데 모두 312점이다(추구노프 외 2017).

무덤바닥에서 고리트가 출토된 위쪽으로 활이 확인되었다(그림 52-1). 활(그림 52-1~3, 그림 53)은 나무를 세로로 네 조각으로 잘라서 만들었으며 단면은 각(그림 53-1~4)이 졌다. 그 위를 자작나무 껍질을 비스듬하게 감아서 제작하였다. 활의 윗부분에는 붉은색 염료가 칠해진 금박이 장식된 것이 있다. 가장 긴 활은 24cm가량이고, 막대는 20개 정도 확인되었다.

활대는 대부분 나무로 제작되었는데, 처음 제작 당시의 길이는 60cm이다(단면은 0.6~0.8cm). 횡단면은 타원형이고, 끝은 둥그스럼하고 틈을 파서 제작되었다. 어떤 화살대에는 빨간색 세로 줄무늬가 파란색 바탕에 그려졌거나 혹은 그 반대도 칠해진 것이 있다(그림 55)(추구노프 외 2017).

스키타이 활은 나무판을 덧붙인 복합궁으로 아주 강력했던 것으로 알려져 있다. 올론-쿠린-고레-10(Олон-Курин-Гол-10, Olon-Kurin-Gol-10)유적에서 출토된 활은 나무판을 여러 겹 덧붙여서 제작된 것으로 아르잔-2호와는 차이가 있다(Scythians 2017).

⑦ 산양과 새의 그림이 있는 화살촉

5호묘의 남성 인골 주변에서는 화살통(고리트)에 활과 시위가 담긴 채로 출토되었다. 뿐만 아니라 철검과 철촉 등 무기가 출토되는데, 얇게 금박을 잘라내서 철제유물에 덧붙여서 제작된 것이다. 아르잔-2호 보다 늦은 파지리크 유적과 아크 알라하-1유적 등에서는 주로 활은 골제이지만, 아르잔-2호에서는 철제, 청동제로 제작되었다. 그 중에서 금 아플리케 장식의 화살촉은 주인공 남성의 왼쪽 어깨 부위에서 출토되었다. 화살촉에 덧붙인 아플리케 장식은 금(그림 56-1)도 있지만, 금과 은을 같이 붙인 것도 있다(그림 56-2)(추구노프 외 2017).

화살촉(그림 56-1)은 길이 4.1cm, 너비 1.3cm 안에 뿔이 달린 영양 혹은 산양이 새와 함께 표현되었다. 새는 신체 전신이 표현되었고 반면에 뿔이 있는 동물은 머리만 보여서, 새가 산양을 공격하는 장면을 삼면에 같은 방법으로 표현했다. 화살촉의 단면은 삼각형이고, 자루를 끼울 수 있게 홈이 안으로 들어가 있다.

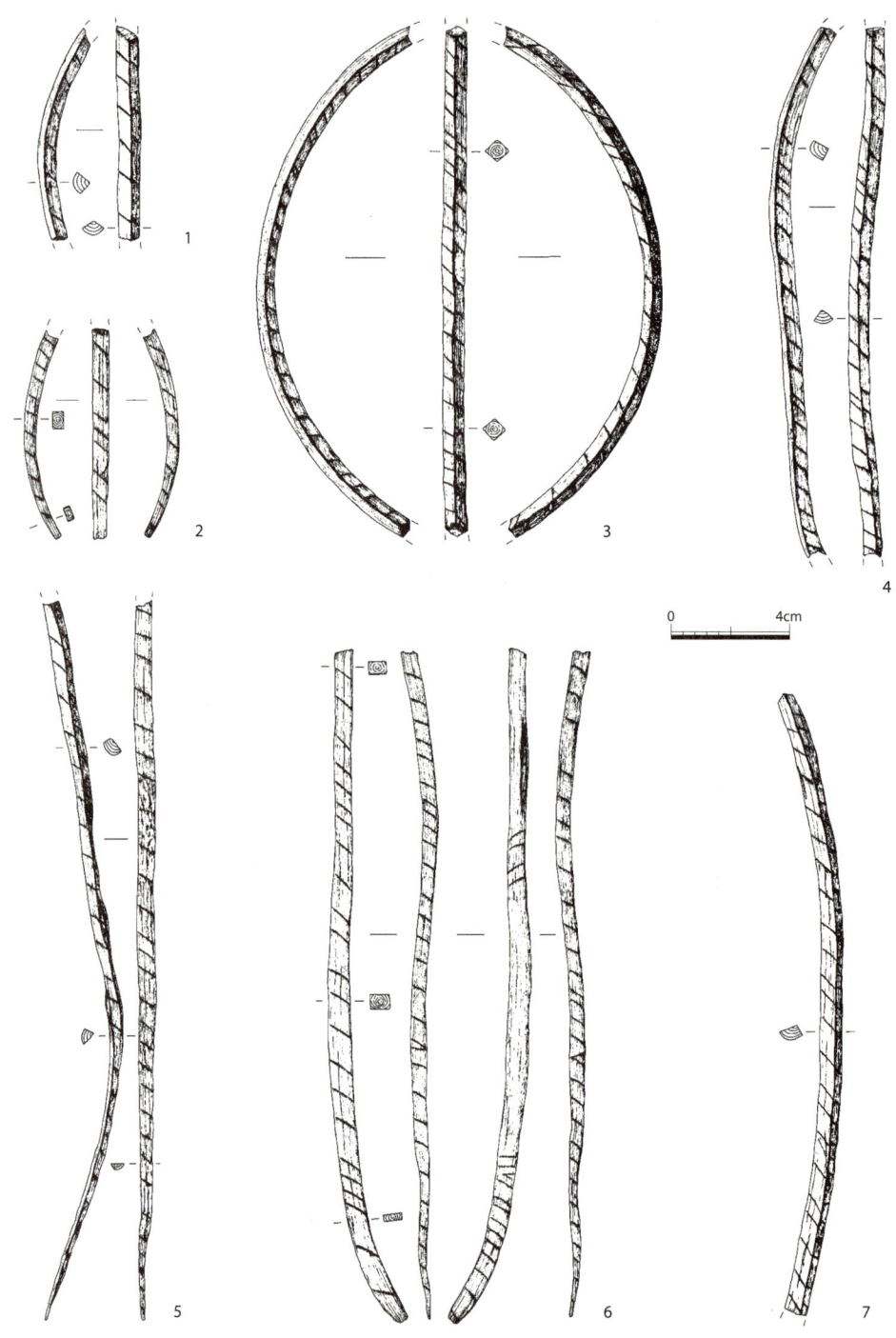

그림 53 아르잔-2호 5호묘 활 부속품

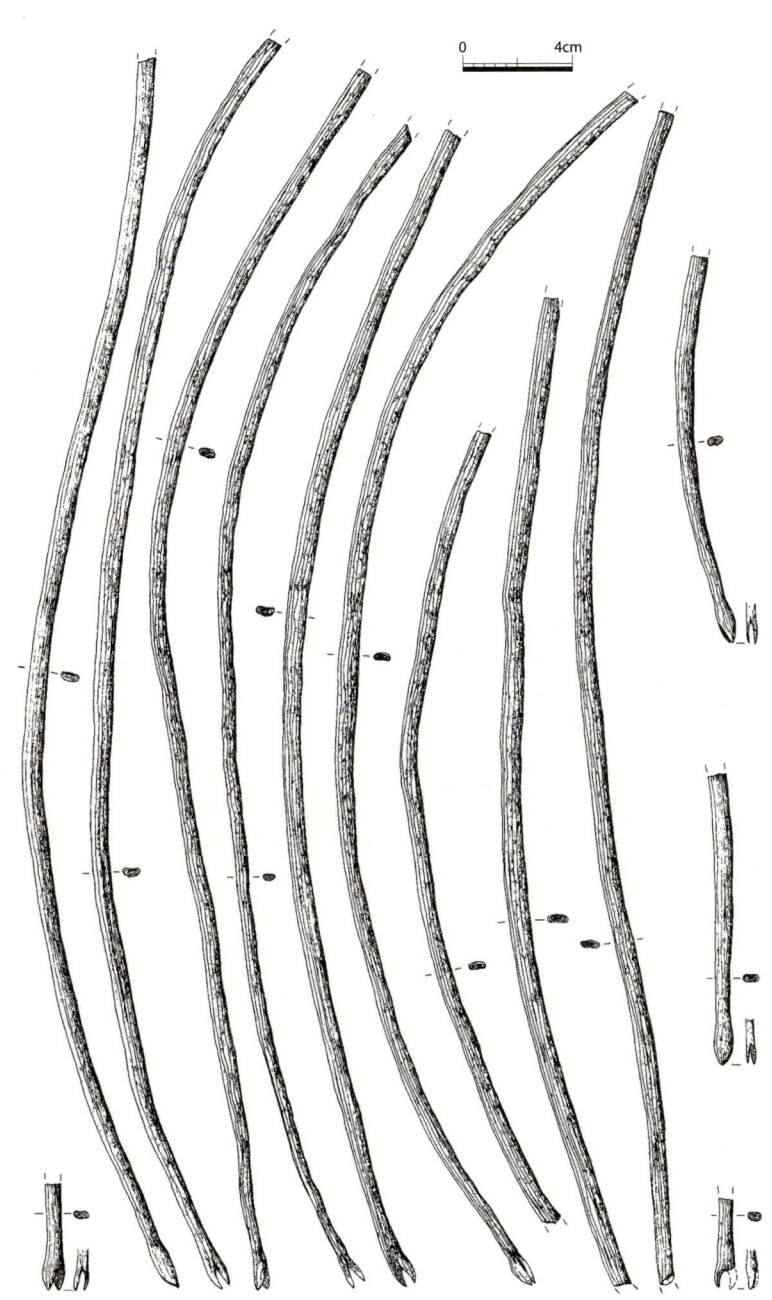

그림 54   아르잔-2호 5호묘 화살대 1 그림 43의 32 위치

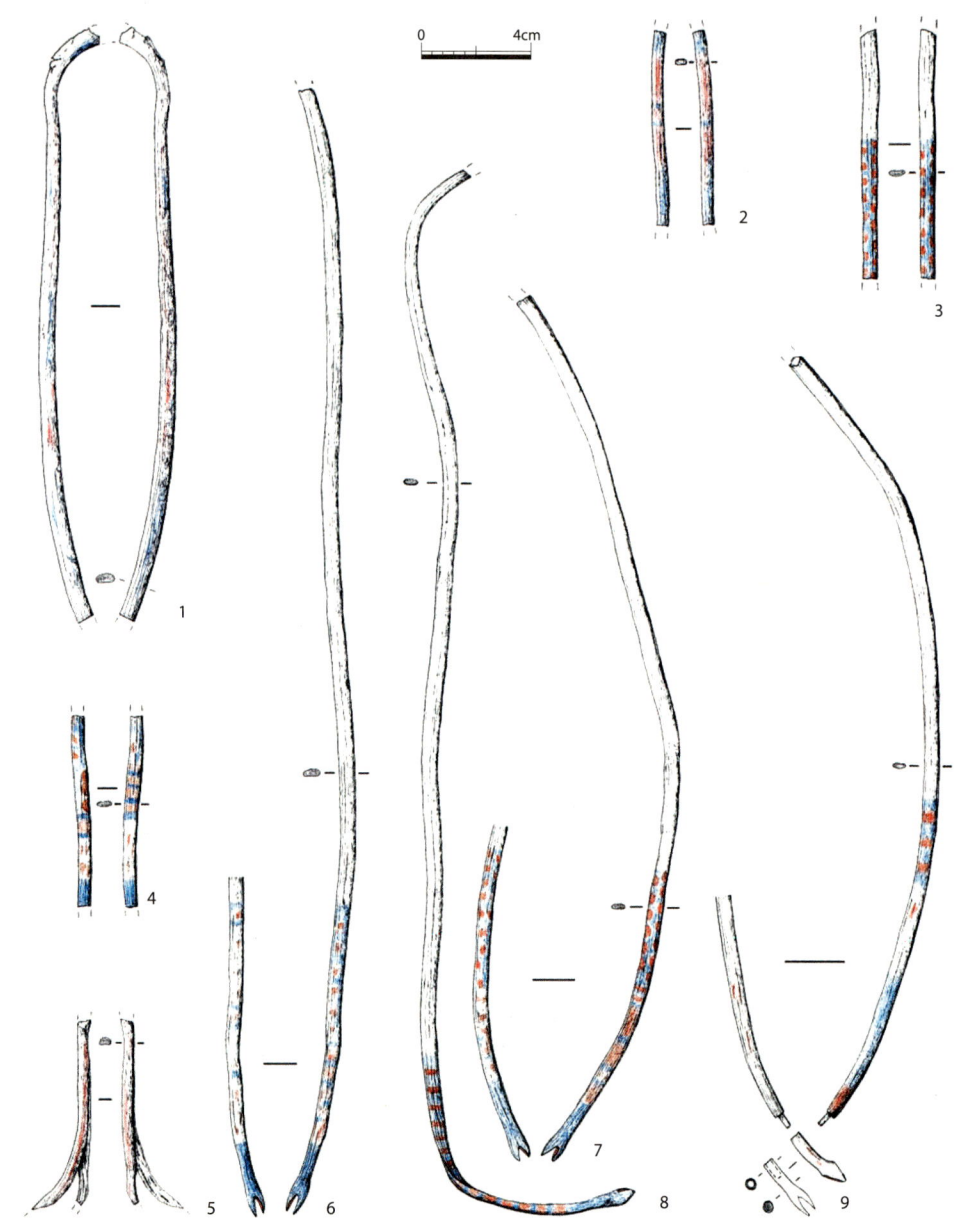

그림 55 아르잔-2호 5호묘 화살대 2 그림 43의 33 위치

    같은 모양으로 금과 은을 함께 상감한 화살촉(그림 56-2)은 일종의 새 날개 혹은 소용돌이를 형상화 했다. 기하학적 모양에 가까운데, 같은 무덤방에서 함께 출토된 산양과 새가 표현된 유물과 관련을 시킨다면 새의 날개로 볼 수 있다.

    금 장식만 삽입한 화살촉의 소재는 1개이고, 표현된 동물은 2마리이며, 금과 은을 사용한 유물의 소재는 2개, 표현물은 1개이다.

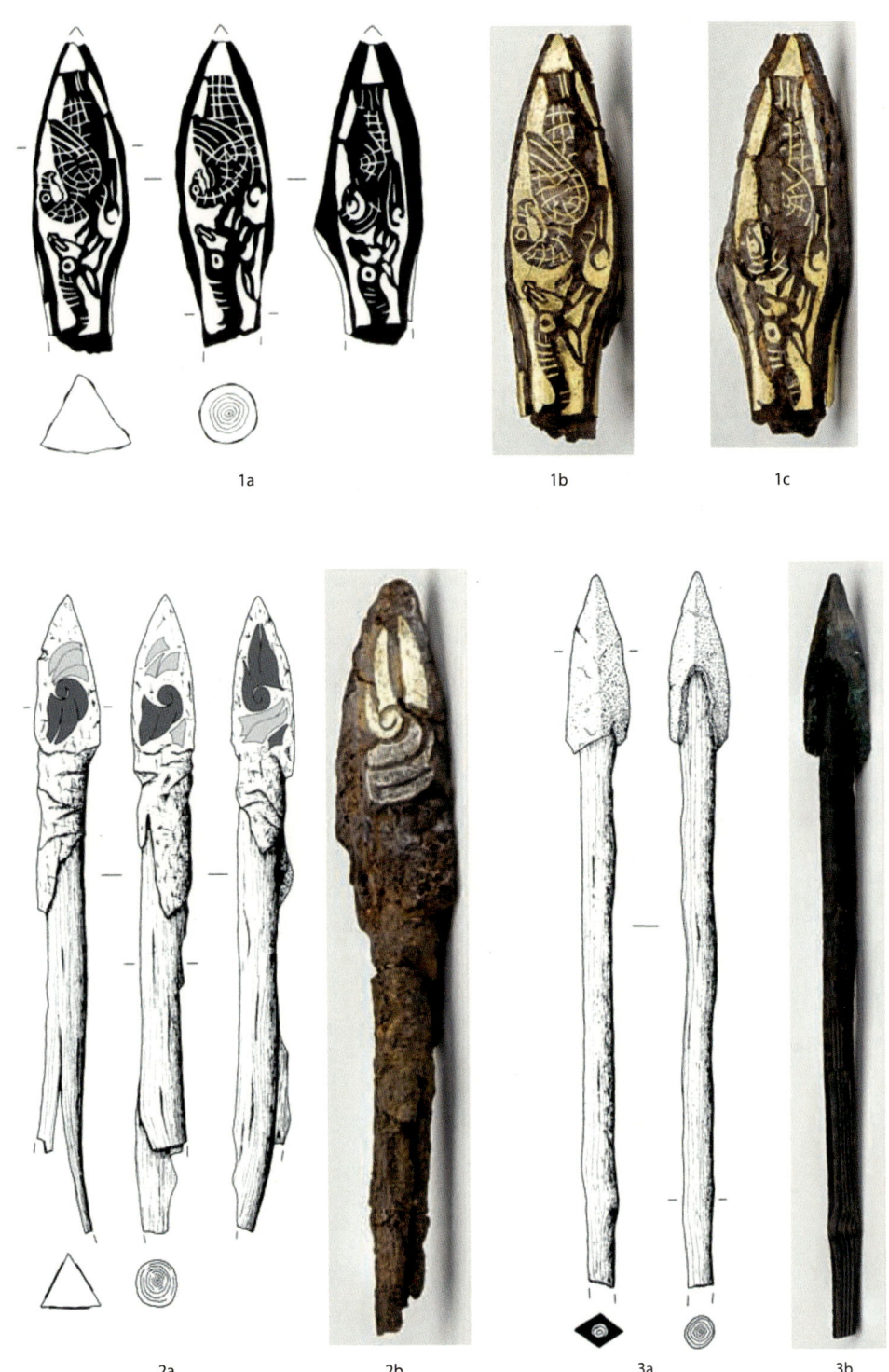

그림 56 아르잔-2호 5호묘 화살촉

93

이 유물은 철제 화살촉 면에 홈을 파고 얇은 금(은과 함께) 줄 혹은 금판을 삽입해서 망치로 두드려서 제작되었다. 이 방법은 아르잔-2호의 다른 무기에서도 관찰된다.

그런데 무덤바닥(그림 50-1)에서는 화살통과 활의 자루는 보이지만, 화살은 보이지 않는다. 발견 당시에 이 유물은 금속산화물 덩어리로 흙과 함께 형태가 없는 덩어리로 출토되었기 때문이다. 에르미타주 박물관의 보존 처리실에서 처리한 것이다. 흙과 금속산화물을 다 뜯어내고 드러난 홈에 현대의 금과 은으로 복원한 것이다(그림 56).

⑧ 무기 3종 세트 중 검과 칼

아르잔-2호 5호묘의 남성 우측 골반 부위에서는 철제검과 철제칼 2자루가 확인되었다. 단검(짧은 검)은 길이가 38.7cm가량(너비 7.5cm, 두께 2.5cm, 무게 930.06g)이다. 매장당시에는 나무칼집에 들어가 있었으나 칼집은 썩어 없어진 상태였고, 철 자체도 매우 부식이 심해서 손잡이와 손잡이 끝 장식은 변형이 심했다. 나무칼집은 뒷면에 부분적으로 남아 있었다. 부식 때문에 금속층이 분리되었다. 손잡이는 여러 겹을 붙인 것인데, 4겹으로 땜질해서 부착된 것이다. 손잡이와 검의 중간 부분은 금판으로 앞뒷면이 동일하게 제작되었다는 것이 복원과정에서 나타났다. 검의 날이 끝나는 부분(검날멈추개)과 손잡이 끝부분(검파두식)은 철에 홈을 내고 그 안에 금박을 상감한 것이다(추구노프 외 2017).

손잡이와 칼날에 붙인 금판 장식은 사실적인 동물문양장식과 추상적인 문양이 금판에 표현되었다. 추상적인 표현은 새의 날개를 풀어서 나선모양으로 묘사한 것이다.

검의 날이 끝나는 부분(검날 멈추개)(그림 57-3)과 손잡이 끝부분(검파두식)(그림 57-1)에 같은 문양이 감입되어 있다. 두 마리의 호랑이기 염소를 공격하는 장면이다. 손잡이 끝장식 아래에는 작은 호랑이 2마리가 염소를 공격하는 장면이 그려져 있다. 손잡이 전체 측면(검날멈추개, 검파두식)에도 동물문양이 배열되어 있다. 손잡이(검파)는 3줄로 구성되었는데, 중앙선

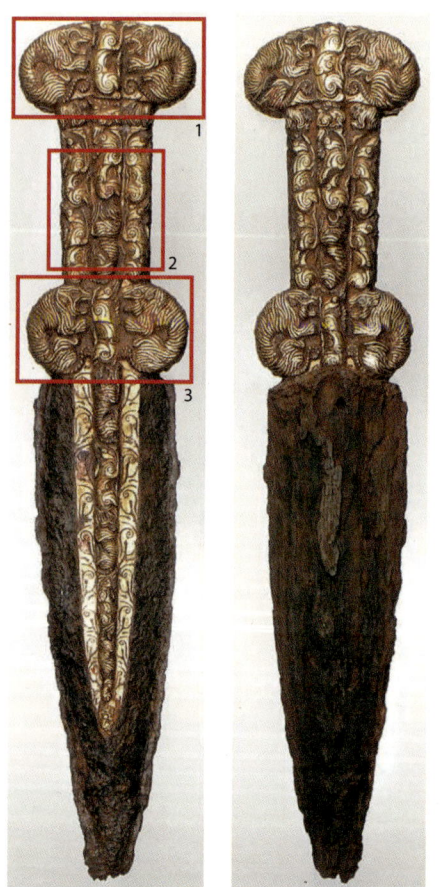

그림 57　아르잔-2호 5호묘 남성 철제검 앞과 뒤

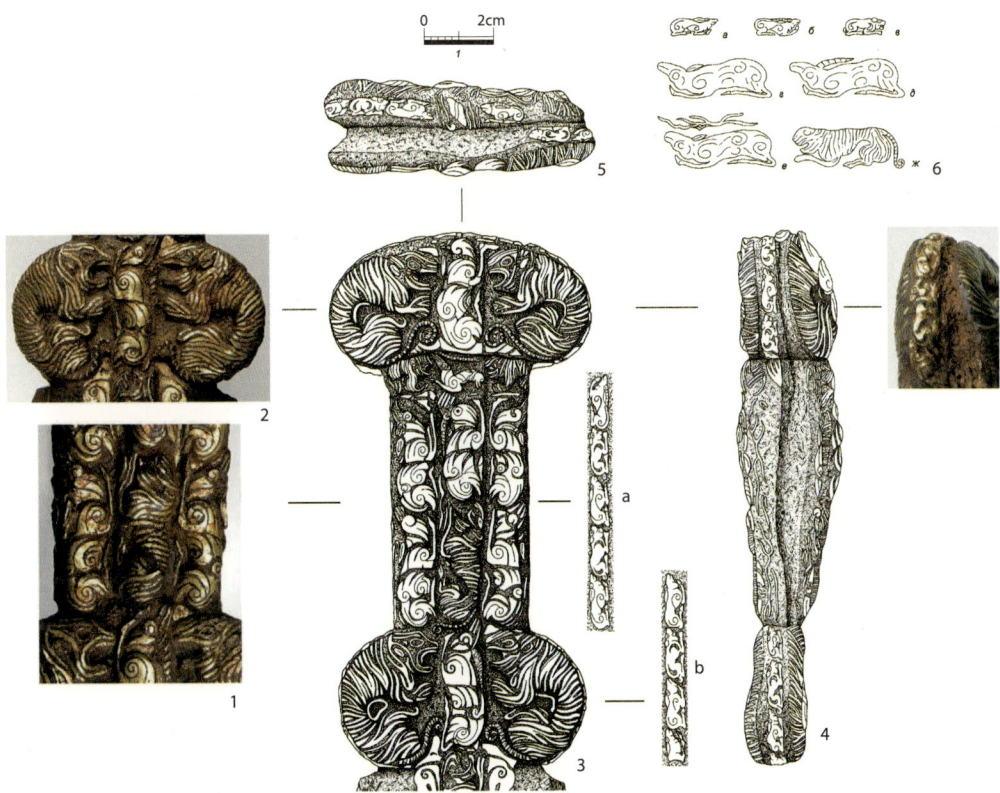

그림 58 아르잔-2호 5호묘 남성 철제검 손잡이 1, 2. 남성의 철제검

은 검날까지 이어지면서 동물문양도 연속되게 배치되었다(그림 58-1). 손잡이 끝부터 검날 멈추개까지 염소가 호랑이의 공격받는 장면이 5번 반복된다. 검날의 가장 끝 2장면은 크기가 작아진다. 검날중심판의 양쪽 가장자리에는 나선문양이 표현되었는데, 새의 날개를 추상화 했을 가능성이 있다.

철검이 발견된 곳에서 철제칼(그림 59)이 2점 출토되었는데, 목제 칼집에 붙은 상태였다. 칼은 검과는 달리 날이 한쪽으로만 있다. 두 철제칼은 모양과 크기가 다르다. 둘 다 금판으로 장식되어 있는데, 그 중에서 손잡이 끝까지 금판이 붙은 것(그림 59-1)이 약간 더 크다(길이 28.9cm, 손잡이 폭 3.5cm, 날의 폭 2cm, 두께 0.7cm; 무게 58.74g). 손잡이의 앞뒤면은 같은 문양이고 측면은 다르다(그림 59-1, 2). 앞 뒷면에는 기본적으로 곡선V자형 문양 7개가 번갈아 가면서 표현되었다(추구노프 외 2017).

철칼에도 V자형 문양 모티브 속에 두 종류의 문양이 있다. 한 종류는 뿔이 둥글게 말린 양 3마리, 다른 문양은 나선문양이 표현되었는데 두 문양이 반복되었다. 측면에는 새의 날개를 추상화 한 문양이 표현되었다. 금판에 붉은색의 색깔을 입힌 흔적이 남아 있다.

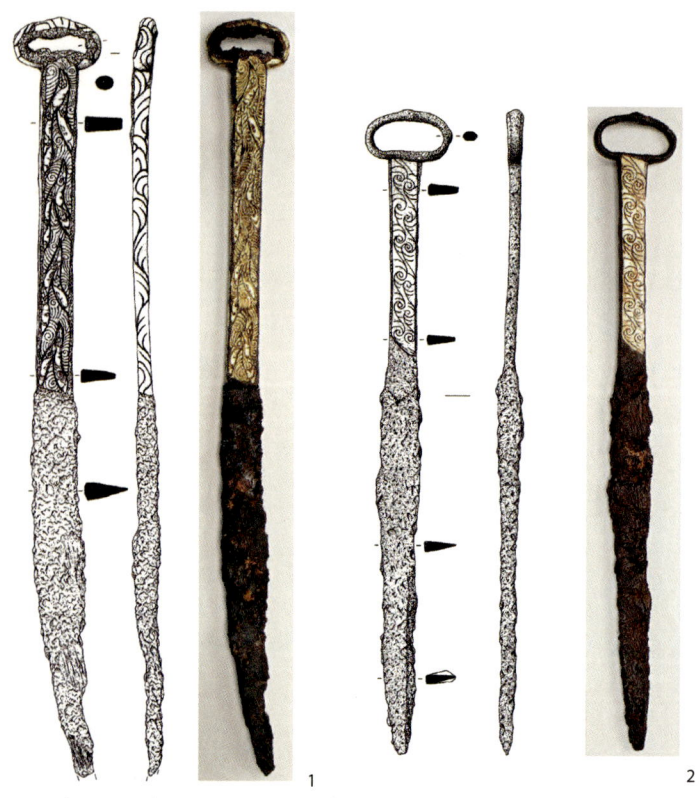

그림 59　아르잔-2호 5호묘 남성 철제칼

다른 철검(길이 24.4cm, 너비 3.4cm, 너비 1.7cm, 두께 0.7cm, 무게 25.78g)(그림 59-2)은 앞면의 손잡이에만 금판으로 장식되어 있었다. 나선문양인데, 붉은색 염료의 흔적이 있다(추구노프 외 2017).

아르잔-1호 유물과 같이 완벽하게 몸을 만 호랑이는 아니지만, 아르잔-2호에서도 몸을 반쯤 말고 있는 호랑이 장식이 철검에서 확인된다. 호랑이가 줄무늬까지 표현된 방법은 뒤에서 설명하게 될 바샤다르 유적의 통나무관에 표현된 동물문양과 유사한 면이 있다. 문양에 대한 관념이 비슷하다고 볼 수 있다.

⑨ 시베리아의 공격용 무기 3종: 투부

아르잔-2호 5호묘 남성은 무기 3종 세트를 지녔다. 검과 칼을 한 세트라고 하면, 활과 화살 그리고 다른 한 가지는 투부라고 불리는 전투용도끼이다.

투부는 고리트의 오른쪽 옆 벽에 놓여있었다(그림 60-6). 도끼의 날 부분과 손잡이 끝 장식은 철제로 만들어졌고, 손잡이(길이 62cm)는 나무이다(그림 60-1). 날 앞부분은 원통형(단면은 각이 짐)에 포인트 부분은 매우 날카롭다. 뒷부분은 납작한 장방형으로 끝은 둥글게 처리되었다. 도끼의 신부(몸체)와 손잡이 끝에 전체적으로 나선형 문양이 묘사되었다. 나선문양은 이 무덤에서 주인공 남성의 철제검과 철제칼, 주인공 여성의 철제검과 가슴장식, 모형솥에서 확인된다. 도끼날은 손잡이에 끼워 은제 못으로 고정한 후에 도끼 날 아래에 호랑이 머리가 마지막에 별도로 추가되어 달렸다. 손잡이 끝 장식은 철제 끼우개(그림 60-5)에 금박을 덧입힌 것으로 홈을 내서 상감한 것은 아니다(추구노프 외 2017).

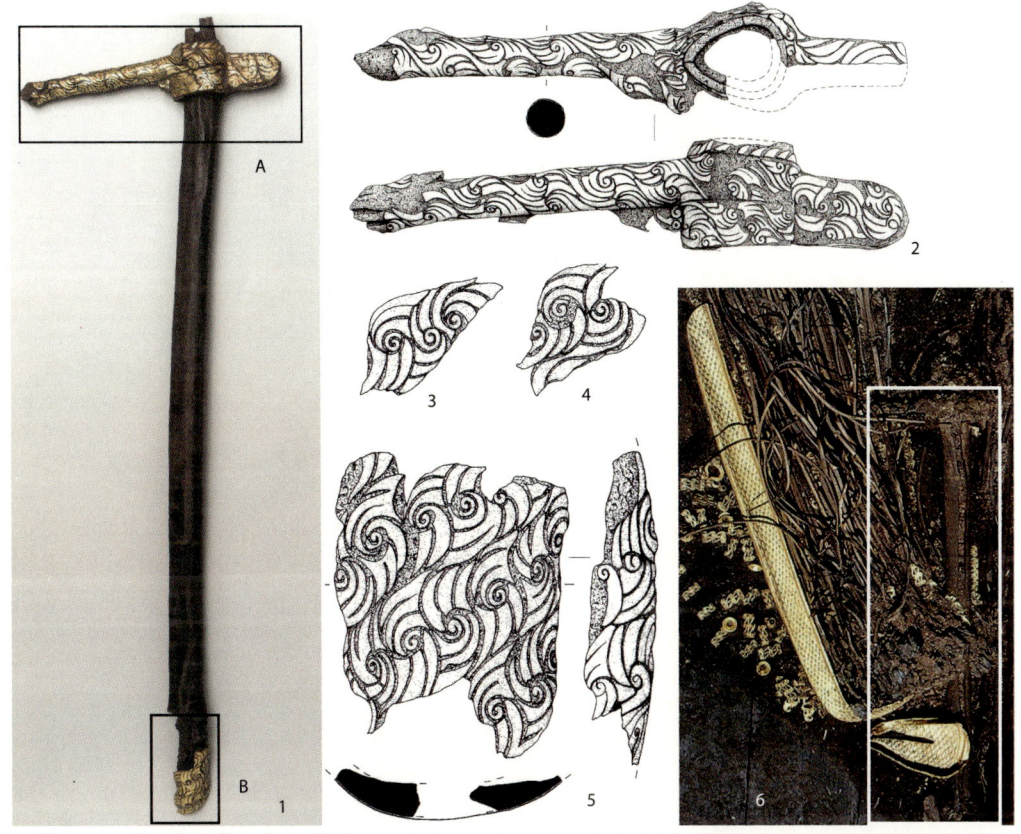

그림 60 아르잔-2호 5호묘 투부 1. 복원된 투부 | 2. 투부 자루(1의 A) | 3~5. 자루 끝 장식(1의 B) | 6. 고리트 옆에 놓인 투부

철을 상감하거나 다른 물질로 입히는 기술은 스키타이 문화에서 일반적으로 사용된다.

아파다나 궁전 벽에 묘사된 스키타이 무기를 들고 있는 페르시아인은 스키타이인들에게 입수한 것을 들고 있는 것이다. 스키타이 투부는 페르세폴리스의 '백 기둥 홀' 바닥에서도 발견되었고, 스키타이 문화권 뿐만 아니라 인접한 지역에서도 많이 확인된다(Scythians 2017). 아르잔-2호의 주인공 무덤이 아닌 곳에서도 금박은 없지만 철제 투부(그림 62, 그림 83, 그림 91)가 많이 확인되어서, 일반적인 무기라고 볼 수 있다. 아르잔-2호가 위치한 곳과 인접한 지역에서 사슴돌(그림 61)이라고 불리는 입석에 무기가 달린 무사의 벨트가 그려져 있다.

그림 61 아르잔 사슴돌

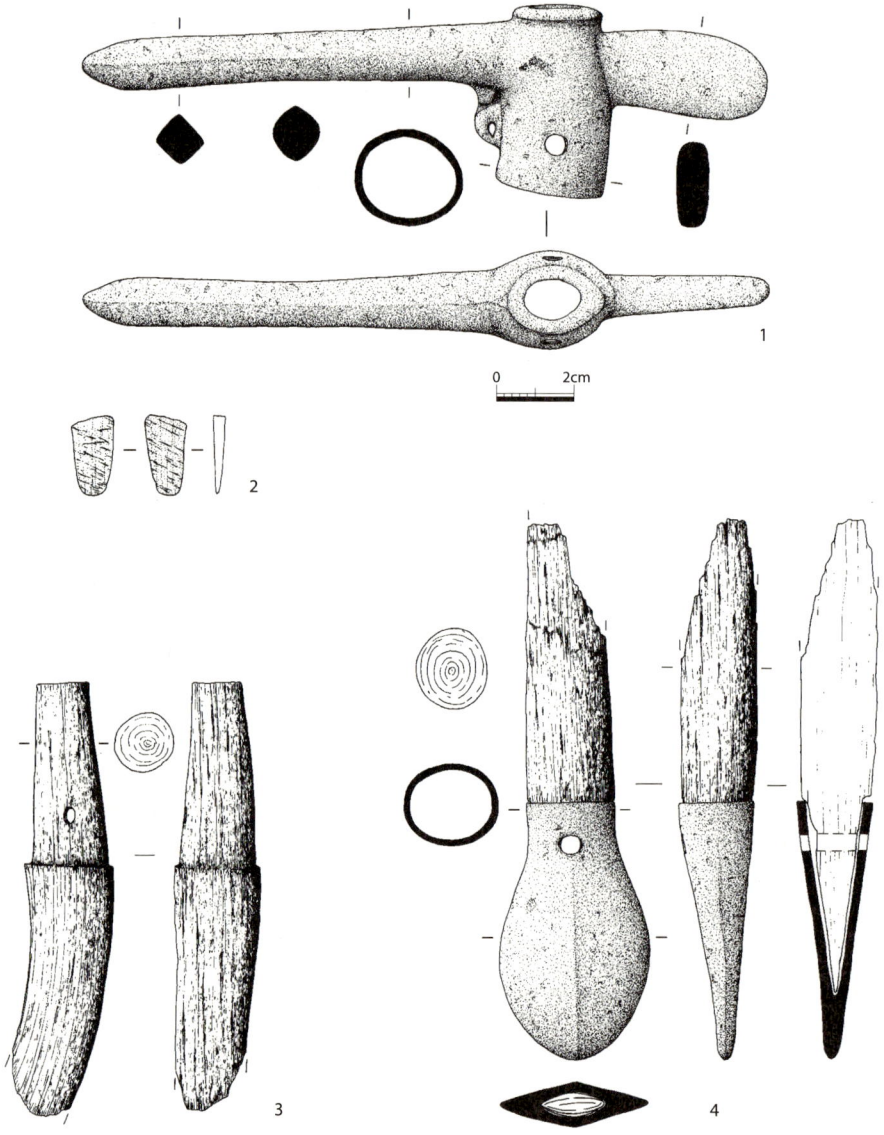

그림 62 아르잔-2호 20호묘 투부

　투부는 직접전투에서 사용되었다. 도끼의 전단부 단면이 원형이고, 끝이 뾰족한 형태로 기원전 4세기까지 이러한 형태가 계속 유지되었다.

　파지리크 유적의 2호분 남성의 머리에는 투부로 맞은 상처가 3곳(**그림 204-1, 2**)이 있었다. 시베리아 남부에서 우크라이나(흑해북안)까지의 광범위한 범위의 무덤에서 투부로 맞아 머리가 터진 사람들이 발견된다. 뿐만 아니라 말을 죽일 때도 투부를 사용한 흔적이 파지리크 유적의 2호 및 5호와 아크 알라하-3 유적 등에서 확인된다. 스키타이 투부는 그 당시에 치명적인 개인 무기였다.

그림출처

그림 44   아르잔-2호 5호묘 남성인골 척추와 모피흔적(2), 모피에 달린 호랑이 장식 좌측(1), 우측(3)
(Чугунов К.В., Парцингер Г., Наглер А. 2017, p.41 그림46, p.375~376 표 37~38, 필자재편집)

그림 45   아르잔-2호 5호묘 남성 모피망토 호랑이 장식(1,2)과 화살통 멧돼지 장식(3)(Чугунов К.В., Парцингер Г., Наглер А. 2017, p.354~355 표 16~17, 필자재편집)

그림 46   아르잔-2호 5호묘 남성 모자장식(1~5)과 출토장면(6, 7)(Чугунов К.В., Парцингер Г., Наглер А. 2017, p.36 그림 40, p.371 표 33, p.339~340 표1~2, 필자재편집)

그림 47   아르잔-2호 5호묘 남성 목걸이(Чугунов К.В., Парцингер Г., Наглер А. 2017, p.341 표3, p.374 표36, 필자재편집)

그림 48   아르잔-2호 5호묘 남성 목걸이 분해도와 동물문양 장식(Чугунов К.В., Парцингер Г., Наглер А. 2017, p.342 표4, p.374 표36, 필자재편집)

그림 49   아르잔-2호 5호묘 남성 검집 장식(Чугунов К.В., Парцингер Г., Наглер А. 2017, p.351 표13, p.377 표39, 필자재편집)

그림 50   아르잔-2호 5호묘 S자형 장식판 위치(1), 노출상태(2)(Чугунов К.В., Парцингер Г., Наглер А. 2017, p.31 그림 32, p.54 그림 56, p.367 표 29, 필자재편집)

그림 51   아르잔-2호 5호묘 활(1)과 고리트(2)(1~5. Чугунов К.В., Парцингер Г., Наглер А. 2017, p.48 그림 52, p.381 그림 43, 필자재편집)

그림 52   아르잔-2호 5호묘 활 모습(Чугунов К.В., Парцингер Г., Наглер А. 2017, p.51 그림 55, p.356 표 18, p.383 표 45, p.386 표 48, 필자재편집)

그림 53   아르잔-2호 5호묘 활 부속품(Чугунов К.В., Парцингер Г., Наглер А. 2017, p.356 표 18, 필자재편집)

그림 54   아르잔-2호 5호묘 화살대 1 그림 43의 32 위치(Чугунов К.В., Парцингер Г., Наглер А. 2017, p.363 표 25, 필자재편집)

그림 55   아르잔-2호 5호묘 화살대 2 그림 43의 33 위치(Чугунов К.В., Парцингер Г., Наглер А. 2017, p.364 표 26, 필자재편집)

그림 56   아르잔-2호 5호묘 화살촉(Чугунов К.В., Парцингер Г., Наглер А. 2017, p.362 표 24, p.384 표 46, 필자재편집)

그림 57   아르잔-2호 5호묘 남성 철제검 앞과 뒤(Чугунов К.В., Парцингер Г., Наглер А. 2017, p.378 표 40, 필자재편집)

그림 58   아르잔-2호 5호묘 남성 철제검 손잡이(Чугунов К.В., Парцингер Г., Наглер А. 2017, p.347 표 9, p.378 표 40, 필자재편집)

그림 59   아르잔-2호 5호묘 남성 철제칼(Чугунов К.В., Парцингер Г., Наглер А. 2017, p.348 표 10, p.379 표 41, 필자재편집)

그림 60   아르잔-2호 5호묘 투부(1:Scythians 2017; 2~5: Чугунов К.В., Парцингер Г., Наглер А. 2017, p.48 그림 52, p.365 표 27, 필자재편집)

| 그림 61 | 아르잔 사슴돌 (러시아과학아카데미 1992, 필자재편집) |
| 그림 62 | 아르잔-2호 20호묘 투부 (Чугунов К.В., Парцингер Г., Наглер А. 2017, p.433 표 95, 필자재편집) |

참고문헌

Артамонов М.И. 1966: Сокровища скифских курганов в собрании Государственного Эрмитажа. Прага — Л.: Артия, Советский художник. 1966. 120 с (아르타모노프 1966, 에르미타주 소장 스키타이 무덤의 보물)

Алексеев А.Ю. 2012: Золото скифских царей в собрании Эрмитажа. СПб: Изд-во Гос. Эрмитажа. 2012. 272 с. (알렉세예프 2012, 에르미타주박물관 소장 스키타이 차르의 황금유물 콜렉션)

Чугунов, К. В. "Аржан-2: реконструкция этапов функционирования погребально-поминального комплекса и некоторые вопросы его хронологии." Российский археологический ежегодник . СПб: Издательство СПб ГУ, 2011, С. 262-335

(추구노프 2011, 아르잔-2호: 무덤의례복합 유구의 복원과 연대에 대한 몇 가지 질문)

Чугунов К.В., Парцингер Г., Наглер А. 2017: Царский курган скифского времени Аржан-2 в Туве. Новосибирск: ИАЭТ СО РАН. 2017. 500 с.(추구노프, 파르칭거, 나게르 2017, 투바의 아르잔-2호, 스키타이 차르 무덤)

Переводчикова Е.В. 1994, Язык звериных образов. Очерки искусства евразийских степей скифской эпохи(페레보드치코바 1994, 언어로서의 동물문양장식)

Scythians: warriors of ancient Siberia. [British Museum. The BP exhibition. Organized with the State Hermitage Museum, St Petersburg, Russia] Ed. by St John Simpson and Dr Svetlana Pankova. London: Thames & Hudson Ltd. 2017. 368 p.

(4) 주인공 여성의 유물

① 고깔모자 장식에 그려진 '낙타'

헤로도투스가 남긴 역사에는 스키타이에 대한 기록이 남아 있다. 그는 스키타이 민족의 특징을 머리끝이 뾰족한 고깔모자를 쓰는 것으로 묘사하였다.

시베리아 알타이에서도 고깔모자를 쓴 사람들이 발굴되었다. 아크 알라하-3유적의 얼음공주, 아크 알라하-1유적의 남성전사, 파지리크 유적 2호분의 남성미라 등 그들이 쓴 모자를 통해 밝혀지고 있다. 한편 정수리 끝이 뾰족하지 않은 투구형 모자도 파지리크 유적 2

그림 63 아르잔-2호 5호묘 여성 두개골

호분의 남성이 썼다는 점도 밝혀졌다.

　5호묘 무덤방에는 남녀가 함께 묻혔는데, 여성의 두개골에서 약간 떨어진 곳에 두 개의 황금 막대가 놓여 있었다(그림 63). 막대의 끝에는 반원형(그림 64-1, 2)의 구슬모양이 붙어 있었고, 다른 한 점에는 화려한 뿔이 달린 사슴(그림 65-1)이 장식되어 있었다. 두 막대는 각각 길이가 다른데, 반구슬모양의 장식이 붙은 것이 좀 더 길다(길이 35.7cm, 두께 0.4cm; 무게 59.29g). 반구슬은 안이 비어 있는 모양이며, 구슬이 붙은 쪽의 반대편은 뾰족하다. 그 아래에는 오른쪽에서 왼쪽으로 염소, 혹소(zebu), 염소, 멧돼지, 사슴, 염소, 말, 양, 사슴, 육식 동물, 고양이과 맹수(호랑이), 염소, 사슴, 멧돼지, 낙타 및 사슴으로 연결되어서 동물문양장식이 붙어 있다(그림 64-3, 4). 그리고 식별할 수 없는 동물도 2마리가 있다.

　뿔이 화려한 사슴장식 붙은 막대는 위에서 설명한 유물보다는 좀 작다(길이 30.2cm, 두께 0.4cm; 무게 55.52g)(그림 65-1). 가장 꼭대기의 사슴은 발끝을 세우고 있다. 그 아래의 동물문양장식은 오른쪽에서 왼쪽으로 양, 염소, 말, 염소, 소, 염소, 두 마리의 염소, 사슴, 낙타, 염소, 양, 사슴을 공격하는 고양이과 맹수(호랑이)가 차례로 장식되었다. 위에서부터 아래로 새겨진 동물의 발굽이 아래의 동물 머리에 붙어 있다. 동물문양장식이 붙어 있는 길이는 21cm가량이다(그림 65-3, 4)(추구노프 외 2017).

　두 유물은 막대에서 돌출된 부분인 반구슬 모양, 사슴모양을 따로 주조해서 땜질한 것이다. 막대기에 표현된 동물문양장식은 동물문양이 장식된 띠를 막대기에 붙인 것이다(그

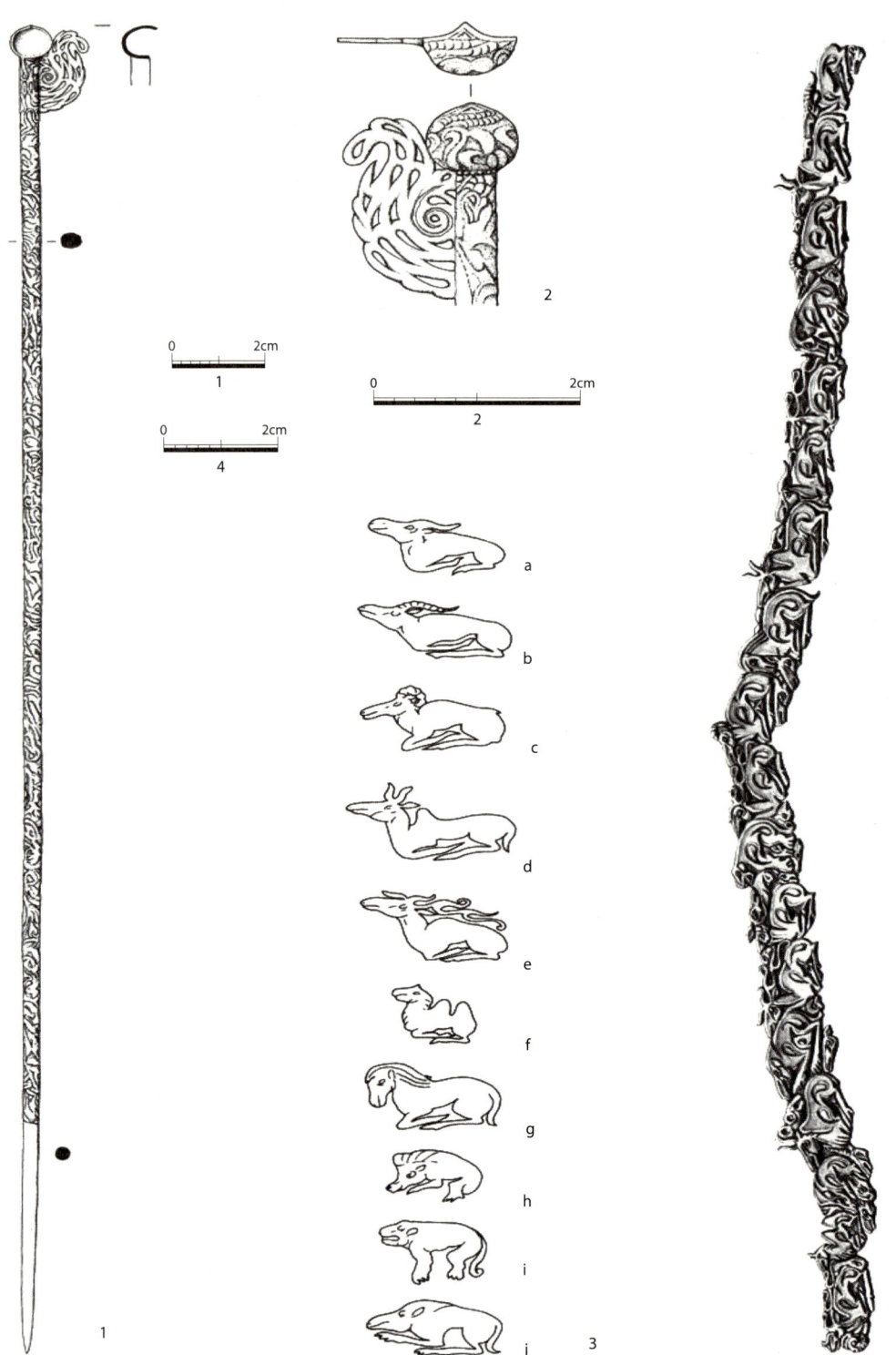

그림 64 아르잔-2호 5호묘 여성 모자머리장식

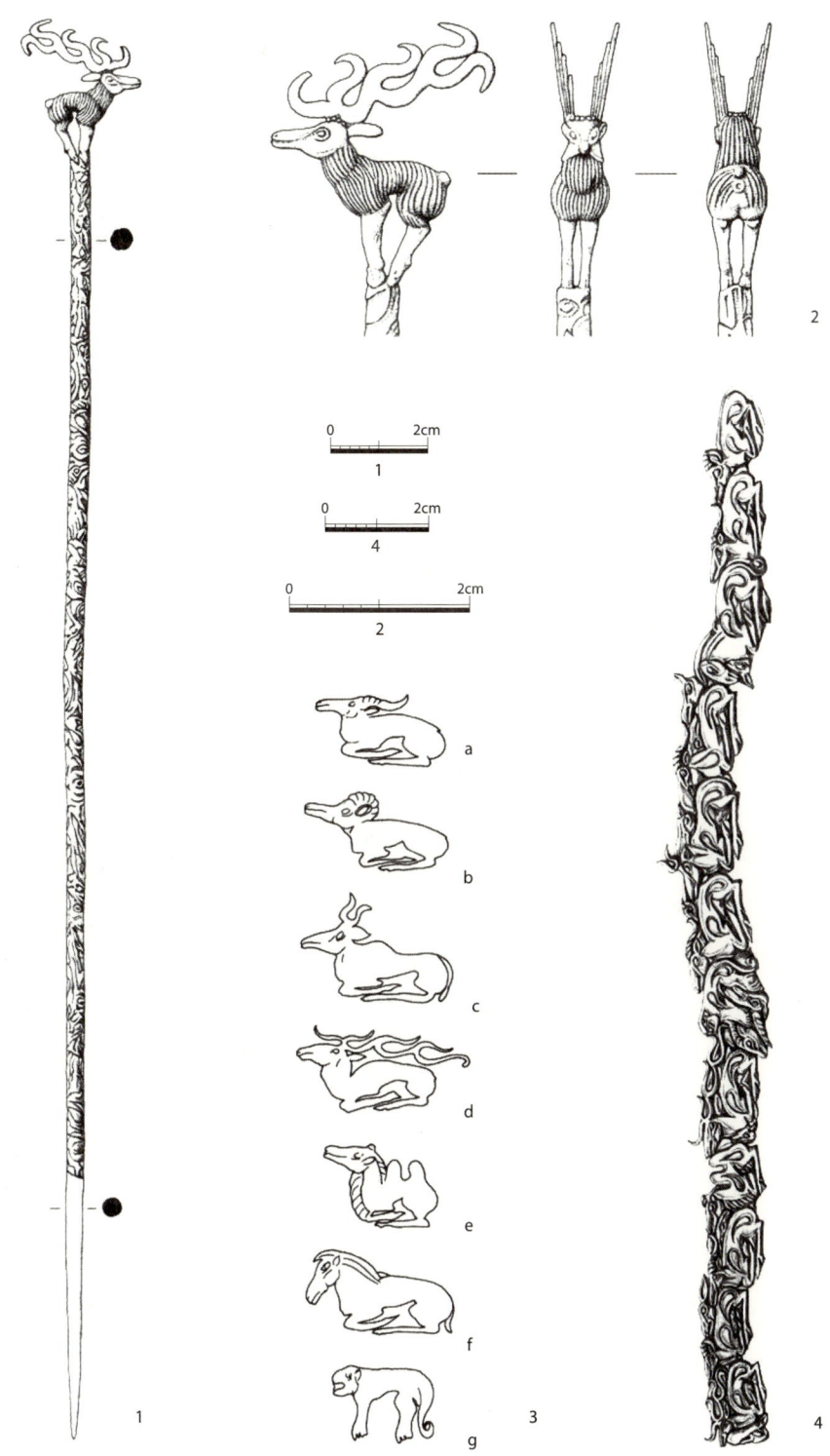

그림 65 아르잔-2호 5호묘 여성 모자머리장식

림 64-4, 그림 65-4). 동물장식은 밀랍을 녹여서 만든 주물을 이용해서 동물이 튀어나오도록 보이는 릴리프(relief)기법을 이용해서 표현하였다. 동물문양장식을 납땜해서 막대기에 붙여 제작하였다.

여성의 모자장식에 묘사된 동물 중에서 혹소와 낙타는 이 유적에서 처음 나타난다. 낙타는 이 유물 외에도 목걸이와 석판에 그려진 암각화에도 그려진다. 이 유적보다 먼저 발굴된 기원전 5세기 베르흐 칼쥔 II 유적에서는 낙타털이 함유된 펠트제 유물이 발견되기도 했다. 우코크 고원에는 낙타가 그려진 암각화도 이미 발견된 바 있다.

그러나 이 유적의 발굴로 스키타이 문화에서 낙타는 기원전 7세기 중반에 이미 있었다는 사실을 알 수 있다.

② 청동거울

아르잔-2호의 주인공이 묻힌 5호묘에서는 바닥에 유난히 푸른빛을 띠는 2개의 원형 유물이 눈에 띈다. 원형 유물은 거울으로 주인공 남녀의 머리 위에 놓여 있었다. 남성과 여성은 좌측을 향해 누운 상태로 거울 또한 그들의 좌측에 위치하고 있다. 남성과 여성의 거울은 펠트 주머니 위에 놓여 있었던 것으로 보인다(그림 69-1)(추구노프 외 2017).

남성의 거울(그림 66-2, 2a)(직경 7.7cm)은 거울 가장자리에 테두리(높이 0.9, 두께 0.15cm)가 달려 있고 뒷면 중앙에 3개의 홈이 있는 꼭지(그림 66-2, 2a)가 달려 있다. 꼭지에는 가죽끈이 달려 있는데, 일종의 클립(고리)이다. 금으로 만든 것과 금과 은의 합금물질로 만든 것으로(그림 66-5), 2개가 세트가 되어서 교차되면서 장식되었다(추구노프 외 2017).

고리장식(그림 66-5)(너비 0.7~0.9cm, 길이는 0.9cm)은 납작한 금판을 구부려서 만들었는데, 중앙에 길게 갈비뼈가 있다. 금과 은의 합금물질로 만든 것도 같은 크기이다. 원추모양의 금장식품(그림 66-3)도 거울의 부속품(높이 0.5cm, 상단직경 0.6, 하단직경 1.2cm)이다(추구노프 외 2017).

여성의 거울(그림 67-1)은 남성의 거울보다 크고(직경 11.2cm), 뒷면의 가장자리에 테두리가 없다. 여성 거울의 뒷면에는 역시 중앙에 꼭지가 달려 있는데, 4개의 홈이 있다. 꼭지에는 역시 길이 9cm 가죽끈이 달려 있고 금으로 된 클립이 18개 끼워진 상태이다. 클립은 주물틀에서 제작된 것이며, 3개가 한 쌍으로, 6쌍이 같은 간격으로 끼워졌다. 거울 근처에서는 금으로 제작된 원뿔모양 부속품이 출토되었는데, 남성의 것과는 달리 문양이 없다(추구노프 외 2017).

뒤에서 알타이의 아크 알라하-3유적과 파지리크 유적 2호분의 거울은 뒤에서 살펴볼

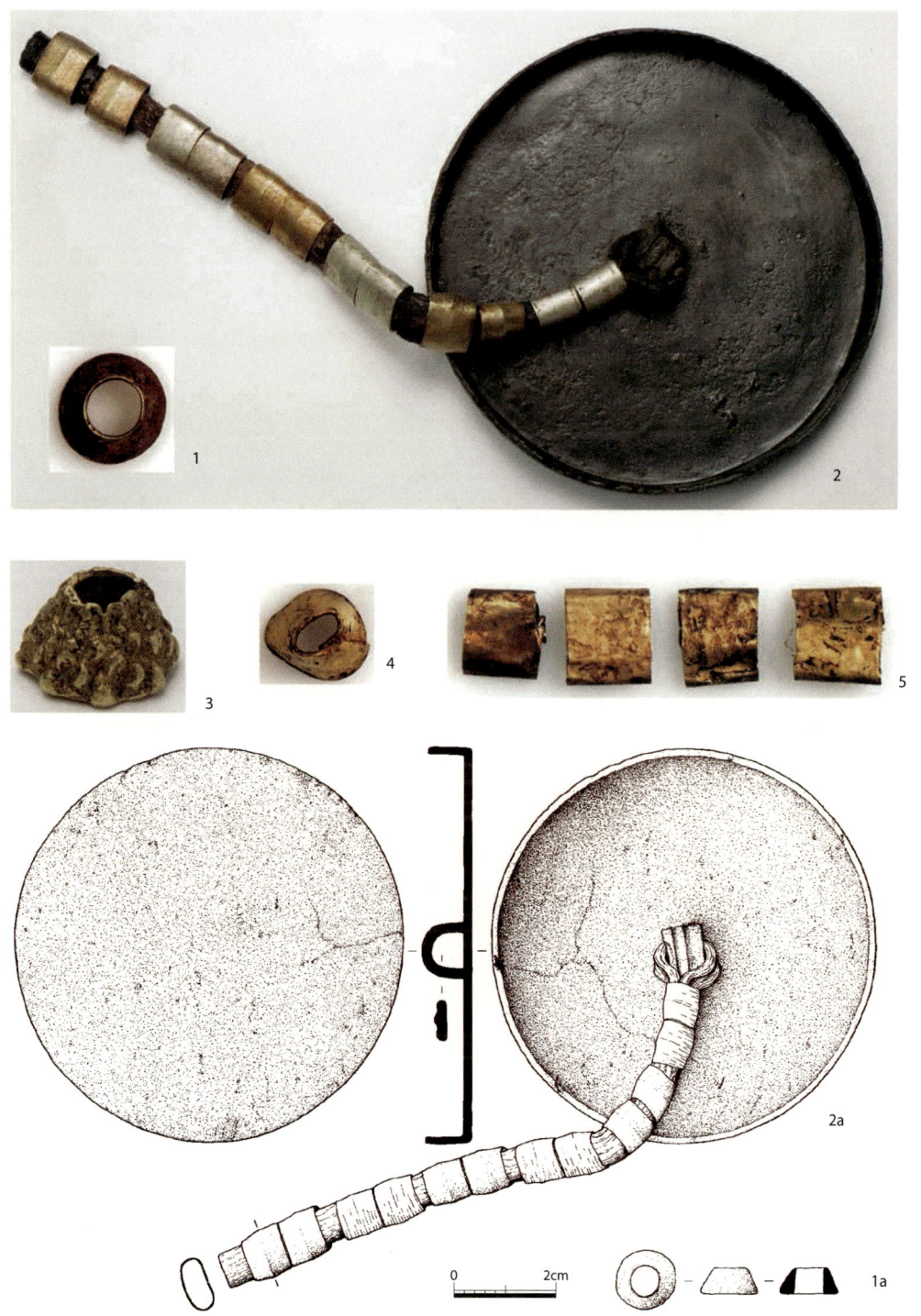

그림 66　아르잔-2호 5호묘 남성 거울　1, 1a, 3~5. 남성거울의 부속품 ｜ 2, 2a. 남성거울

105

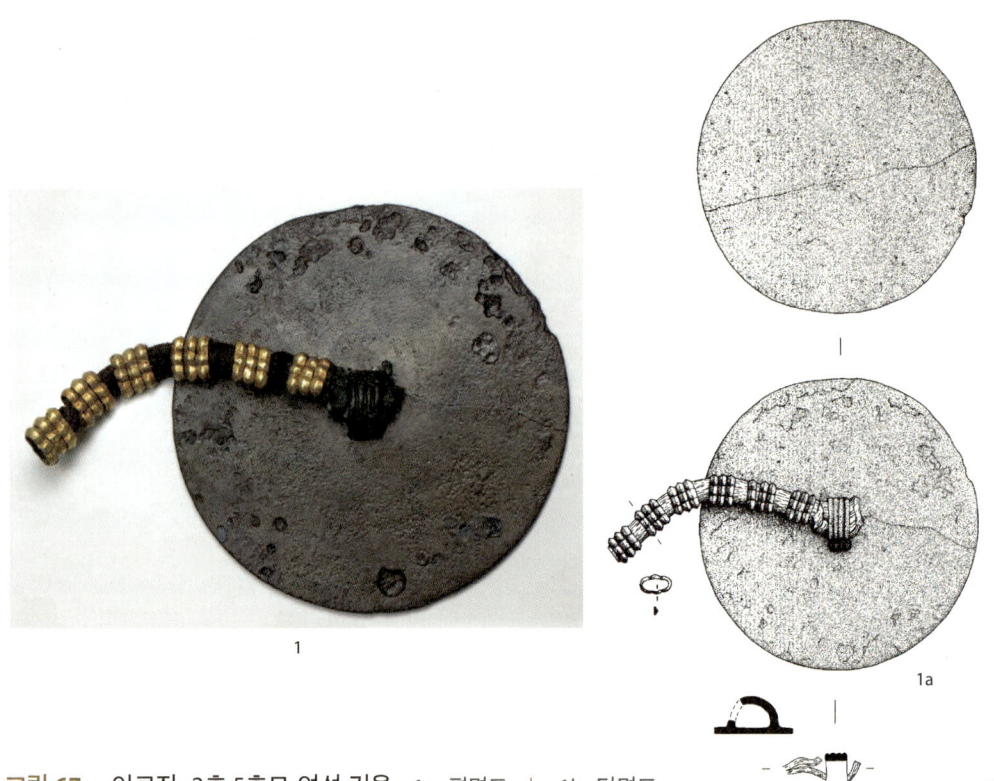

그림 67　아르잔-2호 5호묘 여성 거울　1a. 평면도　|　1b. 단면도

것이다. 간단히 설명하면 두 거울의 모습은 각각 다르다. 얼음공주의 거울은 손잡이가 달린 나무판에 청동과 주석의 합금으로 된 납작한 판을 경면으로 붙인 형태이다. 파지리크 2호분의 거울(그림 214)은 은으로 된 둥근 거울 끝에 자루가 달려서 뼈로 된 손잡이(혹은 지지대)에 끼운 것이다. 이 무덤에서 출토된 거울과는 사뭇 다르다.

그런데 알타이에서 발견된 사슴이 표현된 청동거울(그림 68)이 있다. 이 거울은 지표채집된 까닭에 거울의 정확한 연대는 알 수 없다. 그런데 사슴그림을 제외하고는 거울 형태 자체는 아르잔-2호 남성 거울과 거의 비슷하다. 그래서 두 거울은 만드는 방법이 유사해서 동시대에 만들었다고 생각해 볼 수 있다.

물론 아르잔-2호를 발굴하기 전에도 이 거울(그림 68)은 스키타이 문화에서 상당히 이른 유물로 생각되었다. 거울 속에 표현된 사슴은 등에 혹이 있는데, 시베리아 청동기시대 카라숙문화의 사슴돌에서 확인되는 그림이기 때문이다(스키타이-사르마트 시대의 소비에트 연방 내의 아시아 초원지역 1992).

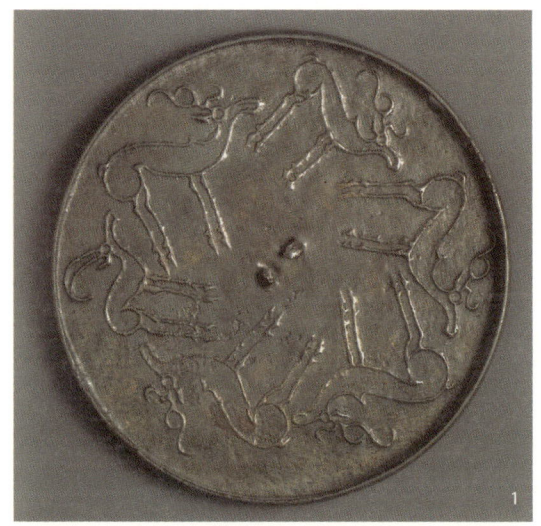

그림 68 알타이 동부에서 발견된 사슴이 그려진 청동거울

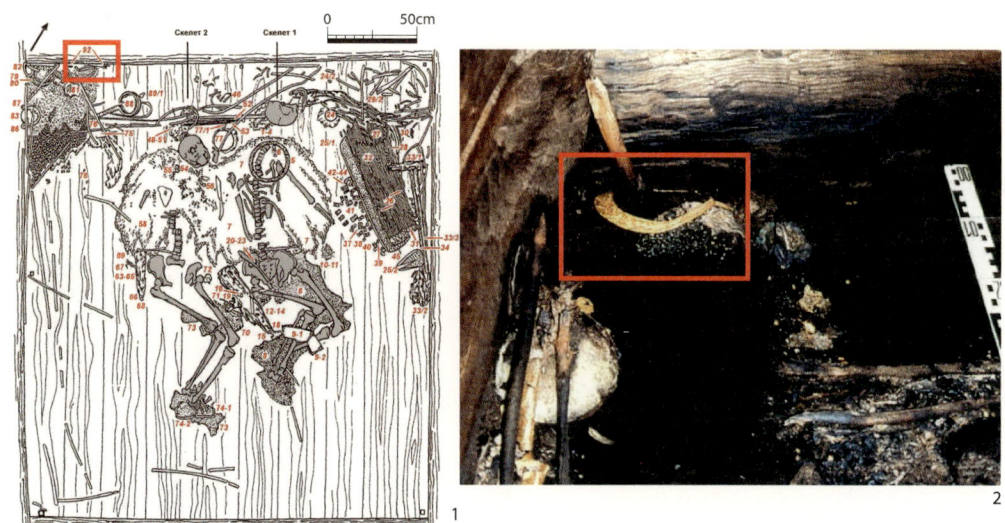

그림 69 아르잔-2호 5호묘 여성 목걸이   1. 여성목걸이 출토위치 | 2. 여성목걸이 출토 양상

③ **동물문양이 새겨진 여성목걸이**

동물문양이 장식된 여성의 장식품은 머리에 쓴 고깔모자의 장식 뿐만 아니라 여성의 목걸이도 있다.

　이 유물(그림 70)은 사자(死者)가 착용하지 않았고, 무덤방 북서쪽 벽에 수직으로 된 얇은 나무기둥(그림 69-2)에 매달려 있던 것으로 생각된다. 나중에 그것이 떨어져서 발굴 당시에는 그 아래에 놓여있던 가죽가방에 달린 식물 위에 놓인 채 확인되었다(그림 69-2)(추구

107

노프 외 2017).

남성과 여성 목걸이 모두 같은 방법으로 제작되었다. 밀랍으로 거푸집을 만들고, 금속을 녹인 용융된 액을 넣어서 만드는 방법으로 주조한 아주 미세한 금판을 둥근 고리 위에 붙인 것이다.

전체 모양은 둥글지 않고 앞 장식은 초승달 모양이다. 뒤에 체인이 달려 있는데, 체인

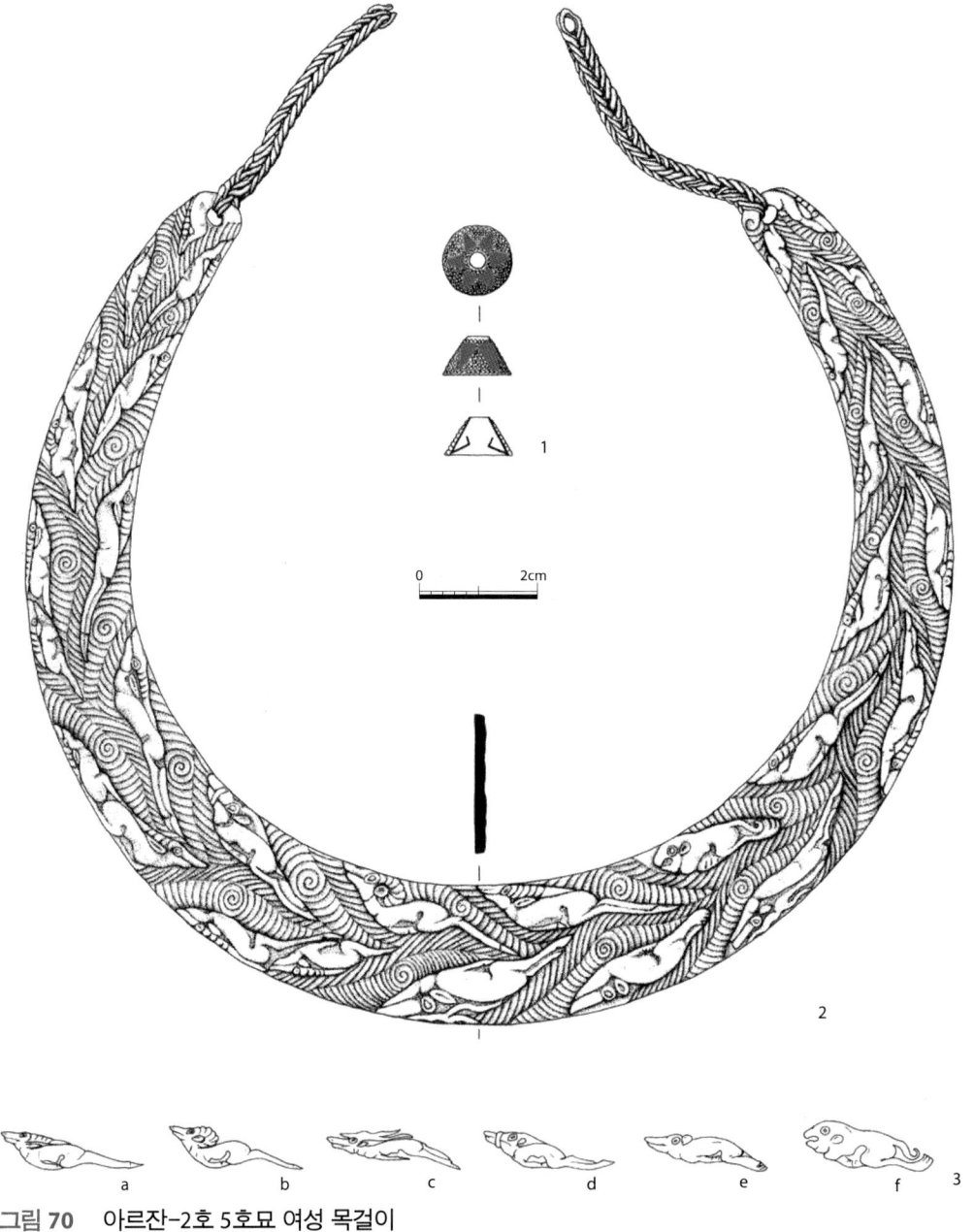

그림 70 아르잔-2호 5호묘 여성 목걸이

은 끊어진 상태였다. 장식판은 두께가 2mm밖에 되지 않지만, 문양이 새겨져 있다. 뒷면은 매끄럽게 마연되었으며, 앞부분은 선을 눌러서 표현했다. 뒷면에 착용한 흔적이 남아 있어서 일상적으로 착용했을 것으로 생각된다.

초승달모양 목걸이에는 나선문양 사이에 날고 있는 모습의 동물문양장식이 표현되어 있다. 가장 안쪽 가장자리를 따라서 오른쪽에서 왼쪽으로 염소 5마리, 호랑이 혹은 늑대 1마리, 염소, 양, 멧돼지와 염소 4마리가 줄을 잇고 있다. 바깥쪽 열은 오른쪽에서 왼쪽으로 염소 5마리, 사슴, 호랑이(늑대일 수도 있음), 사슴, 염소 6마리가 배치된다. 자세는 모두 동일한데, 머리가 들리고 뿔이 약간 뒤로 눕혀져 있으며, 입은 모두 뾰족하고, 다리는 뒤로 배치된 자세이다. 염소는 모두 가장자리에 배치되어서 눈에 띄지 않는다(그림 70)(추구노프 외 2017).

남성 목걸이의 호랑이장식(그림 47)은 약간 애매하지만 눈과 귀가 둥글다. 여성 가슴장식의 호랑이도 눈과 귀가 둥글다. 여성유물에 표현된 동물문양장식이 동일한 포즈를 취해서 다리모양은 애매하지만 눈과 귀가 둥글게 표현된 점은 동일하다.

남성의 옷 장식판의 호랑이도 눈과 귀가 둥글게 표현된 점이 특징이다. 사실 호랑이 눈을 과장되게 둥글게 표현하는 방법은 아르잔-1호와 표트르 1세의 황금유물 컬렉션에 소장된 호랑이 장식판에서도 보인다. 페레보드치코바(1994)는 이런 특징을 일컬어 스타일화된 특징이라고 설명한 바 있다.

그런데 여성의 목걸이와 비슷한 모티브의 유물이 있다. 이 'V'자형 모티브는 남성 철제 칼의 문양에 표현된 것과 같다.

④ 여성의 검과 칼

아르잔-2호 5호묘의 여성도 철제 검(그림 71)과 칼(그림 72)을 지녔다. 얼핏보면 비슷하지만 남성의 것과는 제작방법이 완전히 다르다. 남성의 검은 거푸집에서 철물을 부어 한 번에 만들어내고, 금장식은 그 후에 붙인 것이다.

그러나 여성의 검은 날과 손잡이가 따로 제작되어 결합된 것이다. 손잡이(손잡이: 7.8cm, 폭 3.8cm, 1.3cm 두께; 무게 112.46g)는 완전히 금으로 만들어진 것이고, 날(길이: 15.2cm, 폭 3.2cm, 두께 0.5cm; 무게 83.50g)은 철로 만들고 금판을 부착한 것이다. 손잡이는 앞뒷면이 같은데, 땜질로 붙인 것이고, 손잡이와 날부분은 금으로 된 리벳(대갈못)으로 고정하였다(그림 71-2). 손잡이가 시작되는 부분과 끝나는 부분에는 동물문양장식이 있는데, 호랑이가 다리를 직각으로 뻗고 있는 모습으로 얼굴과 손이 맞닿고 있다. 어깨와 몸통에 구멍이 있는

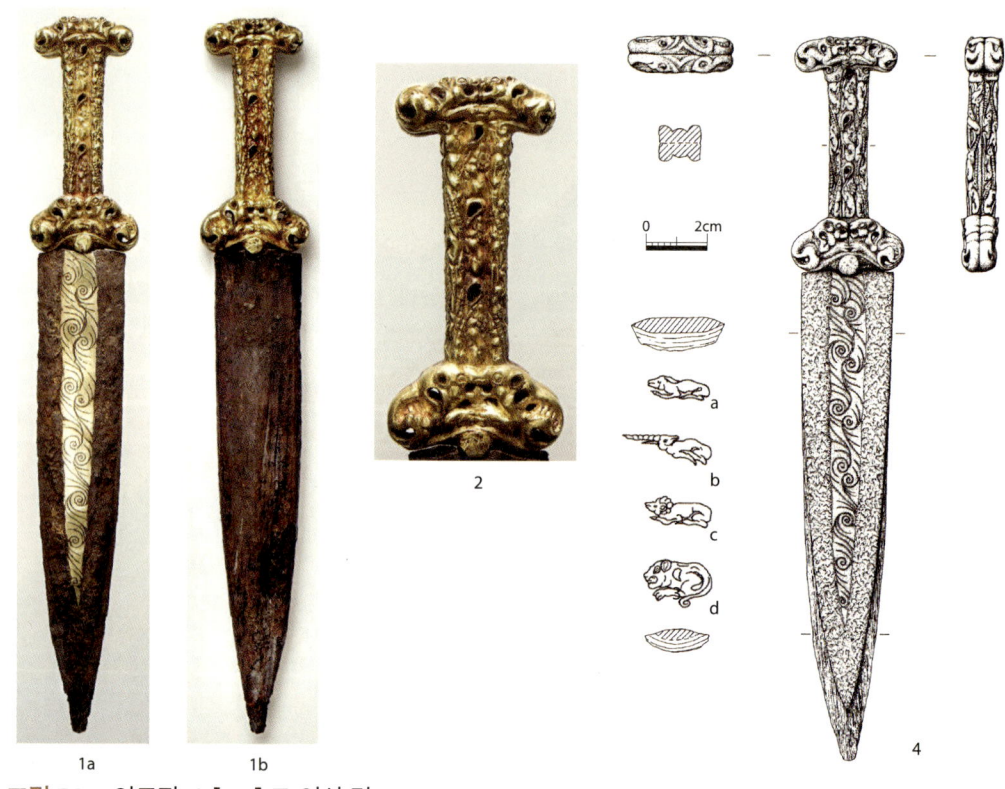

그림 71 아르잔-2호 5호묘 여성 검 3. 축척부동

데, 뒤가 뚫려 있어서 다른 물질을 감입하지는 못했을 것이다. 그 아래의 손잡이에는 3줄로 동물문양이 구성되었다. 가장 중앙은 뿔이 둥글게 말린 산양(그림 71-3-c)과 양쪽에는 뿔이 없는 염소(그림 71-3-a), 뿔이 직선인 염소(kozel, козел)(그림 71-3-b)가 3마리씩 열을 짓고 있다. 눈물 방울 모양으로 함몰된 2곳에는 원석이 감입되었을 가능성이 있다(추구노프 외 2017).

날의 중앙에는 나선문양이 표현된 금판이 부착되었다. 검의 집은 삼나무로 만들어졌지만, 칼의 날 뒷면에 흔적만 남아 있고 거의 썩어서 없어진 상태였다.

여성도 철제검 뿐만 아니라 2개의 철제칼(그림 72)도 지녔었는데, 목제 검집에 들어 있었다. 손잡이 끝에 고리가 달린 형태인데, 남성의 칼과 달리 금장식은 없었다. 고리에는 가죽흔적이 남아 있고, 가죽으로 된 주머니 밖에 꺼내진 상태로 목제 검집에 들어가 있었다. 날이 직선인 칼(길이 20.3cm, 너비 1.0cm, 두께 0.15cm)은 끝이 뾰족한데, 섬유의 흔적이 남아 있었다. 날이 곡선인 칼(길이 17.3cm, 너비 1.1cm, 두께 0.12cm)은 끝이 부러지고 무딘 상태였다(추구노프 외 2017).

여성의 검과 칼도 남성과 마찬가지로 우측 골반 뼈 옆에서 출토되었다. 그런데 남성의 검과 칼이 출토된 곳 바로 옆에서 아주 흥미로운 유물이 출토되었다.

금으로 만들어진 소형의 솥으로, 다소 애매한 위치인 남성과 여성 사이에서 출토되었다(그림 73, 그림 43의 71). 여성의 왼쪽 다리와 가깝게 있었으나, 남성의 검집에 달려 있었을 가능성도 배제할 수는 없다. 여성의 것이라고 하기에는 어딘가에 달려 있어야 하는데, 그렇지 않기 때문이다. 높이 3.5cm의 모형 솥(지름 4cm, 높이 3.5cm, 길이 4.2cm; 무게 70.78g)에는 뿔이 둥글게 말린 숫산양 5마리와 호랑이 1마리, 나선문양이 표현되었다. 황금으로 제작된 다른 유물과 마찬가지로 밀랍을 녹여 만드는 주조기법을 사용했고, 그릇 안과 다리 바닥의 빈 부분은 거푸집에 금물을 부은 후, 토제로 만들어진 U자형 물체를 넣어서 빈공간을 만들었을 것이다. 솥 다리 바닥 안에 체인을 연결하기 위해서 막대기를 삽입한 후 땜질했다(추구노프 외 2017).

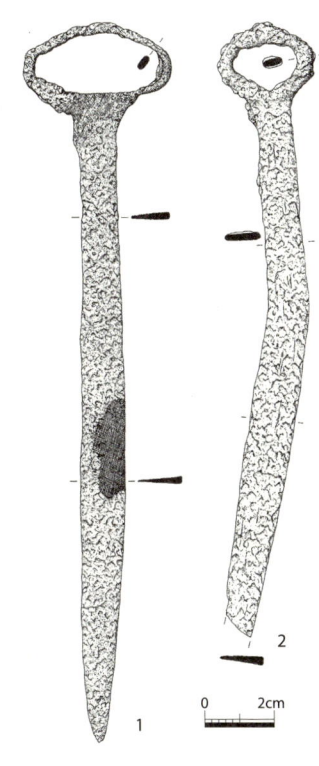

그림 72   아르잔-2호 5호묘 여성 철제칼

모형 솥에 표현된 동물문양과 나선형장식은 여성의 검, 남성의 검과 칼에 표현된 방법과 같다. 과연 모형솥은 누구의 것일까요?

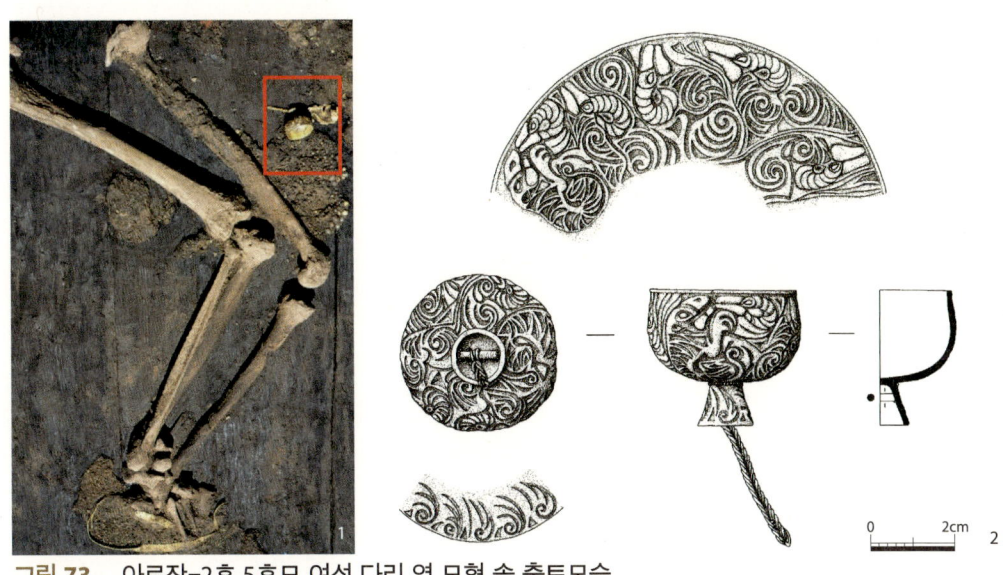

그림 73   아르잔-2호 5호묘 여성 다리 옆 모형 솥 출토모습

⑤ 목제, 청동제 그릇

주인공 5호묘 여성의 머리맡에는 목제그릇이 놓여 있었다(그림 76). 무덤의 북동벽 부근에 여성의 머리맡에서는 목제그릇이 출토되었다. 목제그릇(구경: 12cm, 높이: 5.7cm)에는 따로 제작하여 붙인 손잡이가 달려있다. 손잡이는 동물 다리 형태로, 금박(길이: 10.9cm, 구명: 2.7cm, 무게: 57.21g)이 입혀져 있으며 비늘모양이 새겨져 있다. 금판 안쪽에는 두 개의 구멍이 있어 핀으로 나무에 고정하였다(그림 74). 이음새 부분은 바닥을 향해 있고 손잡이 끝부분은 타원형판으로 마감하였다. 금판에는 붉은색 안료로 칠한 자국 또한 남아 있다(추구노프 외 2017).

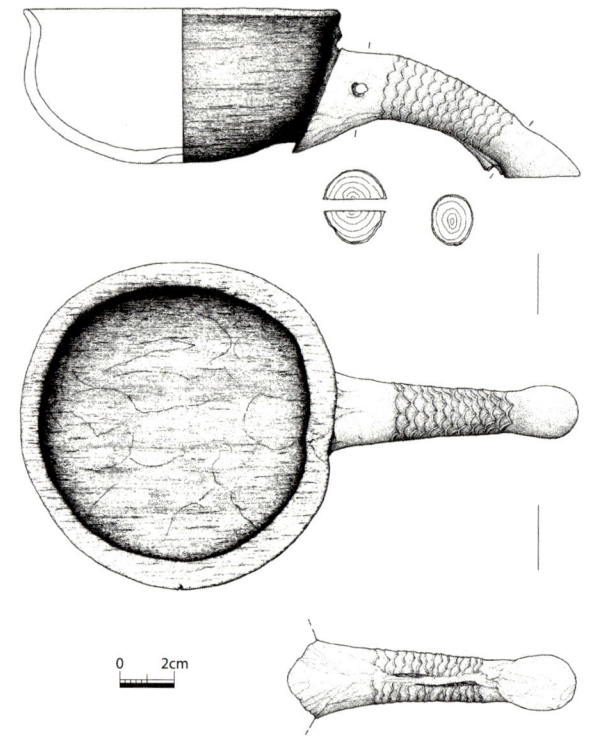

그림 74 아르잔-2호 5호묘 나무그릇

목제그릇이 출토된 지점과 멀지 않은 곳인 무덤의 북동벽 부근에서는 향나무제 뚜껑도 2점 확인되었다. 크기가 큰 뚜껑(직경 4.8cm, 높이 2cm)(그림 75-5)에는 유기물 흔적이 남아있는데, 뚜껑이 덮고 있던 그릇의 흔적이다. 그릇은 가죽이나 양모로 제작된 직조물제 용기였을 것으로, 추정된다. 이보다 작은 크기의 목제 뚜껑(직경 2.9cm, 높이 2.1cm) (그림 75-4)도 출토되었다(추구노프 외 2017).

아르잔-2호 5호묘에는 목제그릇 외에도 청동제(그림 75-1), 석제 그릇이 있었다. 청동으로 된 솥이 무덤구덩이와 무덤방 사이에서 출토되었고 청동 그릇이 한 점 더 출토되었다. 청동제 그릇은 한쪽에만 손잡이가 달린 것으로, 구경이 5.5cm, 높이가 2.2cm로 매우 작다 (추구노프 외 2017).

무덤의 북서쪽 벽에서 석제그릇 2점이 출토되었다. 회색빛을 띠는 사암제(입지름: 11.2cm, 너비 8.7cm, 높이 1cm)로 편평한 모양이다. 석제 그릇에는 식물이 담겼던 흔적이 남아 있다. 석제 그릇은 전체 평면형태가 'S'자에 가깝다. 남성의 칼집에 붙어있던 금장식 또는 곡선 형태의 문양은 무덤에서 대유행 했던 문양이다. 석제그릇은 일종의 향로같은 역할을 했을 것이나 흔적은 남아 있지 않았다. 평면형태가 둥근 석제 그릇 1점(입지름 12.5cm, 높

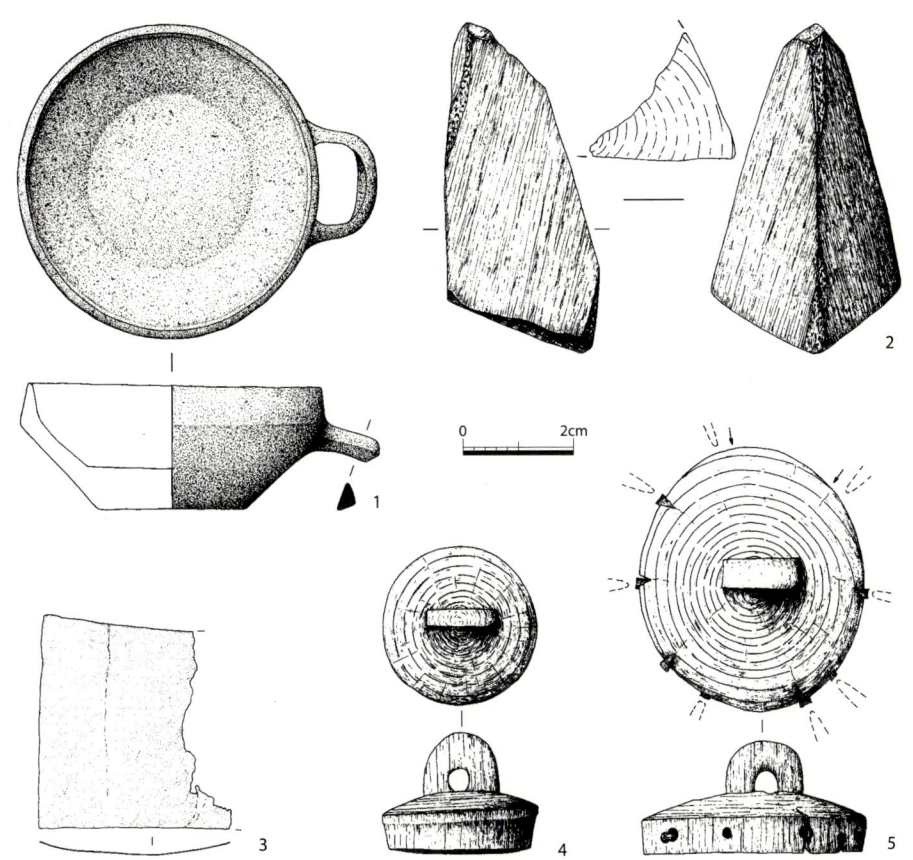

그림 75 아르잔-2호 5호묘 유물 1. 청동제 그릇 | 2. 나무 조각 | 4, 5. 목제뚜껑 | 3, 6~9. 금박

이 3cm)도 사암제로 만들어진 것인다. 석제 그릇의 바닥은 둥글다. 한쪽 벽면에는 붉은색 직조물 흔적이 남아있는데, 이 석제그릇을 포장한 붉은색 주머니였을 가능성이 있다(추구노프 외 2017).

5호묘 외에도 20호묘에서도 목제그릇의 손잡이로 추측되는 뿔 손잡이가 확인되었다. 뿐만 아니라 25호묘에서도 목제그릇이 출토되었다. 25호묘의 목제그릇은 5호묘와 20호묘와 같이 손잡이를 따로 제작하여 결합한 것이 아니라 나무를 처음부터 깎아서 만든 것이다.

필자는 하나의 손잡이가 달린 목제그릇이 매우 중요한 유물이라고 생각한다. 뒤에서 설명할 아크 알라하-3유적 및 파지리크 유적은 기원전 5세기의 파지리크 문화(스키타이 문화중에서 알타이지역)이다. 이들 유적에서 출토되는 마구 및 굴레장식, 동물문양장식은 아르잔-2호와 지역적 차이가 있다.

하지만 손잡이가 하나 달린 목제그릇은 기원전 5세기 파지리크 문화에서 가장 많이 출토되는 유물 가운데 하나이다. 파지리크 유적 뿐만 아니라 기원전 4세기의 울란드리크 유적 등에서도 비슷한 손잡이가 달린 목제그릇이 출토된다. 물론 손잡이의 세부적인 형태는

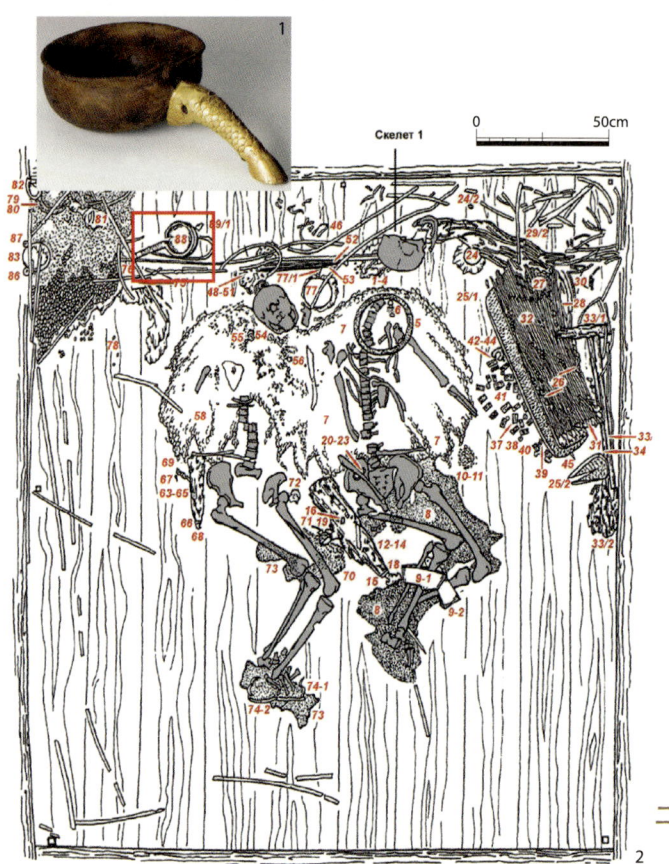

그림 76 아르잔-2호 5호묘 나무그릇의 출토위치
1. 나무그릇 | 2. 5호묘 나무그릇 출토위치

다르지만 한쪽에만 손잡이가 달린 목제그릇은 기원전 7세기 중엽 아르잔-2호부터 기원전 4~3세기 유적까지 수백 년간 지속되고 있다는 점은 스키타이 문화의 시베리아 전통이 유지되고 있다는 것을 보여준다.

그림출처

그림 63 아르잔-2호 5호묘 여성 두개골(Чугунов К.В., Парцингер Г., Наглер А. 2017, p.56 그림 57, 필자 재편집)

그림 64 아르잔-2호 5호묘 여성 모자머리장식(Чугунов К.В., Парцингер Г., Наглер А. 2017, p.393 표 55, 필자재편집)

그림 65 아르잔-2호 5호묘 여성 모자머리장식(Чугунов К.В., Парцингер Г., Наглер А. 2017, p.394 표 56, 필자재편집)

그림 66 아르잔-2호 5호묘 남성 거울(Чугунов К.В., Парцингер Г., Наглер А. 2017, p.359 표 21, p.380 표 42, 필자재편집)

그림 67   아르잔-2호 5호묘 여성 거울(Чугунов К.В., Парцингер Г., Наглер А. 2017, p.404 표 66, p.418 표 80, 필자재편집)

그림 68   사슴이 그려진 청동거울(러시아과학아카데미 1992)

그림 69   아르잔-2호 5호묘 여성 목걸이 출토위치(Чугунов К.В., Парцингер Г., Наглер А. 2017, p.34 그림 37, p.68 그림 65, 필자재편집)

그림 70   아르잔-2호 5호묘 여성 목걸이(Чугунов К.В., Парцингер Г., Наглер А. 2017, p.403 표 65, 필자재편집)

그림 71   아르잔-2호 5호묘 여성 검(Чугунов К.В., Парцингер Г., Наглер А. 2017, p.414 표 76, p.399 표 61, 필자재편집)

그림 72   아르잔-2호 5호묘 여성 철제칼(Чугунов К.В., Парцингер Г., Наглер А. 2017, p.398 표 60, 필자재편집)

그림 73   아르잔-2호 5호묘 여성 다리 옆 모형 솥 출토모습(Чугунов К.В., Парцингер Г., Наглер А. 2017, p.65 그림 63, p.401 표 63, 필자재편집)

그림 74   아르잔-2호 5호묘 나무그릇(Чугунов К.В., Парцингер Г., Наглер А. 2017, p.406 표 68, 필자재편집)

그림 75   아르잔-2호 5호묘 유물(Чугунов К.В., Парцингер Г., Наглер А. 2017, p.405 표 67, 필자재편집)

그림 76   아르잔-2호 5호묘 나무그릇의 출토위치(Чугунов К.В., Парцингер Г., Наглер А. 2017, p.34 그림 37, p.419 표 81, 필자재편집)

참고문헌

Чугунов К.В., Парцингер Г., Наглер А. 2017: Царский курган скифского времени Аржан-2 в Туве. Новосибирск: ИАЭТ СО РАН. 2017. 500 с. (추구노프, 파르칭거, 나게르 2017, 투바의 아르잔-2호, 스키타이 차르 무덤)

Степная полоса Азиатской части СССР в скифо-сарматское время//Археология СССР / Археология с древнейших времён до средневековья М.: 1992. 494 с(러시아과학아카데미, 1992, 스키타이-사르마트 시대의 소비에트 연방 내의 아시아 초원지역, 소비에트 고고학 시리즈)

Переводчикова Е.В. 1994, Язык звериных образов. Очерки искусства евразийских степей скифской эпохи(페레보드치코바 1994, 언어로서의 동물문양장식)

(5) 주인공 남녀의 두개골

주인공 여성은 30~35세로 사후에 두개골 덮개의 윗부분과 아래턱 오른쪽 절반이 날아갔다. 여성의 키는 무릎을 굽힌 채 측정했을 때 대략 160.3cm이다.

남성은 40~45세 혹은 50세 정도 일 수도 있다. 남성의 두개골은 상태가 매우 좋지 않아서 두개골의 왼쪽 절반만이 확인되었다. 치아는 사후에 매우 심하게 손상되었다. 무릎을 굽힌 채 측정한 키는 166.3cm인데, 거의 170cm에 달했을 것으로 보인다. 이 유적에서 확인되는 여성인골은 현재의 중앙아시아와 가까운 특성이고, 남성은 유로포이드이다(치키세바 2017).

참고문헌

Т. Чикишева , Палеоантропологические материалы, 2017,: Царский курган скифского времени Аржан-2 в Туве. Новосибирск: ИАЭТ СО РАН. 2017, 257-296с.(치카세바 2017, 「고인류학 자료에 대한 분석」, 『투바의 아르잔-2호, 스키타이 차르 무덤』)

Чугунов К.В., Парцингер Г., Наглер А. 2017: Царский курган скифского времени Аржан-2 в Туве. Новосибирск: ИАЭТ СО РАН. 2017. 500 с. (추구노프, 파르칭거, 나게르 2017, 투바의 아르잔-2호, 스키타이 차르 무덤)

(6) 아르잔-2호 의례복합체 안의 무덤

① **8호묘: 1m가 안되는 돌널무덤**

아르잔-2호의 주인공 남녀가 묻힌 곳은 5호묘이고, '호석'으로 둘러쌓인 일종의 무덤벽 안에는 말무덤을 포함해서 스키타이 시대의 무덤은 26기가 발견되었다.

남녀 주인공의 무덤방인 5호묘를 제외하고 2호묘, 11호묘에는 나무시설이 있고, 그 외

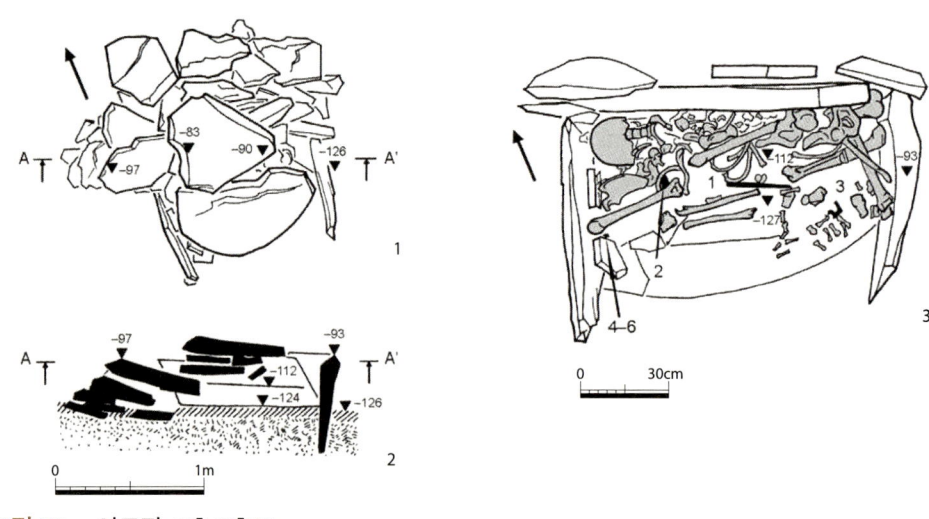

그림 77 아르잔-2호 8호묘

는 전부 돌을 사용한 무덤이다. 5호묘와 같지는 않지만, 목제 구조물이 존재하는 2호묘와 11호묘를 제외하고 나면 전부 석관묘이다.

석관묘는 납작한 돌을 사용해서 만든 무덤으로 돌널무덤이라고도 부른다. 이러한 돌널무덤은 소재에 따라서 다양하게 구분이 가능하다. 아르잔-2호는 무덤의 상부를 덮었던 석회암 판석을 이용해서 만들었다.

아르잔-2호 의례복합체 안에서 8호묘는 1인장이다. 혼자서 묻힌 사람은 여성도 있고 남성도 있으며, 같은 단인장 이라도 무덤의 크기는 차이가 있다. 왜 그럴까?

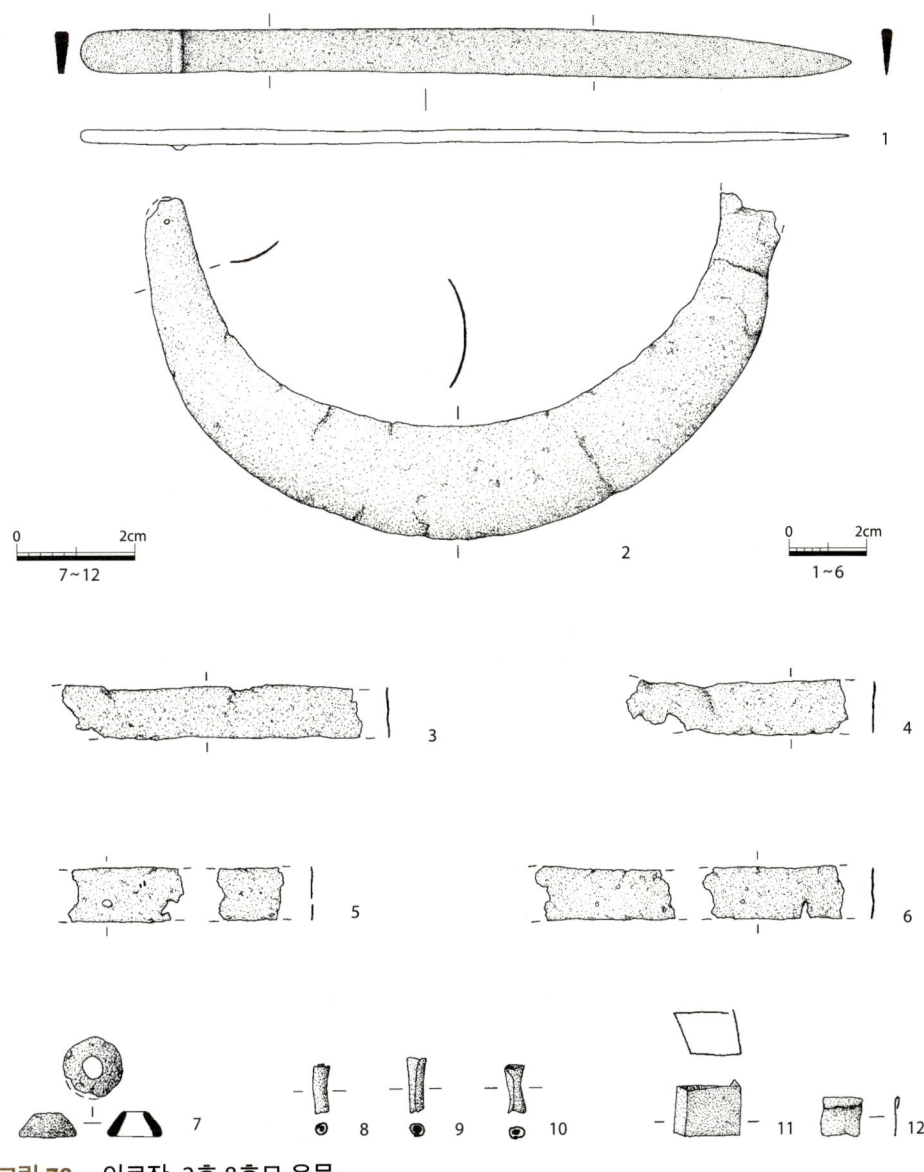

그림 78 아르잔-2호 8호묘 유물

8호는 길이가 0.9×0.75m이다. 남쪽의 무덤벽은 이미 넘어진 상태(그림 77-1, 2)이다. 납작한 판석을 사방으로 둘러서 마치 '상자'모양으로 무덤을 만들었고(그림 77-3), 그 위에 돌을 덮었다(그림 77-1). 인골은 북쪽벽에 붙어서 묻혔고, 40~45세 가량의 남성이었다. 왼쪽 측면으로 뉘운 상태였고 매우 뒤틀린 상태였던 것으로 보고되었다(추구노프 외 2017).

이 무덤은 길이와 너비가 1m가 채 되지 않는다. 어떻게 사람을 이 속에 넣을 수 있을까?

이렇게 작은 무덤에 인골이 들어가는 경우는 보통 '2차장'을 한 것으로 무덤 안에 뼈만 추려서 넣는 것이다.

그러나 다리뼈가 머리부근에 있는 점은 2차장으로 보기에는 의심스럽다. 보통 2차장은 뼈만 수습되기 때문에 뼈가 완전히 흩어진 경우가 많은데, 이 무덤에서는 척추를 왼쪽으로 눕혔던 흔적이 그대로 남아 있다는 점에서 매우 의심스럽다.

무덤 안에서는 유물도 출토되었는데, 청동제(그림 78-1, 7~12)와 주석(그림 78-2~6)으로 만들어진 것이다. 청동제 칼(그림 78-1)을 제외하고는 대부분 장신구였을 가능성이 크다(추구노프 외 2017).

② 2호묘 나무 바닥 아래의 새 머리

아르잔-2호 주인공의 무덤인 5호묘에는 금속제로 만들어진 유물이 출토되는데, 금, 청동, 철제품이 모두 확인된다. 특히 주인공 남녀 모두 철제로 만들어진 철검과 철칼이 있고 남성무덤에서는 '체칸'이라고 불리는 전투용 도끼도 출토되었다. 여성무덤에서 투부와 활, 화살이 발견된 경우는 없다. 철검과 철칼에는 주로 새의 날개를 형상화한 것으로 보이는 소용돌이 문양 혹은 나선형 문양이 금으로 장식되었다. 투부와 화살촉에도 나선형 문양은 장식되었다.

그럼 실제 새 모양과 비슷한 유물이 발견된 곳은 없을까?

나무방으로 추정되는 구조물이 있는 2호묘에서 출토된다. 2호묘는 아르잔-2호의 가장 북쪽에 위치하며, 구덩이 안에 나무 무덤방 너비(1.4×1.8m, 깊이 1.2m)을 설치했다. 통나무로 구조물을 만들고 그 위를 직경 15~20cm의 통나무로 덮고 다시 그 위를 석판으로 덮어서 만들었다. 무덤방과 구덩이 사이에는 수직으로 돌을 세워서 구덩이와 무덤방 사이의 빈공간을 채웠다(그림 79-1, 2)(추구노프 외 2017).

무덤방 바닥은 납작한 나무판을 깔아서 만들었다. 2호 무덤에서는 인골은 확인되지 않았다. 흥미롭게도 나무판을 드러내자 유물이 출토되었다(그림 79-6, 그림 80-1). 대부분 금판으로 제작된 유물인데, 새의 머리(그림 80-3, 그림 81), 물고기(그림 80-4)를 형상화 한 것과

긴 막대 모양의 금판이 출토되었다. 나무로 제작된 유물들도 확인되는데 청동조각이 붙은 유물과 금판이 붙은 유물이 있다(추구노프 외 2017).

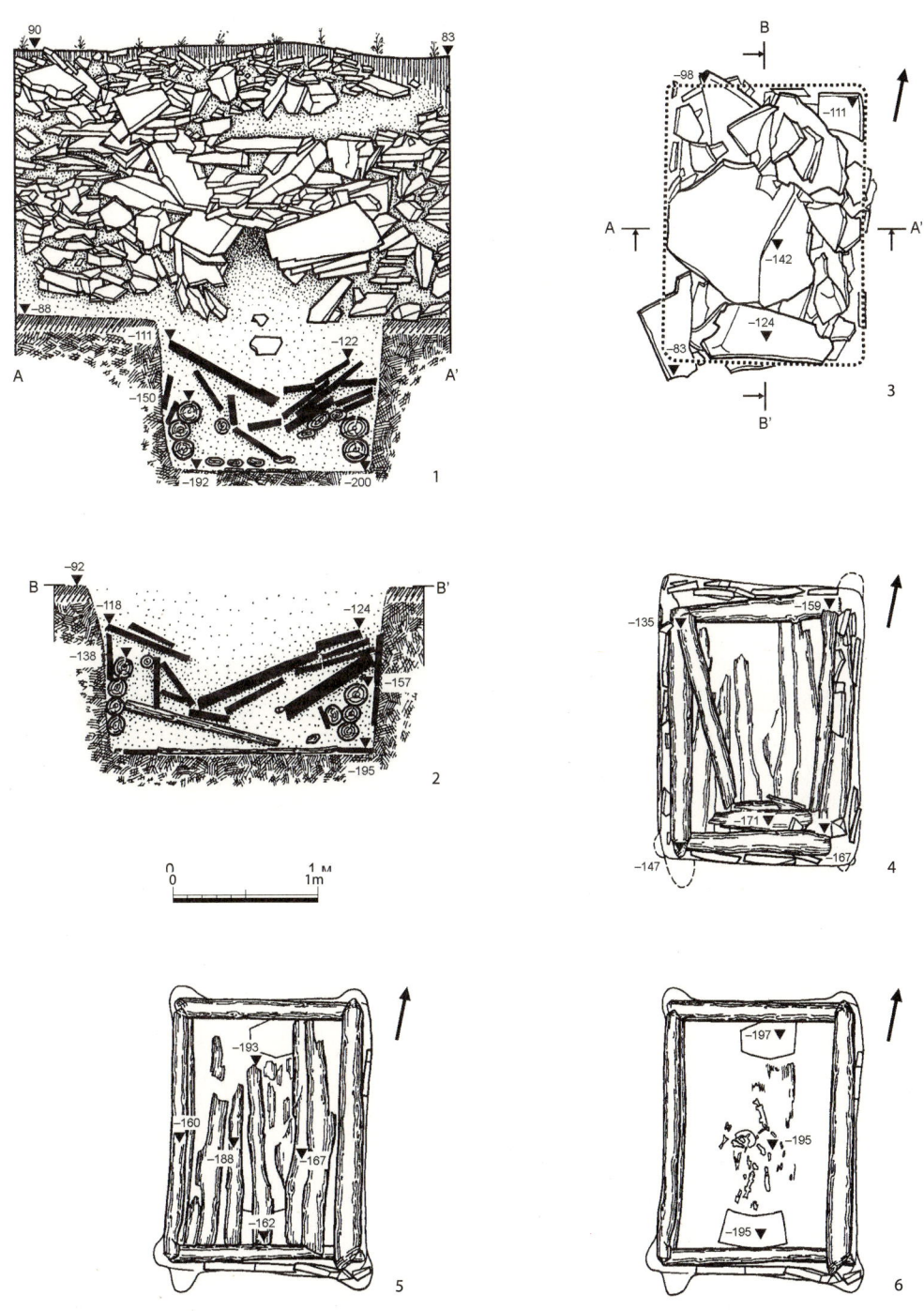

그림 79 아르잔-2호 2호묘 단면도(1, 2)와 평면도(3~6)

그림 80 아르잔-2호 2호묘 바닥(1)과 바닥 출토품(2)

　　모든 유물이 상태가 매우 좋지 않지만 목제품(그림 80)은 특히 상태가 좋지 못하다. 그런데 이 유물은 무엇이었을까? 나무로 된 이 유물은 목제 안장의 일부로 추정된다. 왜냐하면 목제품 가운데서 금판이 남아 있는 유물을 살펴보면은 아크 알라하-3유적, 아크 알라하-1유적에서 출토된 안장덮개에 부착되었던 물고기의 장식에서 비늘과 유사하기 때문이다. 이 무덤의 상태가 좋지 않은 이유 중에 하나가 설치류에 의한 훼손이다. 쥐가 통나무 목재를 손상시킨 흔적이 다수 관찰된다(추구노프 외 2017). 실제로 물고기모양 장식은 파지리크 유적 뿐 만 아니라 아크 알라하-1 유적, 아크 알라하-3유적 등에서 모두 안장의 장식으로 이용되었다.

　　새(그림 80-3, 그림 81)(높이 3.8cm, 길이 3.8cm, 너비 4.9cm, 두께 0.03cm, 무게 5.78g)는 머리를 날개쪽으로 뒤돌리고 있는 상태이다. 어떤 새인지는 정확하지 않지만, 스키타이문화에서 금으로 가장 많이 표현되는 조류는 독수리이다. 새머리모양의 금판은 그 아래에 목제로 된 구조물이 따로 있었고 이를 덮었을 가능성이 있다(추구노프 외 2017).

　　새머리 금판 덮개의 형태로 보아서 아래에는 어떤 원판형의 용기와 같은 물체가 있지 않았을까?

　　필자가 무덤 2호는 애매하다고 한 이유는 인골과 동물뼈가 없는 상태에서 무덤의 주체를 규정하기 어렵기 때문이다. 발굴자들은 일단 유물을 안장의 구조물로 해석하면서 말이 매장되었을 것으로 추측하였다. 하지만 나무로 무덤구조물을 만들었기 때문에 인간도 함께 묻었을 가능성이 있다.

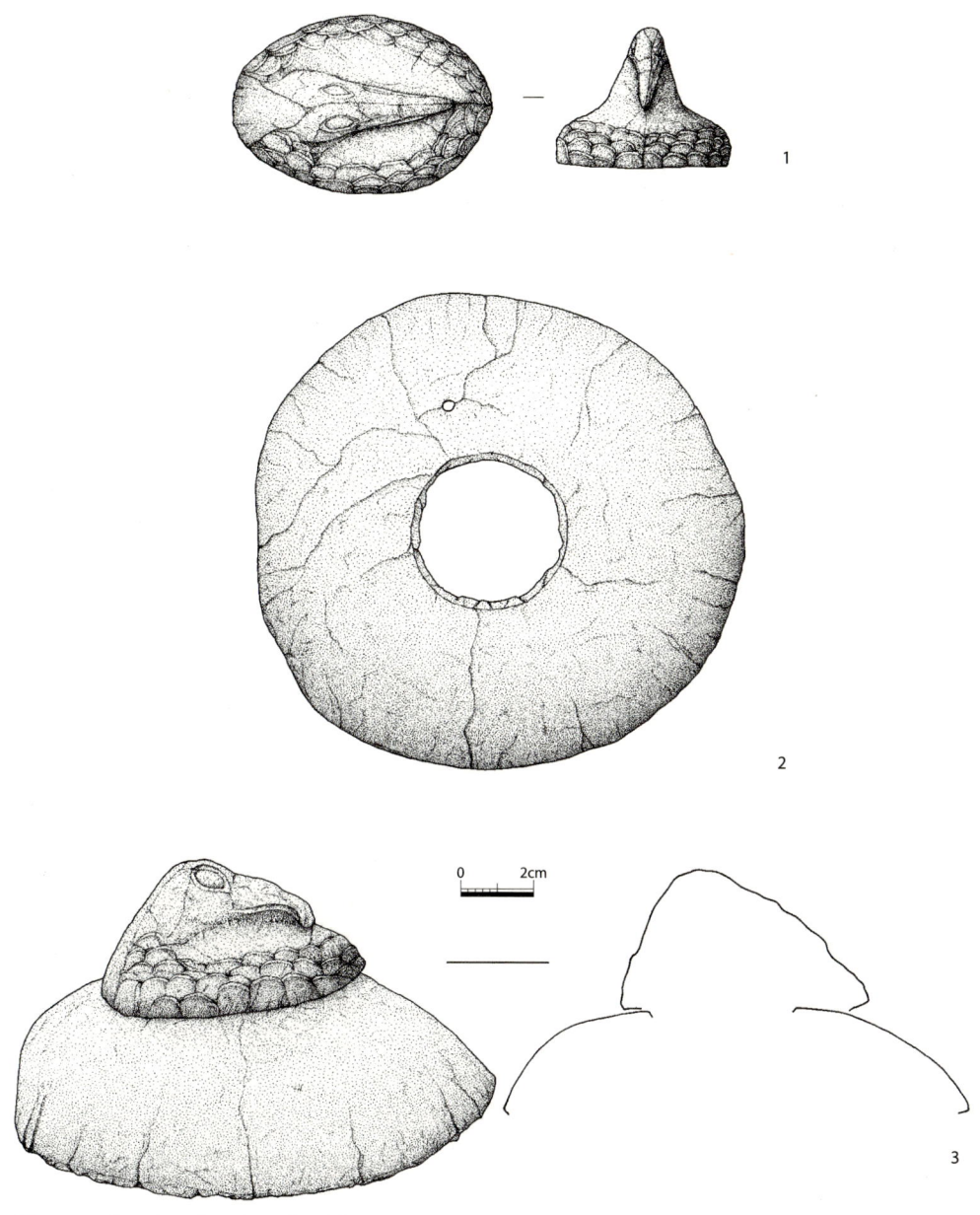

그림 81 아르잔-2호 2호묘 출토품

③ 청동무기와 남성 2인의 무덤: 20호묘

아르잔-2호에는 자의적이든 타의적이든 주인공의 의례에 참가한 여러 사람의 무덤이 하나의 직경 80m 무덤 경계벽 안에 들어 있다.

    약간 상상력을 덧붙이면, 왠지 마을을 그대로 무덤으로 옮겨놓은 것 같다. 선사시대에 마을에는 경계벽이 있었는데, 나무 또는 흙으로 세우기도 했고, 돌로 쌓기도 했다. 나중에

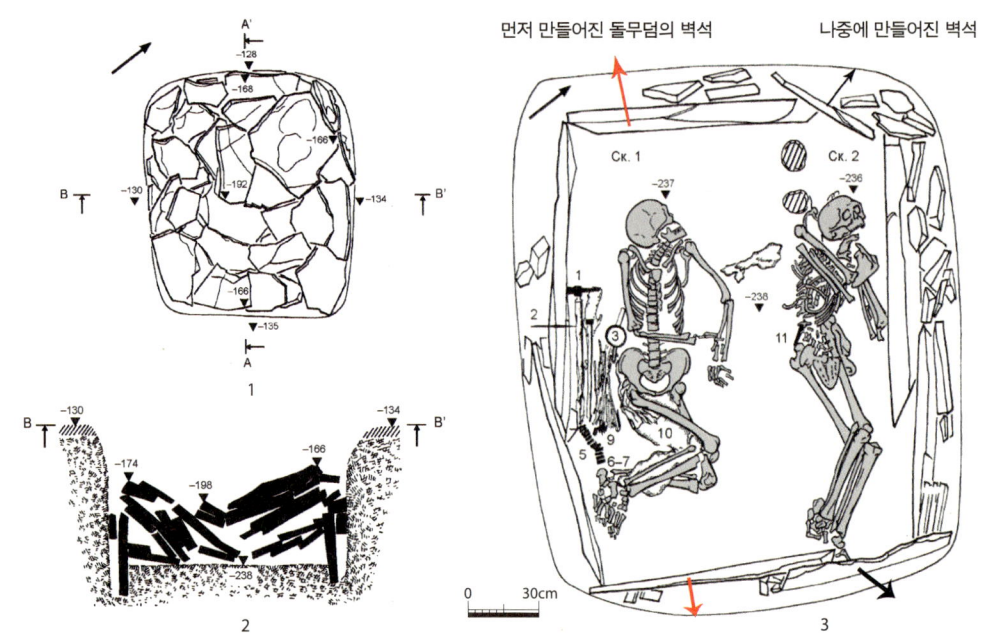

그림 82 아르잔-2호 20호묘 1. 덮개가 있는 평면도 | 2. 단면도 | 3. 무덤바닥

표 5 아르잔-2호 1호묘 출토유물의 재질

재질		유물	그림번호
금속	청동	투부 머리	그림 83-1
		고리트와 그 부속품	그림 85-3, 4
		화살촉	그림 84-3~13
		칼	그림 84-5
	금	귀걸이	그림 85-1
나무		투부자루 2자루	그림 85-3, 4
		장식판	그림 84-2
뿔		목제그릇의 손잡이	그림 84-1
		화살촉	그림 84-14, 15

시간이 지나면서 성으로 변하게 된다.[10] 아르잔-2호의 경계벽을 마을의 경계벽, 각 무덤방은 묻힌 사람의 집이라고 생각해보면, 이 무덤은 마을의 모습과 같다.

아르잔-2호의 주인공 남성(5호묘)은 활(+화살), 검(+칼), 투부(전투용도끼)를 지니고 묻혔는데, 3종세트라고 생각된다. 기본소재는 철이었으나, 금박으로 장식되어서 의례품 성격이 강하다. 실제로 무기로 사용했을까?

그럼 다른 무덤에서는 무기 3종 세트가 발견된 바가 없을까?

20호묘는 여러 가지 의미에서 흥미롭다. 남성 2인이 매장되었는데, 22~25세 가량의 남성이다. 20호묘는 돌 너비(1.8×2.2m, 깊이 1.1m)로 제작되었다. 그렇지만 이 둘은 매장시점이 다르다. 무덤방의 동쪽에 위치한 인골 2호라고 불리는 남성은 1호묘 남성의 무덤(그림

---

10 동아시아 신석기시대에도 집이 무덤으로 사용되는 경우가 있다(김재윤 2016).

82-1)을 연장하고 묻힌 것이다. 인골 1호묘에는 남성만 매장되었다가 무덤의 동쪽을 연장하면서 벽석도 세우고, 구덩이도 좀 더 파서 만든 것이다. 발굴당시의 덮개돌(그림 82-1)은 인골 2호를 매장한 후에 생긴 것이다(추구노프 외 2017).

그런데 그림 82에서 확인되는 2호묘 남성(우측)은 좀 부자연스럽다. 뼈는 해부학적으로 순서대로 매장되었으나, 팔의 상완골과 하완골이 겹쳐졌고, 갈비뼈도 무질서하다. 뼈가 해

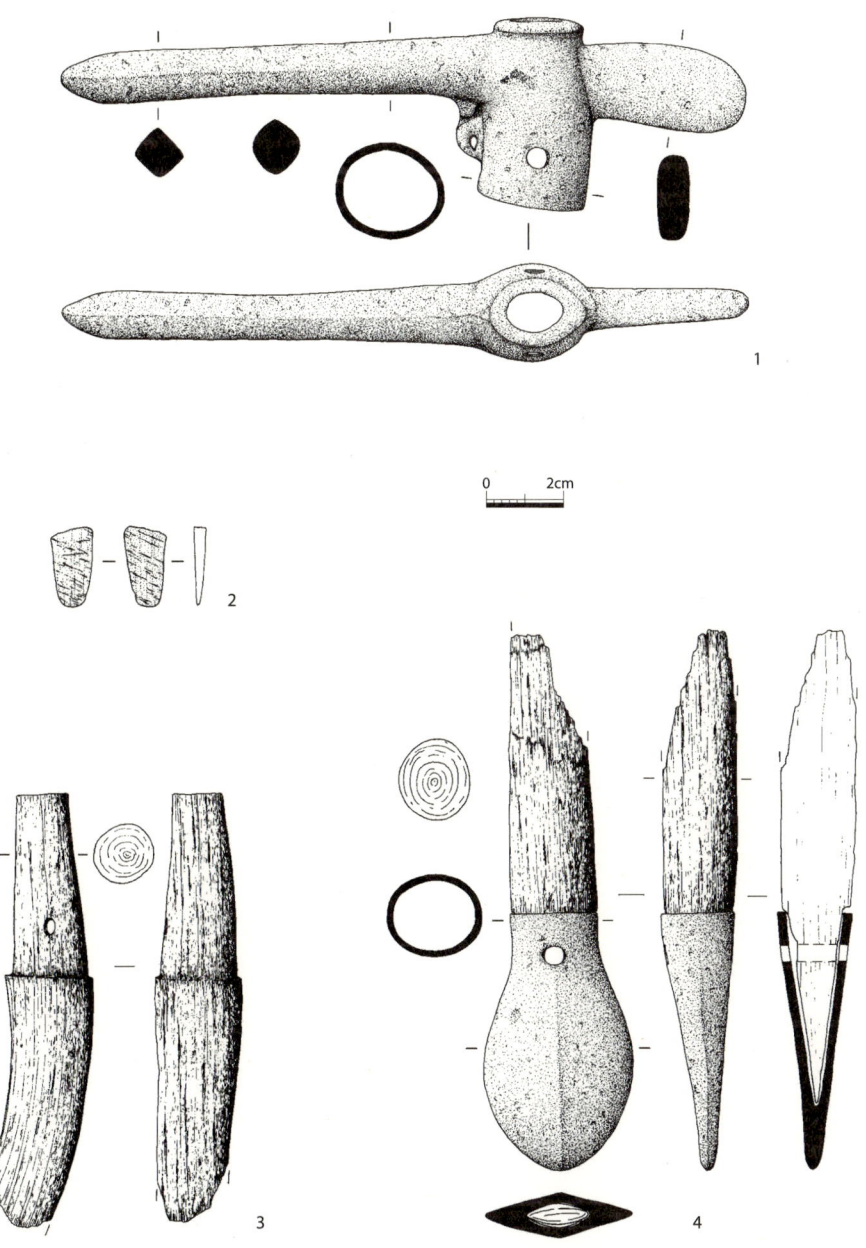

그림 83 아르잔-2호 20호묘 1호 부장품

체된 상태로 들어간 것이다. 2호묘 남성의 머리 위에는 목기그릇의 흔적이 확인되었고, 청동물체 아래에서도 유기질의 흔적이 약간씩 남아 있었다.

뿐만 아니라 1호묘와 2호묘 남성은 함께 부장된 유물에도 차이가 있다. 2호묘 남성은 청동칼 1자루(그림 85-5) 뿐이었지만, 1호에는 투부의 머리(그림 83-1), 고리트와 그 부속품(그림 85-3, 4), 화살촉 11점(그림 84-3~13), 칼(그림 84-5), 귀걸이(그림 85-1) 등 금속제품과 투부자루 2자루(그림 83-3, 4), 구멍이 4개 뚫린 굽은 장식판(목제)(그림 84-2), 목제그릇의 손잡이(그림 84-1), 화살촉(그림 84-14, 15) 등이 출토되었다. 그 외에도 옷으로 보이는 직조물이 확인되었다. 1호묘 남성의 부장품은 좌측 골반뼈 주변에 놓아 두었던 것 같다.

2호묘 남성의 청동칼(그림 85-5)은 손잡이가 없는데, 유기물질(나무 혹은 뿔)로 제작되어서 따로 끼워서 사용했을 가능성이 크다. 1호묘 남성의 칼(그림 84-16)은 손잡이가 날과 함께 거푸집에서 만들어졌다(추구노프 외 2017). 손잡이에는 유기물질을 덧대어서 사용했을 수 있다.

1호묘의 남성은 투부, 칼, 활(+고리트)라는 기본 3종 세트를 지녔다. 그러나 주인공 5호묘 남성과 비교할 때 확연하게 차이가 있다. 가장 큰 차이점은 철제가 아닌 청동제이고, 칼은 있지만 검은 없다. 20호묘에서 출토된 무기도 청동으로 제작되었다는 점에서 의례적 성격이 강하다. 실제로 전투에서 썼을 것 같지는 않다.

1호묘 남성의 유물 가운데 청동으로 된 클립이 있다. 청동클립(그림 85-3)은 양 측면에 각각 모두 19개(청동클립의 끝부분 제외)인데, 가죽벨트를 감싸서 벨트를 장식했던 것이다. 가죽벨트는 남성이 직접 착용한 것은 아니라 고리트의 부속품이다.

출토된 위치가 남성의 허리위에서 출토된 것이 아니라 남성의 우측에 활과 함께 가지런히 놓인 것이다. 클립의 내부 크기로 보아서 고리트의 벨트 너비는 2.6cm, 두께는 0.6cm 가량이다(추구노프 외 2017). 청동 클립 개개(길이 3cm, 너비 1cm, 두께 0.15cm)는 모두 동일한 모양이어서 같은 거푸집에서 주물로 제작되었다.

청동 클립(그림 85-3)에는 두 마리의 맹수가 같은 방향으로 표현되었다. 맹수의 발에는 끈 모양도 표현되었다. 그런데 호랑이의 표현이 다소 어색하다. 둥근 눈, 앞 발과 뒷 발의 근육표현, 처진 꼬리는 5호묘의 황금 호랑이 장식과 비슷하지만, 입모양과 발의 발톱 등은 선명하지 않다.

청동클립의 끝장식(길이 4.5cm, 너비 3cm, 두께 0.15cm) 은 두 개가 다르다. 그림 왼쪽의 청동 클립 끝장식에는 호랑이 두 마리 아래에 고양이과 육식동물을 튀어나오도록 표현했고, 오른쪽 끝에는 새의 머리모양은 투각방법으로 표현되어 있다.

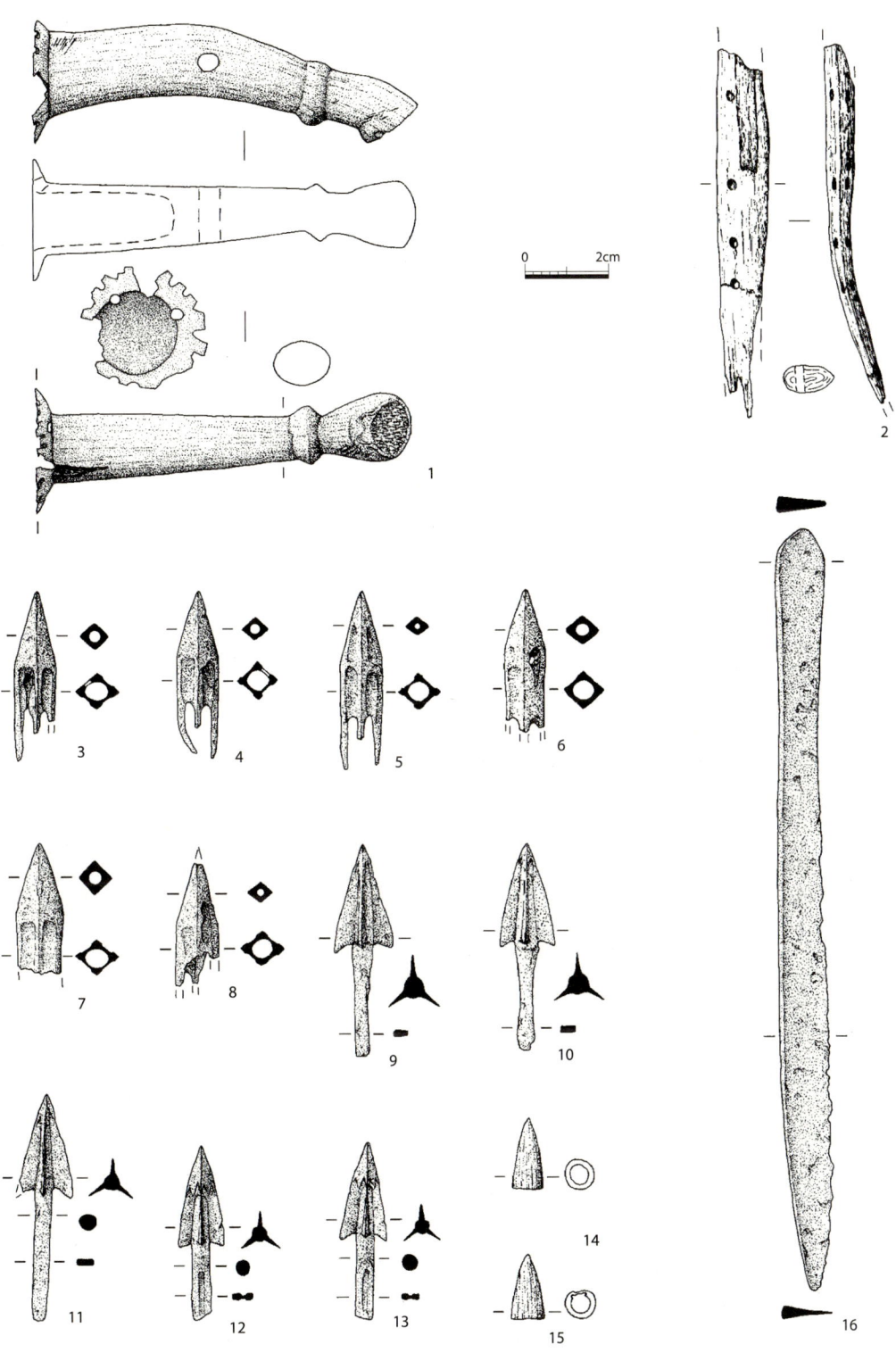

그림 84 아르잔-2호 20호묘 1호 부장품

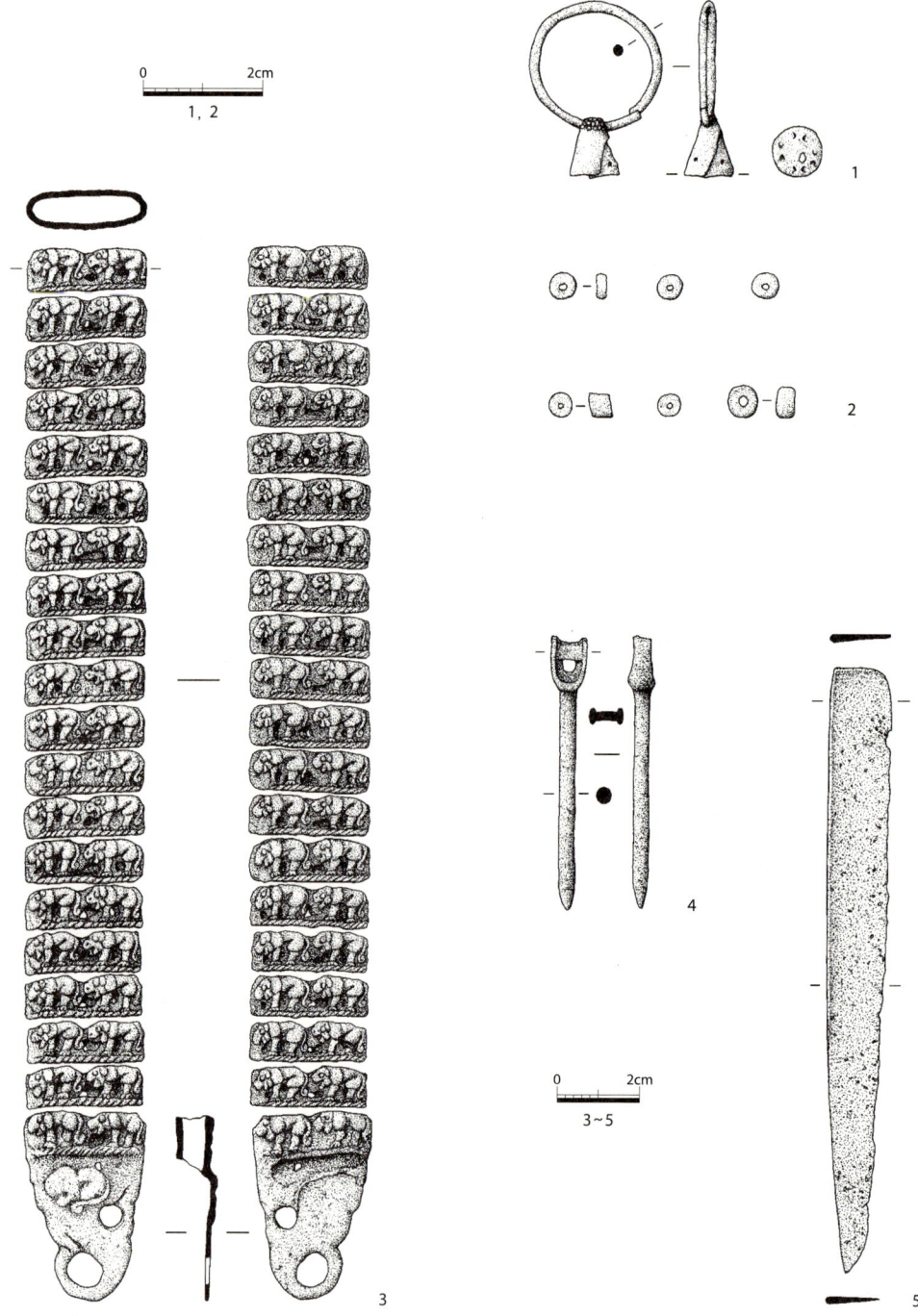

그림 85   아르잔-2호 20호묘 2호 부장품

호랑이 두 마리 아래에 있는 양 쪽의 동물은 다른 모양의 호랑이과 맹수와 새 머리라고 하지만, 불분명하다.

아르잔-2호에서 호랑이 장식은 5호묘 무덤에서만 출토되는 것이 아니다. 5호의 황금 장식과는 달리 청동으로 제작되었지만 20호묘에서도 출토된다.

④ 통나무 관 속의 9달 유아묘: 11호묘

아르잔-2호에서 나무를 사용해서 사람을 안치한 것은 이 무덤의 주인공인 5호 이외에 11호 무덤 뿐이다. 그 외는 납작한 돌을 사용해서 만든 무덤이며, 2호는 불분명하다.

11호묘는 무덤의 서쪽경계에서 14m 떨어진 곳에 위치한다. 그런데 무덤 구덩이 위에는 숯, 돌판, 흙이 심하게 타고 남은 흔적이 타원형(2×1.5m)으로 남아 있었다. 불을 피운 자리로 추정된다. 그 아래에 석판으로 덮인 무덤이 발견되었다. 바닥에는 길이 1.1×0.7m, 높이 0.3m의 통나무관이 있었다. 관 위를 채운 석판은 가로로 돌판을 쌓아서 통나무관을 보호하고 덮는 역할이다(그림 86-1).

아이의 뼈에서 가까운 곳에서 금으로 제작된 용수철 모양의 유물(길이 3.3cm, 링의 직경 1.5cm, 두께 0.5cm, 무게 5.11g)(그림 86-5)이 출토되었다. 둥근 막대에 감으면 윗부분이 고리

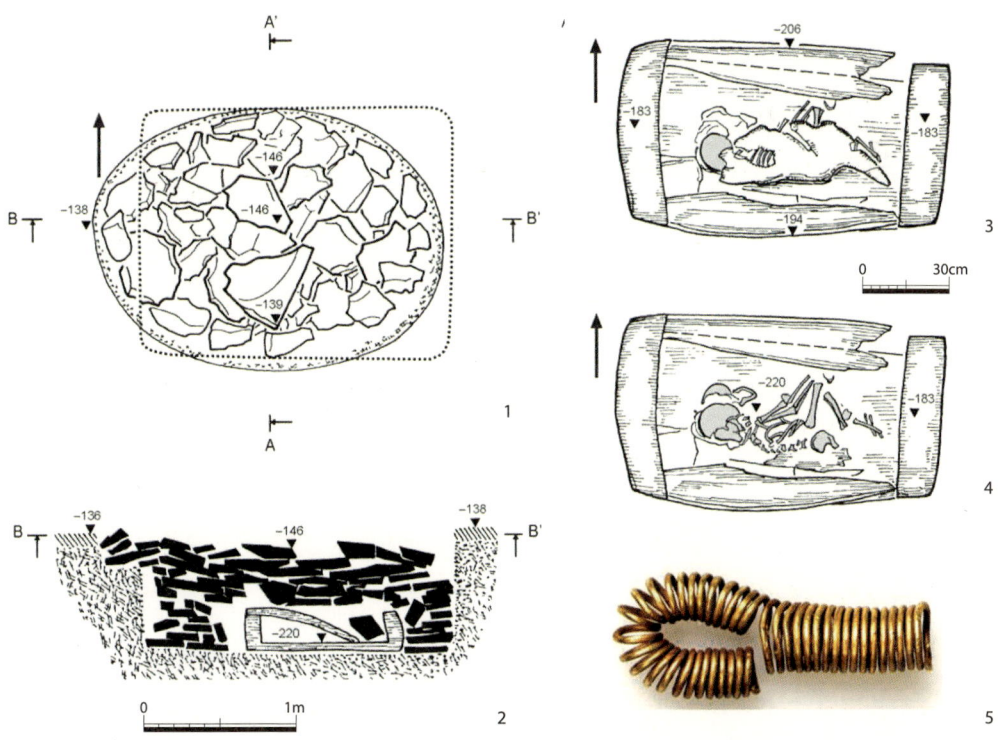

그림 86 아르잔-2호 11호묘와 출토품

모양으로 구부러지도록 만들어진 것이다(추구노프 외 2017).

시베리아에서 어린 아이의 무덤은 신석기시대부터 확인된다. 그런데 만주지역(중국동북3성 및 연해주, 아무르강 하류), 한반도에서는 그 예가 거의 보고되지 않는다.

아르잔-2호에는 대부분 무덤이 돌널을 사용하는데, 나무로 무덤을 만드는 아르잔-1호의 아이덴티티가 많이 사라졌다고 볼 수 있다. 그럼에도 불구하고 주인공 무덤과 겨우 9달 된 유아의 무덤을 나무로 제작한 점은 주목할 만 하다. 왜냐하면 후대에 발굴되는 유적에서 통나무관이 발견되는 예는 아주 대형의 높은 계급에서만 확인되기 때문이다(폴로스막 2001).

이 아이와 주인공 남녀와의 친연관계는 알 수 없다. 위치로 보면 5호묘와도 떨어져 있고, 5호묘의 여성이 30살이 넘은 상태여서, 그녀의 아이일 가능성은 크지 않다.

하지만 아이의 부모를 안다면, 나무관 속의 아이가 금수저였는지를 알 수 있을 것이다. 부모의 사회적 지위가 아이에게도 그대로 이어졌을 수도 있고 혹은 전혀 관련이 없을 수도 있다.

아르잔-2호의 주인공 남녀가 입고 입던 옷은 각종 장신구가 많이 달려 있어 매우 화려하다. 그런데 주인공 남녀의 유물과 비슷한 유물들이 돌널무덤(13a호묘, 13b호묘)(그림 98~100)에서도 출토되는데 눈여겨 볼 만하다.

⑤ 경계벽 아래의 무덤: 22호묘

아르잔-2호에는 직경 80m의 호석 내부에 스키타이 문화의 무덤방이 26개가 확인되었다. 그 중에서 나무로 무덤시설을 만든 곳이 주인공 남녀가 매장된 무덤 5호묘와 9달 된 어린 아이의 무덤인 11호묘이다. 아이는 통나무관에 매장되었다.

그런데 어린아이의 무덤방에서 남서쪽으로 12km 떨어진 곳에서 호석 아래에 22호묘가 확인되었다. 1기라면 우연이라고 설명할 수도 있지만, 14, 25, 24, 26호묘가 경계벽 아래에서 확인되었다(그림 35). 22호묘가 무덤의 서쪽에 위치해 있는데, 그 반대편인 동쪽(14호묘, 25호묘)과 남쪽(24호묘, 26호묘)에도 각각 남아 있다. 남쪽벽이 결실된 상태여서 더 있었을 수도 있다. 특히 동쪽벽에는 유물을 매납한 곳(그림 35에서 노란색 점)도 있기 때문에 호석 아래에 설치한 무덤방은 우연히 아니다.

22호묘는 돌널무덤(1.3m×0.55m, 깊이 0.5m)(그림 87)이고, 21~22살 여성이 한 명 묻혀 있었다. 여성은 좌측으로 무릎을 구부린 채로 매장되었다. 왼팔은 펴고 오른팔은 구부린 상태이다. 22호묘 여성을 살펴보면, 체칸이라고 부르는 스키타이 문화의 전투용 도끼로 맞아서 죽임을 당했다는 것을 두개골을 통해 알 수 있다(추구노프 외 2017).

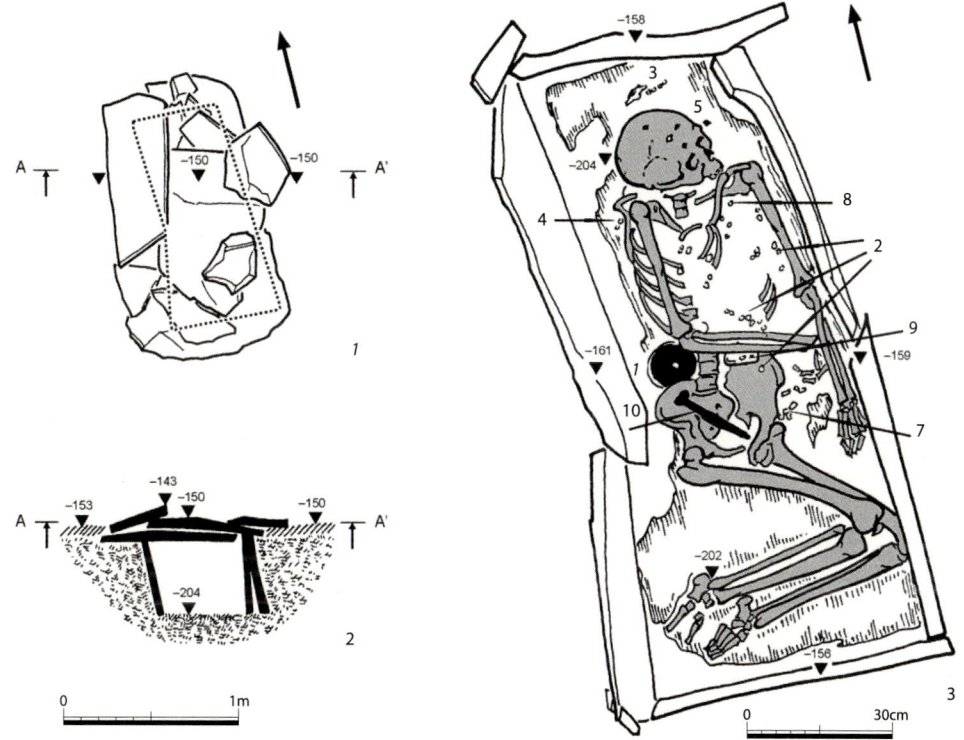

그림 87 아르잔-2호 22호묘 돌널무덤 무덤은 납작한 돌로 관을 만들었고, 덮개돌도 납작한 돌판 여러 매를 이용했다.

두개골을 관찰하면 오른쪽 눈썹뼈 부근부터 정수리까지 4개의 흔적(그림 88)이 남았는데, 크기는 다르지만, 2개의 무기에 의해서 난 구멍이다. 정수리 아래의 큰 구멍으로 뼈를 완전히 부수지는 못했지만 정수리까지 뼈가 갈라졌다. 사각형의 구멍은 이마의 중앙에서 약간 왼쪽에 위치해 있다(추구노프 외 2017).

이 여성은 무슨 이유에 인지 죽임을 당했지만, 유품은 함께 묻어주었다. 청동거울(그림 89-13), 청동제 원뿔모양 구슬(그림 89-1~4), 황금과 아말금으로 제작된 산양모양모자장식판(그림 90-1), 귀걸이(그림 90-5), 터키석제 구슬, 사슴이빨로 제작된 펜던트(그림 89-6~7), 목걸이(그림 90-26), 시금석(touchstone)(그림 87-3의 3, 그림 89-11), 철제 칼(그림 87-3의 10, 그

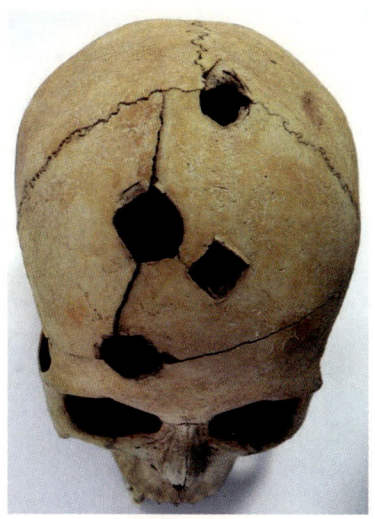

그림 88 아르잔-2호 22호묘 여성 두개골

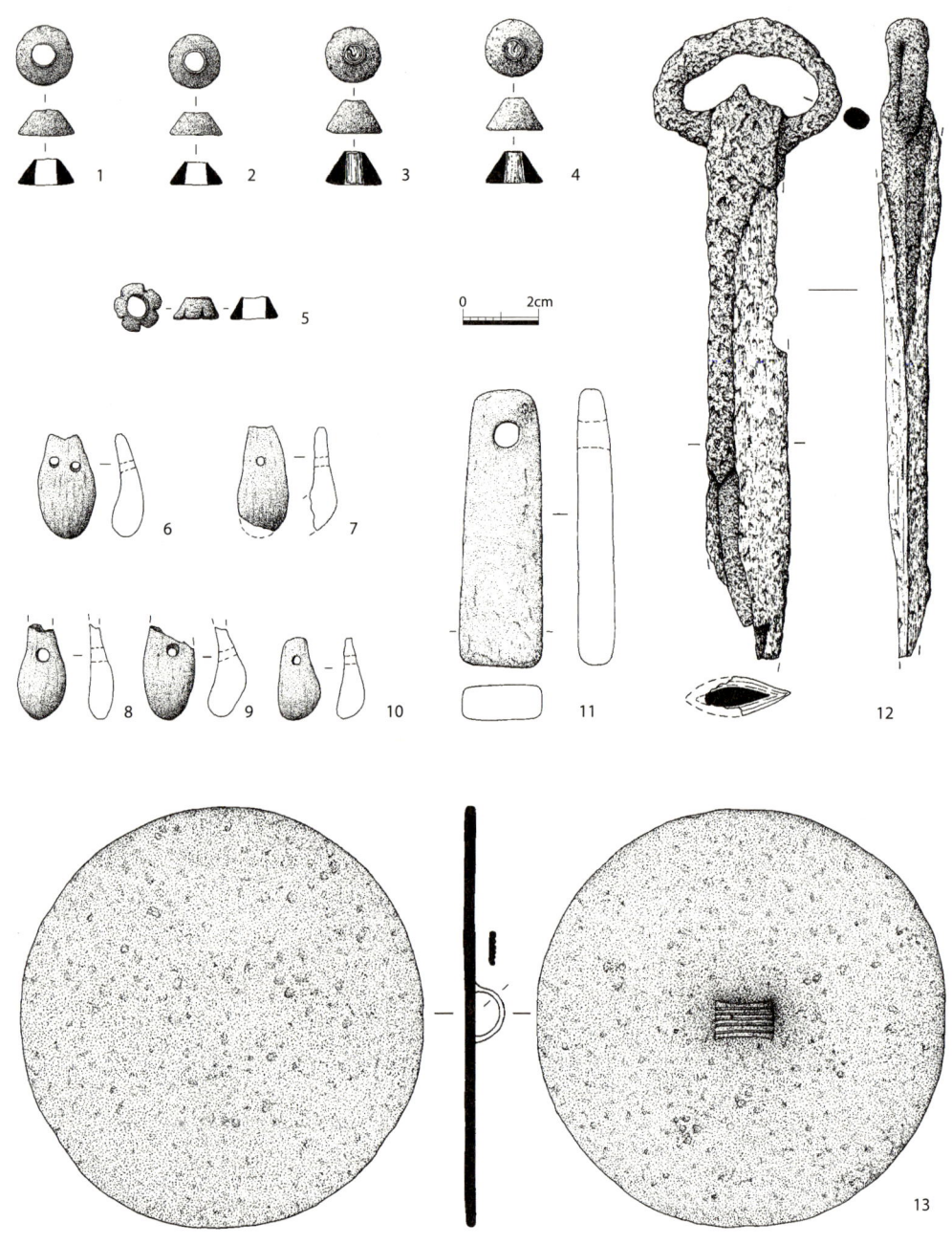

그림 89   아르잔-2호 22호묘 유물

림 89-12), 청동바늘 등이 출토되었다. 청동거울(그림 89-13)은 우측 골반뼈(그림 87-3의 1) 옆에서 출토되었는데, 별 다른 문양(직경 11.2cm, 높이 1.2cm, 두께 0.35cm) 없이 뒷면 중앙에 꼭지만 붙었다. 청동제 원뿔모양 구슬(그림 89-1~5)은 가죽으로 된 끈에 끼워서 썼을 것인데, 시금석의 고리를 끼운 가죽을 장식했을 가능성이 있다. 철제칼(그림 89-12)은 청동거울

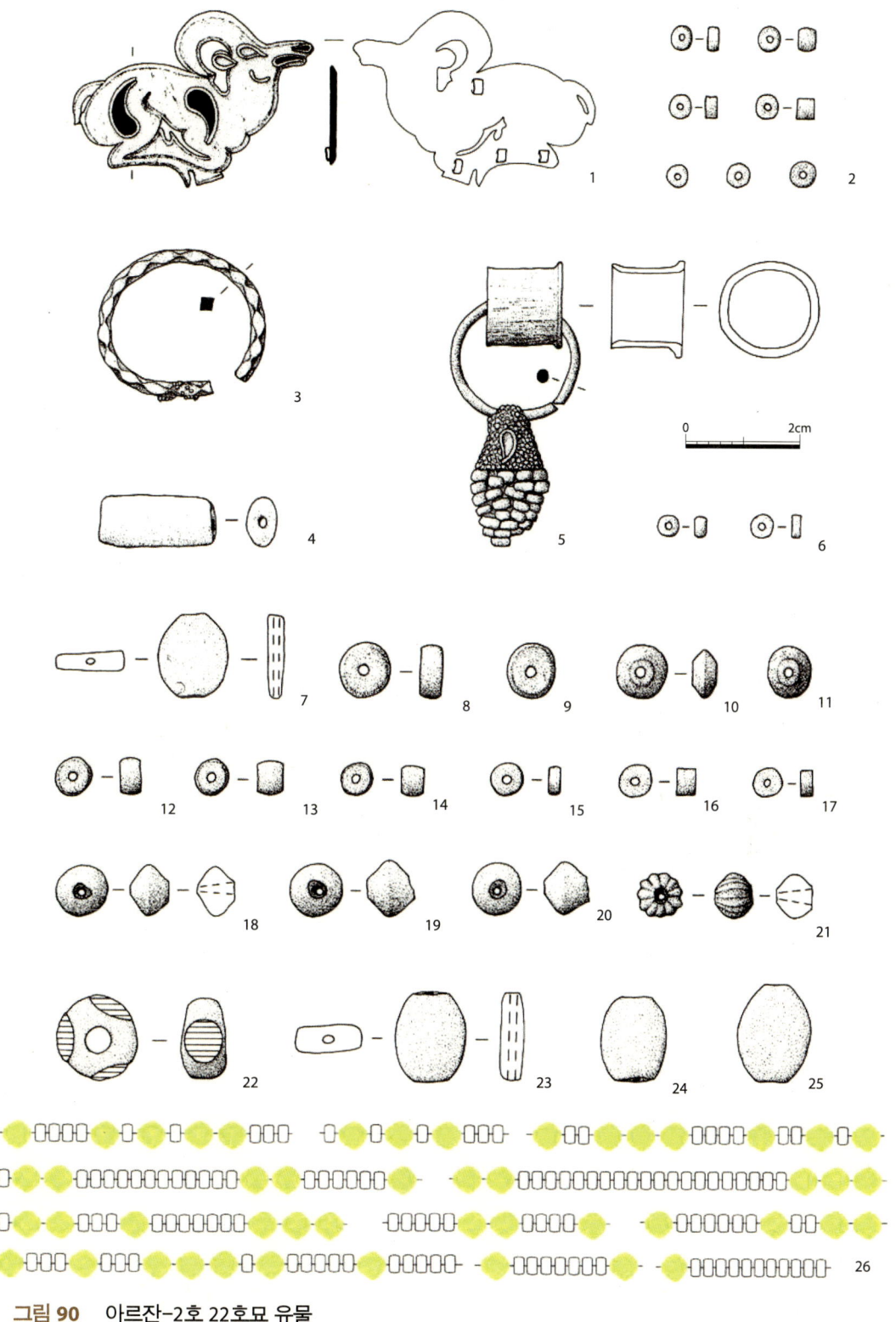

그림 90   아르잔-2호 22호묘 유물

과 함께 우측 골반부위에서 출토되었는데, 칼끝의 부식상태가 심하다. 출토당시에 목제로 된 칼집과 함께 출토되었는데 거의 남아 있지 못하다. 칼집은 칼끝만 들어가도록 만들어진 것이다. 시금석은 좌측 허리부위에서 출토되었는데, 직사각형 모양이다. 옥(jade)으로 만들어진 것이다. 사슴의 이빨로 제작된 펜던트 5점(그림 89-6~10)이 확인되었는데, 가장자리에 구멍이 뚫려있다(추구노프 외 2017).

여성의 머리 위에는 산양모양을 한 장식판(그림 90-1)이 출토되었는데, 모자에 달렸던 물건이다. 황금과 아말감으로 제작된 것이다. 산양은 다리를 배쪽으로 말고 있는 모습이다. 앞서 설명했던 호랑이 장식판과는 상당히 다른데, 근육표현이 다르기 때문이다. 호랑이의 근육표현은 밀랍으로 만들어진 거푸집에서 제작한 것이라면, 이 황금장식판은 편평한 판에 황금판을 붙여서 만든 것이다. 그 사이를 아말감으로 채워서 표현했다.

여성의 귀걸이는 양쪽이 다르다. 오른쪽(그림 90-3)은 단순 고리 모양이고, 왼쪽(그림 90-5)은 고리 아래로 펜던트 장식이 달려 있고, 고리 위에도 실린더모양의 뼈와 연결되어 있다. 고리에 달린 수하장식(펜던트)는 원뿔모양의 황금장식판이 연결되었고, 그 아래에 터키석제 구슬을 붙인 것이다. 여성의 가슴부위에서 호박(그림 90-7), 유리류(그림 90-8~25) 등으로 제작된 구슬 34점이 출토되었는데, 이는 목걸이다. 이 외에도 터키석제 구슬(그림 90-6)도 출토되었다(추구노프 외 2017).

스키타이 문화에서는 장례식을 치르는 시기(봄과 가을)가 정해져 있기 때문에, 사람이 죽는 기간도 정해져 있었을 것이다. 이 부분에 대해서는 뒤에서 좀 더 자세히 설명될 것이다. 아르잔-2호에서도 주인공 남녀는 어떤지 모르겠으나, 이 무덤의 많은 사람들도 한날 한시는 아니더라도 비슷한 시점에 죽었다면, 그리고 동시에 의식을 치뤘다면…… 한 여름의 호러영화 같다.

⑥ 남성 2명?: 25호묘

아르잔-2호의 주인공 5호묘에는 남녀가 함께 매장되었고 검과 칼, 활과 화살촉, 투부가 모두 철제로 제작되었다. 금으로 장식한 것은 부수적인 요소이다. 주인공 무덤과 비슷한 무기세트가 출토된 곳은 20호묘였다. 시간 차를 두고 매장된 두 남성은 먼저 매장된 남성 무덤에서는 무기세트가 확인되지만, 검은 없었고 모두 청동제였다. 이 남성은 손잡이가 뿔로 만들어진 목기그릇이 있었다. 목기부분은 없어졌고 손잡이만 확인되었다. 이후에 매장된 남성은 칼 한자루를 제외하고는 유물이 없었다.

20호묘와 비슷한 무기세트가 확인되는 곳은 25호묘이다. 청동제 칼, 투부, 화살촉 등

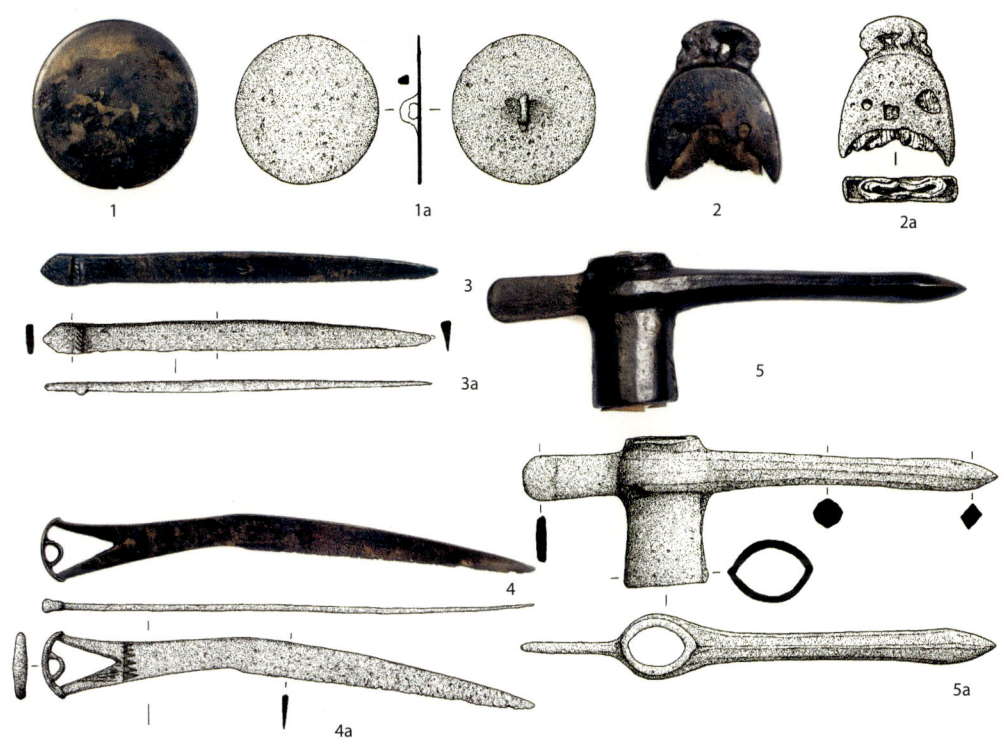

그림 91 아르잔-2호 25호묘

이 출토되었다. 청동제 칼은 두 종류인데, 손잡이 부분이 꺾이는 것(그림 91-4)과 손잡이가 곧은 것(그림 91-3)이 있다. 손잡이가 구부러진 것은 끝에 장식이 달려 있다. 손잡이가 곧은 청동칼 주변에는 가죽 흔적이 남아 있었는데, 칼집이 있었던 것으로 추정된다. 칼집에 달았던 장식(그림 91-2)도 청동제이다. 청동제 투부(체칸, 전투용도끼)도 출토되었다. 투부의 자루는 상태가 좋지 않지만 길이 5.9cm 가량이 잔존해 있었다. 청동제 거울(그림 91-1) 및 멧돼지 송곳니로 만든 펜던트, 목제 펜던트, 무기류와 함께 주인공의 좌측 골반뼈 부근에서 출토되었다. 반면에 청동칼은 가죽 칼집에 넣어져서 남성의 우측 팔 부근에 놓여 있었다. 화살은 두 곳에서 확인되는데, 남성의 우측 다리 아래에서 8점(그림 94-4-12)이 확인된다. 그 외에 7점(그림 94-4-13)은 남성의 우측 팔 부근에서 확인되었다. 남성의 머리 부근에서는 목제그릇(그림 92-1)도 확인되었는데, 하나의 손잡이가 달린 형태이다. 주인공 여성 및 20호 무덤에서 출토된 것과 같이 손잡이가 아래쪽으로 꺾인 모습이다. 25호묘 남성은 귀걸이와 목걸이 등도 착용했다(추구노프 외 2017).

25호묘 남성은 28~30세의 남성으로 무릎을 굽힌 채 좌측으로 누워 있었고 머리방향은 북향이다. 무릎은 굽혔으나 팔은 쭉 뻗은 상태였는데, 그 곳에서 화살이 놓였다. 무덤방

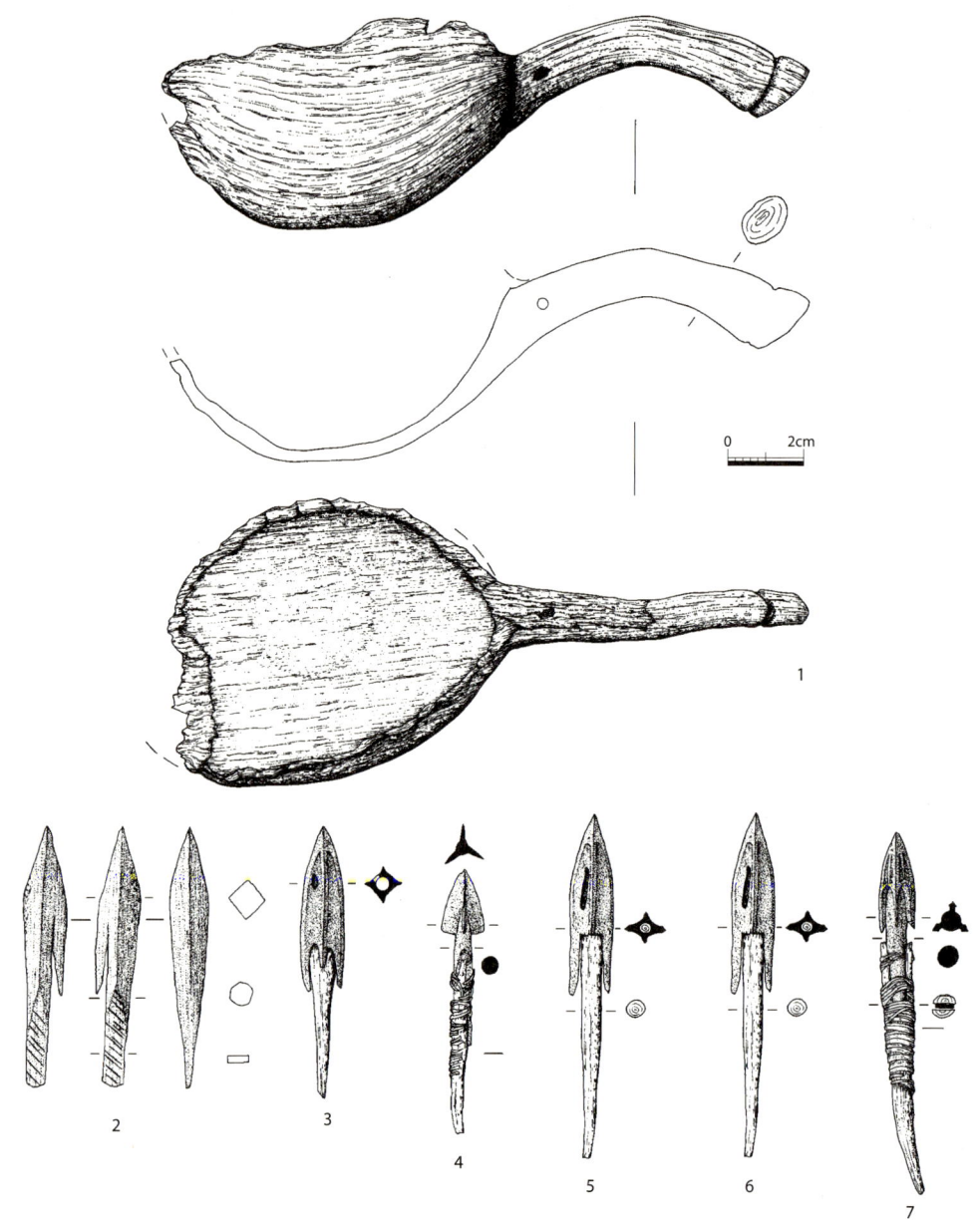

그림 92 아르잔-2호 25호묘 목제 잔(1)과 화살(2~7)

(1.85×1.25m)은 남쪽 경계벽 아래(그림 93)에 깊이 1.3m의 구덩이를 파고 설치되었다(그림 35). 남성의 인골 아래에는 아주 얇게 점토가 깔려 있었다(추구노프 외 2017).

이 유적의 남성의 무기류는 대부분 좌측 골반뼈 부근에서 출토되었다. 하지만 이 무덤에서는 화살은 팔 부근에서 출토되었고, 손잡이가 곧은 청동칼도 우측 손 부위에서 약간

그림 93 아르잔-2호 25호묘

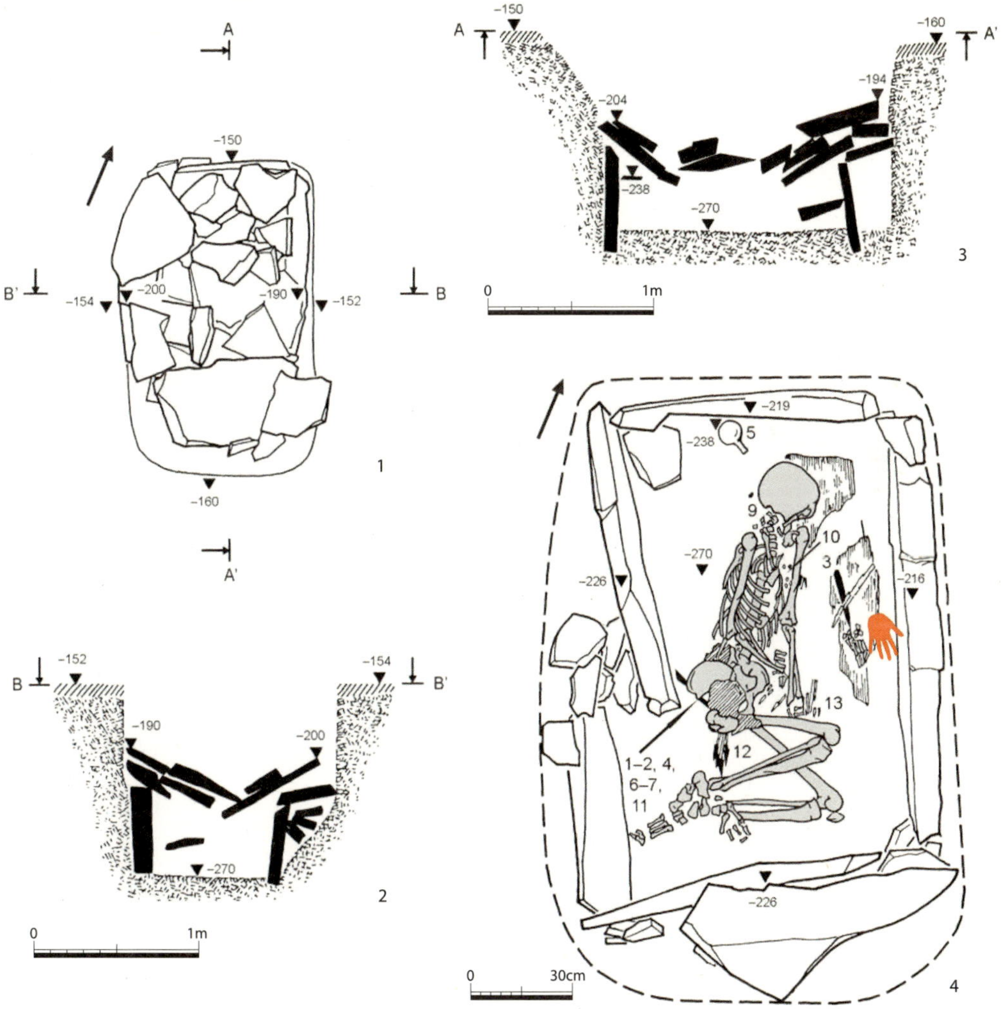

그림 94 아르잔-2호 25호묘 남성 무덤

135

떨어진 곳에 확인되었다. 그 옆에는 25호묘 남성이 아닌 다른 사람의 손뼈가 놓여 있었다.

　　이 무덤방과 비슷한 유물이 출토되었던 무덤 20호는 인골 1호가 먼저 매장되고, 2호는 그 이후에 들어갔었다. 20호묘의 1호 인골은 무기세트와 함께 많은 유물이 부장되었으나, 2호묘에게는 칼 한자루만 부장되었다. 25호묘 남성도 무기세트와 함께 부장되었고, 다른 사람의 손뼈도 함께 무덤안에 들어갔다. 일종의 전리품이었을까?

⑦ 여성 3인의 무덤: 13호묘

아르잔-2호 무덤경계석 안에는 26기의 무덤이 확인된다. 주인공의 무덤처럼 2인이 매장된 곳은 20호묘, 25호묘, 14호묘 등이 있었으나 모두 남성 무덤이었다. 엄밀한 의미에서 처음부터 계획적으로 한 구덩이 안에 2명을 묻은 경우는 14호묘 뿐이다. 2인이 매장되었지만 20호묘는 인골 1호 이후에 벽석을 새롭게 설치하고 그곳에 2호 인골을 넣었다. 두 인골의 부장품에는 차이가 있어서 같은 상황에서 무덤에 매장된 것으로 보이지 않는다. 25호묘도 20호묘와 비슷하지만, 25호묘에는 인골 1기 외에 손만 들어갔다. 20호묘와 25호묘의 피장자는 남성으로, 두 무덤에는 비슷한 무기가 부장되었으며, 또한 아르잔-2호 5호묘 여성 주인공이 지녔던 물건인 목제 그릇이 출토되기도 했다.

　　13호묘에서는 3명의 여성 피장자가 발견되었다. 여성 피장자들은 하나의 무덤 구역을 두 칸으로 나눈 뒤 매장했다. 13호묘는 13A와 13B로 구분된다. 완전히 별개의 무덤으로 보기도 힘들고 같은 무덤으로 보기도 힘들기 때문이다. 돌상자 주변을 돌린 충전돌은 같은 무덤구덩이를 지지하고 있어서 하나의 무덤으로 볼 수 있으나, 무덤 바닥의 높이가 다르고(그림 95-2) 13B의 머리벽석을 먼저 만든 후 13A를 만든 점으로 보아 하나의 무덤이 아닐 수도 있다(그림 95-3). 13B는 20~25세 여성, 13A 중 좌측 인골은 18~9세, 우측 인골은 45~50세 여성이다(추구노프 외 2017).

　　아르잔-2호에서 확인되는 인골은 모두 같은 자세로 매장되었다. 무릎을 구부리고 한 쪽으로 누운자세이다. 필자가 예전에도 언급한 바 있지만, 어머니 뱃속의 자세로 만들었을 가능성이 있다. 시베리아에서 이런 자세로 부장된 인골은 신석기시대 무덤부터 확인된다.

　　13A 무덤의 18세 여성은 청동칼(그림 96-1), 청동송곳(그림 96-4), 청동바늘(그림 96-3), 청동제 거울(그림 96-7), 화살촉(그림 96-2), 목제 빗(그림 96-6), 석제 펜던트(그림 96-5), 각종 구슬(그림 96-8, 9, 15~19)과 함께 부장되었다. 같은 무덤의 45세 여성은 청동칼(그림 97-1), 골제 칼집 장식(그림 98-9), 청동제 송곳(그림 97-2), 청동제 거울(그림 97-7), 황금 귀걸이(그림 98-1, 2), 머리장식(그림 98-5, 6, 7), 목제 빗(그림 97-6), 사슴이빨로 만든 펜던트(그림

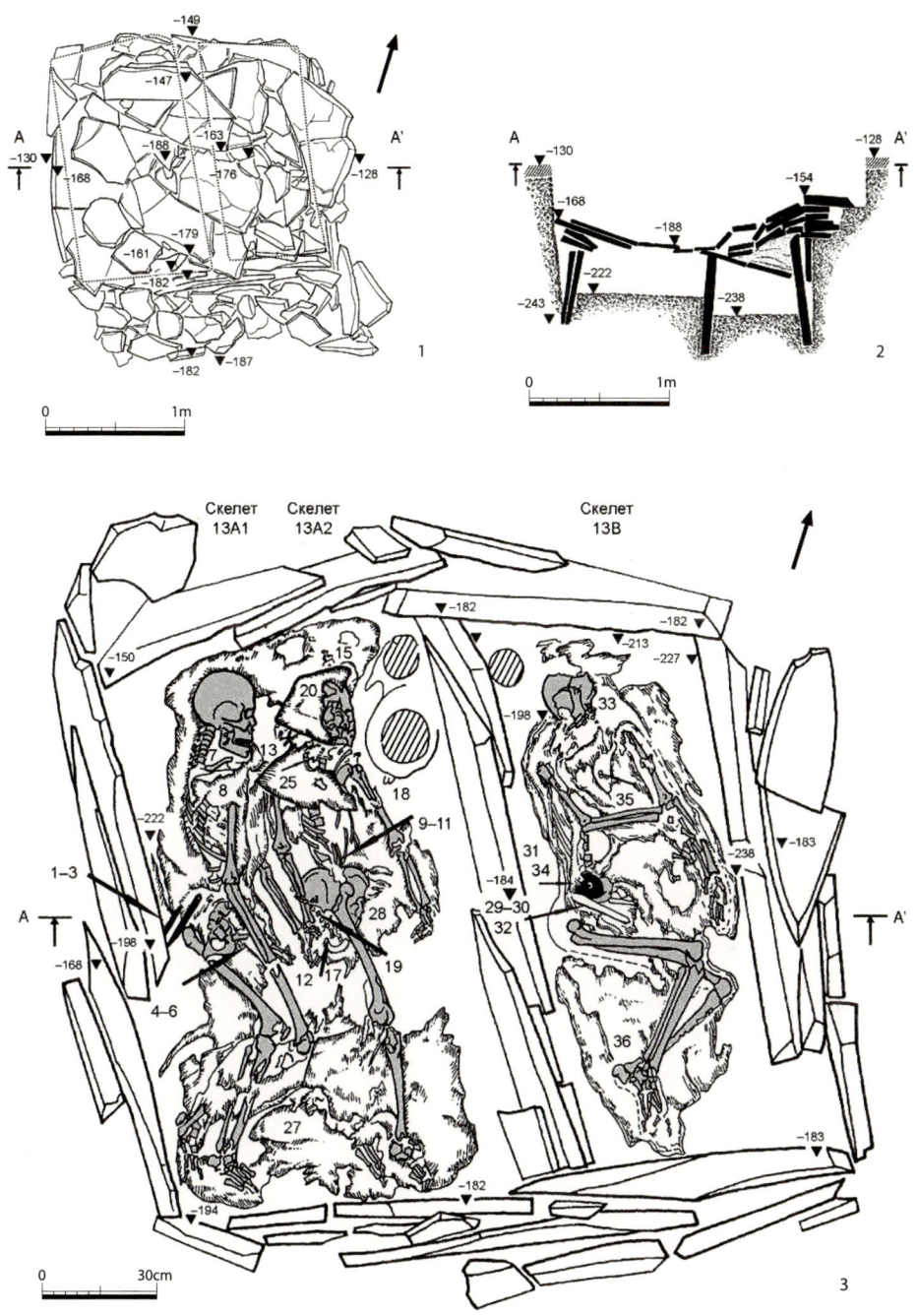

그림 95 아르잔-2호 13호묘

97-4, 5), 팔찌(그림 98-12~17), 머리장식 양모로 만든 주머니, 양모로 만든 허리끈, 각종 구슬(터키, 유리, 호박, 루비, 사슴이빨, 섬록암제)(그림 99)이 있다. 그 외에도 13A에는 양탄자가 확인되었다. 13B무덤의 여성은 청동칼(그림 100-1), 청동송곳(그림 100-6), 청동제 거울(그림

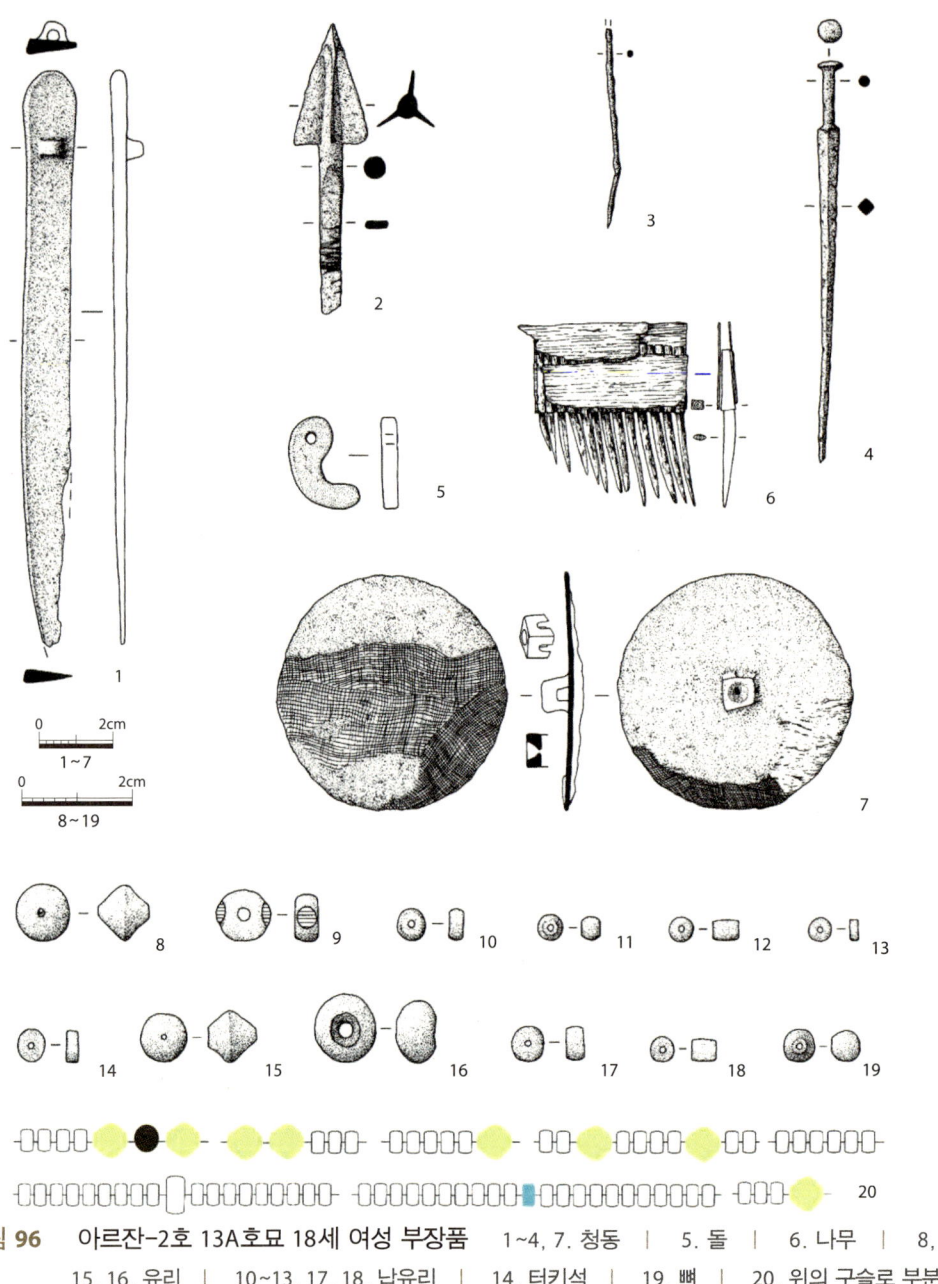

그림 96 아르잔-2호 13A호묘 18세 여성 부장품 1~4, 7. 청동 | 5. 돌 | 6. 나무 | 8, 9, 15, 16. 유리 | 10~13, 17, 18. 납유리 | 14. 터키석 | 19. 뼈 | 20. 위의 구슬로 부분적으로 복원된 목걸이

100-7), 동물뼈제 펜던트(그림 100-5), 황금제 귀걸이(그림 100-2), 목제 빗(그림 100-4), 구슬(그림 100-8~24), 직조물이 출토되었다(추구노프 외 2017).

13호묘에는 남성의 무덤에는 없었던 목제 빗, 송곳, 바늘, 양탄자 등이 출토되었다. 목제 빗은 주인공 무덤인 5호 여성도 소유했던 물건이다.

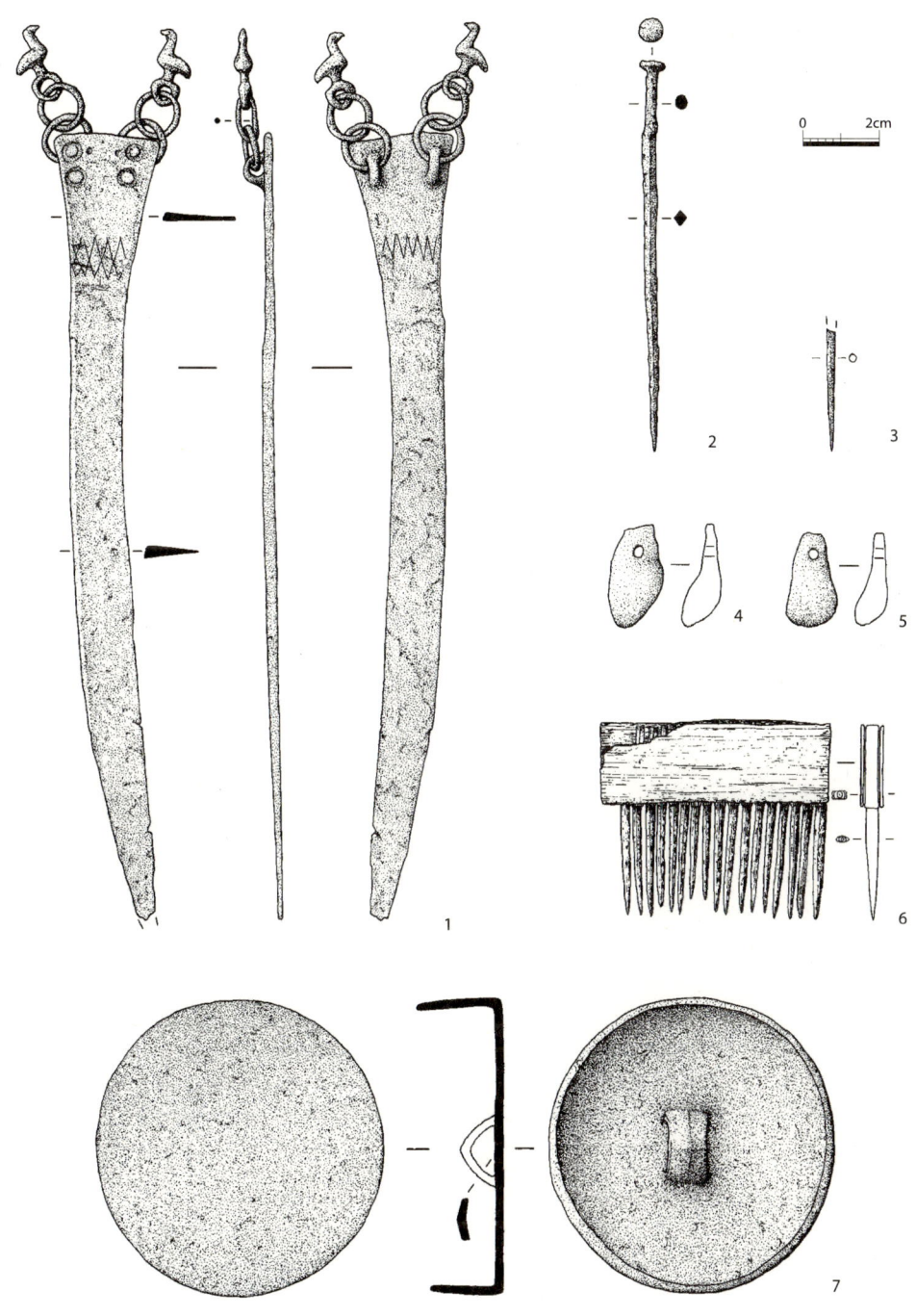

그림 97 아르잔-2호 13A호묘 45세 여성 부장품   1~2, 7. 청동 | 3. 뼈 | 4, 5. 사슴이빨 | 6. 나무

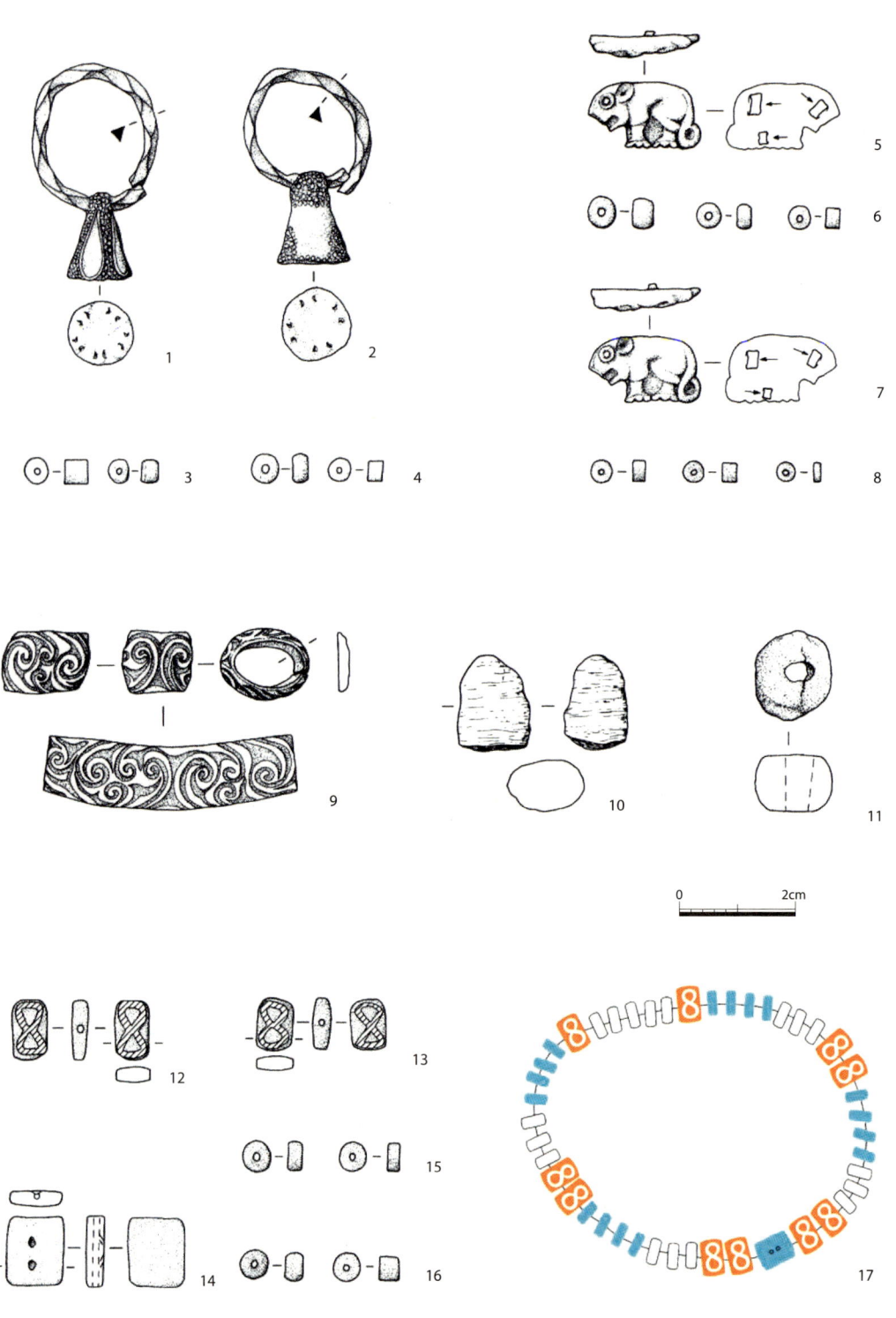

그림 98 아르잔-2호 13A호묘 45세 여성 부장품 1~2, 5, 7. 황금 | 3, 4, 6, 8, 11, 16. 납유리 | 9. 뼈 | 10. 펠트 | 12, 13. 홍옥 | 14, 15. 터키석 | 17. 복원품

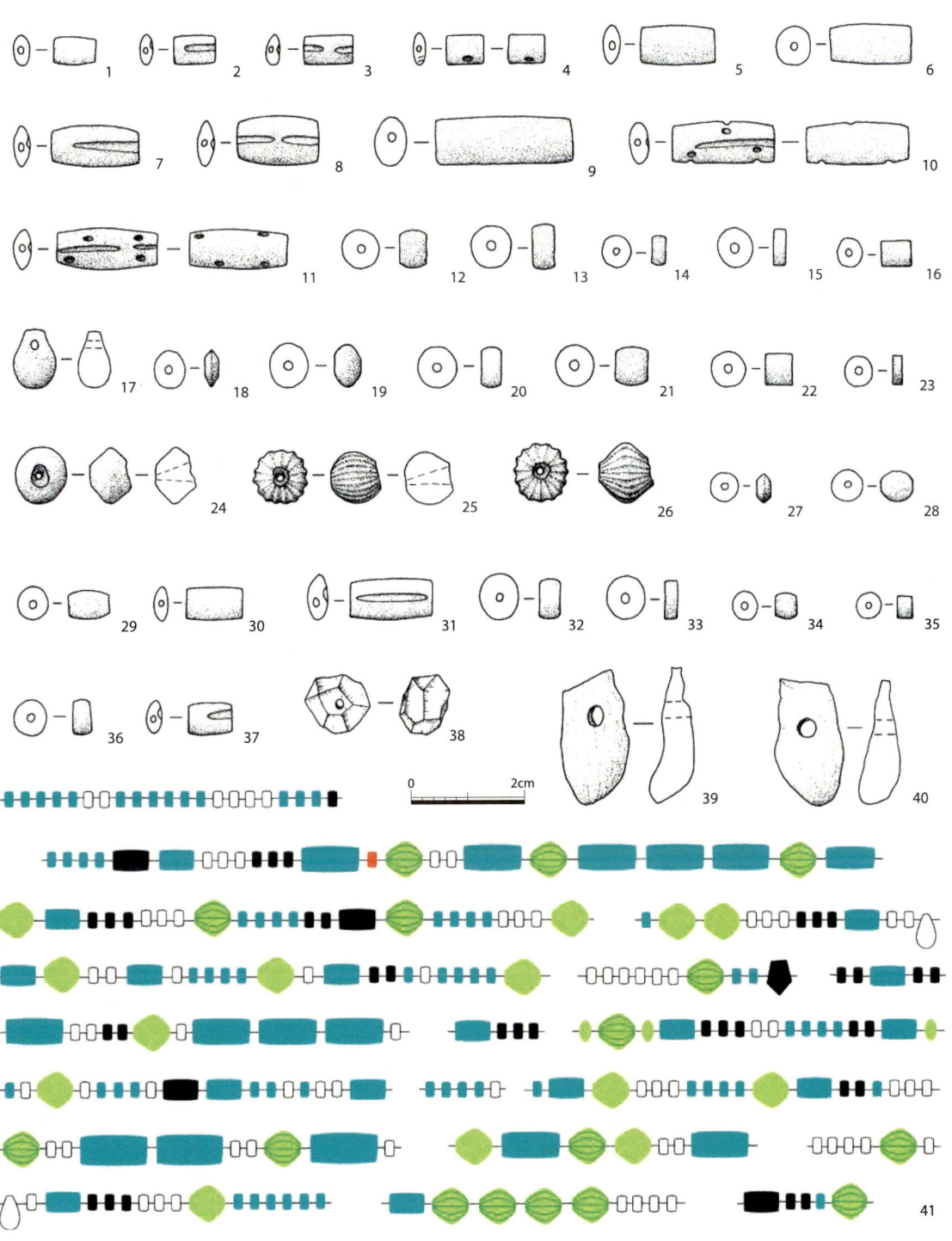

그림 99　아르잔-2호 13A호묘 45세 여성 부장품　1~16. 터키석　|　17~23. 납유리　|　24~28. 유리　|　29~33. 섬록암　|　38. 황철석　|　39, 40. 사슴이빨　|　41. 복원품

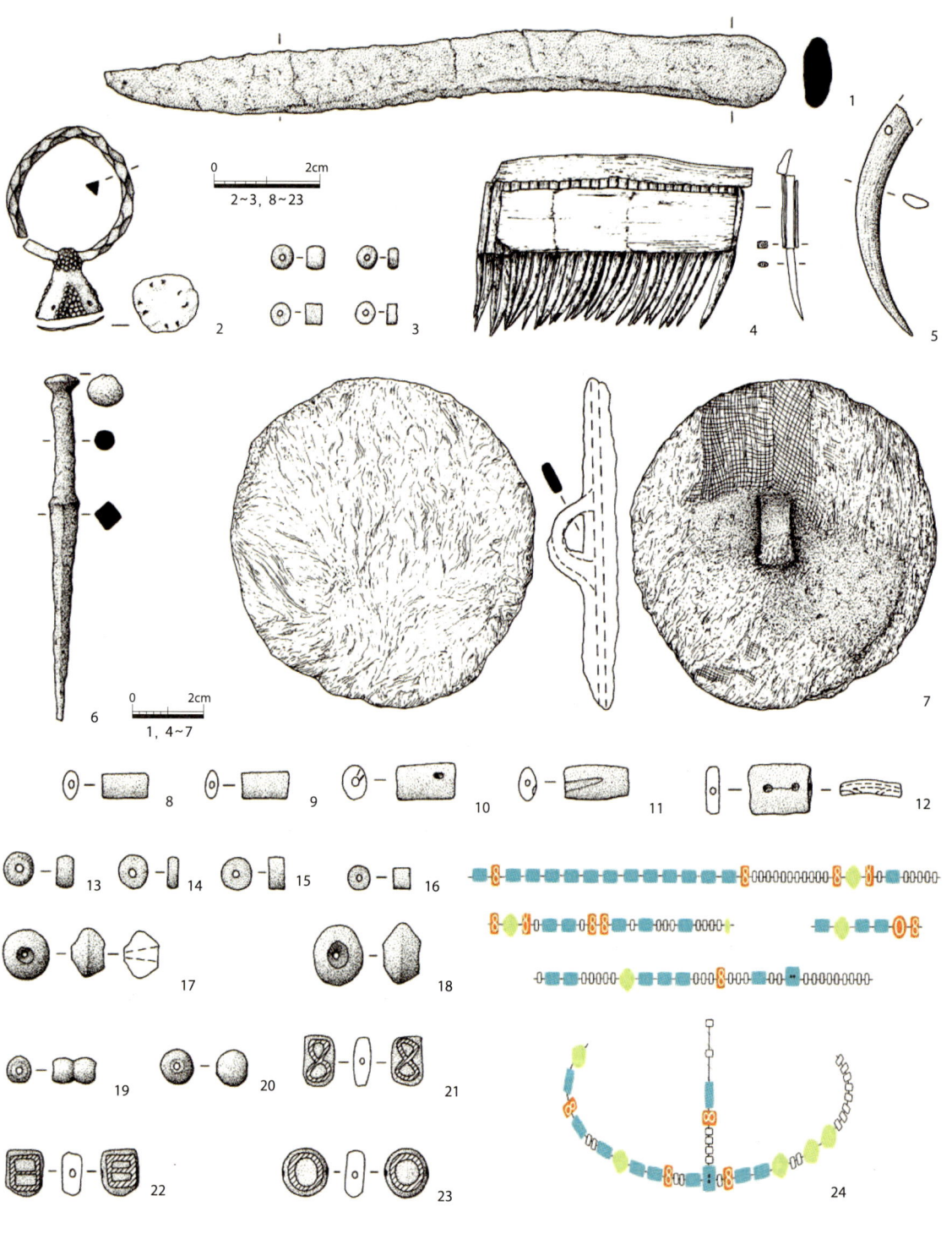

그림 100 아르잔-2호 13B호묘 여성 부장품 1, 6, 7. 청동 | 2. 황금 | 3, 13~16, 19, 20. 납유리 | 4. 목제 | 5. 멧돼지 송곳니 | 8~12. 터키석 | 17, 18. 유리 | 21~23. 홍옥 | 24. 복원품

아르잔-2호 무덤 의례복합체에서는 주인공 5호묘를 제외하고는 남녀가 함께 매장된 무덤방은 없었다. 남성과 여성은 성별이 철저히 구분되어서 매장되었다. 아르잔-2호 보다 늦은 시기의 유적인 파지리크 2호, 파지리크 5호도 스키타이 문화 중에서 최상급 무덤으로 알려져 있는데, 남녀가 함께 매장되었다. 물론 시기도 늦고 무덤양식도 차이가 있어서 고려의 대상은 많지만, 남녀를 함께 매장하는 관습은 생각보다 모두에게 허락된 것은 아니었던 것 같다.

아르잔-2호에서는 여성이 단독으로 묻힌 경우는 22호묘를 제외하고는 없다.

⑧ 재갈 1점 들어간 두 남성의 무덤: 14호묘

스키타이 문화에서 가장 잘 알려진 알타이의 유적인 아크 알라하-3유적(일명 얼음공주의 무덤), 아크 알라하-1유적, 파지리크 유적 등에는 인간과 말이 함께 매장된다. 그러나 이 유적보다 200~300년 이른 아르잔-1호와 아르잔-2호에서는 인간과 말은 한 경계벽 아래에 매장되지만, 별도의 공간에도 묻혔다. 아르잔-2호에서 말의 흔적은 말이 매장된 16호묘 말 무덤을 제외하면 마구를 통해서 알 수 있다. 무덤 2호에서는 안장이 확인되었고, 퇴장지와 14호묘에서는 재갈이 출토되었다. 그러나 인간과 말이 함께 매장된 구덩이는 확인되지 않았다.

이곳에는 두 명의 남성이 함께 묻혔다. 한 명은 21~25세의 남성이고, 다른 한 명은 45~50세이다. 둘 다 무릎을 구부리고 옆으로 누운 자세인데, 45세의 남성이 좀 더 구부린 상태이다. 두 인골은 상당히 밀접하게 붙어있다. 무덤방(1.5×0.7m)은 역시 납작한 판석으

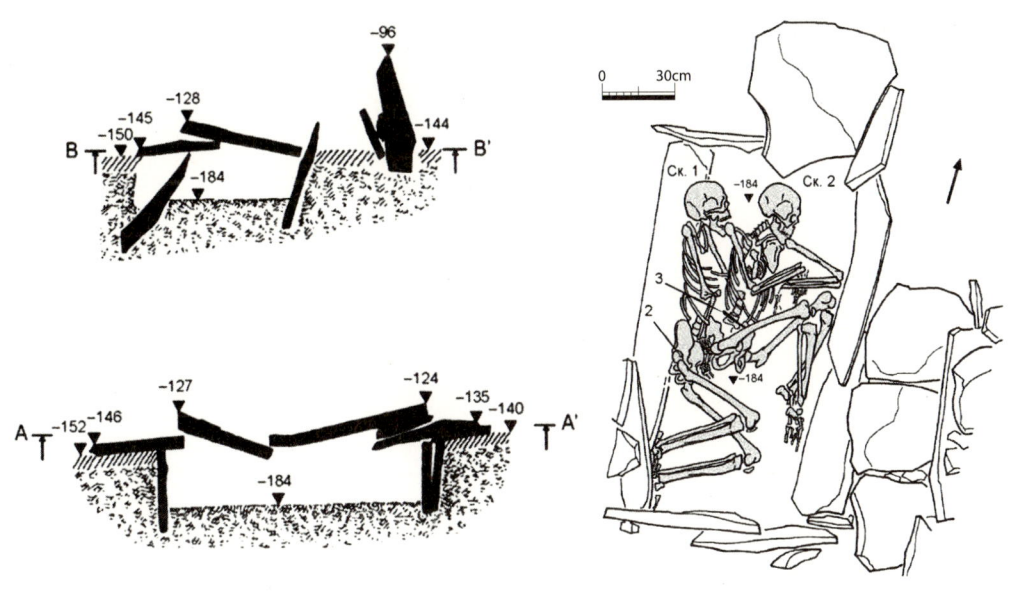

그림 101 아르잔-2호 14호묘

143

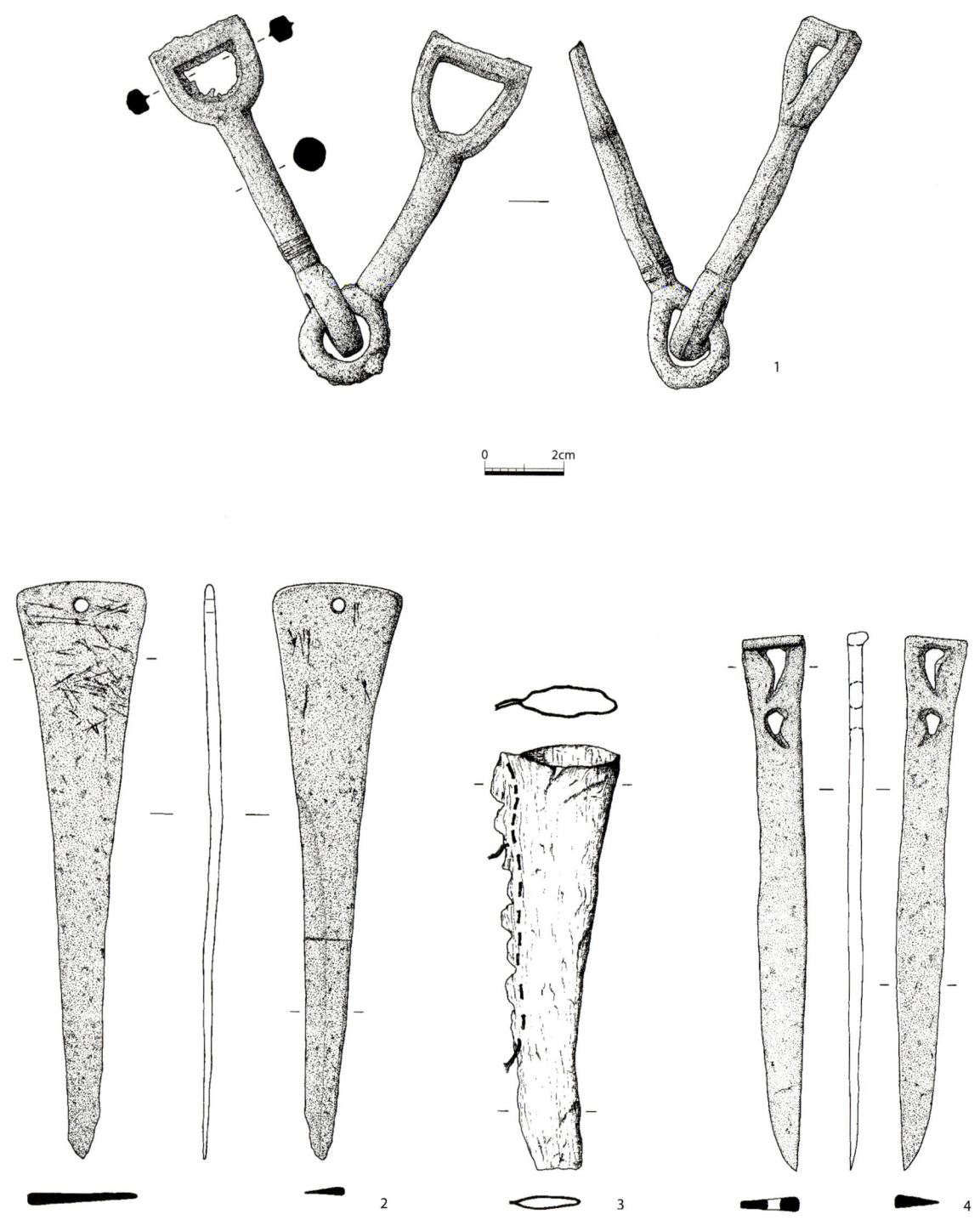

그림 102 아르잔-2호 14호묘 유물 1, 2, 4. 청동

로 제작되었다(그림 101). 두 남성의 허리춤에는 각각 청동칼 한 자루씩이 부장되었다. 상대적으로 어린 남성의 허리에는 가죽 칼집(그림 102-3)과 함께 청동칼이 놓여 있었는데, 청동칼(그림 102-2)(길이 16.2cm, 너비 3.4cm)은 꺼내 놓은 상태였다. 다른 남성의 청동칼(그림 102-4)(길이 14cm, 너비 1.6cm)과는 약간 다른 형태이다(추구노프 외 2017).

사실 앞에서도 한 자루의 칼과 함께 매장된 남성(20호묘의 2호 인골)이 있었다. 20호묘 무덤의 인골 1호 남성은 무기세트를 다 가지고 있었지만, 이후에 매장된 인골 2호 남성은 칼 한 자루가 전부였다.

그런데 14호묘 두 남성의 무덤에서는 북서쪽 무덤방에서 재갈(그림 102-1)이 출토되었다. 재갈은 주조흔적이 그대로 남아 있어서 실제 사용하지는 않았다고 추구노프(추구노프 외 2017)는 판단했다. 보고서에는 우연히 무덤 속에 들어간 것으로 보았다.

그런데 정말 무덤 속의 부장품에 우연이라는 것이 있을까? 이 작은 무덤에는 말이 들어갔을 수가 없다. 무덤방의 크기를 보라. 혹시 이 사람들이 재갈을 주조하던 사람이 아니었을까? 자신들이 만들던 재갈을 가지고 간다는 상징적 의미일까?

그래서 더 궁금해지는 것이 무덤방 2호묘(그림 79)이다. 나무로 만들어진 무덤방과 나무 바닥아래에 숨겨 놓은 안장으로 보아, 분명히 사람이 있었을 것이다. 아르잔-2호 의례 복합체에서 마구와 함께 매장된 무덤은 14호묘, 20호묘이다. 하지만 두 무덤의 입장은 매우 달랐다.

⑨ 아르잔-2호의 말무덤: 16호묘

말과 인간이 부장되는 무덤으로 유명한 스키타이 문화라고 하면서 아르잔-2호 의례복합체의 5호묘 안에는 말 없이 주인공 남녀만 확인되었다. 아르잔-1호와 비교해 볼 때 큰 차이점이다.

아르잔-2호에서 말 무덤이라고 일컬어지는 16호묘는 특별한 무덤이다. 왜냐하면 나무로 무덤방을 만든 경우가 주인공 무덤 5호묘, 2호묘, 9달된 어린아이의 무덤 외에는 전부 돌로 만들어졌기 때문이다. 아르잔-1호에서는 통나무가 6,000개 이상 소비된 것에 비하면 200년이 지난 아르잔-2호에는 매우 제한적으로 나무가 소비되어서, 특별한 소재라는 점을 알 수 있다.

5호묘와 같은 건축재인 나무를 쓴 16호묘에는 말 14마리가 묻혔다. 무덤의 남동쪽에 위치하는데 남동쪽 구역에서는 유일하게 스키타이 시대의 구조물이다. 말무덤은 우선 돌판으로 만들어졌는데, 구덩이를 파지 않고 지상 위에 올린 것이다. 돌판을 드러내자 나무

덮개(그림 103-4)가 드러났다. 상태가 좋지 않았으나 구조는 대략 알 수 있었다. 우선 가로 방향으로 2~3m 간격으로 통나무를 배치하고 그 위에 세로방향으로 돌상자를 채웠다.

나무 덮개를 열자 14마리의 말이 배를 바닥으로 향하고 사지를 구분 린 채 확인되었다 (그림 104). 말 1,2는 가장 남쪽, 그 위쪽으로 2~5번 말 4마리, 그 옆에 6~8번 말, 가장 북쪽에는 9~14번 말이 배치되었다. 배치된 상태와는 관계 없이 모든 말이 같은 장식을 하고 있었다.

청동재갈(길이 18.7cm, 폭 2.8cm, 두께 0.9cm)(그림 105-4)과 재갈멈치(길이 15.8cm, 너비 0.9cm)(그림 105-5, 6), 청동으로 된 원뿔모양의 장신구(그림 105-2, 3, 7~12), 갈기와 꼬리(그림 105-4)를 장식하는 금판장식이다. 갈기장식(길이 12.7cm, 너비 4.5cm, 두께 0.03cm; 무게 8.92g)과 꼬리장식(길이 8.3cm, 폭 2.3cm, 두께 0.03cm; 무게 3.88g)을 제외하고 모두 청동제이다. 원뿔

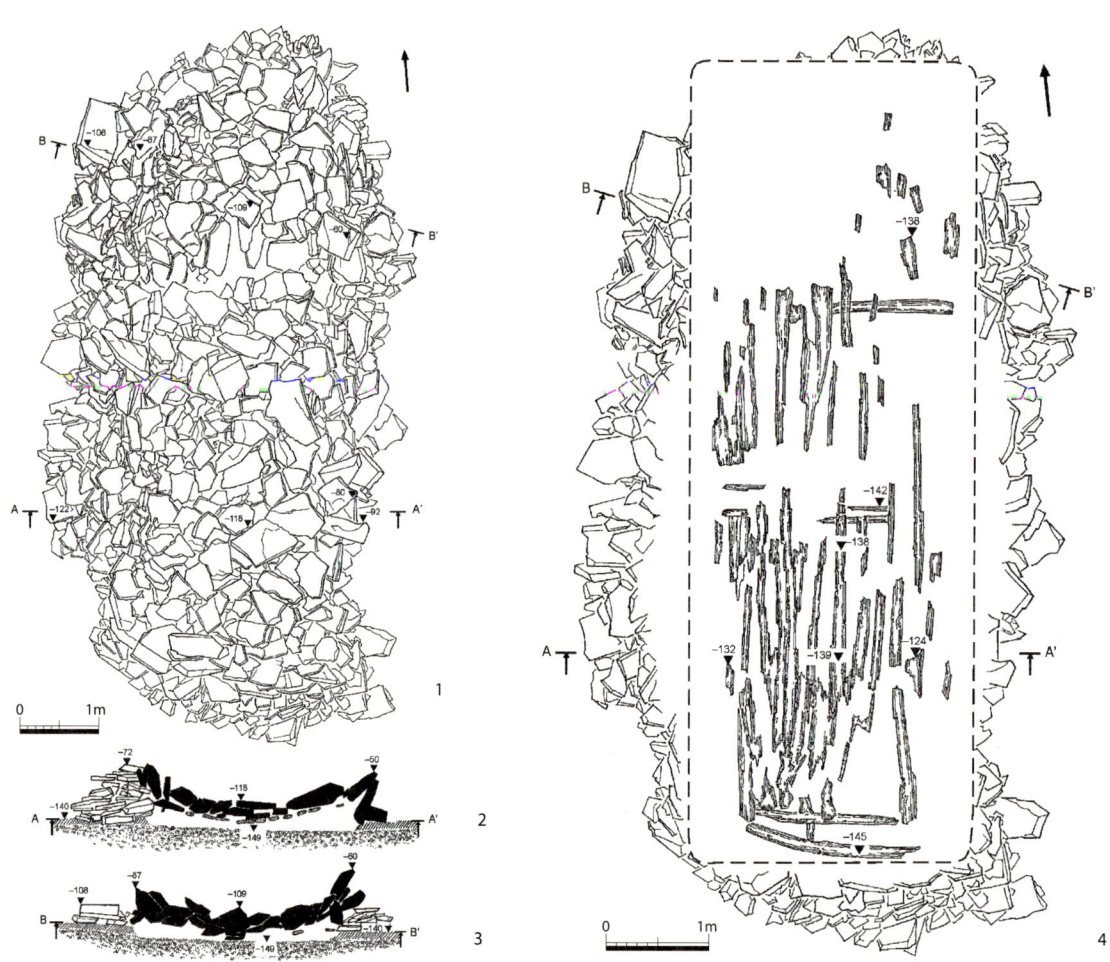

그림 103 아르잔-2호 16호묘(말무덤)   1. 16호묘 돌 덮개 ǀ 2, 3. 16호묘 단면도 ǀ 4. 돌 덮개 개방 후

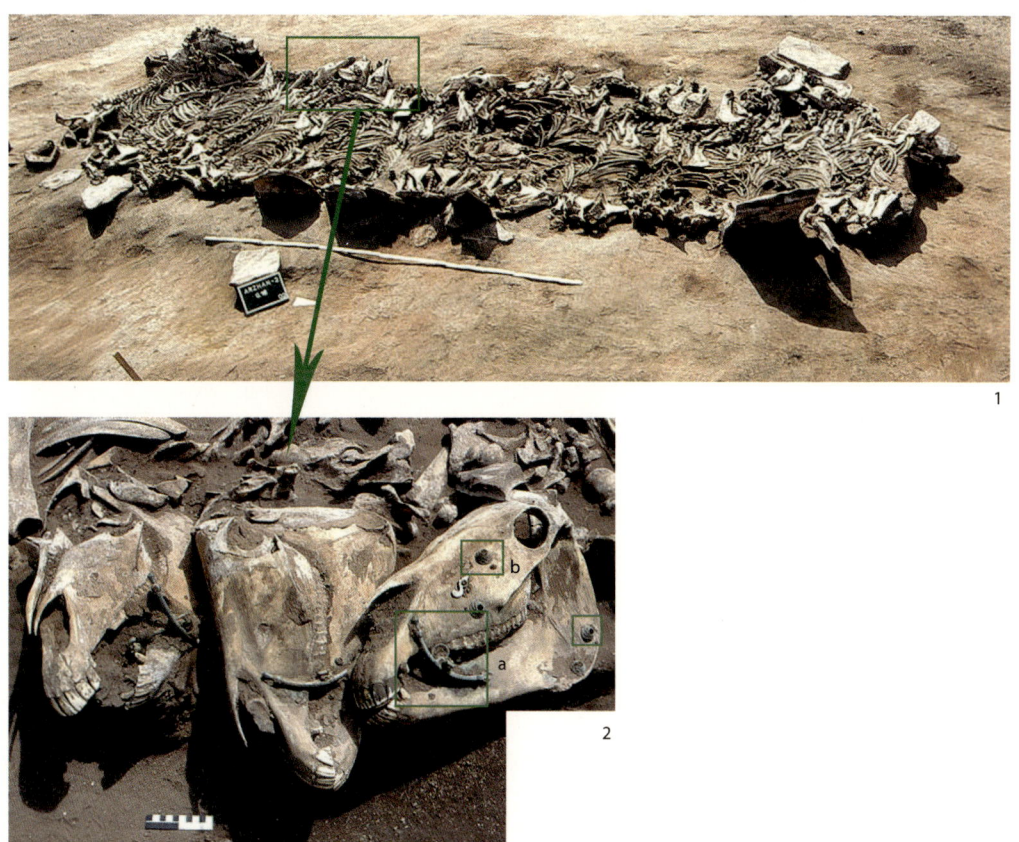

그림 104   아르잔-2호 16호묘 배장된 말   1. 16호묘 나무 덮개를 연 후 말의 배장모습 | 2. 서쪽으로 향한 말을 두향(a. 재갈멈치 | b. 굴레장식)

모양의 장식은 두 종류가 있는데, 재갈과 재갈멈치와 마찬가지로 가죽끈의 흔적만 남아 있다. 이 원뿔모양 장식은 모든 말에서 확인되지만 위치가 제각각이어서 정확하게 추정할 수는 없다. 다만 재갈과 재갈멈치에 연결된 굴레의 끈 연결부위를 이어주는 매듭 혹은 장식으로 추측할 수 있다. 이외에도 말 머리에서 떨어진 채 확인된 청동제 장신구(길이 5.1cm, 너비 1.4cm, 두께 0.3cm)(그림 105-1)가 있다. 주물로 제작되었고, 구멍이 있어서 어딘가에 달기 위한 것임을 알 수 있다(추구노프 외 2017).

아르잔-2호 16호묘 출토 말 14마리는 모두 같은 마구 및 장신구가 출토되었다. 뒤에서 살펴보겠지만 이 점은 파지리크 5호분과 차이가 있다. 마면과 실크로 된 안장덮개가 있는 말(9번말)도 있지만, 아무 장식이 없는 말도 있다.

⑩ 청동 그리핀을 찾다: 퇴장지

아르잔-2호 퇴장지는 무덤의 북서쪽 구역에서만 확인된다. 별다른 시설 없이 무덤 경계벽

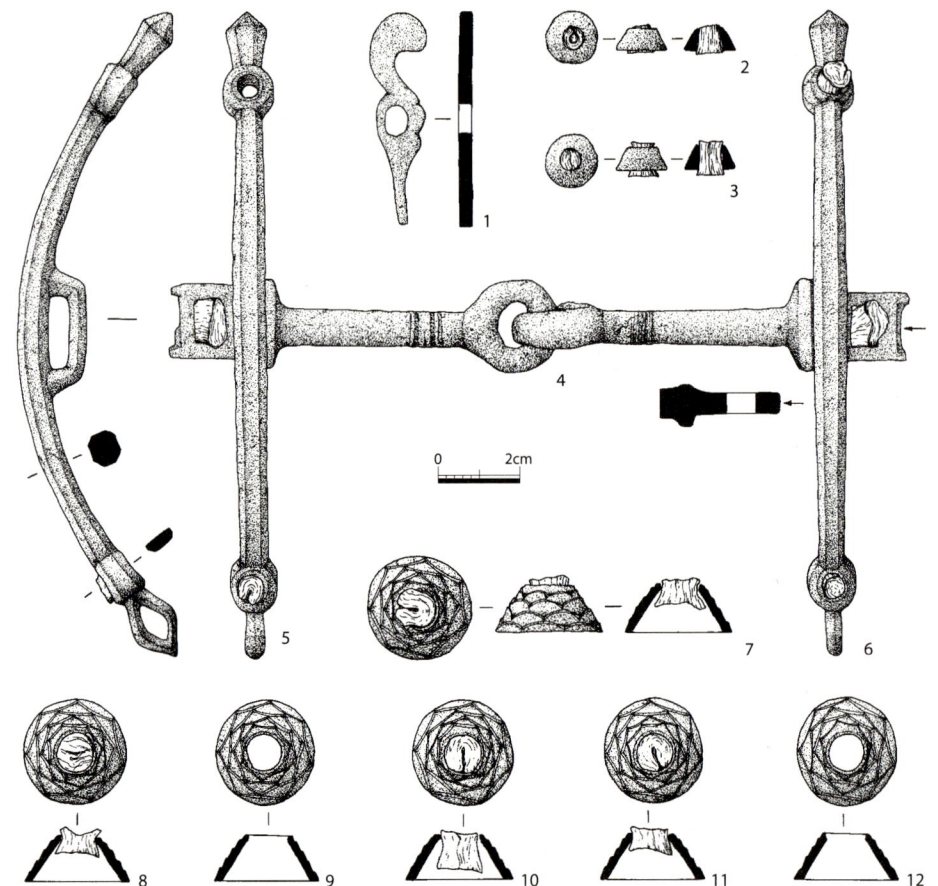

그림 105　아르잔-2호 16호묘 8번 말의 마구

사이 혹은 아래의 좁은 공간에서 유물이 확인되었다.

　1호 퇴장지에서는 재갈+재갈멈치+굴레장식 및 각종 마구장식이 출토되었다. 재갈멈치의 양쪽 끝에는 동물문양장식이 있고, 재갈멈치 뒤에 따로 굴레를 달기 위한 고리(그림 106-2, 3)가 마련되어 있다. 재갈(그림 107-9)은 재갈멈치와 연결되는 부위의 고리가 사각형이다. 안장을 고정시킬 때 사용했던 벨트에 달았던 벨트장치(그림 107-11, 12)와 굴레장식이 있다. 굴레장식은 동물문양장식으로, 낙타머리 3점(그림 107-1~3)을 제외하고는 모두 호랑이 모양(그림 108)인데, 착장했던 방향에 따라서 호랑이의 머리도 다르다. 용도(그림 107-5~8,10)가 정확하지 않은 유물도 여럿 있다. 대부분 장신구이다. 갈기(그림 106-1)와 꼬리(그림 106-4)에 달았던 금제품을 제외하고는 모두 청동제이다.

　2A퇴장지에서는 벨트장식(그림 109-1)과 용도를 알 수 없는 청동판(그림 109-2)만 출토되었고, 2B퇴장지에서는 재갈멈치 없이 재갈(그림 109-4)만 출토되었다. 화살촉과 벨트장식(그림 109-3, 5~10)도 출토되었는데 청동제품이다. 3호에서는 재갈(그림 110-2)과 재갈

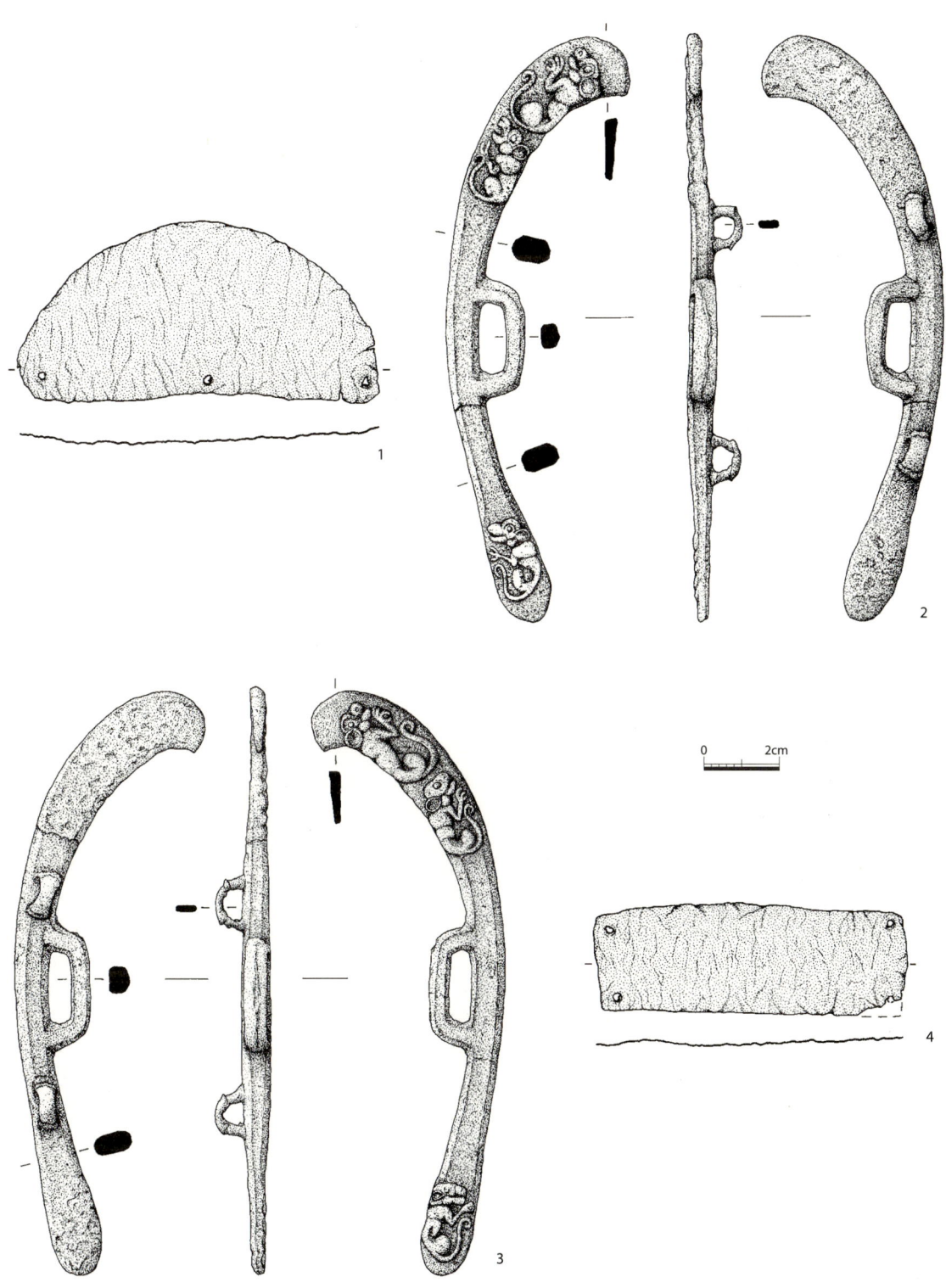

그림 106 아르잔-2호 퇴장지 1호　1, 4. 황금 ｜ 2, 3. 청동

멈치(그림 110-1, 3) 외에 원뿔모양의 장신구가 출토되었다. 원뿔모양의 청동유물은 굴레에 달았을 것이다. 3호 재갈은 재갈멈치와 연결되는 고리가 완전하게 네모이다. 재갈멈치는 양쪽에 수직으로 구멍이 있고 위쪽 끝에만 동물문양이 장식되었다. 재갈멈치 끝에 붙은 고리는 굴레와 연결하기 위한 장치이다. 3호 재갈멈치의 동물장식은 그리핀이다. 독수리 얼굴과 부

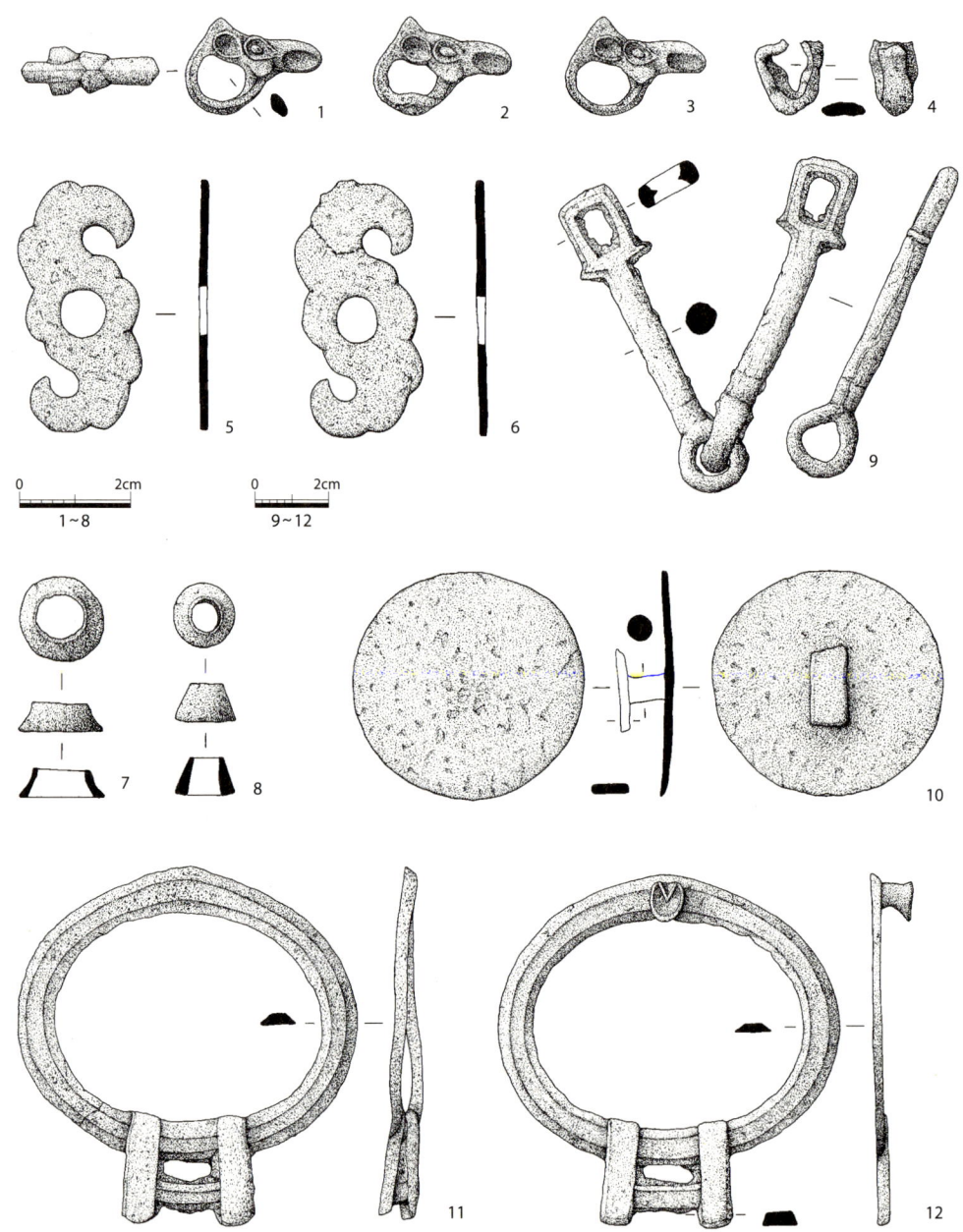

그림 107 아르잔-2호 퇴장지 1호   1~2. 청동

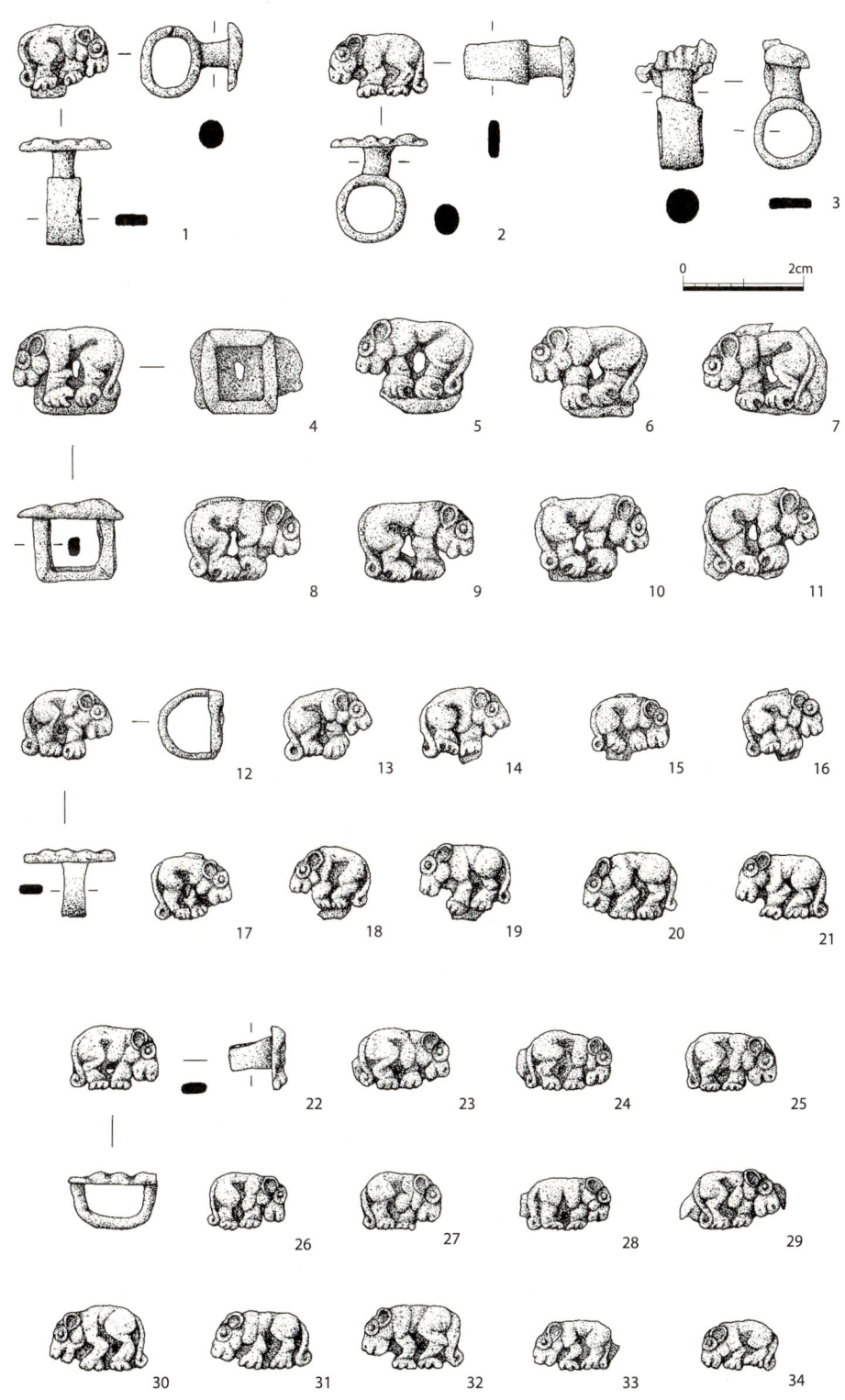

그림 108 아르잔-2호 퇴장지 1호 1~34. 청동

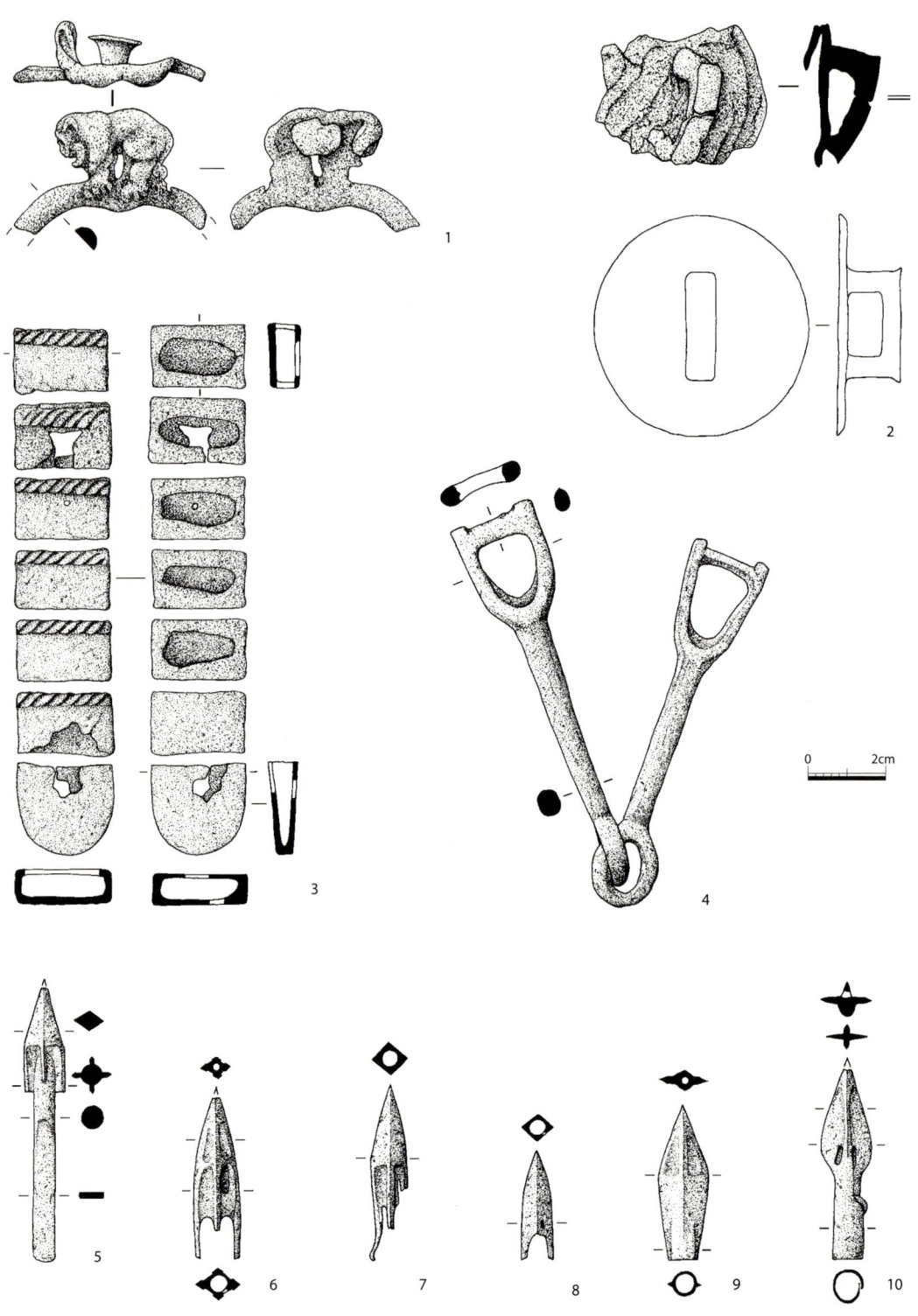

그림 109 아르잔-2호 퇴장지 2A와 2B   1~10. 청동

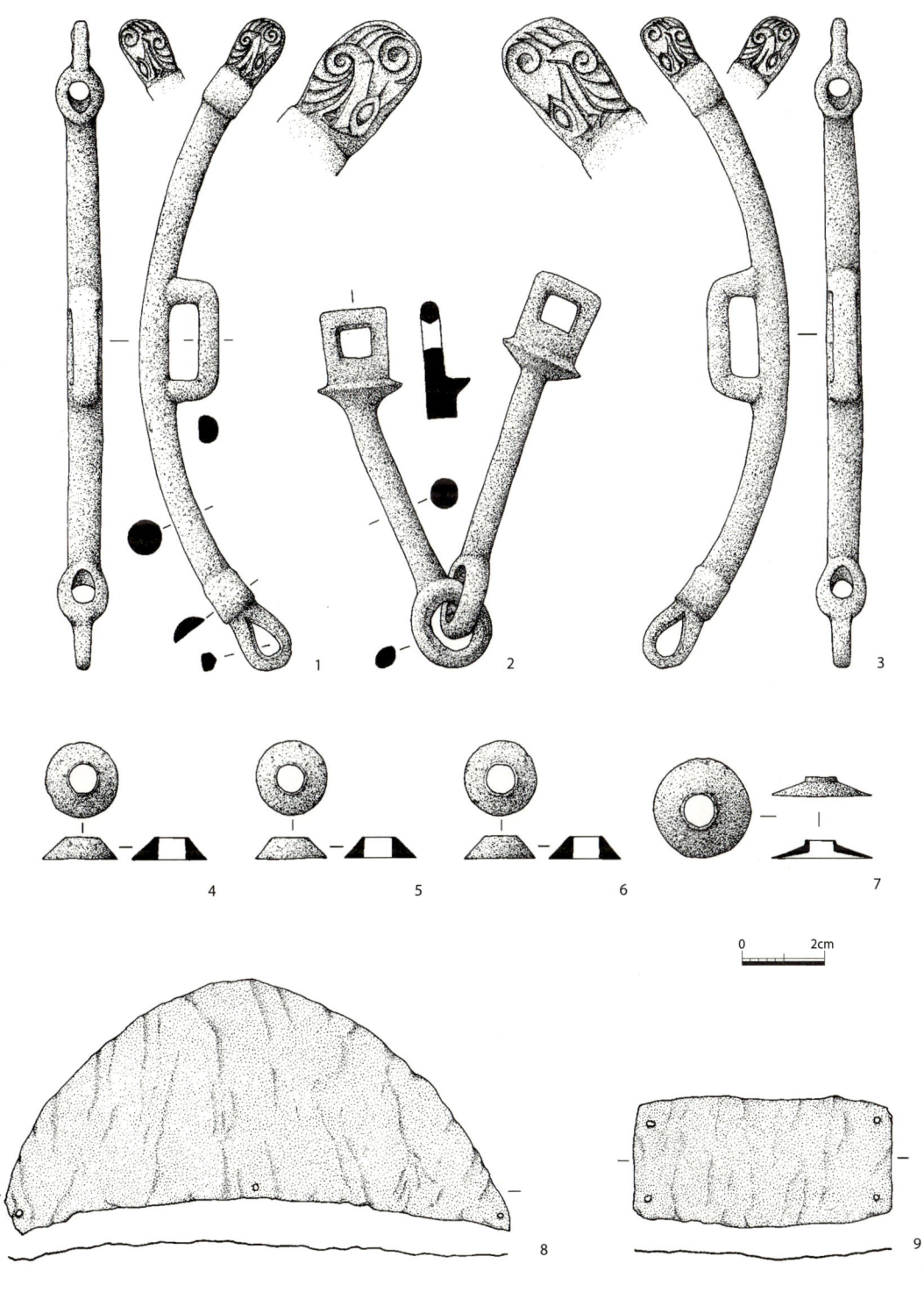

그림 110 아르잔-2호 3호(1~7)와 4호 퇴장지(8.9) 1~7. 청동 | 8, 9. 황금

리가 묘사되었으며, 목 부위에는 갈기가 표현되어 있는 그리핀(그림 110-1, 3)이다. 4호에서도 1호와 같은 금제로 만든 갈기와 꼬리 장식이 출토되었다(그림 110-8, 9)(추구노프 외 2017).

퇴장지에서 출토되는 재갈과 재갈멈치는 말 무덤인 16호묘의 것과 다르다. 재갈멈치는 굴레를 매기 위한 고리의 위치와 형태, 가장자리 끝 부분 장식 등이 매우 차이가 있다. 재갈멈치의 고리 위치는 굴레 착장하는 방법과도 관련이 되기 때문에 제작 기술상 중요하다. 3호에서 출토된 재갈멈치는 굴레와 연결을 위한 구멍 위치와 모양에 차이가 있다.

따라서 아르잔-2호 퇴장지에서 출토된 재갈멈치에 표현된 그리핀은 기원전 7세기 중반에 시베리아에서 이미 동물장식으로 사용되었다는 점을 알 수 있게 한다.

⑪ **돌판에 그려진 전차 그림**

아르잔-2호에서 나오는 동물문양장식은 호랑이, 염소, 산양, 양, 사슴, 멧돼지가 있다. 염소는 뿔의 모양에 따라서 여러 종류가 있다. 이들은 대부분 금속제품에 새겨졌다. 하지만 금속판 뿐만 아니라 돌판에도 박트리아산 낙타, 사슴, 말 그림이 그려진 채 발견되었다.

낙타는 기원전 3천년기 초반에 중앙아시아에서 길들여졌으며 운반에 아주 유용했던 것으로 알려져 있다. 박트리아산 낙타는 최대 250kg까지 운반할 수 있기 때문에 물건을 옮길 수 있는 양이 다른 동물과는 비교가 안될 정도이다(Scythians 2017). 뿐만 아니라 낙타털과 우유, 고기도 제공하는 아주 유용한 동물로 알려졌다.

돌판에서는 전차를 세 마리 말이 앞과 뒤에서 끄는 장면이 그려진 것이다(그림 112). 그런데 돌판의 상단이 결실되어서, 전차의 운전석 모습은 알 수 없다.

그런데 뒤에서 살펴보겠지만 기원전 5세기의 알타이 파지리크 유적 5호에서는 실제로 전차가 통째로 들어갔다. 아르잔-2호의 돌판 그림으로 보아서도 이 시기에도 전차가 있었다는 점을 알 수 있다. 뿐만 아니라 앞서 아르잔-1호에서는 전차의 부속품으로 추정되는 유물들이 발견된 바 있다(스미르노프 2012). 시베리아 각 지역에서는 이미 청동기시대 안드로노보 문화와 암각화(안드로노보 문화, 오쿠네보 문화, 카라숙 문화)에서 전차그림이 확인된다. 스키타이 문화 이전에 이미 전차는 존재했던 것이다.[11]

---

11 파지리크 유적의 5호분의 교통수단은 바퀴가 살이 있는 것으로 엄밀한 의미에서 전차에 가깝다. 수레와 전차는 바퀴의 모양으로 구분되는데, 수레는 동유럽의 동석기시대인 기원전 3700년 경 노보티트로보 문화 유적인 발키 고분과 오스탄니 쿠르간에서 확인된다(데이비드 W. 앤서니(저), 2015). 전차는 기원전 2000년 경 안드로노보문화에서 발명되어 유라시아 각 지역에 영향을 주었던 것으로 알려졌다(쿠즈미나 1994, 강인욱 2020).

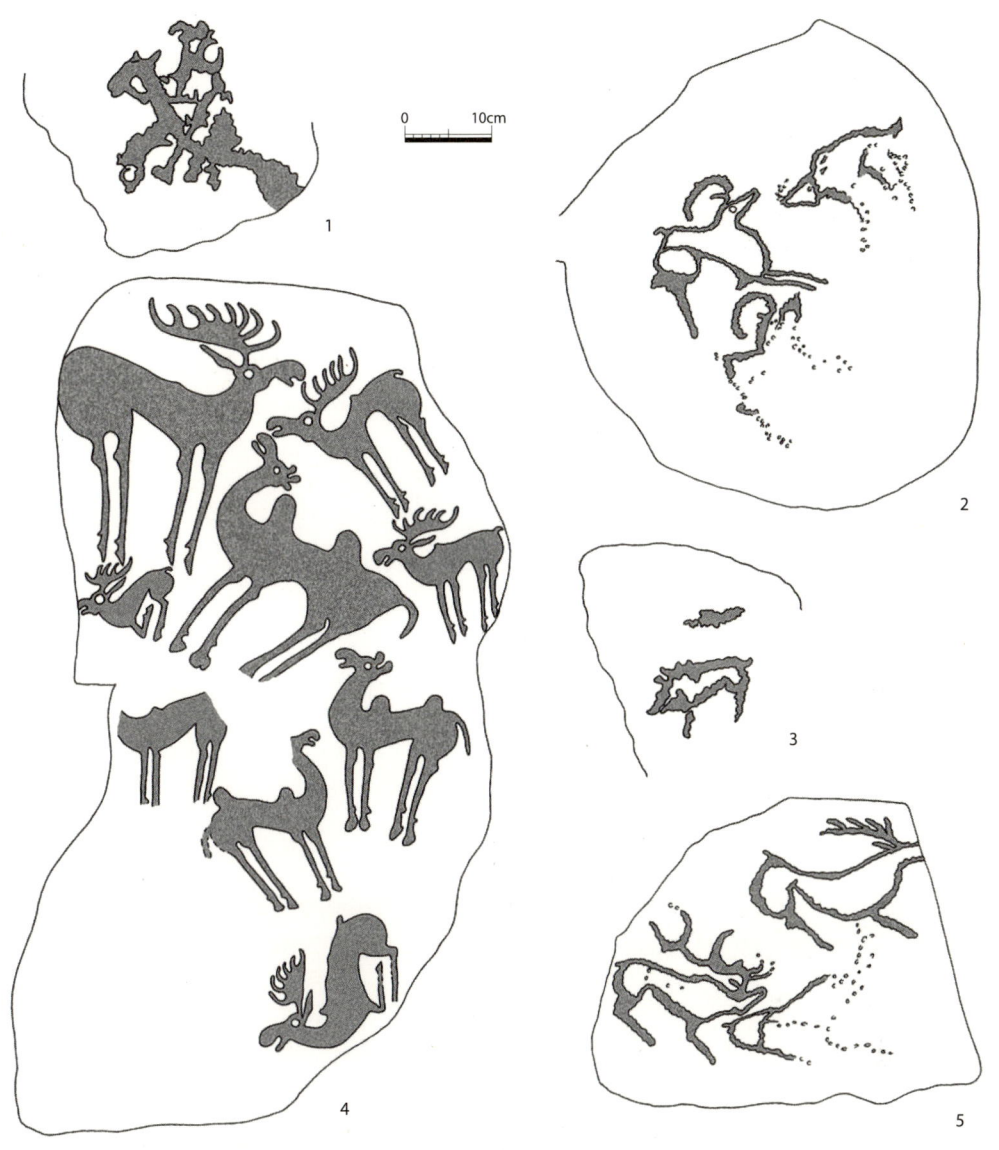

그림 111 아르잔-2호 돌판 암각화

아르잔-2호의 전차그림(그림 112, 그림 113-3)은 카라숙문화 암각화와 그리는 방법이 같아서 청동기시대에 그려진 그림을 이 유적에서 이용했을 수 있다(추구노프 외 2017).

그림이 그려진 돌판은 모두 15점 확인되는데, 무덤의 동쪽 구역 가장자리 부위에서 확인되었다. 돌판에 그려진 암각화는 낙타처럼 동물의 면을 쪼아서 표현한 것(그림 113-4)과 선을 쪼아서 그린 것(그림 113-2)으로 구분된다. 면을 쪼은 것 보다 선을 쪼아서 그린 그림이 더 이른데, 이는 신석기시대부터 내려오던 방법이기 때문이다. 그래서 아르잔-2호에서 확인된 그림 돌판그림은 최소 아르잔-1호 시기와 비슷한 시기에 제작되었거나 그 보다 이

155

그림 112   아르잔-2호 돌판 암각화

른 청동기시대 제작된 것으로 보고 있다.

아르잔-1호와 유사한 시기라고 추정하는 근거는 등에 혹이 난 사슴그림 때문이다. 이것은 아르잔-1호에서 확인된 사슴돌 그림과 유사하기 때문이다. 이 보다 더 이른 시기의 그림으로 추정되는 것은 선을 쪼아서 그린 산양(그림 111-2), 멧돼지(그림 111-3), 사슴(그림 111-5) 등이 있다.

청동기시대에 제작된 돌판 암각화가 후대까지 이용된 예는 아르잔-2호에서도 확인되지만, 비슷한 예가 한국에서도 발견된다.

우리나라 영남에서는 독특한 주제로 '검파형'이라고 불리는 방형계통의 암각화가 있다. 동검이나 석검의 손잡이와 유사해서 붙인 명칭으로, 청동기시대에 그려졌다고 생각하는게 일반적이다. 방형계통(검파형)의 암각화와 함께 확인되는 것은 동심원문양이 많다. 그런데 고령 안화리 유적에서는 방형문양 아래에 동심원문양이 그려졌다. 그렇다면 동심원문이 방형문 보다 먼저 존재했을 가능성이 있다. 지석묘에 그려졌다고 해도 지석묘를 만들면서 이미 그려진 문양이 있는 돌을 이용했을 가능성도 있기 때문에 동심원문양을 반드시 청동기시대로 볼 수는 없다. 따라서 방형문과 함께 확인되는 동심원문양이 있는 유적은 청동기시대 보다 그 이전인 신석기시대부터 제의장소로 사용되었을 수 있다. 이런 유적으로 밀양 산인, 진천동 유적 등이 있다(김재윤 2019).

암각화는 절벽과 같은 곳에 그려지기도 하지만, 작은 돌에도 새겨지기 때문에 유적의 연대와 반드시 일치하지 않는 경우가 태반이다. 절벽과 같은 큰 도화지에 그려진 그림도 아주 오랫동안 그려지기 때문에 그린 방법을 통해서 연대를 추정한다.

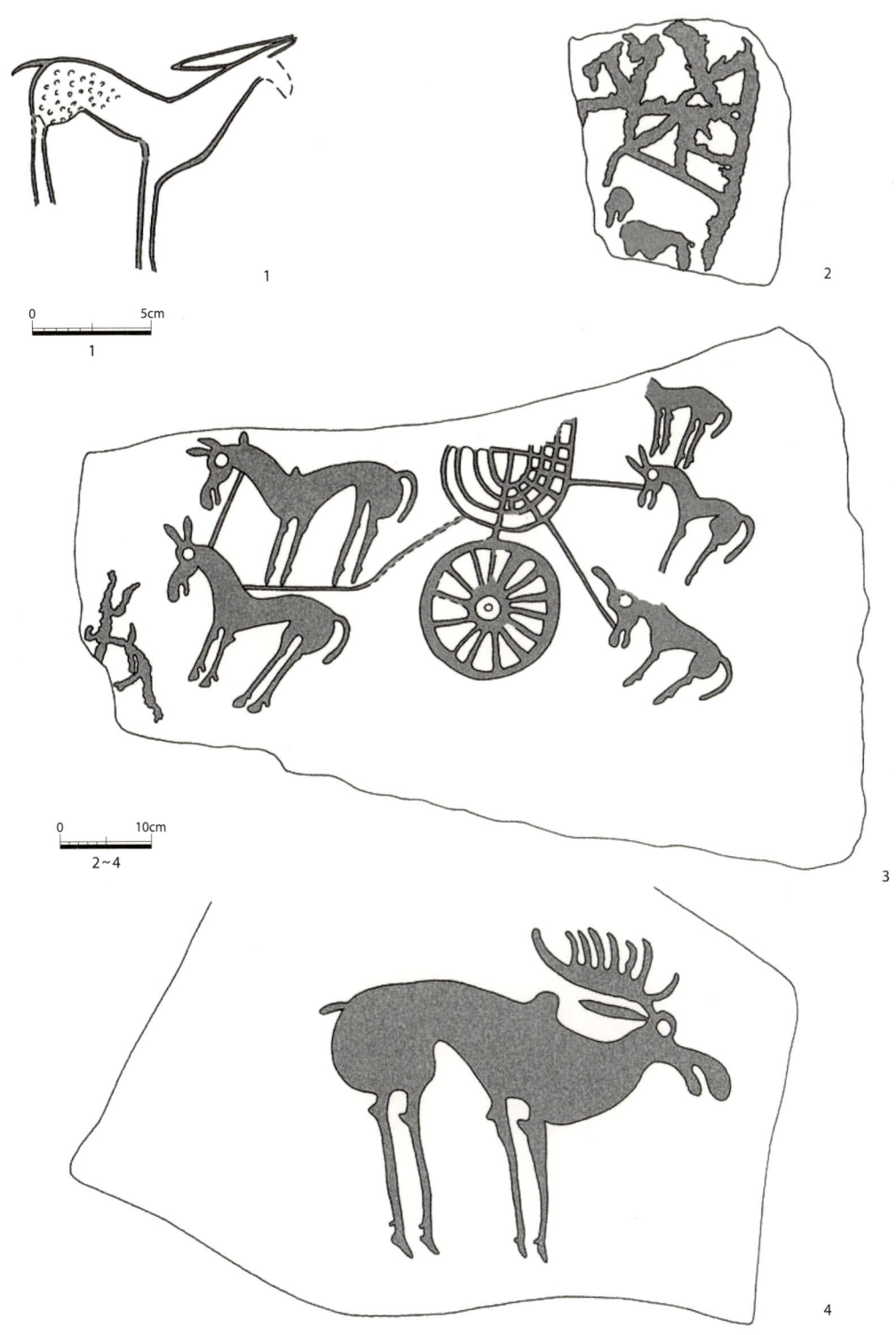

그림 113 아르잔-2호 돌판 암각화

특히 작은돌에 그려진 그림 돌이 무덤의 부재나 무덤 속에 부장될 때, 유적의 연대와 일치시키면 안되고, 유적의 연대를 가장 마지막에 그려졌던 시점으로 삼아야 된다. 이 유적이 만들어진 이후에 그림이 그려졌을 가능성은 없기 때문이다. 유적보다 먼저 작은 돌에 그림이 그려졌고, 유적이 만들어지면서 사용되었을 가능성도 염두해 둘 필요가 있다.

그림 출처

그림 77   아르잔-2호 8호묘(Чугунов К.В., Парцингер Г., Наглер А. 2017, p.73 그림 68, 필자재편집)

그림 78   아르잔-2호 8호묘 유물(Чугунов К.В., Парцингер Г., Наглер А. 2017, p.425 표 87, 필자재편집)

그림 79   아르잔-2호 2호묘 단면도(1, 2)와 단면도(3~6)(Чугунов К.В., Парцингер Г., Наглер А. 2017, p.100 그림 86, 필자재편집)

그림 80   아르잔-2호 2호묘 바닥(1)과 바닥 출토품(2)(Чугунов К.В., Парцингер Г., Наглер А. 2017, p.101 그림 87, p.461 표 122, 필자재편집)

그림 81   아르잔-2호 2호묘 출토품(Чугунов К.В., Парцингер Г., Наглер А. 2017, p.456 표 118)

그림 82   아르잔-2호 20호묘(Чугунов К.В., Парцингер Г., Наглер А. 2017, p.88~89 그림 79~80)

그림 83   아르잔-2호 20호묘 1호 부장품(Чугунов К.В., Парцингер Г., Наглер А. 2017, p.433 표 95)

그림 84   아르잔-2호 20호묘 1호 부장품(Чугунов К.В., Парцингер Г., Наглер А. 2017, p.434 표 96)

그림 85   아르잔-2호 20호묘 2호 부장품(Чугунов К.В., Парцингер Г., Наглер А. 2017, p.435 표 97)

그림 86   아르잔-2호 11호묘와 출토품(Чугунов К.В., Парцингер Г., Наглер А. 2017, p.74 그림 69, p.444 표 106, 필자재편집)

그림 87   아르잔-2호 22호묘 돌널무덤(Чугунов К.В., Парцингер Г., Наглер А. 2017, p.92 그림 81)

그림 88   아르잔-2호 22호묘 여성 두개골(Чугунов К.В., Парцингер Г., Наглер А. 2017, p.299 그림 280, 필자재편집)

그림 89   아르잔-2호 22호묘 유물(Чугунов К.В., Парцингер Г., Наглер А. 2017, p.436 표 98)

그림 90   아르잔-2호 23호묘 유물(Чугунов К.В., Парцингер Г., Наглер А. 2017, p.437 표 99)

그림 91   아르잔-2호 25호묘(Чугунов К.В., Парцингер Г., Наглер А. 2017, p.439 표 101, p.452 표 114, 필자재편집)

그림 92   아르잔-2호 25호묘 목제 잔(1)과 화살(2~7)(Чугунов К.В., Парцингер Г., Наглер А. 2017, p.438 표 100, p.441 표 103, 필자재편집)

그림 93   아르잔-2호 25호묘(Чугунов К.В., Парцингер Г., Наглер А. 2017, p.95 그림 83)

그림 94   아르잔-2호 25호묘 남성 무덤(Чугунов К.В., Парцингер Г., Наглер А. 2017, p.96 그림 84, 필자재편집)

그림 95   아르잔-2호 13호묘(Чугунов К.В., Парцингер Г., Наглер А. 2017, p.77 그림 71, 필자재편집)

그림 96   아르잔-2호 13A호묘 18세 여성 부장품(Чугунов К.В., Парцингер Г., Наглер А. 2017, p.427 표

		89, 필자재편집)
그림 97	아르잔-2호 13A호묘 45세 여성 부장품	(Чугунов К.В., Парцингер Г., Наглер А. 2017, p. 428 표 90)
그림 98	아르잔-2호 13A호묘 45세 여성 부장품	(Чугунов К.В., Парцингер Г., Наглер А. 2017, 필자 재편집)
그림 99	아르잔-2호 13A호묘 45세 여성 부장품	(Чугунов К.В., Парцингер Г., Наглер А. 2017, p.430 표 92, 필자 재편집)
그림 100	아르잔-2호 13B호묘 여성 부장품	(Чугунов К.В., Парцингер Г., Наглер А. 2017, p.431 표 93, 필자 재편집)
그림 101	아르잔-2호 14호묘	(Чугунов К.В., Парцингер Г., Наглер А. 2017, p.87 그림 78)
그림 102	아르잔-2호 14호묘 유물	(Чугунов К.В., Парцингер Г., Наглер А. 2017, p.432 표 94)
그림 103	아르잔-2호 16호묘(말무덤)	(Чугунов К.В., Парцингер Г., Наглер А. 2017, p.104~105 그림 89~90)
그림 104	아르잔-2호 16호묘 배장된 말	(Чугунов К.В., Парцингер Г., Наглер А. 2017, p.106 그림 91~92, 필자 재편집)
그림 105	아르잔-2호 16호묘 8번 말의 마구	(Чугунов К.В., Парцингер Г., Наглер А. 2017, p.471 표 133, 필자 재편집)
그림 106	아르잔-2호 퇴장지 1호	(Чугунов К.В., Парцингер Г., Наглер А. 2017, p.479 표 141)
그림 107	아르잔-2호 퇴장지 1호	(Чугунов К.В., Парцингер Г., Наглер А. 2017, p.480 표 142)
그림 108	아르잔-2호 퇴장지 1호	(Чугунов К.В., Парцингер Г., Наглер А. 2017, p.481 표 143, 필자 재편집)
그림 109	아르잔-2호 퇴장지 2A와 2B	(Чугунов К.В., Парцингер Г., Наглер А. 2017, p.482 표 144, 필자 재편집)
그림 110	아르잔-2호 3호(1~7)와 4호 퇴장지(8,9)	(Чугунов К.В., Парцингер Г., Наглер А. 2017, p.483 표 145)
그림 111	아르잔-2호 돌판 암각화	(Чугунов К.В., Парцингер Г., Наглер А. 2017, p.140 그림 118)
그림 112	아르잔-2호 돌판 암각화	(Чугунов К.В., Парцингер Г., Наглер А. 2017, p.141 그림 119)
그림 113	아르잔-2호 돌판 암각화	(Чугунов К.В., Парцингер Г., Наглер А. 2017, p.137 그림 115)

참고문헌

Чугунов К.В., Парцингер Г., Наглер А. 2017: Царский курган скифского времени Аржан-2 в Туве. Новосибирск: ИАЭТ СО РАН. 2017. 500 с. (추구노프, 파르칭거, 나게르 2017, 투바의 아르잔-2호, 스키타이 차르 무덤)

Кузьмина Е.Е. 1994: Откуда пришли индоарии? Материальная культура племён андроновской общности и происхождение индоиранцев. М.: 《Восточная литература》.

1994. 464 с.(쿠즈미나 1994, 인도아리아인은 어디서 왔나?)

Смирнов Н. Ю. 2012, На чем ездил аржанский 《царь》? // Культуры степной Евразии и их взаимодействиес древними цивилизациями. Материалы международной научной конференции, посвящё нной 110-летию со дня рождения выдающегося российского археолога М. П. Грязнова. – СПб., 2012. – Т. 2. – С. 424-431(스미르노프, 2012, 아르잔의 차르는 무엇을 타고 다녔나?)

Scythians: warriors of ancient Siberia. [British Museum. The BP exhibition. Organized with the State Hermitage Museum, St Petersburg, Russia] Ed. by St John Simpson and Dr Svetlana Pankova. London: Thames & Hudson Ltd. 2017. 368 p.

데이비드 W. 앤서니(저), 2015, 『말, 바퀴, 언어: 유라시아 초원의 청동기 기마인은 어떻게 근대 세계를 형성했나』, 에코리브르.

강인욱 2020, 「전차의 확산으로 본 청동기시대 고대 북방 유라시아와 동북아시아의 네트워크와 그 영향」, 『고대 문명의 교역과 교류』.

김재윤 2019, 「선사시대 동심원문 암각화를 통해서 살펴본 환동해문화권의 범위와 교류」, 『한국상고사학보』, 102호

(7) 아르잔-2호 의례복원

① 추구노프가 복원한 아르잔-2호의 의례순서

아르잔-2호의 구조를 매우 간단하게 설명하면, 무덤구덩이를 파고 무덤의 구역을 벽으로 두른 후, 점토로 단을 쌓고, 가장 마지막에 돌을 쌓아서 채운 구조이다. 그림 114에서 각 지점의 벽 구조를 알 수 있다.

　5호 무덤을 중심으로 무덤의 경계에 두 줄로 높이 1m가량의 벽을 쌓았다. 그림 114-2~6에서는 각 지점의 벽 단면도인데, 벽을 쌓는 방법을 알 수 있다. 그림 114-5는 A-G라인을 찍은 사진인데, 납작한 판석을 빼곡히 채워서 무덤을 덮었다는 것을 알 수 있다(추구노프 외 2017).

　아르잔-1호와 비교하면, 무덤방을 지상으로 쌓은 점은 아르잔-2호와 큰 차이이지만, 납작한 판석을 채워서 무덤상부를 덮었다는 점은 같다.

　그런데 이 유적에는 왜 이렇게 빈 공간이 많을까?(그림 114)

　아르잔-2호는 무덤의 경계 안에 주인공 무덤 및 여러 무덤을 제외하고 공간이 너무 많이 남는다(그림 115-1).

　그림 115-1에는 필자가 붉은색 화살표와 주황색 화살표를 표시해 놓았다. 붉은색 화살

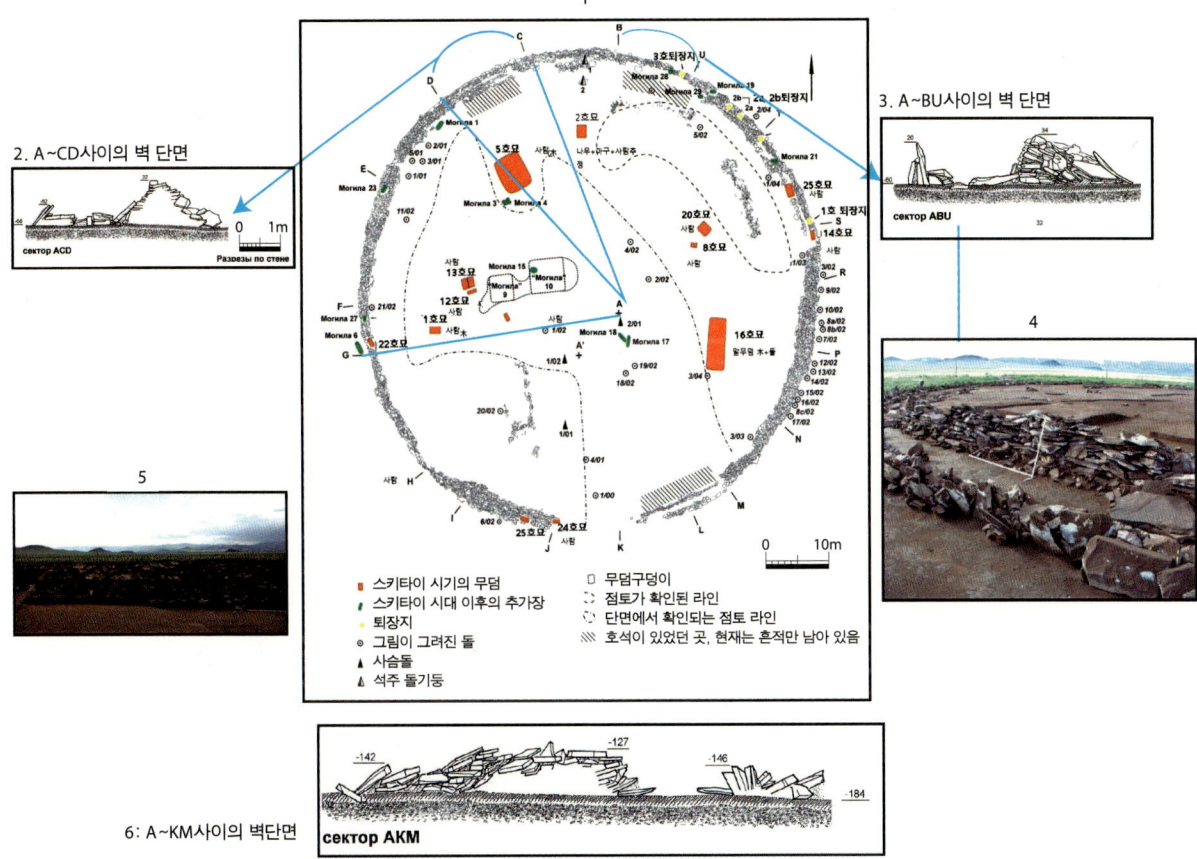

그림 114 아르잔-2호 무덤 경계석 구조

표가 가리키는 곳은 점토가 짙은 색을 띠고, 주황색 화살표가 가르키는 곳은 흙색이 다르다는 것을 알 수 있다. 다시 무덤평면도를 보면, 무덤 평면도 안에는 점선으로 된 라인이 있는데, 1번은 점토가 바닥에서 확인된 라인이다. 2번 라인은 무덤의 단면상에서 확인된 점선라인이다. 1과 2번 점토라인이 다른 이유는 무덤경계벽이 무너지면서 점토로 채운 구조물이 허물어지면서 생기게 된 차이로 볼 수 있다.

즉, 의례복합체는 단순히 무덤 내부에 납작한 돌을 채워서 만든 것이 아니라 점토벽을 쌓았던 구조물이 있었다는 것을 의미한다.

발굴책임자인 추구노프가 생각하는 의례복합체의 완성된 모습은 그림 116-1이다. 무덤 경계벽 바깥에 있던 동그랗게 돌아가는 의례공간도 복합체 일부라고 생각한다. 1단계에서는 북쪽 가장 안쪽에 위치한 주인공 무덤이 만들어졌다. 2단계에서는 만들어진 무덤방 안으로 주인공이 들어가고 이때 많은 무덤이 동시에 만들어졌다. 9호묘와 10호묘도 같이 만들어졌는데, 이 유적에서 유일하게 도굴당한 무덤이다. 이 곳의 위에는 사슴돌이 있었는데, 아마 도둑에게는 표지석처럼 보였을 것이다. 원래 사슴돌은 마운드의 중앙에 있었고, 무

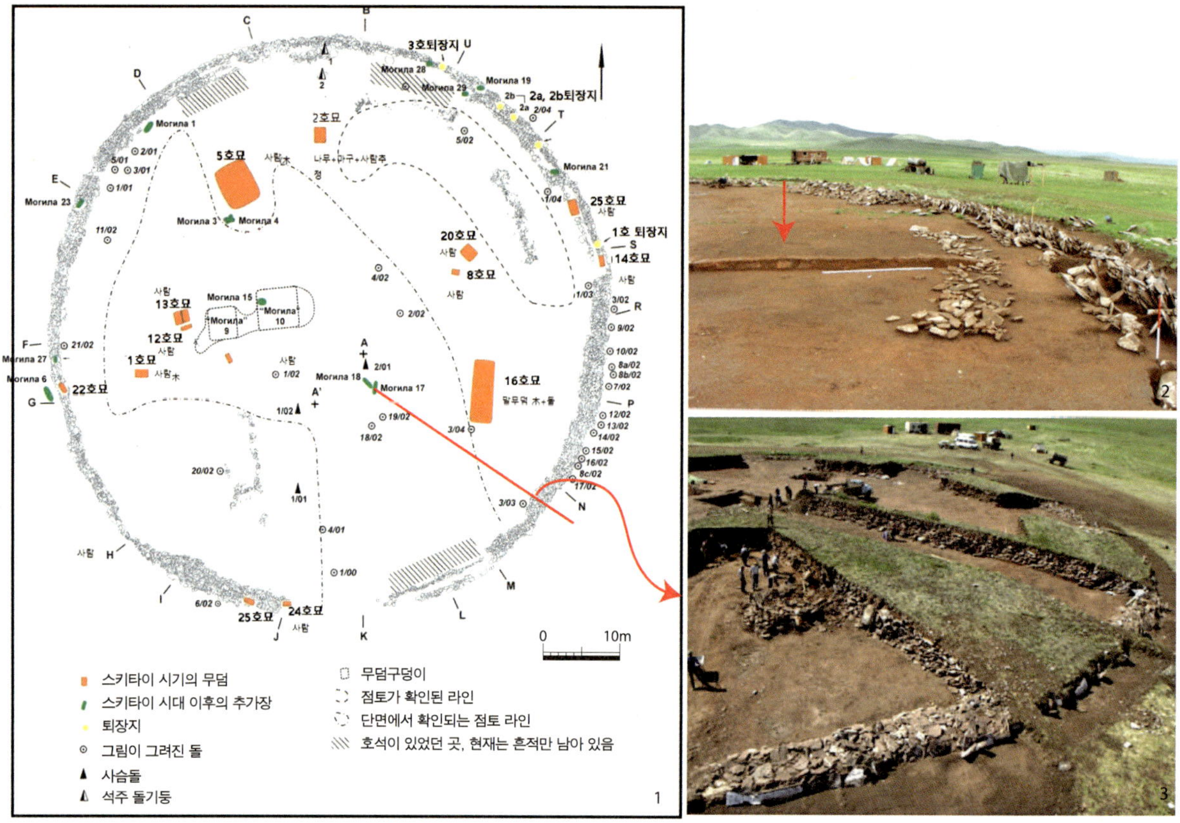

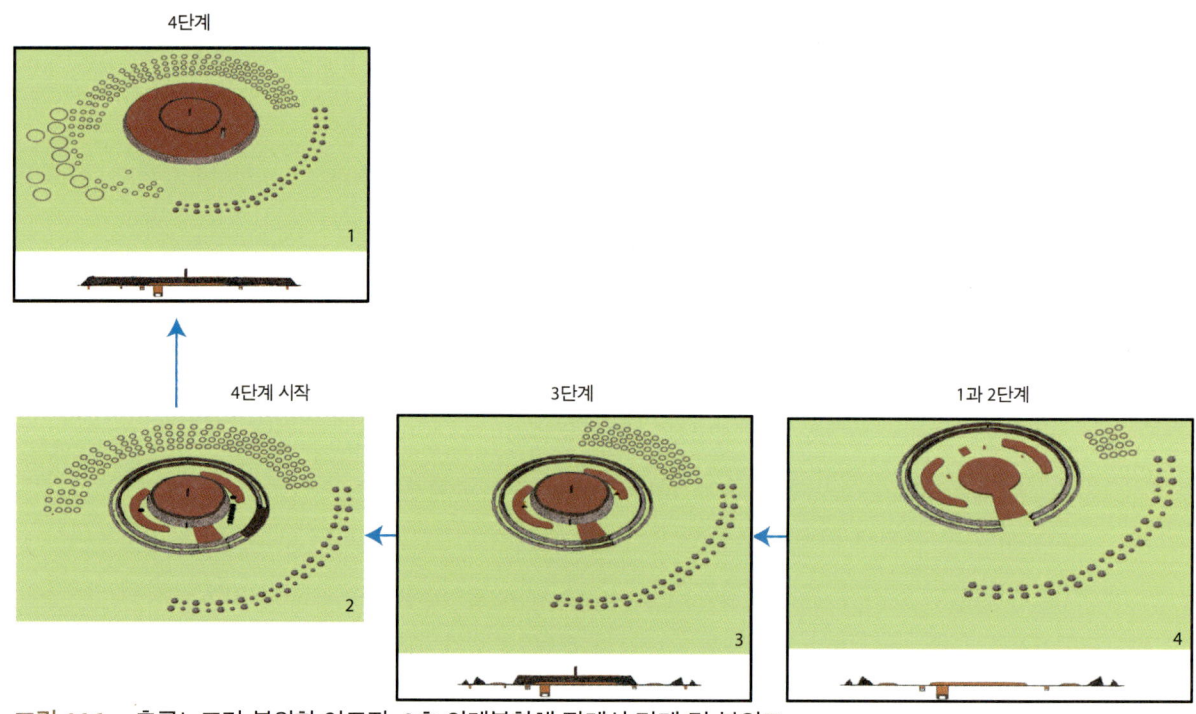

그림 115   아르잔-2호 무덤 구조

그림 116   추구노프가 복원한 아르잔-2호 의례복합체 장례식 단계 및 복원도

162   교과서 밖의 역사 유라시아 초원 스키타이 문화의 미라와 여신상

덤벽이 무너지면서 사슴돌도 이동했던 것으로 보인다. 9호묘에는 남서쪽에 복도처럼 터널이 있다. 10호묘 부근에서는 인골과 호박제 구슬 등이 발견되었는데, 이 인골은 무덤 15호의 것으로 도굴당하는 과정에서 옮겨졌다. 3단계는 장례식이 끝나는 단계로 무덤의 중앙에 직경 45m로 점토구조물을 쌓아올렸다. 가장 높은 사슴돌을 중앙에 배치했고, 중앙의 제단을 둘러싼 원주모양에도 다른 사슴돌을 세워서 표시했다. 이 단계에서 11호묘의 9달 된 아이의 매장(순장)이 이루어졌다. 어린유아는 희생물이었던 것으로 추정된다. 3단계에서 여러 무덤방이 만들어졌던 것으로 생각된다. 4단계에는 말과 관련된 의식이 있었는데, 이를 위해서 남동쪽 벽을 일부 허물어뜨리고 다시 재건했던 것으로 생각된다. 마지막 단계에서 말을 매장하기 위한 16호묘를 만들었다. 내부는 나무로 된 무덤방이고 그 위를 점토와 돌로 덮었다. 말 매장을 끝낸 후에 무덤 전체를 판석으로 둥글고 납작한 모양이 되도록 채웠고, 그 위를 점토로 덮고, 다시 돌로 덮은 후 마무리했다(그림 116-1). 그 중앙 상부에는 사슴돌을 배치했다. 아르잔-2호는 이후의 시대에도 무덤으로 이용되었다.[12] 하지만 후대의 무덤이 스키타이 시대 무덤을 파손하지는 않았다(추구노프 2011).

아르잔-2호는 단계별로 장례를 치뤘던 흔적이 확인되고, 단순히 무덤 뿐만 아니라 의식과 관련된 구조물(제단)이 발견되어서, 의례복합체라는 용어를 쓴다.

② **의례 부속품: 사슴돌**

아르잔-2호는 '의례복합체'로 주인공을 위한 장례식은 4단계에 걸쳐서 행해졌을 것이라고 보았다(추구노프 2011). 그때 무덤의 가장 상부에 위치한 것은 '사슴돌'이라고 불리는 입석(立石)이다.

사실 사슴돌은 스키타이 문화 이전에 청동기시대부터 카라숙문화 혹은 판석묘문화라고 알려진 문화에서 주로 사용된 무덤의 의례부속품과 같은 것이다. 그래서 스키타이 문화의 유적에서 발견되는 것도 그 이전 시대의 것을 다시 사용한 것인지, 이 시대에 그려진 것인지 혼돈되기도 한다.

'사슴돌'이지만 사슴이 없는 것도 있고, 사슴이 그려졌다고 해도 전면에 그려진 것도 있고 아주 일부에 그려진 것도 있는 등 다양하다.

아르잔-2호에는 사슴돌이 4점 확인되었는데, 1점은 발굴하기 이전에 지표조사 당시에 발견되었다.

산양과 멧돼지가 그려진 사슴돌(그림 118-3)은 중심에서 남서쪽으로 약 22m떨어진 지

---

12 그림 115의 무덤배치도 내부의 녹색점은 이후 시대의 무덤이다.

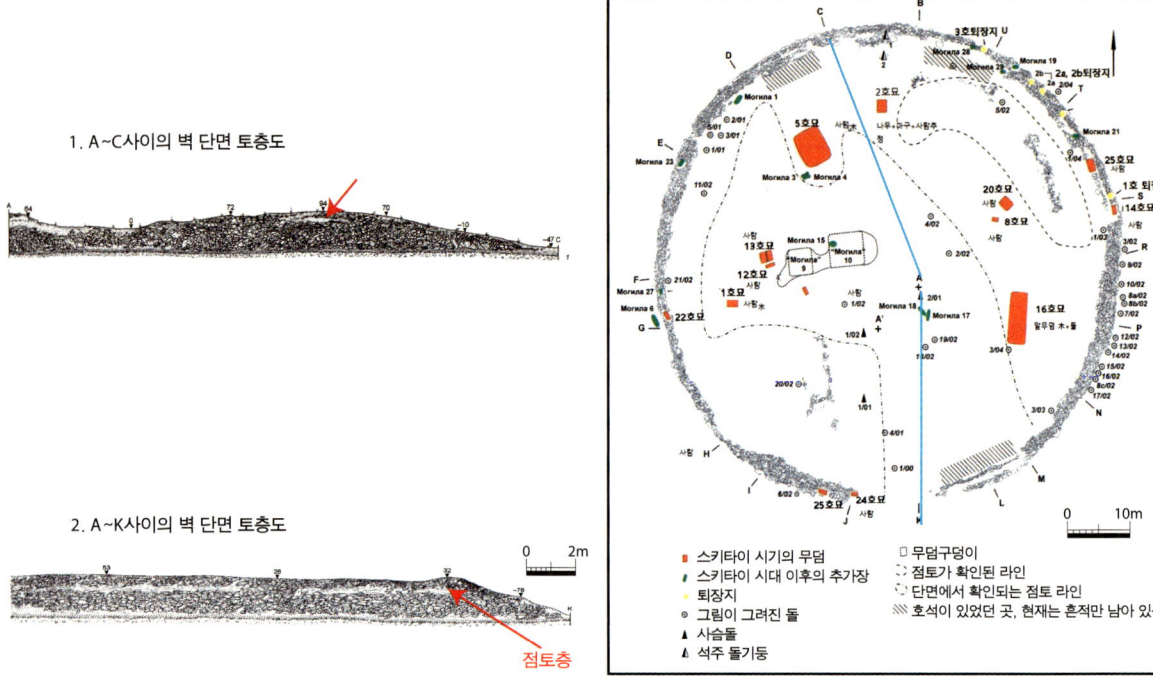

그림 117 아르잔-2호 무덤 단면도

점에서 발견되었다(그림 118-1). 사암제(길이 120cm)로, 위에서 70cm떨어진 곳에 사방에 둘러가면서 홈을 만들었고, 사슴돌 상단은 둥글게 처리되었다. 바닥은 거의 다듬은 흔적이 없다. 넓은 면에 산양이 그려져 있고, 그 아래에 멧돼지가 있다. 돌의 하단부가 무덤의 바닥에 위치하고 있어서 원래 세워진 장소였고, 무덤의 마운드 건설 중에 파 묻혔던 것이다. 무사의 벨트가 그려진 돌(그림 118-4)은 A지점의 남서쪽에서 발견되었다. 무덤의 북쪽에서 확인되는 석주(돌기둥)와 같이 녹색돌로 제작된 것이다. 상단이 부러진 채 확인되었는데, 벨트 이미지만 남아 있다. 넓은 면에는 고리트(화살통)와 방패 다른 면에는 단검이 달려 있다. 달려 있는 무기의 위치는 실제 착장 방식과 일치한다고 한다(추구노프 외 2017).

그림 118-4에서 방패그림과 염소문양 사이에 있는 문양을 사람형상이라고 보고 되었으나, 불분명하다. 돌의 하단부는 가공 흔적이 없는 쐐기 모양이다. 이 돌은 하단부와 함께 확인되어서 무덤의 가장 중앙에 위치했을 가능성이 크다.

사슴돌의 파편(그림 118-2)은 사암제이며, 귀걸이(길이 23.0cm, 폭 10.0cm, 두께 7.0cm)가 그려져있다. 이 돌이 확인된 곳은 A지점에서 남동쪽에 위치하며 돌 사이에서 발견되었다. 넓은 면에는 양쪽에 귀걸이 이미지가 있고, 좁은 면에는 비스듬한 직선이 3줄 그려져 있다. 이 돌은 크기가 매우 작고 파편이어서, 사슴돌의 하단부가 확인되지 않아서 발견된 지점이 원래의 위치가 아닐 가능성이 크다(추구노프 외 2017).

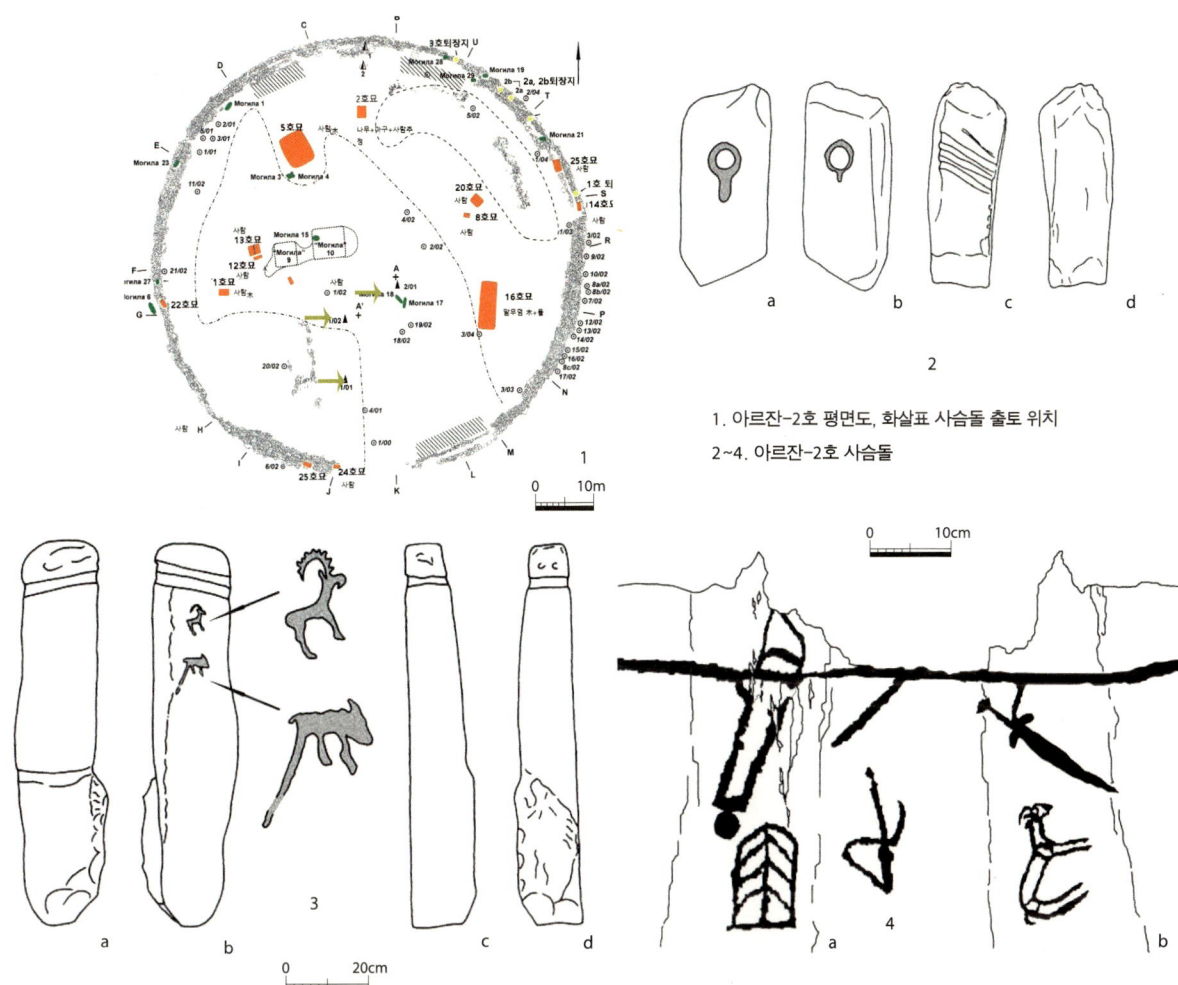

그림 118 아르잔-2호 사슴돌

    1998년 지표조사 당시에 발견된 것은 무덤 경계 밖의 주변을 둘러싸고 있던 의례공간 사이에서 확인된 것이다. 열을 잇고 있는 것은 돌을 고리모양으로 두른 것인데, 장례식때 의식을 치루던 일종의 제단 시설이다. 이 사이에서 사슴돌이 발견된 것은 원래의 위치가 아닐 가능성이 많다고 한다. 왜냐하면 이 고리들을 발굴할 당시에는 정작 사슴돌이 발견되지 않았기 때문이다. 사슴돌에는 3줄의 줄무늬와 원뿔모양의 치레걸이가 달린 귀걸이가 그려져 있으며, 남아 있는 길이는 50cm가량이다.

그림 출처

그림 114   무덤 경계석의 구조(Чугунов К.В., Парцингер Г., Наглер А. 2017, p.492~495 참고그림 1~3, Чугунов, К. В. 2011, 필자 재편집)

그림 115	아르잔-2호 무덤 구조(Чугунов К.В., Парцингер Г., Наглер А. 2017, p.492 참고그림1, 필자 재편집)
그림 116	추구노프가 복원한 아르잔-2호 의례복합체 장례식 단계 및 복원도(추구노프 2011, 필자편집)
그림 117	아르잔-2호 무덤 단면도(Чугунов К.В., Парцингер Г., Наглер А. 2017, p. 492~494 참고그림 1~3, 필자 재편집)
그림 118	아르잔-2호 사슴돌(Чугунов К.В., Парцингер Г., Наглер А. 2017, p.130 그림 110, p.492 참고그림 1, 필자 재편집)

참고문헌

Чугунов К.В., Парцингер Г., Наглер А. 2017: Царский курган скифского времени Аржан-2 в Туве. Новосибирск: ИАЭТ СО РАН. 2017. 500 с.(추구노프, 파르칭거, 나게르 2017, 투바의 아르잔-2호, 스키타이 차르 무덤)

Чугунов, К. В. "Аржан-2: реконструкция этапов функционирования погребально-поминального комплекса и некоторые вопросы его хронологии." Российский археологический ежегодник . СПб: Издательство СПб ГУ, 2011, C. 262-335(추구노프 2011, 아르잔-2호: 무덤의례복합 유구의 복원과 연대에 대한 몇 가지 질문)

(8) 아르잔-2호에 묻힌 사람들의 사망원인

아르잔-2호는 매장주체부의 나무방에 사용된 나이테를 분석해서 통계분석 결과를 보면, 기원전 671~602년에 축조되었다. 그런데 현재 가장 널리 사용되는 절대연대 측정방법은 만년 이하의 자료는 탄소연대측정법이다. 아르잔-2호에서 남아 있는 유기물질 가운데 목제, 직물, 가죽, 펠트, 식물류 등을 샘플 채취해서 여러 곳에서 연대분석을 한 결과 이 유적은 기원전 790년~540년 사이에 존재했다(A.Yu. Alekseev 외 2002). 이 유적을 발굴하고 복원한 추구노프는 출토된 유물로 보아서 중앙아시아의 타스몰라 문화[13]와 유사하다고 생각해서 기원전 7세기 중반으로 유적을 편년했다(추구노프 2011).

아르잔-2호에는 5호묘 주인공 남녀의 뼈가 남아 있었다. 주인공 남성은 키가 170cm 정도이고 현미경 검사를 통해서 살펴본 결과 뼈에서 종양의 흔적이 발견되었다. 악성 전립선 종양이 뼈 전체에 퍼졌다. 전립선 암이 주인공 남성의 직접 혹은 간접적 사망 원인이다.

주인공 여성의 키는 162cm 정도이다. 두개골에서 매우 작은 양성 종양의 흔적이 발견되었으나 크게 문제가 되지는 않았다. 여성의 윗 앞니(upper incisors)에 좁은 홈이 있었는데,

---

13 스키타이 지역문화 가운데 중앙아시아에 존재했던 사카문화 중에 일부 문화이다.

여성이 3세 때 형성된 것이다. 아마도 이 시기에 매장된 사람은 영양부족을 경험했거나 장기 질병을 겪었을 것이다. 여성은 팔다리 골격과 척추관절의 마모 징후가 확인되지 않아서, 뼈로써는 사망원인을 진단할 수 없었다.

아르잔-2호에서 심한 영양실조의 흔적이 남은 인골이 또 있는데, 22호묘 여성이다. 20~21세의 여성으로 두 어깨의 표면에 근육이 매우 발달했던 흔적이 있는데, 특히 오른쪽 쇄골에만 힘줄이 발달해서 물리적 변형이 있었던 것이 나타났다. 이 여성은 오른손 잡이로 키는 161cm이며, 큰 병은 없었다. 사망 몇 달 전에 양쪽 앞니가 모두 없어졌고, 나머지 치아에서는 가로줄무늬가 확인되는데, 어린 시절에 영양 부족을 경험했거나 혹은 심하게 아팠을 가능성도 있다고 한다. 치아에 남은 스트레스 흔적은 생후 3~7년 동안 생긴 것이기 때문이다(슐비츠 외 2017).

이 여성은 과도하게 발달했던 오른쪽 쇄골의 근육 흔적으로 보아서 여성군인이었을 가능성이 있다. 죽은 원인은 머리에 난 구멍 때문이다. 가장 먼저 난 상처는 정수리 부근에 난 것으로 서 있는 여성을 체칸으로 가격했고, 그 이후에 등이 땅에 닿인 채로 넘어진 여성을 세 번에 걸쳐서 가격했을 것이다. 두 번째 가격은 왼쪽 눈 위에 나 있는 흔적이다(슐비츠 외 2017).

24호묘에 묻힌 남성은 50~59세이다. 그의 치아 상태는 고기와 탄수화물을 많이 섭취한 흔적이 남아 있다. 키는 171cm가량이고, 팔과 다리 뼈에 근육자국이 남아 있어서 그의 근육이 매우 강했음을 알 수 있다. 쇄골에 깊은 근육자국이 남아 있다. 왼손잡이 경향은 있지만 단정할 수는 없다. 허리, 손, 척골, 왼쪽 경골 등에 부상이 있었으나 치유된 흔적이 남아 있다. 죽기 전에 그는 수년간 관절염으로 고생했다. 이는 말을 타거나 이와 관련된 활동 때문에 발생했을 가능성이 높다. 24호묘 남성은 정수리 오른쪽에 큰 구멍(48×46mm)이 나면서 사망했다. 짧은 거리에서 내려 찍은 흔적인데, 무기에 의해서 제거된 두개골 뼈가 두개골 안에서 확인되었다(슐비츠 외 2017).

스키타이인들이 말을 오랫동안 타면서 앓은 병에 대한 이야기는 히포크라테스가 이미 언급한 바 있다(N.A.폴로스막 2016)

22호묘와 24호묘 모두 무덤의 경계벽 아래에 묻힌 사람들이다. 자의가 아닌 타의로 살해된 사람들로 장례식 행위와 관련되었을 것이다. 그런데 남성의 인골에서는 영양실조의 흔적이 보이지 않는데, 22호묘 여성과 주인공 여성에게는 어릴 때 영양실조의 흔적이 보인다는 점과는 사뭇 달라서 어떤 일이 있었는지 매우 궁금하다. 22호묘 여성이야 일반 군인이라고 볼 수 있겠지만, 주인공 여성조차 영양실조였다니. 물론 사회적 여건 때문에 그럴 수 있었겠지만, 24호묘 남성과 주인공 남성에게는 그런 흔적이 남아 있지 않았기 때문에 궁금증은 증폭된다. 혹시 주인공 여성은 다이어트를 했을까?

참고문헌

М. Шульц и др 2017, Палеопатологические исследования: Царский курган скифского времени Аржан-2 в Туве. Новосибирск: ИАЭТ СО РАН. 2017, 297-301с.(슐비츠 외 2017, 「고인류학 자료에 대한 연구」, 『투바의 아르잔-2호, 스키타이 차르 무덤』)

Чугунов К.В., Парцингер Г., Наглер А. 2017: Царский курган скифского времени Аржан-2 в Туве. Новосибирск: ИАЭТ СО РАН. 2017. 500 с. (추구노프, 파르칭거, 나게르 2017, 투바의 아르잔-2호, 스키타이 차르 무덤)

Чугунов, К. В. "Аржан-2: реконструкция этапов функционирования погребально-поминального комплекса и некоторые вопросы его хронологии." Российский археологический ежегодник . СПб: Издательство СПб ГУ, 2011, С. 262-335 (추구노프 2011, 아르잔-2호: 무덤의례복합 유구의 복원과 연대에 대한 몇 가지 질문)

A.Yu. Alekseev, N.A.Bokovenko, Yu. Boltrik, K.V.Chugunov, G.Cook, V.A.Dergachev, N.Kovaliukh, G.Possnert, J.van der Plicht, E.M.Scott, A.A.Sementsov, V.Skripkin, S.Vasiliev and G.I.Zaitseva. Some problems in the study of the chronology of the ancient nomadic cultures in Eurasia (9th - 3rd centuries BC) // Geochronometria - Journal on Methods and Applications of Absolute Chronology. Vol.21. pp 143 - 150, 2002

N.V.폴로스막(강인욱 역) 2016,『알타이 초원의 기마인』, 주류성

2   2600년 전 알타이의 미라와 무덤

2600년 전 시베리아 알타이에서는 깊은 무덤구덩이를 파고 나무로 된 무덤방을 만들고 말과 함께 매장하는 장례식이 행해졌다. 파지리크 유적, 바샤다르(Башадар,Bashadar) 유적, 투엑타(Туэкта, Tuekta) 유적 등 스키타이 문화권 가운데서 가장 높은 곳에 위치한 파지리크문화[14]를 밝혀낸 루덴코는 자신이 실제로 참석한 카자흐스탄 한 귀족의 기념행사를 적어놓았다. 자신이 발굴한 유적들에서 있었을 장례식이 발트해부터 알타이 북동부 지역까지 오래전부터 현재까지 이어져 왔을 가능성을 비추었다(루덴코 1960).

---

14   파지리크문화에서 가장 높은 곳에 위치한 유적은 아크 알라하-3유적이다.

1) 루덴코가 경험한 20세기 초의 중앙아시아 민족의 장례식

1927년 루덴코는 흑해로 흘러가는 이르티시(Иртыш, Irtysh) 강 주변에 있는 카자흐스탄 한 부족의 장례식을 경험했다. 3월 25일에 죽은 사람의 장례식은 9월 21일부터 23일까지 치러졌다.

장례식에는 30대의 펠트 마차[15]가 줄을 지었고, 그 중 5대는 죽은 이의 아들을 위한 것이다. 손님을 위한 것도 15대나 준비되었고 그 중에는 여성을 위한 것도 있다. 손님을 위한 음식은 4마리의 말, 6마리의 황소, 25마리의 숫양이 준비되었고, 2~3개의 큰 용기에 쿠미즈[16]로 가득채워서 준비했다. 쿠미즈는 선반에 담아 옮겼으며, 아주 비싼 카펫으로 장식된 낙타가 행렬을 이끌었다. 낙타 뒤에는 여자, 그 뒤에 남자가 서 있었다.

손님들도 양과 말을 장례를 위해서 가져왔는데 손님들이 가져온 30마리의 숫양 중에 25마리를 죽여서 손님들을 대접했다. 낮에는 차와 쿠미즈가 간식으로 아침과 저녁에는 고기가 손님들에게 제공되었다. 음식은 특별히 지정된 화덕자리에서 만들어졌는데, 고기는 신선도를 유지하기 위해서 그 자리에서 도살하고, 그 자리에서 바로 요리를 했다. 음식은 2~4마리의 말이 이끄는 마차에 실려서 손님이 끌고 온 마차로 배달되었다.

그런데 루덴코는 말 경주대회가 장례식에 있었던 것을 나이만족에게 들어서 알고 있었다. 그러나 그가 본 장례식에는 부족의 허락이 없어서 말 경주대회는 없었지만, 나이만족에게서 들은 장례식에서 열린 말 경주를 우리에게 전했다.

1896년에 사망한 나이만족이 경험한 장례식은 매우 성대한 것이었다. 장례식은 3일 동안 치러졌으며, 아주 먼 지역에 있는 사람들도 모였다. 심지어 해외에서도 왔다. 손님을 위한 텐트(마차)가 300개나 설치되었고, 각 마차에는 손님 수발을 드는 사람이 한 명씩 있었고 한 마리의 말도 배정되었다. 손님들은 쿠미즈와 빵반죽을 직접 가져왔다.

말 경주는 장례식 전날부터 첫 번째 경주가 시작되었다. 이날은 장례식 음식 준비를 위해서 음식을 하기 위한 구덩이를 판 날로, 말 경주가 열린다. 말 경주는 장례식 마지막 날 네 번째 날에도 열리는데, 25마일을 달리는 것이었다. 최대 250여 마리의 말이 참가했고 그 중에 20마리에게 상이 수여되었다. 1등 말은 말 2마리, 낙타 1마리와 은을 받았고 나머지 말은 말 1마리를 받았다. 세 번째 날에는 낙타경주 대회가 열렸는데, 50마리의 낙타가

---

15 문맥상 일종의 텐트와 함께 겸비된 것으로 일종의 캠핑마차도로 이해할 수 있다.
16 양의 지방으로 만든 유제품

지도 2　알타이 유적　1. 아르잔-1호, 아르잔-2호 유적 | 2. 바샤다르 유적 | 3. 투엑타 유적 | 4. 파지리크 유적 | 5. 베르흐 칼쥔II유적 | 6. 아크 알라하-3호 유적

경주해서 10개의 상이 수여되었다.

이러한 성대하고 체계적인 음식문화를 동반한 복잡하고 화려한 기념식은 부자와 귀족 사이에서 가능했다. 다양한 대회와 음식 때문에 사람들이 모였기 때문에 거대한 토루 등의 건설은 짧은 기간에 가능했다.

루덴코는 비슷한 광경이 19세기 말~20세기 초 뿐만 아니라 2600년 전에도 있었을 것이라고 추정했는데, 필자도 이에 동의한다. 6m의 구덩이를 파고 무덤방을 설치하는 작업은 많은 노동력이 동원될 수 밖에 없었을 것이다. 20세기 초에 루덴코가 목격한 장례식에서도 3월에 죽은 이를 9월에 묻었는데, 이는 2600년 전 파지리크 문화에서도 마찬가지였을 것이다. 스키타이 문화의 무덤은 봄과 가을에 만들어졌다. 다만 20세기 초에는 무덤에 들어가지 않는 기간 동안 시신을 어떻게 처리했는지에 대해서 루덴코는 밝히지 않았다.

참고문헌

Руденко С.И. 1960: Культура населения Центрального Алтая в скифское время. М.-Л.: 1960. 360 (루덴코 1960, 스키타이 문화시기의 알타이 산맥의 주민문화)

2) 바샤다르(Башадар, Bashadar) 유적

바샤다르 유적[17]은 뒤에서 살펴볼 2500년 전 파지리크 유적 보다 대략 100년 정도 이른 유적으로 생각된다. 대체로 이 시기를 기점으로 알타이에서 '파지리크 문화'가 시작된다. 이 문화는 스키타이 문화권에서 알타이 지역문화라고 이해할 수 있다. 이 문화의 시작을 알리는 곳은 바샤다르 유적이지만 1947년에 먼저 발굴된 파지리크 유적으로 '파지리크 문화'의 정의를 설정했다.

헤로도투스가 역사에 스키타이 사람들의 문화 중에서 왕의 장례식을 치르는 장면에 미라처리에 대한 기록이 남아 있다. 흥미롭게도 헤로도투스가 살던 흑해 북안의 스키타이 문화라고 믿던 유적에는 미라가 발견되지 않았다. 스키타이 문화권 중에서 내장을 발라내

---

[17] 필자의 블로그(https://eastsearoad.tistory.com)에서 바샤다르 유적의 정확한 위치를 구글지도로 표시해 놓았다

고 피부에 발삼(향료와 오일을 섞은 일종의 연고)처리를 한 미라처리 기법은 시베리아 알타이에서만 확인된다.

(1) 유적의 위치와 정황

바샤다르라는 명칭은 '머리를 쏘다'라는 뜻인데, 러시아어가 아닌 알타이 민족의 언어이다. 러시아의 지명은 러시아어로 고치지 않고, 지역원주민의 언어를 그대로 쓰는 경우가 많다. 대표적으로 아무르 강은 만주어인데, '그물을 짜던 곳'이라는 뜻이다. 연해주에도 한국어지명과 중국지명을 그대로 쓰다가 1970년대 이후에 러시아식으로 바꾼 곳이 많다.

유적은 1950년에 발굴되었고, 발굴에 대한 보고서가 단행본으로 나온 해는 1960년이다. 파지리크 유적을 발굴하고 보고한 루덴코가 총 책임자이다.

바샤다르 유적은 파지리크 유적보다 서쪽으로 약 162km(직선거리) 떨어진 알타이 산 위에 위치한다. 무덤은 카라콜 강의 합류점에서 20km 떨어진 곳에 위치한다(그림 119). 강은 서쪽으로 흘러간다. 해발 1200m가량의 산 위의 분지 지형에서 무덤으로 보이는 시설물이 57기가 확인되었다(그림 119).[18] 봉분이 있는 57기의 무덤군은 모두 6개의 그룹으로 나눌 수 있다. 루덴코는 그룹을 나누는 것에 대해서 정확하게 기준을 설명하지는 않았지만 큰 봉분이 있는 무덤 중심으로 비슷한 등고선 상에 위치한 것을 한 그룹으로 보았던 것으로 추정된 것이다(루덴코 1960). 그림 119는 루덴코가 설명한 것을 필자가 나누어 놓은 것이다.

6그룹으로 나눈 무덤 중에서 가장 큰 무덤 2기를 발굴했는데, 가장 남쪽 그룹의 1호(Б-А-1)와 가장 동쪽에서 두 번째에 위치한 2호(Б-А-2)이다. 두 무덤의 직경은 40m가량이나 되어서 앞에서 본 파지리크 유적 보다 더 대형의 무덤이다.

특히 바샤다르 2호분은 깊은 무덤구덩이(깊이 6m)와 거대한 통나무관(그림 120), 미라처리된 남녀주인공으로 인해서 유명한 유적이다. 아쉽게도 미라에 대한 정보는 거의 남아있지 않다.

봉분(무덤을 덮은 흙)이 있는 시설이라고 한 것은 모든 무덤을 발굴한 것은 아니기 때문에 아래에 무엇이 있는지 정확하게 모르기 때문이다. 특히 스키타이 문화 중에서 알타이 지역에 위치한 기원전 5세기 전후의 문화인 파지리크 문화에서는 큰 무덤 주위에 작은 무덤 시설에서는 아무것도 확인되지 않는 경우가 많다.

---

18 필자의 블로그(https://eastsearoad.tistory.com)에 공유해 놓은 구글지도에서 인공사진으로 봉분의 모습을 확인할 수 있다.

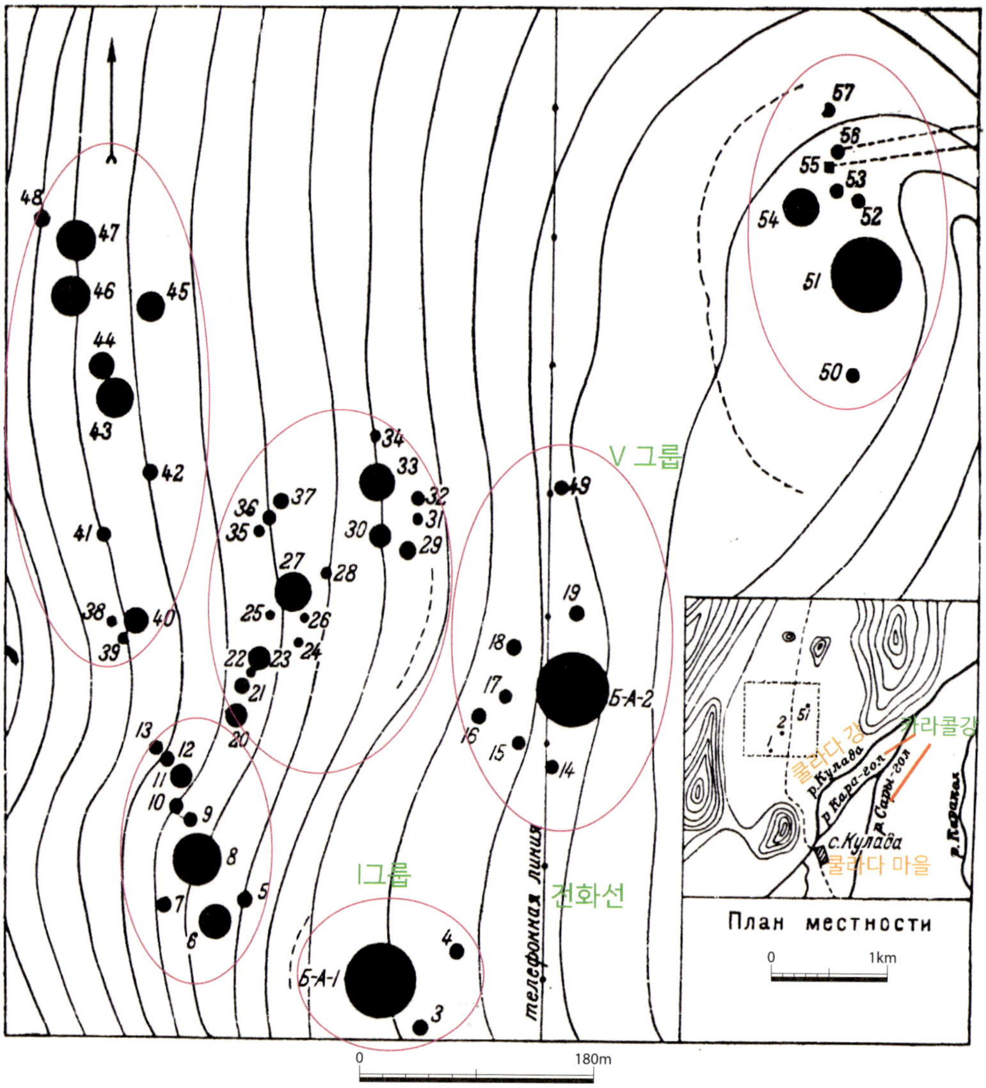

그림 119 바샤다르 유적 무덤군

그림 120 바샤다르 유적 2호분 통나무관

174 교과서 밖의 역사 유라시아 초원 스키타이 문화의 미라와 여신상

그림 121　바샤다르 유적 인공위성 사진　고분의 봉분이 구글위성사진으로 보인다.

참고문헌

Руденко С.И. 1960: Культура населения Центрального Алтая в скифское время. М.-Л.: 1960. 360 (루덴코 1960, 스키타이 문화시기의 알타이 산맥의 주민문화)

(2) 바샤다르 1호분

바샤다르 유적에서는 가장 큰 1호와 2호가 발굴되었다. 1호분은 유적에서 가장 남쪽에 위치한다. 직경 40m이고, 봉분 중앙의 높이는 1.6m, 가장 높은 곳의 높이는 2m이다. 봉분은 가운데가 함몰되어서 중앙이 가장 높지 않다. 봉분이 함몰된 것은 무덤아래에 있는 무덤방에 구멍이 생기면서 그 쪽으로 무덤을 덮은 흙과 돌이 쓰러져 내려갔기 때문이다. 이러한 구조는 아르잔-2호 유적을 제외하고 파지리크 유적 및 아크 알라하-1 유적, 아크 알라하-3 유적도 마찬가지였다.

　　바샤다르 유적에서는 무덤을 덮은 봉분에 후대의 무덤이 남아 있다. 아주 약간 판 것으로 비교적 최근의 알타이 사람 무덤(그림 122의 검은색 부분)이라고만 알려져 있다. 이 무덤

175

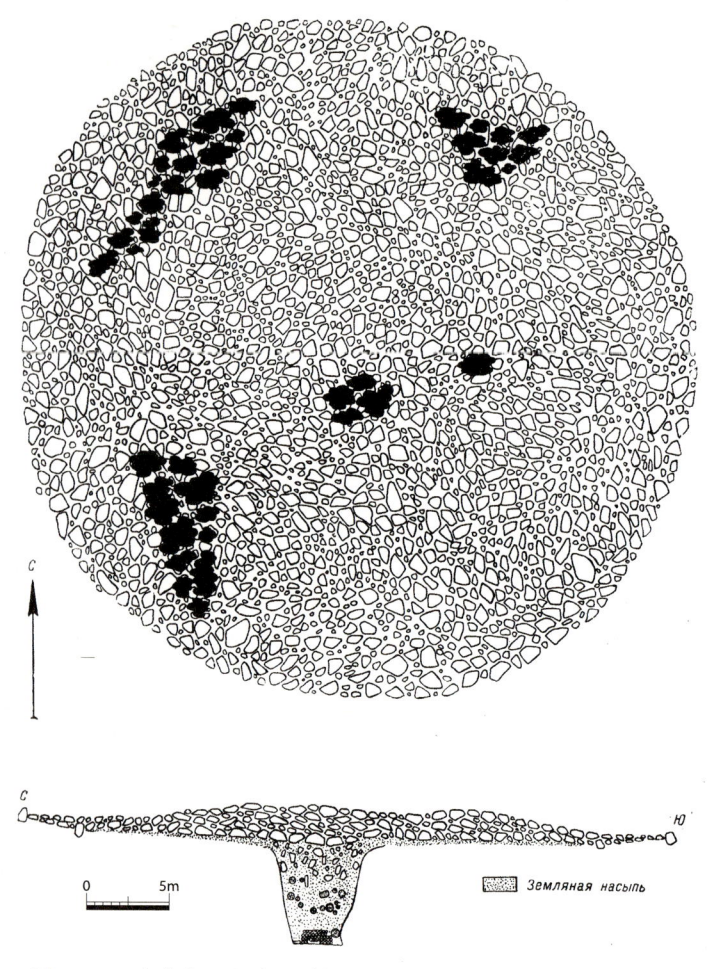

그림 122 바샤다르 유적 1호분

때문에 아래에 있던 2600년 전 무덤에 손상이 가지는 않았다.

봉분 아래의 무덤구덩이는 봉분의 중앙에 위치한 것이 아니며, 무덤구덩이의 동쪽벽은 봉분 중심을 기준으로 2m 정도 서쪽으로 치우쳤다(그림 122의 단면도). 봉분의 가장자리에 큰 돌을 놓아서 무덤 경계(호석)를 구분한 것이 확인되었다. 무덤의 가장 상층에는 큰 돌을 쌓았고, 아래로 갈수록 작은 돌을 썼으며, 큰 돌 사이에는 작은 돌을 써서 공극을 채웠다. 무덤방 아래에는 렌즈모양의 얼음층이 형성된 것으로 보인다. 무덤 남쪽 중앙의 봉분 아래에서 토기와 많은 양의 양뼈(앞다리와 갈비뼈)가 확인되었다. 무덤구덩이는 단면이 역사다리꼴 모양(그림 122의 단면도)이어서 2호분과는 다르다. 무덤구덩이의 입구(4.2×4.8m)는 넓지만 바닥은 좁은 형태(2.9×3.8m)이다. 깊이는 3.2m이다(루덴코 1960).

바샤다르 유적 1호분에도 무덤구덩이 아래에 얼음층(영구동토층이라고 불림)이 확인되었으나, 무덤의 경계보다는 작은 범위에서 확인되었다. 뒤에서 살펴볼 파지리크 유적에서는 봉분의 크기와 무덤방 아래의 얼음층의 너비가 같은 범위로 확인되었다. 얼음층이 형성하게 된 여러 가지 원인 중에서 돌이 큰 역할을 한 것으로 루덴코(1953)는 생각했다.[19]

---

[19] 이 부분은 루덴코가 바샤다르 유적 보다 먼저 발굴한 파지리크 유적(1953)에서 관찰되어 설명되

그러나 바샤다르 유적 1호에서는 얼음층의 너비가 넓지 않고, 무덤 구덩이가 깊지 않아서 무덤방 안의 유기물질이 잘 남아 있지 않은 것(루덴코 1960)으로 보았다.

무덤구덩이 남쪽 절반에는 너비 1.4×3.5m, 높이 1.2m의 목곽이 설치되었다. 각 벽은 4개의 통나무를 쌓아서 만든 것이다. 덮개는 자작나무를 두 줄로 사용했는데, 남북벽에 걸쳤고 자작나무 껍데기로 다시

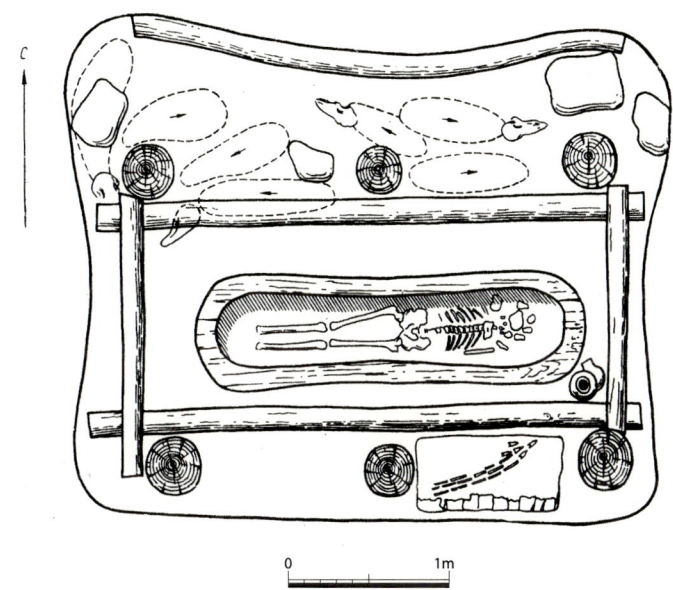

그림 123 바샤다르 유적 1호분(덮개 제거 후)

덮었다. 무덤방의 외곽에는 북벽과 남벽에 높이 1.5~1.6m, 직경 30~36cm의 통나무를 각각 3개씩 세웠다. 무덤방을 지지하는 역할을 한다. 말은 모두 7마리가 매장되었는데, 무덤구덩이 북쪽벽이 허물어지면서 말의 위치가 움직여서 처음 말이 매장된 모습은 알 수 없지만, 서쪽에 4마리, 동쪽에 3마리가 매장되었던 것으로 보인다. 말은 3~8세 가량이다. 통나무관 1기에 젊은 남성이 묻혔다. 무덤방의 천장이 무너지면서 통나무관 덮개가 부서진 상태였는데, 남아 있는 통나무관은 길이가 2.4m 너비는 0.6~0.7m이다(루덴코 1960).

바샤다르 유적 1호분은 도굴은 되지 않아서 죽은 사자도 남아 있었다. 하지만, 상대적으로 깊지 않은 무덤방으로 인해서 무덤구덩이 아래의 얼음층이 작게 형성되고, 무덤안의 유기물질이 많이 남아 있지 않았다. 무덤이 완전히 얼어붙지 않아서 무덤방도 붕괴될 수밖에 없었을 것이다. 그래서 말의 상태도 좋지 않았으며, 금속제 재갈과 굴레를 장식하던 금판만 약간 남아 도굴당한 무덤보다 마구관련 유물이 적은 편이었다.

었다. 파지리크 유적의 2호분을 참고하기 바란다. 이 책에서는 시간 순서대로 편집해서 바샤다르 유적이 먼저 설명되었다.

Руденко С.И. 1953: Культура населения Горного Алтая в скифское время. М.-Л.: 1953. 402 с. (루덴코 1953, 스키타이 시대 알타이 산의 주민문화)

그림 124   바샤다르 유적 1호분 발굴모습   1. 봉분제거 과정 | 2. 무덤구덩이가 드러난 모습

그림 125　바샤다르 유적 1호분 발굴과정　1. 무덤구덩이　|　2. 통나무관 안의 인골

그림 출처

그림 119   바샤다르 유적 무덤군(Руденко С.И. 1960, 필자재편집)
그림 120   바샤다르 유적 2호분 통나무관(Руденко С.И. 1960 인용)
그림 121   바샤다르 유적 인공위성 사진
그림 122   바샤다르 유적 1호분(Руденко С.И. 1960 인용)
그림 123   바샤다르 유적 1호분(덮개 제거 후)(Руденко С.И. 1960 인용)
그림 124   바샤다르 유적 1호분 발굴모습(Руденко С.И. 1960 인용)
그림 125   바샤다르 유적 1호분 발굴과정(Руденко С.И. 1960 인용)

참고문헌

Руденко С.И. 1960: Культура населения Центрального Алтая в скифское время. М.-Л.: 1960. 360 (루덴코 1960, 스키타이 문화시기의 중부알타이 산맥의 주민문화)

Руденко С.И. 1953: Культура населения Горного Алтая в скифское время. М.-Л.: 1953. 402 с. (루덴코 1953, 스키타이 시대 알타이 산의 주민문화)

(3) 바샤다르 2호분

바샤다르 유적의 2호는 직경이 58m이고, 가장 중심부의 높이는 1.85m, 가장 높은 곳의 높이는 2.7m가량이다. 도굴당한 흔적(그림 128, 그림 129-1)이 생생하다. 구글 인공위성지도(그림 121)로 봉분이 보일 정도로 규모가 크니 도굴꾼들에겐 설명이 필요 없었을 것이다.

그림 126의 봉분 위 검은 색 표시는 근대에 들어서 지역주민들이 봉분위에 자신들의 무덤을 남긴 흔적이라고 한다. 이곳만 흙으로 덮어서 알아 보기 쉽다. 봉분을 덮은 돌을 분해하면서 말의 재갈, 철제 도구 및 목제 막대기와 석제로 된 곡물파쇄기(멧돌)(그림 127)이 확인되었다(루덴코 1960).

무덤구덩이는 깊이 6.15m, 크기는 5.2×6.3m이다. 무덤 구덩이의 돌 아래에는 수백 개의 통나무로 채워져 있었다. 통나무 아래에는 덤불이 1m 두께로 눌려져서 확인되었다. 이 덤불은 '쿠릴 차'라고 하는 식물이다. 이 덤불은 무덤방 바깥에 매장된 말이 매장된 곳 위의 16개 통나무 아래에서도 확인되었다. 그 아래에는 자작나무 껍질이 덮여 있었고, 역시 말이 매장된 곳에도 말 사이에서도 확인되었다. 무덤방의 바닥에는 두께 17~18cm의 나무 4개를 깔고 그 위에서 두께 6cm의 통나무를 세 개씩 세워서 무덤방의 한 벽은 통나무 4개를 세워서 만든 것이다. 목곽의 덮개는 8개의 통나무로 아주 조밀하게 만들어졌다. 무덤방의 크기는 2.2×4.15m, 높이는 1.3m이다. 무덤구덩이에서 남쪽은 무덤방이 설치되고 북쪽에는 말이 매장되는데 14마리가 확인되었다(루덴코 1960).

바샤다르 2호의 목곽 안에는 원래 안치된 통나무관이 2기였다. 남쪽에 안치된 것은 남성의 관이었고 그 옆에 여성의 관이 놓여 있었을 것이나 도굴당하면서 관은 엎어져서 확인되었다. 여성의 시신도 미라 처리되었는데, 난도질 당해서 무덤방 여기저기에서 확인되었고, 남성의 시신은 아예 없어진 상태였다. 통나무 덮개에는 1.7×3m의 도굴구멍(그림 129-1)이 있었다. 이곳을 통해서 들어온 도굴꾼은 높이 1.3m 밖에 되지 않는 무덤방에서 마음대로 행동하기 위해서 도굴구멍 바로 아래에 위치한 통나무관의 뚜껑을 열고 통나무관을 움직여야 했을 것이다. 이 관은 여성의 관이었다. 남쪽에 있는 두 번째 관은 나무로 된 못으로 고정된 것으로 제거가

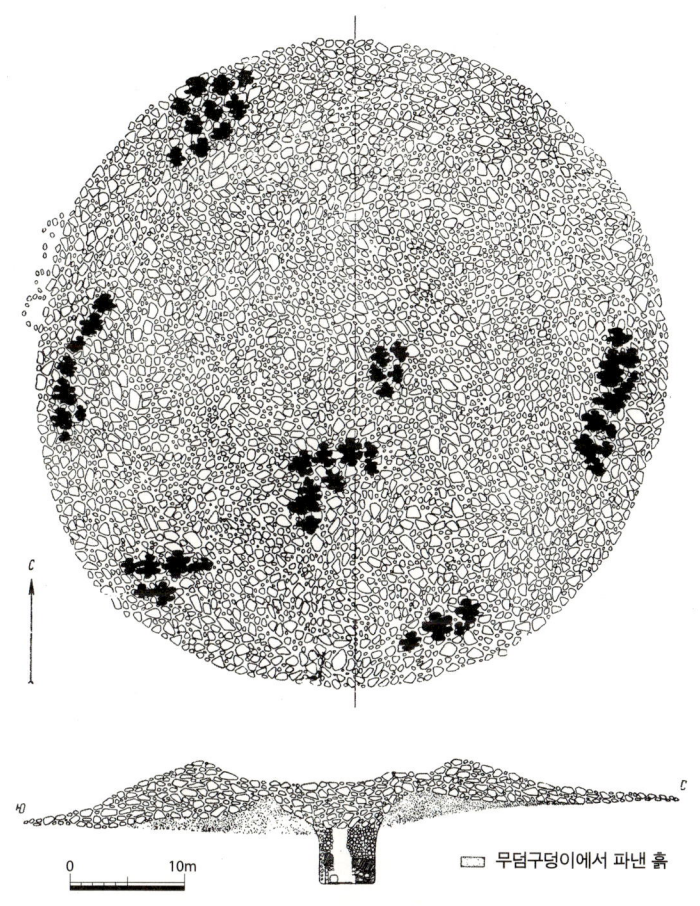

그림 126 바샤다르 유적 2호분

그림 127 바샤다르 유적 2호분 돌을 분해하다가 발견된 석제품(곡물 파쇄기로 추정)

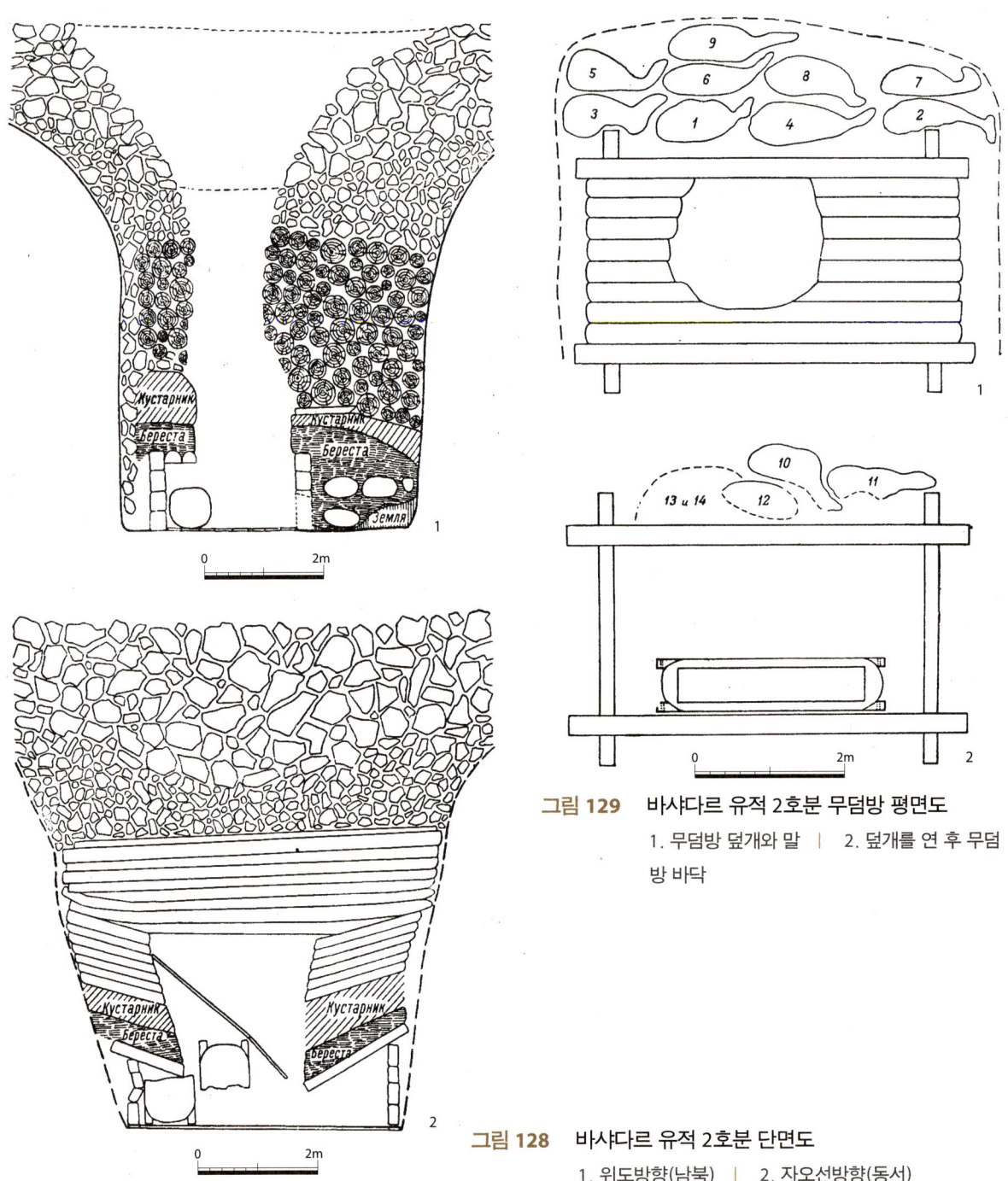

그림 129 바샤다르 유적 2호분 무덤방 평면도
1. 무덤방 덮개와 말 | 2. 덮개를 연 후 무덤방 바닥

그림 128 바샤다르 유적 2호분 단면도
1. 위도방향(남북) | 2. 자오선방향(동서)

쉽지 않았던 것으로 보인다. 도굴꾼은 말을 매장한 곳도 손을 대었는데, 말 무덤 쪽의 북쪽 벽에 구멍을 내었다. 말을 통째로 꺼낼 수 없으니, 말을 잘라서 꺼내었고, 자른 뼈가 무덤방 안에서 확인되었다. 도굴꾼은 말의 굴레장식에서 금박만 벗겨내고 나머지 나무로 된 부분

들은 바닥에 남겨 두었다. 금속제품 중에서 청동제품은 그대로 두고 갔다(루덴코 1960).

이러한 이유 때문에 바샤다르 유적 2호분에서 유물의 위치는 거의 제자리가 아니었고, 말의 장식까지도 대부분 흩어진 상태였다.

① 호랑이 통나무관

바샤다르 유적 2호에서 확인된 통나무관 1개는 엎어진 채로 확인되었는데, 여성의 관으로 파손이 심한 상태였고, 가장 남쪽에 고정되었던 남성의 통나무관은 그나마 잘 남아 있다. 이 안에 들어 있었던 남성미라는 이미 없어진 상태였다.

그러나 발견된 통나무관을 루덴코는 어디서도 볼 수 없다고 평가했다. 우선 대부분의 파지리크 문화의 관이 낙엽수로 만들어진 것과는 달리 잣나무 종류로 만들어졌다. 관의 가장자리 끝에는 일반적으로 귀가 하나씩이었으나 바샤다르 유적 2호분의 관은 귀가 두 개다. 뿐만 아니라 관의 뚜껑(그림 130-1)은 편평하다. 관의 한쪽 옆은 뚫린 형태로 무덤방 벽에 붙인 걸 감안해서 만든 것이다. 길이는 3.1m가량이고, 높이는 0.56m이다. 통나무 관의 가장 위쪽에는 구멍이 있는데, 같은 간격으로 낸 것이다. 이 곳에는 청동 못(그림 131-1, 2)을 박았다(루덴코 1960).

통나무관과 덮개에는 동물문양이 장식되어 있는데, 산양과 멧돼지 및 사슴(elk) 등이

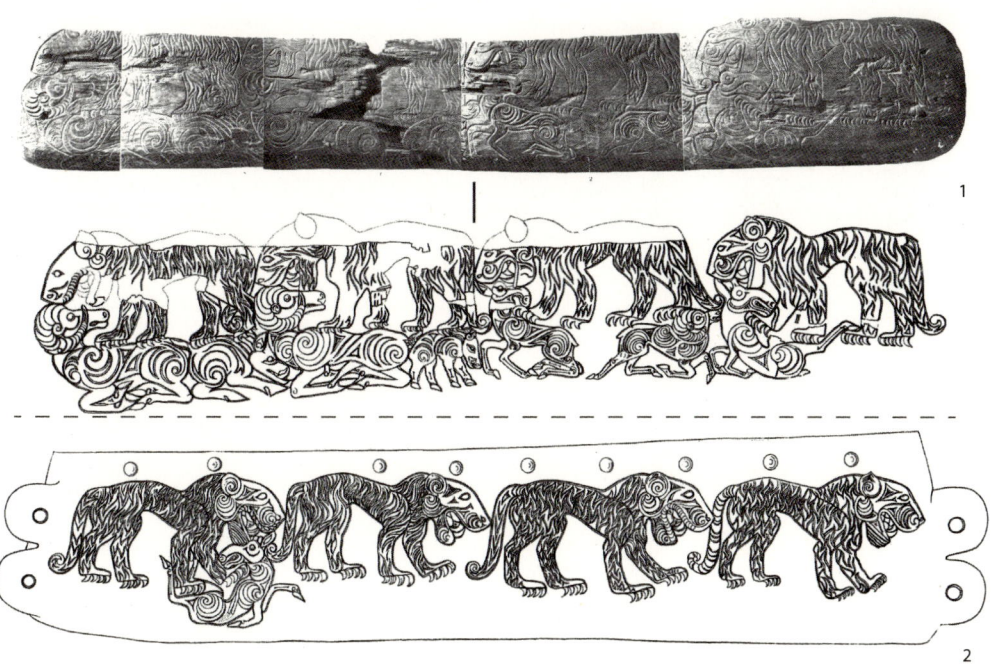

그림 130 바샤다르 유적 2호 통나무관 덮개(1)와 관 측면(2)

그림 131　바샤다르 유적 2호 통나무 관못

호랑이에게 제압당하는 장면이다. 관에 그려진 호랑이 4마리 중 첫 번째 호랑이는 산양을 제압하고 있다.

관에 묘사된 동물은 사실적이지만 추상적이다. 사실적으로 표현해서 각 동물의 종류를 알 수 있을 정도이지만, 추상적인 표현도 가미되었다. 호랑이의 표면을 장식한 곡선 문양과 우제류를 장식한 나선문양은 실제 동물에서는 찾아 볼 수 없기 때문이다.

루덴코(1960)는 파지리크문화 동물문양장식의 가장 큰 특징 중에 하나는 기하학적인 표현이 덧입혀진 것이라고 생각했다. 페레보드치코바(1994)도 사실적인 동물표현에 기하학적인 내부표현방법이 파지리크문화 동물문양장식의 특징이라고 보았다.

사실 동물표현에 나선문 혹은 동심원문을 표현하는 방법은 바샤다르 유적 보다 더 오래된 아르잔-2호 5호묘에서 찾을 수 있다고 필자는 생각한다. 아르잔-2호 5호묘에 묻힌 여성 주인공의 금제목걸이(그림 70)는 호랑이를 포함한 우제류가 표현되었는데, 동물 사이를 메꾸는 것은 나선문양이었다. 또한 5호묘에서 확인된 모형 솥(그림 73)에도 여러 동물이 장식되어 있고 그 사이를 나선문양이 메꾸고 있었다.

그런데 바샤다르 유적의 2호 통나무관에 새겨진 동물을 표현하고 있는 나선문양(우제류) 및 파상문(호랑이)은 무엇을 의미하는 것일까? 털을 모방한 것일까?

자세히 살펴보면 동물의 어깨와 대퇴부에도 같은 표현이다. 실제 동물은 각 부위의 털은 색깔이 다르지만 통나무관에는 같은 표현으로 묘사 되었다. 통나무에 동물을 새긴 장인이 그런 것을 구분하지 않았다고 하기에는 그는 실력이 너무 좋다. 동물의 종(種)을 구분할 정도로 표현할 수 있지만, 그 동물의 내부표현은 같은 문양을 반복한 것이다.

나선문양, 파상문이 실제 의미하는 바는 알 수 없지만, 계속해서 반복된다. 반복적인 요소는 내부를 표현하는 방법 뿐만 아니라 동물의 자세도 마찬가지이다.

바샤다르 유적의 2호 통나무관에 새겨진 동물문양은 '동물투쟁문양'의 한 부류이다(페레보드치코바 1994). 주로 호랑이, 독수리 혹은 그리핀이 사슴 혹은 염소 등을 공격하는 주제를 그린 것이다. 특히 파지리크 유적(그림 132)에서 다양한 동물투쟁문양이 발견되었다. 대체로 2~3마리의 동물이 한 주제로 그려진다.

여러 마리가 한 장면을 구성하는 동물문양장식 가운데 동물투쟁문양 외에도 여러 동물이 나란히 줄을 서는 주제(열상동물문양)도 있는데, 여러 동물이 투쟁하는 것과는 대비된다.

바샤다르 유적 2호분에서 발견된 통나무관에 새겨진 호랑이는 꼬리에 꼬리를 물고 나란히 서 있는 장면이다. 그러나 호

그림 132 **알타이의 동물투쟁문양** 마지막 유물 제외하고 파지리크 유적 유물의 주제 | 10. 카탄다 유적

랑이는 평화롭게 서 있는 것이 아니라 발밑에 사슴, 산양, 멧돼지 등을 밟고 있다는 점에서 나란히 서 있는 동물구도와 투쟁문양이 결합된 표현으로 볼 수 있다.

그렇다면 바샤다르 유적 2호분에서는 동물투쟁문양과 열상동물문양이 함께 확인된다고 볼 수 있다. 두 동물문양장식은 100년 정도 늦은 파지리크 유적에서는 개별요소로 나타난다. 동물투쟁문양은 파지리크 유적에서 자주 확인되는 요소이다. 안장덮개와 미라의 문신으로 확인할 수 있다. 파지리크 5호분 남성 미라의 왼쪽 무릎 아래에는 열상동물문양이 그려져 있으며(그림 231-9, 10), 여성 미라의 오른 쪽 손목 위에는 동물투쟁문양(그림 232-3)이 그려져 있다. 즉 여성은 동물투쟁문양, 남성은 열상의 동물문양이 각각 팔과 다리에 그려져서 확인된 것이다.

동물투쟁문양은 파지리크 유적에서는 주로 펠트인 안장덮개(그림 132)의 장식으로 많이 확인되지만, 표트르 1세가 시베리아에서 수집한 유물을 보면 금속제(그림 133)로도 많이 제작되었던 것으로 보인다.

그림 133   에르미타주 박물관 소장 표트르 1세 시베리아 황금유물 컬렉션

맹수가 약한 동물을 공격하는 동물투쟁문양은 알타이에서만 확인되는 것이다. 알타이보다 아래에 위치한 카자흐스탄의 산에서도 '수수께끼 그림'으로 불리는 여러 마리 구도의 동물문양장식이 헴칙 봄, 타스몰라 유적 등에서 확인되지만 알타이의 것과는 다르다(페레보드치코바 1994).

그림 출처

그림 126 바샤다르 유적 2호분
그림 127 바샤다르 유적 2호분 돌을 분해하다가 발견된 석제품(곡물파쇄기로 추정)
그림 128 바샤다르 유적 2호분 단면도   위: 위도방향(남북) | 아래: 자오선방향(동서)
그림 129 바샤다르 유적 2호분 무덤방 평면도   위: 무덤방 덮개와 말 | 아래: 덮개를 연 후 무덤방 바닥
그림 130 바샤다르 유적 2호 통나무관 덮개(1)와 관 측면(2)
그림 131 바샤다르 유적 2호 통나무 관못(1, 2)
그림 132 알타이의 동물투쟁문양   마지막 유물 제외하고 파지리크 유적 유물의 주제, k-카탄다 유적
그림 133 에르미타주 박물관 소장 표트르 1세 시베리아 황금유물 컬렉션

참고문헌

Руденко С.И. 1960: Культура населения Центрального Алтая в скифское время. М.-Л.:
       1960. 360 (루덴코 1960, 스키타이 문화시기의 중부알타이 산맥의 주민문화)
Переводчикова Е.В. 1994, Язык звериных образов. Очерки искусства евразийских степей
       скифской эпохи(페레보드치코바 1994, 언어로서의 동물문양장식)

(4) 1호분의 남성미라

바샤다르 유적의 2호분에는 남성시신은 도둑맞았고 여성시신은 훼손이 심해서 죽은 이에 대한 정보가 거의 없다.

그러나 1호분에는 부패가 심해서 잘 남아 있지는 않지만 미라 처리했을 것으로 추정되는 남성 두개골이 남아 있었다. 미라는 피부가 그대로 남아 있어야 하지만 이 인골은 두개골과 여러 뼈에 미라처리 흔적이 남아 있다. 두개골에 구멍을 파고 뇌를 제거한 흔적이 남아 있다(그림 134). 아크 알라하-3유적의 얼음공주 미라의 두개골에도 같은 구멍이 남아 있었다. 그런데 바샤다르 1호분의 남성미라는 좀 다른데, 뼈에 구멍이 뚫려 있다. 이곳으로

그림 134 바샤다르 유적 1호분 남성미라 두개골 뒷모습

방부제를 투입했을 것으로 생각된다. 10~12번째 흉추와 나머지 흉추에 구멍이 뚫려 있다. 요추에도 뚫었을 가능성이 있지만 구멍이 잘 남아 있지 않다. 흉추에 구멍이 있는 것으로 보아서 복강(배)은 내장을 추출하기 위해서 개방되었을 가능성이 있다(루덴코 1960).

미라처리의 관건은 뇌를 제거하고 피부는 남기고 그 밑의 지방과 근육을 제거하는 것인데, 뼈에 구멍을 뚫을 수 있었던 것은 근육이 이미 제거되었기 때문이다. 그래서 바샤다르 유적 1호분의 남성도 미라처리되었을 것으로 본다. 아시다시피, 바샤다르 유적의 1호분은 무덤구덩이가 깊지 않았고, 얼음층이 충분히 형성되지 않아서 다른 유적에 비해서 유기물질이 잘 남아 있지 않았다. 그래서 남성 미라의 피부도 없어져 버린 것이다.

그림 출처

그림 134 바샤다르 유적 1호분 남성미라 두개골 뒷모습(Руденко С.И. 1960 인용)

그림 135 바샤다르 유적 1호분 남성미라 뼈(Руденко С.И. 1960 인용)(Руденко С.И. 1960 인용)

참고문헌

Руденко С.И. 1960: Культура населения Центрального Алтая в скифское время. М.-Л.: 1960. 360 (루덴코 1960, 스키타이 문화시기의 중부알타이 산맥의 주민문화)

(5) 유물

① 2호분에서 발견된 주인공의 유물

바샤다르 유적 2호분에는 남녀가 각각 다른 통나무관에 매장되었다. 통나무관 1기는 뒤집힌 채로 발견되었는데, 여성의 관으로 추정된다. 이 관에는 앞서 살펴본 남성관과는 달리 동물문양이 거의 새겨져 있지 않았다. 그러나 통나무관 덮개 조각에 나선문양(그림 136)이 발견되었다. 하지만 통나무관 자체에는 동물문양이 장식되지 않았다. 이 통나무관에도 남

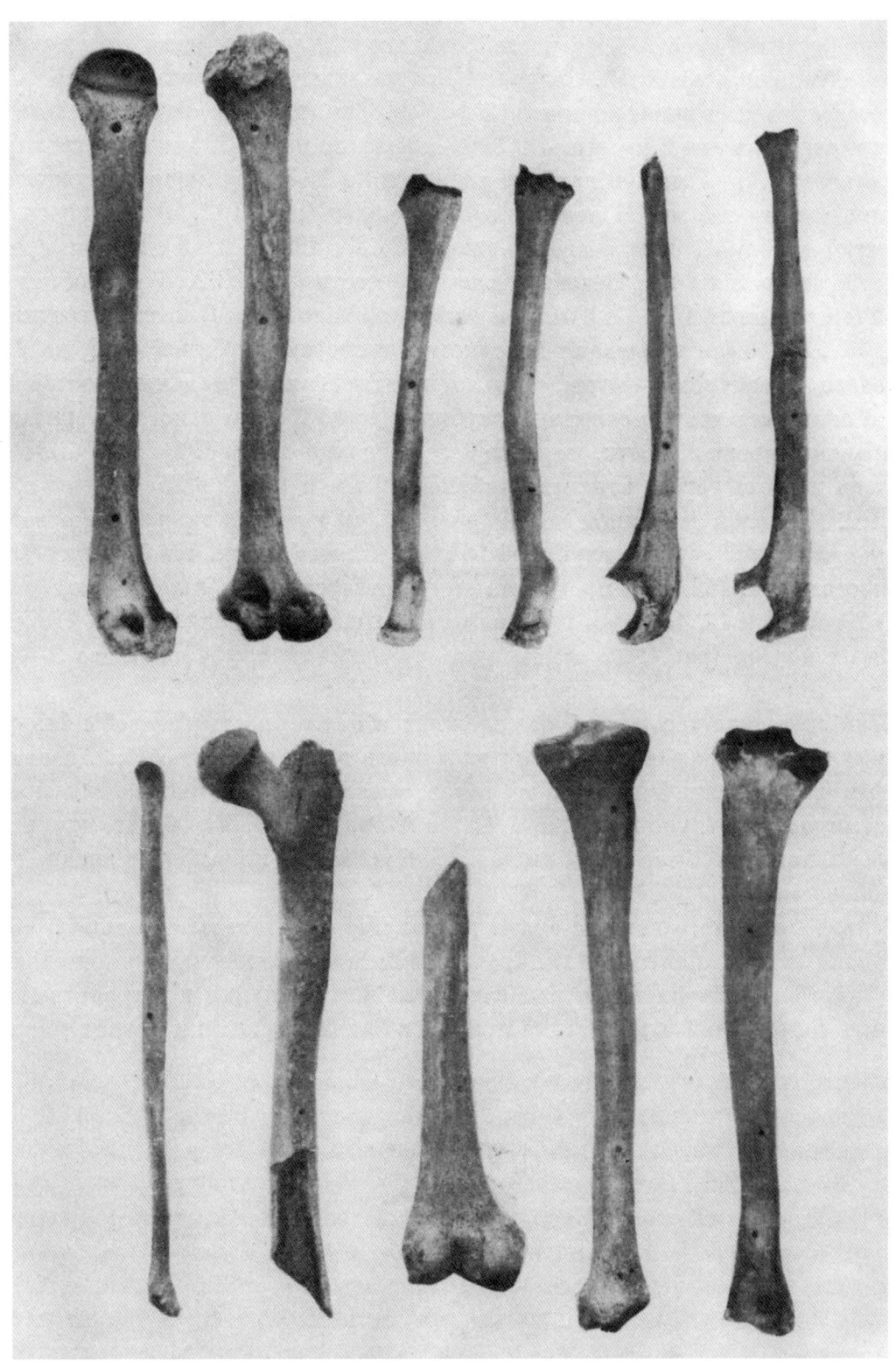

그림 135   바샤다르 유적 1호분 남성미라 뼈

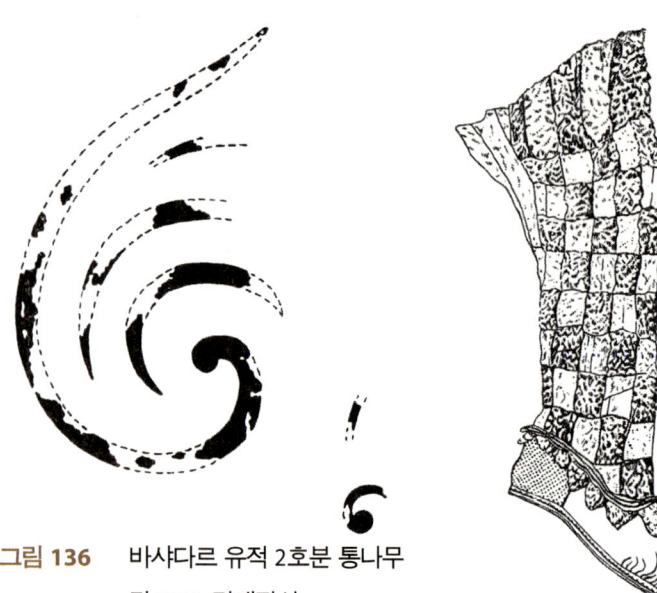

그림 136　바샤다르 유적 2호분 통나무
　　　　　관(여성) 덮개장식

그림 137　바샤다르 유적 2호분 남성용 신발

성통나무관과 마찬가지로 청동못이 박혔던 구멍이 20cm간격으로 있었다. 청동못의 머리는 3cm 가량으로 13점이 무덤방 바닥에서 확인되었다(루덴코 1960).

여성미라는 훼손된 상태로 여기저기서 발견되었지만, 남성은 시신의 흔적조차 확인되지 않았다. 그런데 동물문양장식이 새겨진 통나무관은 어떻게 남성의 관이라는 것을 알았을까? 통나무관 안에서 남성신발 1짝(그림 137)이 발견되었기 때문이다.

그림 137는 일종의 부츠로 발 부분과 다리부분의 재질이 다르다. 발 부분은 두꺼운 가죽으로 만들고 다리 부위는 모피로 만들었다. 이 부츠는 무릎 약간 위에까지 오는 길이로, 신발과 다리부위 사이에는 양모끈으로 이음줄이 만들어졌고, 다리부분은 앞(60cm)이 뒤(43cm) 보다 길다. 다리부분은 3.5×5cm의 모피조각(갈색과 검은색)을 이어서 바둑판처럼 만들었다. 검은색 모피는 안감이 없고 이 보다 밝은색(갈색)의 모피는 가죽안감을 덧댄 것이다. 사각형 가운데서 4~5개의 같은 재질의 조각을 이어서 큰 사각형으로 만들었다. 무덤방 안에서는 남성용 신발 한 짝이 더 출토되었는데, 부드러운 밑창이 확인되었다. 가죽으로 모자이크 처리되었는데, 붉은 색 가죽을 사용했다. 뿐만 아니라 이 신발은 발목이 따로 만들어진 것이 아니어서 먼저 소개한 그림 137의 유물과는 상당히 차이가 있다(루덴코 1960).

여성신발은 파지리크 유적의 2호분에서 나온 적이 있다. 루덴코(1953)는 파지리크 2호분의 여성이 긴 레깅스(양말이 붙어 있음)를 신고 그 위에 그림 138의 신발을 신었을 것으로 보았다(폴로스막, 바르코바 2005).

바샤다르 유적 2호분의 남성과 관련된 유물로 단검의 검집이 출토되었다. 파지리크 유적에서는 확인되지 않았던 유물이다. 검집(그림 139-2,3)과 함께 펠트로 제작된 벨트(그림 139-1)의 일부가 확인되었다. 검집은 검의 날 모양으로 아래로 갈수록 좁아지는데, 정확하지는

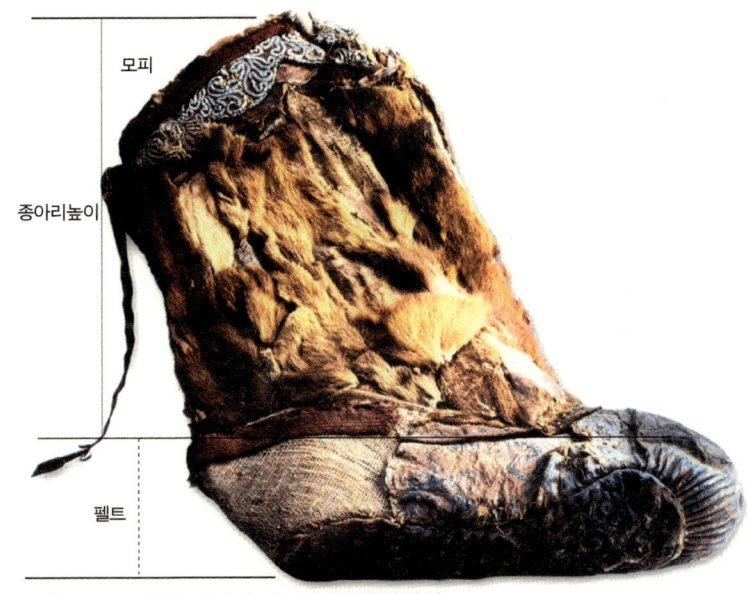

그림 138 파지리크 유적 2호분 여성신발

않지만 추정할 수 있는 검의 길이는 30cm 이상이다. 바샤다르 유적 2호에서는 남성 주인공이 착용한 유물은 신발, 검과 관련된 유물(검집과 벨트)을 제외하고는 남아 있지 않았다(루덴코 1960).

② **그리핀이 표현된 마구**

바샤다르 유적의 무덤에는 무덤구덩이 북쪽에 말이 매장되었다. 2호분에는 말 14마리가 매장되었는데, 말을 장식한 굴레와 마구는 많이 훼손되었다. 그럼에도 불구하고 여러 가지 힌트를 주는 유물이 많이 남아 있다.

바샤다르 유적은 파지리크 유적보다 약 100년 정도 앞서는데, 말을 장식하는 것에도 차이가 있다. 파지리크 유적을 기준으로 생각해 보면 100년 전부터 사용하던 말 장식을 그대로 사용한 것도 정말 따분한 일이었을 것이다. 그러나 기본적으로 나무를 깎

그림 139 바샤다르 유적 2호분 펠트제 벨트(1)와 가죽검집(2, 3)

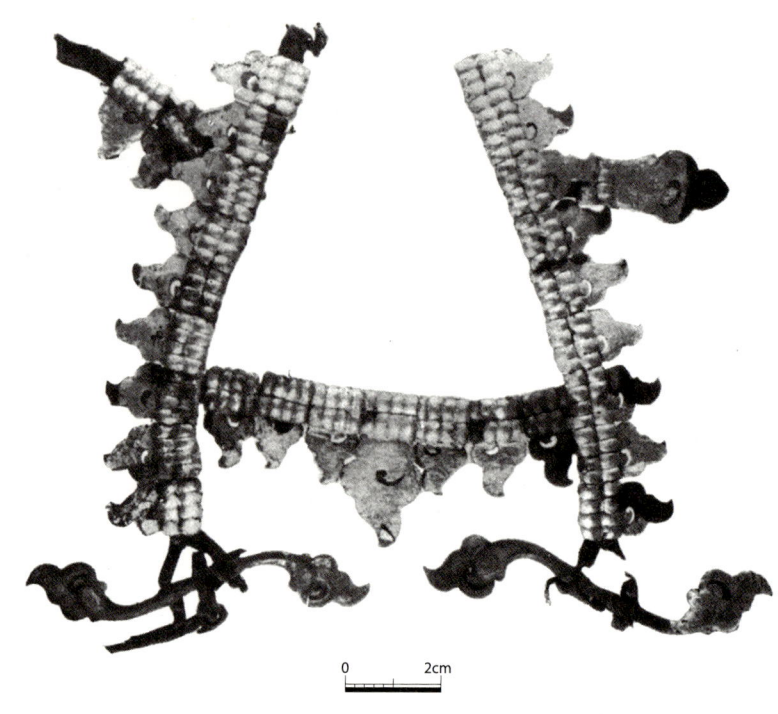

그림 140 바샤다르 유적 2호분 마구　재갈멈치길이: 27cm | 재갈의 길이: 21.7cm | 재갈구멍직경: 7.8cm

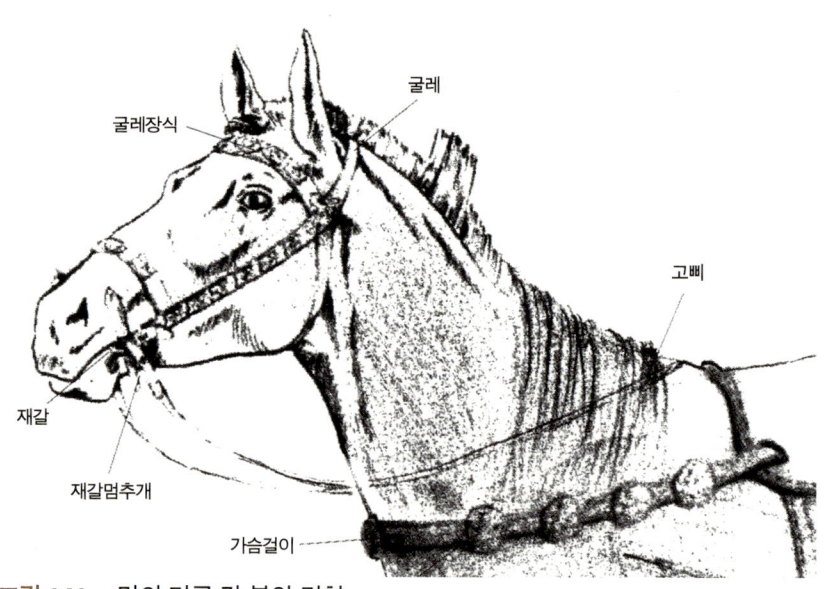

그림 141 말의 마구 각 부위 명칭

고 금박지로 싸서 말의 굴레에 단 점, 청동재갈과 재갈멈치를 사용한 점은 바샤다르 유적에서 시작된 것으로 보인다.

앞에서 살펴본 아르잔-2호는 바샤다르 유적 보다 약 100년 이상 앞선다. 아르잔-2호에서는 재갈과 재갈멈치 및 굴레장식은 청동으로 제작되었다. 100년 늦은 바샤다르 유적에서는 재갈과 재갈멈치는 청동이지만 굴레장식은 나무로 제작된다.

바샤다르-2 유적에서 잘 남아 있는 마구세트(재갈, 재갈멈치, 굴레장식)는 7번 말의 것(그림 140)이다.

청동 재갈멈치에는 굴레끈을 연결하기 위해서 구멍이 2개 있다. 아르잔-2호의 유물을 상기해보면 재갈멈치는 화살처럼 휜 '('모양이지만, 바샤다르 유적은 'S'자형(그림 142)이고 그 끝에 장식판을 붙였다. 재갈멈치를 끼우기 위한 재갈의 고리모양은 원형이다. 지금 언급한 것은 파지리크 문화의 초기 문화 특징으로 알려진 것이다(슐가 2008).

그런데 같은 무덤에서 출토된 재갈멈치 가운데는 청동이 아닌 나무로 제작된 것도 있다(그림 142-1). 'S'자형으로 양 끝에 독수리머리 그리핀이 달려 있다. 이를 독수리가 아닌 하이브리드 동물이라고 할 수 있는 이유는 귀가 달려 있기 때문이다.

스테파노바(2006)는 재갈멈치(그림 142-2)에 달려 있는 구름모양 같은 장식판(그림 142-1)은 그리핀과 같은 의미라고 보았다. 필자도 동의하는데, 재질이 다르기 때문에 나무처럼 세밀하게 표현을 못했을 수 있다. 어쨌든 바샤다르 유적 2호분에서 나무를 깎아 만든 그리핀이 사용된 것(그림 142-1)은 사실이다.

100년 뒤의 파지리크 유적 및

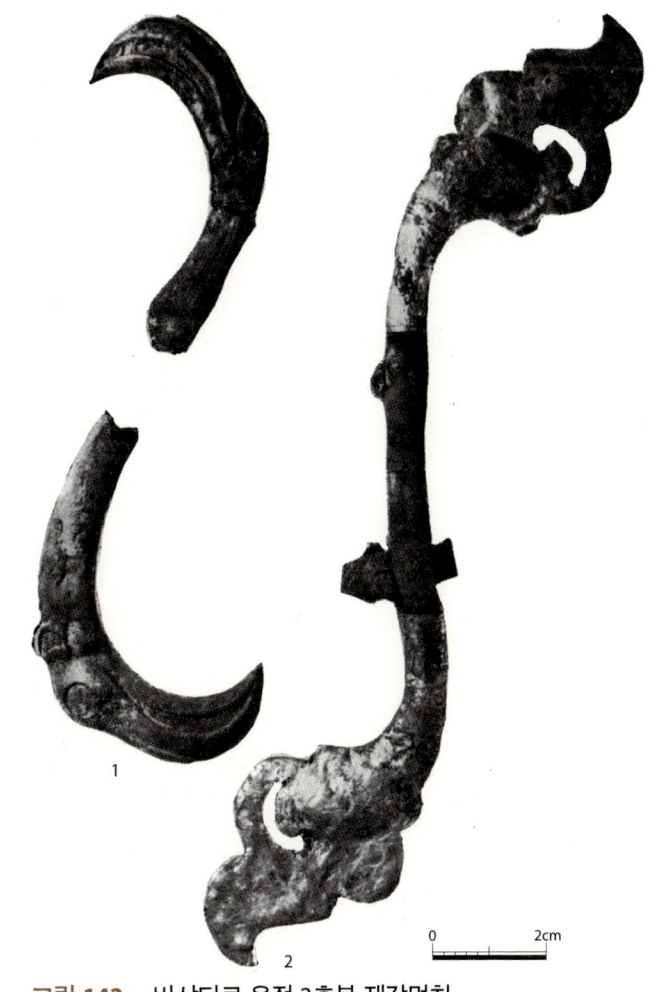

그림 142 바샤다르 유적 2호분 재갈멈치

193

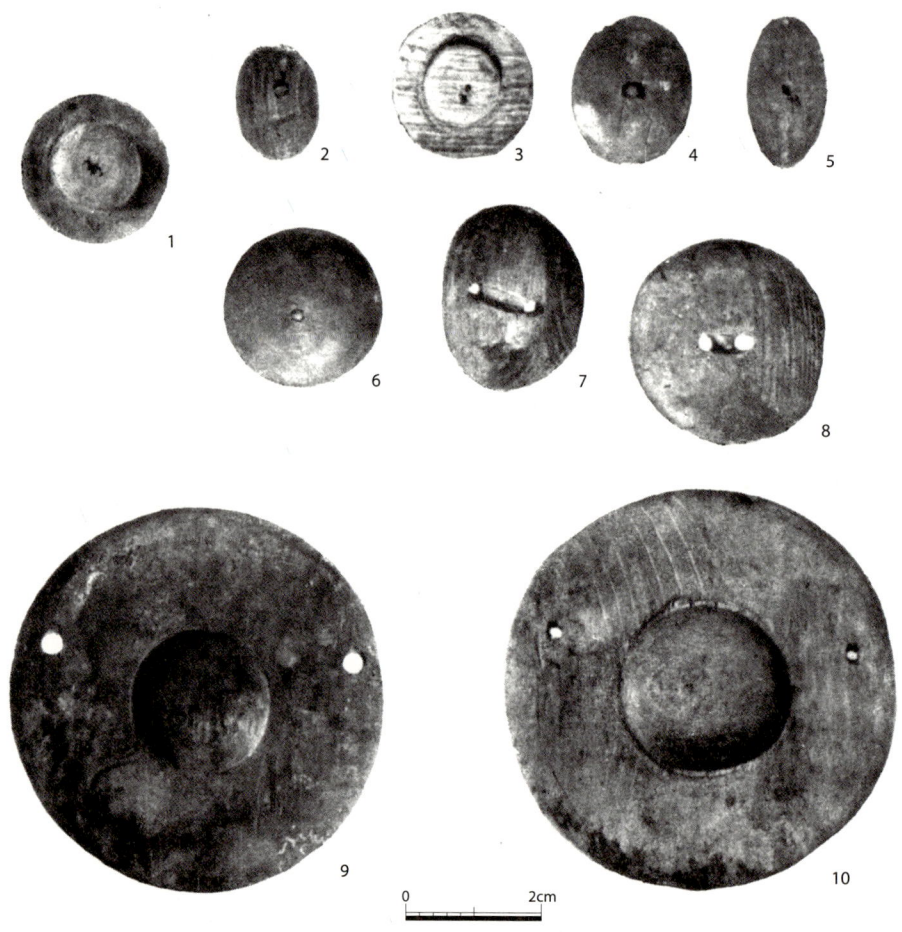

그림 143　바샤다르 유적 2호분 말 이마 장식

아크 알라하-1 유적, 아크 알라하-3 유적의 유물과 다른 점이 또 있는데, 재갈멈치를 굴레와 연결하는 'Y'자 부위이다. 바샤다르 유적에서는 이 부분이 가죽으로 만들어졌는데, 후대에는 목제로 만들어진다. 바샤다르 유적에서 발견된 말 이마를 장식하는 말 이마장식은 모두 원판형(그림 143)이다.

③ 추상화된 그리핀 굴레장식

바샤다르-2 유적에서 확인된 말의 굴레장식은 구름처럼 생긴 것이 있다. 그런데 바샤다르 유적과 멀지 않은 곳에 위치한 투엑타 유적의 재갈멈치에는 구름처럼 생긴 장식판이 달려 있다. 그리핀의 머리를 간략하게 표현했다고 볼 수 있다(그림 144-1). 바샤다르 유적 2호에서 굴레에 달았던 구름모양 장식(그림 146)은 투엑타 유적에서 호랑이 얼굴(그림 144-2, 3, 그

그림 144   투엑타 유적 굴레장식판   1. 재갈멈치 | 2, 3. 굴레장식판
그림 145   투엑타 유적 굴레장식판

림 145)과 함께 표현된다. 투엑타 유적에서 표현된 호랑이는 파지리크 유적의 유물보다 희화적으로 표현되었다

그림 146-1~10의 원판장식은 둥근 상단과 구름모양의 하단으로 구성되었는데, 투엑타 유적의 유물도 마찬가지이다. 투엑타 유적의 유물에서는 원판 대신에 호랑이 얼굴을 붙이고, 호랑이 얼굴과 어울리도록 하단에는 구름모양 판에 좀 더 세밀한 원판을 새긴 것이다.

투엑타 유적에서는 그림 144, 그림 145와 같은 호랑이 굴레장식판과 함께 바샤다르 유적 2호분에서 출토된 것과 같은 간략한 장식판(그림 146-11~12)도 출토된다. 바샤다르 유적이 도굴되지 않았고 좀 더 잘 남아 있었다면 투엑타 유적과 같은 호랑이 굴레장식판이 함께 출토되었을 가능성도 생각해 볼 수 있다.

투엑타 유적에서는 날개 핀 그리핀(그림 147)이 여러 점 확인된다. 크게 두 종류인데, 머리에 뿔이 달리고 귀 끝이 뾰족한 그리핀(그림 147-4,6), 뿔이 없고 귀가 둥근 그리핀(그림 147-1~3)이다. 머리에 뿔 달린 그리핀은 100년 뒤의 아크 알라하 유적-1호분과 아크 알

195

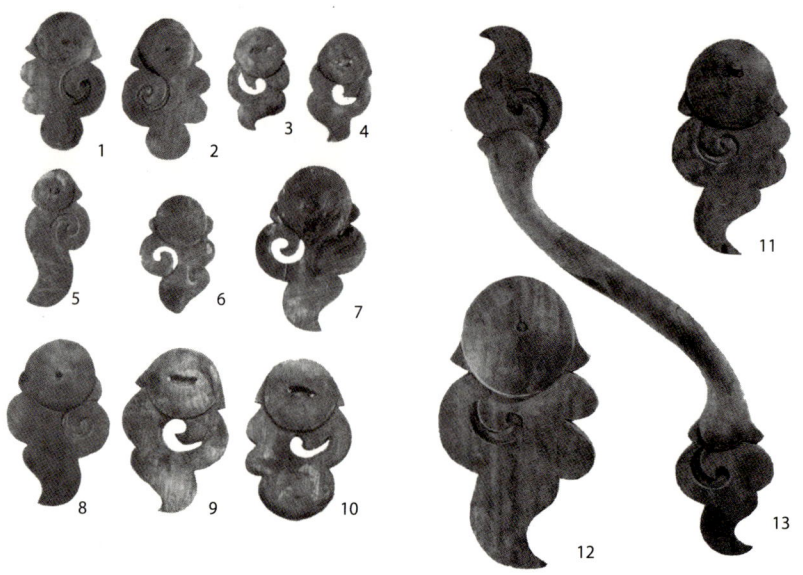

그림 146   바샤다르 유적 2호분(1~10)과 투엑타 유적 1호분 굴레장식(11,12)과 재갈멈치(13)

그림 147   투엑타 유적 1호분 그리핀

196   교과서 밖의 역사 유라시아 초원 스키타이 문화의 미라와 여신상

라하-3유적에서 계속 확인된다. 머리에 뿔이 없고 귀가 둥근 그리핀은 또한 100년 뒤의 파지리크 유적에서도 볼 수 있다.

그리핀의 스타일은 매우 다양한데, 바샤다르 유적과 같이 독수리를 메인 모티브로 해서 제작한 유물 외에도 여러 가지가 있다. 맹수의 머리와 몸통에 우제류의 뿔과 날개가 붙는 스타일이 있다. 사자머리가 붙으면 페르시안 스타일(그림 148-1,2), 호랑이 머리가 붙는 스타일(그림 148-3)이 있다.

그리핀은 맹수(호랑이 혹은 독수리)가 기본이라는 원칙에서는 벗어나서 표현된 유물도 일부 있다. 사슴몸통에 독수리 부리가 붙고 뿔이 화려한 환상의 동물이다(그림 148-4). 알타이에서 주로 확인되는 것은 독수리를 기본으로 한 그리핀과 호랑이를 기본으로 한 스타일이다. 각각의 동물문양은 표현되는 부위에 따라서 세분적인 분류가 가능하다.

그렇다면 투엑타 유적의 호랑이 장식판(그림 144, 그림 145) 아래에 달린 장식판을 날개의 변형으로 본다면 이 또한 그리핀으로 볼 수 있지 않을까?

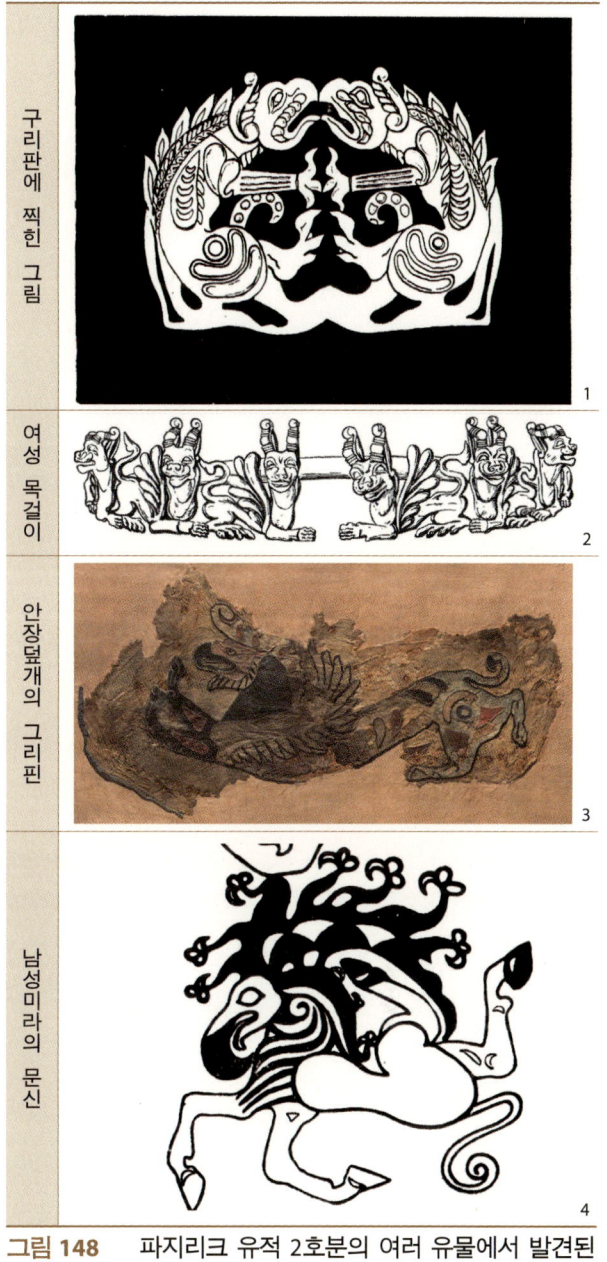

그림 148　파지리크 유적 2호분의 여러 유물에서 발견된 그리핀

④ 날개 핀 그리핀: 안장 장식

바샤다르 유적에서는 파지리크나 아크-알라하 유적에서는 찾아 볼 수 없는 모습의 그리핀이 확인되었다.

그림 149　바샤다르 유적 2호분 목제 말 안장 장식

독수리라고 생각할 수 있지만, 자세히 보면 독수리와는 다르다. 조류에는 없는 귀가 있고, 다리는 독수리 다리가 아니기 때문이다. 새의 머리는 오른쪽을 향하고 날개를 활짝 폈다. 귀가 매우 큰데, 소용돌이 모양으로 표현되었다. 새의 몸통 표현은 새라기 보다는 물고기의 비늘표현과 같다(루덴코 1960, 페레보드치코바 1994).

실제로 우코크 고원의 아크 알라하-1 유적에서는 말의 안장을 장식한 유물로 물고기장식판이 있다. 이 유물은 모두 4점이 확인되었는데, 크기가 거의 비슷하다. 14×24.4cm이고, 안장의 장식판이다. 안장 앞 뒤에 두 점씩 달도록 되어 있다. 이 유물은 편평해 보이지만 실제로 약간 굽어서 안장의 곡면에 맞게 제작되었다고 한다. 쉽게 찢어져서 잘 남아 있지 않지만 알타이의 목제 마구 장식은 모두 금박을 입혔다.

파지리크 유적(2호분, 5호분)과 아크 알라하-3유적, 아크 알라하-1유적(1호분, 2호분)에서는 독수리 머리를 그리핀으로 많이 표현했지만 두상만 표현되었다. 전신 그리핀은 맹수가 중심이 되고 독수리는 부수적 요소만을 차용했다. 독수리 전신을 합성 시킨 그리핀이 파지리크 2호분(가죽용기)에서 확인되기는 하지만 날개가 접힌 모양이어서 바샤다르 유적과 같이 날개를 편 유물과는 표현방법에서 차이가 있다.

⑤ 사슴문양

바샤다르 무덤 2호의 잣나무로 만들어진 통나무관에는 관의 덮개와 하부 모두에 호랑이와 여러 굽동물들이 생생하게 새겨져 있었다(그림 120). 사슴, 산양, 멧돼지 등이다. 호랑이를 제외한 나머지 동물들은 몸통의 문양장식이 일정한데, 어깨와 엉덩이 부위에 나선문양을 채운 것이다.

통나무관이 놓였던 무덤방 안에서도 사슴과 그리핀 등의 동물문양장식이 확인된다. 사슴은 가죽, 청동, 뿔로 만들어진 것이다. 가죽과 청동은 납작한 판으로 문양을 장식했다는 점에서 평면이고, 뿔로 만들어진 것은 입체적으로 제작된 것이다.

아주 얇은 염소가죽을 잘라서 만든 사슴문양(그림 150), 청동판에 찍어서 새긴 사슴(그림 151), 뿔을 깎아서 만든 사슴머리(그림 152)이다. 아주 얇은 염소가죽인데, 붉은색으로 염

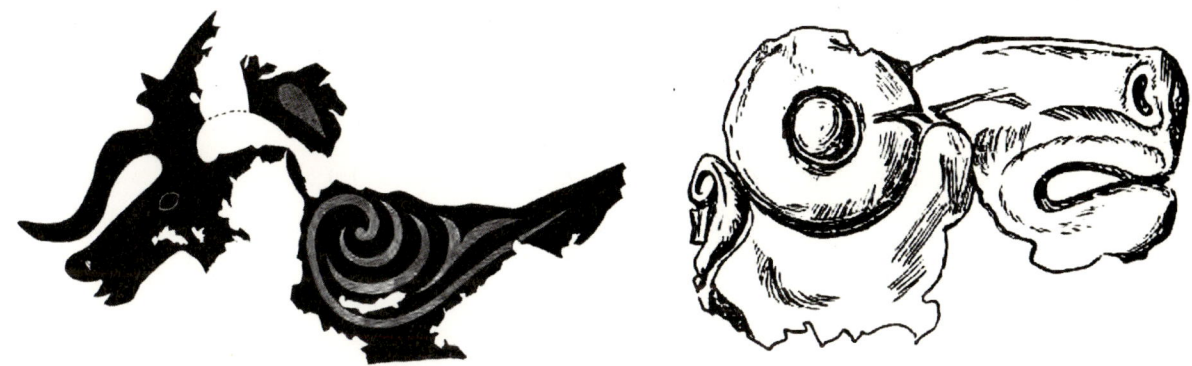

그림 150   바샤다르 유적 2호 가죽 사슴머리
그림 151   바샤다르 유적 2호 청동판에 찍힌 사슴머리

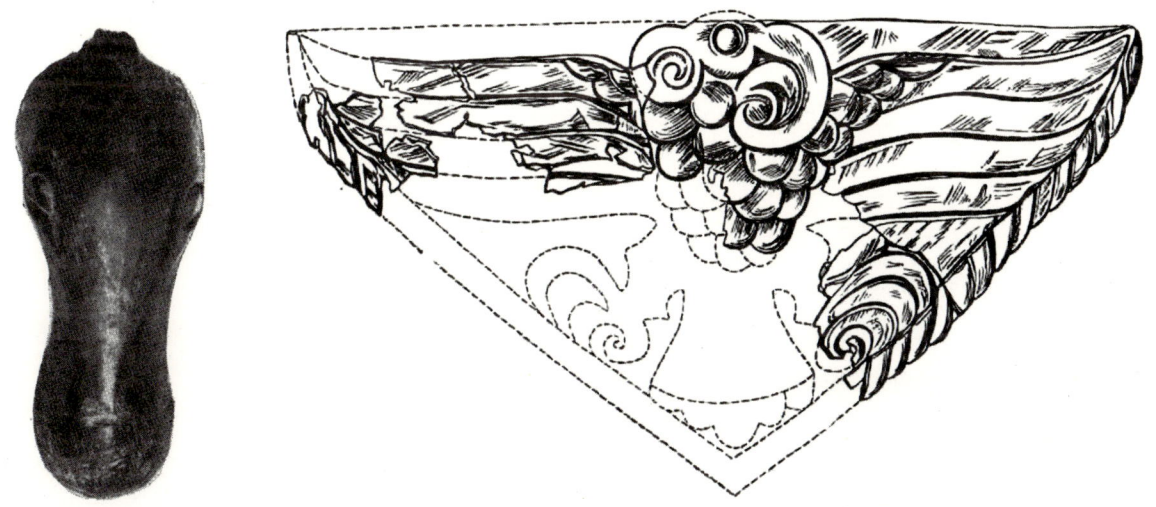

그림 152   바샤다르 유적 2호 뿔제 사슴머리
그림 153   바샤다르 유적 2호 청동판에 새긴 날개 핀 그리핀

색되었을 것이나, 발굴과정 중에 검게 변했다(루덴코 1960).

청동판에 찍힌 동물(그림 151)은 만약 이 유물만 출토되었다면 어떤 유물인지 약간 논란이 있을 수 있지만 통나무관에 그려진 사슴의 눈 표현과 거의 유사하다. 눈이 둥글게 표현되었고 눈 주변을 동심원문으로 둘러 싸고 있다.

청동판에 찍힌 동물이 한 점 더 있는데, 반쯤 사라진 그리핀(그림 153)이다. 얇은 청동판에 찍은 모양인데, 날개를 펴고 있으며, 부리와 다리가 과장되게 표현했고, 독수리 머리에 귀를 붙인 하이브리드 동물표현이다. 부리와 다리는 나선형에 가깝게 표현되었다.

목제로 만들어진 안장장식용 그리핀(그림 149)과 거의 같은 모습으로 청동에 표현된 것이다.

이들은 정확하게 유물의 용도는 알 수 없지만 무덤방의 남동쪽 모서리 부근에서 출토되었는데 각종 가죽조각과 비드(목걸이)와 함께 출토되어서, 일종의 장신구 였을 것이다.

바샤다르 유적 2호분에서 확인된 동물문양은 통나무관 뿐만 아니라 무덤방 안의 동물문양에도 나선문양이 주요한 문양장식이다. 말을 장식한 굴레장식도 사실적 표현보다는 기하학적인 표현에 가깝다.

그림 출처

그림 136 바샤다르 유적 2호분 통나무관(여성) 덮개장식(Руденко С.И. 1960 인용)

그림 137 바샤다르 유적 2호분 남성용 신발(Руденко С.И. 1960 인용)

그림 138 파지리크 유적 2호분 여성신발(Полосьмак Н.В., Баркова Л.Л. 2005 인용, 필자 재편집)

그림 139 바샤다르 유적 2호분 펠트제 벨트(1)와 가죽검집(2, 3)(Руденко С.И. 1960 인용, 필자 재편집)

그림 140 바샤다르 유적 2호분 마구(Руденко С.И. 1960 인용)

그림 141 말의 마구 각 부위 명칭(G.에렉젠 외 2017, 필자 재편집)

그림 142 바샤다르 유적 2호분 재갈멈치(Руденко С.И. 1960 인용, 필자 재편집)

그림 143 바샤다르 유적 2호분 말 이마 장식(Руденко С.И. 1960 인용, 필자 재편집)

그림 144 투엑타 유적 굴레장식판(Руденко С.И. 1960 인용, 필자 재편집)

그림 145 투엑타 유적 굴레장식판(필자 촬영)

그림 146 바샤다르 유적 2호분(1~10)과 투엑타 유적 1호분 굴레장식(11,12)과 재갈멈치(13)(Руденко С.И. 1960 인용, 필자 재편집)

그림 147 투엑타 유적 1호분 그리핀(Руденко С.И. 1960인용)

그림 148 파지리크 유적 2호분의 여러 유물에서 발견된 그리핀(필자 재편집)   1, 2, 4: (Руденко С.И. 1952 인용) | 3: (폴로스막, 바르코바 2005 인용)

그림 149 바샤다르 유적 2호분 목제 말 안장 장식(필자 촬영)

그림 150 바샤다르 유적 2호 가죽 사슴머리(Руденко С.И. 1960 인용)

그림 151 바샤다르 유적 2호 청동판에 찍힌 사슴머리(Руденко С.И. 1960 인용)

그림 152 바샤다르 유적 2호 뿔제 사슴머리(Руденко С.И. 1960 인용)

그림 153 바샤다르 유적 2호 청동판에 새긴 날개 핀 그리핀(Руденко С.И. 1960 인용)

참고문헌

Руденко С.И. 1960: Культура населения Центрального Алтая в скифское время. М.-Л.:

1960. 360 (루덴코 1960, 스키타이 문화시기의 중부알타이 산맥의 주민문화)

Переводчикова Е.В. 1994, Язык звериных образов. Очерки искусства евразийских степей скифской эпохи(페레보드치코바 1994, 언어로서의 동물문양장식)

Полосьмак Н.В., Баркова Л.Л. 2005: Костюм и текстиль пазырыкцев Алтая (IV-III вв. до н.э.). Новосибирск: 《Инфолио》. 2005. 232 c.(폴로스막, 바르코바 2005, 알타이 파지리크 사람들의 의복과 직조물

Степанова.Е.В. Эволюция конского снаряжения и относительная хронология памятников пазырыкской культуры.//Археологические вести .Вып. 13. СПб: 2006. 102-150 c.(스테파노바, 2006, 파지리크 문화의 마구 변천과정과 연대)

ШУЛЬГА П. И. Снаряжение верховой лошади и воинские пояса на Алтае. - Ч I. Ранне-скифское время. -Барнаул, 2008. - 276 c.(슐가 2008, 알타이의 군사용과 승마용말의 마구연구)

G. 에렉젠, 양시은, 2017, 『흉노』, 진인진

2) 투엑타(Туэкта, Tuekta) 유적

2600년 전 바샤다르 유적에서는 사슴이 가죽, 청동, 뿔로 제작된 것이 확인되었다. 뒤에서 살펴볼 아크 알라하-3유적이나 아크 알라하-1유적에서 사슴과 같은 우제류는 말을 꾸미는 장식으로 사용되었으나, 이 유적은 유물이 거의 없어서 정확하게 알 수 없다. 남겨진 사슴문양들도 모두 조각이다. 말의 굴레장식은 간단한 원판을 기본 모티브로 한 것만 남았는데, 필자는 그리핀과 호랑이의 추상적인 표현일 수 있다고 생각한다. 바샤다르 유적과 멀지 않은 곳에 위치한 투엑타 유적에서 사실적인 동물문양장식과 함께 추상적인 표현물이 함께 출토되기 때문이다.

투엑타 유적에서는 사슴을 모티브로 한 굴레장식이 출토된다. 눈이 둥글고 귀와 뿔이 표현되었다. 뿔은 크지 않다. 사슴 머리 3개가 달려서 삼각구도를 이루는 사슴문양장식(그림 154-6), 머리가 2개를 이루는 문양 장식(그림 154-4,5)은 같은 유적(1호분)에서 함께 출토된 초본류를 형상화한 장식판(그림 155)과 전체적인 구도 및 스타일이 유사하다.

(1) 유적의 위치와 정황

투엑타 유적은 투엑타 강, 현재 카툰(Катуни, Katun 강)의 왼쪽 지류인 우르술(Урсула, Ursu-

그림 154 투엑타 유적 굴레장식, 사슴문양

1a) 강의 계곡부에 위치한다(그림 156).[20] 1950년대에는 이 계곡에 무덤이 197개 있는 것으로 알려졌다. 무덤은 등고선의 수직방향으로 열을 이루어 군집되었다. 가장 큰 고분은 유적의 동쪽에 위치한다. 1호-68m, 3호-62m, 4호-48m, 6호-52m이고, 대형 무덤 옆에는 작은 무덤이 있다. 1954년에 루덴코는 1와 2호를 발굴했는데, 1호는 루덴코가 알타이에서 발굴한 무덤 가운데 가장 큰 무덤이었다.

---

20 정확한 위치는 필자의 블로그(https://eastsearoad.tistory.com)에 들어가면 구글지도를 공유해 놓았다.

그림 155 투엑타 유적 굴레장식, 초본문양

　1호는 지름이 68m, 높이는 4m로 초대형 무덤이다. 무덤을 덮은 돌은 대략 6,000평방 미터 가량이었는데, 돌을 덜어내기 위해서 트럭을 이용해서 돌을 옮겼다. **그림 157**에는 당시 투엑타 마을이 표시되었는데, 도로가 표시되어 있다(**그림 157**).

　그런데 1950년 이전에도 이 유적은 이미 1935년 세르게예프와 1937년에 키셀레프가 발굴했던 것으로 알려졌으나(루덴코 1960) 그 자료는 발표되지 않았다. 고분들은 도굴된 흔적이 많이 남았다. 특히 대형고분과 이에 바로 인접한 무덤에 도굴흔적이 심했다. 이런 상황에서 루덴코는 가장 큰 고분인 1호와 바로 북쪽에 붙어 있는 2호분을 발굴하기로 결정했다. 이미 손상되었지만 자신이 본 가장 큰 무덤의 구조와 그 내부가 궁금했을 것이다.

그림 156 투엑타 유적과 바샤다르 유적   1. 투엑타 유적 | 2. 바샤다르 유적

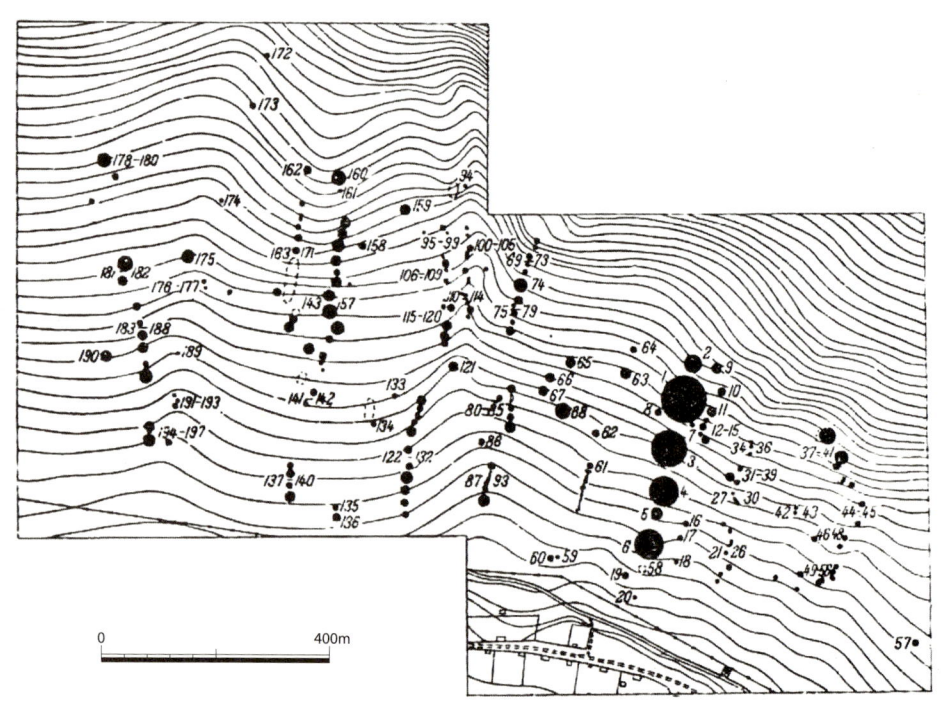

그림 157 투엑타 유적 평면도

그림 158 투엑타 유적 전경　1. 대형고분 가운데 가장 남쪽의 3개 4, 5, 6호분　|　2. 무덤 덮은 돌을 제거하는 광경

그림 159 1954년 투엑타 유적 발굴광경

(2) 투엑타 1호분

직경 68m의 1호 무덤은 처음 시굴(발굴 전에 땅 밑에 문화층이 있는지 조사) 조사한 것은 1949년이었고, 1954년에 무덤을 덮은 돌을 제거하고 1955년에 바닥조사를 완료했다.

어마어마하게 큰 무덤이어서 돌을 모두 들어내지 못하고 매장주체부(무덤방)와 무덤의 구조를 알 수 있을 만큼(약 30m)만 조사했다(무덤을 덮은 돌의 무게는 개당 150kg이상이다)(**그림 160**).

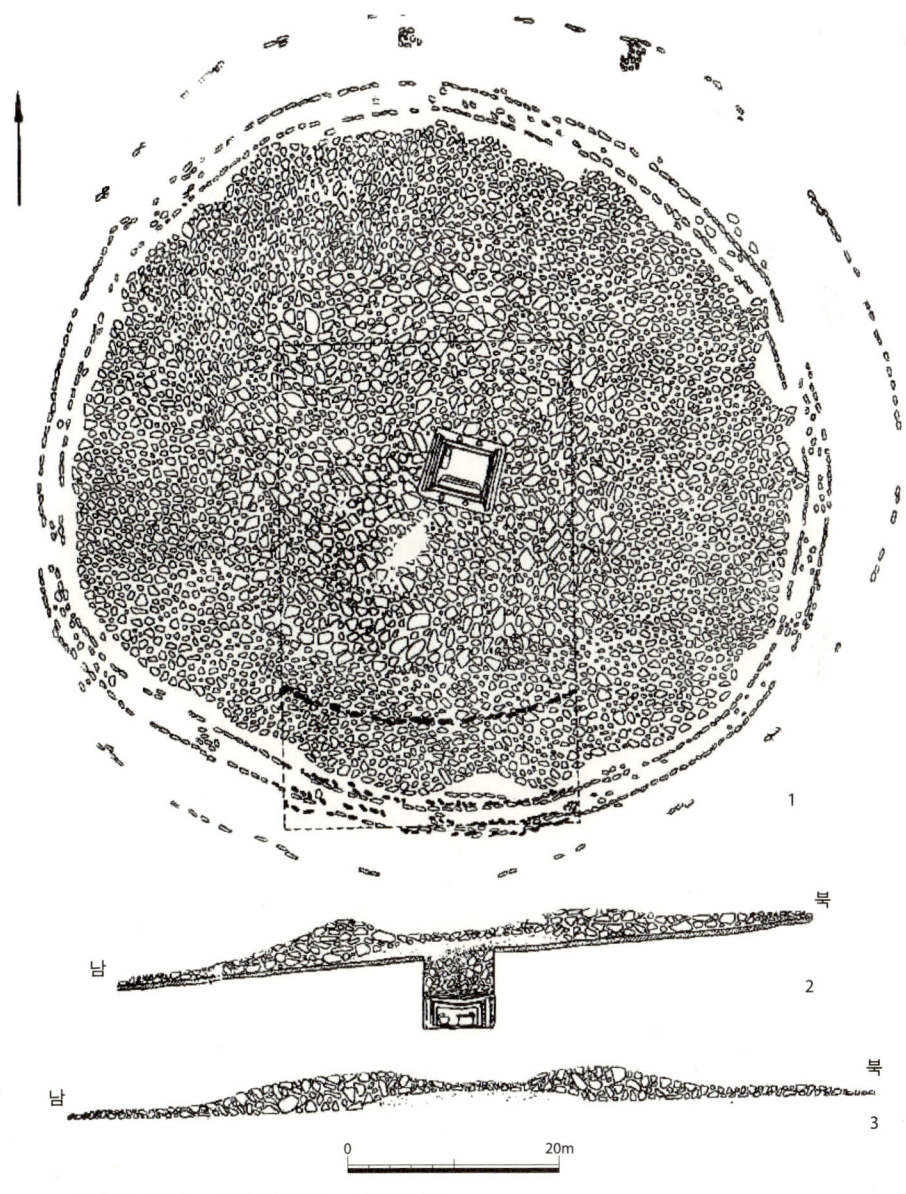

그림 160 투엑타 유적 1호분 평면도(1)와 단면도(2, 3)

그림 161 투엑타 유적 1호분 내부   1. 목곽 덮개, 도굴 흔적이 뚜렷하다 | 2. 목곽 덮개 부분을 제거하는 장면 | 3. 목곽 바닥에서 찍은 모습

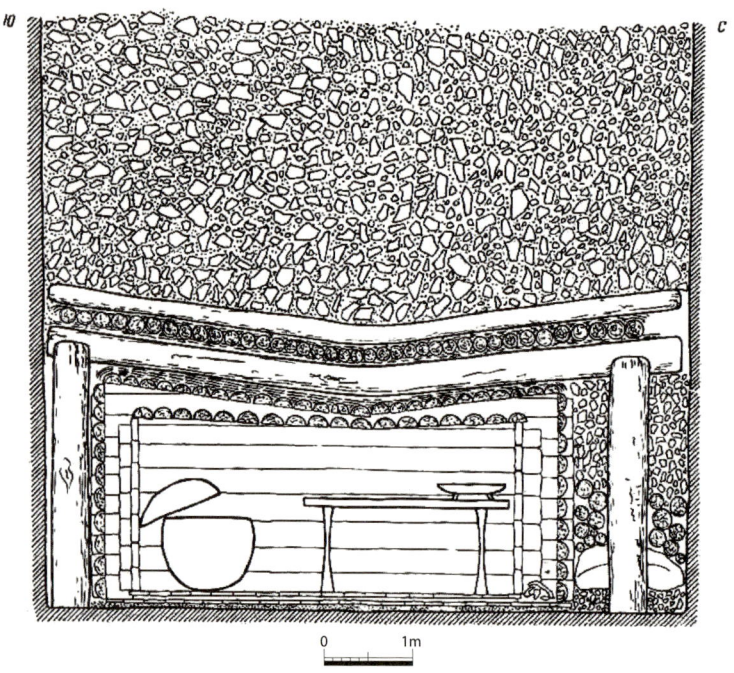

그림 162 투엑타 유적 1호분 단면도

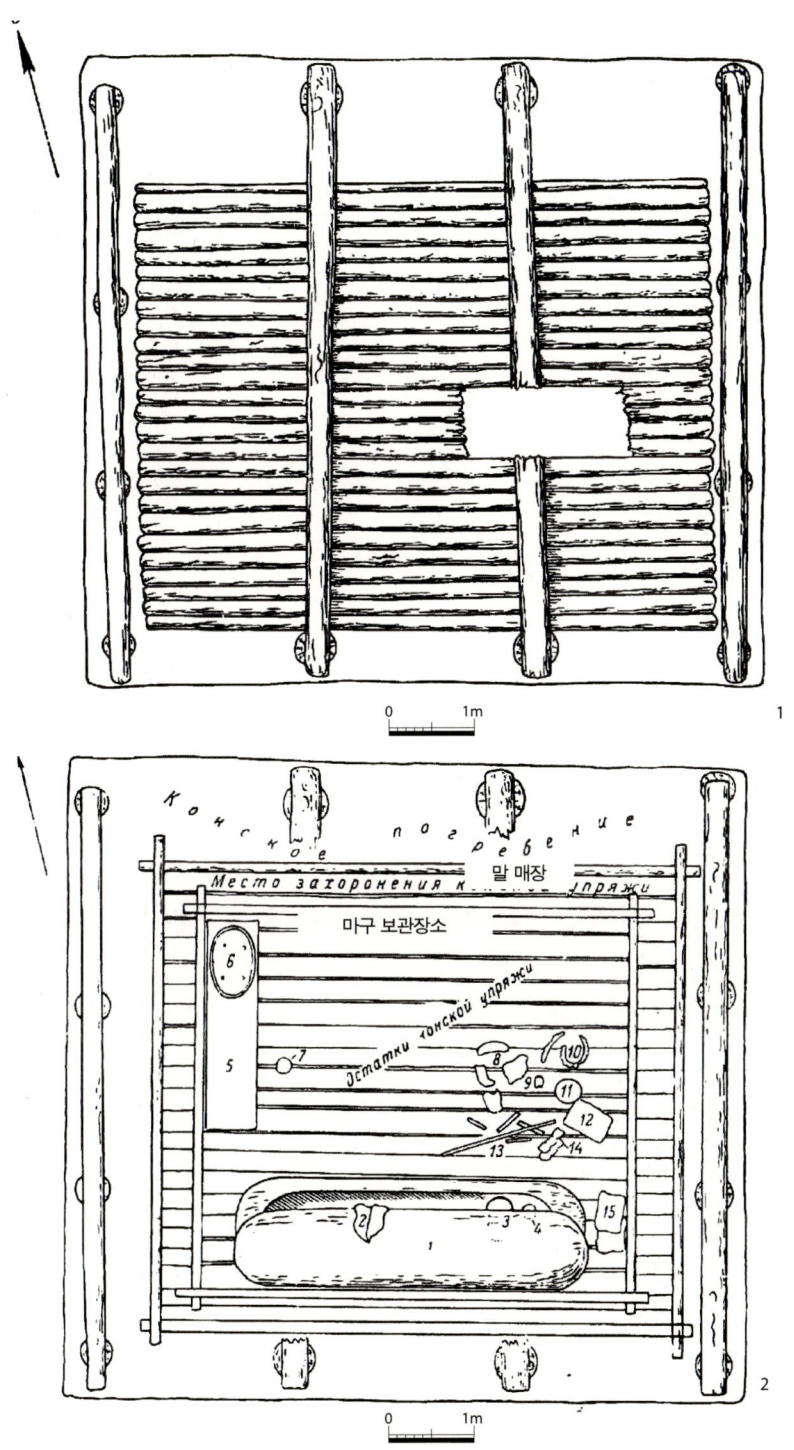

그림 163 투엑타 유적 1호분 외곽 목곽 덮개(1)와 목곽 바닥(2: 1. 통나무관 | 2. 가죽장식 | 3. 목침 | 4. 목제그릇 (손잡이 달린) | 5. 밥상 | 6. 목제 쟁반 | 7. 목제 그리핀(마구장식) | 8. 깨진 목제 쟁반 | 9. 청동장식 판 | 10. 말의 마스크의 일부인 목제뿔 | 15. 나무 막대와 가죽으로 만든 방패)

그림 164 투엑타 유적 1호분 통나무관(그림 163-2-1)

그림 165 통나무관(그림 163-2-2)에 부착되어 붙였던 가죽 사슴장식

무덤구조는 파지리크 유적과 흡사하다. 무덤구덩이를 파고 나무로 된 목곽을 설치하는 구조는 동일하다. 무덤구덩이는 너비가 7.53×7.88m이며, 깊이는 4.5m이다. 목곽을 설치하고 상부는 돌로 채웠다(그림 162). 무덤방은 2중 무덤방이다(바깥 1차-4.98×5.91m, 높이 2.12m, 안쪽 2차-4.15×4.90m, 높이 1.75~1.85m). 목곽 안에는 통나무관 1기가 놓여 있다(그림 162). 무덤방 제작에 사용된 자작나무는 길이가 4.9~6.9m에 달한다. 2중 무덤방은 각각의 덮개가 있고, 3번 통나무를 덮었다. 무덤방 바깥에 무덤구덩이의 가장자리에 수직으로 통나무 12개(길이 2.83m, 직경 42cm)를 세우고 그 위를 남북방향으로 덮었다(그림 163-1). 그 위는 작은 통나무를 동서방향으로 채운 후 가장 상부에는 다시 남북방향으로 통나무를 덮었다(이 지점은 무덤상부에서부터 2m 되는 지점)(그림 162). 루덴코는 목곽을 5번 덮은 것으로 표현했다. 말은 무덤구덩이 북쪽에서 8마리가 확인되었다. 머리에 체칸(전투용 도끼)으로 내려친 흔적이 남아 있었고, 수직으로 세운 통나무 사이에 놓여 있었다. 바닥에는 돌이 20cm정도 깔려 있었고, 머리는 동쪽으로 다리는 굽힌 채 옆으로 뉘였다. 그 위를 자작나무 16개로 덮었다(그림 162)(루덴코 1960).

바샤다르 유적과 비슷하지만 다른 점은 무덤방의 바닥에서 발견되는 마구의 위치이다. 말이 매장된 곳에서도 마구가 보관되었지만, 바깥 무덤방과 안의 무덤방 사이에 마구를 따로 보관했다.

물론 무덤방 바닥에서 확인되는 마구는 도굴꾼이 흘리고 간 것이다.

그림 출처

그림 154   투엑타 유적 굴레장식, 사슴문양

그림 155 　투엑타 유적 굴레장식, 초본문양
그림 156 　투엑타 유적과 바샤다르 유적
그림 157 　투엑타 유적 평면도(Руденко С.И. 1960 인용)
그림 158 　투엑타 유적 전경(Руденко С.И. 1960 인용, 필자 재편집)
그림 159 　1954년 투엑타 유적 발굴광경(Руденко С.И. 1960 인용)
그림 160 　투엑타 유적 1호분 평면도(1)와 단면도(2, 3)(Руденко С.И. 1960, 필자 재편집)
그림 161 　투엑타 유적 1호분 내부(Руденко С.И. 1960, 필자 재편집)
그림 162 　투엑타 유적 1호분 단면도(Руденко С.И. 1960, 필자 재편집)
그림 163 　투엑타 유적 1호분 외곽 목곽 덮개(1)와 목곽 바닥(2)(Руденко С.И. 1960, 필자 재편집)
그림 164 　투엑타 유적 1호분 통나무관(그림 163-2-1)(Руденко С.И. 1960, 필자 재편집)
그림 165 　통나무관(그림 163-2-2)에 부착되어 붙였던 가죽 사슴장식(Руденко С.И. 1960, 필자 재편집)

참고문헌

Руденко С.И. 1960: Культура населения Центрального Алтая в скифское время. М.-Л.: 1960. 360 (루덴코 1960, 스키타이 문화시기의 중부알타이 산맥의 주민문화)

(3) 투엑타 2호분

투엑타 2호분은 1호분의 북쪽에 위치한다. 1호분이 워낙 커서 상대적으로 작아 보인다. 직경 32m이고, 높이는 2.6m이다(그림 166-1). 무덤구덩이(4.5×5.8m, 깊이 4.5m) 안에 무덤방(3.3×3.7m)을 만들고 그 안에 통나무관을 놓은 구조이다. 무덤구덩이 내부에서 북쪽은 말을 위한 공간이고 남쪽에 무덤방이 설치되었다(그림 166-3). 무덤방 외곽에는 남쪽과 북쪽에 수직으로 기둥(길이 1.48m, 직경 50cm)을 세워서 상부의 하중을 견디기 쉽게 했다. 이 위로 남북방향으로 통나무를 덮고 다시 동서방향으로 통나무 13개를 나란히 눕혀서 덮었다. 가장 상부에는 자작나무 껍질로 덮은 흔적이 발견되었다. 무덤구덩이 북쪽에는 말 8마리분이 있었다(루덴코 1960).

　　투엑타 유적의 무덤구조가 바샤다르 유적과 파지리크 유적과 다른 점은 무덤 상부를 덮은 재료이다. 물론 여러 번 무덤방을 덮은 점은 같지만, 바샤다르 유적에서는 무덤구덩이의 상단부분을 통나무로 채웠으나 투엑타 유적은 상부의 하중을 견디기 위해서 나무를 덮고 그 내부는 돌(1호)과 흙(2호)으로 채웠다.

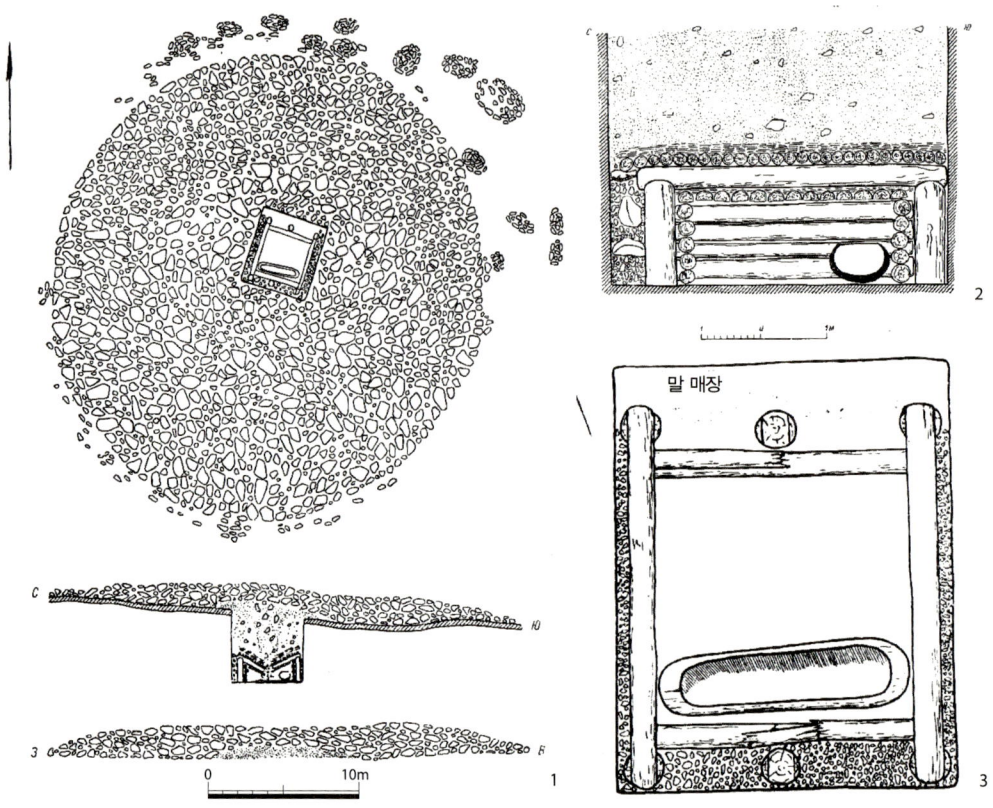

그림 166 투엑타 유적 2호분 평면도(1), 단면도(2), 목곽 바닥(3)

(4) 투엑타 유적의 주인공

투엑타 유적은 바샤다르 유적보다 더 큰 무덤이지만 피장자는 미라처리되지 않았다. 1호분에서는 키가 178cm인 40~45세의 남성이 혼자 묻혀 있었다. 투엑타 유적 1호분의 북쪽에 근접에 위치한 2호분은 35세 가량의 여성 무덤이다. 이 여성은 키가 144cm정도로 작은 키이다. 투엑타 유적의 1호분과 2호분의 인종은 두개골로 살펴보면 유로포이드이다(루덴코 1960).

반세기가 지난 지금 인종구분은 DNA분석법이 도입되고 있으며, 앞으로 새로운 유적이 발굴된다면 더 나은 결과를 예상해 볼 수 있다.

루덴코가 발굴한 무덤(파지리크, 바샤다르, 투엑타 유적)에서 인종구분을 해낸 방법은 형질인류학적인 분석이다(1947년, 1950년, 1954년에 발굴해서 1953년과 1960년에 연구결과를 내어놓았다.). 두개골 뿐만 아니라 중요한 판단 기준 중에 하나가 머리카락 형태와 피부색이다. 파지리크 유적에서 확인되는 3호분과 5호분 여성, 2호분 여성은 유로포이드의 머리카락 형태와 피부색이었다. 머리카락은 매우 가늘고 곱슬거리는 머리카락으로 어두운 갈색이었다.

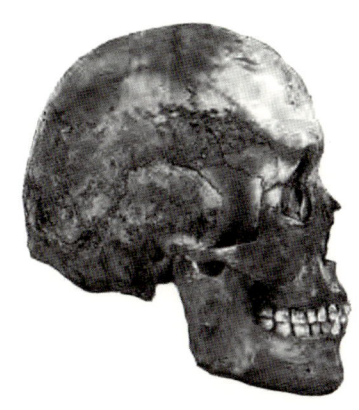

그림 167　투엑타 유적 1호분 남성 두개골

그런데 파지리크 2호분과 5호분의 유로포이드 여성과 함께 매장된 남성은 몽골로이드이다 (루덴코 1953).

　　루덴코는 파지리크 유적에서 볼 수 있는 몽골로이드와 유로포이드의 혼합 매장은 결혼에 의한 것과 전쟁으로 인한 인구 유입의 가능성을 이야기 했다. 예를 들면 어떤 그룹의 리더가 그들을 도와줄 알타이의 리더를 찾아서 가족 및 친척이 알타이로 숨어들어왔을 수도 있다는 것이다(루덴코 1960).

그림 출처

그림 166　투엑타 유적 2호분 평면도(1), 단면도(2), 목곽 바닥(3)(Руденко С.И. 1960, 필자재편집)
그림 167　투엑타 유적 1호분 남성 두개골(Руденко С.И. 1960 인용)

참고문헌

Руденко С.И. 1953: Культура населения Горного Алтая в скифское время. М.-Л.: 1953. 402 с. (루덴코 1953, 스키타이 시대 알타이 산의 주민문화)

Руденко С.И. 1960: Культура населения Центрального Алтая в скифское время. М.-Л.: 1960. 360 (루덴코 1960, 스키타이 문화시기의 중부알타이 산맥의 주민문화)

(5) 유물

① 1호분 바닥 유물

목곽의 바닥(그림 163-2)에서는 목침(그림 168-1), 손잡이 달린 목제그릇(그림 168-2), 나무

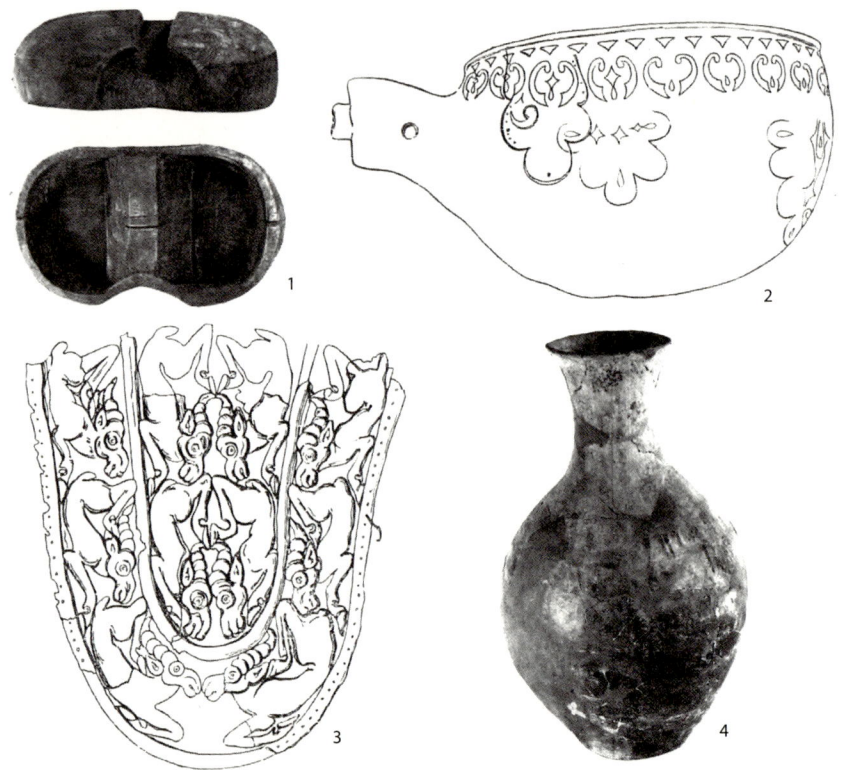

그림 168 투엑타 유적 목곽 유물   1. 목침 | 2. 손잡이 달린 목제 그릇, 손잡이는 결실되었음 | 3. 청동장식판 | 4. 액체 보관용 토기, 쿱신

그림 169 투엑타 유적 1호분 방패(그림 163-2-15)

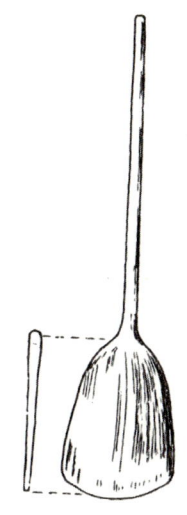

그림 171 투엑타 1호분 목제 삽 혹은 숟가락

테이블(그림 178), 목제잔(그림 168-2), 목제 그리핀, 청동장식판, 목제뿔(그림 173), 토기(그림 168-4), 방패(그림 169) 등이 발견되었다.

목침(그림 168-1)은 파지리크 유적의 유물과는 달리 중간에 홈이 있다. 무덤방 바닥(그림 163-2)에서 표시되어 있지 않지만 부

그림 170 투엑타 1호분 철제 검(1~5)과 투엑타 1호분 철제 검집장식(6)

식이 심한 철제 검(그림 170-1~5)과 검집 장식(그림 170-6)도 출토되었다(루덴코 1960).

무덤방 위를 채운 흙에서도 유물이 출토되었다. 목제 숟가락(그림 171)처럼 보이지만, 루덴코(1960)는 '목제 삽'이라고 보고했다. 아마도 무덤방 안에서 출토되지 않았고, 무덤을 채운 흙에서 출토되었기 때문이다. 먼저 발굴했던 파지리크 유적 무덤구덩이 안에서 무덤을 만들던 목제 말뚝과 일종의 사다리가 발견되어서, 그림 171의 유물도 무덤구덩이를 만들던 도구로 생각했다(루덴코 1960).

그림 171처럼 생긴 유물이 모두 7점 정도 부서진 상태로 확인되었고, 이 유물의 크기는 22cm정도이다. 그 중에 몇 개는 앞부분의 가장자리에 턱이 있다. 루덴코는 이 턱 때문에 흙을 잘 풀 수 있다고 생각했다. 루덴코처럼 생각할 수도 있지만, 흙 푸는 도구로 보기에는 작지 않을까? 물론 부장용으로 만든 이미테이션일 가능성일 수 있다. 또 세밀한 부분에 흙

을 나르기 위한 삽일 수도 있다. 그러나, 결정적으로 무언가를 푸기에는 앞면이 편평해서 쉽지 않다. 애매한 유물이다.

② 나무로 만든 뿔 장식

시베리아 알타이의 스키타이 문화에서는 인위적인 과정을 거쳐서 미라로 만들어졌고, 말도 화려하게 꾸민 상태로 함께 묻었다. 특히 파지리크 유적에는 말의 머리에 마스크를 씌웠다. 마스크에는 화려한 뿔 장식이 달려 있었다.

투엑타 유적 1호분에서도 말 마스크 장식의 일부였을 것으로 추정되는 유물이 출토되었다. 나무로 만들어진 뿔 장식인데 말의 마스크를 장식했을 것으로 추정한다(루덴코 1960).

발견된 뿔장식은 산염소(горный козел, Iberian ibex, *Capra pyrenaica*)[21](그림 172)의 뿔을 모방한 것이다.

쌍으로 확인된 것은 3벌(그림 173, 그림 177)이고, 목제 뿔의 부속품(그림 176)도 있어서 확인 가능한 것은 4쌍이지만 이 보다 더 많았을 것이다. 이 유물과 같은 형태의 부속품 등이 많이 출토되기 때문이다.

어떻게 곧은 나무를 휘어지도록 표현할 수 있었을까?

목제 뿔은 나무 3가지를 이어서 붙인 것이다. 곧은 나무를 부채꼴처럼 휘어지도록 보일 수 있었던 핵심 기술은 나무 조각을 길게 비스듬하게 잘라서 붙인 것(그림 174-1)이다. 목제 뿔의 상단에는 반타원형의 장식판이 붙어 있는데, 목제 뿔에 삽입하도록 제작된 것이다(그림 175). 나무를 파낸 흔적(그림 175-3)이 그대로 남아 있다. 그래서 비스듬하게 자른 면을 잇는 방법도 뿔의 지점에 따라서 차이가 있다(그림 175-2, 4). 뿔이 마스크와 붙는 부위(그림 175-4)와 뿔의 상단 부위(그림 175-2)이다. 같은 쌍의 또 다른 유물에는 가죽(그림 175-1)으로 연결한 흔적도 남아 있다(므일리코바 2018).

삽입된 반원형 나무장식판은 두 판을 이어 붙인 것이다(그림 175-5, 6). 옆면에는 나무 못을 삽입한 뒤 고정할 때 필요한 구멍이 있다. 상단에도 또 다른 장식을 삽입하기 위해서 사각형(그림 175-6)으로 잘라 내거나 구멍을 뚫는 경우(그림 175-5)도 있다. 반원형 상단에는 그림 176과 같이 뿔 모양으로 자른 가죽을 끼워 넣어서 장식했을 가능성이 있다. 목제뿔

---

21   http://wiki-org.ru/wiki/%D0%9D%D1%83%D0%B1%D0%B8%D0%B9%D1%81%D0%BA%D0%B8%D0%B9_%D0%B3%D0%BE%D1%80%D0%BD%D1%8B%D0%B9_%D0%BA%D0%BE%D0%B7%D1%91%D0%BB

그림 172　산염소

그림 173　투엑타 1호분 목제 뿔

그림 174　투엑타 1호분 목제 뿔　나무를 길게 비스듬하게 잘라서 이어 붙인 흔적이 남아 있다.

217

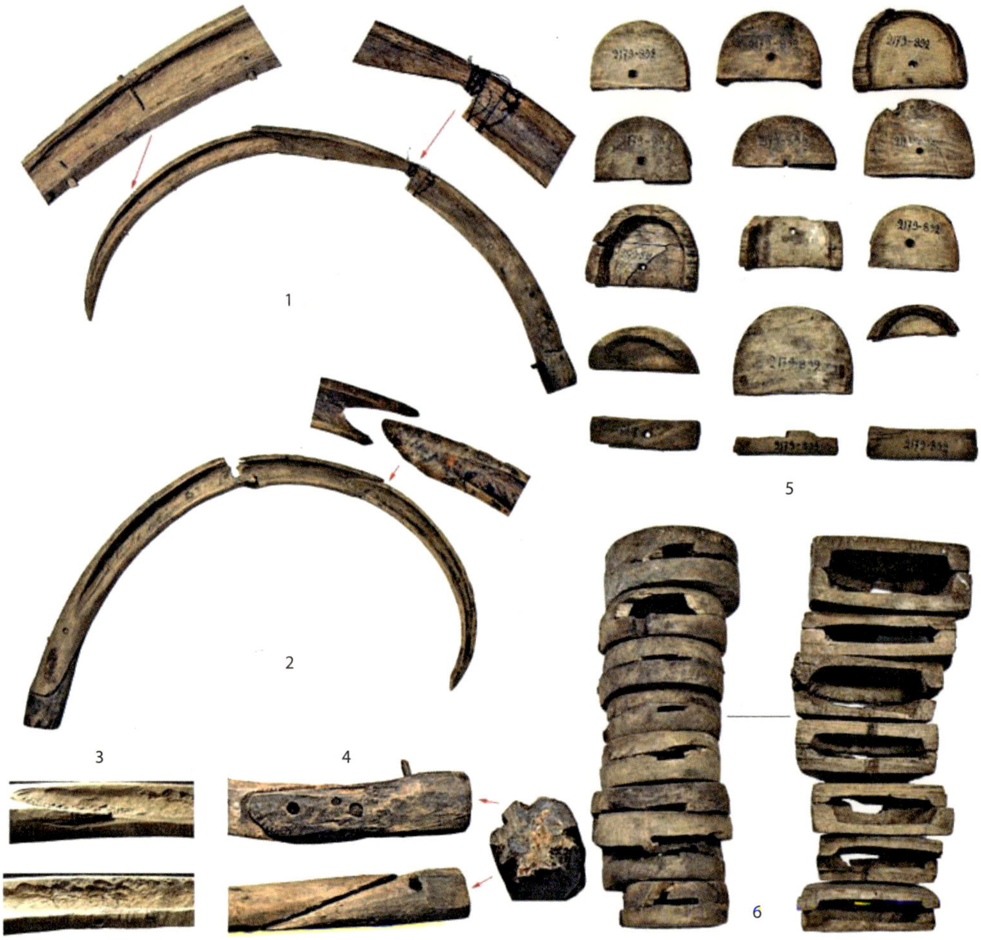

그림 175 투엑타 1호분 목제 뿔   반원형 장식판을 빼고 위에서 아래로 내려보고 찍은 사진(1~4) 투엑타 1호분 목제 뿔 장식판

그림 176 투엑타 1호분 목제 뿔 장식판

218   교과서 밖의 역사 유라시아 초원 스키타이 문화의 미라와 여신상

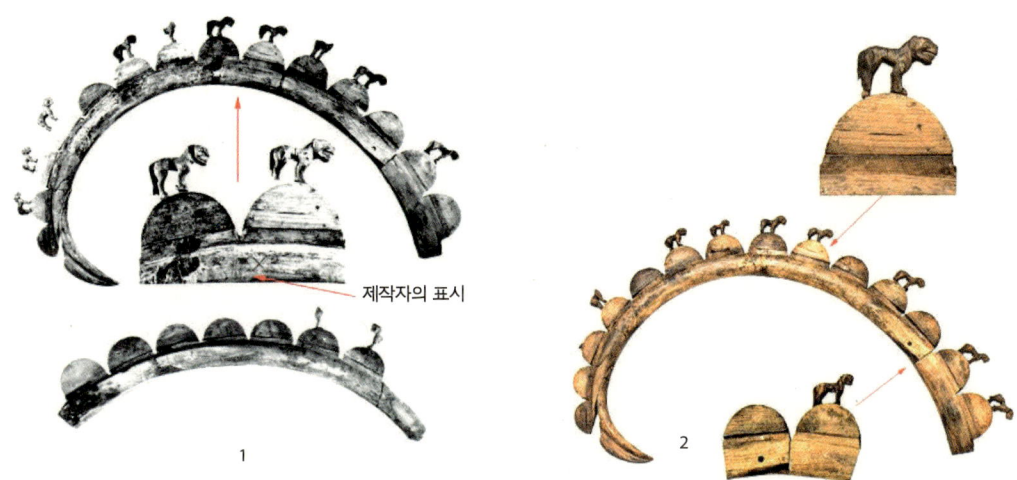

그림 177 투엑타 1호분 목제 뿔 1. 제작자의 표시 'X' | 2. 반원형 장식판: 8~12cm

에 삽입되는 장식판은 반원형 이외에도 반원형의 하단이 확장되어 홈이 있는 것(그림 177-2)도 있다. 호랑이(3.5~6cm)는 따로 조각되어서 구멍에 삽입된 것이다(브일리코바 2018).

③ 나무테이블: 밥상

투엑타 유적 1호분에서는 목제 잔(그림 168-2)이 나무 테이블(그림 178) 위에 올려진 채 확인되었다. 목제쟁반은 바닥면에 다리가 붙은 것으로 거의 모든 파지리크 문화의 무덤에서 발견된다.

나무테이블은 평면형태가 긴 네모꼴이고 다리가 달린 모습이다. 길이는 220cm, 너비는 60cm, 다리높이는 90cm이다. 테이블의 뒷판에는 낙엽송 두 나무판을 이어 붙인 흔적이 남아 있다. 목제 테이블의 다리(단면 원형)는 다리 끝에 턱이 있는 형태로 나무판의 가장자리에 삽입해서 조립했고, 네 면 모두 상판에 못을 박은 흔적이 남아 있다. 가장자리에는 나무판에 테두리를 덧붙였다. 이 유물 위에 다리가 붙은 목제 쟁반이 놓여 있었고, 또 한

그림 178 투엑타 유적 1호분

점의 목제 쟁반은 나무방 바닥에 깨진 채로 있었다(루덴코 1960). 보고서의 설명에는 없었으나 사진에서 보면 다리를 붙이고 그 앞에 나무판을 덧댄 것이 보인다.

루덴코는 라돌로프(Радлов B.B., Radlov V. V.)가 발굴한 카탄다(Катанда, Katanda)무덤의 예를 들어서, 투엑타 1호분에서 발견된 목제 테이블은 식탁의 용도로써 사용되었을 가능성이 있는 것으로 보았다. 죽은 후에 장례식을 치르는 준비기간 동안 죽은 이에 대한 소식이 전해지는 시간이 필요 했고, 이 때 사용된 것이라는 내용이다(루덴코 1960).

특히 이 유적에서 발견된 목제 쟁반은 다른 곳에서는 볼 수 없었던 아주 큰 유물이다. 이 무덤이 도굴로 인해서 유물이 훼손되었다고 해도, 이 유물의 위치는 발견되었을 당시 그대로 였을 것이다. 목제 테이블은 서쪽 벽에 붙어서 발견되었다. 용도는 목제 쟁반이 그 위에서 출토된 것으로 보아서 식탁일 가능성이 가장 높다.

④ 나무로 만든 그리핀 굴레장식

2600년 전 투엑타 유적에는 나무로 만들어진 굴레가 출토되었다. 말의 굴레를 목제로 된 것을 만들기 시작한 시점은 이때 부터인 것으로 생각된다. 앞서 보았던 아르잔-2호에서 발견된 굴레는 청동이었다.

나무를 깎아서 만드는 소재의 특성상 금속제 보다는 좀 더 세밀한 표현이 가능하다. 루덴코(1960)는 그림 179의 그리핀을 투엑타 1호에서 가장 특별한 유물이라고 생각했다. 말의 머리 장식으로 원판형이다. 이제까지 보여드린 원판형 머리장식은 모두 문양이 없었으나 그림 179에는 그리핀 2마리가 원을 그리고 있다. 같은 구도로 그리핀 2마리가 원을 그리는 유물은 파지리크 유적 2호분에서 출토된 가죽용기이다(그림 216).

얼핏 보면 독수리라고 생각하기 쉽지만 그리핀이다. 몸체는 독수리이지만 호랑이의 귀가 표현되었고, 갈기, 발톱표현 등은 실제 독수리에서는 볼 수 없다.

그림 179는 독수리가 주체이고, 맹수의 특정부분이 가미된 것이다. 그리고 갈기는 다른 동물과 관련되어 있다. 어쨌든 그림 179는 전신형이며, 독수리머리 그리핀과는 다르다.

독수리머리 그리핀 전신형은 독수리머리에 호랑이 몸통이 부착되었다(그림 180). 여기에 맹금류의 날개를 접합하고, 발에는 호랑이의 발톱을 표현했다. 물론 실제 독수리 발톱은 매우 날카롭지만 신체 비율에 비해서 매우 과장되어 있다. 이를 제작한 마스터는 그리핀을 표현할 때 귀와 갈기로서 독수리가 아닌 하이브리드 동물임을 나타냈다.

그리핀 가운데 구멍을 뚫고 그곳에 가죽을 넣어서 귀를 표현한 것도 있다. 파지리크 유적에서도 같은 표현법이 확인된다.

그림 179　투엑타 유적 1호분 말머리장식　지름 12.7cm

그림 180　투엑타 유적 1호분 독수리머리 그리핀 전신형

그림 181 투엑타 유적 1호분 독수리 머리 그리핀 머리형

그림 182 투엑타 유적 1호분 굴레장식

⑤ 십자형 그리핀

2600년 전 알타이의 무덤에서 발견된 그리핀은 다양하지만 그 중에서 독수리 머리 그리핀은 알타이 지역의 특성화된 유물이다. 독수리 머리에 귀, 갈기, 벼슬을 붙였다. 여기에 맹수 몸을 착장하고 날개를 붙이면 전신형이 된다. 이와 같은 독수리머리 그리핀은 이제까지 살펴보았던 알타이의 스키타이 문화 무덤에서 전부 출토되지만, 투엑타 유적에서 가장 먼저 보인다고 할 수 있다.

그런데 투엑타 유적 1호분에는 독수리머리 그리핀과는 약간 다른 형태도 있다. 얼핏 보면 독수리머리 그리핀 같지만, 갈기가 없고, 머리의 벼슬과 귀, 부리가 부채꼴 모양으로 강조된 것으로 전체 평면형태는 'S'자이다(그림 183-1). 같은 방향을 보고 있는 똑같은 그리핀 4개가 십자방향 혹은 꽃잎모양으로 돌아가고 있다. 이 유물은 가죽으로 만든 아플리케 장식으로 안장 장식으로 알려졌다.

그리핀은 독수리머리를 형상화 한 것은 맞지만 갈기를 표현하지 않았다. 이와 같은 형상의 그리핀은 알타이 외에도 다른 지역에 널리 퍼져 있기 때문이다. 완전히 같은 유물은 아니지만 같은 구도라는 점과 그리핀 자체에 주목한다. 바르코바(1987)는 갈기가 없고 뿔과 귀만 강조된 그리핀은 표트르 1세의 시베리아 황금 유물 컬렉션에서 많이 등장한다고 보았다(그림 184, 185)(바르코바 1987).

그러나 이 개별 유물의 그리핀은 전체평면형태가 'S'형이고, 갈기가 없다는 점은 그림 183-1의 그리핀과 비슷해 보이지만, 표트르 1세의 동물투쟁문에는 뿔이 없다. 그리핀이 다른 동물 주제와 결합되는 점은 별개의 문제로 생각하더라도 그대로 바르코바의 의견을 동의하기는 어렵다.

그림 183-1의 구도와 같은 유물은 시베리아 투바에 있는 주제르긴그-호부주-1(Дужерлиг-Ховузу-I, Duzherlig-Hovuzu-I)(기원전 6~3세기) 유적 1호분(그림 183-2)에서 출토된 황금 원판에 찍힌 표현물, 미누신스크 분지에서 발견된 타가르 문화의 기원전 6세기 유물(그림 183-3, 4)에서도 볼 수 있다. 하지만 이 유물들은 구도는 비슷하지만 대상이 된 동물은 그 표현이 다르다.

시베리아와 떨어져 있지만 투르크메니스탄 남부에 있는 무르가브 강의 하류에 위치한 콘쿠르(Гонкур, Gonkur) 유적에서는 일종의 부적이면서, 석제 도장이 발견되었다. 한쪽에는 날개를 편 그리핀(그림 183-5), 반대편에는 그리핀 4마리가 십자형 구도(그림 183-6)로 새겨진 것이다.

사리아디니(1976)는 이 유적이 기원전 10세기 이상 올라가기 때문에 십자형 구도의 그

그림 183 투엑타 유적 십자형 그리핀(1)과 유사품(2~6) 1. 투엑타 유적 1호 그리핀 장식, 가죽 안장장식, 9.2×9cm | 2. 시베리아 투바에 위치한 주레르긴그-호부즈-1유적 황금제, 원판형 유물 | 3, 4. 시베리아 미누신스크 분지의 타가르 문화, 유사 십자형 동물장식 | 5, 6. 곤쿠르 유적의 도장, 석제

그림 184 표트르 1세 시베리아 황금 유물 컬렉션

리핀은 중앙아시아에서 알타이로 전해졌을 것으로 보았다. 하지만 이 유적이 워낙 오래전에 발굴된 유적이고 잘 보고되지 않아서 의심할 여지가 많다. 뿐만 아니라 실제 그리핀의 표현법도 많이 다르다. 다만 십자형 구도의 유물이 알타이 뿐만 아니라 유라시아 전 지역에서 널리 퍼져 있다는 것은 사실이다. 또한 어떤 경로 혹은 방법으로든 100%로 같지는 않지만 표트르 1세의 유물에 표현된 그리핀은 알타이 투엑타 1유적의 그리핀과 닮았다. 차이점에 대한 설명이 필요하다.

⑥ 호랑이와 독수리머리가 모두 달린 그리핀

2600년 전 바샤다르 유적부터 확인되는 독수리머리 그리핀 중에서 전신형의 몸통은 긴 꼬리, 발톱표현 등은 호랑이를 형상화 한 것이다.

스키타이 문화에서 가장 먼저 등장한 맹수는 아르잔-1호의 몸을 말고 있는 범 장식이다. 아르잔-1호보다 200여 년 정도 늦은 2700년 전 아르잔-2호에서는 호랑이장식이 매우 많이 등장한다. 특히 주인공 5호묘의 남성과 여성의 외투에는 황금 호랑이판으로 제작되었고, 일반 무덤에서는 청동으로 제작된 띠 장식 등도 발견된다.

2600년 전 투엑타 유적에서는 뿔 달린 호랑이 및 호랑이 머리와 독수리 머리와 합성된 그리핀도 만들어진다(그림 188). 뿔 달린 호랑이는 투엑타 유적에서 안장장식으로써 가

그림 185 표트르 1세 황금 유물 컬렉션 중 동물투쟁문양

죽으로 제작되었다. 뿔은 사슴뿔을 묘사한 것인데, 합성동물로 볼 수 있지만, 두 동물은 동물투쟁문양의 요소라는 점에서 흥미롭다(그림 187).

    호랑이 머리와 독수리 머리가 합성된 그리핀은 투엑타 유적과 바샤다르 유적에서 출토되었다. 그림 188을 참고로 할 때 투엑타 유적과 바샤다르 유적에서 출토되는 구름판 장식(그림 145)은 이 동물문양에서 출발했다고 할 수 있다. 알타이에서도 사실적 동물표현에

그림 186   투엑타 유적 1호분 뿔 달린 호랑이, 가죽 아플리케
그림 187   투엑타 유적 1호분 굴레장식 호랑이 머리와 독수리 머리 그리핀

그림 188   투엑타 유적 1호분 굴레

특정 부위를 추사화시키는 방법으로 묘사된 동물문양이 파지리크문화의 초기(2600년 전)부터 있었다는 점을 알 수 있다.

두 유적 보다 늦은 파지리크 유적, 아크 알라하-3유적, 아크 알라하-1 유적의 그리핀은 독수리머리와 호랑이 몸체가 합성된 것이어서 두 동물의 머리가 합성된 그리핀과는 차이가 있다.

그림 출처

그림 168   투엑타 유적 목곽 유물(Руденко С.И. 1960)

그림 169	투엑타 유적 1호분 방패(그림 163-2-15)(Руденко С.И. 1960)	
그림 170	투엑타 1호분 철제 검(1~5)과 투엑타 1호분 철제 검집장식(6)	
그림 171	투엑타 1호분 목제 삽 혹은 숟가락	
그림 172	산염소	
그림 173	투엑타 1호분 목제 뿔(Руденко С.И. 1960 인용, 필자 재편집)	
그림 174	투엑타 1호분 목제 뿔(1. Мыльников В.П. 2018 ｜ 2. 필자 촬영, 필자 재편집)	
그림 175	투엑타 1호분 목제 뿔(МыльниковВ.П. 2018, 필자 편집)	
그림 176	투엑타 1호분 목제 뿔 장식판(필자 촬영)	
그림 177	투엑타 1호분 목제 뿔(Мыльников В.П. 2018, 필자 편집)	
그림 178	투엑타 유적 1호분(Руденко С.И. 1960 인용)	
그림 179	투엑타 유적 1호분 말머리장식(Руденко С.И. 1960 인용)	
그림 180	투엑타 유적 1호분 독수리머리 그리핀 전신형(Руденко С.И.1960 인용)	
그림 181	투엑타 유적 1호분 독수리 머리 그리핀 머리형(필자 촬영)	
그림 182	투엑타 유적 1호분 굴레장식(필자 촬영)	
그림 183	투엑타 유적 십자형 그리핀(1)과 유사품(2~6)　1. 투엑타 유적의 1호에서 출토된 그리핀 장식, 가죽 안장장식, 9.2×9cm(바르코바 1987) ｜ 2. 시베리아 투바에 위치한 주레르긴그-호부즈-1유적 출토 황금제, 원판형 유물(비스네프스카야 1973) ｜ 3, 4. 시베리아 미누신스크 분지의 타가르 문화, 유사 십자형 동물장식(출레노바 1967) ｜ 5, 6. 곤쿠르 유적의 도장, 석제(사리아디니 1976)(김재윤 편집)	
그림 184	표트르 1세 시베리아 황금 유물 컬렉션(Руденко С.И. 1962 인용)	
그림 185	표트르 1세 황금 유물 컬렉션 중 동물투쟁문양(Артамонов М.И. 1973, 필자 재편집)	
그림 186	투엑타 유적 1호분 뿔 달린 호랑이, 가죽 아플리케(필자 촬영)	
그림 187	투엑타 유적 1호분 굴레장식 호랑이 머리와 독수리 머리 그리핀(Руденко С.И. 1960 인용)	
그림 188	투엑타 유적 1호분 굴레(Руденко С.И. 1960 인용)	

참고문헌

Артамонов М.И. 1973: Сокровища саков. М.: 1973. 280 с. (《Памятники древнего искусства》.)(아르타모노프 1973, 사카족의 부(富))

Баркова Л.Л. 1987: Образ орлиноголового грифона в искусстве древнего Алтая (по материалам Больших Алтайских курганов). // АСГЭ. [Вып.] 28. Л.: 1987. С. 5-29.(바르코바, 1987, 고대 알타아의 독수리머리 그리핀의 형태분석)

Вишневская О.А. 1973 Культура сакских племён низовьев Сырдарьи в VII-V вв. до н.э.По материалам Уйгарака./ Тр. ХАЭЭ. VIII. М.: 1973. 160 с.((비시네프스카야 1973, 우이가라크 유적에서 출토된 기원전 7~5세기 사르다리야 강 하류의 사카 족의 문화)

Членова Н.Л. Происхождение и ранняя история племён тагарской культуры. М.:Л., 1967.(츨레노바 1967, 타가르 문화의 기원)

Сарианиди В.И. Печати-амулеты мургабского стиля. — СА, 1976, №1.(사리아디니 1976, 무르가브 스타일의 도장부적)

Руденко С.И. 1960: Культура населения Центрального Алтая в скифское время. М.-Л.: 1960. 360 (루덴코 1960, 스키타이 문화시기의 중부알타이 산맥의 주민문화)

Руденко С.И. 1962: Сибирская коллекция Петра I. / САИ Д3-9. М.-Л.: 1962.(루덴코 1962, 표트르 1세 시베리아 콜렉션)

Мыльников В.П. Технология изготовления деревянных рогов для парадных погребальных масок коней на Алтае в скифское время// АРХЕОЛОГИЯ, ЭТНОГРАФИЯ И АНТРОПОЛОГИЯ ЕВРАЗИИ// Новосибирск: 2018, 49-58С. (밀리니코프 2018, 스키타이 시대 알타이 무덤에서 출토된 목제 뿔의 제작방법)

3 2500년 전 알타이의 미라와 무덤

3-1 해발 1,500m 파지리크 계곡의 미라와 무덤

스키타이 문화권 가운데서 알타이 산맥에 위치한 문화를 '파지리크 문화'라고 한다. 이러한 이름을 얻게 된 이유는 파지리크 유적의 무덤 덕분이다. 스키타이 문화권 가운데 가장 고지에 위치한 지역문화이다.

　알타이 산맥에는 특히 우슬라강의 왼쪽 지류인 카툰강 유역과 아르구트(Аргут, Argut), 추야(Чуя, Chuuya) 강 유역에는 강을 따라서 산악초원지대가 형성되어 있는데, 아주 많은 고분이 존재한다. 파지리크 계곡은 투바 자치구와 접해 있는 알타이 동부의 추리시만(Чулышман, Chulyshman) 강을 끼고 있다(루덴코 1953).

　파지리크 유적은 아크 알라하-3유적과 베르흐 칼쥔 II유적이 위치한 해발 2,500m의 우코크 고원에서 북서쪽으로 직선거리 110km 가량 떨어진 해발 1,400m(지도 3)의 파지리크계곡에 위치한다.

　무덤을 만드는데 사용된 수백그루의 나무는 낙엽종(자작나무)이 주를 이루었고 가문

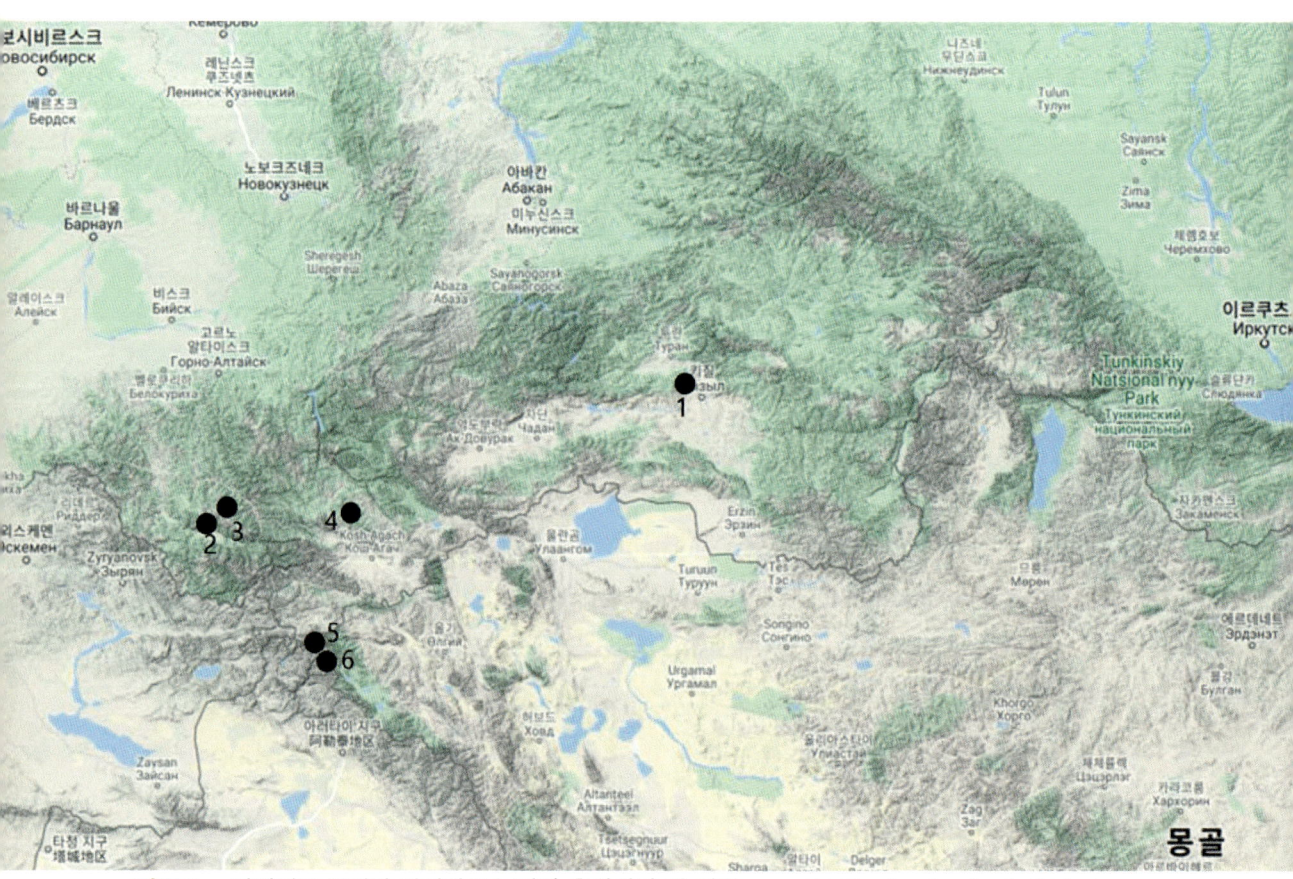

지도 3 파지리크 유적과 바시카우스 강과 추리시만 강 위치   1. 아르잔-1호, 아르잔-2호 유적 | 2. 바샤다르 유적 | 3. 투엑타 유적 | 4. 파지리크 유적 | 5. 베르흐 칼쥔Ⅱ유적 | 6. 아크 알라하-3호 유적 | 7. 추리시만 강 | 8. 바시카우스 강

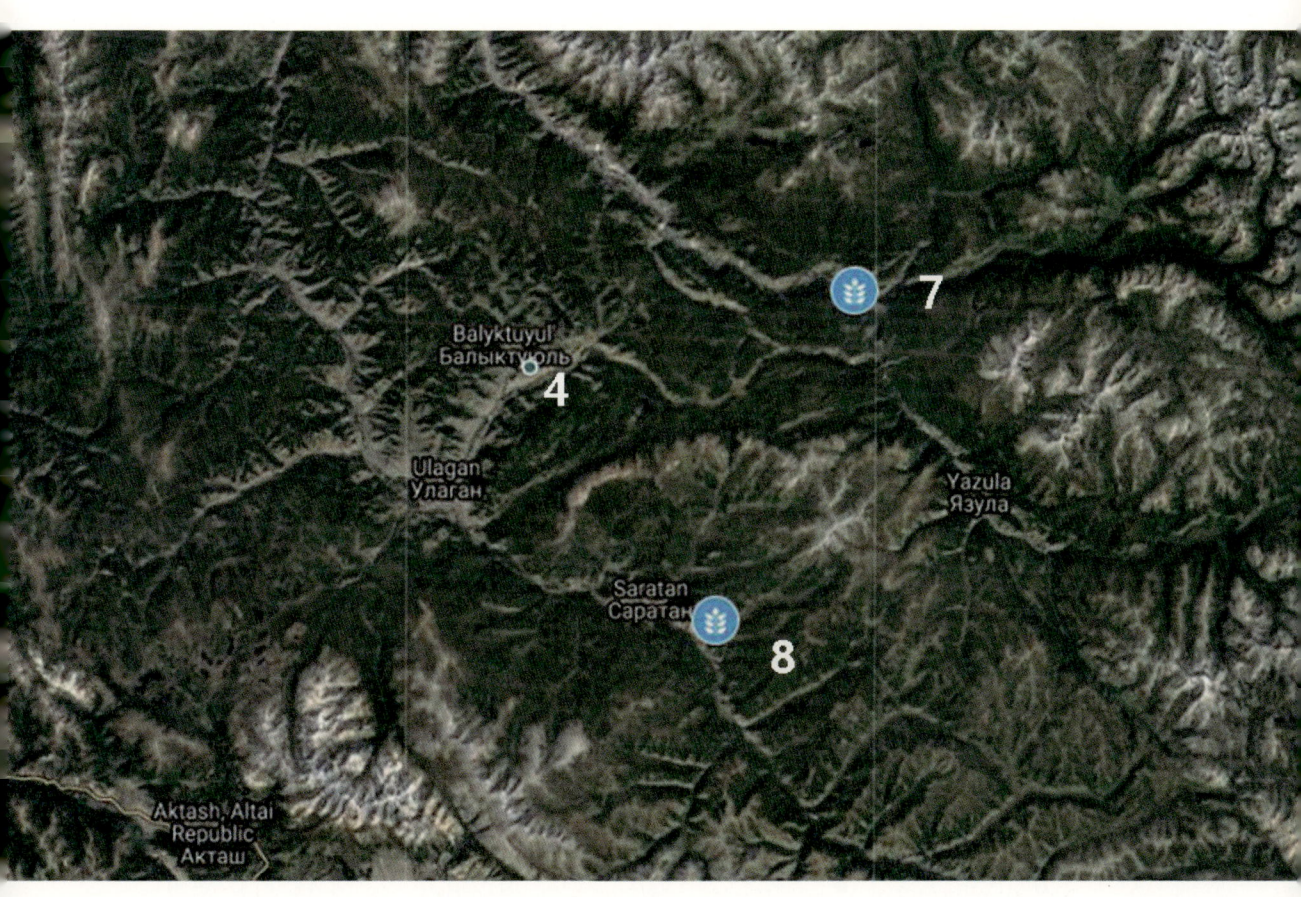

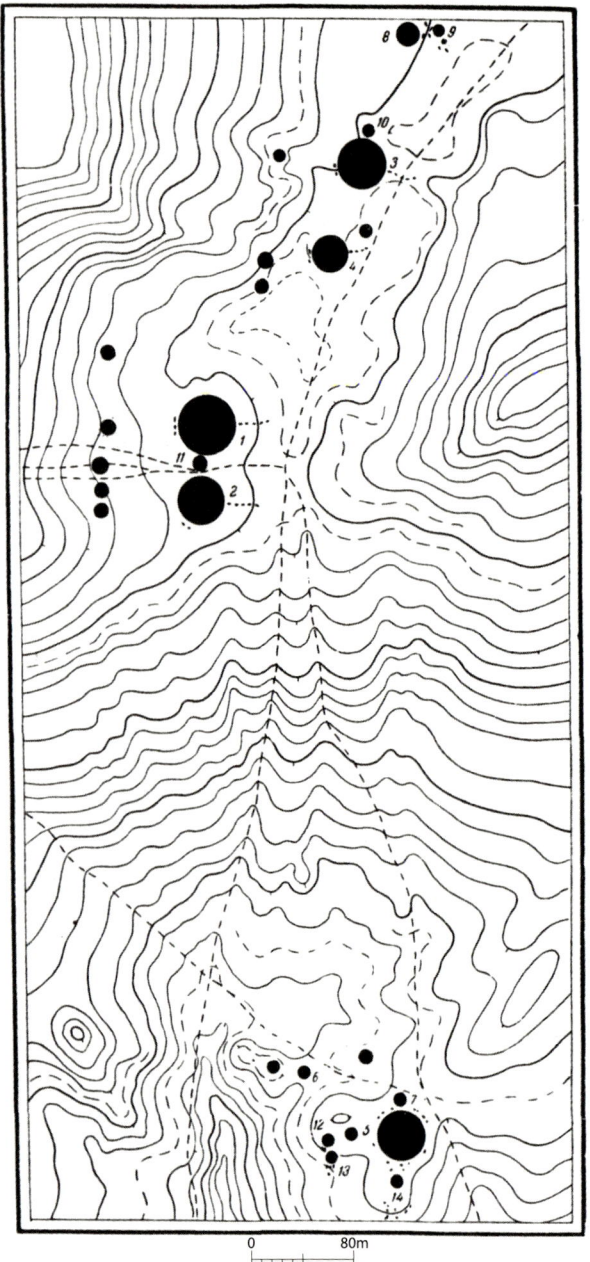

그림 189 파지리크 계곡 무덤분포도

비나무도 약간 있었다. 그런데 해발 1,500m에서는 자작나무가 자라지 않고, 인접한 바시카우스(Башкаус, Bashkaus)강과 추리시만(Чулышман, Chulyshman)강에서 자작나무가 자란다. 무덤이 발견될 당시에 봉분의 상부가 내려 앉아서 봉분의 가장 꼭대기는 움푹 들어가거나 편평하다. 현재 파지리크 고분의 주변에 자라는 나무는 대부분 가문비나무이다(루덴코 1953).[22]

이 계곡의 고분은 모두 40여 기 정도 존재하는데, 그 중에서 대형 고분 5기에는 1~5호의 번호를 붙였다. 북쪽에는 3호와 4호, 가장 남쪽에는 5호, 중앙에는 1호와 2호가 위치한다. 그 외에 번호가 붙은 것은 9기로 6~14호까지 번호 있는 무덤이 있다. 번호를 매기지 않은 구조물은 고분이 아니다. 외형은 고분이지만 제일 상층에 돌이 돌아가는 것 외에 그 아래에는 아무것도 없다는 사실이 이미 1924년에 알려졌기 때문에 더 이상 파지 않았다.[23] 이 외에도 알타이 산맥에는

22 시베리아, 알타이라고 하면 아주 춥다. 인간이 살기 힘들다고 생각하는데, 그렇지 않다. 알타이 산을 이루는 굽이굽이 계곡에는 초원이 형성되어 있는데, 산악초원이라고 한다. 일종의 분지 같은 개념으로 생각하시면 된다.

23 아드리아노프(А.В. Адрианов)는 여러 해 동안 알타이에서 6~8개의 둥근돌이 돌아가고 흙을 덮은 흔적이 있는 고리모양의 구조물을 발굴했으나, 어떤 유물도 없어서 어떤 문화인지, 연대 등 알 수 없었다고 한다(루덴코 1953).

봉분(표토층 위로 올라온 무덤상부구조)은 있으나 그 아래에는 아무것도 없는 경우가 상당히 많다. 1호는 그랴즈노프가 1929년에 발굴을 처음 시작했고, 2호는 루덴코가 1947~1948년, 3호와 4호는 1948년, 5호는 1949년에 발굴했다. 소형고분 6~8호는 같은 해에 발굴되었다. 봉분이 있는 구조물이 모두 무덤은 아니고, 그 아래가 비어 있는 경우도 있다(루덴코 1953).

1) 무덤 아래의 결빙층

알타이 산맥은 지형이 아주 복잡하고 높아서 이 지역에서 발원한 강과 강의 지류가 많이 있다. 파지리크 유적이 있는 계곡은 연평균 기온이 낮고, 겨울이 길어서 결빙층이 형성될 수 있다. 그런데 결빙층이 알타이 전 지역에서 확인되는 것은 아니고 산과 계곡의 지형조건이 맞을 때만 만들어진다. 자연적으로 형성되기도 하지만 인간의 건축물로 인해서 만들어지기도 한다.

왜냐하면 파지리크 1호분은 결빙층의 가장자리에 축조되었고, 2호분은 결빙층의 정중앙에 위치한다. 그러나 남쪽에 위치한 파지리크계곡의 입구에는 형성되지 않았다. 여름에 매우 덥기 때문이다. 파지리크 유적의 무덤 아래에 있는 결빙층은 자연조건만이 아닌 일종의 인간이 계산한 행위의 결과물이다(루덴코 1953).

우리는 앞에서 바샤다르 유적과 투엑타 유적에서 파지리크 문화 사람들의 무덤구조를 알아보았다. 무덤방을 크게 파고 그 아래에 나무로 무덤방을 만들고 그 위에는 흙으로 무덤을 채운 후 무덤의 반 이상은 돌로 채웠다는 사실을 알았다. 파지리크 유적도 비슷한데 무덤구덩이의 크기가 대체로 50m^2이고, 깊이는 4m이다(4호는 30m^2). 무덤방(목곽)은 무덤구덩이 보다 작으며(1호-17m^2, 2호-13m^2, 5호-8m^2) 자작나무로 만들어졌다. 무덤방의 상부는 자작나무와 큰 돌로 채워져 있다. 무덤구덩이의 중심높이에서 0.9~2m는 흙으로 덮여 있고 그 위에 1.3~1.7m까지 돌로 덮인 구조이다.

러시아 전역에서 발굴은 주로 여름에 한다. 극동은 늦봄부터 시작하기도 하지만 그렇다 해도 6월이고, 대부분 7~8월에 집중되고, 늦으면 9월까지이다. 파지리크 유적도 여름 하반기에 발굴했다고 한다.

루덴코는 영구결빙층 혹은 영구동토대라고 무덤 아래의 얼음층을 명명했다. 그러나 필자는 '영구'라는 말은 생략하고자 한다. 파지리크 유적이 만들어진 이후 현대까지 늘 같은 기후가 아니었다는 점을 고려한 것이다. 예를 들면 17세기 소빙기를 거치면서 기후변화

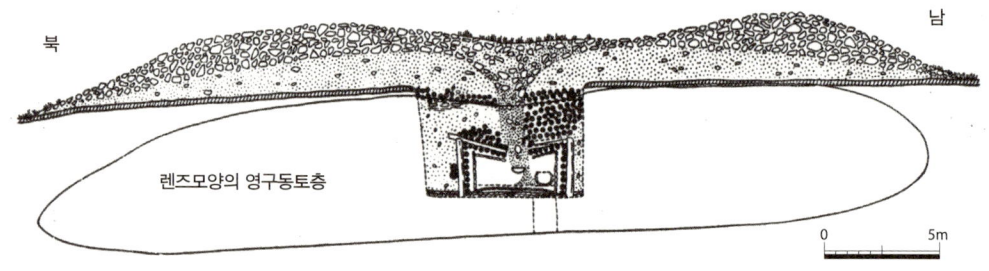

그림 190 파지리크 유적 2호분 무덤 하부구

그림 191 파지리크 계곡 무덤 전경과 1947년 발굴당시 모습 ｜ 1, 2. 파지리크 계곡 무덤 전경(발굴당시 찍은 사진) ｜ 3. 무덤 최상부를 절개해서 파내려가는 장면 ｜ 4. 무덤구덩이 입구모습

는 극심했던 것으로 알려졌다.

　결빙층을 가장 잘 관찰할 수 있는 무덤이 파지리크 유적의 2호분이다. 결빙층의 가장 중앙에 있는 무덤구덩이의 위치가 영구동토대가 시작하는 부분과 정확하게 일치하며 확인되었다(그림 190). 일반적으로 결빙층은 렌즈형태로 무덤 가장 위층의 적석(쌓은 돌)범위와 일치한다. 그리고 가장자리의 돌은 무너지지 않는다. 그러나 무덤의 상층 가장 중심부는 무너져 내려서 고분을 채운 돌과 무덤방 아래까지 그 돌이 떨어져 내린 것을 확인할 수 있었다. 이때 결빙층 가장 상층부에 있는 토양도 무덤바닥에 떨어졌다(루덴코 1953).

　이러한 현상이 생긴 이유는 무덤의 반 이상을 채운 돌 때문이고, 부수적으로 자연조건이 맞아서 결빙층이 생기게 된 것이다. 돌은 열 전도율이 매우 낮고 습기를 냉각시킨다. 알타이 파지리크 문화의 유적은 주로 늦봄과 늦가을에 만들어지는데, 무덤을 만든 후 첫 번째 겨울에 무덤을 채운 돌과 무덤방은 얼어 붙는다. 그 다음해 여름까지는 4m나 되는 깊은 무덤 구조 덕분에 봉분 아래의 흙은 온도가 높게 올라가지 않는다. 열 전도율이 낮은 돌을 채우기 때문이다. 매서운 겨울이 되면 다시 얼어붙고, 이런 과정이 반복되면 여름이 되어도 영하로 유지된다. 즉 무덤 아래에 거대한 냉동고가 만들어진 것이다. 결빙층 덕분에 파지리크 계곡의 무덤에는 나무, 펠트, 가죽, 모피, 비단과 사자(死者)의 미라도 그대로 남아 있을 수 있게 된 것이다(루덴코 1953).

2) 봉분의 함몰현상

파지리크 유적의 대형무덤의 봉분에는 중간에 함몰현상이 있다(그림 193). 원래 처음에는 상부가 편평하게 된 반구형의 모습이었다. 봉분이 꺼진 이유는 무덤 속의 빈 공간으로 봉분 위의 흙이 쓸려 내려갔기 때문이다.

스키타이 문화의 무덤방은 유물로 꽉 채워지지 않는다. 아크 알라하-3유적의 얼음공주 무덤과 같이 얼음으로 꽉 차지 않는 경우 빈 공간이 생기고, 그 공간으로 가장 높은 곳의 흙이 쓸려 들어간 것이다. 그러한 현상이 두드러지게 나타나는 곳이 파지리크 계곡의 무덤이다.

그런데 루덴코의 설명대로 '영구결빙층'이 계속 있었다면 무덤의 시설물인 나무방(목곽)과 나무관(통나무관)이 계속 얼어 있어야 한다. 그리고 만약 어떤 이유에서 썩었다면 전체적으로 부식되어야 하는데, 파지리크 계곡 무덤은 중앙 부분만이 썩어 그 공간으로 흙이 쓸려 들어갔다. 그 이유는 무엇일까?

루덴코의 설명처럼 '영구결빙층'은 무덤의 반을 채운 돌이 열 전도율을 막아서 생긴 건 맞을 수 있다. 그런데 시간이 지나면서 그 조건이 바뀌어서 무덤방 아래의 얼음이 녹았을 가능성이 있다. 그 때 봉분의 붕괴현상이 있었을 수도 있다. 17세기 소빙기 이후에 유라시아대륙은 매우 추웠다. 루덴코가 발굴할 당시에 관찰된 무덤 아래의 결빙층은 그 때 형성되었을 수 있고, 봉분의 붕괴현상은 그 이전에 얼음이 녹을 수 있는 환경 때문에 그 부분이 약해져서 생성되었을 수 있다.

파지리크 계곡의 무덤들은 봉분의 높이가 그렇게 높지 않다(그림 191-1, 2). 붕괴현상이 없었다면 후대의 사람들이 표토로 드러난 돌무더기에 관심이 없었을 수 있으며, 붕괴현상이 일어난 이후 전방위적인 도굴이 행해졌을 가능성이 있다.

도굴에 대해서 루덴코의 발언은 모순적이었다. 도굴은 목곽을 크게 손상시키지 못했다고 했으며, 도굴로 판 구덩이 덕분에 많은 물이 흘러들어가 무덤방이 다시 얼어붙어서 유물이 보존될 수 있었다고 한다. 그러나 실제로 파지리크 유적의 목곽 내부는 유물의 배열이 심하게 흐트러진 상태였다(루덴코 1953).

발견될 당시에 이미 도굴이 심한 상태여서 아쉬운 점이 있고, 당시 소비에트 정권(스탈린 집권기)내에서 발굴을 담당했던 루덴코가 그렇게 밖에 설명할 수 없었던 사정은 있었겠지만, 피지리크 2호분과 5호분은 현재 잔존하는 유물만으로도 학술적 가치는 충분히 인정된다.

3) 파지리크 2호분

(1) 무덤의 구조

2호분을 비롯해서 가장 크기가 작은 4호분을 제외하면 무덤구덩이의 크기는 51~55㎡이다. 4호 무덤구덩이는 30㎡, 깊이는 표토층에서부터 4m정도이다. 2호 무덤구덩이의 평면형태는 긴 네모꼴이다. 무덤구덩이의 입구가 바닥보다는 약간 크다. 파지리크 유적에서는 우코크 고원의 아크 알라하-3유적과 아크 알라하-1유적에서 보이지 않던 유물이 발견되는데, 무덤구덩이를 발굴해 내려가면서 확인되는 삽, 말뚝과 망치들이다. 이는 그 때 당시에 스키타이인들이 무덤을 파내었던 도구로 생각된다(루덴코 1953).

특히 2호분에서는 무덤구덩이

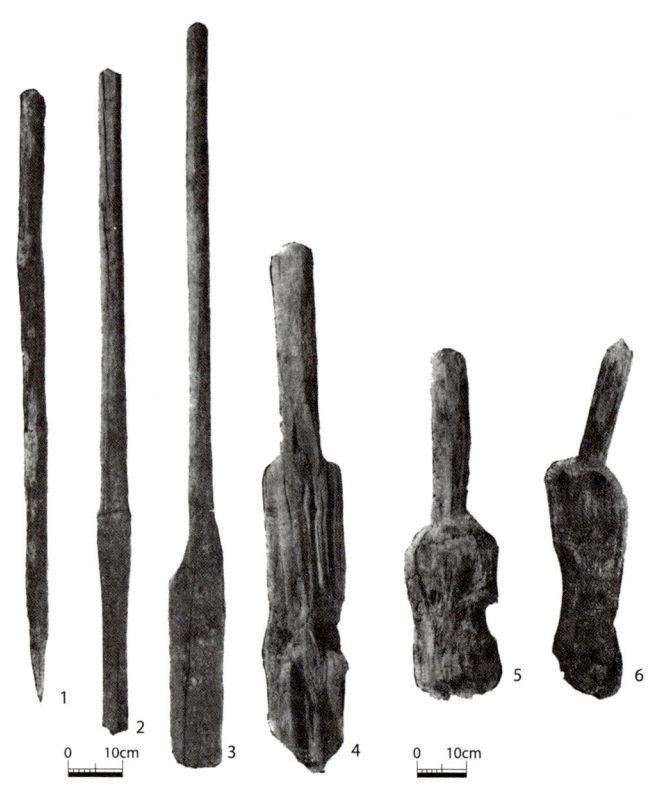

그림 192 파지리크 유적 2호분 나무망치 1. 3호분 나무쐐기
2, 3. 2호분 나무 삽 | 4~6. 2호분 나무 망치

의 북쪽에 있는 무덤방 위에서 발견되었다. 2호분(그림 192-2,3)에서 출토된 목제 삽은 두 점의 손잡이 길이가 다르다. 각각 115cm(그림 192-2), 127cm(그림 192-3)이고, 삽의 작업면은 길이 35~38cm, 너비는 약 12cm이다. 2호분에서는 나무로 만든 무덤방 부근만 아니라 무덤구덩이 여러 곳에서 목제 쐐기(그림 192-1)와 망치(그림 192-6)가 발견되었다. 나무쐐기는 길이가 30~73cm가량으로, 머리부분은 타원형으로 추정되지만 도끼로 내려쳐서 끝은 변형되었고, 끝의 뾰족한 부분도 마찬가지이다. 2호에서 나무망치는 낙엽수림의 줄기로 제작되었는데, 나무의 뿌리부분이 이용되기도 했다. 전체길이는 46~70cm이고, 손잡이의 직경은 12cm, 손잡이 길이는 25cm가량이다. 매우 무겁다. 오랫동안 사용했던 흔적이 타격흔으로 남아 있다(루덴코 1953).

  2호분에서는 대량의 나무쐐기와 망치가 발견되었다. 자갈과 흙을 섞어서 무덤구덩이를 충전했기 때문이다. 3호와 4호에서는 두 유물이 발견되지 않았는데, 무덤이 대부분 모래로 채워졌기 때문이다.

① 말과 축조시기

2호분은 다른 유적 혹은 이 유적의 다른 무덤과는 달리 말이 매장된 위치가 무덤 구덩이에서 매우 높은 곳에 있다는 사실을 알 수 있었다(그림 193).

  무덤의 표토층에서 0.7m 아래의 위치에서 말의 무덤이 확인되었다. 이곳에는 말은 세 마리가 매장되었고 향나무와 낙엽송의 가지로 덮힌 채로 확인되었다. 말을 묻은 후, 무덤의 가장 윗부분은 적은 양의 흙과 함께 대량의 통나무와 큰 돌로 채워졌다(루덴코 1953).

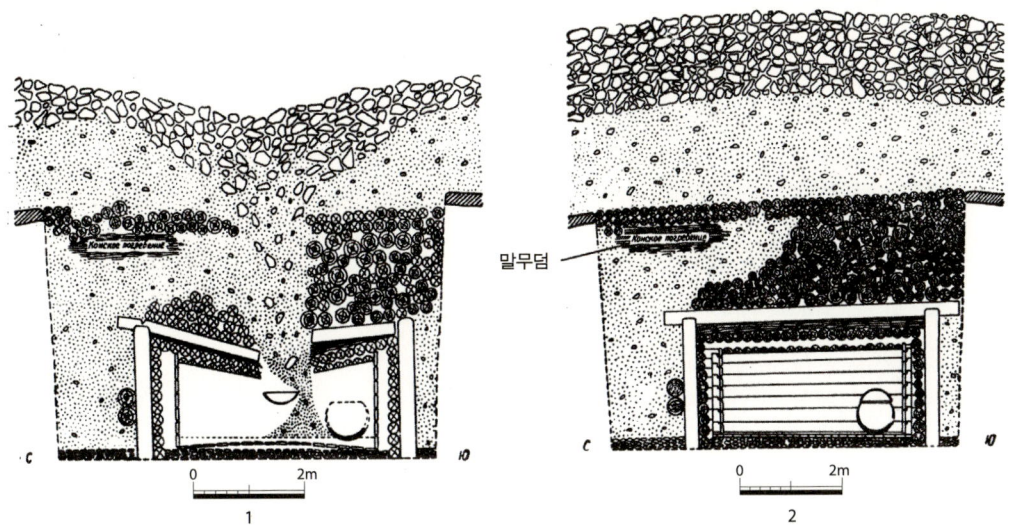

그림 193 파지리크 유적 2호분 자작나무 무덤방 단면도   1. 발굴당시 | 2. 무덤 축조 당시 복원도

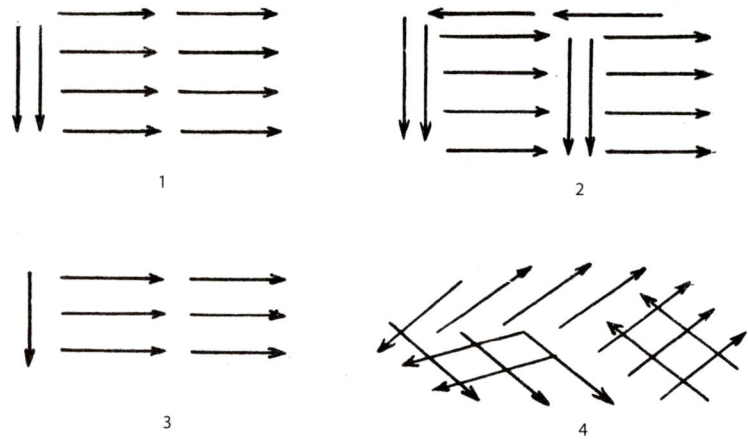

그림 194 파지리크 유적 1~4호분 매장된 말 방향

파지리크 2호분에는 말이 7마리 매장되었는데, 3마리 씩 2열로 배치되고 나머지 한 마리는 방향을 달리해서 배치되었다. 그림과 같은 방향으로 일정하게 매장되었는데, 화살표의 끝방향이 말의 두향이다. 6마리는 동쪽을 향하고 있고 나머지 한 마리는 남쪽방향이다. 그러나 말이 놓인 상태가 아주 일정하게 규칙적이지는 않다. 당시에 무덤구덩이에 죽인 말을 넣는 방법은 밧줄로 매어서 하강시켰을 터인데, 한계가 있었을 것으로 생각된다. 말은 이마를 타격했던 흔적이 남아 있다(루덴코 1953).

말의 영양상태와 관련해서 5호분에서 재밌는 현상이 확인되었다. 9마리 말이 매장되었는데 그 중에서 가장 화려한 굴레장식을 한 말이 다른 말 보다 영양상태가 매우 좋았다. 이는 겨울에도 말이 잘 먹었다는 것을 의미한다. 3호분에서는 무덤방을 덮은 자작나무 껍질 사이에서 꽃이 확인되었다. 이 식물은 여름 상반기 즉 6월말 또는 7월 초에 피는 것으로 그 기간에 무덤이 만들어졌다는 것을 의미한다. 이 꽃뿐만 아니라 이끼종류도 확인되었는데, 봄-여름동안에 자라는 것이다. 파지리크 유적의 말은 털이 아주 고운 상태로 유지되어 묻혔는데, 겨울에는 볼 수 없는 상태이다. 즉 무덤은 겨울에 만들어진 것이 아니다(루덴코 1953).

말 뿐만 아니라 나무도 무덤을 만든 시기에 대한 정보를 제공했다. 부분적으로 절단된 자작나무와 무덤방을 덮은 자작나무 껍질은 여름이 끝나고 가을에 껍질이 넓어지는데, 가을에는 껍질이 거의 벗겨지지 않는다. 즉 자작나무 껍질을 벗겨내는 기간은 봄과 여름이다. 파지리크 2호분에서는 어린 말이 매장되었는데, 송곳니로 보아서 3살 반이라고 하며, 가을에 죽은 것으로 알려졌다(루덴코 1953).

즉 무덤은 늦봄 혹은 여름초입부터 초가을에 만들어졌다. 재밌는 현상은 이러한 기간이 알타이에서 발굴을 할 수 있는 기간과 일치한다는 점이다.

② 목곽(무덤방)

2호의 무덤구조 중에 다른 호수의 무덤과 다른 점은 가장 아래 바닥이다. 나무로 만든 목곽아래에 돌을 깨서 두께 10cm정도로 깔고, 그 위를 검은 흙으로 덮고(5cm) 목곽을 만들었다.

무덤방은 2중으로 되어 있는데, 이중 목곽 사이의 공간이 비어 있다. 무덤방의 상부는 가장 위 무덤방 위에는 많은 자작나무로 채웠고, 외부 무덤방(1차 무덤방) 천장은 두터운 자작나무로 덮은 다음 그 안에는 자작나무 껍질을 깔고, 마지막에는 관목(*Potentilla dasiphora fruticosa L. Rybd.*)으로 덮였다. 가장 안의 목곽(2차무덤방)은 높이 1.53m, 평면형태는 3.65×4.92m이다. 외부의 목곽(1차무덤방)은 높이 2.1m, 평면형태는 4.15×5.7m이다. 내부무덤방의 바닥은 나무판으로 제작되었는데 두께 5~6cm가량 너비 12~24cm의 나무관 17개로 구성되었다. 무덤방의 가장자리에는 가로 8개(북과 남쪽), 세로 7개(동과 서쪽)로 짜여있고, 천장은 20개로 구성되었다. 외부 무덤방(1차)에는 천장은 28개 남쪽과 북쪽벽은 10개의 통나무로 짜여있다. 동과 서쪽의 개수는 표시되지 않았다(루덴코 1953).

파지리크 유적의 무덤은 모두 도굴당해서 유물의 위치가 많이 흩들어 졌다. 그나마 유물의 위치를 가늠할 수 있는 것이 2호분과 5호분인데, 얼음으로 가득 차 있었기 때문에 도굴이 쉽지 않았을 것이다. 얼음을 걷어내자 무덤방에서 많은 유물이 확인되었고(그림 195-A), 이를 수습한 후 그 아래의 무덤바닥에서도 유물의 위치가 그대로인 것도 나타났다(그림 195-B). 무덤방 바닥의 유물이 제자리라는 사실은 후대의 다른 유적 발굴에서도 비슷한 위치에서 같은 종류의 유물이 확인되어서 알 수 있었다.

무덤방 바닥에서는 다리가 4개 달린 목제 상(그림 195-B-9~12, 그림 199)이 발견되었다. 통나무관의 동쪽에 놓여 있었는데, 양고기와 말고기를 놓았을 것이다. 북쪽벽에 가까운 목제 상 부근에는 액체를 담는 토기(그림 195-B-14, 15)가 확인되었다. 목제 상 옆에는 손잡이가 한쪽에 달린 목제 그릇(그림 195-B-13)이 나무방바닥에 놓여 있었다. 토기와 목제그릇은 유목민들이 마시는 우유와 우유를 발효한 음식을 담았을 것이다. 매장 당시에 일종의 유제품을 공양했던 것이 5호분에서 확인되었는데, 2호분에서도 유제품이 확인되었다. 2호분에서는 연기 흡입용 청동솥(그림 195-B-3, 6)과 이를 넣는 텐트(그림 195-B-7, 8)가 확인되었다. 텐트는 6개의 막대기로 만들어진 골격으로, 두 세트가 확인되었다. 그 주변에서 가죽주머니안에 대마씨가 가득 든 채로 확인되었다. 2호분에서만 출토된 석제 그릇(그림 195-B-

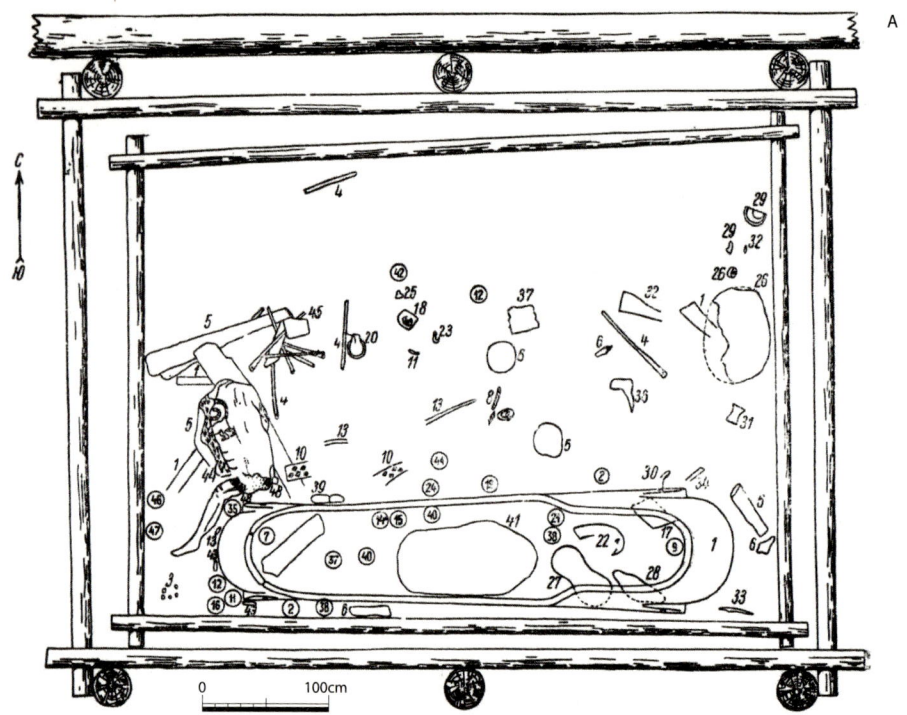

1. 통나무관 및 그의 부자제 | 2. 사슴가죽조각, 3 첫 번째 연기흡입용 텐트 막대기 | 4. 두번째 연기흡입용 텐트 막대기 | 5. 남성미라의 일부 | 6. 여성미라의 일부 | 7. 여성신발 | 8. 여성 머리장식 일부 | 9. 수닭장식의 붙은 여성머리장식 | 10. 9번 머리장식 검은색 모피의 일부 | 11. 목걸이 일부 | 12. 금제, 귀걸이에 달던 펜던트 | 13. 허리띠 일부 | 14. 은제 허리띠 버클 | 15. 은제, 말모양 치레걸이 | 16. 말모양 치레걸이로 벨트 | 17. 은제 거울이 담긴 가죽주머니 | 18. 청동거울이 담긴 모피주머니 | 19. 고양이장식이 있는 모피 주머니 | 20. 대마씨가 담긴 가죽 주머니 | 21. 그리핀 부리모양의 사슴 머리장식 | 22. 같은 장식인데, 약간 모양이 다른 것 | 23, 24. 목제로 제작된 그리핀 머리 | 25. 목제 사슴머리 | 26. 계단모양의 목제뚜껑 | 27. 목침 | 28. 목침을 담는 통 | 29. 액체용기를 담는 토기편 | 30. 나무잔에 달렸던 뿔 손잡이 | 31. 양의 뿔 | 32. 하프(악기)일부 | 33. 철제 칼 | 34. 목제 칼 | 35. 뿔로 만든 화살촉 | 36. 뿔 망치 | 37. 수술이 달린 양모로 짠 수건 | 38. 여성용 타이즈 | 39. 남성용 타이즈 | 40. 남성용 상의 | 41. 여성용 옷 | 42. 구리제 동물장식 | 43. 소매가 있는 여성용 의복 | 44. 담비제 모피 | 45. 검은색 말(종마) 모피코트 | 46. 붉은색 모피 옷 | 47. 갈색 모피 가죽에 붙었던 구슬장식 | 48. 붉은색 천으로 만든 옷

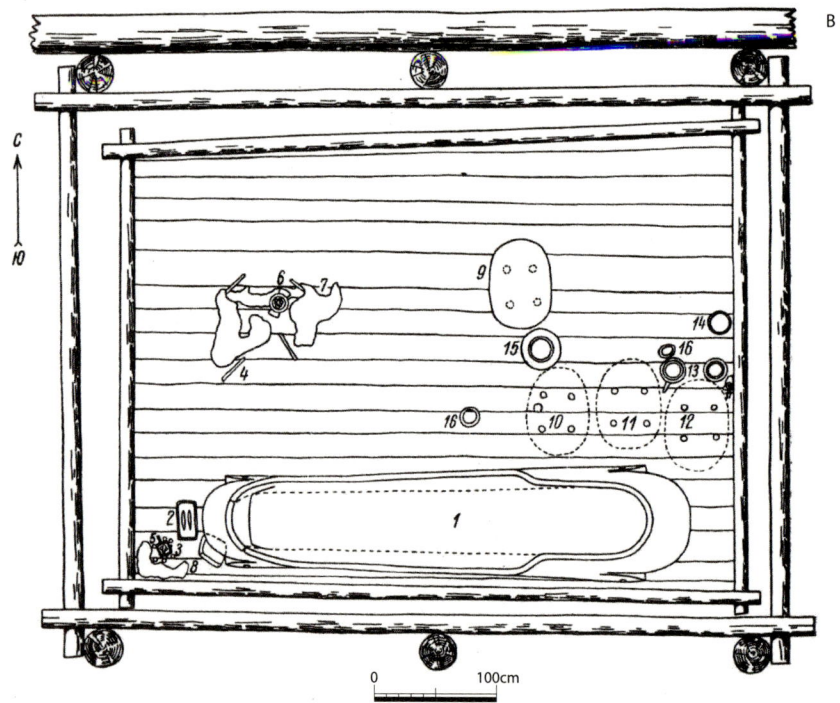

그림 195 파지리크 유적 2호분 유물 출토상황

1. 통나무관 | 2. 석제 그릇(조명과 관련됨) | 3. 연기흡입용 텐트부속품 | 4. 두번째 연기 흡입용 텐트부속품 | 5. 다리가 달린 된 향로 | 6. 받침이 달린 청동향로 | 7. 가죽 | 8. 남성용 의복일부 | 9. 호랑이 다리가 달린 목제 상 | 10. 다른 모양의 목제 상에 달렸던 다리 | 11, 12. 목제 상 다리 | 13. 목기 | 14. 토제 항아리 모양의 액체용기 | 15. 토제 액체용기(14번과 모양이 다름) | 16. 용기 받침대

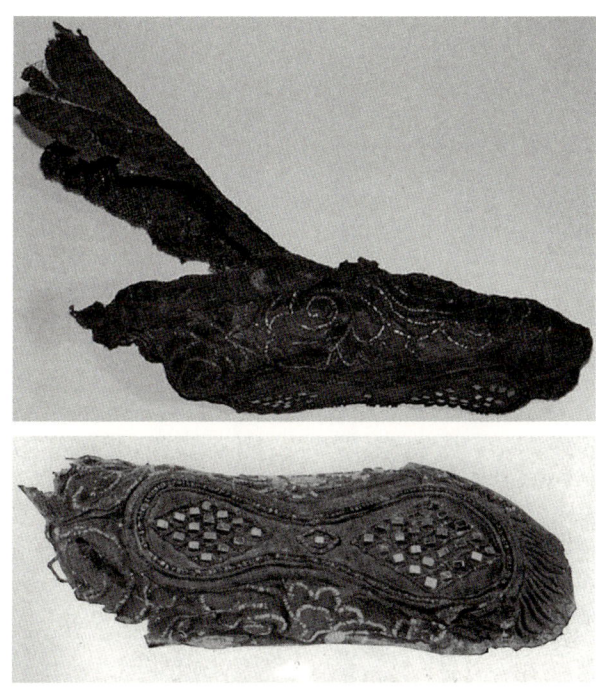

그림 196   파지리크 유적 2호분 출토품

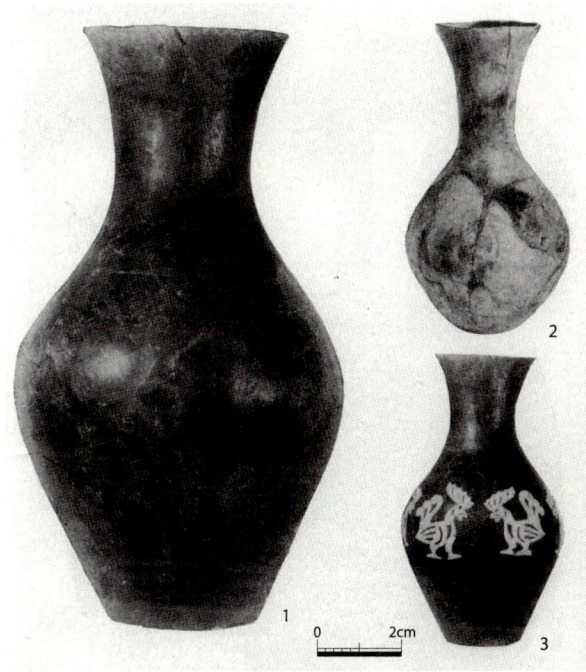

그림 197   파지리크 유적 2호분 토기(쿱신)

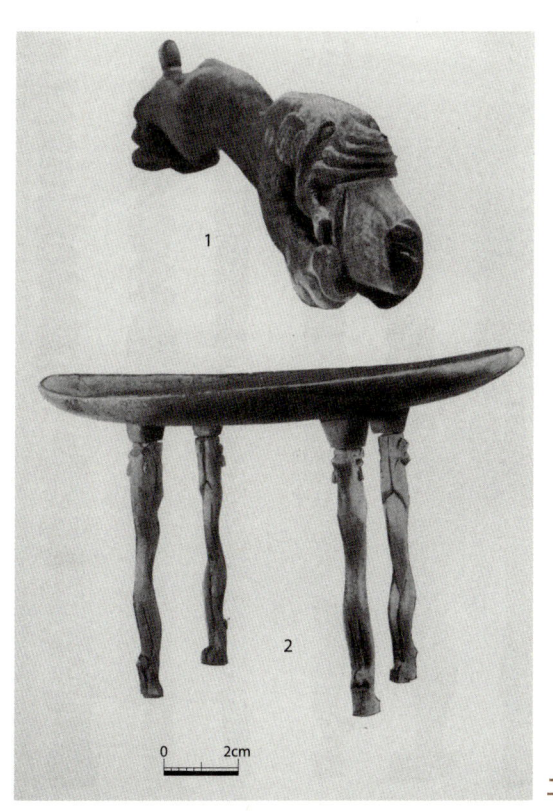

그림 198   파지리크 유적 2호분 목제 상(2)와 호랑이 장식의 다리(1)

241

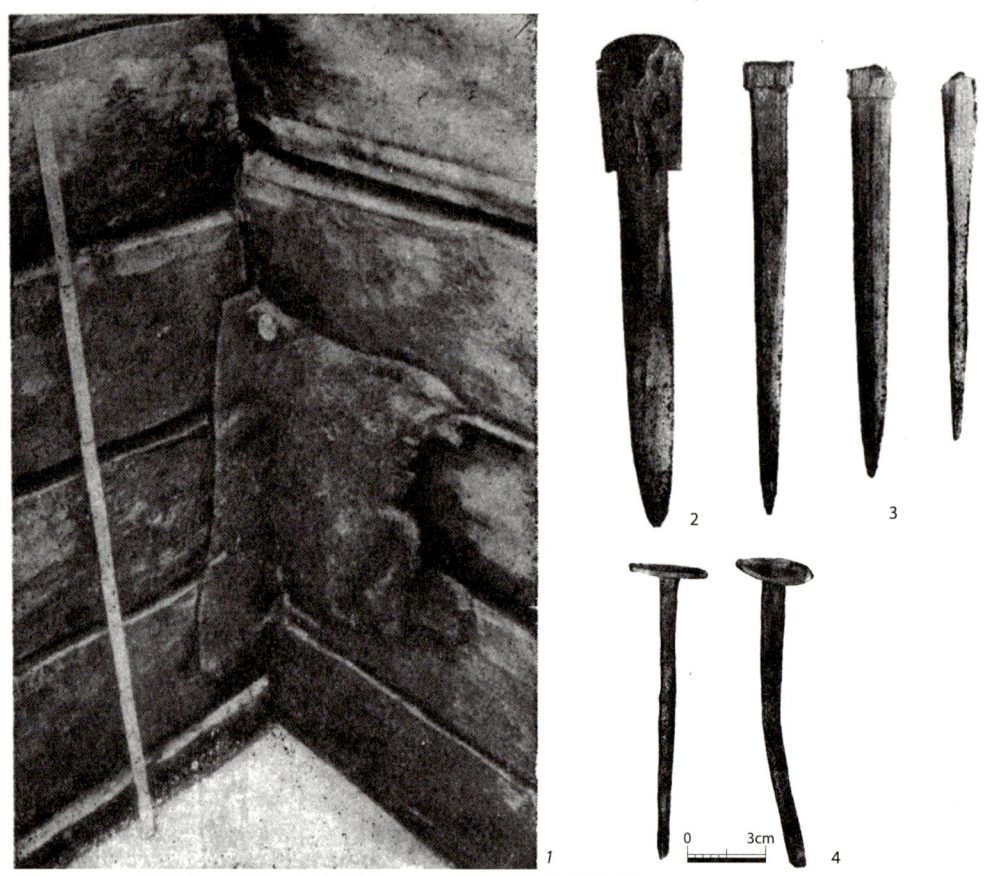

그림 199　파지리크 유적 2호분 목곽(무덤방) 축조에 사용된 재료　1. 북과 동벽 모서리에 나무패드를 덧댄 모습　|　2, 3. 파지리크 2호분 나무못　|　4. 청동못

2)도 통나무관의 남쪽에서 확인되었다. 하프와 같은 현악기가 담긴 가죽주머니가 팽개쳐진 채 확인되었다(루덴코 1953).

　　그런데 나무방의 모양이 약간 이상하다는 것을 느꼈을 것이다. 사각형이 정확하게 아니다. 북쪽벽이 미세하게 조정되었다. 6cm정도 안쪽으로 밀어넣었다. 모서리에는 위에서부터 4번째와 5번째의 나무에 납작한 나무패드를 덧대어서 무덤방의 벽을 고정한 것이 확인되었다(그림 199-1). 나무패드는 못대가리가 없는 나무와 구리못으로 고정되었다.

　　동쪽 단벽의 무덤방 길이가 짧아져서 북쪽의 긴벽을 약간 들여서 축조하였으며, 북벽을 제외한 나머지 벽에는 펠트로 장식했다. 이 무덤방의 바닥에도 펠트제 카페트가 깔려 있었다.

　　뒤에서도 설명하겠지만, 아크 알라하-3 유적의 얼음공주 무덤에서도 벽에 펠트를 걸어 두었다. 그리고 현재 알타이의 원주민들의 집 벽에서도 볼 수 있다.

벽에 걸어둔 펠트는 나무못으로 고정되었다. 길이는 8~15cm로 못대가리의 윗 부분이 볼록튀어나온 것(그림 199-2)과 거의 편평한 것(그림 199-3)이 있다. 턱이 있어서 예리하게 칼로 잘라낸 흔적이 그대로 남아 있다. 벽에 달았던 펠트장식은 청동못으로도 고정되었던 것으로 보인다. 청동못(그림 199-4)은 납작한 못대가리 아래에 막대기 모양으로 한쪽 끝이 뾰족하다. 길이는 9.5~11.6cm가량이다. 벽에는 꽃과 연봉오리 모양(그림 200)의 문양이 있는 아플리케 장식을 덧붙여서 만든 펠트제 벽걸이 장식을 걸어둔 것이 확인되었는데, 스키타이 문화의 연꽃 모티브는 페르시아에서 유래한 것으로 보고 있다(루덴코 1953).

펠트제 벽걸이 장식 외에도 날실과 씨실을 교차시켜서 짠 양모로 된 깔개(그림 201)가 확인되었다. 양모의 단위는 너비 42cm가 되도록 짠 것이다. 센티미터 당 30수의 비율로 짰다. 무덤방의 가장 바닥에는 펠트를 깔고 그 위를 이 카펫으로 덮었다. 펠트로 시신도 덮었던 것으로 추정된다(루덴코 1953). 파지리크 유적의 3호분에서도 비슷한 유물이 확인되었고, 바샤다르 2 유적에서도 출토된 바 있다.

③ 통나무관

통나무로 만든 나무방 안에는 대형 통나무를 파서 만든 통나무관이 있다. 2호분에는 길이가 4.2m, 너비가 87~95cm, 두께는 72cm가량의 통나무관이 1개 확인되었다(그림 195-B). 통나무 관의 외부는 매끈하지만, 내부는 다듬은 흔적이 남아 있다. 바닥은 편평하고, 양쪽 끝에는 한 쌍의 구멍이 있다. 이 구멍으로 통나무관을 옮길 때 두꺼운 밧줄을 끼워서 옮겼을 가능성이 있으며, 운반할 때도 사용했을 것이다. 통나무 관의 측벽 두께는 3~4cm, 바닥은 9~13cm, 양쪽 끝벽은 25~30cm인데, 2호분의 것은 두향쪽이 넓다. 관의 뚜껑은 낙엽송으로 제작되었다. 높이는 22~30cm이고, 두께는 3~4cm에 불과하며 좀 더 크다. 관보다 훨씬 가벼우며 천장 모양이 아치형이다. 덮개의 크기는 관 보다는 약간 커서 하부의 관을 완전히 덮도록 만들어졌다(루덴코 1953).

통나무관의 가장자리 측면에는 사슴모양의 아플리케 장식이 부착되어 있다. 좀 더 정확하게는 화려한 뿔로 보아서 북쪽 사슴, 즉 순록이다. 관의 양쪽 측면에는 아주 작은 못으로 시계방향으로 고정되어 있다. 재밌는 점은 다리가 시작되는 부분에 삼각형 구멍이 뚫려있다는 것이다. 무덤방의 바닥은 두꺼운 검은색 펠트로 덮여 있는데, 북쪽에는 없었다. 통나무관은 심하게 훼손되었다(루덴코 1953).

그림 200 파지리크 유적 2호분 펠트제 벽걸이 장식 　길이: 47cm　|　너비: 14cm

그림 201 파지리크 유적 2호분 양모 깔개　높이: 120cm　｜　너비: 228cm

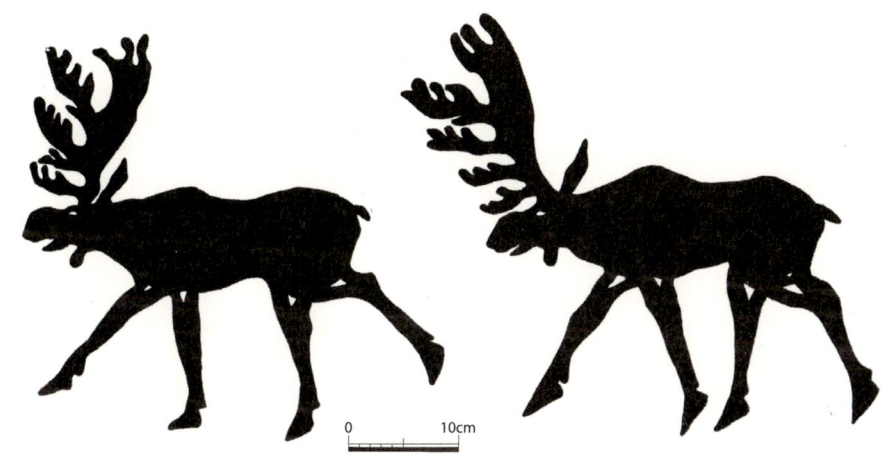

그림 202　파지리크 유적 2호분 통나무관 측면에 부착되었던 사슴모양 가죽장식

그림 출처

그림 189	파지리크 계곡 무덤분포도(Руденко С.И. 1953 인용)	
그림 190	파지리크 유적 2호분 무덤 하부구(Руденко С.И. 1953, 필자재편집)	
그림 191	파지리크 계곡 무덤 전경과 1947년 발굴당시 모습(Руденко С.И. 1953 인용)	
그림 192	파지리크 유적 2호분 나무망치(Руденко С.И. 1953 인용)	
그림 193	파지리크 유적 2호분 자작나무 무덤방 단면도(Руденко С.И. 1953 인용)	
그림 194	파지리크 유적 1~4호분 매장된 말 방향	
그림 195	파지리크 유적 2호분 유물 출토상황(Руденко С.И. 1953 인용, 필자 재편집)	
그림 196	파지리크 유적 2호분 출토품(Руденко С.И. 1953 인용, 필자 재편집)	
그림 197	파지리크 유적 2호분 토기(쿱신)(Руденко С.И. 1953 인용, 필자 재편집)	
그림 198	파지리크 유적 2호분 목제 상(Руденко С.И. 1953 인용, 필자 재편집)	
그림 199	파지리크 유적 2호분 목곽(무덤방) 축조에 사용된 재료(Руденко С.И. 1953 인용, 필자 재편집)	
그림 200	파지리크 유적 2호분 펠트제 벽걸이 장식(Руденко С.И. 1953 인용, 필자 재편집)	
그림 201	파지리크 유적 2호분 양모 깔개(Руденко С.И. 1953 인용, 필자 재편집)	
그림 202	파지리크 유적 2호분 통나무관 측면에 부착되었던 사슴모양 가죽장식(Руденко С.И. 1953 인용, 필자 재편집)	

참고문헌

Руденко С.И. 1953: Культура населения Горного Алтая в скифское время. М.-Л.: 1953. 402 с. (루덴코 1953, 스키타이 시대 알타이 산의 주민문화)

(2) 미라

파지리크 유적의 2호분 남성은 55~60세 가량이고, 여성은 40대 였다. 목곽의 바닥 상태를 보면 여성과 남성의 미라의 신체가 여기 저기 흩어져 있다는(그림 203) 사실을 알 수 있다. 물론 매장할 당시에 그렇게 된 것은 아니고 도굴꾼의 소행이다.

① 남성

남성의 목걸이는 자세하게 남아 있지 않지만 이 여성의 목걸이는 잘 남아 있었다. 남성도 목걸이를 했을 가능성이 크다. 아르잔-2호 유적부터 아크 알라하-1호 유적, 베르흐 칼쥔 II 유적 등의 예로 보아서 2호분의 남성도 목걸이를 착용했기 때문이다.

그래서인지, 이 무덤의 여성과 남성미라는 모두 목이 잘려진 채 확인되었다. 특히 여성미라는 훼손이 심한데, 팔찌 등을 가져가기 위해서 오른손 뿐만 아니라 무릎관절 아래가 다 잘려진 채 확인되었다(루덴코 1953).

그런데 왜 도대체 미라를 심하게 훼손했을까?

루덴코는 여성이나 남성의 미라에서 무엇인가를 얻기 위한 행위로 생각한다. 그 예로 든 것이 파지리크 5호분의 남성미라(그림 231)이다. 이 남성미라는 오른손이 아래로 왼손은 위로 향하게 해서 '×'모양으로 교차하고, 생식기 위에 피부를 뚫고 실로 고정시켰다. 만약

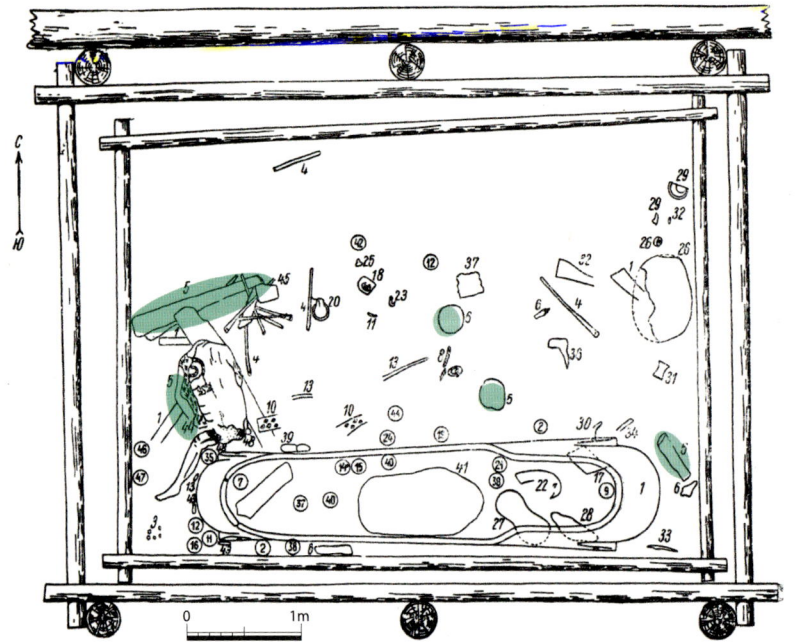

그림 203　파지리크 유적 2호분 남성미라 위치

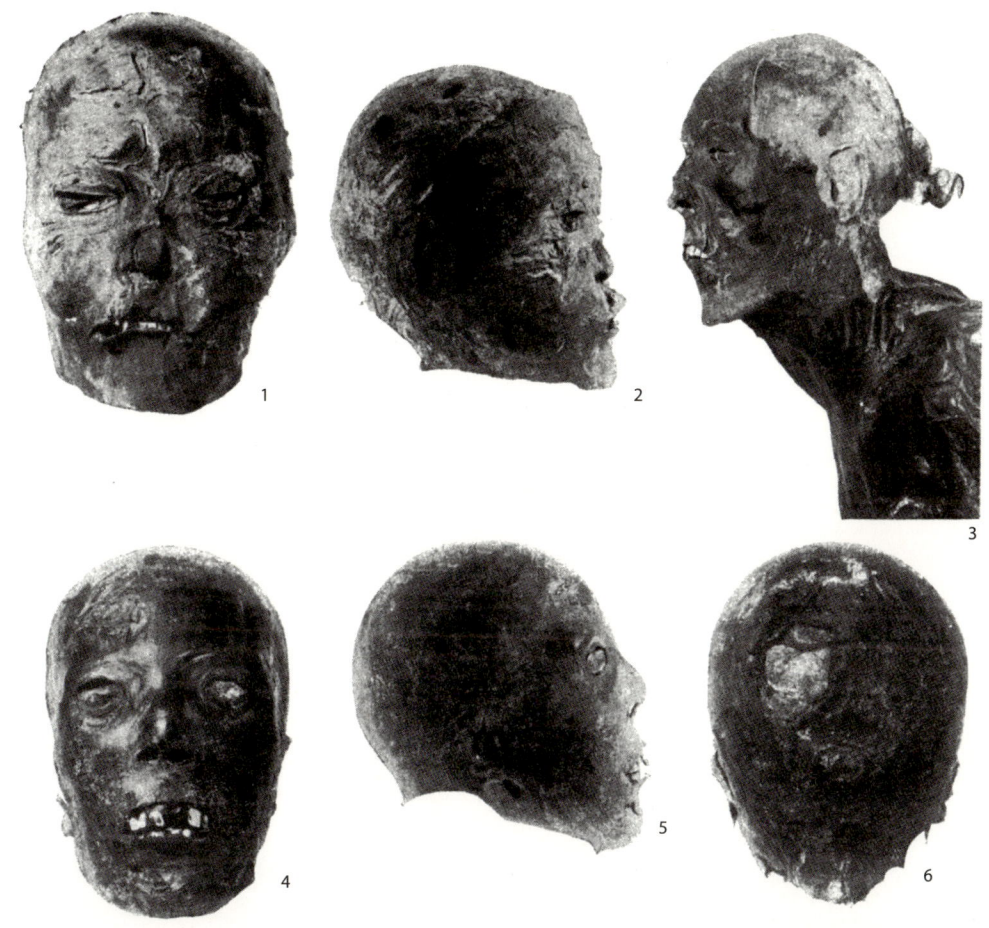

그림 204 파지리크 유적 2호분 미라 두부 1~3. 남성 | 4~6. 여성

에 이 무덤의 미라가 같은 자세로 처리되었다면, 그리고 도굴꾼이 탐을 낸 것이 목걸이나, 팔찌 였다면 미라를 조각 낼 수 밖에 없었을 것이다(루덴코 1953).

파지리크 2호분의 남성은 전투용도끼에 세 번 맞았던 흔적이 남아 있다. 눈썹에는 칼자국이 있고, 오른쪽 관자놀이에도 미세하게 찢겨져 있었다. 머리의 두피는 벗겨진 상태이다(**그림 204-1**). 나머지 모발은 미라 처리 시 뇌 제거를 위해서 구멍을 뚫기 전에 깎았던 것으로 생각된다. 두개골에는 뼈가 제거된 흔적이 남아 있다. 고대에는 치료를 위한 목적으로 뼈를 제거하기도 했겠지만, 이 유적의 남성 두개골은 뇌조직을 제거하고 흙, 소나무껍질 및 낙엽송 등으로 채워서 미라로 처리하는 과정에 의한 것이다(루덴코 1953). 우코크 고원의 얼음공주 미라도 그 내부가 전부 흙과 나무로 채워져 있었다.

2호분의 남성미라의 두부는 소련과학아카데미 군의학 치과부서의 이바첸코(G. M. Ivashchenko)가 분석했다. X선 촬영결과 오른쪽 턱 아래의 첫 번째 어금니가 망가졌다는 점을 알 수 있었다. 이 치아에는 낭포가 생겼던 흔적이 있었다. 첫 번째 어금니의 압력 때문에 남자는 평생동안 치아가 아팠을 가능성이 있다. 남성은 몽골로이드로 전체 얼굴높이는 146mm이다(루덴코 1953).

미라를 처리할 때 가장 큰 과제 중에 하나가 관절을 끊지 않는 것이다. 아크 알라하-3 유적의 여성미라에 비해서 파지리크 2호분의 남성은 온몸에 절개 흔적이 많이 남아 있다. 관절을 손상시키지 않고 방부처리용액을 삽입하기 위해서 다리와 팔 안쪽을 따라 길고 얕게 절단을 했다. 그런 다음 말총으로 그 상처들을 꿰맸다. 엉덩이, 다리, 팔, 어깨에는 1cm 가량의 구멍이 있었는데, 근육조직에 보존액을 주입했던 것으로 보이며 칼로 예리하게 절단되었다. 남성의 머리와 피부는 소량의 오일과 왁스가 혼입된 소지를 발랐다(바르코바, 고흐만 2001).

머리의 두피는 다른 피부를 연결해 놓았는데, 도굴로 인해서 시신이 훼손되면서 오른쪽에서 왼쪽 귀로 이어 지는 부분만 남은 상태이다.

형질인류학적인 분석에 의하면 파지리크 2호분 남성은 몽골로이드이고 키는 176cm, 체형이 매우 견고하고 탄탄했다(바르코바, 고흐만 2001). 그의 몸은 문신으로 덮여 있었으나 1947년에 발굴된 미라는 머리 외에 팔과 다리만이 남아 있고 문신을 한 부분의 피부만이 남아 있다.

미라가 남아 있을 수 있는 이유는 피부에 방부처리를 한 엠버링 처리도 중요했지만 무덤 아래에 형성된 결빙층 덕분이다(루덴코 1953, N.A.폴로스막 2016).

파지리크 유적의 2호분 남성미라는 얼음에서 남성의 신체가 드러나자 피부와 근육이 분해되기 시작했다. 연구와 보존을 위해서 문신이 있는 피부만을 벗겨내었다. 어깨에서부터 손목까지 문신으로 덮여 있고 일부는 등에도 남아 있다. 오른쪽 무릎아래에도 문신이 남아 있었으나 왼쪽 무릎 아래에는 없었다. 문신의 그림은 주로 상상의 동물이라고 할 수 있는데, 하이브리드 동물이다(그림 205-2, 4)(루덴코 1953).

2004년에 적외선 촬영 결과 오른손 엄지손가락에서도 문신이 발견되었다(그림 205-6)(바르코바, 판코바 2005).

우선 눈에 띄는 동물은 왼쪽 등의 견갑골에서 확인되는 꼬리가 길게 말려 올라간 짐승(그림 205-7, 8)이다. 뒷다리와 길게 말려 올라간 꼬리만이 남아 있고, 머리는 없지만, 꼬리 모양과 발톱 등으로 보아서 호랑이 혹은 표범 종류임을 알 수 있다. 오른쪽 팔에는 미라처리를 위해서 근육과 지방을 추출하기 위해서 사후 절단을 한 다음 힘줄과 함께 꿰매고 문신처리를 한 흔적이 남아 있다(그림 205-7)(루덴코 1953).

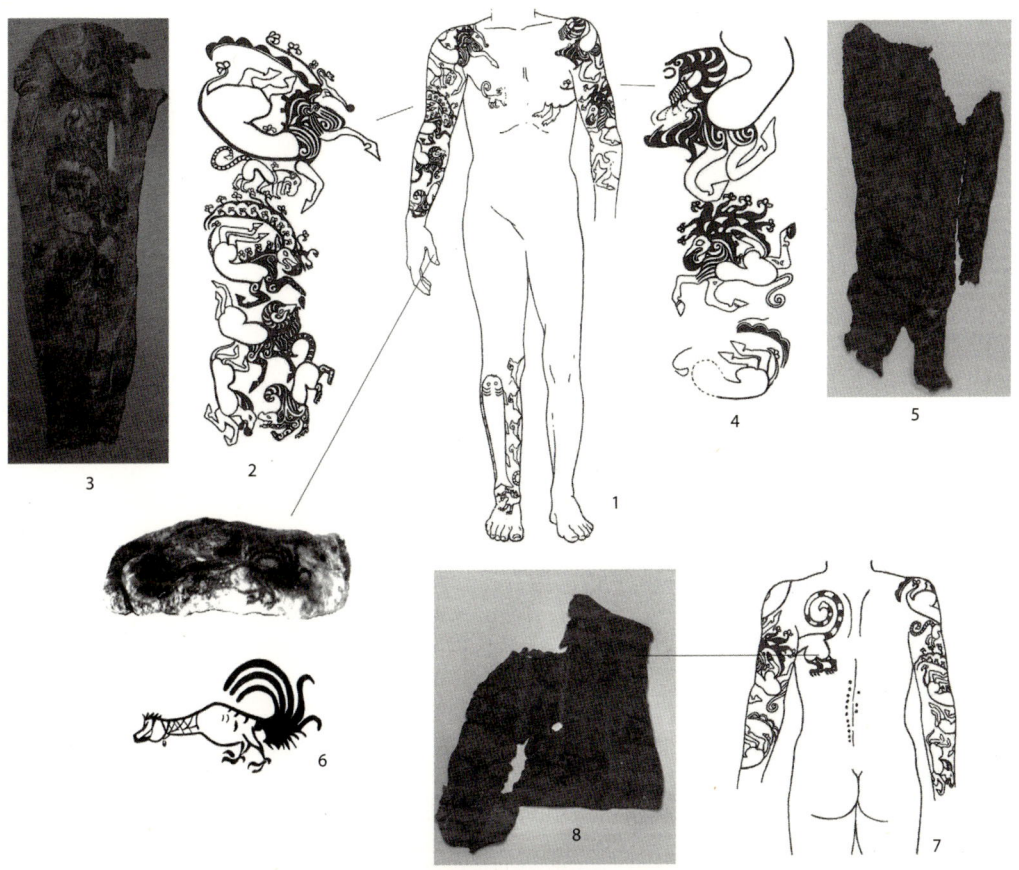

그림 205 파지리크 유적 2호분 남성미라와 각 부위 문신 ｜ 1. 남성미라 앞면 ｜ 2, 3. 오른쪽 팔 문신 ｜ 4, 5. 왼쪽 팔 문신 ｜ 6. 오른손 엄지 문신 ｜ 7. 남성미라 등면 ｜ 8. 등 문신

오른쪽 팔뚝에 새겨진 문신(그림 205-1~3)은 발굽이 있는 동물이 다른 동물과 결합된 모습이다. 독수리의 머리, 새의 부리가 있고 뿔이 있는 환상의 동물이 그려져 있다. 발굽이 달린 그리핀의 이미지는 표트르의 시베리아 황금 컬렉션 뿐만 아니라 흑해 북안부터 시베리아, 중국동북지방까지 널리 퍼져 있다.

그리핀은 여러 동물이 다양하게 합성된 것이 확인된다. 파지리크 2호분 남성미라 오른쪽 팔(그림 205-2)에 그려진 그리핀 가운데서 호랑이 몸체에 날개가 달린 그리핀은 같은 무덤에서 나온 말의 덮개 장식(그림 220-5)과도 비슷하다.

우코크 고원의 여성미라와 비교해 보면, 파지리크 2호분의 미라는 훨씬 넓은 범위에 그림이 그려졌다. 양쪽 가슴과 등에도 문양이 있으며, 무릎 아래에도 그림이 있다. 여성미라의 가슴에는 그림이 없고, 이 남성처럼 온몸에 절개가 많지 않았다. 특히 파지리크 2호분의 남성미라는 복부에 절개가 많았던 것으로 전해지는데, 피부 밑의 지방을 제거하기 위한 흔적으로 생각된다.

뿐만 아니라 남성의 등에는 가운데 척추를 따라서 작은 구멍이 2줄로 왼쪽에는 11개, 오른쪽에는 3개 있다(그림 205-7의 척추). 이 구멍은 남성이 살아생전에 의료 목적으로 치료를 한 흔적으로 알려져 있다(루덴코 1953).

② 여성

파지리크 2호분의 여성미라에 대해서는 잘 알려진 바가 없었다. 그러나 1953년 루덴코의 저서에는 이미 상당히 찢겨진 상태로 무덤방의 바닥에 여기저기 흩어져서 나온 것으로 만 보고되었고, 문신도 발견되지 않았다.

에르미타주 박물관에서 매해 2번씩 사진을 찍고 여러 검사를 했으나 별 다른 것이 확인되지 않아 문신이 없는 것으로 알려졌다. 그런데 2004년 10월에서야 파지리크 2호분의 여성과 파지리크 5호분 남성과 여성의 미라 3구를 적외선 촬영하여 문신이 발견되었다. 이 3구의 미라는 피부가 매우 검게 변해서 육안으로는 문신이 보이지 않았던 것이다(바르코바, 판코바 2005).

적외선 촬영을 통해서 미라의 문신을 발견한 것은 문신에 사용된 염료가 그을음이었기 때문이다. 적외선 촬영에서 그을음을 사용해서 그린 문신은 선명하게 드러나고 피부는 반사되어 나타난다. 그러나 적외선 촬영도 한계가 있다. 문신은 팔과 다리에 그려져 있는데 신체의 볼록한 표면을 사진으로 찍어서 그림으로 옮기기 위해서는 연속촬영을 해야만 하는데, 제한적이다. 삼각대 위에 고정된 카메라는 수직과 수평 이동만 가능한데, 미라를 여러 위치에서 찍으려면 각도가 맞지 않는 부분이 생기기 때문이다. 특히 미라가 나무와 같은 막대기처럼 굳어 있는 상태에서 손과 발 안쪽 표면에 있는 이미지는 비스듬히 찍어야 하지만 카메라로 찍을 수 없는 부분이 생기기 때문이다. 그래서 문신의 세부모양이나 이미지가 서로 맞지 않는 경우가 생길 수 밖에 없다. 따라서 2004년에 복원된 문신은 정확하지 않은 부분이 있을 수 있다(바르코바, 판코바 2005).

파지리크 유적 2호분의 여성미라는 처음에 알려진 것과는 달리 그녀 역시 왼쪽 어깨, 오른손 손목, 왼손 손목에 문신이 그려진 상태였다. 특히 왼쪽 어깨(그림 206-1), 오른손 어깨아래(그림 206-2)에 그려진 것은 각각 그리핀과 우제류이다. 그리핀은 얼음공주 어깨에서 발견된 것과 매우 비슷하고, 머리없는 우제류는 같은 무덤의 남성 어깨에 그려진 그림과도 매우 유사하다.

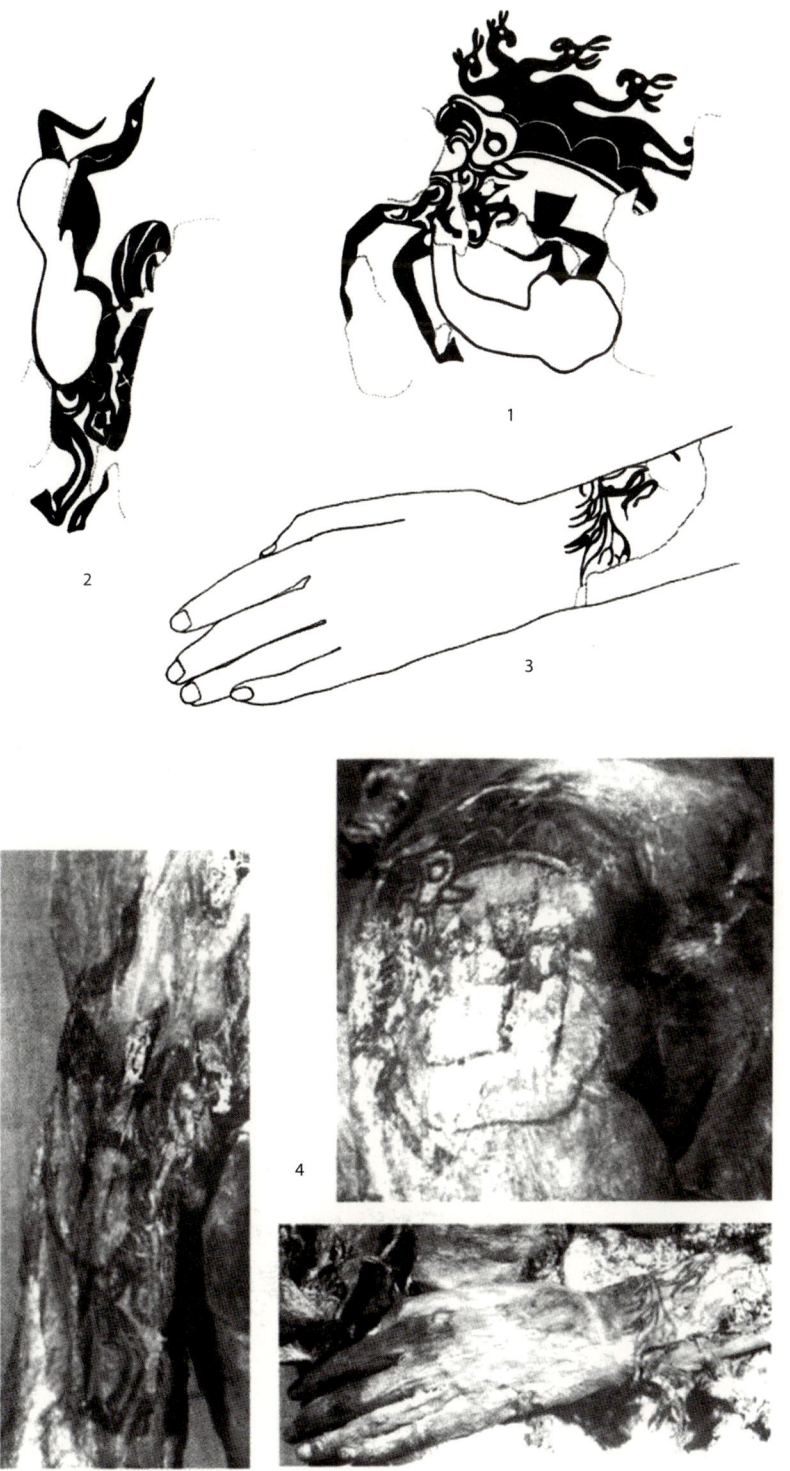

그림 206 파지리크 유적 2호분 여성미라 문신 │ 1. 왼쪽 어깨문신 │ 2. 오른쪽 어깨 아래(상완) │ 3. 오른손 손목 │ 4. 적외선촬영으로 드러난 문신

그림 출처

그림 203 파지리크 유적 2호분 남성미라 위치(Руденко С.И. 1953 인용, 필자 재편집)

그림 204 파지리크 유적 2호분 미라 두부(Руденко С.И. 1953 인용)

그림 205 파지리크 유적 2호분 남성미라와 각 부위 문신(1~5, 7~8. Руденко С.И. 1953 인용 | 6. Баркова Л.Л., Панкова С.В. 2005, 필자 재편집)

그림 206 파지리크 유적 2호분 여성미라 문신(Баркова Л.Л., Панкова С.В. 2005 인용)

참고문헌

Баркова Л.Л., Гохман И.И. 2001: Ещё раз о мумиях человека из Пазырыкских курганов. // АСГЭ. [Вып.] 35. СПб: 2001. С. 78-90(바르코바, 고흐만 2001, 파지리크 유적의 미라인간에 대해서 다시 한번)

Баркова Л.Л., Панкова С.В. 2005: Татуировки на мумиях из Больших Пазырыкских курганов (новые материалы). // АЭАЕ. 2005. №2 (22). С. 48-59.(바르코바, 판코바 2005, 파지리크 대형 고분의 미라에 새겨진 문신(최신자료))

Полосьмак Н.В. Всадники Укока. — Новосибирск: Инфолио-пресс, 2001. — 336 с.(우코크의 말타는 전사들) 이 책은 2016년에 한국어로 출판되었다.

Руденко С.И. 1953: Культура населения Горного Алтая в скифское время. М.-Л.: 1953. 402 с. (루덴코 1953, 스키타이 시대 알타이 산의 주민문화)

N.V.폴로스막(강인욱 역) 2016, 『알타이 초원의 기마인』

(3) 유물
① 머리장식

파지리크 2호에는 남녀의 모자 혹은 머리장식이 각각 2점씩 확인되었다. 남성의 모자는 가죽으로 된 것으로 귀를 덮는 스타일이다. 정수리에는 사슴뿔 모양의 가죽 아플리케가 4개 붙어 있다. 이 모자는 코로나(Корона, Crown) 라는 별칭이 있다(그림 207)(폴로스막, 바르코바 2005).

이와 함께 머리에 쓰는 모자의 모습은 비슷하지만 붙어 있는 장식이 매우 화려한 남성의 모자가 있다. 나무로 제작된 그리핀의 입속에 뿔 달린 사슴머리(그림 208-1, 그림 208-a)를 표현 한 것이다. 남아 있는 이 나무조각의 높이는 34.5cm, 너비가 15cm가량이다. 그리핀의 목에도 작은 그리핀의 머리가 양쪽에 한 쌍(그림 208-1, 그림 208-c)붙어 있는데, 큰 그리핀의 몸통에 삽입 가능한 사각형 구멍(그림 208-b)이 있다. 큰 그리핀의 몸통 아래에는 거위가 한 마리씩 조각되어 있다(그림 208-b). 그리핀 본체의 눈과 부리 사이에는 부채꼴 모양으로 수염이 있고, 정수리부터 목에는 가죽으로 된 갈귀가 달려 있다(그림 208-1)(루덴코 1953). 그래서 이 그리핀은 독수리+굽동물의 갈귀+호랑이의 수염이 합체된 것이다.

그리핀의 머리 및 목과 함께 표현된 동물은 뿔이 화려한 사슴이다(그림 208-2). 나무와 가죽으로 제작된 것인데, 머리는 나무로 입체적으로 제작되었고, 가죽은 몸통을 표현했는데, 평면으로 표현되었다. 앞다리와 뒷다리를 구부린 것으로 마치 달리는 모습을 표현한 듯 보인다. 남성의 그리핀 달린 모자의 베이스는 펠트로 제작되었다. 무덤에서 펠트조각과 함께 발견되었다(루덴코 1953).

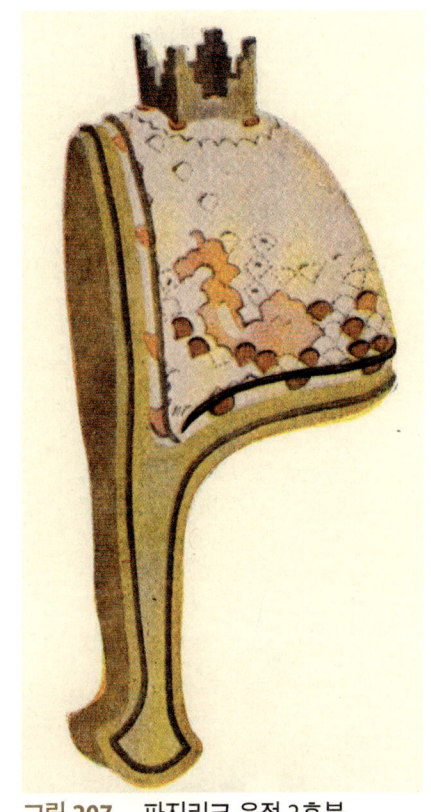

그림 207   파지리크 유적 2호분

특이한 여성의 머리장식도 출토되었다. 앞서서 살펴본 목제의 나무장식과는 달리 주로 가죽으로 제작되었다(그림 209-1). 머리에 텐트를 두른 듯, 쓰면 눈,코,입만 보일 듯하다. 머리 정수리에는 반구형의 모자틀이 있고 그 아래로 가림막을 가린 듯 한 모습이다. 정수리에는 수탉모양의 가죽 아플리케 장식(그림 209-2)이 세워져서 붙어 있고, 그 아래에 모피조각이 세 점 붙어 있다(그림 209-2). 가림막에도 마름모 모양안에 연꽃 장식이 있는 아플리케가 붙어 있다(그림 209-1)(루덴코 1953).

그 외에도 아주 독특한 모양의 머리장식이 출토되었다(그림 210-3). 머리에 닿는 부분인 기초 부분은 나무로 만들어졌다. 전체적으로 원통형이지만 귀의 위쪽에는 직사각형의 홈을 파고 다시 나무를 덧대어서 둥글게 만들어진 것이다. 현재는 오른쪽만 남아 있다. 이 나무원통의 덮개는 가죽으로 덮여 있다. 뒷쪽에는 1.5~2cm가량의 원형 구멍이 2개 있고, 구멍이 4개 더 있다. 그 중 두 개는 원통형으로 되어 있어서 나무로 된 아래의 받침대로부터 관통할 수 있도록 되어 있는 구조이다. 구멍은 실크로 덮여 있었다. 뒤쪽 중앙의 구멍에는 하늘로 솟아 오르도록 설계된 많은 머리카락이 붙어 있다. 꼬리모양의 머리장식은 사람의 머리카락을 꼬아서 닿았고 하단에는 말총으로 둘러싸서 힘을 받도록 만들어졌다. 꼬리

255

그림 208 파지리크 유적 2호분 그리핀이 달린 남성모자 | 1. 모자 장식 | 2. 모자 장식, 나무와 가죽

모양 머리카락 장식은 나무머리 모자의 구멍 아래서 관통시켜서 펠트로 감싼 것이다. 이 머리카락은 길이가 총 38cm가량이다(루덴코 1953).

　이 유물은 도굴로 인해서 출토된 위치가 관 안이 아니라 관 밖에서 출토되었다(그림 195-A).

　그렇다면 여성의 모자장식인지 어떻게 알 수 있을까?

　상트페테르부르크의 에르미타주 박물관에 소장된 표트르 1세의 시베리아 황금 콜렉션 유물 중에 아주 비슷한 모자가 묘사된 유물(그림 210-1)이 발견되어서 추정가능하다(루덴코

그림 209 파지리크 유적 2호분 여성 머리장식

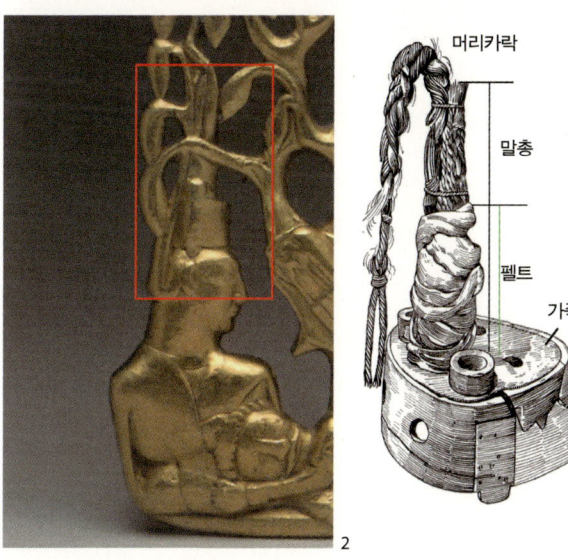

그림 210 표트르 1세의 시베리아 황금 컬렉션 버클과 파지리크 유적 2호분 머리장식 비교 1. 버클장식 | 2. 버클장식 세부 | 3. 머리장식

257

1962, Scythians 2017). 이 유물은 버클장식으로 길이 15.2cm, 너비 12.1cm, 무게는 459.3g 정도이다.

큰 나무 아래에 세 사람이 있는데, 여성은 앉아 있고, 남성 한 명은 그녀의 무릎 위에 누워서 무릎을 만지고 있다. 누워 있는 남성의 다리 쪽에는 한 남성은 앉아 있는데 말 두 마리의 고삐를 꽉 쥐고 있다. 말은 재갈과 굴레장식이 착장되었으며 안장까지 착용한 상태이다. 말과는 반대쪽으로 말과 마주보는 방향으로 얼굴이 매우 둥글고 독특한 머리장식을 한 여성이 앉아 있다. 누워 있는 남성은 그녀의 무릎을 만지고 있다(그림 210-2).

버클 속의 여성은 파지리크 2호분의 머리장식과 비슷한 모자를 썼는데, 머리는 삭발한 상태이다. 앞서 아크 알라하-3유적의 얼음공주도 아주 높은 머리가발 장식을 썼는데, 파지리크 2호분의 여성도 삭발한 상태였다(루덴코 1953).

종합하면, 파지리크 2호분의 남녀는 각각 높은 머리장식 1점과 낮은 머리장식 1점을 가지고 있었다. 남성의 머리장식 중 높은 것은 의례용이었겠지만, 여성의 머리장식은 둘 다 평소에 쓰기에는 불편한데, 무엇을 평소에 썼을까?

② **목침**

파지리크 2호분의 관 속에 남아 있던 유물은 나무베개인 목침과 여성의 옷[24]이었다. 그 중 목침은 피장자의 두향이 동쪽임을 알 수 있게 하는 유물이다. 꽃모양의 가죽장식이 붙은 목침(그림 211-1)[25]과 가죽주머니(그림 211-2)이다. 두 유물 모두 꽃잎 8개와 중앙에 자방을 표시한 원형까지 9개의 가죽 조각으로 꽃 모양을 붙였다. 베개처럼 보이는 가죽주머니(그림 211-2)는 그 측면 오른쪽에 꽃잎 장식이 붙어 있고, 베개를 완전히 감싸기 위해서 가죽을 이어 붙였는데, 끈의 소재는 말총이다(루덴코 1953).

러시아학자들은 이 유물이 베개를 넣은 가죽주머니인지(그림 211-2), 나무베개 위를 덮은 쿠션인지가 잘 이해하지 못했다. 베개 바로 옆에서 출토되었고, 같은 문양이 새겨져서 베개와 관련이 있다고 생각하지만, 정확하게 용도를 지정하지 못했다. 나무로 만든 베개를 상상할 수 없기 때문이다. 그래서 목침은 부장용으로 특별히 만들었기 때문이라고 판단했다(루덴코 1953).

러시아에는 목침의 전통이 없기 때문에 이 유물을 부장용으로 만들었다고 생각하고,

---

24 의상에 대해서는 다음 기회에 소개하도록 한다.
25 그림 211에는 꽃 모양 아플리케 장식이 보이지 않지만 루덴코(1953)의 서술에서는 있었다.

함께 나온 주머니도 베개 위에 얹었던 쿠션의 용도로 생각할 수 밖에 없다. 파지리크 유적에서는 대형고분에 속하는 1~5호에서 모두 목침이 확인되었다.

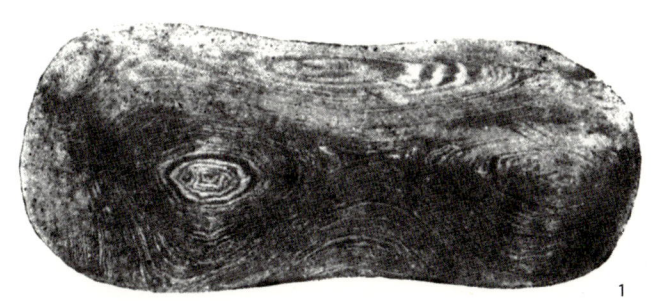

③ 목걸이

파지리크 유적 2호에서는 그리핀 6마리가 달려 있는 목제 목걸이가 출토되었다. 아시다시피 무덤은 이미 도굴당한 상태여서 관 밖에서 출토되었다. 남성의 시신일부와 가까운 곳에서 출토되었으나, 이와 형태가 유사한 유물은 아크 알라하-3유적의 여성미라가 착용한 채 확인되어서, 이 유물은 여성의 물품으로 추정할 수 있다(루덴코 1953).

파지리크 유적 2호분의 목걸이는 아크 알라하-3유적의 유물처럼 나무를 깎아서 만들었

그림 211 파지리크 유적 2호분 목침(1)과 목침가죽주머니(2) 1. 목침(길이: 39.5cm, 너비: 19.5cm, 높이: 11.5cm), 2. 목침을 넣은 주머니 혹은 위에 놓은 베개의 일부. 가죽

고, 그리핀 6마리를 착장한다는 점, 목의 앞부분을 다 감싸도록 제작되었다는 점은 같으나, 자세히 살펴보면 그리핀의 모양이 다르다.

아크 알라하-3유적의 목걸이를 장식한 그리핀(그림 296)은 몸통은 평면으로 제작되었고, 목만 들고 있도록 디자인되었다. 그리핀은 맹수(호랑이 혹은 표범)의 몸통에 날개를 달고 있으며, 머리에는 뿔이 표현되어 있지 않다. 그러나 파지리크 유적의 2호분 출토 그리핀(그림 212)은 뿔이 2개 달려 있으며, 얼굴은 호랑이나 표범이라기 보다는 루덴코는 사자와 더 가깝다고 판단했다.

동물문양 한 개씩이 모두 개개로 분리되지만 목걸이에 착장하면 그리핀의 전면을 볼 수 있다. 아크 알라하-3유적 출토품은 목걸이를 착장할 때 전면에서 보면 목 위로 얼굴이

그림 212   파지리크 유적 2호분 여성 목제 목걸이

보이도록 디자인 된 것이다.

그럼 이 유물은 어떻게 착용했을까?

목걸이의 고리 뒤쪽에 고정할 수 있는 구리판으로 연결되어 있다. 아크 알라하-1유적의 전사 목걸이와 동일한 구조이다. 이 그리핀 역시 목제를 금박으로 싼 것인데, 발견당시에 금박조각만 붙어 있고 거의 남아 있지 않았다. 발굴당시에는 금박으로 싼 동물문양장식은 금덩어리로 만들어진 것을 흉내었다고 생각했다(루덴코 1953).

④ 거울

파지리크 유적 2호분에는 거울이 2점 출토된다. 청동제 거울(그림 213)과 은제 거울(그림 214)이다. 청동제 거울은 아크 알라하-3유적에서도 출토되었는데, 손잡이 달린 목제 틀에 네모난 청동판을 한쪽에 끼워 넣은 것이었다. 파지리크 2호분 거울은 원형의 청동제 거울에 손잡이를 붙인 것이다. 거울의 단면은 한쪽은 편평하고 한쪽은 볼록하다. 손잡이는 긴 가죽으로 싼 것이다(그림 213-1). 청동거울은 표범모피로 된 주머니와 함께 확인되었다(그림 213-2)(루덴코 1953).

은제 거울은 표범 가죽주머니 안에서 화장품과 함께 확인되어서 여성용으로 볼 수 있다. 원형(직경 15cm)의 거울 아래에 사다리꼴 모양의 자루(길이 11.5cm)가 아래에 붙어 있다. 거울의 한면은 완전히 매끄럽고 반대쪽은 문양이 있다.

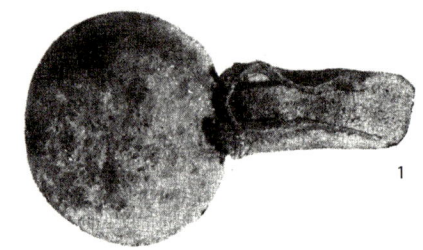

그림 213   파지리크 유적 2호분 청동제 거울(1)과 표범모피로 된 주머니(2)

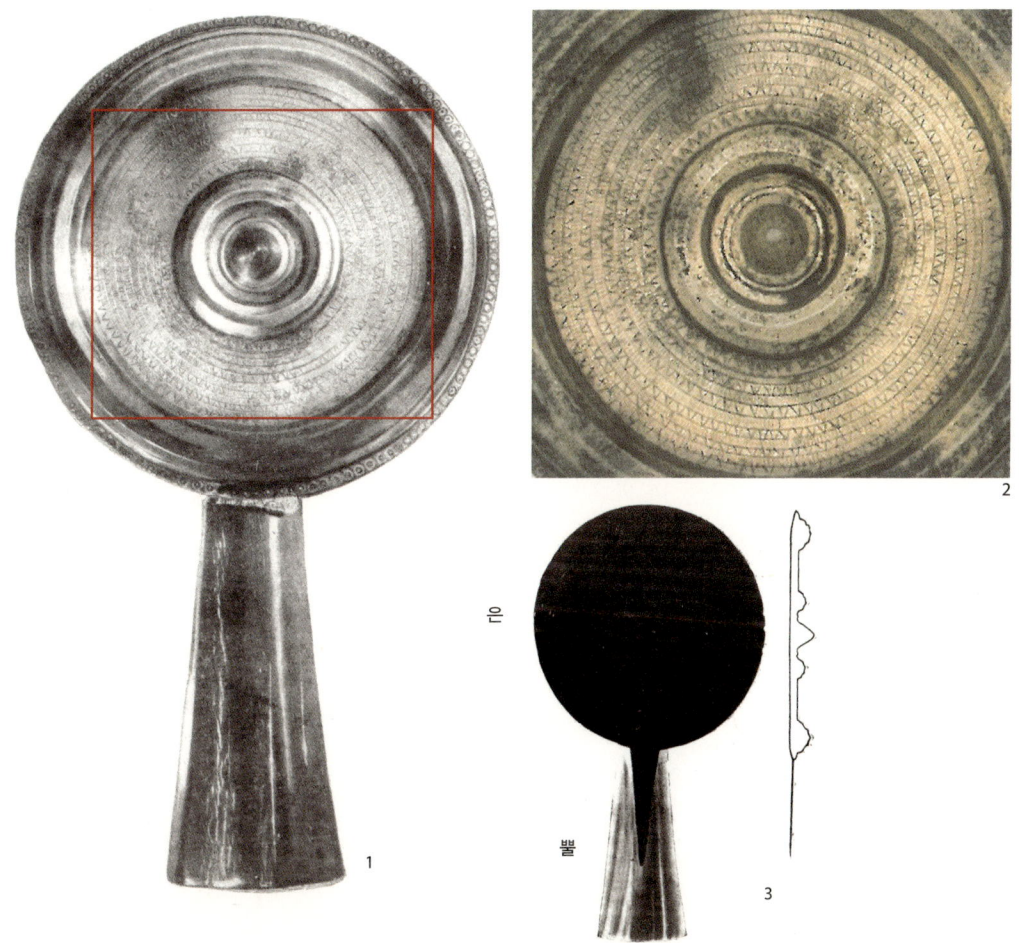

그림 214 파지리크 유적 2호분 은제 거울 | 1. 은제 거울 | 2. 거울의 세부 | 3. 거울 엑스레이 사진

중앙에는 원뿔모양의 원형 꼭지가 있고 그 주변을 원형 테두리가 둘러 싸고 있다(그림 214-1,2). 그 테두리 주변에는 12개의 동심원 문양이 있고, 그 간격에는 수직 및 대각선으로 음각되어 있다(그림 214-1). 은제 거울 끝에는 이등변 삼각형 모양으로 자루가 붙어 있고, 이 자루는 뿔로 된 손잡이에 삽입되어 제작되었다는 것을 X선 촬영 결과 알 수 있었다(그림 214-3)(루덴코 1953).

2500년 전 아크 알라하-3 유적, 베르흐 칼쥔 II유적, 파지리크 유적은 서로 비슷하지만, 다르다. 방향성은 공통적이지만, 거기에 표현된 것은 각자 개성이 있다. 동시대이고, 가까운 장소에서 같은 문화에서 다양한 유물이 확인되는 점은 매우 다양한 개성이 강조되었다고 볼 수 있다. 큰 테두리의 질서는 유지되지만 그 안에서의 개성은 존중되었던 것이다.

⑤ 향로세트

아크 알라하-3유적, 베르흐 칼쥔 II유적의 3호분 등의 유적에는 토제, 목제, 뿔제 그릇이 있다. 그런데 이 유적에서는 청동으로 만들어진 솥도 발견된다. 바닥에는 솥을 지지하기 위한 높임 다리가 있으며, 양쪽에는 손잡이가 있고 자작나무 껍질이 감긴 채로 확인되었다(그림 215-3). 안에는 돌이 들어 있었다. 막대기가 6개(그림 215-1)(1.2m 가량)가 함께 출토되었다(루덴코 1953).

이 솥과 막대기는 같은 공간에서 출토되어서 세트이다. 무슨 용도로 사용되었을까?

솥은 금이 가 있고, 솥 안에는 탄화된 대마씨가 발견되었다. 금이 간 이유는 뜨거운 돌의 열기에 의했을 가능성이 많고, 대마씨가 탄화된 것도 돌이 뜨거웠기 때문이다.

러시아 연구자들은 청동솥과 막대기는 대마씨에 나오는 연기를 흡입하기 위한 장치로 생각한다. 6개의 막대기를 묶고 그 위를 펠트로 씌우면 일종의 텐트가 된다. 그 텐트 안에서 청동솥에 달군 돌을 넣고, 대마씨앗을 뿌려서 그 향을 맡았을 것이라는 생각이다. 실제로 탄화된 대마씨가 가득 들어간 가죽용기가 같은 무덤에서 출토되었다(루덴코 1953).

같은 용도의 유물이 한 점 더 출토되는데, 동체부가 사각형인 용기(그림 215-2)이다. 동체부가 둥근 청동솥은 무덤방에서도 관에서 떨어진 곳(그림 195-B-6)으로 무덤방의 중앙에서 약간 비껴난 곳에서 출토되었고, 동체부가 사각형인 청동솥은 무덤방에서 관의 다리 밑

그림 215 파지리크 유적 2호분 향로세트 1. 막대기(높이: 1.2m) | 2. 네모 향로(높이: 8cm, 길이: 11.6cm, 너비: 12.3cm, 손잡이 길이: 8.3cm) | 3. 원형향로(높이: 13.8cm, 동최대경: 9.8cm)

그림 216 파지리크 유적 2호분 대마씨가 담긴 가죽제용기   1, 2. 전체 길이: 16.5cm, 너비: 14cm

좁은 공간(그림 195-B-3)에서 발견되었다. 각각 긴 막대 및 가죽조각이 확인되어서, 텐트를 설치한 후 그 안에서 청동용기를 두고 연기를 피웠음을 알 수 있다.

동체부가 둥근 청동솥 옆에서 출토된 것은 그리핀이 새겨진 가죽제 용기다(그림 216). 가죽용기의 앞 면에는 모양이 다른 새 두 마리의 아플리케 장식을 붙인 것이다. 위에서 공격하는 새는 머리부터 목까지 갈기가 있어서 그리핀으로 생각되고, 아래에 공격당하고 있는 새는 그리핀 보다 갈기가 없으며 목이 길어서 그리핀과는 차이가 있다. 그리핀은 두 날개를 펴고 있고, 아래의 새는 날개를 접고 있다.

헤로도투스의 역사에는 4권 74~75절에 스키타이인의 정화의식에 대한 내용이 기록되어있다. 여기까지만 보면 위의 유물과 일치해서 헤로도투스의 기록과 비슷하다. 그러나 헤로도투스는 마지막에 스키타이 사람들의 정화의식을 그리스의 증기욕과 관련시켰다.

헤로도투스의 내용과 이 유물이 연기흡입과 관련된 건 가능성이 있지만, 그리스의 목욕문화와는 전혀 관련없다고 이 무덤을 발굴한 루덴코(1953)는 반박했다. 청동솥 위에 뿌려진 대마씨 때문에 연기가 나는 건 사실이지만 그 의미가 그리스 증기욕과는 같을 수 없다는 것이다.

청동솥과 막대기, 가죽주머니 안의 탄화된 대마씨는 의료용일 수 있다. 지금도 마약은 의료용으로 사용된다. 스키타이인들은 죽은 사람의 내장을 걷어내고 미라를 만들던 기술이 있었고 파지리크 유적 2호분에는 미라가 2구 확인되었다.

⑥ 말의 가면

파지리크 2호분에는 말이 7마리 부장되어 있었는데, 말 6마리는 마구 뿐만 아니라 굴레에 장식을 달아서 화려하게 꾸며져 있었고, 1마리는 아무 장식이 없었다. 그런데 같은 알타이의 유적인 아크 알라하-3호 유적과 아크 알라하-1호 유적의 말도 화려하게 장식되었지만, 이 유적에서만 발견되는 말의 장식이 있는데, 바로 말의 얼굴을 덮는 마스크이다(그림 217). 2호분뿐만 아니라 1호분과 5호분에서도 확인되는데, 그 모습은 차이가 있다(그림 217).

    2호분에서 출토된 것(그림 217-1~3)은 펠트와 가죽으로 만들어진 것이다. 말의 마스크에는 귀가 달려 있고, 그 사이에 숫양의 머리가 있다. 숫양의 머리 위에는 수탉 같은 새가 날개를 펴고 있는 모습이다. 새는 분리가능한데, 다리는 막대를 깎아서 만든 것이고 날개는 막대 프레임으로 별도로 만든 것이다. 마스크의 가리개에는 일곱 마리 물고기가 장식되어 있다. 1호분에서는 2점(그림 217-6~9), 5호분에서는 1점(그림 217-4, 5)이 출토되었다. 1호분과 5호분에서 출토된 말의 마스크도 기본적으로 말의 귀 사이에 사슴뿔 혹은 산양머리, 그리핀 장식 등을 얹은 구도로 제작되었다. 말의 얼굴을 완전히 가리는 것과 말의 이마와 볼의 일부를 가리는 것으로 구분된다. 말의 얼굴을 가리는 것도 장식의 정도에 차이가 있다. 5호분의 가면은 말 얼굴을 완전히 가리고 눈구멍만 있는 것이다. 작은 끈이 있어 턱밑에서 묶을 수 있는 구조이다. 귀는 가죽으로 따로 만들어진 것이다. 귀 사이에는 나무로 만든 화려한 뿔이 있는 순록(혹은 숫사슴) 머리를 조각해서 붙였다(그림 217-4, 5). 1호분의 말 마스크는 2점인데, 1점은 말의 얼굴을 감싸는 부분에 호랑이를 도식적으로 표현하고 사슴뿔 한 쌍을 귀 사이에 붙여서 표현했다. 귀와 사슴뿔은 가죽을 덧붙인 것인데, 파란색으로 채색하고 금박을 입혔다. 사슴뿔의 끝은 붉은 색으로 염색된 말총의 술이 장식되었다(그림 217-8, 9). 1호분에서 출토된 두 번째 말 마스크에는 뿔이 있는 날개 달린 그리핀과 호랑이가 싸우는 장면이 그려져 있다. 말의 귀 사이로 달린 것은 그리핀의 날개이다. 그리핀은 앞발로 호랑이를 잡고 있다. 호랑이는 이빨을 가슴에, 앞발톱은 그리핀의 다리를 잡고 있는 모습이다(그림 217-6, 7). 그리핀의 귀는 길고 뾰족하며, 목은 수평으로 덮여 있고, 사자의 갈기는 독특한 구멍으로 표현되어 있다. 말의 옆얼굴에서 입을 가리는 부분은 금박으로 호랑이의 줄무늬가 표현되어 있다. 이 말 가면은 총 4판의 가죽으로 만들어진 것이다. 말의 귀와 그리핀의 날개는 두꺼운 가죽으로 입체적으로 만든 것이다(루덴코 1953).

    파지리크 유적의 말 마스크는 숫염소와 같은 단순한 뿔 부터 사슴의 화려한 뿔까지 뿔

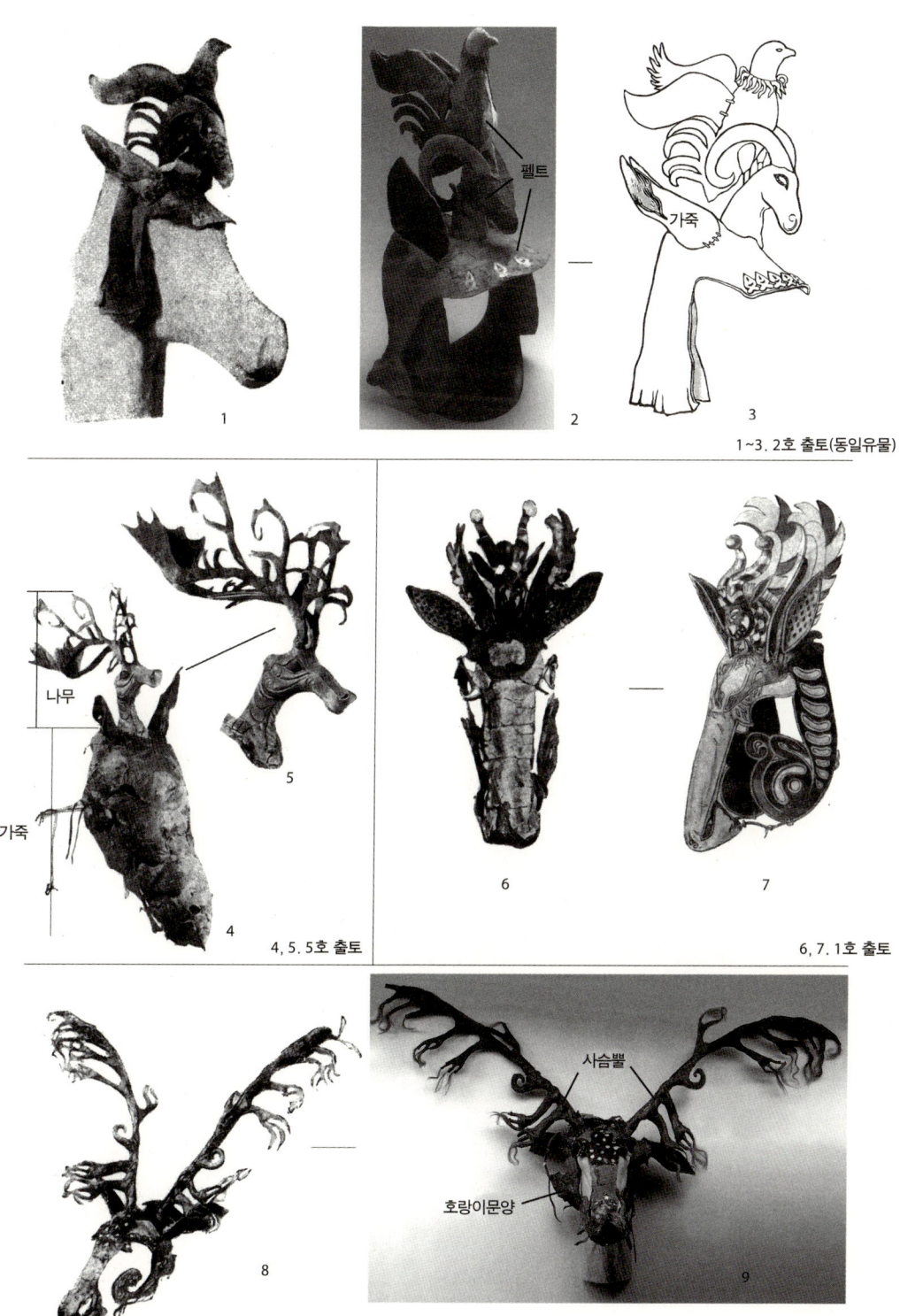

그림 217 파지리크 유적 말 마스크

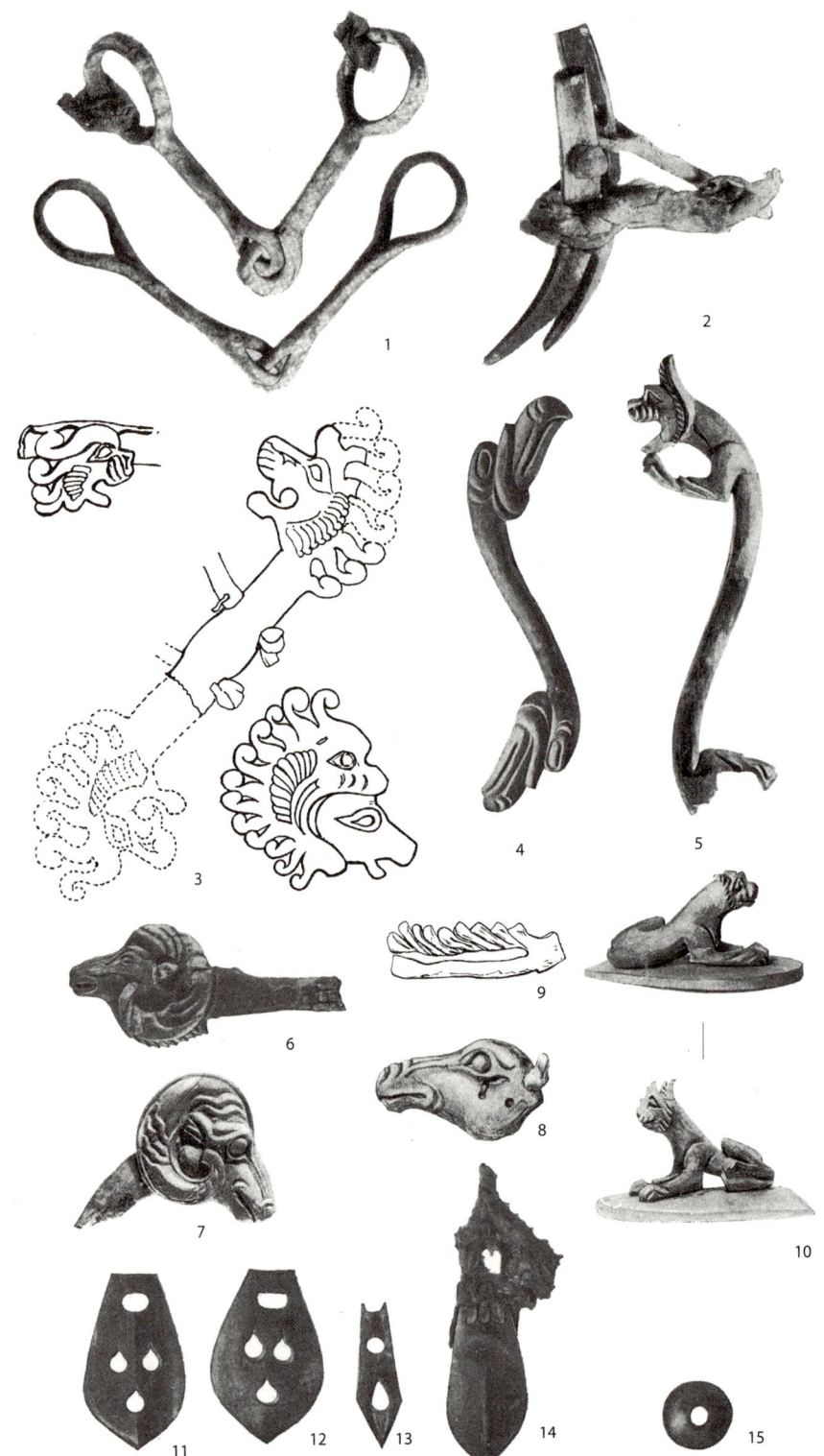

그림 218 파지리크 유적 2호분 재갈, 재갈멈치, 안장 부속품 　1. 재갈　｜　2~8. 재갈멈치 및 재갈멈치 끝장식　｜　9, 10. 굴레장식　｜　11~14. 안장관련 장식　｜　15. 안장 부속품　｜　1. 청동제　｜　2. 철제　｜　3~8, 10. 목제　｜　9. 가죽　｜　11~15. 뿔제

이 강조된 것이다. 말이 없는 뿔을 강조하기 위해서 마스크를 씌웠다고 볼 수 있다. 이런 마스크를 쓴 말을 보면 저게 말인지, 사슴인지 혹은 그리핀인지 모를 모를 것 같다. 살아 있는 하이브리드 동물이 되는 것이다.

이런 말을 탄 사람들은 살아 있는 신이 되고 싶었던 것일까?

⑦ **마구, 굴레장식, 안장**

파지리크 유적의 2호분의 말은 구덩이의 입구와 가까운 곳에서 확인된다. 말이 7마리 매장되었는데, 한 마리를 제외하고는 전부

그림 219 파지리크 유적 2호분 말 정면 가리개와 채찍 손잡이
1. 말 정면 가리개(뿔제) | 2. 채찍 손잡이(은제)

굴레와 안장, 안장덮개로 장식되었으나 그에 대한 정보는 매우 빈약하다. 그 이유는 설명되지 않았지만 도굴 때문으로 생각된다. 그래서 2호분의 마구와 굴레장식은 거의 남아 있

그림 220 파지리크 유적 2호분 안장덮개

267

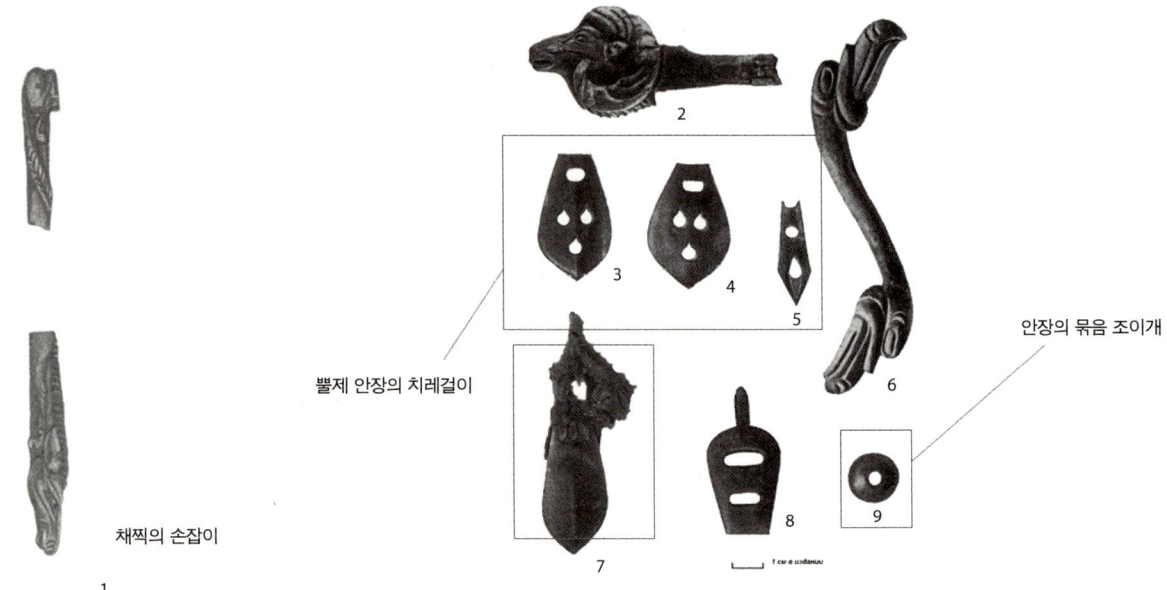

그림 221 파지리크 유적 2호분 말 안장 관련 유물과 채찍의 손잡이

지 않았다. 파지리크 계곡 보다 남쪽에 위치한 우코크 고원에서는 없었던 말장식 중에 하나가 말의 얼굴을 가리는 말의 마스크였다.

그 외에는 필자가 루덴코(1953)의 책을 샅샅이 분석해서 여러 군데 있는 유물을 찾은 결과 아래와 같은 마구와 말의 굴레장식이 있었다는 것을 알아내었다(그림 218, 그림 219).[26] 안장도 여러 점 있었다는 사실을 안장덮개로 알 수 있다(그림 220). 안장덮개에는 호랑이가 산양을 뒤에서 공격하는 장면(그림 220-1, 2), 육식동물이 초식동물을 공격하는 장면(그림 220-3), 큰 사슴(그림 220-4), 독수리형 그리핀(그림 220-5) 등 다양한 장면이 연출되었다(루덴코 1953).

⑧ 악기

상트페테르부르크 에르미타주 박물관에는 표트르 1세 때 시베리아에서 모은 황금 유물이 전시되어 있다. 그 중에는 파지리크 2호 무덤에서 출토된 여성머리장식과 유사한 유물이 표현된 황금 버클 장식이 있다. 큰 나무 아래에 세 명이 쉬고 있는 장면이다. 그런데 나무

---

26 2호분의 마구는 도굴로 인해서 잘 남아 있지 않았다. 책(루덴코 1953)에서는 따로 구분하지 않았으나 필자가 책을 분석하면서 추출한 것이다.

그림 222   파지리크 유적 2호분 현악기(일종의 하프)

아래 에는 알 수 없는 물건이 걸려 있다(그림 210-1). 필자가 여러 책을 뒤적거려도 여기에 대해서 해석을 해 놓은 사람은 아직 없었다.

결론부터 이야기 하면 어쩌면 나무 밑에 걸려 있는 이 물건은 파지리크 2호분에서 출토된 일종의 악기인 하프일 수도 있다(그림 222). 이 유물은 무덤방의 바닥의 관 밖에서 출토되었다.

나무로 만들어진 것인데 전체 길이는 83cm이고, 가장 자리는 11~12cm가량 넓고, 중간 부분은 너비가 3~4cm가량으로 좁아지는 형태이다. 중간은 비어 있어 공진기 역할을 한다. 바디의 아랫면은 거의 수평이지만 가운데는 오목하다. 가운데 높이는 5cm밖에 되지 않는다. 몸의 중간 부분에는 길이 26cm로 된 소리판으로 덮여 있다. X모양의 공명 조리개가 가운데 길게 나 있다. 바디에서 뚫린 부분은 소리를 확장하기 위한 부분으로 얇은 가죽을 씌웠을 것이고, 그 부분은 붉은색으로 염색한 흔적이 남아 있다. 가죽막에는 3개의 원형 공명구멍이 있었고, 하나는 끝 부분에 다른 하나는 중간에 있었다. 얇은 나무 못으로 가죽막을 악기의 바디에 고정시켰다. 바디의 한쪽에는 끈을 매기 위한 홀더가 있었는데 길이가 24cm 가량이다. 몸통의 넓은 한쪽 끝에서 다른 쪽 끝에 부착된 돌출된 부위에 묶어서 사용했던 것이다. 남아 있는 줄의 수는 4개 이상이다(그림 222)(루덴코 1953).

황금유물의 나무 밑에 걸려 있는 물건을 보면, 앉아 있는 여성 방향으로 튀어 나온 부분이 있다. 이 부분은 어쩌면 악기의 스트링 홀더가 아닐까? 이런 악기를 그냥 들고 다녔을리는 없고, 아마 가죽 주머니 같은 곳에 넣고 다녔을 가능성이 많다. 그리고 자세히 보면 나무 밑에 걸려 있는 물건에는 세로 방향으로 긴 줄이 4~5줄 표현되어 있다.

황금벨트에 표현된 나무 아래의 물건은 또 하나의 가능성이 있는데, 화살과 활이 들어간 스키타이 고리트일 수 있다. 고리트는 전사들의 허리춤에 차고 다녔는데, 쉬기 위해서 허리춤에 있던 무기를 풀어서 나무 밑에 걸었다는 설정이 가능하다.

그런데 뒤에서 자세히 살펴보겠지만 아크 알라하-1유적, 베르흐 칼쥔 II유적 등에서 출토된 고리트에는 고깔모양의 덮개가 있다. 하지만 여기에는 고깔모자형 덮개가 없다. 그래도 이 유물이 만약 고리트라면 벨트에 표현된 이 유물에서 여신 방향으로 불룩 튀어나온 부분이 해석이 되지 않는다.

만약 내가 이 황금벨트를 디자인 한 사람이었다면 무기 보다는 가장 중요한 소재인 나무 아래에 무기보다는 악기를 매달았을 것 같다. 휴식을 위한 주제와 더 어울린다.

⑨ 다양한 그리핀

파지리크 유적에는 우코크 고원의 아크 알라하-3유적(얼음공주의 무덤)과 아크 알라하-1유적(전사의 무덤)에도 없었던, 구리 조각에 찍힌 그리핀이 남아 있다(루덴코 1953).

이 유물은 옷이나 말의 장식 등에 달던 장식으로 생각된다. 납작하고 가벼운 유물이어서 직물에 부착했을 가능성이 많다. 요즘 옷에 다는 스팽글 장식(빤짝거리는 납작한 장식) 정도로 생각할 수 있다.

그림 223-1-a의 구리 조각에 그리핀은 사자와 그리핀의 합성이고, 그림 223-1-b는 사슴의 앞다리와 뒷다리만 남아 있다. 그림 223-2의 산양 머리도 구리판에 찍힌 것이다. 보다시피 남아 있는 상태가 좋지 못하다. 산양 머리의 상단에는 날개의 일부처럼 보이는 두꺼운 가죽조각이 남아 있다. 또 구리판 위에 그리핀 모양으로 스탬핑되어있고, 그 위를 금박으로 장식한 유물도 있다(루덴코 1953).

그런데 금박을 입힌 동물문양장식 구리판은 파지리크 2호분에서만 출토되는 것이 아니라 파지리크 유적의 7호분에서도 실제로 구리판이 달린 채 확인되기도 한다. 그리핀이 새겨지지는 않

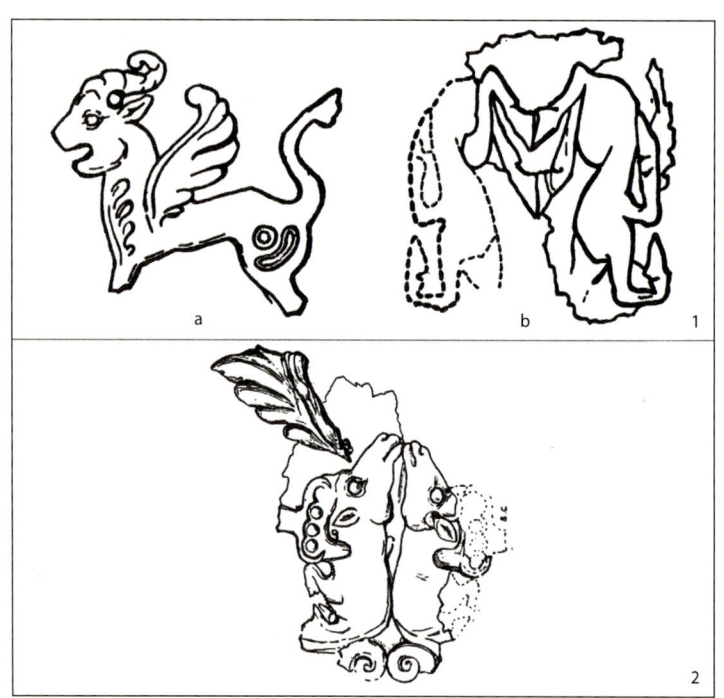

그림 223 파지리크 유적 2호분 구리판

았지만 구리판 위에 금박을 씌운 스팽글을 단 마구장식이 파지리크 5호분에서 출토되기도 했다. 이 유물은 말의 가슴을 장식하던 유물로 보인다. 모직으로 된 직조물 위에 펠트, 모피를 붙이고 그 위를 구리판을 감싼 금박을 달았다. 중앙에는 사자가 장식되어 있다. 이 유물의 사자모양은 페르시아로부터 영향을 받았다(루덴코 1953).[27]

위의 동판 위에 찍은 그리핀은 금박으로 감쌌다(그림 223). 금박은 쉽게 벗겨져서 현재는 남아 있지 않은 상태이다. 우코크 고원의 얼음공주 무덤에서도 보이지 않는 머리장식 안쪽에 그리핀을 남겨 놓은 것이 발견되었다.

아르잔-2호 유적에는 금판이나 금박으로 만들어 옷을 장식하는 금제품, 금을 보호하기 위해서 다른 물질로 감싼 것은 아직 확인되지 않는다. 흑해 유적에서도 마찬가지이다. 현재까지 확인된 금박으로 감싼 재질은 나무와 구리이다. 밖으로 보이는 것이 더 중요할까? 안에 든 내용이 더 중요할까?

그림 출처

그림 207 파지리크 유적 2호분(Руденко С.И. 1953 인용)

그림 208 파지리크 유적 2호분 그리핀이 달린 남성모자(Руденко С.И. 1953 인용, 필자 재편집)

그림 209 파지리크 유적 2호분 여성 머리장식(Руденко С.И. 1953 인용, 필자 재편집)

그림 210 표트르 1세의 시베리아 황금 컬렉션 버클과 파지리크 유적 2호분 머리장식 비교(Руденко С.И. 1953 인용, Алексеев А.Ю. 2012, p.34, 필자 재편집)

그림 211 파지리크 유적 2호분 목침(1)과 목침가죽주머니(2)(1. Scythians 2017 인용, 필자 편집 | 2. Руденко С.И. 1953, 인용)

그림 212 파지리크 유적 2호분 여성 목제 목걸이(Руденко С.И. 1953 인용)

그림 213 파지리크 유적 2호분 청동제 거울(1)과 표범모피로 된 주머니(2)(Руденко С.И. 1953 인용)

그림 214 파지리크 유적 2호분 은제 거울(1, 3. Руденко С.И. 1953인용 | 2. Алексеев А.Ю. 2012, p. 38, 필자 재편집)

그림 215 파지리크 유적 2호분 향로세트(Руденко С.И. 1953 인용, 필자 재편집)

그림 216 파지리크 유적 2호분 대마씨가 담긴 가죽제용기(Руденко С.И. 1953 인용)

그림 217 파지리크 유적 말 마스크(1, 3~8. Руденко С.И. 1953 | 2, 9. https://www.hermitagemuseum.org/wps/portal/hermitage)

그림 218 파지리크 유적 2호분 재갈, 재갈멈치, 안장 부속품(Руденко С.И. 1953 인용, 필자 재편집)

---

[27] 필자는 알타이에서 확인되는 사자 문양에 대해서는 페르시아에서 온 것인지에 대한 다각적인 검토가 필요하다고 생각된다.

그림 219	파지리크 유적 2호분 말 정면 가리개와 채찍 손잡이(Руденко С.И. 1953 인용, 필자 재편집)
그림 220	파지리크 유적 2호분 안장덮개(Руденко С.И. 1953 인용, 필자 재편집)
그림 221	파지리크 유적 2호분 말 안장 관련 유물과 채찍의 손잡이(Руденко С.И. 1953 인용, 필자 재편집)
그림 222	파지리크 유적 2호분 현악기(일종의 하프)(Руденко С.И. 1953 인용, 필자 재편집)
그림 223	파지리크 유적 2호분 구리판(Руденко С.И. 1953 인용, 필자 재편집)

참고문헌

Алексеев А.Ю. 2012 : Золото скифских царей в собрании Эрмитажа. СПб: Изд-во Гос. Эрмитажа. 2012. 272 с. (알렉세예프 2012, 에르미타주박물관 소장 스키타이 차르의 황금유물 콜렉션)

Полосьмак Н.В., Баркова Л.Л. 2005: Костюм и текстиль пазырыкцев Алтая (IV-III вв. до н.э.). Новосибирск:《Инфолио》. 2005. 232 с. (폴로스막, 바르코바 2005, 알타이 파지리크 사람들(기원전 6~3세기)의 의상과 섬유)

Руденко С.И. 1953: Культура населения Горного Алтая в скифское время. М.-Л.: 1953. 402 с. (루덴코 1953, 스키타이 시대 알타이 산의 주민문화)

4) 파지리크 5호분

파지리크 1~4호의 대형 고분에는 동쪽으로 돌이 길게 배치되어 이어지지만 5호에서는 확인되지 않는다. 그 대신 5호 무덤 주변에는 평면형태가 고리모양인 적석구조물이 확인된다. 5호분의 적석 범위는 재는 곳의 위치에 따라서 약간씩 다른데 5~7m이다. 남쪽에는 봉분에 붙어서 직경 3.5~3.7m의 것이 2개 확인되었고, 북쪽에는 2.5~3m가량 떨어진 곳에 위치한다(그림 224). 무덤의 상부는 직경이 42m, 높이가 3.75m가량 된다. 5호에는 무덤의 상부를 덮은 돌에서 연접한 남쪽에 둥근 원형으로 돌이 둘러져 있는 것이 확인된다. 아래에는 아무것도 없었다. 이 돌무지의 직경은 3.5~5.7m이다. 이러한 현상은 투엑타 유적에서도 확인되었다(루덴코 1953).

(1) 무덤방(목곽)의 구조

무덤방(그림 225)의 크기는 8.25×6.65m이고, 바닥은 땅의 표면 기준으로 4m가량이다. 무덤구덩이를 덮은 돌은 가장 상부에는 큰 돌이고, 그 아래에는 상대적으로 작은 돌을 채워넣었는데, 3톤정도 된다. 그 아래에는 통나무가 층층이 쌓여 있었던 흔적이 남아 있다. 통나무 층 가장 아래에 도굴꾼이 만들어 놓은 1.45×1.9m의 구멍이 남아 있다. 무덤방의 가장 상부는 자작나무 껍질로 덮었는데, 그곳에도 도굴구멍(0.89×0.93m)이 있었다. 무덤방의 덮개는 두 단으로 덮여 있었는데, 그 안에 얼음이 채워져 있었을 가능성이 크다. 무덤방은 납작한 판자로 만들어졌으며, 무덤구덩이의 가장 아래쪽에 위치한다. 무덤방은 다듬은 통나무로 제작되었고 높이는 1.4m이고, 넓이는 2.3×5.2m가량이다(루덴코 1953).

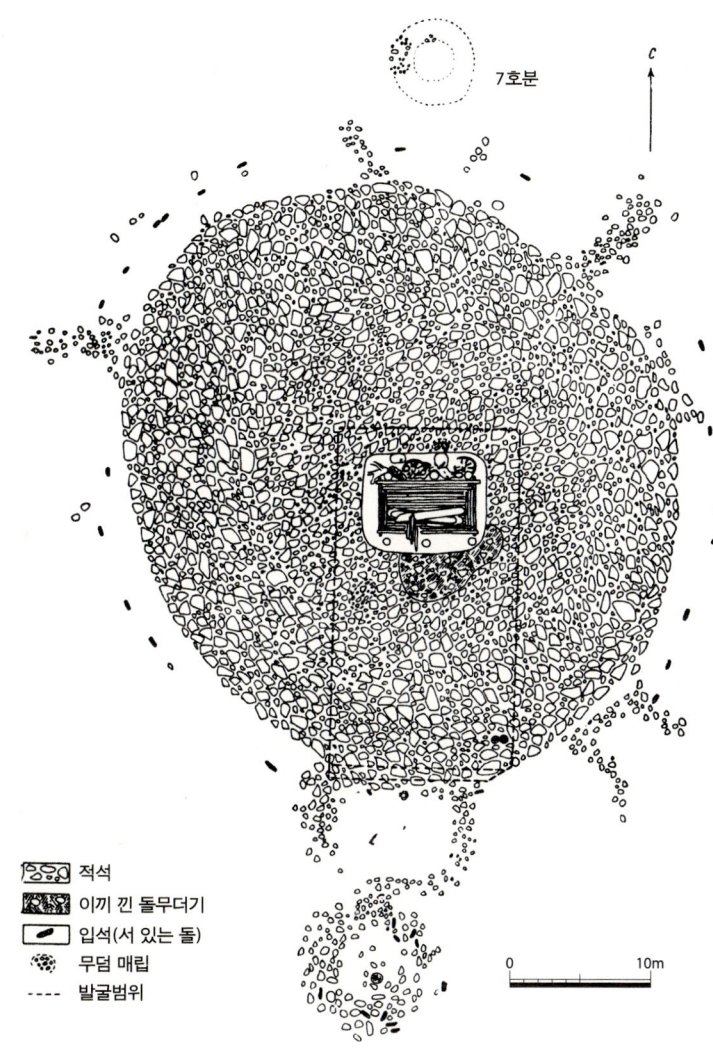

그림 224 파지리크 5호분 평면도

파지리크 유적의 무덤 구조는 각 무덤마다 약간씩 다른데, 2호분과 5호분의 단면도에서 차이가 있다는 점을 알 수 있다.

2중의 무덤방 구조 바깥으로 아주 두터운 나무 기둥이 수직으로 설치되어 3개의 기둥벽(**그림 226**)처럼 버티고 있어서, 무덤 위의 돌과 통나무층의 하중을 견딜 수 있었다.

무덤방은 이중으로 외부의 1차 무덤방의 크기는 3.4×6.42m, 높이는 1.68m가량이고, 내부에 있는 2차 무덤방의 크기는 5.2×2.3m, 높이는 1.4m이다. 2차 무덤방의 바닥에는 6cm 너비의 나무판은 13개 깔려 있다. 2차 무덤방의 벽은 8개의 통나무, 천장은 13개의

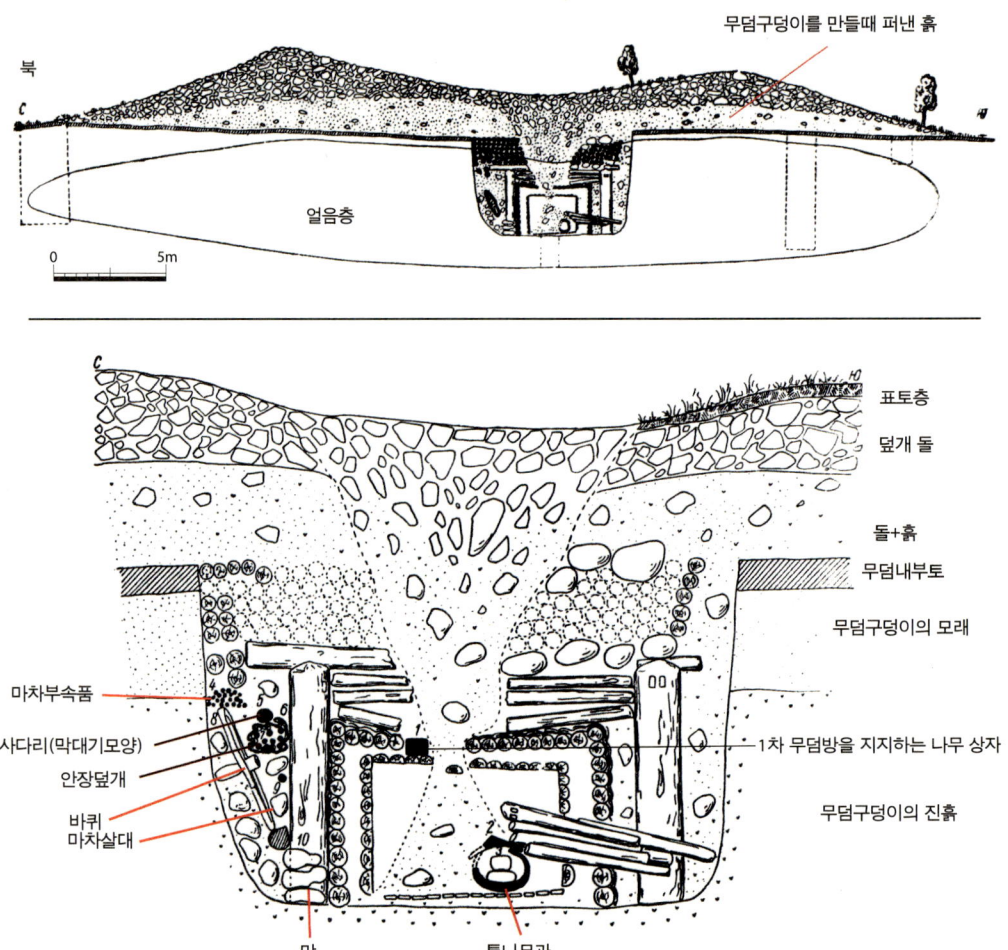

그림 225   파지리크 5호분 무덤 단면도

통나무로 쌓았다. 외부에 있는 1차 무덤방의 벽은 10개의 통나무, 천장은 18개의 통나무로 구성된다. 무덤방의 남쪽 방향에는 일종의 창이 있는데, 이곳으로 통나무를 한 다발 가로질러 넣어서 통나무관의 뚜껑을 누르고 있다(그림 225, 그림 227-21). 무덤방의 하중을 견디기 위한 것으로 생각된다(루덴코 1953).

이 무덤이 다른 무덤과 구분되는 점 중에 하나가 무덤방의 통나무를 그대로 쓰지 않고 무덤방 내부는 편평하게 다듬었다는 것이며, 1차 무덤방과 2차 무덤방 사이를 지지하는 나무상자도 다른 무덤에서는 확인되지 않는다(그림 225).

스키타이 문화의 무덤방 안에는 주로 확인되는 유물이 정해져 있다. 토기(액체담는 그릇), 뿔 그릇, 나무 그릇과 같은 그릇 종류, 목제 쟁반(아크 알라하-1유적, 아크 알라하-3유적) 혹은 다리가 있는 테이블(파지리크 2호분 파지리크 5호분) 등은 공통적이다.

그림 226 **파지리크 5호분 무덤 상부** 1. 아직은 무덤방 덮개를 열지 않고, 상부 돌만 치운 상태. 수직 기둥 3개가 보인다. | 2. 무덤방 덮개로 도굴꾼에 의한 구멍이 선명하다. 무덤방 바깥으로 마차 바퀴가 보인다.

그림 227 **파지리크 5호분 무덤방 내부** 1. 마차바퀴 축 | 2. 관 뚜껑 | 3. 안치된 시신 | 4. 마차바퀴 지지대 | 5. 사다리 | 6. 안장덮개 | 7~9. 마차바퀴 부속품 | 10. 말 | 11. 카펫에서 풀린 실타래 | 12. 액체 담는 토기의 파편 | 13. 펠트조각 | 14. 양 가죽 | 15. 목제 상 다리 | 16. 막대기 | 17. 뼈로 만든 북 | 18. 펠트제 베개 | 19. 손잡이가 나무인 뿔 그릇 | 20. 여성 머리장식 | 21. 끈으로 묶인 나무판 | 22. 무덤방 일부 목제 | 23. 마차 부속품

그런데 우코크 고원의 아크 알라하-1유적 및 아크 알라하-3유적에서 없었지만 파지리크 유적에서 나오는 유물이 있는데, 그것은 악기이다. 파지리크 2호분에는 일종의 하프가 확인되었고, 파지리크 5호분에는 뿔로 만든 드럼 모양(**그림 228**)의 악기가 확인된다. 무덤방의 유물이 관 안에 있었는지 관 밖에 있었는지는 정확하지 않지만, 악기는 관 밖(**그림 227-17**)에서 확인되었다(루덴코 1953).

기원전 5세기에 현악기(파지리크 2호분)와 타악기(파지리크 5호분)가 이미 존재했다는 점은 분명한 것 같다.

파지리크 5호 무덤에는 하나의 통나무관 안에 여성과 남성이 함께 확인되었고, 여성 아래에 남성이 깔려 있었다(루덴코 1953). 파지리크 5호분의 예를 참고로 하면 파지리크 2호분에서도 하나의 통나무관에 남녀가 함께 매장되었을 가능성이 있다.

2700년 전 아르잔-2호에서부터 한 무덤 안에 남녀를 함께 매장하는 풍습이 있었는데, 이 점이 이어졌다고 볼 수 있다.

생각해보면 잔인한 일이기도 하고, 또 다르게 해석할 수도 있다.

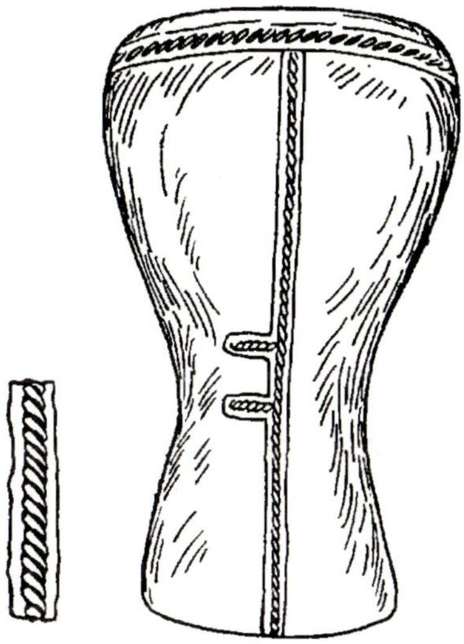

그림 228   파지리크 5호분 뿔로 만든 북

한날한시에 혹은 비슷한 시기에 죽었을까? 우연하게 일어났을까? 남녀가 함께 매장되는 경우는 바샤다르 유적 및 투엑타 유적, 기원전 5세기 파지리크 유적 2호분, 5호분, 1호분 뿐 만 아니라 기원전 4세기 유스티드 XII유적의 20호 무덤에서도 확인된다.

누군가 먼저 죽었고, 다른 한 사람은 자연사가 아닐 가능성이 있다.

앞에서 여러 가지 정황상 스키타이 문화에서는 무덤을 만드는 시기가 정해져 있다는 사실을 알려드렸다. 봄과 가을이다. 러시아학자들은 알타이에서 생기는 현상인 결빙층을 이용하기 위해서라고 생각한다. 그럴 수도 있지만, 다르게 생각해 볼 수도 있다

기원전 4세기 유스티드 XII 유적에서는 결빙층이 확인되지 않았지만 무덤 속의 자작나무껍질로 무덤방을 덮었던 흔적이 확인된다. 역시 늦봄에 무덤이 만들어졌다는 사실을 알 수 있다(쿠바레프 1987).

필자는 무덤의 축조시기는 유목민의 이동시간과 관련있을 것이라고 생각한다. 무덤을 축조하기 위해서는 사람이 모여야 하는데, 흩어져 사는 유목민의 특성상 사람이 모일 수 있는 시기는 목초지로 이동하는 과정 중이었을 것이다. 그 때를 놓치면 가축을 기를 수 없기 때문에 반드시 이동을 해야 한다. 여름이 되기 전과 겨울이 되기 전이다.

그림 출처

그림 224   파지리크 5호분 평면도(Руденко С.И. 1953 인용, 필자 재편집)

그림 225   파지리크 5호분 무덤 단면도(Руденко С.И. 1953 인용, 필자 재편집)
그림 226   파지리크 5호분 무덤 상부(Руденко С.И. 1953 인용, 필자 재편집)
그림 227   파지리크 5호분 무덤방 내부(Руденко С.И. 1953 인용, 필자 재편집)
그림 228   파지리크 5호분 뿔로 만든 북(Руденко С.И. 1953 인용)

참고문헌

Руденко С.И. 1953: Культура населения Горного Алтая в скифское время. М.-Л.: 1953. 402 с. (루덴코 1953, 스키타이 시대 알타이 산의 주민문화)

Кубарев В.Д. 1987: Курганы Уландрыка. Новосибирск: 1987. 304 с(쿠바레프 1987, 울란드리크 쿠르간)

(2) 무덤 속의 말

파지리크 5호분의 무덤구덩이 북쪽에는 말이 9마리 매장되었다. 9마리 가운데서 1마리를 제외하고는 모두 재갈을 비롯한 굴레, 안장, 머리장식을 착장했다. 말은 번호가 매겨져 있는데, 가장 아래에서 확인된 IX번 말은 마스크까지 있어서 화려하게 치장되었다(그림 217-4). 뿐만 아니라 무덤 안에는 4륜 전차가 분해된 채 부장되었는데, 함께 들어간 말 9마리가 전차 앞에서 말을 끌었을 것이며, IX번 말은 가장 선두였을 가능성이 크다.

말과 전차는 기본적으로 무덤방을 설치한 후 남는 매우 좁은 공간에 부장되었다. 말 9마리와 전차를 부장하기 위해서 층층이 쌓아서 넣었다. 무덤방의 바깥에 무덤 위의 돌을 지지하기 위해서 수직으로 세운 세 개의 기둥바깥으로 말을 매장했다. 무덤구덩이의 북쪽에서 동쪽 절반은 세 마리 말을 머리 방향이 동과 서로 교차되게 해서 묻혔다. 가장 아래의 말은 IX번 말로 머리방향이 서쪽을 향하고 배는 바닥에 깔았고, 그 위에는 머리를 동쪽으로 하고 등을 아래말 쪽으로 향하도록 했다. 다시 그 위의 말머리가 서쪽으로 향하고 등을 아래로 향하도록 배치되었다. 기둥 뒤에는 동쪽을 향하고 있는 IV번 말만 넣었다. 기둥을 넘어선 서쪽에는 말 3마리가 매장되었는데 가장 아래의 VIII번 말은 배를 바닥에 깔고 서쪽으로 향하고 있으며, 그 위의 말은 등이 바닥쪽을 향하고, 머리는 동향이다. 말 위에는 마차가 분해된 채로 부장되었고, 그 남은 공간인 가장 서쪽에 말 2마리가 머리를 서로 다른 방향으로 해서 부장되었다. 위에 있는 말은 말 머리가 무덤구덩이의 입구로 향하고 등이 하늘로 보도록 하는 자세이다(그림 229).

말은 매장할 때 관의 방향과 같은 방향으로 매장된다(그림 227, 그림 229). 인간의 두향

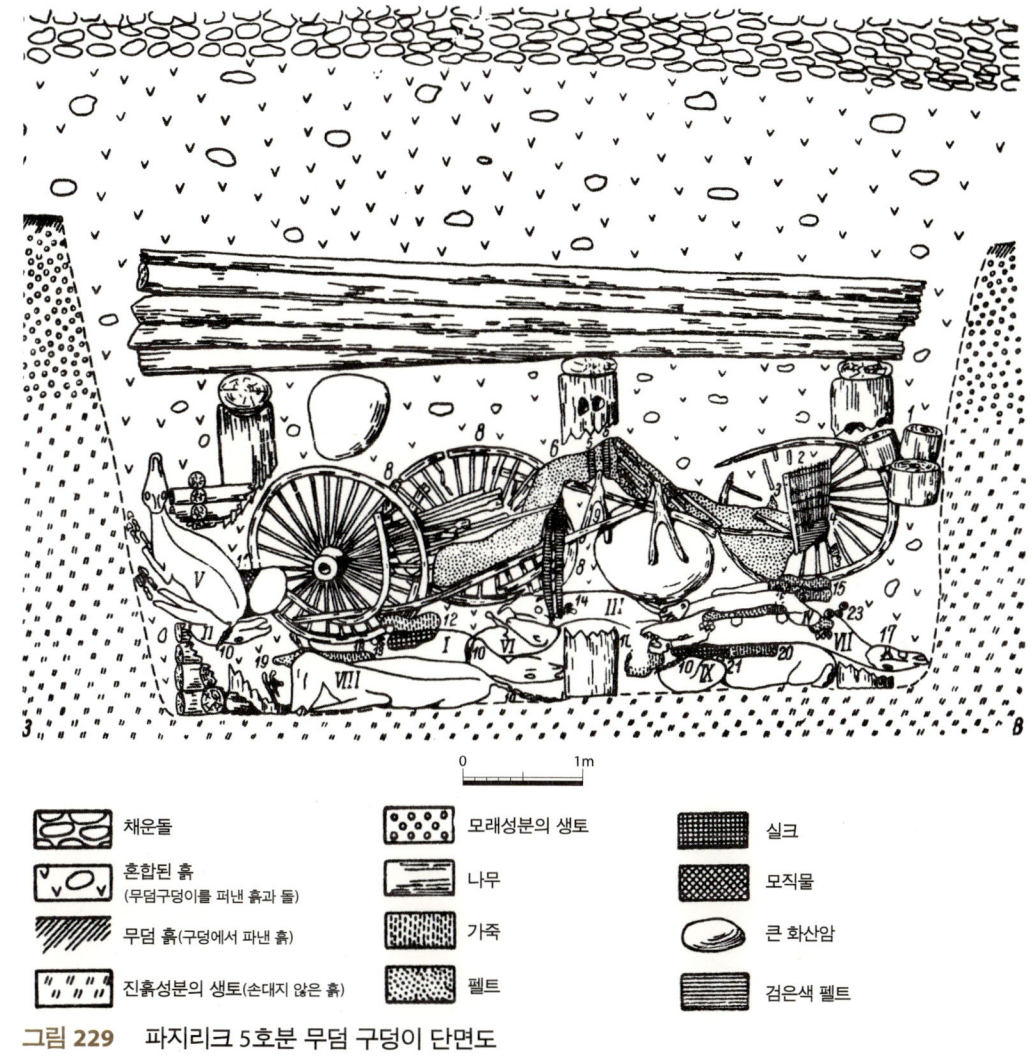

	채운돌		모래성분의 생토		실크
	혼합된 흙 (무덤구덩이를 퍼낸 흙과 돌)		나무		모직물
	무덤 흙 (구덩이에서 파낸 흙)		가죽		큰 화산암
	진흙성분의 생토 (손대지 않은 흙)		펠트		검은색 펠트

그림 229 파지리크 5호분 무덤 구덩이 단면도

이 동향이면, 말도 같은 방향이다. 파지리크 유적에서 통나무관은 모두 동서방향으로 놓였다. 말의 머리장식이 있는 무덤의 말은 모두 동향을 향하고 있다. 그러나 5호에서 말 머리장식이 있는 IX번 말의 두향은 서향이다(루덴코 1953).

파지리크 문화의 대부분 유적에서는 말의 두향은 동향으로 정해져 있다. 미라가 나오는 아크 알라하-3유적, 베르흐 칼쥔 II유적의 3호분 뿐만 아니라 미라가 없는 유적인 울란디르크 강의 5개 유적, 유스티드 계곡의 유적 등 말이 발견되는 모든 유적에서는 말은 인간과 같은 방향으로 묻혔다. 그래서 파지리크 5호분의 IX번 말은 아주 이례적인 경우이다.

표 6은 루덴코(1953)의 서술에 따라서 각 말의 마구 종류를 정리한 것이다. 의문점은 말을 부릴 때 가장 핵심인 재갈인데, 이에 대한 설명이 애매하다.

표 6 파지리크 5호분에서 출토된 말의 갖춤새

말 장식 \ 말 번호	I	II	III	IV	V	VI	VII	VIII	IX
재갈	?	○	○	?	○	○	?	?	?
굴레				○			○	○	○
안장				○			○	○	○
머리장식									○

우리나라의 고고학 환경에서는 무덤의 두향방향은 거의 연구되지 않는다. 토양특성상 인골을 비롯한 유기물질이 거의 남아 있지 않기 때문이다. 시대마다 약간 차이가 있는데, 선사시대로 국한하면 유기물질이 잘 남아 있을 수 있는 환경은 습지에 형성된 유적, 화재가 발생했던 시설물 등이 있고, 패총도 포함된다.

그림 출처

그림 229   파지리크 5호분 무덤 구덩이 단면도(Руденко С.И. 1953 인용, 필자 재편집)

참고문헌

Руденко С.И. 1953: Культура населения Горного Алтая в скифское время. М.-Л.: 1953. 402 с. (루덴코 1953, 스키타이 시대 알타이 산의 주민문화)

(3) 미라

2500년 전 알타이의 파지리크 유적 5호분에는 여성과 남성이 함께 하나의 통나무관에 매장되었다. 2호분에서도 40대 가량의 여성과 55~60세 가량의 남성이 함께 매장되었다. 형질인류학적 특징에서는 몽골로이드로 판명되었다. 요즘 같으면 DNA분석법을 썼겠지만, 1947년에 발굴하고, 1953년 단행본에서는 형질인류학적인 분석에 따를 수 밖에 없었다.

5호분의 남성은 대략 55세 정도로 비슷한 연령이지만 2호분의 남성과는 확연하게 구분된다. 머리크기는 중간정도인데(두개골 계측치 78mm), 이마는 높고 길며, 턱이 돌출되었다. 광대뼈(광대뼈 사이 거리는 146mm)는 넓은 편인데, 그렇게 돌출되지는 않았다. 코는 길고 좁으며(32×54mm) 강하게 돌출되었다. 아무다리야 강과 시르다니야 강 사이 지역이 민족의 기원지로 밝혀진 오늘날 카자흐인과 키르기즈스탄인의 얼굴 가운데서 비슷한 사람들이

그림 230 파지리크 5호분 통나무관에서 확인된 남성미라 모습

많다. 이 남성의 키는 175~176cm이다. 머리색은 검고 약간 곱슬기가 있는 편이다(루덴코 1953).

5호분의 여성에 대한 정보는 남아 있지 않고, 미라처리에 관한 부분만 남아 있다. 5호분 남성의 미라에 대한 자세한 정보는 2000년대 들어와서 발표(바르코바, 판코바 2005)되었다.

5호분의 남성미라는(그림 231-1, 2) 2호분의 미라와는 다르다. 남성의 두개골 뒤쪽에는 정수리에서 왼쪽 부분의 뼈를 11cm가량으로 잘랐는데, 꿰맨 흔적은 남아 있지 않다. 남성의 뒷면은 목 아래 3cm 척추까지 세로 절개선이 남아 있다. 이 절개면은 어깨를 가로지르는 절개면과 교차된다. 어깨부위의 절개면은 5cm간격으로 꿰매었다. 목 부위의 절개면은 어깨면을 묶은 끈 보다 가는 끈을 이용했다(그림 231-1). 몸에는 겨드랑이에서 갈비뼈까지 절개한 흔적이 있는데, 말총으로 꿰맨 흔적이 선명하다. 남성과 여성 모두의 신체에 절개 흔적이 남아 있고 말총으로 꿰매었다. 가슴의 피부는 겨드랑이 부분에서부터 여섯 번째 갈비뼈까지 찢어진 상태이다. 흉부의 절개면 9cm아래에서부터 복부 절개가 시작되는데, 배꼽 오른쪽에서부터 시작해서 사타구니까지 남아 있다. 배꼽 옆에는 2~3cm가량의 작은 절개면이 있다(그림 231-2). 팔의 절개면은 겨드랑이 안쪽에서부터 팔꿈치 안쪽까지 있다. 손과 손가락 바깥쪽에도 절개면이 남아 있다. 왼쪽 팔 위에 오른손의 팔목을 얹고 교차한 모습이다. 손 근처와 팔뚝 바깥쪽에 길이 4~5cm가량의 절개면이 남아 있다. 남성 오른손의 중지와 성기를 관통해서 실로 묶였다. 하반부의 천골 안쪽 가장자리로부터 엉덩이, 허벅지, 종아리까지 절개면이 연결된다. 무릎 뒤에만 3~4cm 간격이 남아 있다. 발목뼈에서 두 번째 발가락까지 이어지는 절개면이 있다. 남성의 몸에 있는 절개면은 모두 말총꼬리를 사용하여 꿰맸는데, 손가락을 고정시키는 부분에만 양털을 이용했다(바르코바, 판코바 2005).

여성미라는 엠블링하는 방법이 약간 달랐다. 절개면은 두개골의 측두골과 두정골 사이의 왼쪽에 남아 있고, 그 후에 꿰매져 있었다(그림 232-1). 후두부에는 오래전에 만들어진 2개의 절개면(4cm, 10cm)이 남아 있다. 오른쪽 관자놀이의 귀 앞과 왼쪽 뺨에도 절개면이 남아 있었다. 오른쪽 목과 쇄골은 반원형으로 절개되었다. 몸은 남성과 마찬가지로 가슴 양쪽 겨드랑이에서 유두부위까지 절개면이 남아 있다. 흉부의 가장 아래쪽에는 오른쪽 배꼽과 장골 뼈를 통과하는 절개면이 있는데, 치골과 대퇴골 사이의 허벅지 안쪽에서 마무리 되었다. 팔에는 남성과 마찬가지로 겨드랑이에서 손까지 절개되었는데, 팔꿈치 뒤쪽은 절개되지 않았다. 여성의 등에는 남자와 마찬가지로 양쪽 어깨에 절개면이 있고, 목과 척추에 세로의 절개가 있다. 목에는 절개면이 10cm, 척추에는 6~7cm가량이다. 왼쪽과 오른쪽 천골 아래에서 다리까지 무릎 부위 4~5cm정도만 제외하고는 절개되었다. 왼쪽 다리에

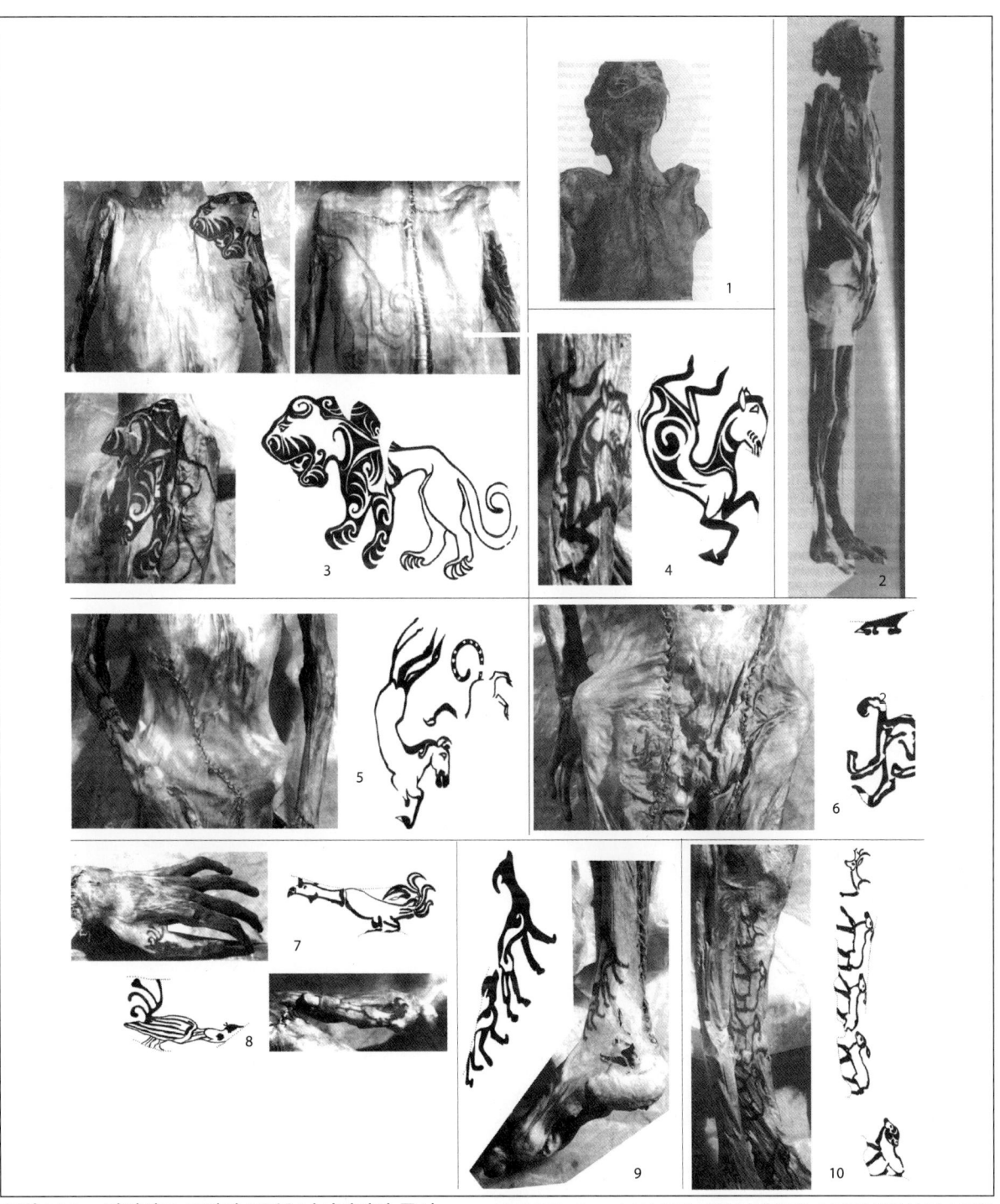

그림 231　파지리크 유적의 5호분 남성미라와 문신　1. 2. 남성미라　｜　3. 남성 미라 왼쪽 어깨 문신, 어깨에 걸쳐서 가슴까지 호랑이가 그려져 있다.　｜　4. 오른쪽 어깨 아래의 문신　｜　5. 오른쪽 팔꿈치 아래에 그려진 문신, 말과 꼬리가 긴 동물이 그려져있다.　｜　6. 허리 아래부터 엉덩이에 그려진 문신　｜　7. 왼손과 그려진 문신　｜　8. 오른손과 그려진 문신　｜　9. 오른쪽 발목　｜　10. 왼쪽 허벅지

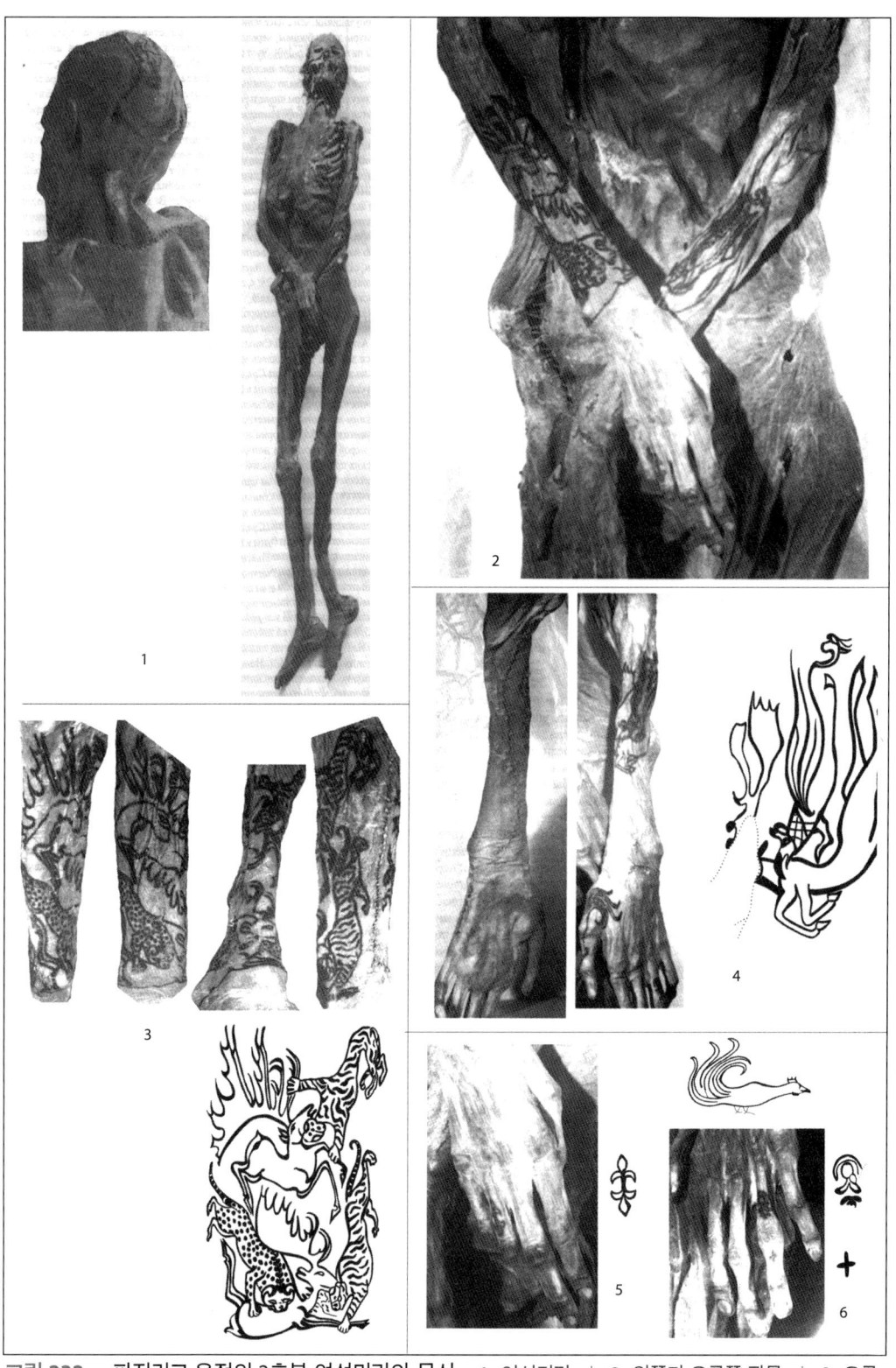

그림 232 파지리크 유적의 2호분 여성미라와 문신   1. 여성미라 | 2. 왼쪽과 오른쪽 팔목 | 3. 오른쪽 손목 위 | 4. 왼쪽 손목 | 5, 6. 여성 양손

는 절개면이 하나 더 있다(바르코바, 판코바 2005).

　파지리크 5호분의 여성과 남성미라 모두 절개면을 말총으로 꿰매었다. 남성의 손을 묶는 부분만 양모를 사용했다(바르코바, 판코바). 미라의 처리를 할 때 꿰맨 흔적을 말총으로 하는 것은 같은 시기의 우코크 고원의 아크 알라하-3유적의 여성미라(일명 얼음공주)도 마찬가지이다.

　루덴코(1953)는 절개를 하고 근육을 제거한 것은 방부제를 바르기 위한 것으로 보았다. 바르코바(2001)의 연구에 따르면 파지리크의 미라 피부와 머리에는 송진과 밀랍을 사용했는데, 송진은 특히 열대지역에서 자라는 다마르(dammar)와 셸라크(shellac)라는 것이 밝혀졌다. 미라 처리할 때 쓴 발삼 물질을 밝힘으로써 교류지역도 알 수 있는 것이다. 폴로스막(2016)은 더 낮은 계급의 사람들로 중국과 접하면서 살던 사람들은 발삼을 대신 다른 물질을 이용했다고 한다.

　파지리크 5호분에서 확인되는 남성와 여성미라의 몸의 수많은 절개면은 근육제거를 위한 것도 있지만 피하지방을 제거하기 위한 목적이 더 클 수도 있다. 가장 먼저 부패가 시작되는 부분이기 때문이다.

　파지리크 2호분의 여성과 5호분의 남녀미라의 문신은 발견당시에는 그 존재를 몰랐으나 2004년 적외선 촬영을 통해서 알려졌다(바르코바, 판코바 2005). 파지리크 5호분 남성미라의 엉덩이(그림 231-6)에도 문신이 그려졌다. 이 부분은 미라에 생긴 주름으로 인해서 사진 촬영이 잘 되지 않은 부분이다. 다리가 4개이고 그 아래에는 동물의 다리와 머리가 표현되어 있는데, 그리핀의 머리처럼 보인다. 파지리크 5호분의 남성미라는 왼손과 오른손 엄지손가락(그림 231-7, 8)에 닭을 그려넣었다.[28] 5호분 남성의 왼쪽 허벅지(그림 231-10)과 오른쪽 발목(그림 231-9)의 문신은 상반신에 그려진 것과는 다른 문양이다. 굽이 있는 동물이지만 상반신의 동물들은 역동적인 자세였다면 하반신에 그려진 동물은 나란히 열을 짓고 있다(바르코바, 판코바 2005).

　파지리크 유적 5호분의 남성과 함께 같은 무덤방, 같은 통나무관에 매장된 여성도 문신(그림 232)이 새겨졌다. 양 손목 위(그림 232-2)와 양 손의 네 번째 손가락(그림 232-5), 왼쪽 엄지손가락(그림 232-6)이다. 특히 오른쪽 손목 위(그림 232-3)에 새겨진 문신은 손목의 전면과 뒷면 전체에 그려졌다. 상단에는 호랑이가 사슴을 물어뜯는 장면, 하단에는 호랑이

28　파지리크 2호분의 남성 오른손 엄지(그림 205-6)에도 수탉이 그려져 있었는데, 여성에게는 없는 그림이다.

와 표범이 사슴을 공격하는 투쟁문양이 그려졌다(바르코바, 판코바 2005).

두 마리 맹수가 사슴이나 양을 공격하는 장면은 표트르 1세의 황금유물컬렉션의 유물에서도 잘 알려진 그림이다.

그림 출처

그림 230	파지리크 5호분 통나무관에서 확인된 남성미라 모습(Руденко С.И. 1953 인용)
그림 231	파지리크 유적의 5호분 남성미라와 문신(필자 편집)(Баркова Л.Л., Гохман И.И. 2001, 6:Баркова Л.Л., Панкова С.В. 2005 필자 재편집)
그림 232	파지리크 유적의 2호분 여성미라와 문신(Баркова Л.Л., Гохман И.И. 2001, 6:Баркова Л.Л., Панкова С.В. 2005 필자 재편집)

참고문헌

Баркова Л.Л., Гохман И.И. 2001: Ещё раз о мумиях человека из Пазырыкских курганов. // АСГЭ. [Вып.] 35. СПб: 2001. С. 78-90(바르코바, 고흐만 2001, 파지리크 유적의 미라인간에 대해서 다시 한번)

Баркова Л.Л., Панкова С.В. 2005: Татуировки на мумиях из Больших Пазырыкских курганов (новые материалы). // АЭАЕ. 2005. №2 (22). С. 48-59.(바르코바, 판코바 2005, 파지리크 대형 고분의 미라에 새겨진 문신(최신자료))

Руденко С.И. 1953: Культура населения Горного Алтая в скифское время. М.-Л.: 1953. 402 с. (루덴코 1953, 스키타이 시대 알타이 산의 주민문화)

N.V.폴로스막(강인욱 역) 2016, 『알타이 초원의 기마인』, 주류성

(4) 유물

① 안장

파지리크 5호분에는 안장 4개가 출토되었다. 가죽으로 제작되었으며 사슴털을 이용해서 꿰매었다. 안장의 앉는 부분 중간에는 건초를 넣어서 푹신하게 했다. 앞면인 안장머리 부분과 뒷면에 2개의 타원형 지지대(그림 233-1)가 있고, 무릎 혹은 엉덩이쪽으로 패널이 붙어져 있다.

지지대에는 사슴이 몸을 뒤트는 모습이 새겨져 있고 그 중앙에 패널도 부착되었다. 패

그림 233 파지리크 5호분 안장 1. 안장 | 2~7. 안장 각 부위 부속품

널에는 그리핀 혹은 맹수의 머리가 새겨져 있다(그림 233-6, 7). 데칼코마니 기법으로 새의 얼굴에 맹수가 조합된 것인지는 구분이 힘들다. 패널은 4개(그림 233-1) 모두 맹수 혹은 그리핀머리가 새겨져 있고, 엉덩이의 후걸이와 연결된 패널 끝 부분의 장식(그림 233-7)도 같은 장식이다. 안장의 지지대 위에도 호랑이의 머리조각이 좌우로 각각 5마리씩 안장머리에 총 10마리(그림 233-4)가 부착되었다(루덴코 1953).

스키타이 문화의 안장은 단단한 프레임과 포멜은 없었지만 오늘날 안장의 모든 요소가 이미 갖추어져 있다. 땀을 흡수하는 역할을 하는 안장덮개, 고삐끈, 복대, 가슴밴드, 후걸이까지 구성되어 있다.

이 안장은 지지대가 낮은 편인데 안장위에는 아플리케 장식이 있는 붉은색 가죽이 있다(그림 233-1). 이 부분은 안장덮개로 땀을 흡수하는 역할을 한다. 사슴가죽이고, 말총을 이용해서 덧붙인 것인데, 얇은 끈으로 안장과 연결되어 있다. 안장덮개에 덧붙인 정사각형의 패널은 사슴가죽을 말총으로 이어 붙였다. 땀을 흡수하기 위한 천은 안장의 안쪽에 부착되었다. 그 위에는 파란색털과 광택이 나는 붉은색 삼각형, 긴 네모꼴의 가죽 아플리케를 덧붙인 것이다. 원형의 금빛이 나는 못이 아플리케를 고정시키는 역할도 한다. 붉은 정사각형 퀼트 조각 안에는 4개의 꽃잎과 1개의 원형 못이 꽃모양을 구성한다(루덴코 1953).

한편 스키타이문화에서 말안장이 최초로 확인된 곳은 2700년 전 아르잔-2호의 2호묘이다.

② 마구에 표현된 동물문양장식

말은 말에 따라서 재살, 굴레장식, 안장, 머리장식까지 착장했다. 말과 관련된 장신구의 콘텐츠는 모두 동물문양이 장식되어 있다. 이미 소개해드린 바 있는 안장과 말머리 장식에도 어김없이 동물문양장식이 곳곳에 표현되었다. 안장에는 호랑이와 사슴이 조각되어 있었고, 머리장식은 사슴의 뿔이 장식되어 있었다. 앞서 설명해 드린 바와 같이 스키타이 문화에서 동물문양은 크게 굽동물, 맹수, 맹금류가 경우에 따라서 조합된다.

파지리크 유적의 5호분에는 말이 9마리 출토되었고 그 가운데 4마리에는 굴레, 안장이 착장되었고, 1마리는 이와 함께 말 머리장식까지 확인되었다. 말 굴레 장식 중 2개체는 동물문양장식이 아닌 원형 모티브이다. 1개체분은 매듭부분만 남아 있고(그림 234-9, 10). 재갈멈치와 굴레를 연결하는 부위인 Y자형에는 늑대머리가 장식되어 있고, 재갈멈치의 끝에는 호랑이의 두상이다. 호랑이와 늑대는 귀 모양이 실제와 다르다(그림 234-4~8). 이 굴레는 안장덮개(그림 234-11)와 세트이다.

그림 235는 잘 남아 있는 말의 굴레로 동심원문양을 모티브로 해서 표현한 것이다. 재갈멈치의 끝장식도 원형 모티브이다. 이 말 굴레는 펠트로 제작된 안장덮개(그림 235-2)가 함께 세트를 이룬다.

산양(Saiga)머리로 장식된 굴레(그림 236-1)에는 7개체분, 재갈멈치의 끝에 각각 한 개씩 장식되었다. 동물문양장식은 굴레에 전신이 달리는 경우도 있으나 이 경우는 머리만 표현되었다. 이마를 장식하는 부분은 부채꼴 모양이고, 콧잔등은 다른 부위와 마찬가지로 산양머리로 장식되었다. 이 굴레장식은 안장(그림 236-2)과 안장덮개(그림 236-3)가 잘 남아 있는 편이다. 안장은 전단부와 후단부가 대칭을 이루고 반원형의 장식에는 말머리가 장식되어 있다. 말 안장의 기본제작 방법은 이미 소개한 바 있는 유물과 같으나, 디테일에는 차이가 있다.

마스크가 있는 말은 굴레(그림 237-3)장식은 마스크가 없는 굴레장식(그림 234-5~8)과 매우 유사하다. 그러나 이 굴레장식은 재갈멈치의 끝에 달린 맹수머리의 입이 차이가 있다.

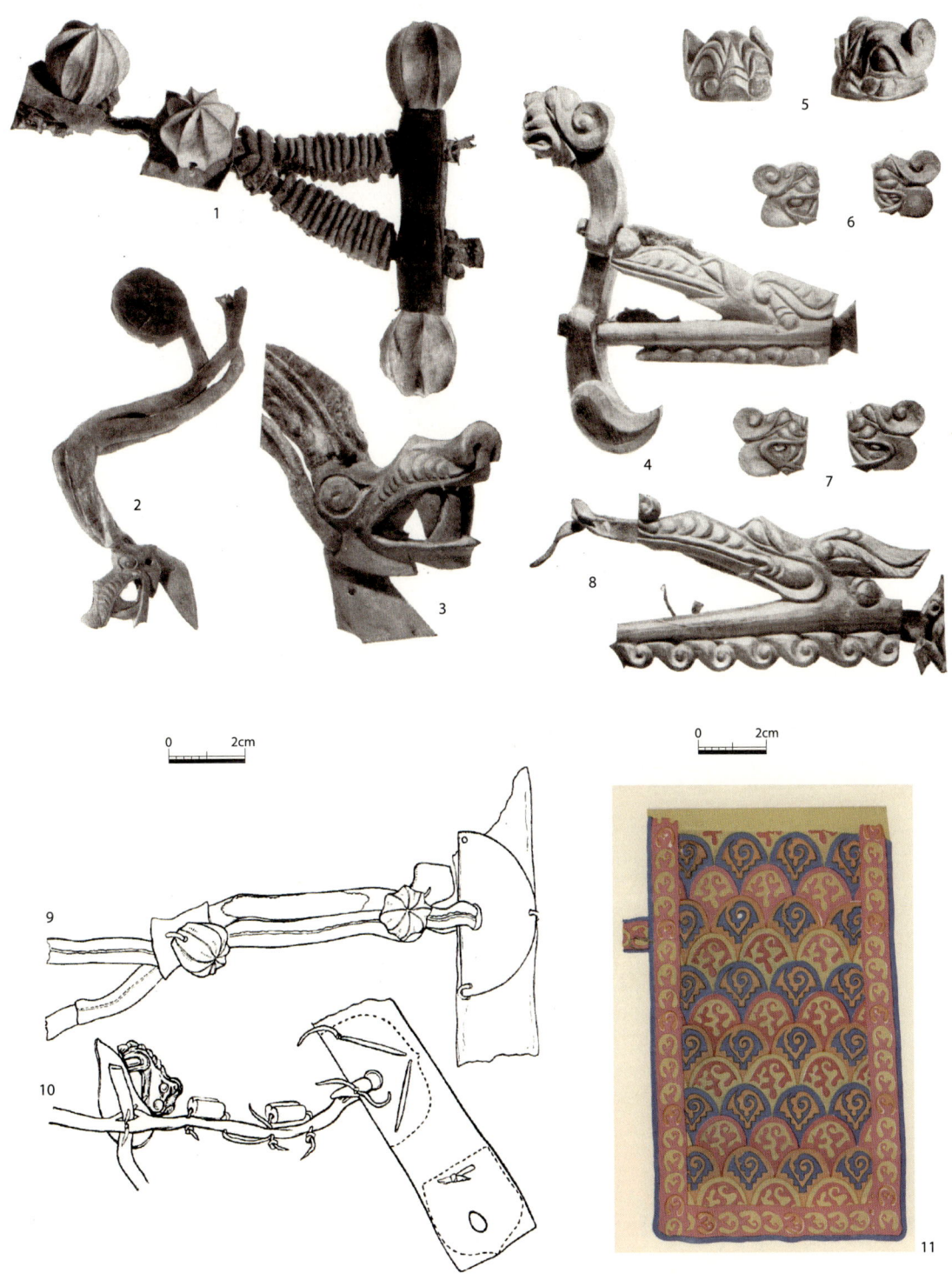

그림 234 파지리크 5호분 말   1~10. 말 굴레장식 | 11. 말 안장덮개

그림 235 파지리크 5호분 말　1. 말 굴레장식　|　2. 말 안장덮개

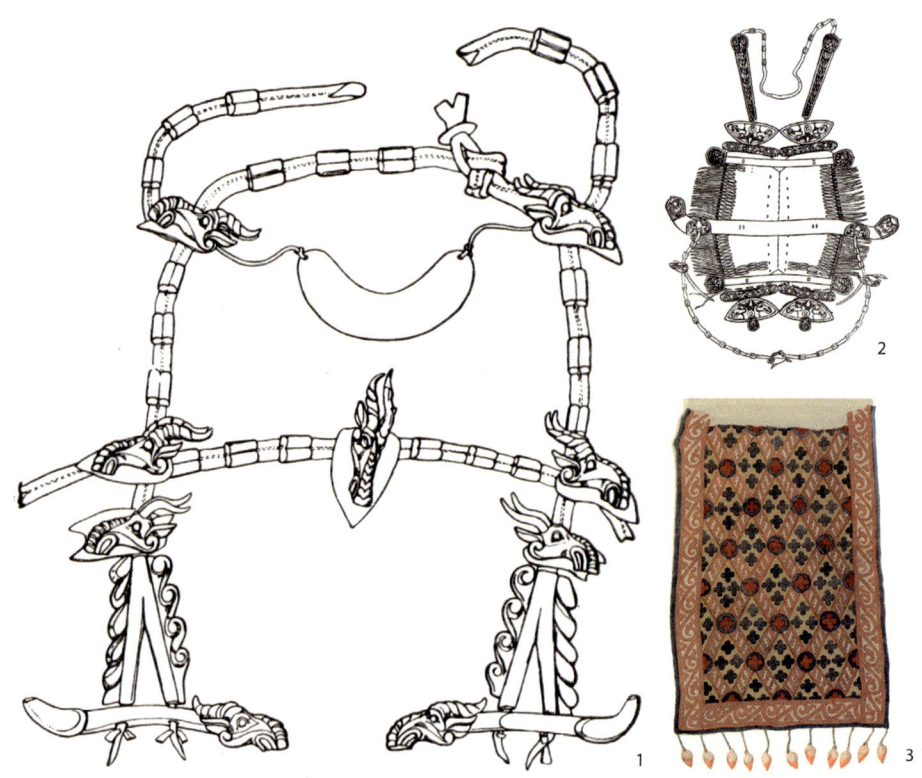

그림 236 파지리크 5호분 말　1. 재갈멈치와 굴레장식　|　2. 안장　|　3. 안장덮개

그림 237 파지리크 5호분 IX번 말 　1. 가면　|　2. 안장덮개　|　3. 재갈멈치와 굴레장식　|　4. 안장

그림 237-3의 굴레에는 사슴, 맹수, 그리핀과 늑대가 조각된 것이다. 재갈멈치 끝에 부착된 맹수머리의 입은 독수리 부리가 달려 있어서 그리핀에 가깝다. 그림 237-3의 굴레장식을 착용한 말은 다른 말과는 달리 머리 장식(그림 237-1)을 착용하고 있었고 실크로 된 안장덮개가 있었다(그림 237-2). 안장덮개는 얇은 실크로 새와 꽃이 수 놓아진 것이었다.

마스크를 쓴 말이 무덤에서 가장 아래에 있었고 IX번 말로 지칭되었으며 마차를 선두에서 리드 했던 것으로 생각된다(루덴코 1953).

③ 황금유물에 표현된 마구

표트르 1세의 시베리아 황금 유물 컬렉션 가운데 큰 나무 아래에 3인이 앉거나 누워서 쉬고 있는 유물을 소개해 드린 바 있다. 그 유물에는 말 2마리가 유물의 반을 차지할 정도로 크게 표현되어 있다. 말은 쌍둥이처럼 똑같이 표현되었는데, 재갈이 물려져 있고, 굴레를 착용하고 있으며, 안장과 안장덮개가 표현되어 있다. 측면으로 표현된 말의 굴레는 얼굴 길이방향대로 향하는 끈과 얼굴을 가로지르는 방향의 끈으로 구성되어 있다. 가로방향의 굴레는 귀 아래의 이마와 콧등에 2줄 있는데, 중간에 장식이 붙어서 이마와 콧잔등을 장식한다(그림 238).

에르미타주에 소장된 황금유물은 크기가 가로 16.1cm, 길이가 12.3cm밖에 지나지 않지만 대단히 정교하게 말과 마구가 표현되어 있다. 실제로 파지리크 고분에서 출토되는 말의 굴레와 거의 유사하다. 굴레에 붙은 장식은 장식적인 요소가 강하지만 사실은 용도가 있다. 이 부분은 가로와 세로 끈이 교차되어서 묶음이 생기는 부위이다. 황금유물의 굴레 마디에는 구멍이 3개(한 마리 기준) 있는데, 다른 보석류 들을 끼워 넣었을 가능성이 있다. 실제로 파지리크에서 출토된 굴레장식은 대부분 목제로 제작되었고 그 위를 금박으로 입힌 기법이다.

그림 238의 유물을 착장한 말을 앞에서 보면 이마, 콧잔등에 장식이 눈에 띄었을 것이다. 뿐만 아니라 스키타이 문화 중에서 파지리크 문화에서는 가슴에도 장식이 붙어 있었다. 왜 그럴까요?

굴레장식과 마찬가지로 이 부분도 장식성과 기능성이 결합된 것이다. 말의 안장을 고정하기 위해서 말의 가슴과 안장을 연결하는데, 그 부위에 장식물을 부착했다(그림 238-3~5). 5호분에서는 열매처럼 생긴 장식물과 반원형의 목제장식이 확인되지만, 많은 말에서 동물송곳니 모양의 장식물을 부착한다. 그리고 동물문양으로 장식되어 있다.

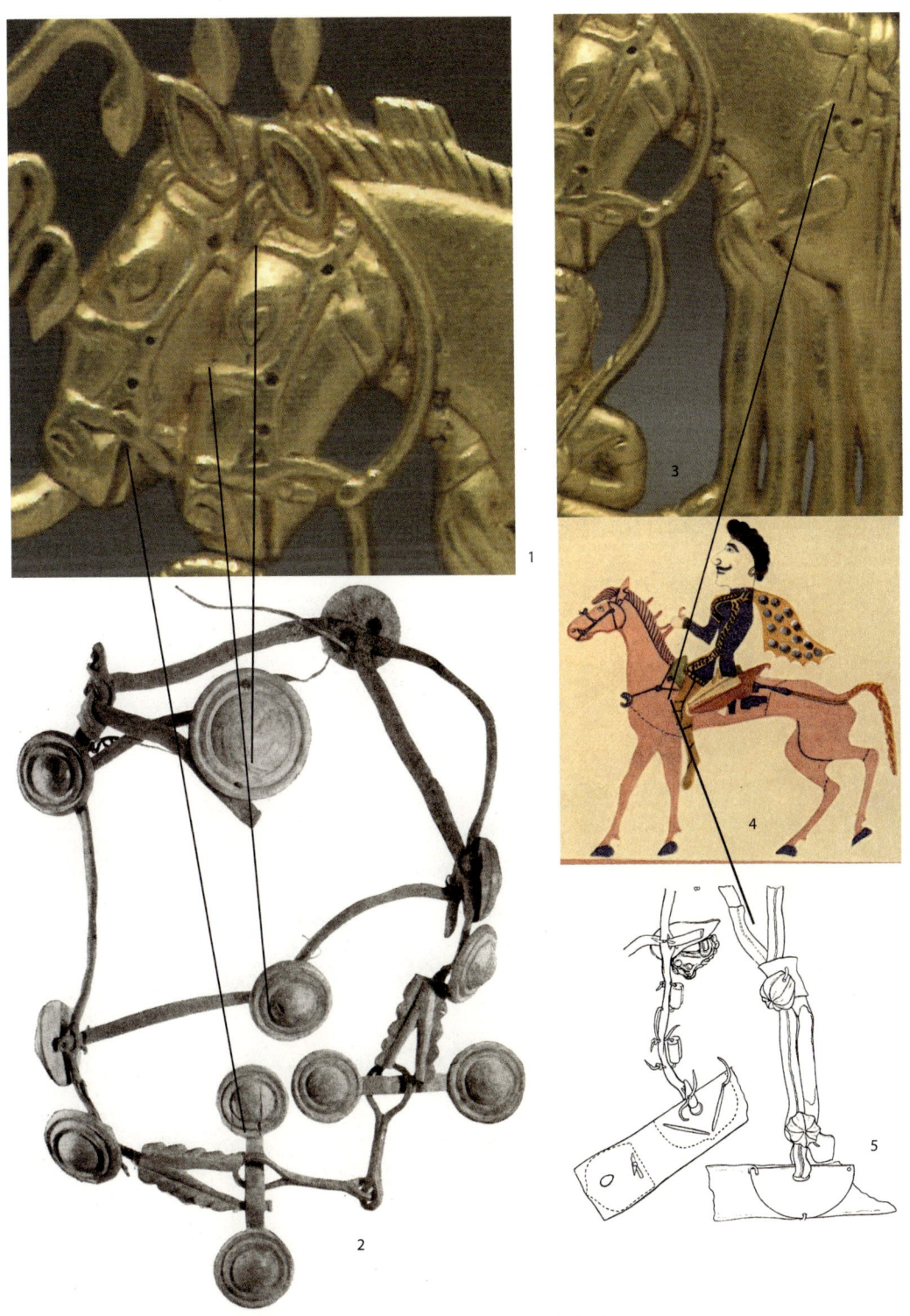

그림 238 파지리크 5호분 말 굴레와 황금 유물에 표현된 말의 비교   1, 3. 표트르 1세 시베리아 황금 컬렉션 | 2, 4, 5. 파지리크 5호분 출토품

293

④ 그리핀 굴레장식

파지리크 5호분의 말 9마리 가운데, 8마리에는 굴레 및 안장이 있었다. 말의 재갈과 연결되는 굴레에는 장식물이 부착되는데, 크게는 기하학적인 문양장식과 동물문양장식이 있다. 전자에는 반원형의 장식이 부착되었다. 후자에는 산양머리, 사슴(전신)+맹수머리 장식되었다.

재갈과 굴레를 연결하는 Y자형 고리에는 늑대머리, S자형 재갈멈치 끝에는 호랑이 머리가 장식된 유물이 있다. 재갈멈치는 S자형으로 한쪽 끝에 그리핀 머리가 장식된 유물이 있는데, 굴레장식으로 사슴과 호랑이 머리가 이용되었다(그림 237-3).

그리핀은 2~3가지 동물이 조합되는데, 호랑이와 굽동물이 조합되기도 하고, 맹금류를 변형시키기도 한다. 알타이에서 확인되는 그리핀은 많은 종류가 독수리 머리를 변형시키는 경우이다(그림 239). 우코크 고원의 아크 알라하-3유적뿐만 아니라, 알타이의 투엑타 고분(그림 239-1, 2, 4~8), 바샤다르 고분(그림 239-20)의 말 굴레에서도 그리핀은 독수리 머리를 변형한다(페레보드치코바 1994).

그리핀의 정수리부터 목을 따라서 갈기가 있고, 귀가 표현되었다. 갈기와 귀는 독수리에는 없는 부위로 갈기는 말, 귀는 맹수를 모티브로 삼은 것이다. 원형(그림 239-8, 17)은 호

그림 239 알타이 그리핀   1~8. 투엑타 유적 | 9~19. 파지리크 유적 | 20, 21. 바샤다르 유적

랑이의 귀에서 왔을 가능성이 크고, 끝이 뾰족하고 길쭉한 타원형 귀는 늑대와 같은 다른 맹수의 귀(그림 239-2, 4~7, 10, 13)를 모티브로 했을 수 있다.

파지리크 5호분에서는 확인된 그리핀 가운데 재갈멈치 끝 장식은 맹수머리에 독수리의 부리(그림 239-17)를 부친 것이다. 독수리 부리도 과장해서 표현한 것이다. 파지리크 1호분에서도 재갈멈치(그림 239-12, 그림 259-2) 끝 장식이 맹수머리에 독수리 입이 달린 그리핀이 있다. 알타이의 대형고분(그림 239)에서 확인되는 그리핀 장식과는 조금은 다르다(루덴코 1953).

파지리크 2호분에서 출토된 그리핀(그림 239-19)은 갈기가 표현되지 않고, 맹수의 입 부위에 부채꼴 모양으로 방사형을 표현하고 있으며, 귀도 가죽으로 따로 제작해서 붙인 것이다. 이 유물은 파지리크 2호분에서 확인된 모자장식과 유사한 그리핀 표현이다.

물론 그리핀이 전신으로 표현된 장식도 출토된다. 파지리크 유적에서는 2호분에서 대마씨가 담긴 가죽으로 된 용기에 그리핀 두 마리가 확인되었다(그림 216). 그리핀은 바샤다르(그림 239-21), 투엑타(그림 239-3), 베렐(그림 239-14) 유적 등에서 발견된다. 바샤다르 유적의 출토품(그림 239-21)은 단순 독수리라고 보기 쉬우나, 둥근 귀가 표현되어서 2마리 이상의 동물이 합체된 것이다.

⑤ **맹수**

2500년 전 시베리아 알타이의 무덤 속에는 인간과 함께 동물이 묻혔다. 실제로 묻은 동물은 주로 말이었지만, 말과 인간을 장식하는 곳곳에는 스타일화 된 많은 동물장식이 사용되었다.

크게는 세 가지 동물로 구분되는데, 굽동물, 맹수류와 맹금류이다. 상상의 동물인 그리핀은 이 동물들이 합성된 것이다.

그 중에서 맹수류는 늑대, 호랑이(혹은 표범)와 곰[29]이 대상물이다. 주둥이가 긴 동물은 늑대이고, 그 외는 표범 혹은 호랑이로 보고 있다(페레보드치코바 1994). 몸을 둥글게 말고 있는 범 장식(아르잔-1호)은 스키타이 문화에서 가장 이른 유물이다.

늑대라고 볼 수 있는 유물은 주로 흑해지역과 중앙아시아지역에서 많이 출토된다. 볼가강 유역의 퍄노프카(Пьяновка, P'yanovka) 유적(그림 240-2), 우랄 강 유역의 이르쿨(Иркуль, Erkul)(그림 240-3), 카자흐스탄의 이식(Иссык, Issyk) 유적(그림 240-5)에서 출토된

29　기원전 5세기 시베리아 유물 중에서는 확인되지 못했다.

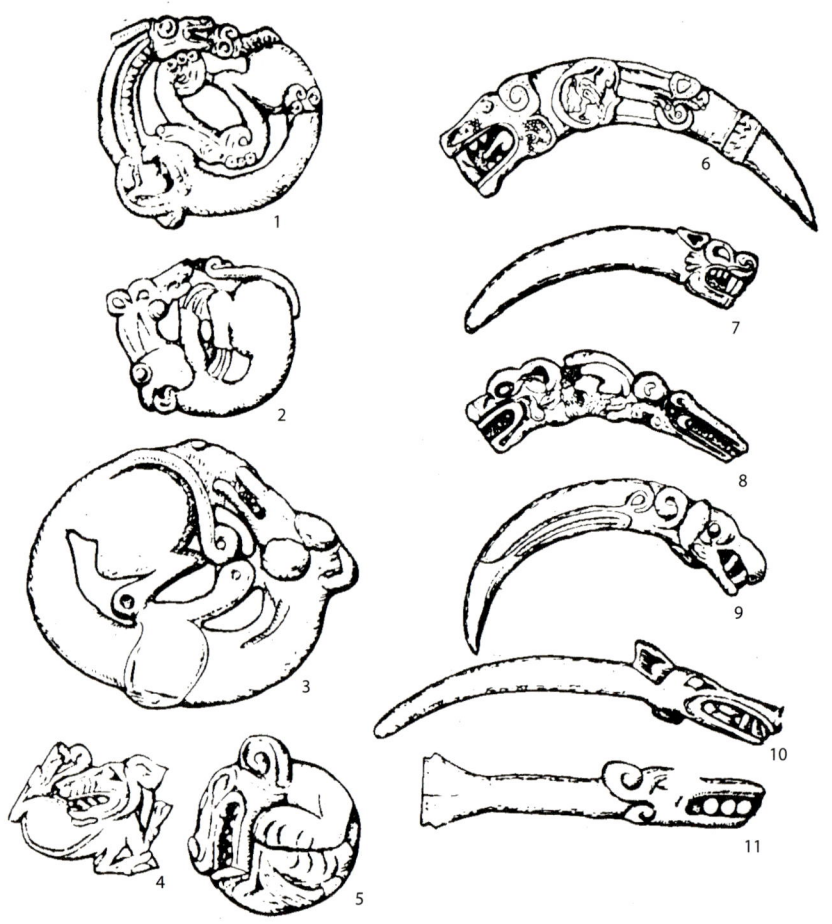

그림 240 스키타이 문화 맹수장식 1. 쿠라코프스키 유적 | 2. 퍄노프카 유적 | 3. 이르쿨 | 4. 파지리크 유적 | 5. 이식 유적 | 6. 브류메펠드 | 7. 베레지노프카 | 8. 바르나 | 9. 투엑타 | 10, 11. 퍄티마리 유적

바 있다. 알타이의 파지리크 유적 4호분(그림 240-4)등에서도 늑대가 출토되기는 하지만 이 유적은 2호, 5호 보다 늦은 시기이다. 맹수장식 가운데 주둥이가 짧고 동물장식의 꼬리가 길면 호랑이나 표범 종류이다.

초기 스키타이 문화에서는 동물문양은 추상적인 기법이 많아서 실제로 종을 구분할 수 없는 경우가 많았으나 기원전 5세기에는 표현이 매우 구체적이고 실제화 된다. 페레보드치코바(1994)는 몸을 둥글게 말고 있는 동물들이 늑대라는 주장에 대해서 약간 다른 입장인데, 호랑이나 표범일 수도 있다고 생각한 것이다. 늑대, 호랑이 모두 꼬리가 길기 때문이다.

필자는 페레보드치코바의 의견에 좀 더 수긍이 간다. 꼬리의 구분은 애매하기 때문이기도 하고, 늑대와 호랑이를 꼬리와 주둥이의 길이로 구분하기에는 애매한 점도 있다.

실제로 늑대와 호랑이를 살펴보면 가장 큰 차이점은 몸의 크기, 몸의 문양 등이 있지만 더 큰 차이점은 귀의 모양이다. 늑대는 귀가 뾰족하고, 호랑이는 귀가 둥글다. 유라시아 늑대는 다른 지역 늑대보다 귀가 더 뾰족하다고 한다. 늑대와 호랑이의 꼬리는 길지만 꼬리의 모양도 다르다.

호랑이는 나무가 많고 물이 많은 곳에 산다. 호랑이는 나무에 몸을 숨기고 살기 때문이다. 하지만 늑대는 서식환경이 매우 다양하며, 특히 회색늑대는 인간과 사자를 제외하고는 가장 널리 퍼져 사는 동물로 알려져 있다(Feldhamer, George A 2003). 맹수류는 굽동물과 생김새도 다르지만 이를 표현하는 방법도 차이가 있다.

특히 맹수와 굽동물은 전신을 표현할 때 자세에서 차이가 난다. 맹수류는 관절을 굽힐 때는 다리를 앞으로 직각으로 펴고 앉는 자세로 표현된다(그림 241). 혹은 앞에서 보았듯이 몸을 둥글게 말고 있는 자세와 다리를 세운 자세(그림 242)도 출토된다.

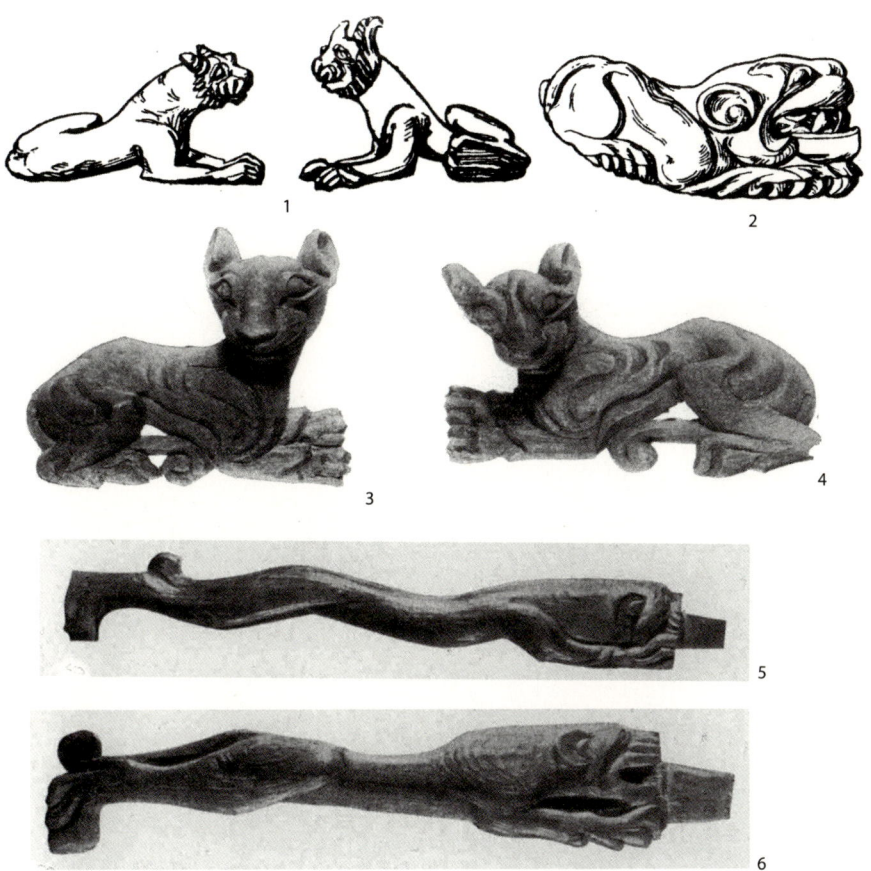

그림 241　파지리크 유적, 투엑타 유적, 에르미타주 소장 맹수표현　1~4. 파지리크 4호분 ｜ 5, 6. 파지리크 2호분

297

그림 242 알타이 유적 맹수 1. 파지리크 4호분 | 2. 마이에미르스키 고분

⑥ 전차

파지리크 유적의 5호분에는 전차가 분해되어 부장되었다. 전차는 자작나무로 제작되었는데, 바퀴가 달린 두 개의 차축으로 구성되었다. 바퀴는 나무판을 잘라낸 원판형인 원시적인 바퀴가 아니라, 회전축과 바퀴살(34점), 2개의 프레임으로 구성되었다. 여섯 개의 수평 판자, 몸체, 캐노피, 멍에와 고삐를 달기 위한 고리로 연결되었다(루덴코 1960).

전차의 하부구조는 직경이 1.5m인 바퀴 4개가 고정축에 장착되었으며, 6개의 스프링으로 서로 연결되었다. 고정축의 끝에는 일종의 차축이 별도로 제작되어 부착되었고, 앞바퀴와 뒷바퀴 사이에는 막대기가 서로 연결되어 있다(그림 243, 그림 244-1). 차축은 원통형모양이다. 마차의 하부 구조 위에는 두 개의 공간으로 구분되는데, 앞에는 운전자를 위한 좌석이 얇은 나무판자로 제작되었고, 등받이 부분에는 두 개의 프레임으로 조각된 플랫폼이 배치되었다. 등받이 부분의 플랫폼은 현대의 계단난간 모양인데, 마차 운전석 뒷면 사방에 둘러져 있다(그림 247). 운전석 뒷부분은 높은 기둥을 올리고 마차의 뚜껑을 덮는 구조로 구성되었다. 뚜껑은 얇은 판자를 묶어서 덮었으며, 운전사 뒷자석과 가까운 낮은 곳에도 유연하게 묶은 나무막대기를 묶어서 돌렸다. 마차의 부속품들은 아주 단단하게 묶은 것은 아니지만, 끈으로 서로 연결되어 있다.

마차는 앞에 포크처럼 달린 길이 3.2m의 두 개의 견인 막대기로 말 두 마리가 끌 수 있다. 두 개의 막대기는 길이 1.6m의 막대기로 고정되어 있다(그림 246).

마차의 바퀴 끝에 끼운 원통형 모양의 축은 길이가 대략 35~40cm인데, 5호분 무덤 외에도 1~3호분에서도 비슷한 유물이 출토되었다고 한다. 바퀴가 달린 두 개의 축은 6개의 스프링으로 연결되었으며, 견인하는 막대기와 멍에가 있다. 전차의 프레임은 두 개의 세로 방향 막대기가 중심을 잡는데 하단 막대기는 지지역할을 하며 126cm이고, 상단의 길이는 92cm이다. 한편 앞 뒷바퀴를 연결하는 막대의 길이는 178cm이다. 이 막대는 흔들림을 잡아 주는 역할을 한다. 바퀴의 직경은 160cm가량이다. 바퀴의 가장자리 길이는 66cm이고, 불규칙적인 원통형 모양이다. 중앙은 원판(직경 12cm)이고, 바퀴살을 이곳에 고정해서 가장

그림 243   에르미타주 박물관에 전시된 파지리크 5호분 마차

그림 244   파지리크 5호분 마차 복원   1. 5호분 마차 복원 | 2. 백조인형이 달린 마차복원

자리와 연결시켰는데, 그 간격은 24cm이다. 바퀴의 프레임은 두 개의 구부러지는 막대(각각 290cm)로 구성되는데, 폭은 7cm이고, 두께가 5.6cm이다. 바퀴 둘레가 겹쳐지는 부분은 30~40cm 정도로 막대기와 벨트로 고정된다(그림 243). 프레임에는 길이 5cm, 너비 1cm의 바퀴살을 넣는 구멍이 있다. 바퀴의 살은 모두 34점으로 길이는 70~71cm가량이다(루덴코 1960).

바퀴가 큰 데 비해서 차체가 작은 편이고, 앞바퀴와 뒷바퀴 사이의 거리는 약 6cm가량이다. 견인막대를 묶는 곳에는 앞 차축 쿠션에 3개의 구멍이 뚫려 있다. 차체는 다소 복

그림 245 1952년 파지리크 5호분 복원하는 모습   1. 바퀴 | 2. 마차 상부를 지지하는 프레임

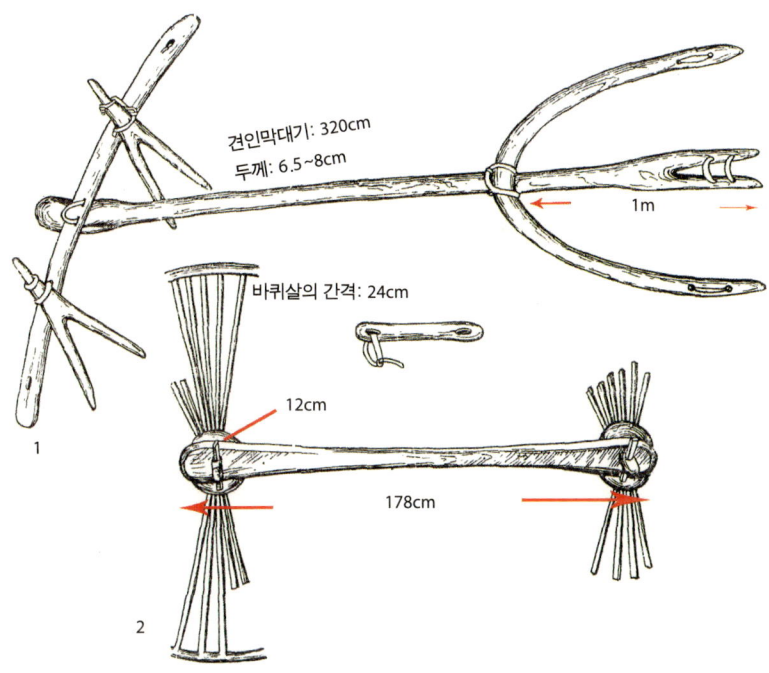

그림 246　파지리크 5호분　1. 마차 견인 막대기 ｜ 2. 바퀴 연결 구조

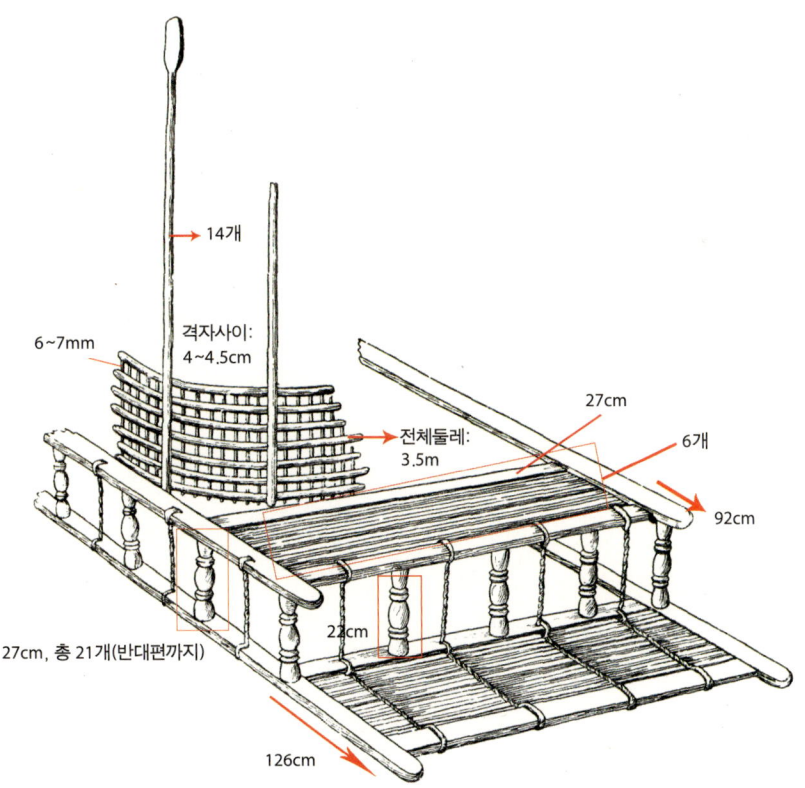

그림 247　파지리크 5호분 마차 구조

301

잡하다. 상·하단 두 개의 프레임으로 구성되어 있는데, 하단은 128×238cm, 상단은 128×206cm이다. 상·하단은 작은 기둥처럼 생긴 발러스터에 연결되어 있다. 발러스터의 높이는 27cm이며, 모두 21개이다. 하단프레임에는 세로 막대에 4개의 발러스터가 착장되어 있다. 3개는 앞쪽에 1개는 뒤쪽에 위치한다. 상단 프레임에는 6개의 가로 막대가 운전석 뒤쪽에 세로 방향의 막대기 안쪽으로 착장되어 있다. 발러스터는 가로 방향의 상하 막대기에 삽입되어 구성되는데, 운전석 뒷자석의 프레임은 마차 길이방향의 막대기 안으로 끼워 넣게 설계되었다. 하부프레임 가운데 운전석 뒤쪽에는 길이 22cm의 발러스터가 3개 삽입되어 있다. 직경이 1cm이다. 발러스터는 가로방향의 막대기 사이에 삽입되어 있는데, 이 발러스터 사이는 끈으로도 고정된다(루덴코 1960).

운전석 바로 뒤쪽부터 상단프레임이 시작되는데, 길이가 27cm인 가로 막대기 사이에 6개의 발러스터가 삽입되어 있다. 운전석 바로 뒤쪽의 가로 막대기는 발러스터 3개 및 끈으로 연결되었다. 상단 프레임에는 세로로 14개의 막대기가 세워져서 선반과 같은 구조인데, 막대기 사이는 벨트와 같은 역할을 하는 격자판이 하단에 고정되어 있다. 이 격자판의 전체 둘레는 3.5m이고 탄성이 좋은 막대를 이용했다. 직경 6~7mm의 나무막대기를 세로로 고정해서 격자 모양이 되도록 했고, 격자 간의 길이는 4~4.5cm이다. 세로방향의 막대기는 짧게 끊어져서 가로 방향의 막대기와 패드로 연결되었고, 어떤 곳은 천으로도 연결시킨 부위도 있다. 격자판은 전체가 붉은 색으로 칠해졌다. 운전자의 좌석에서 다리를 놓는 난간과 상단의 지붕은 두께 1cm가량의 널빤지로 덮여 있다. 측면에는 구멍을 통해서 끈으로 묶었다(루덴코 1960). 전차의 전체 길이는 3.05m, 바퀴는 1.95m, 높이는 2.65m이다(그랴즈노프 1955).

전차는 부피가 컸기 때문에 산이라도 길이 있는 비교적 편평한 곳에서 운전이 가능했을 것이고 말이나 황소가 산길을 따라서 끌었을 것이다.

마차의 부속품으로 지붕 위를 장식했던 '백조모양'의 인형(그림 249)이 있다. 이 유물은 유적을 발굴한 루덴코(1953)는 마차의 장식품으로 마차의 지붕 위에 부착했던 유물로 생각했다(그림 245-2). 그러나 그랴즈노프는(1958) 무덤 내부의 가장 높은 곳을 장식하던 유물로 생각했다(그림 248).

백조모양 인형에 대한 논란은 최근까지도 지속되었는데, 좀 더 과학적인 방법으로 백조인형이 마차와 관련 있다는 점이 밝혀지게 되었다(아즈벨레프 2019)

그랴즈노프(1958)가 주장한 백조가 벽걸이 장식의 상단을 차지했을 것이라는 주장은 벽걸이 캐노피를 지지 하는 막대기의 각 때문이다. 약간 안으로 기울어져서 기둥을 세워서

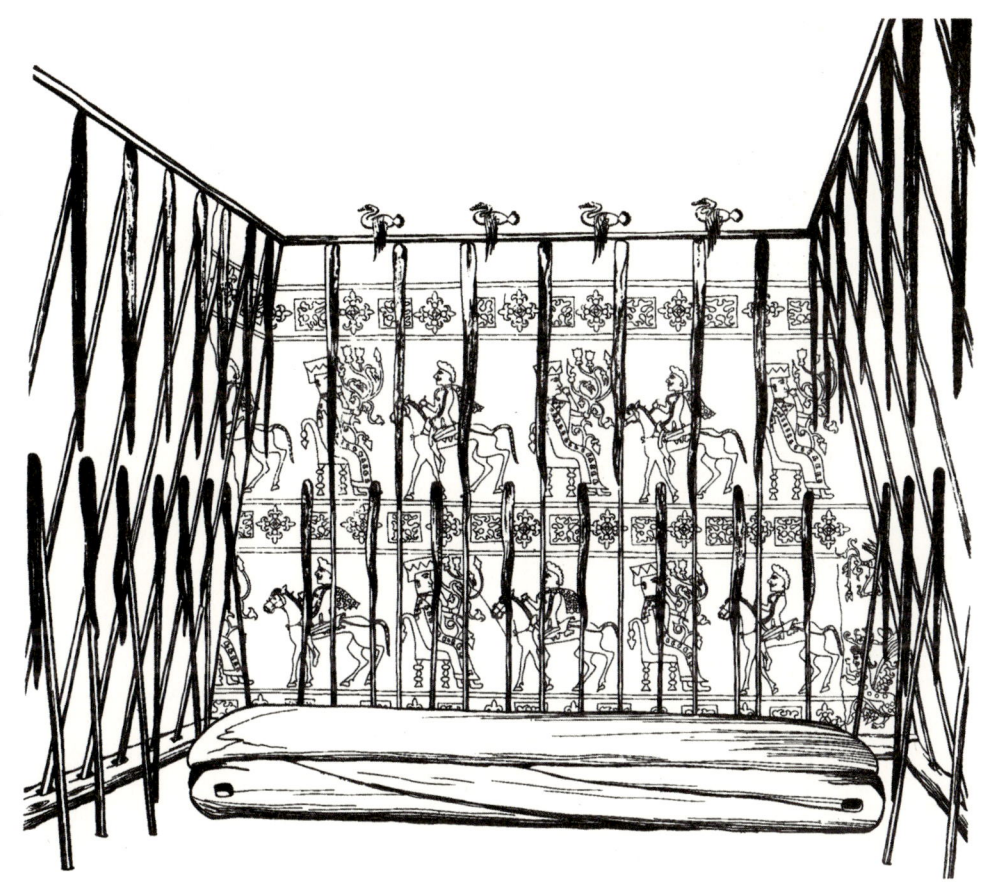

그림 248 그랴즈노프가 생각한 파지리크 5호분 내부

착장할 수 있을 것이라고 생각한 것이다(그림 248).

그런데 파지리크 유적의 5호분 특별전을 준비하면서 남아 있는 캐노피를 3D 그래픽 복원한 결과 캐노피가 그림 248와 같이 직각으로 서 있을 수 없다는 결론을 내렸다(구크, 니콜라예프 2011). 펠트(벽걸이 캐노피)를 지지하는 막대기는 피라미드 구조처럼 원뿔모양으로 만들 때 가능한 길이로, 그랴즈노프의 복원(그림 248)처럼 될 수 없다. 결국 그랴즈노프(1958)의 생각대로라면 백조모양 인형 4마리를 달기 위한 공간은 생기지 못한다. 백조인형은 벽걸이 장식과는 관련이 없다는 결론을 내리게 되었다(아즈벨레프 2019).

뿐만 아니라 벽걸이 캐노피가 아닌 펠트 조각 중에서 검은색 펠트가 있었는데, 이는 전차의 천장덮개 크기와 일치한다. 긴 면이 막대로 연결되었는데, 백조를 착장하기 위한 장치로 판명했다(니콜라예프,구크 2017). 결국 백조모양 펠트인형은 마차의 상부덮개(그림 243, 그림 244-2)에 달렸던 유물이다(아즈벨레프 2019).

무엇보다도 '백조모양'은 말 그대로 백조 '스타일'이다. 흰색백조의 날개는 완전한 순

백색이고 인형의 표현처럼 길지 않다(그림 249). 그림 249의 날개는 백조날개가 아닌 독수리의 날개에 가깝다. 백조모양의 인형은 백조와 독수리의 합성이다.

그리고 앞에서 살펴본 바와 같이 파지리크 5호분 보다 더 이른 기원전 7세기 아르잔-2호에서는 전차가 그려진 암각화가 무덤 내에서 출토되었다. 시베리아에서 전차는 이미 기원전 20세기 경 안드로노보 문화부터 확인된다(쿠즈미나 1994).

그림 249 파지리크 5호 백조모양 인형(펠트제)

⑦ 벽걸이캐노피

우리나라의 TV는 점점 커지고 벽에 딱 붙일 수 있게 개발되고 있다. 그냥 TV라기보다는 벽을 장식한다는 느낌도 든다. 인간은 자기 자신 뿐만 아니라 자신이 사는 주변의 환경도 깨끗하고 아름답기를 바란 것은 매우 오래 전부터 였던 것 같다. 2500년 전에도 확인된다.

앞에서 파지리크 5호분에 한 통나무관 속에 남녀가 함께 묻혔고, 미라 처리되었다는 사실도 알았다. 그런데 이 무덤에서는 남녀 주인공의 모습으로 추정되는 캐노피가 확인되었다. 펠트로 제작되었으며, 크기는 4.5×6.5m이다. 파지리크 유적의 5호분은 이 무덤만으로 단독으로 특별전(Азбелев П.П. 2011)을 열 정도로 대중적으로 인기가 많다.[30]

그런데 캐노피(그림 250)는 목곽(무덤방)의 바깥인 마차 위(그림 229)에서 출토되었다. 이 유적은 무덤방이 2개인데, 외부의 무덤방 크기는 3.4×6.42m, 내부는 2.3×5.2m였다. 이 캐노피는 무덤방 크기보다 좀 더 크다. 아마도 살아생전에 자신의 집에 걸어두었을 가능성이 크다. 그랴즈노프는 실제로 무덤방에 설치되었던 것으로 보았다.

캐노피는 두 단으로 나뉘져 있는데, 말을 탄 남성과 의자에 앉은 여성이 한 쌍으로 반복해서 표현되었다. 말을 탄 남성과 여성은 머리가 불규칙적으로 크게 표현되었다. 남성은

---

[30] 2020년에는 에르미타 박물관에서 온라인 박물관 강의가 개설되었는데, 파지리크 유적의 5호분이 소개되었다. https://youtu.be/rAvoeqxfEHI (영어)

그림 250 파지리크 5호분 1. 캐노피 | 2. 파지리크 5호분 캐노피 상세 | 3. 벽걸이 오른쪽 하단 부위 환상동물 | 4. 파지리크 5호분 벽걸이 오른쪽 하단 부위 반인반수

코가 크며, 검은 곱슬머리이다. 여성의 얼굴은 상당히 다른데, 머리를 삭발하였으며 여성 복장이다. 남성과 여성이 다르게 표현된 점 중 또 다른 곳은 귀이다. 남자는 머리 아래에 귀가 가려져 있고, 여자는 귀의 바퀴가 반대로 표현되었는데(그림 250-2), 루덴코는 우연한 것은 아니라고 생각하였다(루덴코 1953). 설명드린 파지리크 5호분에서 남성과 여성의 두개골 측량치가 다르다는 점과 더불어 캐노피의 얼굴로 보아서 두 사람은 다른 인종 일 가능성이 있다.

말탄 남성의 복장은 망토와 좁은 바지, 꼭 맞는 목이 높은 자켓으로 이 유적에서 발견된 남성 복장과는 차이가 크다. 그러나 말은 굴레를 장식했고, 안장을 착용하고, 꼬리에도 장식을 한 상태로 스키타이 문화의 말 장식이다. 뿐만 아니라 남성의 왼쪽 다리에는 스키타이 문화의 대표적인 무기류 가운데 하나인 고리트[31]를 착용하고 있다. 여성은 발목까지 오는 긴 일종의 원피스를 입고 머리는 삭발한 채로 머리장식을 착용한 상태이다. 이 여성이 앉아 있는 의자의 다리는 무덤에서 확인되는 목제 상의 다리와 같은 모습이다(그림 250-2). 흥미로운 점은 여성의 오른손과 왼손은 모습이 다른데, 한 손은 꽃 다발을 쥐고 있고, 다른 손은 입을 가리기 직전 혹은 가리는 모습을 표현한 것이다(루덴코 1953).

그림 250에서 가장 오른쪽의 모퉁이 하단에는 다른 주제가 표현되었다. 반인반수(그림 250-4)는 남성이 사슴뿔이 달린 머리장식을 달고, 사슴 옷을 입은 모습이다. 스핑크스라는 주장(루덴코 1953)도 있다.

그러나 필자는 이 남성은 사슴흉내를 내기 위해서 옷을 입은 것을 표현했다고 생각한다. 머리장식은 파지리크 유적 2호분에서 확인된 모자 장식에서 확인가능하다.

이 주제는 스키타이문화에서 동물에 대한 인간의 관념을 그대로 보여준다. 루덴코의 주장대로 환상의 동물 발 아래에 표현된 꽃이 페르시아지역에서 유래된 문양이라고 해도 콘텐츠만 들어온 것일 가능성이 크다.

루덴코(1953)는 알타이 스타일의 유물로 보고 있다. 이 캐노피는 여러 외부적인 요인은 있지만 알타이에서 제작되었거나 혹은 외부에서 제작되었다고 해도 알타이적인 요소가 많기 때문에 알타이에서 주문제작되었다고 할 수 있다.

⑧ 알타이 카펫

2500년 전 시베리아 알타이 남부의 파지리크 5호분에서는 양모를 짠 카펫(200×185cm)도

---

31 고리투스는 활과 화살을 함께 넣는 통을 일컫는다.

출토되었다(그림 251-1). 가장 내부에는 긴네모꼴 안에 십자형 도형 24개(가로 4, 세로 6개)가 표현되었다(그림 251-2). 십자형 도형으로 보이지만, 4잎 연꽃봉우리가 스타일화되어 표현되었다. 이 연꽃 봉우리 모양은 동물 문양장식을 표현한 뒤에 다시 보인다. 연꽃봉우리 밖에는 그리핀이 표현되어 있는데, 머리는 뒤로 젖히고, 날개 및 꼬리가 위로 올라가게 한 것이다. 그리핀 다음에는 큰 뿔이 달린 사슴이 표현되었다. 그 다음에는 말을 탄 전사가 표현되었는데, 각 면에 7개씩 49개가 표현되었다. 말은 목을 구부리게 표현되었다. 머리에는 깃털을 장식하고, 꼬리는 묶여 있다. 무늬가 있는 안장 덮개가 표현되었다(루덴코 1953).

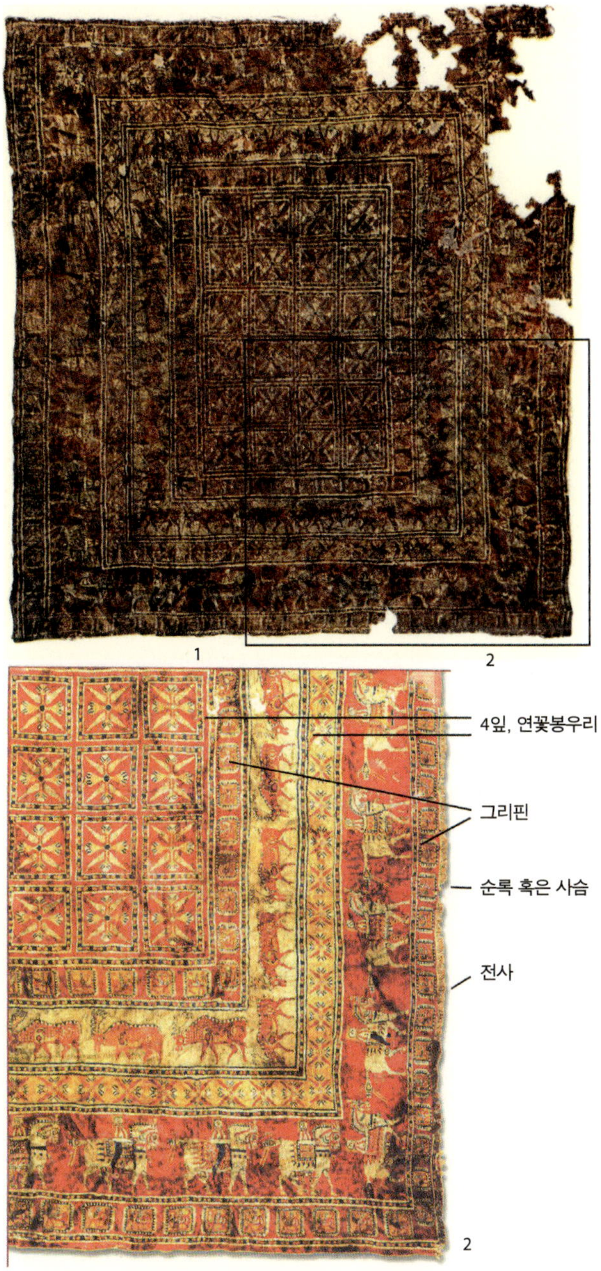

알타이에서 확인되는 그리핀은 독수리의 머리와 목에 갈기를 표현하는 것이 인기가 있었는데, 그와는 다른 모습이다. 이 카펫에 표현된 그리핀은 페르시아의 아케메니드에서 일반적인 것이었다(제이말, 1979).

그러나 안장은 그리스와 이란에는 없어서 유라시아 유목민에게 영향을 받은 것으로 생각한다. 말 장식 전사의 모습과 의복 목을 구부린 말의 표현 등은 아무다리야 유적에서 출토된 황금 봉헌 판에 있는 유목민의 인물 이미지와 유사하다(제이말 1979).

이 유물은 양모의 털로 씨실과 날씰을 교차해서 짠 것이다. 그런데 실을 만드는 털 가

그림 251 파지리크 5호분 카펫 1. 카펫 | 2. 카펫의 세부

307

운데는 아주 소량으로 죽은 양의 털을 이용한 흔적을 코노노프(루덴코 1968)가 확인했고 후에 니콜라이축(1999)도 다시 확인했다.

이 유물에 대해서 그랴즈노프와 루덴코는 알타이에서 제작되었다고 생각했다(루덴코 1961). 온갖 종류를 다 응용하는 고대 이 지역의 전통은 유목민에게서 시작되었다고 생각한 것이다. 이와는 반대로 알타이 유목민의 기술로 제작될 수 없었고, 고대 이란에서 만들어졌다고 생각하는 아르타모노프(1973)도 있다.

그림 출처

- 그림 233   파지리크 5호분 안장(Руденко С.И. 1953 인용, 필자 재편집)
- 그림 234   파지리크 5호분 말(Руденко С.И. 1953 인용)
- 그림 235   파지리크 5호분 말(Руденко С.И. 1953 인용)
- 그림 236   파지리크 5호분 말(Руденко С.И. 1953 인용)
- 그림 237   파지리크 5호분 IX번 말(Руденко С.И. 1953 인용)
- 그림 238   파지리크 5호분 말 굴레와 황금 유물에 표현된 말의 비교(Алексеев А.Ю. 2012, p.34, Руденко С.И. 1953, 필자 재편집)
- 그림 239   알타이 그리핀(Руденко С.И. 1953 인용, 필자 재편집)
- 그림 240   스키타이 문화 맹수장식(Переводчикова Е.В. 1994, 필자 재편집)
- 그림 241   파지리크 유적, 투엑타 유적, 에르미타주 소장 맹수표현(Руденко С.И. 1953 인용, 필자 재편집)
- 그림 242   알타이 유적 맹수(Руденко С.И. 1953 인용, 필자 재편집)
- 그림 243   에르미타주 박물관에 전시된 파지리크 5호분 마차(필자 촬영)
- 그림 244   파지리크 5호분 마차 복원(Азбелев П.П. 2019 필자 재편집)
- 그림 245   1952년 파지리크 5호분 복원하는 모습(국, 니콜라예프, 2012)
- 그림 246   파지리크 5호분 마차(Руденко С.И. 1960 인용, 필자 재편집)
- 그림 247   파지리크 5호분 마차 구조(Руденко С.И. 1960 인용, 필자 재편집)
- 그림 248   그랴즈노프가 생각한 파지리크 5호분 내부(Грязнов М.П. 1958 인용)
- 그림 249   파지리크 5호 백조모양 인형(펠트제)(국립중앙박물관 1991)
- 그림 250   파지리크 5호분(Руденко С.И. 1953 인용, 필자 재편집)
- 그림 251   파지리크 5호분 카펫(Руденко С.И. 1953 인용, 필자 재편집)

참고문헌

Азбелев П.П. 2011, Пятый Пазырыкский курган в экспозиции Государственного Эрмитажа. Методическое пособие. СПб: Изд-во Гос. Эрмитажа. 2011. 32 с.(아즈벨레프 2011, 에르미타주 박물관 파지리크 5호분 특별전)

Азбелев П.П. 2019: Пазырыкские лебеди. // Актуальные вопросы истории кыргызского народа: прошлое, настоящее и будущее. Сб. статей в честь 70-летия кыргызского историка и востоковеда Мокеева А.М. Бишкек: 2019.(아즈벨레프 2019, 파지리크 유적의 백조)

Артамонов М.И. 1966: Сокровища скифских курганов в собрании Государственного Эрмитажа. Прага — Л.: Артия, Советский художник. 1966. 120 с (아르타모노프 1966, 에르미타주 소장 스키타이 무덤의 보물)

Артамонов М.И. Сокровища саков. М.: Искусство, 1973. 279 с.(아르타모노프 1973, 사카족의 부(富)

Грязнов М.П. 1950, Первый Пазырыкский курган. Ленинград.(그랴즈노프 1950, 파지리크 1호분, 레닌그라드)

Грязнов М.П. Древнее искусство Алтая. Л.: Государственный Эрмитаж. 1958(그랴즈노프 1968, 알타이의 고대 예술

Гук Д.Ю., Николаев Н.Н. Замечания к реконструкции погребального шатра из пятого Пазырыкского кургана. // Методика междисциплинарных археологических исследований. Омск: 2011. С. 49-61.(구크, 니콜라예프 2011, 파지리크 5호분에서 출토된 벽걸이 캐노피의 복원)

Зеймаль Е.В. Амударьинский клад: Каталог выставки. Л.: Искусство, 1979. С. 39, 44, 51-52, 64.(제이말 1979, 아무다르 유적: 전시회도록)

Кузьмина Е.Е. 1994: Откуда пришли индоарии? Материальная культура племён андроновской общности и происхождение индоиранцев. М.: 《Восточная литература》. 1994. 464 с.(쿠즈미나 1994, 인도아리아인은 어디에서 왔는가?)

Миколайчук Е.А. 1999 Исследование физико-химического состояния ворсового шерстяного ковра из пятого Пазырыкского кургана // Реставрационный сб. СПб.: АО《Славия》, 1999. Вып. 2. С. 13-17. (미콜라이축 1999, 파지리크 유적의 5호에서 출토된 카펫의 화학적 분석

Николаев Н.Н., Гук Д.Ю. 2017, Проверка гипотезы на 3D модели находок из Пятого Пазырыкского кургана. // V (XXI) Всероссийский археологический съезд [Электронный ресурс]. / отв. ред. А.П. Деревянко, А.А. Тишкин. Электрон. текст.

дан. (36,739 Мб). Барнаул: ФГБОУ ВО 《Алтайский государственный университет》. 2017(니콜라예프, 구크 2017, 파지리크 5호분 출토 유물을 3D그래픽 복원으로 검증)

Руденко С.И. 1953: Культура населения Горного Алтая в скифское время. М.-Л.: 1953. 402 с. (루덴코 1953, 스키타이 시대 알타이 산의 주민문화)

Руденко С.И. 1960: Культура населения Центрального Алтая в скифское время. М.-Л.: 1960. 360 (루덴코 1960, 스키타이 문화시기의 중부알타이 산맥의 주민문화)

Руденко С.И. 1961 Искусство Алтая и Передней Азии (середина I тыс. до н.э.). М.: Издат. фирма РАН 《Восточная литература》, 1961. 66 с.(루덴코 1961, 알타이와 근동의 예술)

Руденко С.И. 1968, Древнейшие в мире художественные ковры и ткани. М.: Искусство,121 с.(루덴코 1968, 고대 예술적인 양탄자와 직조물)

https://rg.ru/2010/12/09/ermitaj-altay.html

Feldhamer, George A.; Thompson, Bruce Carlyle; Chapman, Joseph A. (2003).《Wild Mammals of North America: Biology, Management, and Conservation》

5) 파지리크 1호분

루덴코는 파지리크 2호와 5호를 1947~1948년에 발굴했는데, 그보다 먼저 그랴즈노프가 1930년에 1호를 발굴했다. 결과론적으로 매우 중요한 기점이 되었는데, 당시까지 '스키타이 문화'의 중심축이 흑해북안에 치우쳐 있었으나, 시베리아로 관심을 갖게 한 발굴이었다.

(1) 무덤의 구조

2500년 전 시베리아 남부 알타이의 무덤은 무덤구덩이를 크게 파고 통나무로 무덤방(목곽)을 만들었다. 무덤방의 밖에는 말을 여러 마리 묻고, 다시 통나무로 무덤구덩이를 덮고 흙과 돌로 무덤구덩이를 채워 가장 위에는 돌로 마무리 하는 구조이다.

　1호무덤도 마찬가지인데, 외관에서 드러난 무덤의 직경은 47m이고 높이는 2.2m이다 (그림 252-1). 무덤구덩이의 크기는 7.2×7.2m, 깊이는 4m가량이다. 가장 상부에 돌을 드러내고 그 아래에는 무덤구덩이를 파낸 흙을 다시 채운 흙이 상부의 돌 아래부터 무덤구덩이 까지 채워졌다(그림 252-2). 그 아래에는 낙엽송 300개를 채워서 무덤(그림 252-3, 그림 253-3, 4)을 덮었다. 무덤구덩이는 정확하게 네모꼴이지만 가장 바닥에 설치된 무덤방은 사다리꼴에 가까운데, 덮개를 기준으로 긴 변의 길이는 4.87m, 짧은 변의 길이는 3.35m이고, 깊이는 1.4m가량이다(그림 252-4). 무덤방 덮개의 가장 상부는 매우 두터운 3개의 통나무가 덮개와는 반대방향으로 놓였고, 2중으로 된 바닥에서는 통나무로 된 관이 확인되었다(그림 252-5). 무덤방은 무덤구덩이의 남쪽벽에 붙여서 설치되었고, 그 사이는 돌로 채워졌다(그림 252-2). 무덤구덩이의 북쪽에는 말이 10마리 부장되었고, 말을 부장한 곳도 통나무로 덮은 상태였다(그랴즈노프 1950).

그림 253-3과 그림 253-4에는 천장에 도굴로 무덤천장을 절단한 흔적이 선명하다. 도굴구덩이로 인해서 무덤 내부에는 원뿔모양으로 얼음이 차 있었다(그림 252-2, 그림 254-2). 상부에 통나무 300개를 지지하기 위해서 무덤방 바깥에 북쪽과 남쪽에 수직으로 각각 3개씩 나무를 세워놓았다(그림 252-4, 5). 무덤의 단면에서도 확인된다(그림 252-5). 흥미로운 점은 무덤방의 평면형태이다. 파지리크 2호분도 북쪽의 모를 줄여서 정확하게 네모꼴이

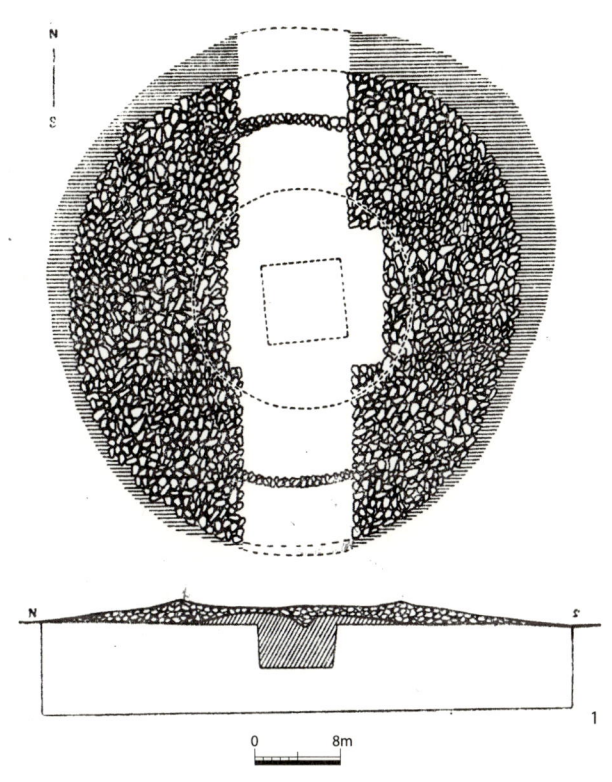

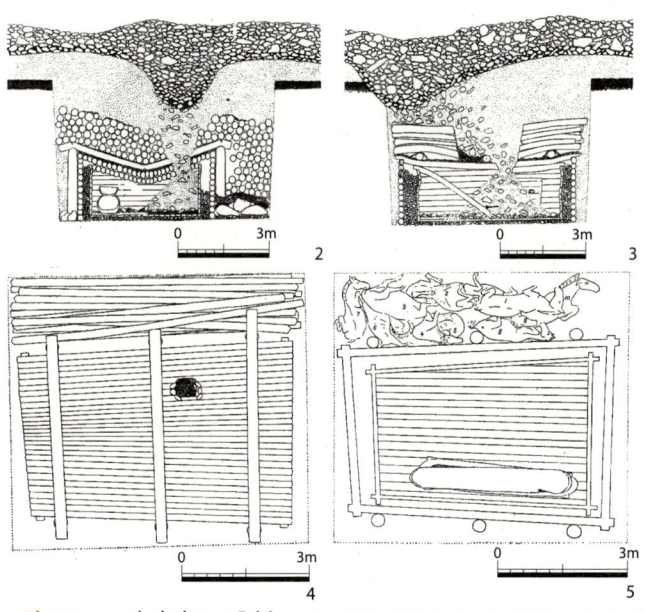

그림 252 파지리크 1호분 ｜ 1. 상부 평면도 ｜ 2. 단면도-남북방향 ｜ 3. 동서방향 ｜ 4. 무덤방 천장 ｜ 5. 내부

그림 253　파지리크 1호분　1. 경관　｜　2. 파지리크 1호분 무덤 내부　｜　3. 중 무덤을 덮고 있는 낙엽송 존재　｜　4. 파지리크 1호분 무덤구덩이 내부 천장

아니었다. 평면형태가 직각사다리꼴에 가까웠다(그랴즈노프 1950).

파지리크 1호분의 도굴꾼은 무덤 구조를 잘 알았다. 무덤관이 있는 남쪽벽은 그대로 두고 주로 무덤방의 빈 공간이며, 유물을 두는 북쪽벽을 잘라냈다. 무덤방이 이중이었는데, 바깥에는 통나무 하나만 잘라내고 내부에는 크게 구멍을 냈다. 내부는 얼음으로 가득 채워졌다. 통나무관은 이미 열려진 채였고, 뚜껑을 뒤집어 놓은 채였다. 관 안에는 옷의 장식인 가죽을 자른 산염소의 머리 조각만이 약간 남아 있었으며, 이는 금박으로 도금되었을 가능성이 크다. 도굴꾼은 묻힌 사람 혹은 미라를 통째로 꺼내갔다. 그래서 주인공에 대한 정보는 거의 남아 있지 않다.

① **무덤의 축조시기**

말과 말에 착장된 안장, 굴레장식 등은 비교적 양호하게 남아 있었다. 말의 피부, 근육, 내장 및 내장 안에 소화되지 않은 내용물이 그대로 남아 있어서 많은 정보를 제공한다. 말이

그림 254 파지리크 1호분 목곽(무덤방) 내부상태 | 1. 관이 놓인 남쪽벽 | 2. 그 반대편 1차와 2차 무덤방이 있었다. 도굴로 인해서 북쪽 내벽은 크게 구멍이 나 있었고, 외벽은 하나의 통나무만 잘린 상태이다.

묻힌 공간은 11m²가량 된다. 말의 시체와 안장 등이 두께 50cm에 아주 조밀하게 매장되었다. 동물학자인 타라세비치(А.Ю. Тарасевич)가 분석 한 결과 1호분의 말은 발굽에 각질이 없어진 상태였다. 말의 발굽은 4월부터 9월까지 방목 시기에 없어진다. 알타이에서는 주로 눈이 녹기 시작하는 4월이 되면 말을 직접 먹이지 않다가 풀이 없어지는 9월이 되면 먹이를 주기 시작한다. 9월 이후가 되면 얼음이 얼기 시작하기 때문에 그 전에 무덤은 만들어져야 한다. 그래서 1호분은 9월 어느 시점에 만들어진 것으로 생각된다. 말을 덮은 통나무에는 습지에 잘 자라는 목화풀이 발견되었는데, 이 풀은 싹이 난 상태였다. 9월에 무덤이 새로 열렸을 가능성이 있다고 식물학자 페트로프(В.А. Петров)가 분석했다(그랴즈노프 1950).

이미 소개된 무덤수혈(무덤구덩이)의 바닥에는 말이 매우 불규칙적이게 들어간 것으로 보이지만, 비트(В.О. Витт) 교수에 의하면 매우 규칙적으로 배열되었다고 한다. 말은 다리를 배 아래로 넣고 머리를 구부린 채로 정해진 순서대로 무덤에 넣었다. 동쪽과 서쪽에 네 마리를 넣고 무덤의 서쪽 끝에는 두 마리 말을 머리가 북쪽을 향하도록 가로방향으로 놓았다. 처음에 말이 불규칙적으로 배열된 것으로 보였던 것은 위에 놓인 통나무와 흙과 돌의 무게로 인해서 눌려서 생긴 현상이다. 무덤방 바깥에 세워둔 기둥 사이에 약간의 공간이 있었고 말은 이동했다(그랴즈노프 1950).

그랴즈노프는 도굴당해서 무덤 주인공에 대한 정보는 없어졌지만, 도굴로 인해서 눈이 무덤 안에 쌓이면서, 무덤은 얼어붙었고, 그 결과 무덤 안에서 유기물질로 만들어진 많은 유물이 그대로 남아 있을 수 있었다는 평가를 했다. 파지리크 1호의 책이 출간된 것은 1950년이지만, 발굴은 1929년에 했으며, 분석은 그 사이에 이루어진 것이다. 그런데 1993년에 발굴된 아크 알라하-3유적에서도 상태가 좋은 말이 매장되었는데, 말을 분석한 결과 무덤이 9월쯤에 축조되었다는 것이 밝혀졌다. 같은 결과이다.

가을 초입에 무덤이 만들어지는 이유는 땅이 얼기 전에 토목공사를 해야하는 이유도 있지만, 필자는 생계에 큰 지장을 주지 않으면서 모일 수 있는 기간이 여름 초지에서 겨울 초지로 이동할 때를 이용하기 위해서라고 생각한다. 파지리크 유적과 같은 대형 무덤을 만들기 위해서는 아주 많은 사람들의 노동력이 필요하다. 통나무 300개 이상을 끌어와야 하며, 구덩이 파기 등 대규모 토목공사가 필요했다. 하지만 유목민들은 흩어져서 살았기 때문에 생계에 지장을 주지 않으면서 모일 수 있는 기간은 한정적이었을 것이다.

반면에 무덤 속에서 발견되는 자작나무 껍질로 보아서 봄에 만들어진 무덤도 있다. 알타이의 유스티드 강 유역과 울란디르크 강 유역의 무덤에서 확인된다(쿠바레프 1987, 쿠바레프 1991).

그럼 사람도 그때 죽었어야만 했을까?

헤로도투스의 역사에는 스키타이 문화의 왕은 미라로 만든 후 여러 달 동안 수레 혹은 마차에 실어져 여러 부족을 돌았다고 기록되었다. 눈과 얼음이 있는 기간에는 마차가 이동할 수 없기 때문에 장례식을 치르는 기간은 정해진다. 죽는 시간은 정해져 있었다고 볼 수 있다.

② **통나무관**

무덤 구덩이의 무덤방 안에는 관을 넣어두는 공간을 빼고는 빈 공간이 대부분이다. 무덤구덩이에는 통나무 300개와 흙, 돌을 차례대로 채워 넣었기 때문에 대단히 계획적이었다. 무덤방 안에서 관은 한쪽 벽에 치우치게 배치되어 정중앙은 비어 있게 된다.

필자는 파지리크인들이 무덤 구덩이가 내려앉을 가능성을 고려해서 배치하고 설계한 것으로 생각한다.

1호 통나무관은 길이가 371cm, 너비 65~78cm, 높이가 58~60cm가량이다. 뚜껑은 길이 371cm, 너비 54~61cm, 높이가 25~27cm이다. 이 관은 낙엽수의 하단부분을 이용한 것이다. 관의 구멍은 무덤으로 내려간 밧줄을 지탱하기 위한 구멍이다. 관의 바닥 두께는 9~11cm, 측벽 두께는 1.5~3cm, 상단 끝의 두께는 최대 25cm이다. 뚜껑은 큰 청동못으로 관에 고정되었지만, 이미 제거된 상태이다. 주로 나무못을 많이 사용하는데, 베렐 유적, 아크 알라하-3 유적에서는 청동못을 사용했다(그랴즈노프 1950).

통나무관의 길이는 주인공의 계급에 따라서 달라지는데, 족장은 3.25m에서 긴 것은 5m까지, 귀족은 2.5~3m이고, 일반인은 관 대신에 나무판 위에 올려놓은 경우도 많다. 아이의 무덤은 무덤방을 따로 만들지 않고 1~1.3m의 나무관을 이용해서 간단하게 만든다(쿠바레프 1987, 쿠바레프 1991).

파지리크 1호 통나무관의 측벽에는 나무 마개가 삽입되었는데, 비슷한 마개가 다른 관에서도 관찰된다. 통나무관의 머리쪽은 금이 가 있다. 이는 관을 만드는 동안에 틈이 생겨서 가죽끈으로 이를 보수한 흔적이다. 관은 가죽이나 자작나무껍질로 장식된다. 파지리크 무덤의 1호 관에는 통나무관의 양 측벽에 14개의 가죽아플리케가 조각되어 있다. 가장 중앙(**그림 255-1**)에는 수탉 머리와 날개가 표현된 가죽장식이 부착되었고, 양쪽에는 수탉의 전신(**그림 255-2**)을 붙였는데, 가죽을 잘라서 만들었다(그랴즈노프 1950).

수탉은 동물문양장식 가운데, 독수리 보다 늦게 등장하는데, 큰 동물의 뿔과 갈기에 표현되기 시작하면서 등장한다. 닭은 이 지역에서 길렀다는 증거는 아직 없지만, 중국북부

그림 255 파지리크 유적 1호 관의 가죽 아플리케 장식   1. 길이: 18.5cm, 너비: 12cm | 2. 길이: 18.5cm, 15.5cm

(만주)에는 암탉이 존재했다. 수탉은 의복, 토기, 못의 대가리, 문신 등에서 머리 혹은 머리의 벼슬만이 주로 확인된다.

그림 출처

그림 252 파지리크 1호분(Грязнов М.П. 1950 인용, 필자 재편집)

그림 253 파지리크 1호분(Грязнов М.П. 1950 인용, 필자 재편집)

그림 254 파지리크 1호분 목곽(무덤방) 내부상태(Грязнов М.П. 1950 인용, 필자 재편집)

그림 255 파지리크 유적 1호 관의 가죽 아플리케 장식(Руденко С.И. 1953 인용, 필자 재편집)

참고문헌

Грязнов М.П. 1950, Первый Пазырыкский курган. Ленинград.(그랴즈노프 1950, 파지리크 1호분, 레닌그라드)

Руденко С.И. 1953: Культура населения Горного Алтая в скифское время. М.-Л.: 1953. 402 с. (루덴코 1953, 스키타이 시대 알타이 산의 주민문화)

(2) 유물

① 파지리크 유적 1호분의 마구

무덤방의 바깥에는 말이 매장되었다. 모두 10마리이다. 말은 좁은 공간에 부장되었기 때문에 잘 정리되어 들어갔는데, 앞선 글에서 말의 매장순서를 간략하게 모식화 한 것을 이미

그림 256 파지리크 1호분 1번 말과 5번 말 복원 1. 1번 말 복원 안장과 마구 착장 예 │ 2. 1번 말 재갈멈치와 굴레장식 │ 3. 5번 말 복원 │ 4. 5번 말 굴레장식 복원 │ 5. A-5번 말의 마스크 B-5번 말 갈기 장식 │ 6. 5번 말 굴레장식

그림 257 파지리크 1호분 3번 말과 4번 말 복원   1. 3번 말 복원 안장과 마구 착장 예 | 2. 3번 말 재갈멈치와 굴레장식 | 3. 4번 말 복원 안장과 마구 착장 예 | 4. 4번 말 재갈멈치와 굴레장식

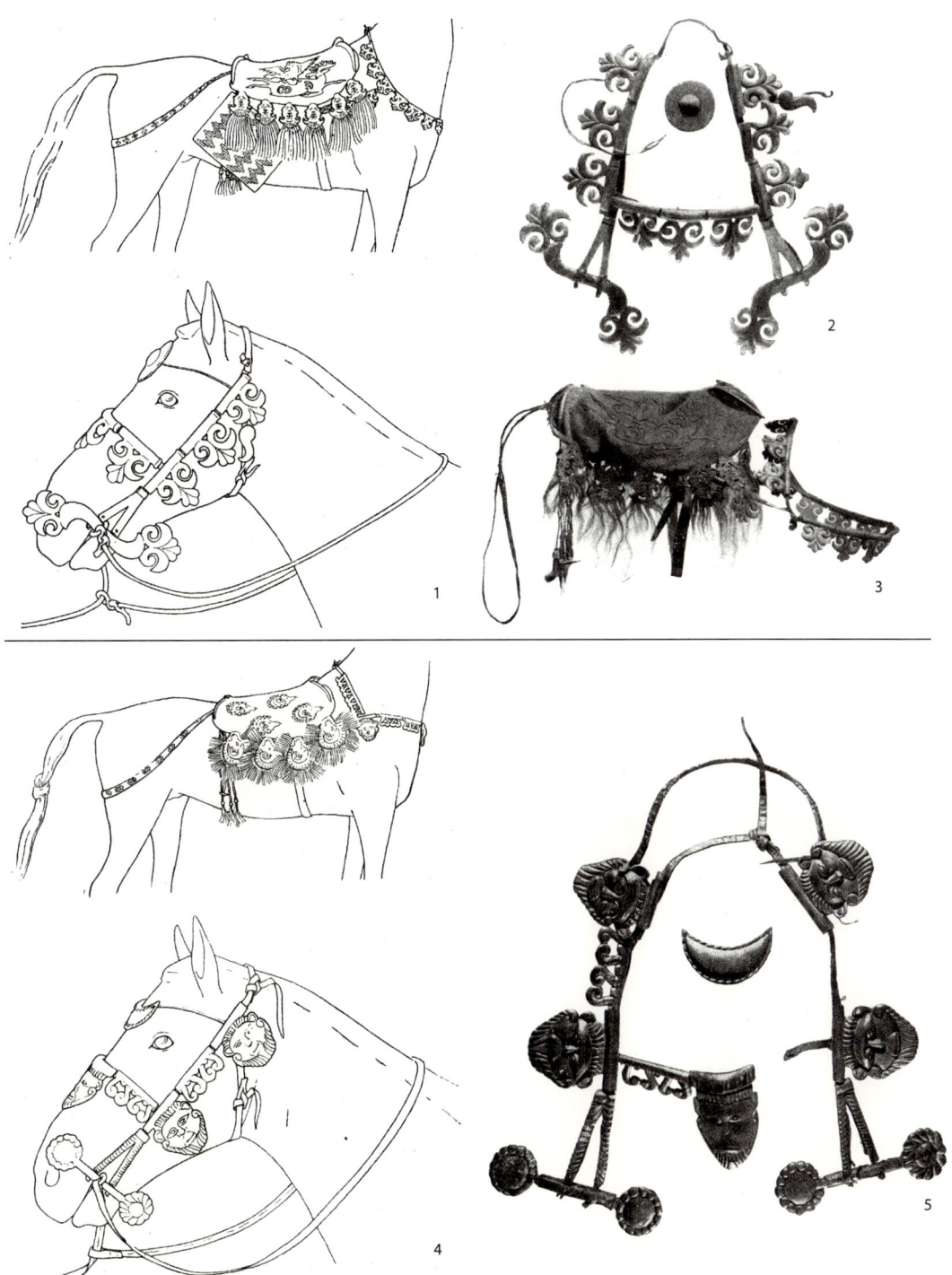

그림 258 파지리크 1호분 7번, 8번 말 복원   1. 7번 말 복원 안장과 마구 착장 예 | 2. 7번 말 재갈멈치와 굴레장식 | 3. 7번 말 안장 | 4. 8번 말 복원 안장과 마구 착장 예 | 5. 8번 말 재갈멈치와 굴레장식

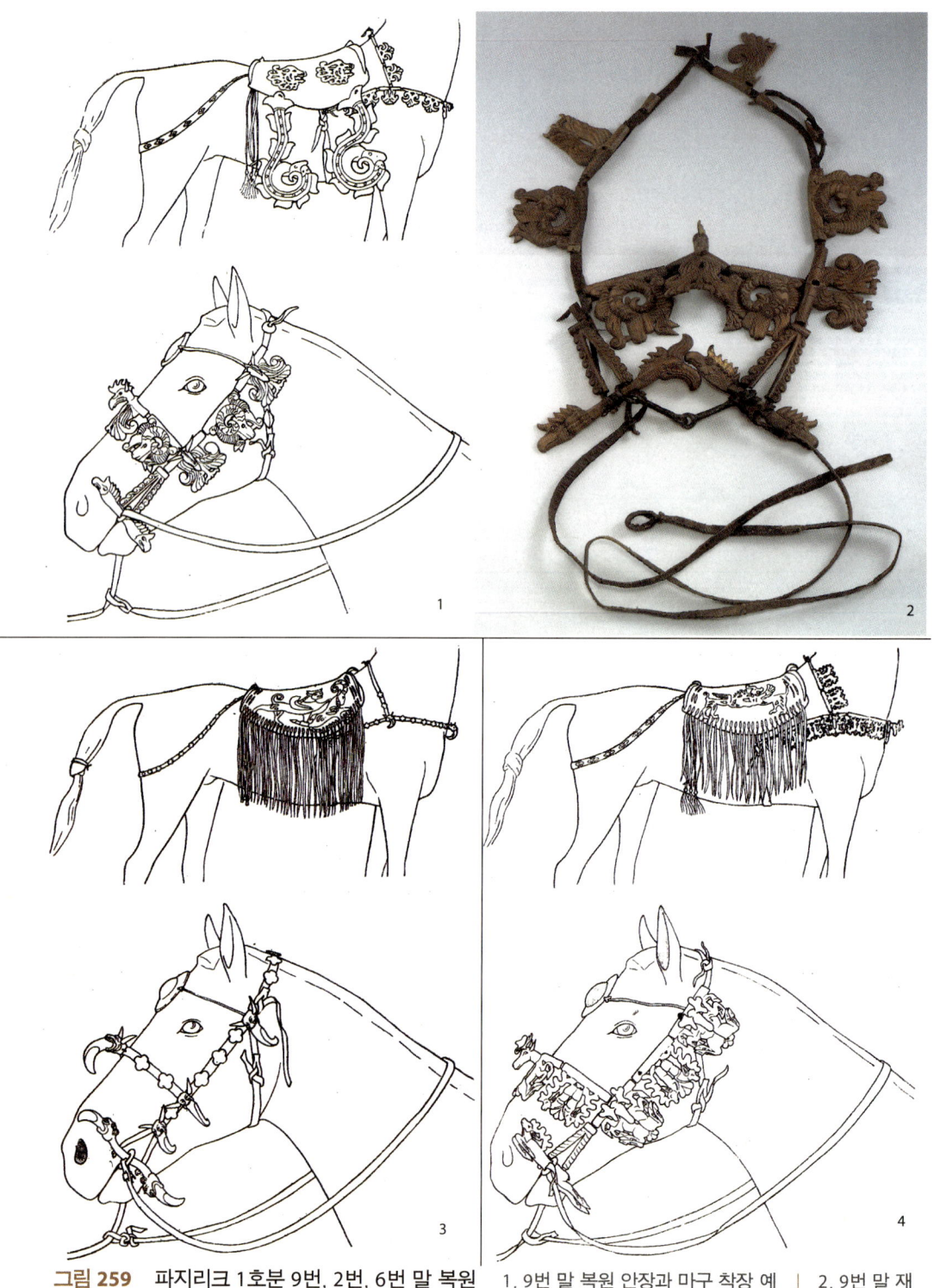

그림 259 파지리크 1호분 9번, 2번, 6번 말 복원 1. 9번 말 복원 안장과 마구 착장 예 | 2. 9번 말 재갈, 재갈멈치, 굴레장식 | 3. 2번 말 복원 안장과 마구 착장 예 | 4. 6번 말 복원 안장과 마구 착장 예

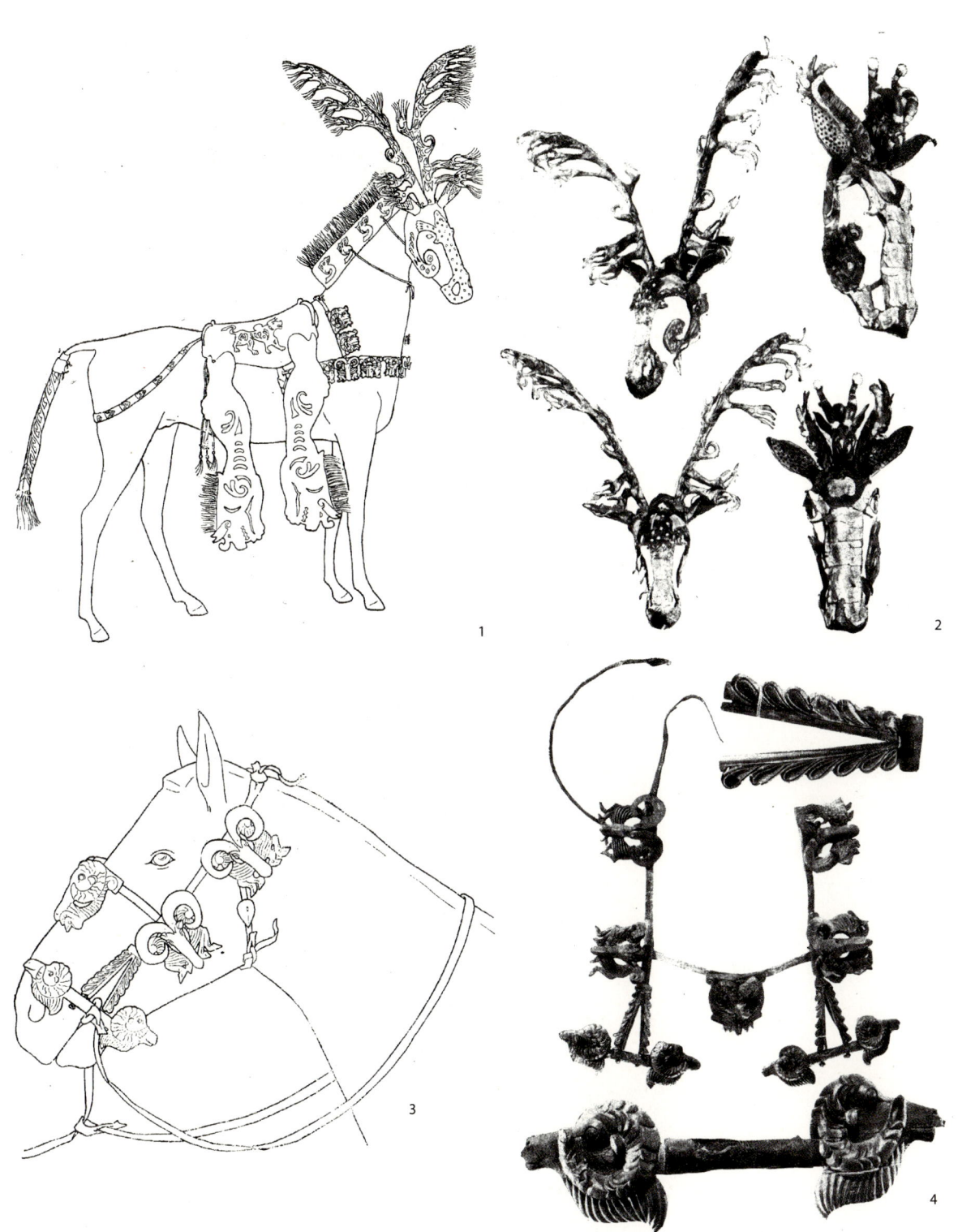

그림 260 파지리크 1호분 10번 말 복원　1. 10번 말 복원 마구 착장 예　|　2. 10번 말 마스크　|　3. 10번 말 복원 마구 착장 예　|　4. 10번 말 재갈멈치와 굴레장식

공개했다.

말은 10마리 모두 재갈 뿐만 아니라 고삐를 연결하고 말 얼굴을 둘러싼 굴레와 안장이 모두 착장되어 있었다. 뿐만 아니라 가면장식을 쓴 말이 2마리 확인되었다. 같은 유적이라도 파지리크 2호와 5호에서 출토된 말은 모든 말에 장식이 착장된 것은 아니었다.

그랴즈노프(1950)는 10마리를 모두 복원해 놓았다(그림 256~260).

알타이의 대형고분에서 출토된 굴레장식은 목제로 만들어지고 금박으로 마감된 것인데, 파지리크 1호분의 4번말 굴레장식에는 금박(그림 257-4)이 가장 잘 남아 있다. 굴레장식에 관통하는 가죽줄은 뺨으로 돌아가는 부분은 가죽띠 2줄이고, 코로 돌아가는 부분에도 산양머리와 팔메트 문양의 굴레장식이 부착되었다. 산양머리는 가죽뿔이 붙어 있다. 뺨으로 돌아가는 2줄 굴레는 재갈멈치로 연결된다. 이 재갈멈치에는 끝 부분에만 동물문양이 붙어 있는 유물과는 다른 재갈멈치들과는 달리 산양을 통째로 표현하였다. 산양의 앞다리는 몸 아래로 당기고, 뒷다리는 뒤로 뻗어서 몸을 수평으로 표현해서 뛰는 모습 혹은 나르는 모습이다.

일반적으로 전신형 산양은 다리를 배쪽으로 넣어서 표현하는데, 이 형태를 그대로 적용하는 것은 재갈멈치로는 적당하지 않다. 말의 볼을 눌러서 재갈을 고정하기 위해서는 세부적인 차이는 있지만 막대모양에 가깝게 만들어져야 하기 때문이다. 그래서 산양의 전신을 표현하려면 산양이 마치 '나르는 자세'가 되도록 표현해야만 재갈멈치로서의 기능과 디자인적인 요소가 완성될 수 있었을 것이다.

② 얼굴모양굴레장식

파지리크 유적에서 출토되는 굴레장식은 동물문양장식인데 이마와 콧잔등의 장식을 제외하고는 대부분 비슷하다.

파지리크 1호분의 8번 말에는 얼굴모양장식을 5개 조각해서 달아놓았다. 말의 콧잔등을 장식하는 사람(그림 261-4)과 귀 아래를 장식하는 사람(그림 261-1, 2)은 서로 다르고 Y자형 장식 위에 붙은 사람(그림 261-3)은 양쪽이 같은 얼굴(그림 261-2)로, 모두 4인의 얼굴이 말을 장식했다(그랴즈노프 1950).

이 얼굴모양 마스크를 자세히 보시면 스키타이 문화의 장인이 대단히 세밀하게 표현했다는 것을 알 수 있다. 눈의 모양과 광대뼈의 높낮이를 다르게 깎아서 얼굴을 다르게 표현했다. 입 모양도 4명이 약간씩 다르다. 모두 턱수염을 기르고 있다. 물론 얼굴의 길이와 너비의 비 차이가 달라서 인종이 다를 가능성도 배제하지 않을 수 없다.

말의 콧잔등을 장식하는 사람얼굴(그림 261-4)이 특히 다른데(눈, 코, 입, 수염, 얼굴모양),

말의 주인 얼굴인지도 모르겠다.

이해가 되지 않는 것은 남성 얼굴의 머리와 턱수염사이의 둥근 원이다. 호랑이나 맹수의 귀와 같은 표현이다. 만약에 이 부분을 설명할 수 있는 유물이 출토되지 않는다면, 단순한 인간이 아닐 수도 있다. 파지리크 5호에서 확인된 것처럼 반인반수를 표현했을 가능성도 있다. 5호분 벽걸이에는 사슴 뿔을 쓰고, 동물문양의 옷을 입은 반인반수의 남성도 확인되었다.

전해지지 않고, 증명할 수도 없지만 파지리크 유적에서 유물 속의 인물들은 '이야기'속 콘텐츠였을 것이다. 이런 콘텐츠가 신화이지 않았을까? 위대한 자연속에서 인간과 동물은 같은 존재라고 여긴 그들의 세계관이 담겨 있는 유물이지 않을까?

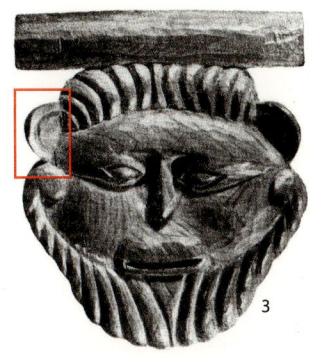

그림 261   파지리크 1호분 8번 말 굴레장식 세부

③ 말의 가면, 그리핀으로 둔갑한 말

파지리크 유적에서는 앞에서 설명한 바 있지만 말의 얼굴을 가리는 화려한 마스크가 발견된다. 2호분과 5호분에는 1마리가 마스크를 쓰고 있었고, 1호분에는 5번말과 10번 말 2마리가 마스크를 쓰고 있다.

그런데 마스크를 쓴 말과 쓰지 않은 말은 어떤 차이점이 있을까?

파지리크 1호에서 출토된 5번 말은 그리핀의 날개를 귀 사이에 붙이고 그리핀과 호랑이가 싸우고 있는 모습을 표현했다. 말의 목에는 가죽과 펠트로 만들어진 갈기 장식이 있고, 이곳에 그리핀 4마리를 가죽을 잘라서 붙였다(그림 262-4).

말의 등 위 안장은 가죽 두 판을 붙여서 그 안을 사슴털로 채워 넣어 만든 것이다(그림 263). 안장은 배와 앞가슴으로 끈을 돌려서 고정된다. 연결 부위에는 가죽으로 된 염소머리(그림 256-3)가 붙어 있었고, 앞 가슴에도 그리핀이 날개를 편 채 붙어 있었다(그림 256-6).

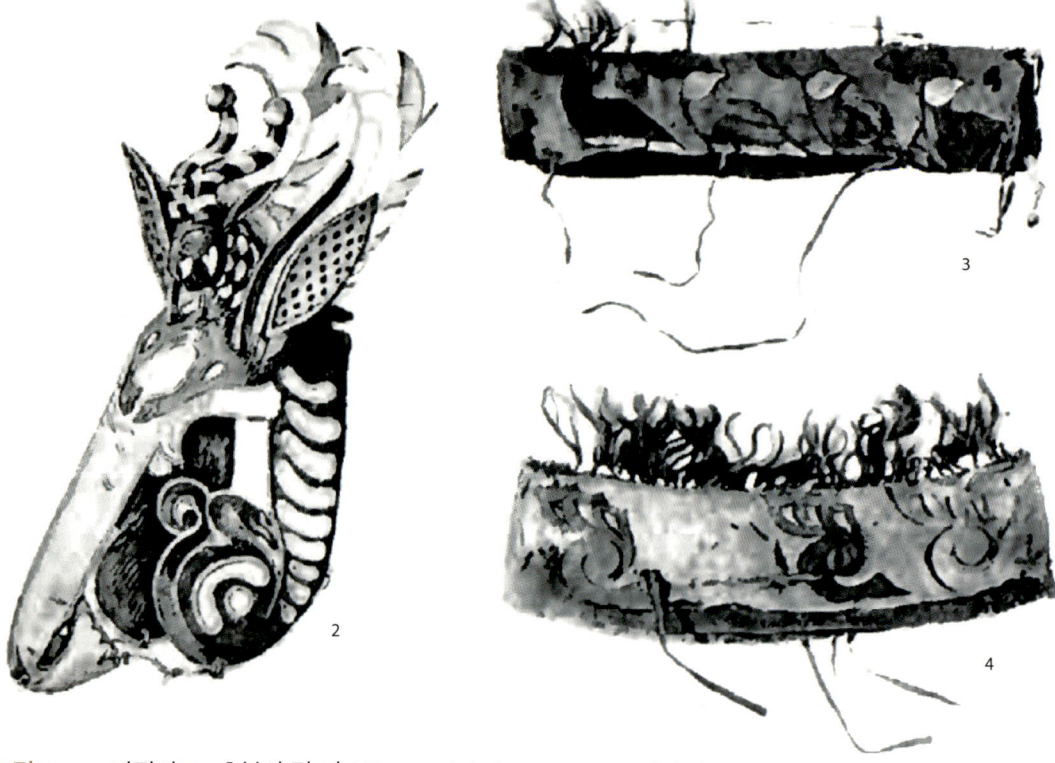

그림 262 파지리크 1호분의 말 마스크   1. 말의 마스크 | 2~4. 말의 마스크

324 교과서 밖의 역사 유라시아 초원 스키타이 문화의 미라와 여신상

그림 263　파지리크 유적 말꼬리와 황금띠

안장에는 가죽으로 된 아플리케 장식이 있고, 큰뿔 사슴을 공격하는 호랑이가 묘사되어 있다. 덮개의 가장자리에는 물고기 모양 펜던트가 달려 있는데, 적마의 꼬리털이다. 물고기에는 날개가 붙어 있어서 역시 추상화된 표현이 보태어졌다.

말꼬리는 가죽케이스(길이 65cm, 너비 3.8cm)로 싸진 것이 있고, 단순히 황금 띠(그림 263)로 돌려서 처리한 것이 있다. 전자는 가죽케이스 끝에는 푸른 털과 적마의 털을 이어 붙인 것이다. 두 개의 가죽조각을 중간을 연결해서 이어 붙인 것인데, 두 종류의 색깔을 사용했다. 가운데 소용돌이 모양의 가죽 아플리케도 두 종류의 색깔을 이용했다.

말의 마스크 안에도 굴레장식이 있다. 말 안장에 연결된 염소와 같은 모양의 장식이 연결부위마다 붙어 있는데, 6마리이다. 재갈멈치의 끝은 팔메트 문양이라고 부르는 일종의 넝쿨 식물이 표현되어 있다(그림 256-4).

마스크 쓴 5번 말의 굴레장식은 다른 말과 비교하면 단순하다. 말의 굴레에 붙은 염소장식 사이에는 다른 요소는 확인되지 않는다.

반면에 마스크가 없는 9번 말은 9개의 굴레장식판(그림 259-2)이 달려 있었다(8개만 남아 있음). 그리핀은 5마리이다. 독수리 모양의 그리핀으로 콧등에 있는 한 마리는 날개를 피고 갈리진 꼬리를 표현하고 있다. 그럼 4마리는 어디에 있을까?

자세히 관찰하면 콧등과 말 귀로 연결되는 'T'자 부위에는 구멍이 하나 있고, 그 아래에 붙은 장식판은 옆에 붙은 염소머리와 다르다. 실제로 콧등에 붙은 날개표현과 같은데 이곳에도 그리핀이 있었다(그림 259-2). 보통 굴레장식은 대칭되게 붙여져 반대쪽에도 한 마리 더 있었을 것인데, 현재는 남아 있지 않다. 또한 오른쪽 귀 아래에 남아 있는 장식판도 'T'자부위에 붙은 것과 같은 표현이다. 실제로 조각난 채로 확인되었다(그림 259-2). 그렇다면 반대편이도 한 점 더 있었을 것이다. 그리고 왼쪽편에도 염소머리 위쪽에 붙은 장식은 염소머리와는 다르고 날개만 남아 있다. 즉 9번 말의 굴레 장식은 귀 아래 두단에 그리핀이 있었으며, 콧등에도 그리핀이 있었다고 볼 수 있다. 이 말의 굴레 장식은 청동제 재 갈과 고삐가 달린 채 확인된 유일한 유물이기도 하다. 재갈멈치에도 양쪽에 그리핀이 표현 되었다. 그런데 왼쪽의 그리핀은 재갈멈치에 달린 그리핀과 얼굴이 다르다. 부러져서 다른 것으로 수선했다. 귀 자리에 구멍이 있는데, 가죽 귀가 원래는 있었을 것이다.

마스크를 쓴 말은 말의 굴레에 그리핀 장식이 없다. 말 자체가 그리핀으로 보이도록, 날개가 달린 마스크를 씌우고, 인위적인 갈기를 달아서 꾸몄다. 알타이의 독수리머리 그리 핀은 대부분 독수리 목에 반드시 말의 갈기를 표현한다. 반면에 마스크가 없는 말은 5개의 그리핀을 얼굴에 붙이고, 재갈멈치에도 양쪽으로 그리핀을 표현했다.

④ 동물문양장식-world wide web

파지리크 1호분에서는 말 10마리가 매장되었는데, 그 중에서 3번 말의 안장 덮개(그림 264) 는 펠트로 제작되었다. 가죽, 말꼬리, 금은 부속물이 사용되었다.

우선 안장덮개는 안장 위를 덮는 유물이다. 펠트 안장덮개 아래에는 가죽방석이 따로 만들어졌고 그 위를 덮은 유물인데, 가죽방석에 고정되었다. 가죽방석 안은 사슴털 혹은 풀로 채워졌다.

파지리크1호의 안장덮개에는 그리핀이 영양을 공격하는 구조로 펠트 조각을 덧붙여 서 표현한 것이 있다(그림 265). 그리핀은 여러 동물이 합성된 동물이다. 두 동물이 공격하 는 구도의 동물문양은 갑과 을이 정해져 있다. 공격자는 그리핀이나 맹수류이고, 공격당하 는 쪽이 야생염소, 사슴, 양, 염소 등이다. 파지리크 1호분의 그리핀은 알타이에서 주로 보 이는 독수리머리보다는 사자의 얼굴에 가깝다. 공격당하는 야생염소는 뒷다리가 뒤집어진 상태라는 것이 한 눈에 들어온다. 매우 사실적이다. 붉은색 바탕에 검은색, 푸른색, 황색, 검은색 등을 배열해서 매우 화려하다.

스키타이 문화의 동물문양장식은 사실적이지만 기하학적이고 추상적이다. 사실적이 라는 말은 동물의 종(種)구분이 가능하지만, 부분적으로 눈, 입, 귀, 뿔모양은 매우 추상적 으로 과장되어 있다.

추상적 표현의 가장 대표적인 예가 그리핀이다. 세상에 없는 동물이지만 어떤 동물을 조합했는지 알 수 있을 정도로 매우 사실적으로 표현된다.

그리핀은 페르시아에서 기원했다는 의견도 있지만, 최근에 발굴된 시베리아의 투바 기원전 7세기 아르잔-2호에서는 그리핀이 재갈멈치 끝에서 확인된다. 그런데 알타이에서 는 주로 독수리머리 그리핀이다(그림 239). 매우 사실적이지만 매우 추상적이다.

그림 264   파지리크 유적 5호 말 마스크와 안장덮개

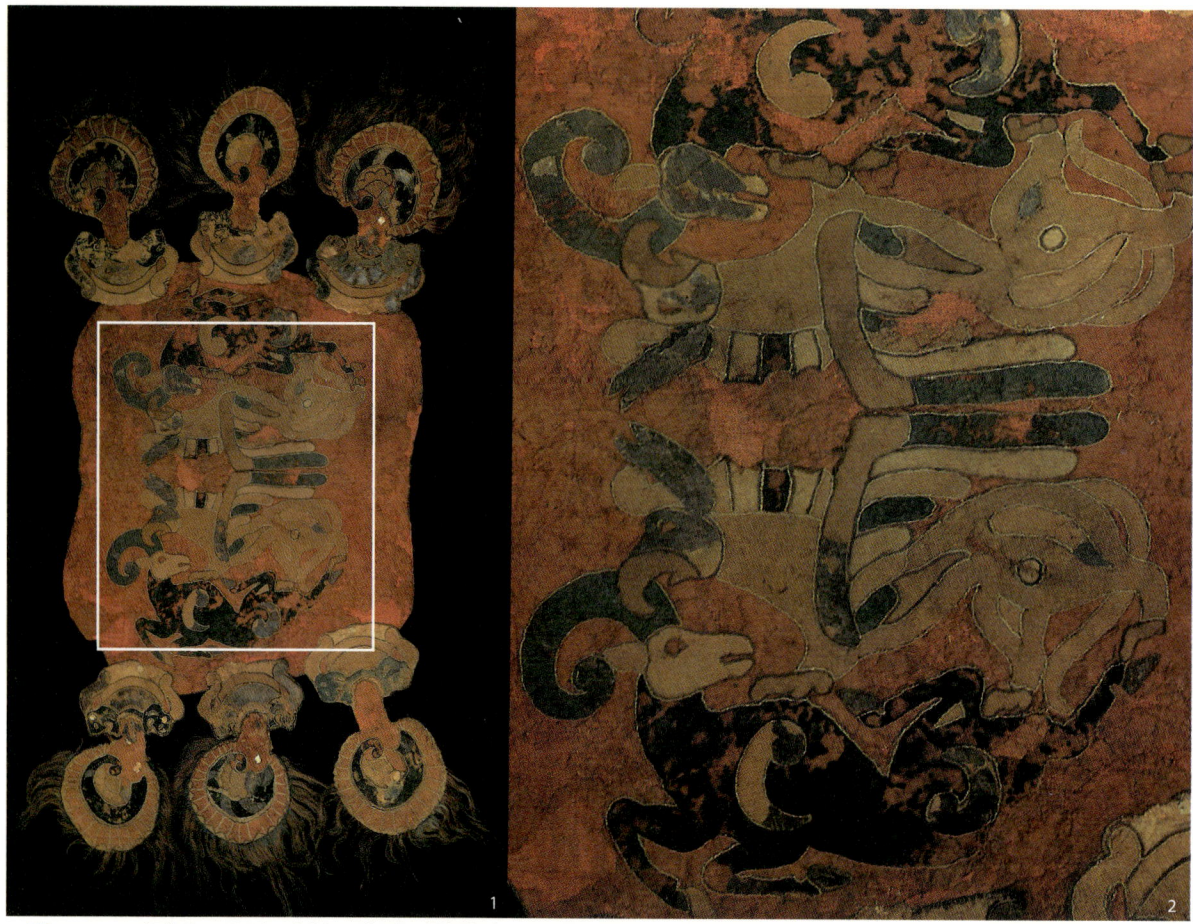

그림 265 파지리크 유적 1호분 3번 말 안장덮개 길이: 119cm | 너비: 60cm

　　그리핀이란 동물문양장식은 각 지역마다 특색은 있지만 여러 동물을 합체해서 만드는 기본 아이디어 혹은 아이덴티티는 같다. 몸을 말고 있는 표범장식도 마찬가지이다. 아르잔-1호에서 출토된 유물이 가장 빠르지만, 비슷한 형상의 맹수장식은 흑해북안에서도 확인된다. 그런데 어떻게 널리 퍼질 수 있었을까?

　　페레보드치코바(1994)는 스키타이 문화의 동물문양장식을 '스타일화된 동물의 중요속성들이 일정한 원칙에 따라 결합된 표현물'이라고 정의했다.

　　부연 설명을 하면, 동물문양장식을 제작하는 100명의 장인이 있다고 가정하자. 그 사람들이 동물문양장식을 원칙없이 만든다면 100명이 다른 장식을 만들었을 것이다. 그러나 스키타이 문화의 동물문양장식은 특정한 중요속성은 공통적이면서 규칙에 의해서 결합된다는 점에서 어떤 원칙을 따르고 있다. 필자는 이것이 마치 유명 브랜드의 로고와 같다고 생각한다. 로고만 보면 어떤 브랜드의 물건인지 알 수 있는 것과 같은 이치이다.

그리고 동물문양장식은 각 개개의 동물이 무엇을 표현하는지는 알 수 없지만 그 시대의 어떤 기호와 같은 역할을 했다면, 그리고 사람들이 그 의미를 알았다면 그렇게 널리 사용된 것이 가능했다고 생각한다. 예를 들면 환상의 맹수는 '양 1,000마리'. 혹은 '전쟁 중..' 이런 뜻이 담겨 있었을 수 있다.

동물문양장식은 스키타이 문화의 3요소 중에 하나이다. 비슷한 동물문양장식이 널리 사용되는 것을 보니 현대의 인터넷과 같이 이미 정보가 공유되던 사회이지 않았을까?

⑤ 시베리아에서 발견된 페르시아의 사자

시베리아 알타이에서 2500년 전 무덤은 구덩이를 파고 나무로 무덤방을 설치한 후 그 안에 통나무관을 넣고, 다시 무덤구덩이를 층에 따라서 흙과 돌로 채워서 만들었다. 무덤구덩이에는 말도 함께 매장되는데 많은 정보를 제공한다. 특히 말은 동물문양의 장식판들을 얼굴에 붙이고 매장되었다. 장식판은 말의 굴레에 달려 있던 것이다.

앞에서 이야기 한 바와 같이 동물문양장식은 크게 실제동물은 굽동물과 맹수, 맹금류가 주요하고, 그리핀은 조작된 동물이다. 굽동물이지만 초식이 아니라 잡식인 멧돼지도 초기 스키타이 문화부터 보인다.

그 외에 시베리아에서는 사자가 살지 않지만 사자가 종종 등장한다. 파지리크 1호분에도 무덤방의 벽 위에서 출토되었다(그림 266).[32] 펠트로 된 조각인데, 흰색 바탕의 펠트 위에 푸른색과 붉은색 사자머리 5개가 교차되었다. 펠트 가장자리에는 붉은색, 푸른색, 노란색의 삼각형 장식이 상하에 부착되었다. 이 장식의 펠트, 도안, 스타일등은 스키타이 문화의 것이다. 그러나 문양 모티브는 페르시아의 아케메니드에서 자주 확인되는 요소이다. 같은 유적인 파지리크 2호분과 울란드리크-Ⅳ유적의 3호분에서도 확인된다.

페르시아의 아케메니드에서 확인되는 사자 문양은 그리핀 모티브를 기반으로 한다. 실제사자에는 없는 부자연스러운 긴 귀와 끝이 말린 갈기 표현은 기원전 5세기경 아케메니드 유물과 유사하다. 수사에 있는 아파다나 궁전의 동쪽 벽에 부착된 벽돌에 그려진 그림이다(Scythians 2017). 이런 유물을 보고 시베리아에서 모티브를 채택하고 재지에서 제작했을 가능성도 있다(보드치코바 1994).

페르시아의 모티브가 시베리아까지 넘어오게 된 것은 사자 달린 금속 펜던트를 시베리아 스키타이 사람들이 어떤 상황에서 그 물건을 보았을 가능성이 있다. 구체적인 상황(예

---

[32] https://www.hermitagemuseum.org/

그림 266　파지리크 유적 1호분 펠트제 벽걸이　장식 목곽에 걸린 채로 출토되었다

를 들면 페르시아인이 자발적으로 들어온 것인지, 스키타이 사람이 그쪽에 가서 보고 여기와서 만든 것인지 등)은 알 수 없지만, 그 지역과의 관련성이 있었다고 볼 수 있다.

스키타이에서 제작되었지만 페르시아 문양을 쓴 예가 중앙아시아의 아무다리야 퇴장지에서 발견되었다(제이말 1979). 금속을 제작하는 기술은 스키타이 금속 유물 제작 기법으로 제작되었는데, 사자 문양을 채택해서 만든 둥근 원판형 유물이다.

결론은 시베리아에서 확인되는 사자머리는 호랑이와는 다른 환경에서 살던 동물이고, 파지리크유적의 1호분 뿐만 아니라 스키타이 문화권 내 여러 곳에서 확인되는 문양요소라는 점을 알 수 있다.

그림 출처

그림 256　파지리크 1호분 1번 말과 5번 말 복원(1~4, 6. Грязнов М.П. 1950 ｜ 5. Руденко С.И. 1953, 필자 재편집)

그림 257　파지리크 1호분 3번 말과 4번 말 복원(1~3. Грязнов М.П. 1950 필자 재편집 ｜ 4. 필자 촬영)

그림 258　파지리크 1호분 7번, 8번 말 복원(Грязнов М.П. 1950 필자 재편집)

그림 259　파지리크 1호분 9번, 2번, 6번 말 복원(1, 3~4. Грязнов М.П. 1950 재인용 ｜ 2. 국립중앙박물관 1991)

그림 260   파지리크 1호분 10번 말 복원(Грязнов М.П. 1950 필자 재편집)

그림 261   파지리크 1호분 8번 말 굴레장식 세부(Руденко С.И. 1953, 필자 재편집)

그림 262   파지리크 1호분의 말 마스크(1. 필자 촬영 | 2~4. Руденко С.И. 1953)

그림 263   파지리크 유적 말꼬리와 황금띠(필자 촬영)

그림 264   파지리크 유적 5호 말 마스크와 안장덮개(필자 촬영)

그림 265   파지리크 유적 1호분 3번 말 안장덮개(국립중앙박물관 1991, 필자 재편집)

그림 266   파지리크 유적 1호분 펠트제 벽걸이(국립중앙박물관 1991, 필자 재편집)

참고문헌

Грязнов М.П. 1950, Первый Пазырыкский курган. Ленинград.(그랴즈노프 1950, 파지리크 1호분, 레닌그라드)

Руденко С.И. 1953: Культура населения Горного Алтая в скифское время. М.-Л.: 1953. 402 c. (루덴코 1953, 스키타이 시대 알타이 산의 주민문화)

Зеймаль Е.В. Амударьинский клад: Каталог выставки. Л.: Искусство, 1979. С. 39, 44, 51-52, 64.(제이말 1979, 아무다르 유적: 전시회도록)

Переводчикова Е.В. 1994, Язык звериных образов. Очерки искусства евразийских степей скифской эпохи(페레보드치코바 1994, 언어로서의 동물문양장식)

국립중앙박물관 1991, 『스키타이 황금』, 소련 국립 에르미타주박물관 소장 특별전 도록

3-2 해발 2,500m 우코크 고원의 미라와 무덤

스키타이문화의 미라 중에 아크 알라하-3 유적의 여성 미라는 '얼음공주'라는 별칭이 붙어있다. 얼음공주라는 별명은 얼음으로 꽉 찬 무덤속에서 나왔기 때문이기도 하고, 시베리아 알타이라고 하면 '춥다'라는 이미지와 신비로움, 대중성 때문에 붙였을 수 있다. 그러나 정작 발굴한 사람들은 무덤 속의 여성은 가장 최상위 계급은 아니며, 여러 정황으로 보아서 그녀는 살아서 샤먼이었을 것으로 생각한다.

현존하는 미라 가운데 베르흐 칼쥔 II 유적 3호분 남성미라와 함께 가장 높은 곳에 매장되었다.

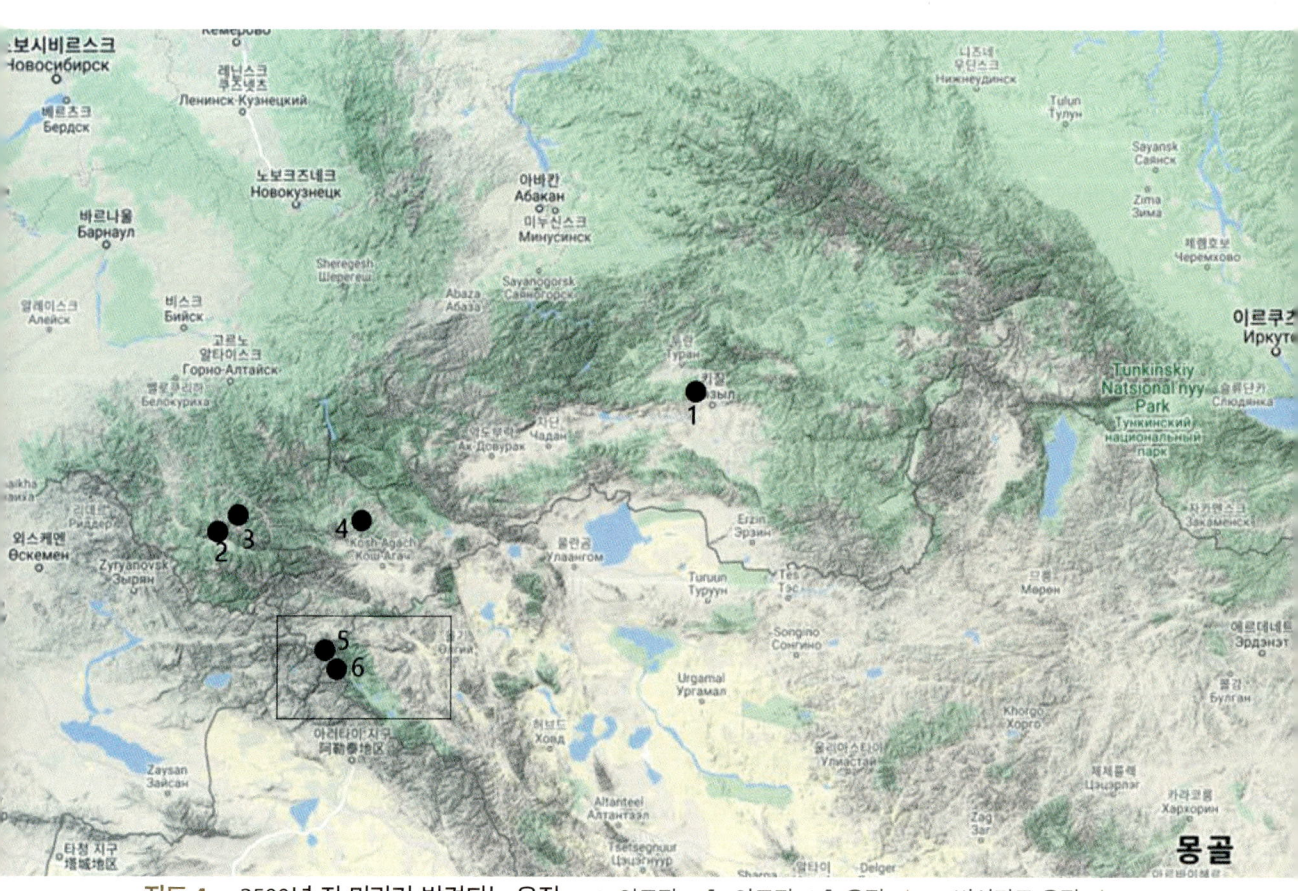

지도 4 2500년 전 미라가 발견되는 유적   1. 아르잔-1호, 아르잔-2호 유적 | 2. 바샤다르 유적 | 3. 투엑타 유적 | 4. 파지리크 유적 | 5. 베르흐 칼쥔II유적 | 6. 아크 알라하-3 유적

헤로도투스는 스키타이인들이 왕의 장례 치르는 모습을 다음(4권 71중 일부)과 같이 설명했다.

'왕이 죽으면 그 곳 땅에 큰 사각형 구덩이를 판다. 구덩이가 완성되면 전신에 발삼처리를 하고 마차에 시신을 싣는다. 마차에 싣기 전에 시신의 배를 가르고 내장을 전부 꺼낸 다음 그 안에 생강, 향료, 파슬리씨, 아니스를 넣고 다시 봉합한다. 그런 후에 시신을 마차에 싣고 다른 부족에게 간다(헤로도토스 2009).'

헤로도투스도 언급했고, 루덴코가 20세기 초 직접 목격한 중앙아시아 민족의 장례식에서도 알 수 있듯이, 아크 알라하-3유적의 1호분 여성도 죽은 후 곧바로 매장하지 않았다. 아크 알라하-3유적에서 여성과 같이 매장된 말이 먹은 건초가 6월 중순 쯤이었던 것으로 밝혀졌고, 꽃가루 분석결과도 이 시기로 판명되었다. 죽은 뒤 최소 3개월이 지난 가을 초입에 매장된 것으로 보아 그들이 장례를 치르는 기간은 매우 길다.

아크 알라하-3유적의 여성미라가 거의 완벽하게 남아 있을 수 있었던 이유는 땅에 묻힌 뒤 곧바로 냉동되었기 때문이다. 특히 이 무덤은 관(棺)과 곽(槨)[33]이 얼음으로 가득 차 있었기 때문에 후대에 도굴이 불가능했다. 알타이라고 해도 무덤 내부가 완전히 냉동되어 있는 경우는 많지 않다. 아크 알라하-3유적에서는 깊이 3m의 토광을 파자마자 지하수가 차올랐고 그대로 냉동되었을 것으로 추측된다. 더운 여름이라도 3m정도를 파면 땅은 단단하게 얼어 있다. 미라가 남아 있을 수 있는 이유는 특수한 처리 때문이기도 하지만, 그보다는 무덤 아래에 형성된 '결빙층'이었기 때문이다(루덴코 1953). 우코크 지역에 살던 2500년 전 파지리크인들도 이 사실을 알았을 것이고, 이용했을 것이다(N.V. 폴로스막(강인욱 역) 2016).

일정한 계급이상의 사람이 죽으면 미라 처리를 하고 땅이 바로 얼 수 있는 기간까지 기다렸을 것으로 추정할 수 있다.

필자는 나무방(목곽)과 통나무관(목관)을 사용한 장법은 사람을 나무 안에 묻는 것과 같다고 생각한다. 나무로 된 무덤방 속에 통나무를 파고 만든 관 안에 묻혔고, 심지어 미라의 내부도 동물털과 식물로 채워졌다.

시베리아의 원주민들은 낙엽송을 '밝은 나무'라고 생각한다. 니브히족은 자신들이 낙

---

33 관을 넣은 무덤방을 곽이라고 한다.

엽송에서 기원했다고 생각하고, 셀쿠프족은 인생의 나무로 간주했다. 만시의 신화에는 신성한 대홍수에 대한 이야기가 나온다(N.V. 폴로스막(강인욱 역) 2016).

파지리크유적의 4호분과 5호분에서는 일정한 간격으로 홈을 판 낙엽송 통나무 토막이 발견된 바 있다. 길이가 3.17m인 통나무에는 9개, 길이 4.13m의 나무에는 8개의 홈이 파여져 있었다. 일종의 사다리였던 것으로 본다(루덴코 1953).

쿠로키친은 의례에 사용된 사다리(그림 267)는 하늘로 올라가는 사다리를 상징한다고 보았다(쿠로키친 1994). 셀쿠프족은 하늘의 신께 가는 사다리라고 부르거나 나무에 올라가기 위한 것으로 부른다. 그리고 샤먼이 이것을 타고 하늘로 올라간다고 믿었다(프로코피예바 1977).

아크 알라하-3유적과 비슷한 시기에 통나무관이 발견되는 유적은 파지리크 유적 1호분, 2호분, 5호분, 아크 알라하-1유적의 1호분(남성전사 2인)과 2호분이다. 통나무관은 모든 무덤에서 사용되었던 것은 아니고 일부 무덤에서만 사용되었다. 러시아학자들은 통나무관을 쓴 주인공은 일정한 계급이상일 것으로 추정한다.

이 유적의 관과 실제로 시베리아 원주민들은의 통나무관은 아직도 그 모습이 비슷하다. 통나무를 파고 끝에 귀때기가 남아 있는 모습이다.

시베리아의 투르크어족 설화에는 나무는 아이들을 낳으며, 인생을 상징하고 가족 개개인의 행복을 담보한다. 나무 그루터기나 몸통 안에 죽은 사람을 매장하거나, 통나무 안에 매장하는 것은 죽은 사람을 생명의 원천으로 다시 돌려보낸다. 셀쿠프인에게는 통나무를 타고 강을 따라 죽은 자들이 살고 있는 도시로 간다는 믿음이 있다.

1) 얼음공주의 무덤, 아크 알라하(Ак Алаха, Ak Alaha)-3 유적

(1) 무덤의 구조

아크 알라하-3 유적은 크기가 3m(지표에 드러난 돌에서부터)로 네모 구덩이(3.6×4.4m)를 파고 가장 바닥에 나무로 무덤방(목곽)을 만들고 그 안에 나무관(목관)을 넣었다. 그리고 구덩이는 돌로 채워 넣었다.

구덩이 뿐만 아니라 지상에도 직경 10m 범위로 높

그림 267 파지리크 유적 2호분 사다리

그림 268 아크 알라하-3 유적 무덤방과 상부 카라코바 문화의 무덤　　1. 카라 코바 문화의 무덤 덮개 돌　|　2. 카라코바 문화의 무덤　|　3. 무덤방

그림 269 아크 알라하-3유적의 통나무관 내부 조사

이 50cm가량의 높이로 둥글게 돌을 쌓았다(그림 268-3). 무덤의 단면도에도 표시가 나지만 목곽의 주변에는 지표와 가까운 곳 보다 큰돌과 작은 돌을 쌓고, 작은 돌을 섞었으며 지표와 가까운 쪽은 작은 자갈을 채웠다. 지표의 흙을 제거하고 나자 무덤의 가장 상층 중앙부를 채운 돌이 반쯤만 남아 있다(그림 268-1). 왜일까? 무슨 흔적일까?

이 중앙의 돌을 제거하고 나자, 무덤의 경계로 볼 수 있는 호석(직경 10m)이 드러났다(그림 268-2). 무덤구덩이를 채운 돌을 드러내자 바닥의 깊이 1m 가량에서 무덤구덩이의 동쪽에서 말 3필이 확인되었다(그림 269). 말 2마리는 두향이 동쪽이었고, 완전히 옆으로 뉘웠으며, 말 한 마리는 배를 바닥에 깔고 확인된다. 3필을 드러내자 그 아래에는 작은 무덤이 하나 있었다.

말을 드러내자 이 무덤의 덮개인 납작한 판돌이 확인되었고, 나무판자로 제작된 목관(2.2×1m)이 확인되었다. 이 무덤의 덮개돌과 나무관은 파지리크 사람의 무덤과는 전혀 다른 스타일이었기 때문에 원래 무덤의 주인공이 아니었고, 알타이 고원에 살던 카라-코바 문화의 것으로 밝혀졌다. 알타이에서는 이러한 형태의 추가장이 종종 확인된다고 한다(N.V. 폴로스막(강인욱 역) 2016).

그런데 이 카라-코바 문화의 무덤에서는 시신이 흩어진 채 확인되었고, 유물이 하나도 발견되지 않았는데, 인골의 뼈가 흩어진 흔적들로 보아 무덤(그림 270)이 얼어 붙기 전에 도굴되었을 것이라고 발굴자들은 추측한다(N.V. 폴로스막(강인욱 역) 2016).

표토를 벗겨내자 무덤의 경계선(호석)을 드러낸 돌이 반쯤만 남아 있던 이유도 카라-코바 문화의 무덤 때문이다(그림 268-1, 2).

그 덕분에 여성샤먼, 주인공의 무덤은 전혀 도굴당하지 않았다.

카라-코바 문화의 무덤을 걷어내자, 그 아래에는 통나무 11개로 제작된 무덤방의 천장(2.3×3.6m)이 드러났다(그림 268-3). 나무로 만들어진 무덤방은 통나무를 집처럼 설계해서 만들어졌고, 그 안에는 통나무를 파서 만든 나무관이 있었다. 이 무덤방의 천장을 드러내자 그 내부는 얼음으로 꽉 차 있었다. 무덤방과 관 사이에는 빈 공간이 있는데, 그곳에는 유물이 50점 가량 확인되었다.

아쉽게도 이 글을 참고하고 있는 책에는 아크 알라하-3유적 1호분의 나무방에 대한 기술이 부족했다. 통나무를 반으로 갈라서 안쪽을 편평하게 다듬은 나무를 사용했다. 그림으로 확인 가능한 것은 무덤방의 짧은 길이에 5개의 나무판을 사용했다.

나무방의 바닥에는 펠트제 깔개가 깔려 있었고 나무방 안에서 확인된 유물은 목제 쟁반(그림 272-2, 3)과 잔(그림 272-6), 뿔항아리(그림 272-2), 토기 2점(그림 272-1, 2) 등이 거의

그림 270 아크 알라하-3유적 유적 무덤방의 내부 1: 토제 항아리(쿱신) | 2: 뿔제 항아리 | 3: 목제 잔 | 4, 5: 목제 쟁반 | 6, 7: 양의 엉덩이뼈 | 8: 청동칼 | 9: 미라의 고깔모자

a. 1번 말 | b. 4~6번 말

전부이다. 목제 쟁반 위에는 동물뼈가 출토되었는데, 고기덩어리를 얹었던 것으로 보인다. 목제 그릇 안에는 긴 막대기가 들어 있었는데, 유제품 제작시 사용된 것으로 추정된다. 뿔잔은 손잡이는 야크, 몸통은 산양으로 만든 것이다.

2500년 전 시베리아 알타이 해발 2500m의 우코크 고원에서 장례는 오랫동안 계획되었고, 기획되었던 것 같다. 왜냐하면 이 알타이 고원에 살던 2500년 전 여성의 수명은 29.6세, 남자는 38.5세 밖에 되지 않기 때문이다. 그리고 나무 나이테를 분석한 결과 채벌기간은 3.5년에서 8년 사이에 이루어졌고, 대부분 39년내에 준비되었다. 사람이 죽기 전부터 이미 준비했다고 볼 수 있다(N.V. 폴로스막(강인욱 역) 2016).

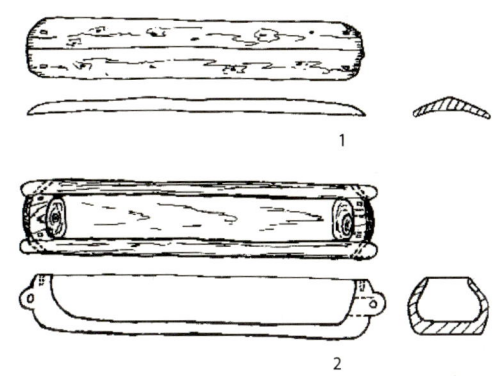

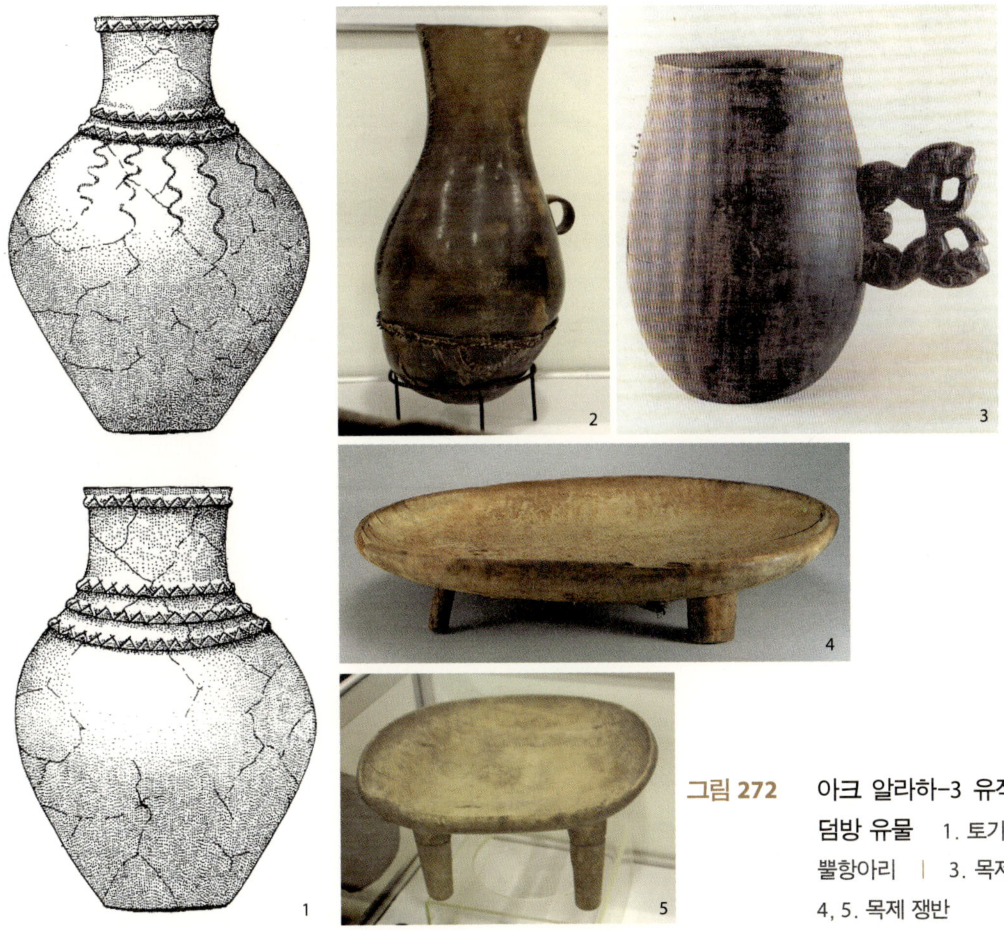

그림 271 아크 알라하-3유적 통나무관

그림 272 아크 알라하-3 유적의 무덤방 유물 1. 토기 | 2. 뿔항아리 | 3. 목제 잔 | 4, 5. 목제 쟁반

(2) 통나무관

통나무관은 통나무 안을 파서 만들고 끝에 귀때기가 붙은 것으로, 청동못 2개가 박혀 있었다(그림 271). 다른 유적에는 나무못이 박힌 것도 발견된다. 길이가 2.73m, 내부의 깊이는 0.3m, 밖에서 본 높이는 0.68m이다. 통나무관은 같은 종류의 나무로 제작된 덮개로 덮여 있었다.

얼음이 녹자 관의 뚜껑이 드러났고, 그 뒤에 관을 장식하던 길이가 38cm가량인 가죽으로 만들어진 사슴모양 아플리케가 보였다. 아플리케 장식 6~7개는 개체로 조각난 상태이다. 관에 가죽으로 된 아플리케 장식을 부착하는 유적은 알타이의 또 다른 무덤 유적인 파지리크 무덤의 1호분(그림 276-1, 2), 2호분(그림 276-3, 4)에서도 확인된다. 1호는 수탉 모양, 2호는 사슴모양의 아플리케이다.

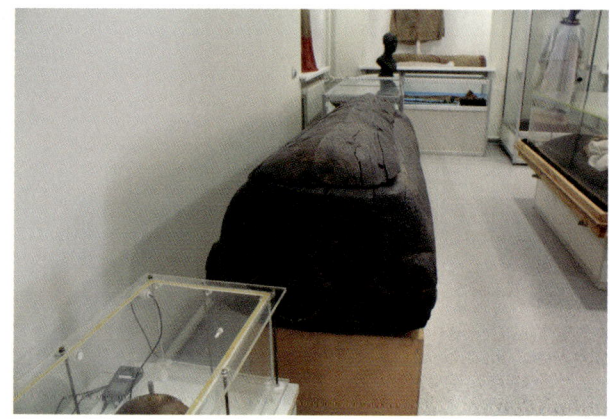

그림 273 아크 알라하-3유적 통나무관

그림 274 아크 알라하-3유적 1호분 통나무관

그림 275 아크 알라하-3유적 1호분 통나무관

그림 276   파지리크 유적 1호분(1, 2)과 파지리크 유적 2호분(3, 4) 관 장식, 가죽 아플리케 장식

그림 277   아크 알라하-3유적 1호분   관 뚜껑을 열고 미라를 촬영하는 장면

그림 278   아크 알라하-3유적 1호분 여성미라 상세와 여성미라 목걸이

그림 출처

그림 267	파지리크 유적 2호분 사다리(Руденко С.И. 1953 인용)	
그림 268	아크 알라하-3유적 무덤방과 상부 카라코바 문화의 무덤(Молодин В.И., Полосьмак Н.В., Чикишева Т.А 2000, p. 58 그림 27~28, p.127 그림 148)	
그림 269	아크 알라하-3유적의 통나무관 내부 조사(Молодин В.И., Полосьмак Н.В., Чикишева Т.А 2000, p.60 그림 32, 국립중앙박물관 1995)	
그림 270	아크 알라하-3유적의 무덤방 내부(Молодин В.И., Полосьмак Н.В., Чикишева Т.А 2000, p.59 그림 29, p.60 그림 33, p.61 그림 35)	
그림 271	아크 알라하-3유적의 무덤방 유물 출토양상(Молодин В.И., Полосьмак Н.В., Чикишева Т.А 2000, p.132 그림 158)	
그림 272	아크 알라하-3유적 목곽 유물(Молодин В.И., Полосьмак Н.В., Чикишева Т.А 2000, p.70~71 그림 60~62, 필자 촬영, 재편집)	
그림 273	아크 알라하-3유적 통나무관(필자 촬영)	
그림 274	아크 알라하-3유적 1호분 통나무관(필자 촬영)	
그림 275	아크 알라하-3유적 1호분 통나무관(필자 촬영)	
그림 276	파지리크 유적 1호분(1, 2)과 파지리크 유적 2호분(3, 4) 관 장식, 가죽 아플리케 장식(Руденко С.И. 1953 인용, 필자 재편집)	
그림 277	아크 알라하-3유적 1호분(Н. В. Полосьмак, 2013 인용, 필자 재편집)	
그림 278	아크 알라하-3유적 1호분 여성미라 상세와 여성미라 목걸이(Н. В. Полосьмак, 2013인용, 필자 재편집)	

참고문헌

Полосьмак Н.В. 2001, Всадники Укока. — Новосибирск: Инфолио-пресс, 2001. — 336 с.(폴로스막 2001, 우코크 고원의 말타는 전사들

Полосьмак Н.В. 2013, Двадцать лет спустя//НАУКА из первых рук, Сентябрь • 2013 • №. 3(51) (폴로스막 2013, 20여년이 지나서)

Молодин В.И., Полосьмак Н.В., Чикишева Т.А 2000, Феномен алтайских мумий. Новосибирск: 2000. 320 с.(몰로딘, 폴로스막, 치키세바 2000, 알타이 미라 현상, 2000)

Руденко С.И. 1953: Культура населения Горного Алтая в скифское время. М.-Л.: 1953. 402 с. (루덴코 1953, 스키타이 시대 알타이 산의 주민문화)

국립중앙박물관 1995, 『알타이 문명전』

N.V.폴로스막(강인욱 역) 2016, 『알타이 초원의 기마인』, 주류성

(3) 미라: 얼음공주

아크-알라하 3유적의 1호분에서는 무덤방 안과 관속에서 유물이 확인되었다.

관의 뚜껑을 열자 얼음 속에서 가장 먼저 드러난 것은 머리부분이다. 이 여성은 오른쪽으로 누웠으며, 무릎은 살짝 굽히고, 손가락은 팔꿈치 쪽으로 굽혀서 배쪽으로 손을 모은 채 누워있었다. 얼음공주는 복잡한 과정을 거쳐서 제작되었다. 가장 상태가 좋지 않은 부분은 머리, 가슴, 복부이다. 그 중 가장 복잡하고 처리하기 힘든 부분은 머리이다. 머리 뒤에는 4~5cm 가량의 구멍이 있다. 구멍은 울퉁불퉁하게 남아 있는데, 뇌수를 빼내기 위한 구멍(그림 280-4)이다. 고병리학자가 두개골의 안쪽을 검사한 결과 뇌수를 빼기 위해서 금속제 도구를 써서 긁어낸 흔적은 없었다. 칼 대신에 숟가락과 같은 도구를 써서 꺼냈다 (폴로스막 2013).

이 공주의 얼굴 피부는 거의 남아 있지 않았으며, 오른쪽 턱 아래만 겨우 남아 있었다. 미라처리기술에도 불구하고, 매장까지 오랜기간 걸렸기 때문이다(N.V. 폴로스막(강인욱 역) 2016).

미라 처리과정에서 가장 복잡한 부분 중에 하나는 관절을 그대로 유지하면서 내장을 꺼내는 것이다. 관절이 파손되면, 미라의 형체가 유지 될 수 없기 때문이다.

고병리학자들에 따르면, 아크-알라하 3유적의 1호분 여성미라 처리는 옷으로 가려지지 않은 머리, 목, 손과 가슴복원에 집중되어 있다. 뿐만 아니라 머리, 가슴 등에는 충전물로 충전되어 있다. 배 부분에는 크게 신경쓰지 않았다(그림 280-4). 아크 알라하-3 유적의

그림 279 아크 알라하-3유적 1호분 얼음공주

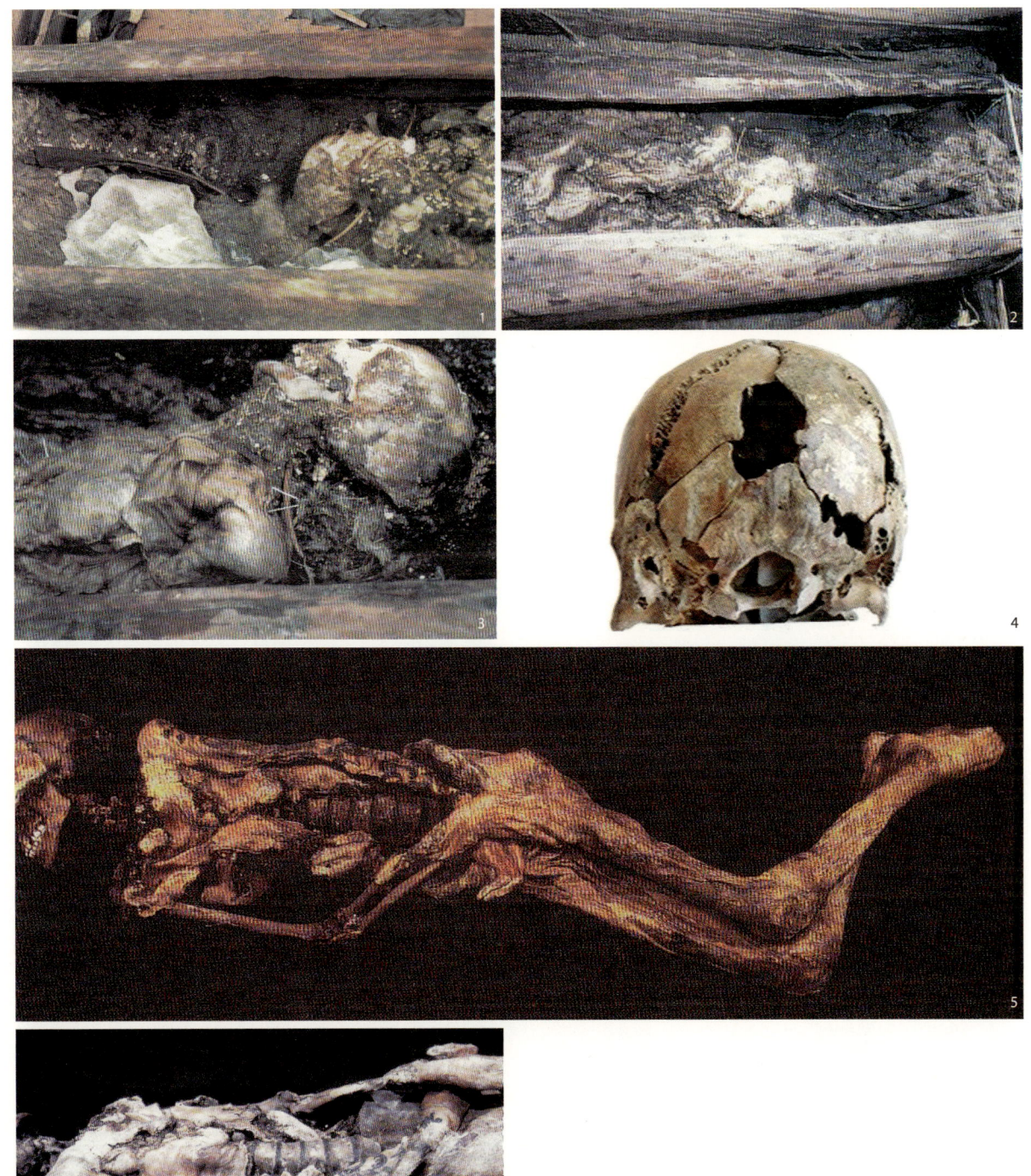

그림 280 아크 알라하-3유적의 미라 ｜ 1. 관 안의 미라 두개골 상부 ｜ 2. 관 안의 미라 상반신 ｜ 3. 관 안의 미라 두 개로 ｜ 4. 미라의 전신 ｜ 5. 미라의 두개골 뒷면 ｜ 6. 미라의 상부

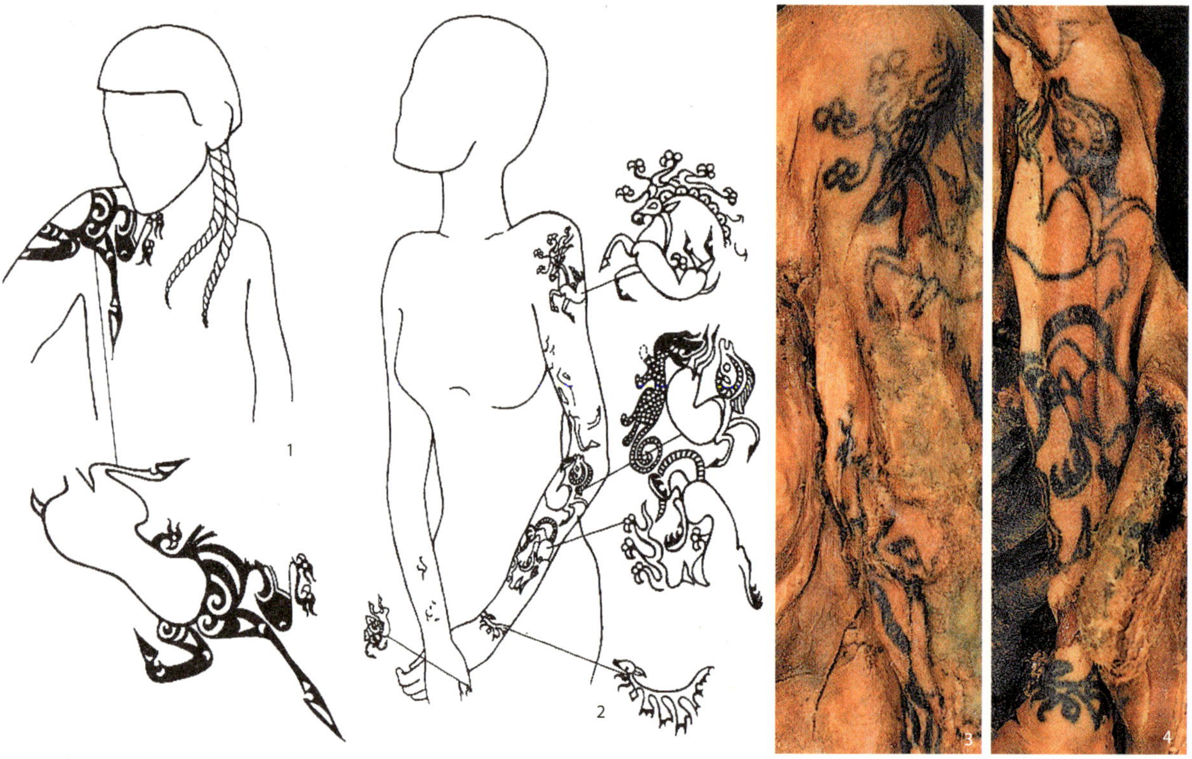

그림 281 아크 알라하-3유적과 베르흐 칼쥔 II유적의 미라 문신 1. 베르흐 칼쥔 II유적 3호분 | 2.아크 알라하-3유적의 미라문신 | 3. 여성미라 오른쪽 상완 | 4. 여성 미라 오른쪽 하완

그림 282 사초와 물싸리꽃 1. 사초 | 2. 물싸리꽃

여성이 정교하게 복원되었다고 볼 수 있는 이유는 베르흐-칼줸 II 유적에서 확인된 남성미라에는 내장은 모두 꺼냈지만, 별다른 충전물 없이, 그냥 모피코트만 입은 채로 발견되었기 때문이다. 알타이 산맥에서 발견된 여러 미라들은 자신의 상황에 따라서 죽은 후의 모습도 각각 달랐던 것으로 보인다(N.V. 폴로스막(강인욱 역) 2016).

스키타이 문화의 이야기가 최초로 적힌 역사서인 헤로도투스의『역사』에는 미라 처리 방법 중에 몸 속에서 내장을 다 꺼내고, 그 안에 생강, 향료, 아니스 씨를 넣고 다른 부족으로 장례를 치르러 가는 모습이 기록되었다.

카메네츠키는 헤로도투스가 말한 식물이 사초(*Cyperus longus L*)(**그림 282-1**), 향초 셀러리의 씨앗(*Apin graveolens*), 아니스(*Pimpinella anisum L*)등이라고 밝혔다. 카메네츠키(1995)는 위와 같은 식물은 소아시아, 이란, 쿠르디스탄까지 가서 전쟁을 불사해야 얻을 수 있는 약초로 설명했다. 하지만 헤로도투스가 어떻게 이 식물의 이름을 알았는지는 의문으로 남는다.

아크-알라하 3유적의 여성 미라의 내부는 무엇으로 채워졌을까?

양털, 말총, 잡초, 사초, 이삭, 뿌리 등 식물섬유로 채워졌다. 말총은 절단면을 꿰맬때도 사용했다. 러시아 알타이 파지리크유적의 미라, 중국 신강성의 수바쉬 유적의 미라에도 말총이 사용되었다.

미라의 내부에 식물성 섬유를 채워 넣는 것은 이 여성 샤먼 뿐만이 아니다. 파지리크 유적의 2호분 여성미라 뱃속에도 큼직하게 자른 싹들과 뿌리로 채워졌다(N.V. 폴로스막(강인욱 역) 2016).

여성미라의 가슴부위에는 아주 검은색으로 탄화된 말총, 식물잔편, 모래 등을 섞어서 채웠다. 그중에서 탄화되지 않은 물질을 현미경으로 일일이 골라서 가수분해 한 결과 내장의 일부로 분석되었다. 구강, 코와 귀로 이어지는 비강과 이강에는 모래 섞인 흙과 식물섬유질, 잡초 등을 섞은 것이 내부에서 확인되었다(N.V. 폴로스막(강인욱 역) 2016).

즉 아크 알라하-3 유적은 나무 무덤방, 통나무관, 미라의 내부 등 외부와 내부 모두 나무와 잡초로 만들어져 있었다고 볼 수 있다.

미라의 몸이 썩지 않도록 하는 것을 발삼(balsam)처리라고 한다. 발삼은 여러 향료가 들어간 일종의 고형에 가까운 기름이다. 발삼처리를 하는 이유는 오랫동안 조문하기 위해서이기도 하지만, 이데올로기적인 측면도 있다. 러시아 학자들은 파지리크 문화의 사람들은 육체적인 형태를 갖추고 있어야만 사후의 삶이 이어진다는 의식이 그들에게 있었다고 결론 내렸다. 이집트의 오시리스 신화에서 신을 조각내야만 그가 부활할 수 있다고 믿었으며, 인간과 신은 동격이니, 미라로 만들어야 부활을 위한 담보가 된다고 여겼다. 고대 이란인들에게도 육체를 부활하려는 희망이 있었다는 예를 보고, 파지리크 문화의 사람들에게도 그런 의식이 있었을 것이라는 견해이다. 그러나, 시베리아의 알타이 산맥 파지리크문화에서는 내장을 충전물과 한 덩어리로 섞어서 다시 미라로 돌려보내주었다. 이는 이집트와 티벳에서처럼 내장을 따로 보관하는 것과는 차이가 있다(N.V. 폴로스막(강인욱 역) 2016).

미라의 내부는 각종 풀로 채워졌고, 미라의 얼굴은 화장을 한 흔적이 확인된다. 여성이 허리춤에 차고 있던 거울 옆에서 구슬과 말총으로 만든 화장솔과 그 옆에는 금속제 통에서 나온 푸른색 가루가 확인되었다. 푸른색 가루는 비비아나이트(Vivanite)로, 산악 알타이에 많이 분포하고, 금맥이 발견되기 전에 그 지표역할을 하는 광물이라고 알려졌다. 일종의 미라 화장품이었다. 아크 알라하-3유적 1호분의 미라의 얼굴은 눈 근처에도 반토(alumna)덩어리가 발견되었는데, 매장되기 직전까지 계속 이 물질로 얼굴피부를 메우고, 비비아나이트를 발라서 유지했을 가능성이 있다.

(4) 말 6마리와 그리핀 26마리

아크 알라하-3유적의 1호분 여성을 위한 말은 6마리이다. 말은 주로 무덤구덩이의 북쪽에 무덤방 바깥에 매장된다. 아크 알라하-1유적에서는 약간 다르지만, 파지리크 유적 1,2,5,10호분 등 2500년 전 알타이의 파지리크 문화에서는 거의 동일하다.

첫 번째 말은 무덤방 천장의 북쪽 가장모서리에서 말이 확인되었다(그림 270-a). 말은 아무런 장식이 없었다. 나머지 말 5마리는 나무로 만든 무덤방과 무덤구덩이의 북쪽 공간에 5마리가 들어 있었다. 이 공간은 깊이 2.82m, 폭은 0.65m 사이의 공간이다(N.V. 폴로스막(강인욱 역) 2016).

말은 모두 마구와 굴레장식이 착장된 상태였는데, 주로 그리핀으로 장식되었고 말 5마리를 장식한 그리핀은 모두 26마리이다. 두 번째 말과 세 번째 말은 말 구덩이 동편에서 머리가 동쪽이고, 오른쪽으로 누워 있었으며, 머리는 동쪽을 향해 있었다. 다리는 교차해서 굽혀져 있었고, 두개골의 정부에 도끼로 맞아서 생긴 구멍이 남아 있었다. 말은 마구 및 굴레로 착장된 상태였다(N.V. 폴로스막(강인욱 역) 2016).

두 번째 말을 장식한 재갈멈치는 그리핀 장식으로 되어 있었다. 두 번째 말에는 안장이 있는데, 붉은색 펠트로 만든 것이다. 그 위에는 날개 달린 사자 즉 그리핀 형상의 아플리케가 붙어 있었다. 이 그리핀은 날개 뿔 귀 등이 있고, 꼬리 끝에는 술이 장식되어 있었다. 두 번째 말에는 그리핀조각이 모두 13개 확인되었다.

두 번째 말에는 안장 덮개가 있다. 4마리의 상상의 동물이 아플리케 장식으로 덧붙여

그림 283 아크 알라하-3유적의 마구와 마구장식 | 1. 무덤방의 말 번호 | 2. 네 번째 말의 마구 | 3~4. 그리핀 말 이마 장식

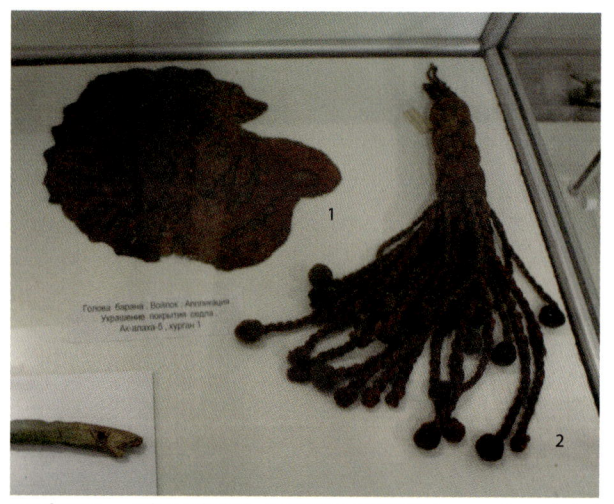

그림 284 아크 알라하-5유적의 안장장식 1. 펠트 양머리
2. 매듭

져 있다. 날개 달린 사자를 형상화 한 그리핀이라고 학자들은 평가한다. 이 그리핀은 뿔 귀 꼬리가 있으며, 몸통은 밝은 녹색이며, 날개와 꼬리, 얼굴은 노란색이다. 각 그리핀의 가장자리 윤곽은 얇은 노끈으로 감아치기해서 마감했다(N.V. 폴로스막(강인욱 역) 2016).

세 번째 말에는 목제로 된 그리핀 굴레장식은 없으며, 세 번째 말은 철제 재갈이 채워져 있었다. S자형 대형재갈멈치는 그 끝은 팔메트 장식으로 마무리되었다. 팔메트 장식은 소용돌이 문양 두 개를 이어 붙인 것이다. 자세히 살펴보시면 두 번째 말의 굴레장식도 그리핀 모양을 하고 있으나 전체적인 모양은 소용돌이 모양을 하고 있다. 말 안장도 확인되었는데, 세 번째 말의 안장에도 그리핀 아플리케가 부착된 덮개가 있었다. 안장에 붙어 있었던 것으로 추정되는 2개의 땋음 장식과 그곳에 붙어 있었던 것으로 추정되는 3개의 목제 그리핀이 발견되었다. 세 번째 말의 안장 덮개는 전혀 다르다. 펠트 바닥의 모양도 남은 상태가 별로 좋지 않아서 불분명하지만, 말의 복부로 늘어뜨려지는 부분이 양쪽으로 4개씩 세모꼴이다. 세모꼴의 가장자리도 작은 세모꼴 모양으로 잘려 있다. 여기에는 그리핀 2마리가 아플리케 장식으로 표현되었다. 몸통, 뿔, 갈기는 붉은색이고, 얼굴은 흰색, 귀와 꼬리털은 황색이다. 날개는 붉은색과 황색을 번갈아 넣었다. 얼굴의 눈, 코, 턱을 붉은색 털로 구분했다. 엉덩이에는 '( )'사이에 원문양이 있는데, 비슷한 표현방법은 파지리크 유적의 유물에서도 확인되었다. 4번째 말(그림 283-2)은 재갈멈치와 굴레징식을 포함해서 완벽하게 부장되었다. 휘어진 재갈멈치 끝에는 그리핀이 조각되었다. 머리 위의 갈기, 날카로운 귀, 뻗은 갈기, 부리 끝, 세로로 눈금이 새겨진 목 등이 특징이다. 4번째 말은 그리핀 3개가 모두 확인되었다(N.V. 폴로스막(강인욱 역) 2016).

5번째 말은 깊이 1.97m에 목곽의 외벽과 밀착되어 부장되었다. 재갈의 부속구와 장식들이 잘 보존되었다. S자형 재갈멈치의 양단에는 장식이 되어 있는데, 한쪽은 그리핀이 반대쪽은 팔메트 장식이 새겨졌다. 팔메트 장식은 치레걸이에도 있다. 재갈멈치 끼우개 장식에는 영양의 머리 장식이 표현되었다. 말의 이마에는 그리핀 장식이 조각되었다. 또 다른 그리핀 장식은 머리 부분과 몸체를 따로 만들어 조합했는데, 사슴의 뿔 같은 것이 새의 머리에 달렸다. 말 굴레 장식의 일부로 같이 부착되었다. 그리핀은 총 3류가 확인되었다(N.V. 폴로스막(강인욱 역) 2016).

6번째 말은 가장 밑 바닥에서 출토되었는데, S자형으로 약간 굽고 그 끝을 그리핀 머리로 장식한 재갈멈치로 장식되었다. 다른 파지리크 문화에서는 볼 수 없는 그리핀 모양이다. 귀가 없고 갈기는 물결치듯 하며, 부리와 상투머리가 크게 하나로 묘사되었다. 이마 장식은 둥글고 한쪽으로 뾰족하게 튀어 나왔다. 파지리크 1호 고분 출토장식과 유사한 팔메트 모양의 치레걸이도 출토되었다(N.V. 폴로스막(강인욱 역) 2016).

6번째 말에는 그리핀이 2종류 확인되었다. 재갈멈치에 양쪽으로 달린 것을 다르게 계산하면 4종류이다.

이 유적에서는 안장 덮개가 1점 더 출토되었는데, 상태가 좋지 않다. 사슴머리에 화려한 뿔이 달려있고, 날개가 있는 아플리케가 장식되어 있다. 아크 알라하-3유적의 1호분에서 안장덮개는 덮개에 장식을 붙이지 않는 스타일이다. 그러나 아크 알라하-5유적, 아크-알라하 1유적 등에서 나온 안장덮개에는 장식을 길게 늘여 붙여서 훨씬 치렁치렁하게 보이도록 장식했다.

그림 출처

- 그림 279   아크 알라하-3유적 1호분 얼음공주(1. 필자 촬영 ㅣ 2. Н. В. Полосьмак, 2013 인용, 필자 재편집)
- 그림 280   아크 알라하-3유적의 미라(Молодин В.И., Полосьмак Н.В., Чикишева Т.А 2000, p.73 그림 64~66, p.79 그림 76, p.82~83 그림 85~86)
- 그림 281   아크 알라하-3유적의 미라문신(Молодин В.И., Полосьмак Н.В., Чикишева Т.А 2000, p.169 그림 197, 국립중앙박물관 1995)
- 그림 282   사초와 물싸리꽃
- 그림 283   아크 알라하-3유적의 마구와 마구장식(Молодин В.И., Полосьмак Н.В., Чикишева Т.А 2000, p.65 그림 44, 국립중앙박물관 1996, 필자 촬영)
- 그림 284   아크 알라하-5유적의 안장장식(필자 촬영)

참고문헌

Полосьмак Н.В. 2001, Всадники Укока. — Новосибирск: Инфолио-пресс, 2001. — 336 с.(폴

로스막 2001, 우코크 고원의 말타는 전사들

Полосьмак Н.В. 2013, Двадцать лет спустя//НАУКА из первых рук, Сентябрь • 2013 · №. 3(51) (폴로스막 2012, 20여년이 지나서)

Молодин В.И., Полосьмак Н.В., Чикишева Т.А 2000, Феномен алтайских мумий. Новосибирск: 2000. 320 с.(몰로딘, 폴로스막, 치키세바 2000, 알타이 미라 현상, 2000)

Ситникова Е.Е. О некоторых предметах быта в традиционной обрядности южных алтайцев // Генезис и эволюция этнических культур Сибири. Новосибирск: ИИФФ АН СССР, 1986. С. 84-94.(시트니코바 1986, 남부 알타이의 전통적인 풍속에 관한 몇 가지)

Курочкин Г.Н. 1994, Скифские корни сибирского шаманизма: попытка нового ≪прочтения≫ Пазырыкских курганов // Петербург. археол. вестн. 1994. №8. С. 60-70.(쿠로킨 1994, 시베리아 샤머니즘의 스키타이 기원: 파지리크 쿠르간의 해석에 대한 새로운 시도)

Прокофьева Е.Д. 1977, Некоторые религиозные культы тазовских селькупов // Памятники культуры народов Сибири и Севера. / МАЭ. Вып. 33. Л.: Наука, 1977. С. 66-79(프로코피예바 1977, 셀쿠트 족의 몇 가지 종교 관습)

국립중앙박물관 1995, 『알타이 문명전』

N.V.폴로스막(강인욱 역) 2016, 『알타이 초원의 기마인』, 주류성

(5) 얼음공주의 물건

가. 무덤방의 유물

① 무덤방의 깔개와 벽걸이

아크-알라하 3유적의 1호분 주인공의 무덤방의 바닥과 관의 바닥 등에도 양털로 제작된 펠트가 깔려 있다. 펠트는 고온에서 압축해서 만든 것이다. 펠트는 씨실과 날실을 짜서 직조하는 니팅하는 방법이 아닌 양털을 압축해서 만든 것이다.

현재까지 확인된 가장 오래된 펠트제 유물은 투바의 아르잔-1호의 주인공무덤 6호 통나무 관 안에서 출토되었다(그랴즈노프 1980). 이 무덤은 최근 나이테보정측정연대에 의하면 기원전 9세기에서 기원전 8세기 중반까지 올라간다(Zaitseva GI, Vasiliev SS, Marsadolov LS, van der PlichtJ, Sementsov AA, Dergachev VA, Lebedeva LM. 1998.). 그런데 이 유물은 너무나 이미 완벽한 형태이기 때문에 청동기시대에 이미 원초적인 펠트가 있었을 가능성이 있었을 수 있다(폴로스막, 바르코바 2005).

아크 알라하-3유적의 1호분에서는 말 안장 덮개와 장식, 얼음공주의 상의, 타이즈, 청

동거울을 보관한 주머니, 무덤방과 관의 바닥깔개, 무덤방의 벽 장식 등이 양의 털을 압축해서 가공한 펠트로 제작되었다.

그런데 펠트 소재로 만들어진 물건들은 단독으로 만들어지지 않고, 납작한 펠트 위에 펠트 아플리케를 바느질하여 문양을 장식한다.

펠트는 1940년대 발굴된 파지리크 유적의 최상위 계급 무덤에서 확인된 이후에 그간 다른 유적에서는 확인되지 않다가 이 유적에서 출토되었다. 나무방의 바닥에는 2장의 검은색 펠트가 깔려 있었는데, 실제로 살던 집 벽에 걸었던 일종의 캐노피 같은 것으로 생각된다. 실제로 2장 중 1장에는 펠트제 고리가 달려 있어서, 집의 벽에 걸었다고 보인다(N.V. 폴로스막(강인욱 역) 2016). 깔개의 크기에 대해서는 자세하게 적혀있지 않았으나, 사진으로 보아서 무덤방 바닥을 전면을 덮었다.

이 여성의 머리밑에는 작은 베개(30×36cm)가 놓여 있는데, 짙은 색 펠트로 만들었다. 큰 바늘을 이용해 모직실로 땀을 딴 것이다. 이 베개 안에는 얇은 검은색의 펠트와 두꺼운 갈색 펠트 2조각, 모피조각, 잡초, 털실 등이 베개 안에 들어 있었다. 지금도 알타이 지역에서는 부부의 침대를 가리기 위해서, 가죽으로 만든 커튼을 결혼식 때 걸어둔다. 또한 알타이 인들은 침대에 깔린 흰색 펠트제 깔개의 질이 좋을수록 가족에게 행운을 가져다 준다고 믿으며, 베개에는 가장 귀한 물건을 담아 둔다(시트나코바 1986).

아크 알라하-3유적의 1호분 바닥깔개는 문양이 없는 단순한 것이다. 가장 유명한 펠트제 캐노피는 파지리크 5호분에서 출토된 유물이다. 뒤에서 자세히 설명하겠지만, 크기는 4.5×6.5m에 해당되며, 무덤의 벽에 걸어두었다(그림 250). 앉아 있는 여신과 말탄 전사가 서로 마주보는 장면을 2단에 걸쳐서 반복적으로 편집했다. 네모꼴의 펠트에 아플리케 기법으로 덧붙인 것이다.

펠트는 아껴서 사용되었다. 통나무관의 깔개처럼 큰 펠트제품이나 타이즈, 안장깔개, 안장의 치레걸이, 주머니 등의 작은 제품은 짜투리를 모아서 얼기설기 이어 붙인 것이다.

파지리크 유적과 표트르 대제의 시베리아 콜렉션을 분석하고 연구한 루덴코(1968)에 의하면 펠트제 아플리케를 이용해서 펠트를 꾸미는 방법은 귀금속 가공술에도 많은 영향을 미쳤다고 한다. 현재 에르미타주 박물관에서 전시되어 있는 표트르 1세 콜렉션의 황금유물, 아무다리야(Амударья, AmuDarya) 강의 매납유구(퇴장지)에서 출토된 유물, 아프카니스탄의 틸리아-테페(Тилля-тепе, Tillya-tepe) 유적에서 출토된 황금유물들은 스키타이 문화의 유물이거나 연대가 늦더라도 그 영향을 받은 것들이다(루덴코 1968).

표트르 1세의 황금유물은 모두 상감기법으로 보석을 박아 넣은 것인데, 펠트제 유물에서 펠트 위에 아플리케 장식을 조각 이어 붙인 것과 같은 느낌이다. 아플리케 장식도 한판으로 구성되어 있지 않고 여러 조각을 나누어서 이어 붙였는데, 짐승 몸의 근육느낌을 강조해서 더욱 생동감 있게 표현되었다. 이러한 느낌을 살리기 위해서 황금 유물에도 상감기법을 이용한 것으로 생각된다.

② 얼음공주의 식기: 뿔항아리, 나무 잔과 쟁반, 흙 항아리

아크 알라하-3 유적의 나무방 안에는 통나무관이 안치되었고, 나머지 빈 공간은 일종의 생활공간으로 보인다. 그곳에는 고기덩어리가 놓인 목제 쟁반(그림 286), 목제 잔(그림 286), 뿔 항아리(그림 285), 흙 항아리 3점(그림 288)이 있다. 아크 알라하-3유적 뿐만 아니라 알타이 산맥의 파지리크 고분에서 발견된 그릇은 대부분 몇 차례 수선한 흔적이 남아 있는 생활용기를 무덤에 매장했다. 목제쟁반 위에는 고기 덩어리가 놓여 있었고, 목제 쟁반 아래에 손잡이가 둥근 철제 칼이 놓여 있었다. 목곽 바닥에서는 깨진 토기가 확인되었는데, 목이 긴 '장경호' 3점이다. 2점은 구경(입술부위)에 점토띠가 붙고, 어깨 부위에도 2줄의 점토띠가 붙었다. 다른 1점은 역시 목이 긴 장경호인데, 수탉모양의 가죽 아플리케가 붙어 있었다. 손잡이가 달린 뿔로 만든 항아리(그림 285)가 확인되었는데, 야크의 뿔이었다(보로도프스키이 2000). 목제 잔은 막대기가 세트로 확인되었다. 유제품(쿠미스)을 젓고 마시던 잔으로 추측된다. 목제 잔의 손잡이는 표범 두 마리가 서로

그림 285 아크 알라하-3유적 뿔제 항아리

그림 286 아크 알라하-3유적 나무쟁반

머리를 맞대고 부착되었고, 36cm가량의 막대기 끝에는 'U'자형으로 제작된 부속구가 막대기에 끼울 수 있게 되어 있었다(N.V. 폴로스막(강인욱 역) 2016). 유목민들에게 호랑이는 조상, 저승의 세계를 상징한다고 한다(안토노바 1986).

파지리크 문화의 사람들은 야크라는 동물을 특별한 존재로 여겼고, 야크를 대신해서 그의 뿔로 만든 항아리를 무덤 속에 부장했다고 폴로스막은 생각한다. 에르미타주의 표트르 콜렉션에는 같은 형태의 뿔 잔이 금박에 입혀진 채 발견되었다(N.V. 폴로스막(강인욱 역) 2016).

그림 287   아크 알라하-3유적의 돌 쟁반과 향신료

나. 관 속의 유물

주인공은 가발을 쓰고 있었는데, 통나무관의 상부 1/3지점에서 발견되었다. 주인공이 입고 있는 실크로 만든 여밈없는 긴 블라우스(그림 289-10)와 긴 치마(붉은

그림 288   아크 알라하-3유적의 항아리(쿱신)

치마)(그림 289-12)를 입고 있었고, 타이즈도 신고 있었다(그림 289-14).[34]

주인공의 대퇴부 부근에는 펠트로 만든 주머니 속에서 청동거울이 있었다(그림 289-14, 그림 295). 나무 손잡이의 끝에는 구멍이 남아 있었다. 손잡이 부근에는 다양한 색깔의 구슬이 남아 있었는데, 그 중에는 사람의 어금니도 있었다. 목에는 맹수로 조각된 장식판이 붙은 목걸이가 걸려 있었다(그림 289-9). 이 여성의 머리에는 높이 61cm의 가발이 있었다. 석제 그릇이 또한 발견되었는데, 그 안에는 탄화된 고수의 씨앗이 있었다(N.V. 폴로스막(강인욱 역) 2016).

---

34 알타이 유적(아크 알라하-3유적, 아크 알라하-1유적, 파지리크 유적 등)에서 출토된 의복에 대해서는 상세하게 서술하지 않고, 다른 기회에 자료를 제공하도록 하겠다. 아크 알라하-3유적은 폴로스막의 책이 국내에 번역(N.V. 폴로스막(강인욱 역) 2016)되어 있음으로 참고하시면 된다.

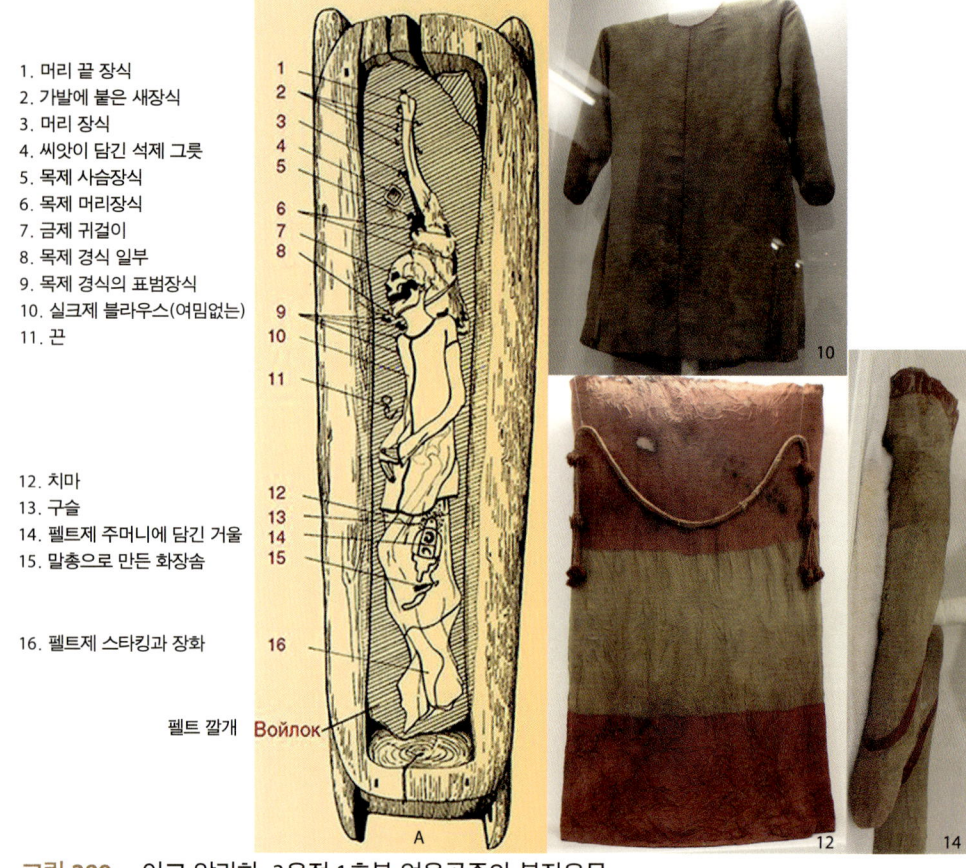

그림 289 아크 알라하-3유적 1호분 얼음공주와 부장유물

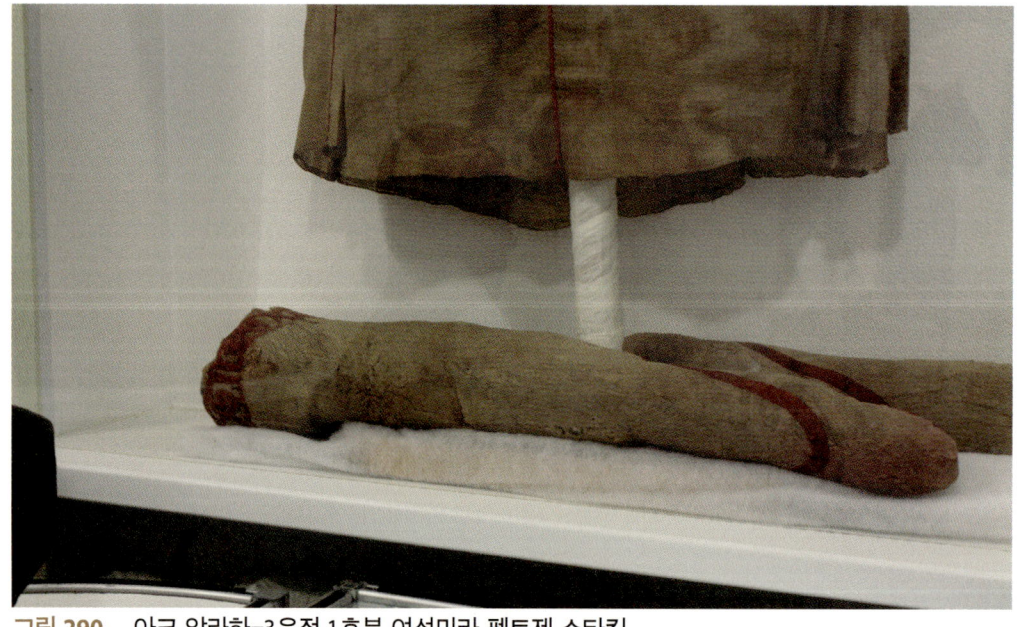

그림 290 아크 알라하-3유적 1호분 여성미라 펠트제 스타킹

그림 291   유물과 유적에서 확인되는 고깔모자를 쓴 스키타이인   1. 쿨-오바 유적 황금항아리 | 2. 페르세폴리스 아파다나 동쪽벽에 묘사된 스키타이인

① **얼음공주의 머리장식과 코로나**

필자가 책을 준비하고 있는 2020년은 코로나 바이러스 (COVID 19)로 인해서 모든 사람들이 고생한다. '코로나(Корона, Korona)'는 러시아어로 '관(冠, crown)'이라는 의미이다.[35]

헤로도투스도 스키타이 민족의 가장 큰 특징 중에 하나를 고깔모자로 보았다. 그들이 고깔모자를 썼던 정황은 곳곳에서 나타나는데, 알타이 스키타이 문화인 파지리크 문화 뿐만 아니라 그 정황은 흑해에서도 확인된다. 실제 유물이라기 보다는 유물에 묘사된 그림으로 확인된다. 대표적인 것이 쿨-오바(Куль-оба, Kul-oba) 유적의 황금 항아리(그림 291-1)이다. 여기에는 고깔모자를 쓴 사람들이 등장한다. 또한 페리세폴리스의 아파다나(Apadana)의 동쪽벽에 스키타이인이 묘사되어 있다. 4명은 고깔모자를 쓰고 있으며, 타이즈(그림 291-2)를 들고 있다(Scythians 2017).

시베리아 얼음공주도 고깔모자를 썼는데, 그 전에 삭발하고 가발을 쓰고, 높은 정수리 장식(그림 292)을 했다. 가발을 쓴 후에 검은색 펠트로 정수리 장식을 올렸는데, 15마리의 새가 부착되었다. 14마리는 날개표현이 없었고, 가장 가운데 새만 날개를 활짝 편 모습이다.

---

35   https://eastsearoad.tistory.com/409

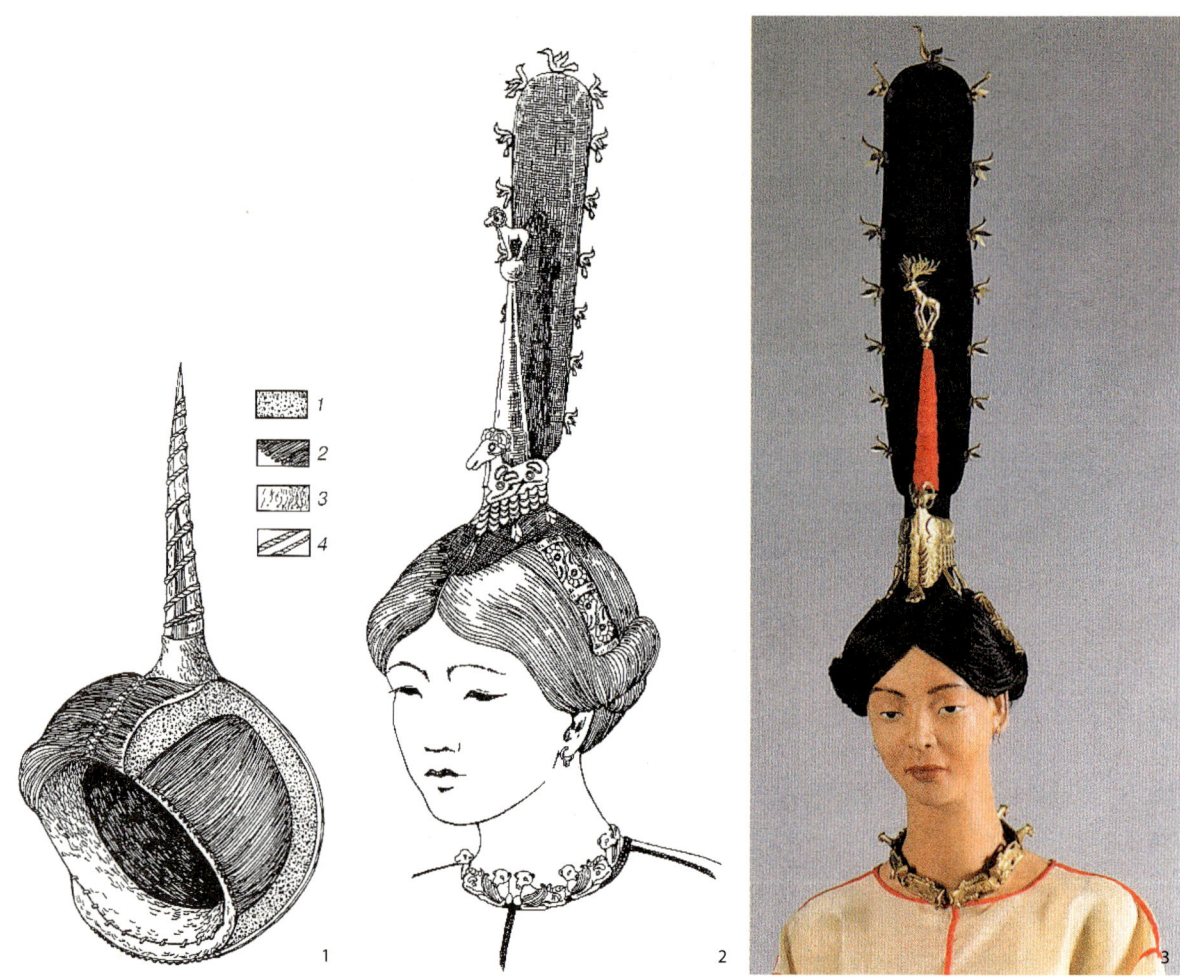

그림 292 아크 알라하-3유적 미라의 가발과 상부머리장식   1. 삭발 후 착용한 가발 | 2. 가발 위에 쓴 머리 장식 | 3. 복원도

가장 높은 정수리 장식 앞은 삼각형 모양으로 꼭대기에는 사슴모양장식을 올린 정수리 장식도 했다(그림 292-a).

같은 문양이 그려진 장식판은 정수리 장식 앞쪽에도 양쪽으로 붙어 있다. 두 마리 그리핀의 머리가 조각되어 있다. 얼굴은 산양인데, 부리는 독수리로 그리핀이 새겨졌다. 부리가 대각선이 되도록 조각되어 있는데, 2단으로 조각되어 있다. 조각된 나무판에도 사슴머리가 아닌 산양머리에 독수리 부리를 결합한 하이브리드 동물인 그리핀이 새겨졌다(그림 293-3, 4).

아크 알라하-3유적의 1호분 얼음공주는 매우 높은 머리장식을 하고 있었다. 평상시에 착용한 것이 아니라 일종의 '수의'의 일부로 혹은 축제·의례용일 것이라고 생각한다. 그런

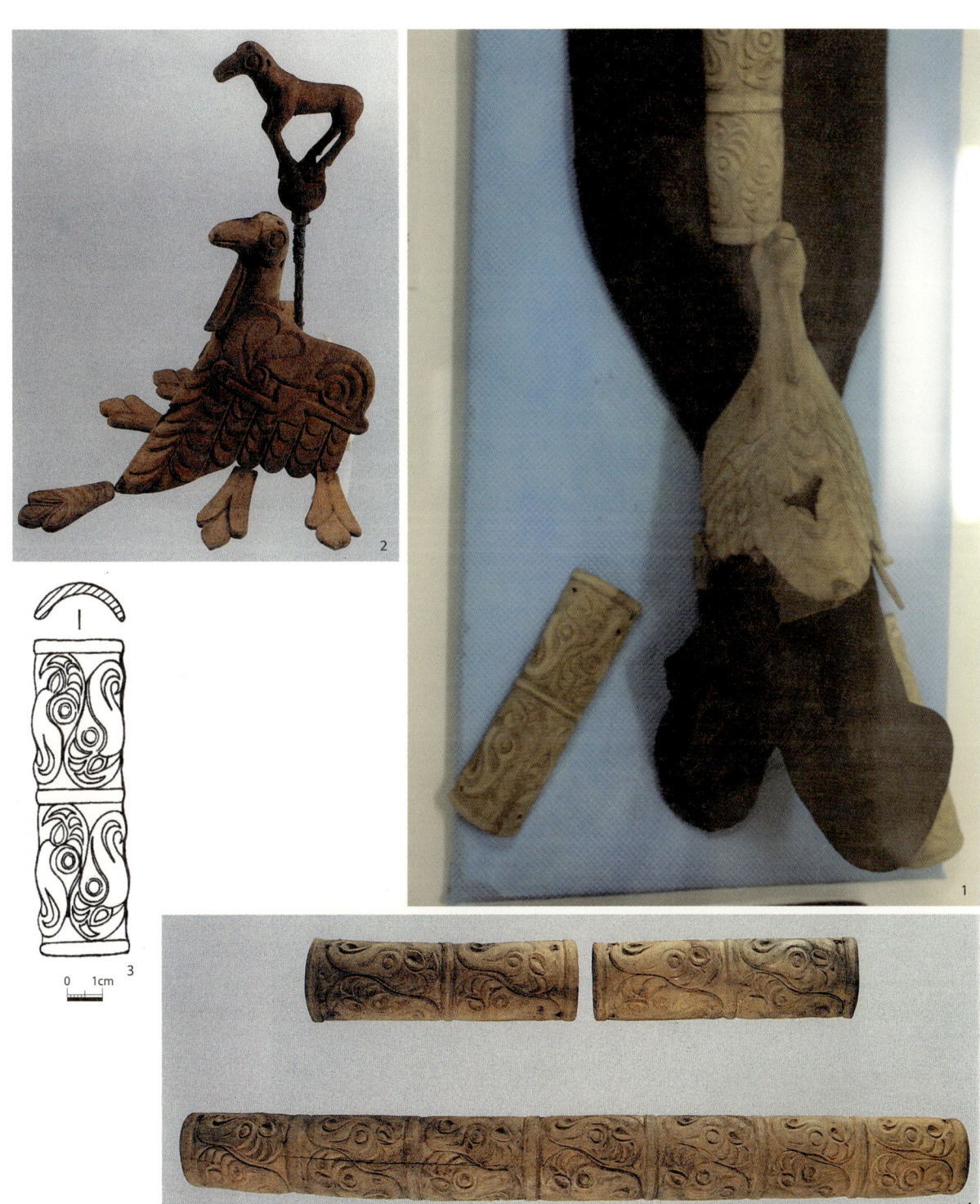

그림 293 아크 알라하-3유적 미라의 머리장식 | 1. 머리 장식 | 2. 정수리 장식 | 3. 정수리 옆 장식 실측도 | 4. 정수리 옆과 머리 뒤 장식

그림 294 아크 알라하-3유적 1호분 얼음공주와 파지리크 2호분 고깔모자 | 1. 파지리크 2호분 여성 고깔모자, 펠트제품 | 2. 아크 알라하-3유적 여성 고깔모자, 펠트제품

데 이런 복잡한 머리장식은 어떻게 하고 다녔을까? 물론 일상용은 아니었을 것이다.

파지리크 2호분에서는 높이 84cm가량의 고깔 모자가 출토되었다(그림 294-1). 그런데 고깔모자를 쓴 채로 확인되지 않았다. 필자도 관 속에서 고깔모자의 위치가 정확하지 않아서 매우 이상하다고 생각했다. 그런데 폴로스막이 쓴 다른 책에서 이 유물의 출토위치를 알았는데, 고깔모자는 무덤방과 관의 벽 사이에서 출토되었다(폴로스막, 바르코바 2005).

시베리아의 원래 주민들에게 새는 아직 태어나지 않은 영혼을 상징한다. 나나이족들은 사람의 영혼은 작은 새에 깃들어 거대한 나무에서 자란다고 믿는다(킬레 1976). 씨족 또는 가족의 나뭇가지에 있는 새들은 그 씨족이나 가족의 미래 구성원들을 상징한다(이바노프 1976). 셀쿠프족에게 새는 태양이 사람에게 주는 영혼을 의미한다(토밀로프 1992).

② **얼음공주의 거울과 목걸이**

얼음공주의 거울은 손잡이가 달린 목제 거울에 얼굴을 보는 판은 청동을 붙인 것이다. 거울의 이면에는 화려한 뿔이 있는 사슴이 조각되어 있다(그림 295). 청동은 납과 주석을 합금한 것이고, 표면을 수은으로 코팅해서 반짝거렸다(N.V. 폴로스막(강인욱 역) 2016).

거울은 그녀의 왼쪽 다리 부근(그림 289-14)에서 펠트로 만든 주머니(그림 295)와 함께 발견되었다. 그 옆에는 말총으로 만든 검은색 털이 달린 붓도 확인되었다. 끈은 이미 삭아서 없어졌지만, 대롱모양의 옥으로 끈을 잇고 그 가운데 말총을 붙인 것으로 화장도구였을 수 있다(N.V. 폴로스막(강인욱 역) 2016).

소박한 거울과는 정반대로 최상급이라고 하는 파지리크 유적의 2호분과 같은 스타일의 유물은 얼음공주의 목걸이다(그림 296-1, 2). 목걸이는 목제이지만, 그 위에 금박이 입혀져 있었다. 날개 달린 그리핀이라고 할 수 있는데, 8마리가 목을 들고 있다. 동물문양장식은 대부분 평평하게 평면이다. 그러나 이 유물은 그리핀이 목을 들게 해서 조각되었기 때문에 입체적인 유물이다. 낱낱의 동물모양은 일종의 '2D'가 아니라 '3D'처럼 입체적으로 조각된 것이다. 비슷한 목걸이가 파지리크 유적 2호분의 여성에게서 발견되었다. 동물장식은 차이가 있지만 목걸이를 만든 방법은 거의 같다.

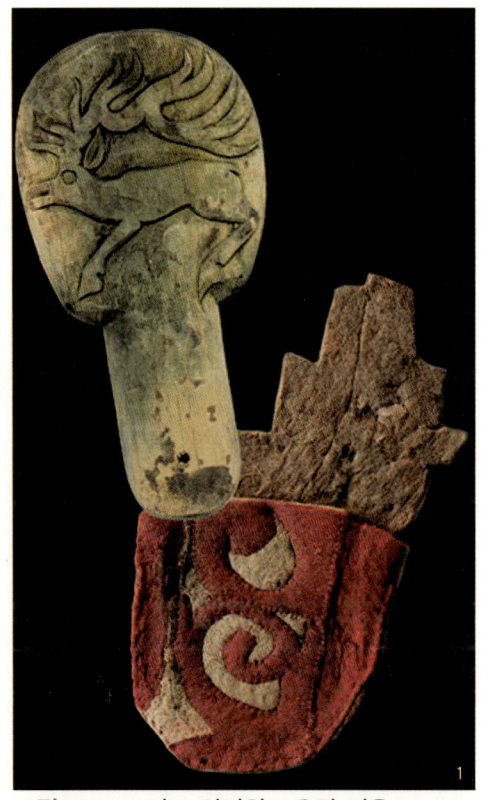

그림 295 아크 알라하-3유적 거울 1. 아크 알라하-3유적 나무청동거울과 펠트 주머니

그녀의 살아생전 직업이 동화처럼 '공주'였다면 좀 더 많은 대중성이 확보되었겠지만, 러시아 학자들은 실제로 전문직업인으로서 '샤먼'일 가능성에 더 큰 비중을 둔다(N.V. 폴로스막(강인욱 역) 2016). 왕의 위계였다면은 같은 시대의 파지리크 유적과 같이 좀 더 큰 무덤에서 더 화려한 유물과 함께 주변에도 같은 급의 무덤이 여럿 있었을 것으로 생각되기 때문이다.

하지만 정교하게 복원되고 처리된 미라, 나무방, 통나무관, 높은 머리장식이 붙은 가발, 실크제 블라우스, 파지리크 유적의 2호분과 같은 스타일의 목걸이 등은 최상급 무덤에서 확인되는 물건이다. 하지만 해발 2,500m의 우코크 고원에는 무덤도 크지 않고, 비교적 소략한 유물과 함께 홀로 매장되었다. 살아생전에도 그랬을까?

그림 296 아크 알라하-3유적 1호분 목제 그리핀 목걸이 실제로는 금박으로 씌워진 것이다.

그림 출처

그림 285	아크 알라하-3유적 뿔제 항아리(필자 촬영)	
그림 286	아크 알라하-3유적 나무쟁반(Молодин В.И., Полосьмак Н.В., Чикишева Т.А 2000 p.77 그림 74, 필자촬영)	
그림 287	아크 알라하-3유적의 돌 쟁반과 향신료(국립중앙박물관 1995)	
그림 288	아크 알라하-3유적의 항아리(쿱신)(Молодин В.И., Полосьмак Н.В., Чикишева Т.А 2000)	
그림 289	아크 알라하-3유적 1호분 얼음공주와 부장유물(1. Полосьмак Н.В. 2013 인용 │ 10,12,14: 필자 촬영, 필자 재편집)	
그림 290	아크 알라하-3유적 1호분 여성미라 펠트제 스타킹(필자 촬영)	
그림 291	유물과 유적에서 확인되는 고깔모자를 쓴 스키타이인(1. Алексеев А.Ю. 2012인용 │ 2. J. Curtis, N. Tallis. 2005 인용)	
그림 292	아크 알라하-3유적 미라의 가발과 상부머리장식(Молодин В.И., Полосьмак Н.В., Чикишева Т.А 2000, p. 78 그림 75, 국립중앙박물관 1995)	
그림 293	아크 알라하-3유적 미라의 머리장식(필자촬영, 국립중앙박물관 1995)	
그림 294	아크 알라하-3유적 1호분 얼음공주와 파지리크 2호분 고깔모자(1~2. Баркова Л.Л., Чехова Е.А. 2006 재인용)	
그림 295	아크 알라하-3유적 거울(1. Полосьмак Н.В. 2013 인용)	
그림 296	아크 알라하-3유적 1호분 목제 그리핀 목걸이(필자 촬영)	

참고문헌

Алексеев А.Ю. 2012: Золото скифских царей в собрании Эрмитажа. СПб: Изд-во Гос. Эрмитажа. 2012. 272 с.

Баркова Л.Л., Чехова Е.А. 2006: Войлочный колпак из Второго Пазырыкского кургана. // СГЭ. [Вып.] LXIV. СПб: 2006. С. 31-35(바르코바, 체호바 2006, 파지리크 유적에서 나온 펠트제 고깔모자)

Полосьмак Н.В. 2001, Всадники Укока. — Новосибирск: Инфолио-пресс, 2001. — 336 с.(폴로스막 2001, 우코크 고원의 말타는 전사들

Полосьмак Н.В., Баркова Л.Л. 2005: Костюм и текстиль пазырыкцев Алтая (IV-III вв. до н.э.). Новосибирск:《Инфолио》. 2005. 232 с(폴로스막, 바르코바 2005, 알타이 파지리크 사람들(기원전 6~3세기)의 의상과 섬유)

Полосьмак Н.В. 2013, Двадцать лет спустя//НАУКА из первых рук, Сентябрь • 2013 • № 3(51)(폴로스막 2013, 20년이 지나서...)

Молодин В.И., Полосьмак Н.В., Чикишева Т.А 2000, Феномен алтайских мумий. Новосибирск: 2000. 320 с.(몰로딘, 폴로스막, 치키세바 2000, 알타이 미라 현상, 2000)

Киле Н.Б. Лексика, 1976, связанная с религиозными представлениями нанайцев // Природа и человек в религиозных представлениях народов Сибири и Севера. Л.: Наука, 1976. С. 189-203.(킬레, 레크시카 1976, 나나이족의 종교적 관념에 대해서)

Руденко С.И. 1952, Горноалтайские находки и скифы. М.-Л.: 1952. 268 с. 《Итоги и проблемы современной науки》)

Руденко С.И. 1968, Древнейшие в мире художественные ковры и ткани из оледенелых курганов Горного Алтая. М.:《Искусство》. 1968. 136 с.

Томилов Н.А. Астральные представления нарымских селькупов // Ранние формы религии народов Сибири / Материалы III советско-французского симп. СПб.: МАЭ РАН, 1992. С. 166-173.(토밀로프 1992, 나림 분지 셀쿠프 족의 우주적 표상)

J. Curtis, N. Tallis. Forgotten empire: the world of ancient Persia (неопр.). — University of California Press, 2005.

국립중앙박물관 1995,『알타이 문명전』

N.V.폴로스막(강인욱 역) 2016,『알타이 초원의 기마인』, 주류성

(6) 얼음공주의 병(病)

스키타이 문화에서 평균수명은 여성은 29.6세, 남성은 38.5세이다. 우코크고원에서 발견된 사람들에게 특히 남성들에게는 전쟁의 상처가 남은 경우는 매우 드물다고 한다. 이는 이 고원의 동남쪽에 위치한 몽골의 울란곰 유적과는 매우 다르다(노브고르도바 1989). 우코크 고원의 주요사인은 질병·부상·노화도 있었을 것이고, 여성은 출산도 포함되었다.

같은 알타이 산맥이지만 우코크 고원보다는 해발고도가 낮아서 거주환경이 더 좋았으며 상위계급이 거주했다고 알려진 파지리크 유적의 무덤에서 확인된 사람들도 병이 있었다. 파지리크 2호분의 여성에게서 치조농루염, 5호분 남성에서는 척골 관절 변형, 오른손 뼈 끝에는 골다공증도 있었다.

특히 관절변형이 심해서 뼈 사이가 벌어지고, 관절은 석화가 진행되어서 움직이는데 상당한 제약이 따랐다. 이를 분석한 바르코바와 고흐만(2001)은 오랜기간 동안 말 위에서 생활한 결과로 보았다.

컴퓨터 단층촬영을 한 결과 얼음공주도 왼쪽과 오른쪽의 무릎에 이상이 있음이 밝혀졌다(레탸긴, 사벨로프, 2014)(그림 297).

헤로도투스 외에도 스키타이인들에 대해서 글을 남긴 사람이 있는데, 그와 동시대 사

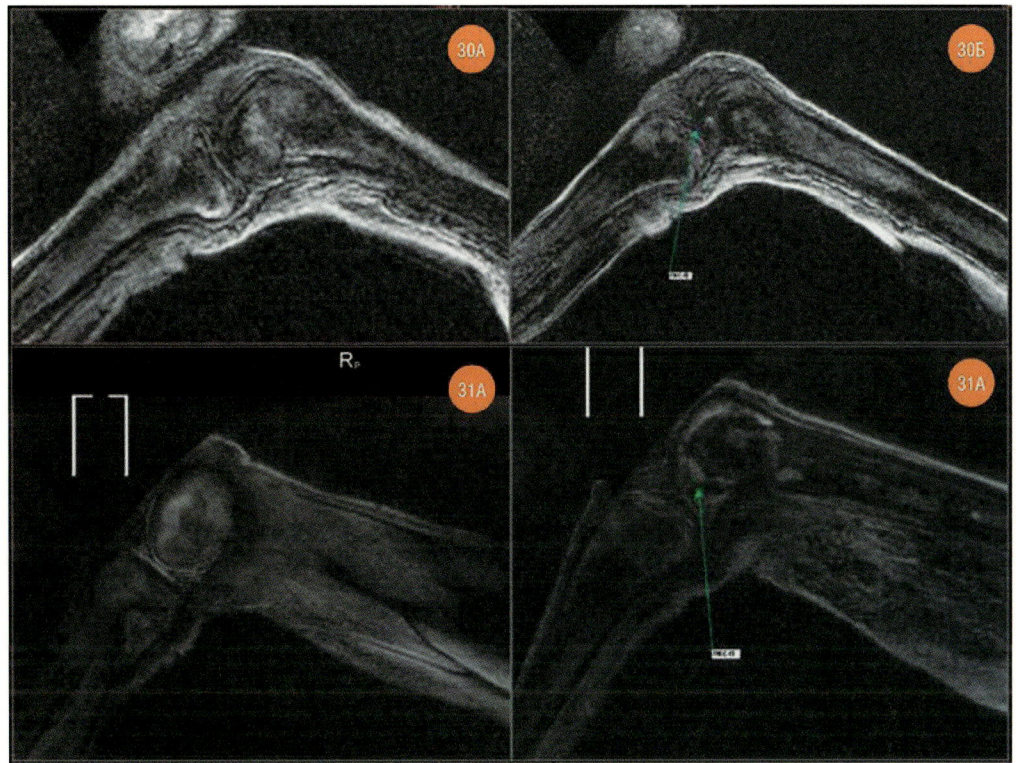

그림 297 아크 알라하-3유적 1호분 얼음공주 무릎 윗줄은 왼쪽 무릎관절이고 아랫줄은 오른쪽 무릎관절인데 현저하게 차이가 있다. 왼쪽 무릎관절30A-좌골 경골에서 연골 아래에 경화증 및 부종발견. 30B-전방십대인자가 거의 들어남(화살표) 오른쪽 무릎관절31A-많이 남은 반원상의 연골, 31B-변형되고 두텁지만 모습은 어느 정도 유지되고 있음.

람인 히포크라테스이다.

『공기, 물, 흙에 대하여』라는 그의 저서에서 스키타이인들의 골반뼈가 벌어지고 다리를 절룩거리는 현상은 장기간 말을 타면서 생긴 병으로 보았다(N.V.폴로스막(강인욱 역) 2016).

그림 출처

그림 297 아크 알라하-3유적 1호분(Летягин А. Ю., Савелов А. А., 2014, p.134 그림 30)

참고문헌

Новгородова Э.А. Древняя Монголия. М.: Наука, 1989. 383 с. (노브고르도바 1989, 몽골의 고대문화)

Баркова Л.Л., Гохман И.И. 2001: Ещё раз о мумиях человека из Пазырыкских курганов. //

АСГЭ. [Вып.] 35. СПб: 2001. С. 78-90(바르코바 ,고흐만 2001, 파지리크유적의 무덤에서 나온 미라에 대해서 한 번 더)

Полосьмак Н.В. Всадники Укока. — Новосибирск: Инфолио-пресс, 2001. — 336 с..(폴로스막 2001, 우코크 고원의 말타는 전사들

Летягин А. Ю., Савелов А. А. Жизнь и смерть 《Алтайской принцессы》(레탸긴, 사벨로프 2014 알타이 얼음공주의 삶과 죽음)//: 29 Сен 2014 , Мой НГУ , том 57/58, №3/4

Алексеев А.Ю. 2012: Золото скифских царей в собрании Эрмитажа. СПб: Изд-во Гос. Эрмитажа. 2012. 272 с.

Иванов С.В.1976, Представления нанайцев о человеке и его жизненном цикле // Природа и человек в религиозных представлениях народов Сибири и Севера. М.: Наука, 1976. С. 161-189.(이바노프 1976, 나나이족의 사람과 인생에 대한 이데아)

Полосьмак Н.В., Баркова Л.Л. 2005: Костюм и текстиль пазырыкцев Алтая (IV-III вв. до н.э.). Новосибирск:《Инфолио》. 2005. 232 с((폴로스막, 바르코바 2005, 알타이 파지리크 사람들(기원전 6~3세기)의 의상과 섬유)

N.V.폴로스막(강인욱 역) 2016,『알타이 초원의 기마인』

2) 가장 높은 곳의 전사 무덤: 베르흐 칼쥔(Верх Кальджин, Verkh Kal'dzhin) II 유적의 3호분

시베리아 알타이의 우코크 전사는 2500년 전 어느 날 미라로 만들어졌을 것이다.

얼음공주(아크 알라하-3유적)와 매우 가까운 곳에 묻혔고, 다행히 완벽하게 미라의 모습이 남아 있었으나, '얼음왕자'라는 별명도 없었고, 세간의 관심은 덜 했다.

유적은 1994년에 발견되었고 1995년에 발굴되었다. 1995년 얼음공주가 서울과 부산에 왔을 때 이제 막 사람들이 그를 무덤 속에서 끄집어 내었다.

해발 2,500m 우코크 고원에 묻힌 남성전사 가운데 유일하게 혼자 묻혔고, 미라처리 되었으며, 문신이 새겨졌다. 가까운 곳의 아크 알라하-1유적의 남성 2인은 인골이 남아 있으나 미라로 만들어지지 않았다. 파지리크 유적의 미라 처리된 남성들은 해발 1,500m 파지리크 계곡에 묻혔다. 베르흐 칼쥔 II유적의 3호분 전사는 현존하는 남성 미라 가운데서 가장 높은 곳에 위치한다.

파지리크 유적의 2호분과 5호분은 규모나 부장 유물로 보아서 최상위 계급의 무덤으

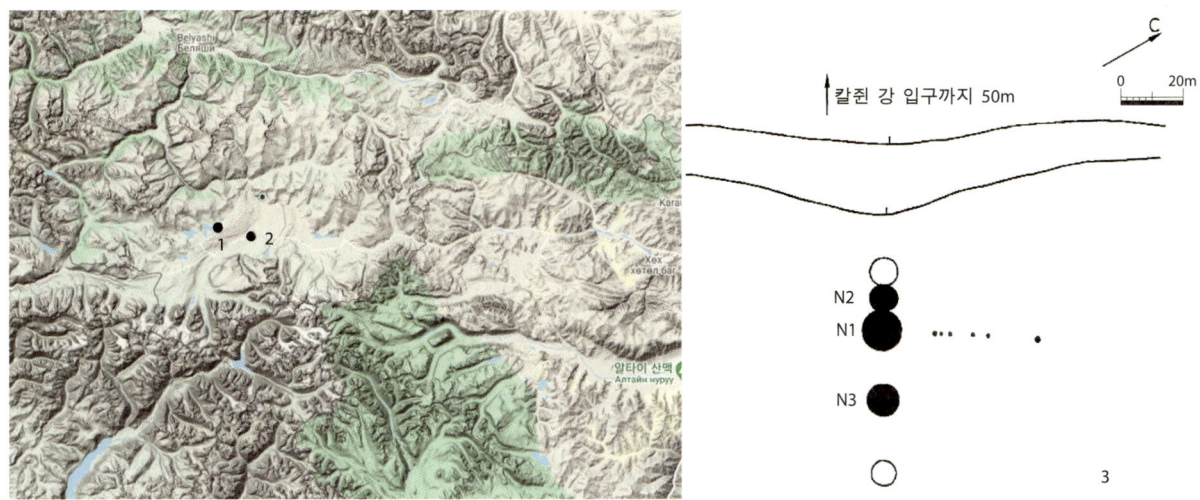

그림 298   베르흐 칼쥔 II유적 무덤   무덤 검은 점이 발굴된 무덤이다.   1. 베르흐 칼쥔 II유적 | 2. 아크 알라하 III유적 |
3. 베르흐 칼쥔 II유적의 무덤 배치도

로 생각되며, 주인공은 미라처리되어서, 미라는 최상위 계급을 대상으로 한 시신처리 방법으로 생각되었다(루덴코 1953). 그러나 베르흐 칼쥔 II유적은 크기도 작고 소략한 유물이 부장된 무덤이지만, 피장자는 문신이 그려진 미라로 만들어졌다는 점에서 기존의 생각을 깨뜨리는 유적이다(Молодин В.И. 외 2000). 아크 알라하-3유적의 여성미라도 왕급은 아니지만 샤먼으로 생각했기 때문에 제사장으로서 미라로 만들어진 것이어서 그렇게 부자연스럽지 않다고 생각되었다. 그러나 베르흐 칼쥔 II 유적은 직업군인으로서 미라처리된 것이 파지리크 유적의 현상과는 달라서 특별하다고 여겨진다.

스키타이 문화권에서 미라가 발견되는 곳은 알타이지역 뿐이고, 모든 유적에서 미라가 발견되는 것은 아니기 때문에 미라 처리된 사람들이 살아생전에 여타 범인과 같은 사회적 위치는 아니었을 것이다.

유적은 칼진(Кальджин, Kal'dzhin)강의 상류[36]에 위치한다. 얼음공주 무덤인 아크 알라하-3유적에서 서쪽으로 4km 떨어진 곳(지도 4)에 위치한다.

베르흐 칼쥔 II유적에는 4기의 고분이 일렬로 축조되었는데, 그 중 3기를 발굴했다(그림 298). 그 중 남성미라가 확인된 곳은 3호분이다. 1호분에서 11m가량 떨어진 곳에 위치한다.

(1) 무덤의 구조

베르흐 칼쥔 II유적의 3호는 앞에서 본 아크 알라하- 3유적, 파지리크 유적의 1·2·5호분

---

36   칼쥔 강의 베르흐(Bepx: 상류)를 그대로 유적명으로 명명했다.

과 마찬가지로 지표상에서 큰 돌을 쌓은 것이 확인되었다(그림 299). 돌을 들어내자 무덤 가장자리를 둘러싼 호석(6~7.6m)(그림 300-1)이 확인되었다(몰로딘 외 2000).

그런데 목곽(나무 무덤방)이 설치되는 가장 아래의 무덤구덩이를 한 번에 파지 않고 단을 만들어서 팠다는 점(그림 300-2)에서 아크 아라하-3유적과는 다르다. 표토의 생토를 기준으로 50cm 부근에서 단이 확인되었다. 무덤구덩이(2.6×2.2m)의 깊이는 2m이고, 구덩이 안에 나무방을 설치하고 시신을 안치했다. 위에서부터 121cm정도 아래로 내려가자 목곽의 덮개(그림 301)가 확인되었다. 목곽은 통나무를 반으로 갈라서 결구한 것으로, 내부에 관을 따로 설치하지 않았다. 무덤방이 관의 역할을 한 것이다. 무덤방의 북쪽 바깥에 말을 매장했는데, 말의 상태가 매우 좋지 않았다. 2마리 이상이지만 정확하게 몇 마리를 매장했는지는 알 수 없다. 잘 남아 있는 마구는 한 세트로, 목제 굴레장식과 철제 재갈(그림 320)이다. 목곽의 크기는 그림 302에서 목제의 돌출부를 제외하고는 실제 크기는 164×113m가량이다. 나무는 통나무를 반으로 나누어서 사용한 것이다. 바닥에는 4개의 나무를 깔았지만, 목기와 토기 등의 그릇이 놓인 부분에는 나무가 깔려 있지 않았다. 나무방의 벽은 통나무를 2층으로 올린 것이다(몰로딘 외 2000).

무덤방 덮개를 열자 남성 미라가 무릎을 굽힌 채로 안치되어 있었다(그림 302). 모피코트를 입고, 고깔모자를 쓰고, 펠트로 된 바지와 스타킹을 신고 있었다. 모피코트 안에 셔츠는 입지 않았다. 무덤방의 유물은 또 다른 미라가 나온 유적인 파지리크 유적에 비해서 많지 않았다. 더욱이 부장된 말의 수와 출토된 유물도 적은 편이어서 전체적으로 무덤에서 출토된 유물의 수는 많지 않았다. 목제 쟁반 위의 양뼈(엉덩이뼈), 그 옆의 칼, 그곳에서 떨어진 곳에서 출토된 토기 1점, 목기 1점 등은 실제로 사용했던 유물이다(몰로딘 외 2000). 특히 마구는 화려하지도 않고 수량도 적었지만 철제 재갈이 확인되어서 주목을 받았다.

그림 299　베르흐 칼쥔 II유적 3호분　표토 벗기고 난 후, 화산암

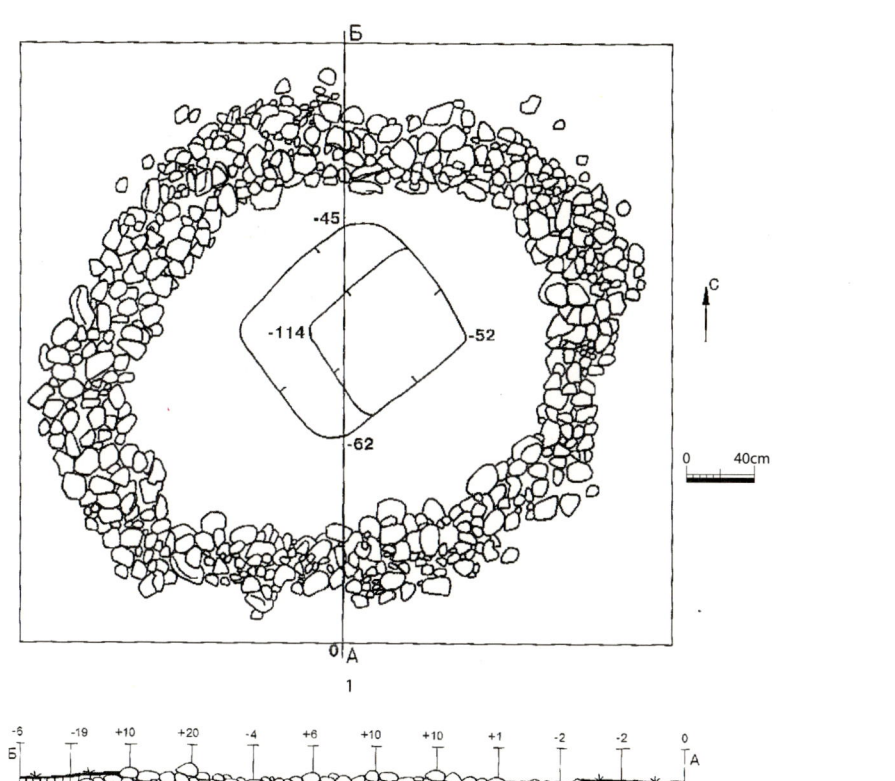

그림 300-1 베르흐 칼쥔 II유적 3호분 중앙 매장 주체부를 덮은 적석을 들어내고 남은 호석

그림 300-2 베르흐 칼쥔 II유적 3호분 단면도

그림 301 베르흐 칼쥔 II유적 3호분 무덤방 덮개

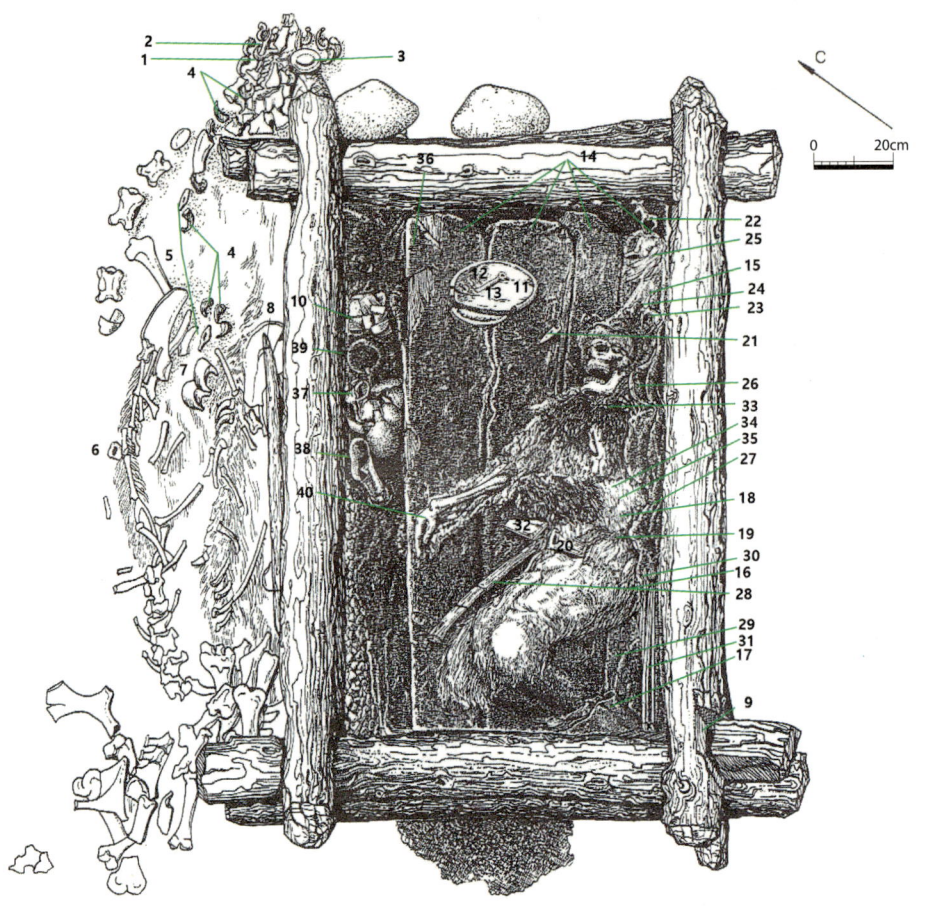

그림 302 베르흐 칼쥔 II유적 3호분 무덤 내부 1. 재갈 | 2. 재갈멈치 | 3. 이마장식 | 4. 멧돼지 송곳니로 만든 펜던트 | 5. 굴레 이음쇠 | 6. 버클장식 | 7. 말 부리개 손잡이 | 8. 막대기 | 9. 펠트조각 | 10. 그릇 | 11. 쟁반 | 12. 양뼈(엉덩이부분) | 13. 칼 | 14. 나무바닥 | 15. 머리장식 | 16. 바지 | 17. 부츠 | 18. 모피코트 | 19. 허리띠 조각 | 20. 허리띠 버클 | 21. 이음쇠 | 22. 머리장식(정수리부분) | 23. 사슴장식 | 24. 말 모양 장식 | 25. 모피조각 | 26. 고리트 덮개 | 27. 고리트 몸통 | 28. 전투용 도끼날 | 29. 전투용 자루 | 30. 이음쇠 | 31. 화살 | 32. 검의 일부분 | 33. 목걸이 | 34. 빗 | 35. 거울 | 36. 깔개 | 37. , 38. 항아리 | 39. 그릇 받침 | 40. 미라

1, 13. 철제 | 2, 5, 7, 8, 10, 11, 14, 20~24, 29, 33. 목제 | 6, 34, 38. 뿔 | 9, 15, 26, 36. 펠트제 | 17. 펠트+가죽 | 18, 25. 모피 | 19. 가죽 | 27. 펠트+모피 | 28. 목제 철제 | 35. 청동+가죽 | 37. 토제

그림 303 시베리아 알타이 베르흐 칼쥔 II유적 3호분 1. 얼음 속 미라 | 2. 미라를 발굴하는 장면

370 교과서 밖의 역사 유라시아 초원 스키타이 문화의 미라와 여신상

그림 출처

그림 298   베르흐 칼쥔 II유적 무덤

그림 299   베르흐 칼쥔 II유적 3호분(Молодин В.И. 외 2000, p.88 그림 91)

그림 300-1   베르흐 칼쥔 II유적 3호분(Молодин В.И. 외 2000, p.89 그림 92)

그림 300-2   베르흐 칼쥔 II유적 3호분 단면도(Молодин В.И. 외 2000 인용, p.89 그림 93)

그림 301   베르흐 칼쥔 II유적 3호분 무덤방 덮개(Молодин В.И. 외 2000 인용, p.90 그림 94)

그림 302   베르흐 칼쥔 II유적 3호분 무덤 내부(Молодин В.И. 외 2000 인용, p.97 그림 107)

그림 303   시베리아 알타이 베르흐 칼쥔 II유적 3호분(Молодин В.И. 외 2000, p.94 그림 99, 101)

참고문헌

Молодин В.И., Полосьмак Н.В., Чикишева Т.А 2000, Феномен алтайских мумий. Новосибирск: 2000. 320 с.(몰로딘, 폴로스막, 치키세바 2000, 알타이 미라 현상, 2000)

(2) 미라가 된 기마전사

베르흐 칼쥔 II 유적 3호분의 기마전사는 20~25세의 남성으로 추정된다. 사후에 미라로 제작되었으며 오른쪽 어깨에 문신은(그림 304-1, 2) 우제류(머리없는)와 그리핀이 함께 표현된 것이다(몰로딘 외 2000). 문신은 파지리크 2호분과 5호분의 남성과 여성미라, 아크 알라하-3 유적의 여성미라에서도 확인되었다. 이 남성의 문신이 가장 간단한 편으로 같은 장인이 그렸을 가능성이 있다. 실제로 나이테 연대측정법을 통해서 알아 본 결과 이 세 유적을 매장한 시기는 거의 비슷하다(N.V. 폴로스막(강인욱 역) 2016).

문신으로 보아도 파지리크 2호분 남성미라의 오른쪽 어깨(그림 205-2, 3)에 새겨진 문신 가운데 첫 번째 문신인 우제류(머리없는)와 그리핀이 결합된 그림(그림 304-1)은 동물의 자세와 구도가 거의 비슷하다.

얼음공주를 분석한 고병리학자들에 따르면 미라로 제작 시 방부처리와 복원하는 부분은 주로 보이는 부분에 집중되었다고 한다. 베르흐 칼쥔 II유적의 3호분 젊은 전사는 배를 가른 부위를 아주 대충 말총꼬리로 마감했다(그림 304-3). 아주 큰 모피 코트를 입고 있어서 대부분이 가려졌기 때문이다(N.V. 폴로스막(강인욱 역) 2016).

물론 이 남성도 미라의 마지막 처리인 발삼처리 한 것은 마찬가지이다. 하지만 이 남성 전사를 보면 아크 알라하-3유적의 얼음공주를 얼마나 정성스럽게 미라로 만든 것인지 알 수 있다.

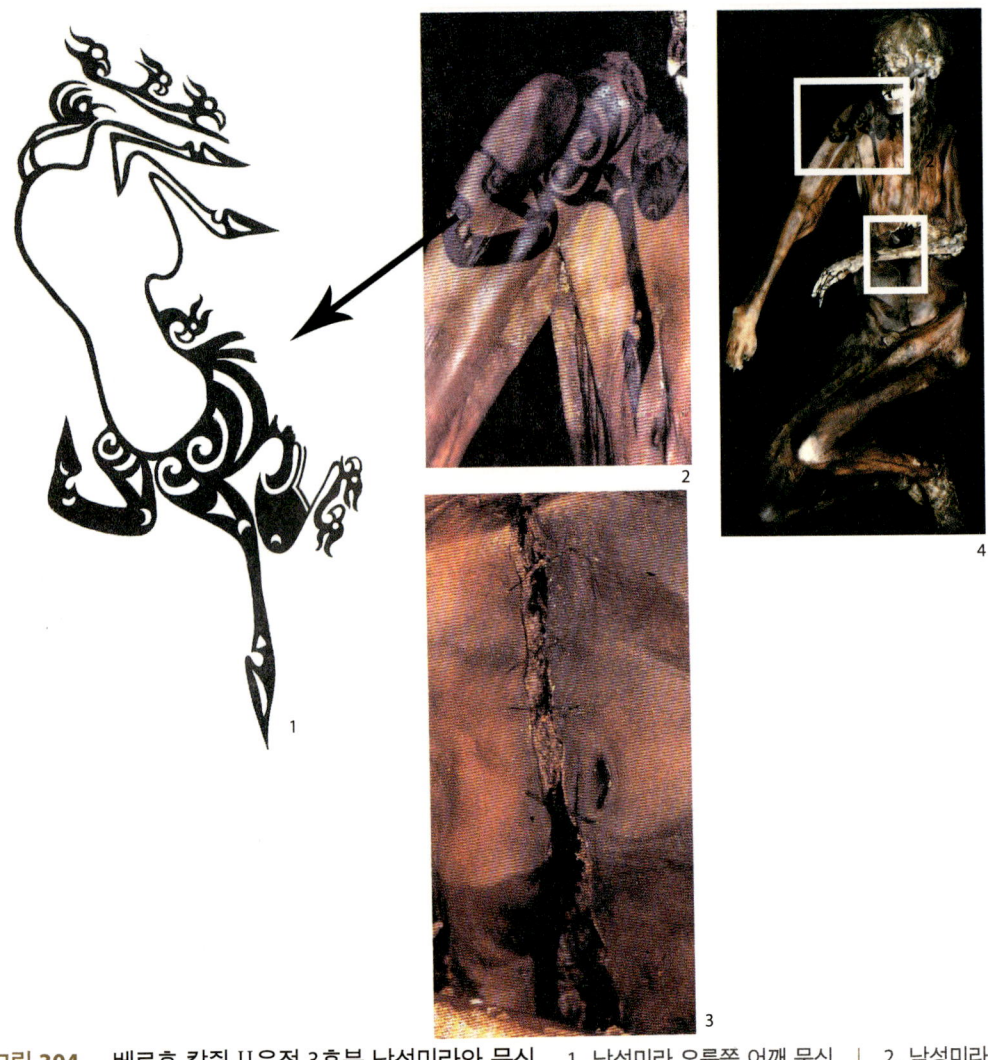

그림 304 베르흐 칼쥔 II유적 3호분 남성미라와 문신 1. 남성미라 오른쪽 어깨 문신 | 2. 남성미라 오른쪽 어깨 | 3. 남성미라 복부 절개흔적 | 4. 남성미라

얼음공주는 옷 밖으로 드러난 머리, 목, 손 부위가 집중 방부처리 대상이 되었고, 가슴도 복원되었다. 반면에 가장 신경을 덜 쓴 부위가 배이다. 얼음공주는 복부를 절단하고 내장과 함께 연골 및 갈비뼈를 제거하고, 가슴과 골반에는 식물섬유를 채워넣었다. 하지만 베르흐 칼쥔 II유적의 3호분 남성 미라의 내부는 식물로 채우지 않았다(N.V. 폴로스막(강인욱 역) 2016).

그림 출처

그림 304 베르흐 칼쥔 II유적 3호분 남성미라와 문신(1~3. Молодин В.И. 외 2000, p.114 그림 143, p. 116~117 그림 146~147, 필자 재편집)

참고문헌

Молодин В.И., Полосьмак Н.В., Чикишева Т.А 2000, Феномен алтайских мумий. Новосибирск: 2000. 320 с.(몰로딘, 폴로스막, 치키세바 2000, 알타이 미라 현상, 2000)

Руденко С.И. 1953: Культура населения Горного Алтая в скифское время. М.-Л.: 1953. 402 с. (루덴코 1953, 스키타이 시대 알타이 산의 주민문화)

Полосьмак Н.В. Всадники Укока. — Новосибирск: Инфолио-пресс, 2001. — 336 с.(폴로스막 2001, 『우코크의 말타는 전사들』

N.V.폴로스막(강인욱 역) 2016, 『알타이 초원의 기마인』

(3) 우코크 전사의 유물
① 새머리 고깔모자

스키타이 문화에서 고깔모자는 민족을 상징하는 것으로 헤로도투스의 역사에 기록되었다. 실제로 유적에서 고깔모자가 발견되기도 하며, 페르시아 페르세폴리스의 아파다나 궁전 벽에 새겨진 조각에서도 확인할 수 있다. 손에 스타킹을 들고 있는 사람, 말을 부리고 있는 사람, 고리트(스키타이인들의 화살통)를 차고 있는 사람 등 여러 사람들이 단순한 고깔모자를 쓰고 있었다(그림 291-2). 뿐만 아니라 흑해 북안의 쿨-오바 유적에서 출토된 황금 항아리(그림 292-1)에도 고깔모자를 쓴 사람이 확인된다. 그리고 솔로하 유적 출토 그리스 장인이 만든 황금 빗(그림 305)에서도 스키타이 전사의 목 뒤에 고깔모자가 매달려 있었다.

그런데 얼음 속에서 확인되는 우코크 고원의 고깔모자는 좀 더 장식적인 요소가 가미되었다. 특히 베르흐 칼쥔 II유적의 3호분에서 남성 미라가 쓴 고깔모자(펠트)(그림 306)는 정수리에 목제로 된 새 머리장식이 붙어 있고, 그 상단에 산염소 한 마리가 장식되어 있다. 고깔모자의 앞과 옆에는 목제로 된 산염소가 부착되어 있다. 발견 당시에 산염소의 뿔은 없어지고 구멍만 남아 있지만 뿔을 조각해서 삽입했다(몰로딘 외 2001).

유물 배치도(그림 302-15)에 보면 어깨와 허리부위에 목제로 된 사슴 혹은 산염소 조각장식이 놓여 있었다. 뿔이 없어져서 정확하지는 않지만 같은 종류의 동물 3마리이다. 가장 큰 한 마리는 고깔모자의 왼쪽옆에 붙어 있었고, 한 머리는 이마 앞쪽에, 다른 한 마리는 고깔모자의 머리 끝에 붙어 있었다. 이 고깔모자는 장식만 나무로 만들어졌고, 기본적인 모자는 펠트로 제작되었으며, 정수리 끝에는 새머리가 함께 재단되어서 제작된 것이다. 새는 부리가 표현되어 있고, 부리 뒤쪽에는 금박을 입혔다. 펠트제 모자는 모피코트 속에서 발견되었다. 모자는 귀를 덮는 스타일이다(그림 306, 그림 307).

그림 305 솔로하 황금빗(에르미타주 소장)   1. 솔로하 유적 황금 빗 | 2. 스키타이 전사

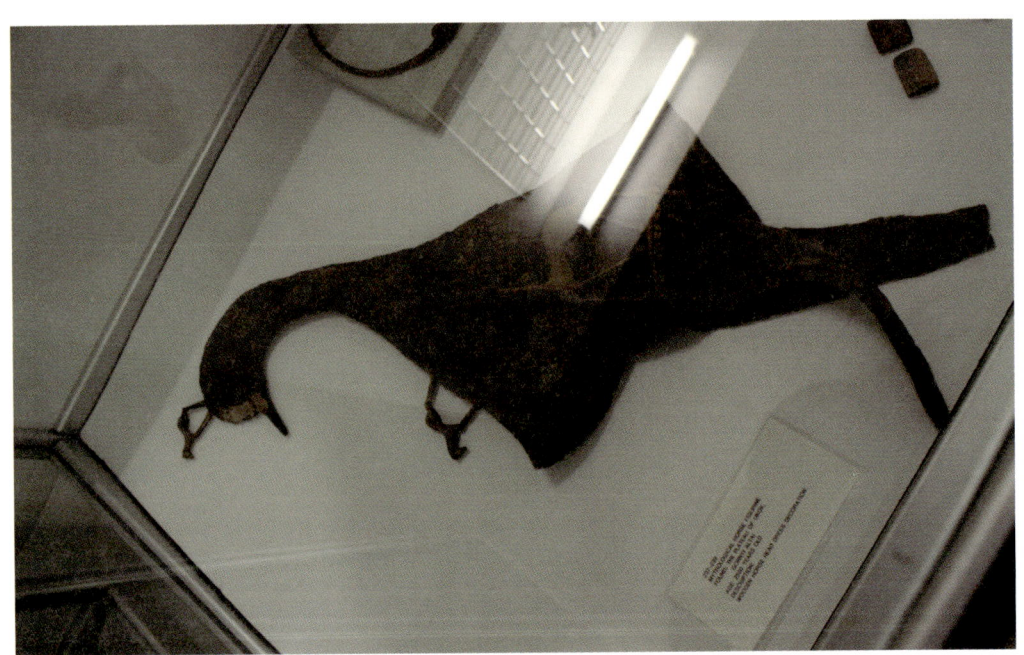

그림 306 베르흐 칼쥔 II유적 3호분 고깔모자

여러 곳에서 확인된 고깔모자는 약간씩 다르지만 귀를 덮는 긴 끈이 달려있다는 점은 공통적이다. 페르시아의 아파다나 궁전 벽화, 쿨 오바의 황금 항아리 속의 남성은 정수리 끝은 다르지만 귀를 덮었다는 점이 공통적이다.

그런데 이런 모자를 썼던 남성의 헤어스타일은 어땠을까? 파지리크 2호분에서 출토된

그림 307 베르흐 칼쥔 II유적 남성미라의 고깔모자 | 1. 베르흐 칼쥔 II유적 남성미라 모자 | 2. 가장 상단에 부착된 동물장식 | 3~4. 동물장식

남성미라는 앞부분만 머리를 밀었다. 파지리크 5호분 남성미라는 앞부분만 밀고 뒷 머리 스타일은 정확하지 않은데, 머리가 벗겨진 상태였다.

　　베르흐 칼쥔 II유적의 3호분 남성의 머리는 좀 다르다. 이 남성은 머리의 정수리 부분의 머리는 길러서 땋았고, 그 주변은 밀었다(N.V. 폴로스막(강인욱 역) 2016, 그림 108 참고).

② **목걸이**

베르흐 칼쥔 II유적 3호분 남성 미라의 목에는 여느 스키타이 전사들처럼 목걸이가 있다. 나무로 된 목걸이인데, 뒷부분에 걸 수 있는 장치가 있으며, 앞에는 호랑이 두 마리가 서로 마주보는 형태이다(그림 308). 아크 알라하-1유적의 2호분에서 비슷한 스타일의 목걸이가 출토된 바 있다. 나무에 청동을 연결시켜서 앞 부분에 호랑이 두 마리가 산양 머리를 물고 있는 조각이 달린 것이다(폴로스막, 1994).

그림 308　베르흐 칼쥔 II유적 3호분 남성전사 목걸이

파지리크 문화(스키타이 문화 중에서 알타이에 위치한 지역문화)의 여러 유적을 발굴한 쿠바레프는 파지리크 사람들의 무덤에는 여성, 남성, 어린아이 모두 목걸이가 출토되는데 일상생활용이라기 보다는 무덤부장품으로 만들어진 것으로 보았다(쿠바레프 1991). 베르흐 칼쥔 II유적의 3호분 유물도 부장품으로 만들어진 것이다(몰로딘 외 2000).

베르흐 칼쥔 II유적의 3호분 남성전사의 목걸이 앞부분에 장식된 호랑이 두 마리는 귀와 코 끝이 동심원문으로 표현되어 있는데, 이와 같은 표현방법은 파지리크 유적의 무덤에서 출토되는 말의 굴레장식에서 찾아 볼 수 있다.

스키타이 문화에서 남성이 목걸이를 착용하는 예는 이 유적 보다 200~300년 이른 아르잔-2호 5호묘에서도 찾아 볼 수 있다. 목이 부러질 것 같은 무거운 목걸이(1kg이 넘는)를 착용했던 것으로 보이는데, 매일 착용하고 다니지는 않았을 것이다. 목걸이에 계속 착용한 흔적이 남아 있다고 했는데(추구노프 외 2017), 무덤매납용으로 제작되었다기 보다는 축제와 같은 의식용이었다고 보는 게 합리적이다.

③ **목제 허리띠 장식판**

허리띠는 가죽으로 만들어진 것인데, 몸에 닿는 벨트와 벨트에 물건을 달 수 있는 가죽끈이 따로 달려 있었다. 끝에는 고리형태의 매듭이 있어서 물건을 달 수 있게 되어 있다(그림 309-1~3, 그림 310-4). 벨트에는 나무판 6개를 달아서 장식했다. 아무것도 없는 무문양이다(그림 309-4~6, 그림 310-1). 아크 알라하 I유적의 1호분 남성전사의 벨트장식은 호랑이문양이 장식되어 있었으나, 베르흐 칼쥔 II유적의 남성은 그렇지 않다(몰로딘 외 2001).

벨트 옆에는 가죽주머니(그림 309-3, 그림 310-3)가 확인되었고, 주머니 속에는 청동거울(그림 309-2, 그림 310)이 들어 있었다. 청동거울은 손잡이 부분이 결실된 것인데, 결실부위의 형태로 보아 'U'자형으로 손잡이가 있었던 것으로 보인다. 무문양 거울이다. 청동거울 옆에는 뿔로 만들어진 빗이 확인되었다. 빗(그림 310-4)은 아르잔-2호에서도 출토되고, 시베리아 청동기시대의 문화에서도 이미 빈번하게 출토되는 유물이다. 아마도 현재의 빗과

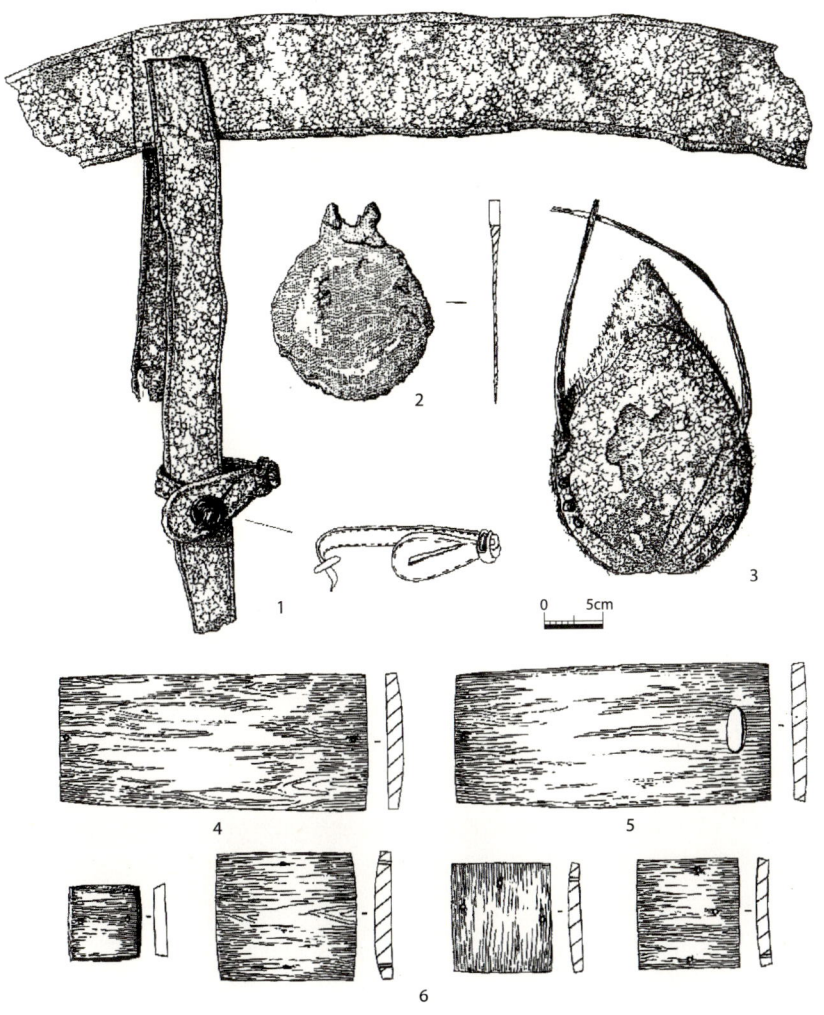

그림 309 베르흐 칼쥔 II유적 3호분   1. 가죽벨트 | 2. 청동거울 | 3. 가죽주머니 | 4~6. 목제벨트장식

는 다른 기능 혹은 다른 의미가 있었는지도 모르겠다(몰로딘 외 2000).

    베르흐 칼쥔 II유적 3호분의 남성전사는 벨트에도 아무런 장식을 하지 않았고, 말의 굴레장식(**그림 320-2**)은 요란하지 않았으나, 말의 입에는 이전에는 아무도 사용하지 않았던 소재로 만든 철제 재갈(**그림 320-4**)을 물렸다. 그는 살아 생전에 심플하고, 군더더기는 싫어했지만 신문물에는 어느 누구보다 적응을 빨리 했던 사람이지 않았을까?

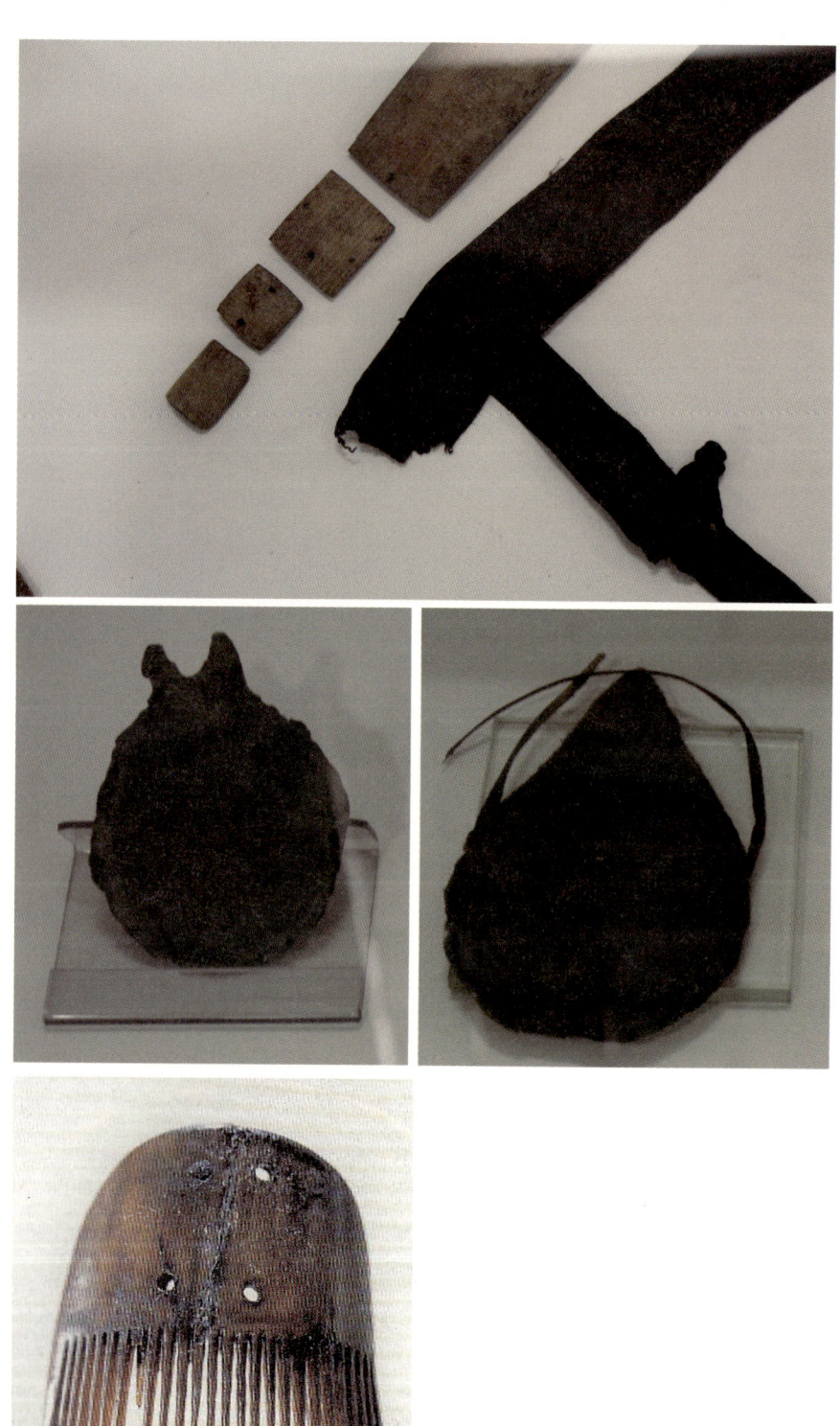

그림 310　베르흐 칼쥔 II유적 3호분　1. 목제벨트장식과 가죽벨트
　｜　2. 청동거울　｜　3. 가죽주머니　｜　4. 골제 빗

378　교과서 밖의 역사 유라시아 초원 스키타이 문화의 미라와 여신상

④ **목제 나무쟁반과 잔**

스키타이 문화권 가운데서 가장 고지대인 알타이의 유적에는 공통적인 현상이 있는데, 무덤방 안에는 토제·목제·뿔로 만들어진 그릇을 놓아 두는 것이다.

베르흐 칼쥔 II유적의 3호분에서 목제로 된 두 종류의 그릇 중 쟁반 위에는 고기와 철제 칼이 놓여 있었다. 양의 엉덩이 뼈가 확인되는 점으로 보아서 꼬리 부위를 잘라서 두었던 것이다. 다리가 낮은 쟁반으로 평면형태는 타원형이다. 목제 쟁반(그림 311-1)의 한쪽은 약간 부서진 상태이다. 한쪽에는 두 개의 구멍(그림 311-2)이 있다(몰로딘 외 2001).

얼음공주 미라가 발견된 아크 알라하-3유적, 남성 전사 2인의 무덤인 아크 알라하-1유적 등에서도 모두 시신이 안치된 곳에서 약간 떨어진 나무방 안에서 목제 그릇이 확인되었다(N.V. 폴로스막(강인욱 역) 2016). 주로 시신이 보는 방향에 목제 쟁반이 놓인다.

파지리크 유적에서도 다리가 높은 목제 쟁반이 확인되었다. 다리에는 여러 문양이 장식되어 있다. 도굴로 이미 무덤 속이 흐트러졌으나, 비슷한 장례의식으로 목제 쟁반 위에 고기 덩어리를 놓고 의식을 치뤘을 것이다.

베르흐 칼쥔 II유적 3호분에서 확인된 철제 칼은 손잡이가 둥글고 날이 한 쪽 방향(그림 311-3)으로 있는 것으로 얼음공주 무덤의 것과 거의 유사하다(몰로딘 외 2001).

목제로 된 또 하나의 그릇은 잔이다(그림 313). 손잡이가 한쪽에만 붙어 있는 잔은 2700년 전 유적인 아르잔-2호에서부터 출토되었다. 물론 손잡이 모양은 세밀하게는 다르지만, 손잡이가 하나이고,

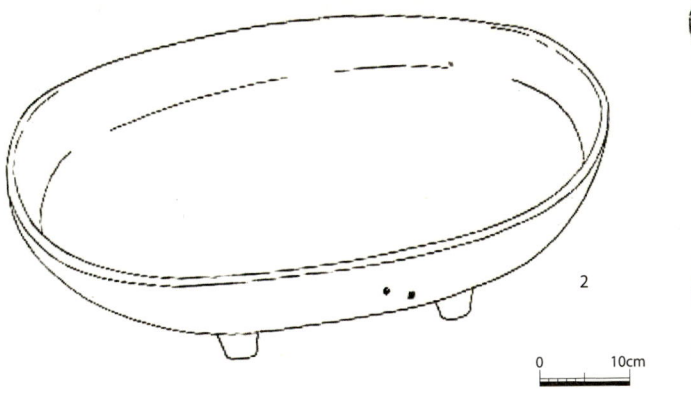

그림 311 베르흐 칼쥔 II유적 3호분 1~2. 목제쟁반 | 3. 철제 칼

그림 312　파지리크 유적 2호분　1~2. 목제 그릇 ｜ 3. 펠트제 받침

그림 313　베르흐 칼쥔 II유적 3호분 남성미라 목제 잔

목기의 몸통이 '잔(杯)'인 점은 공통적이다. 아르잔-2호에서 출토된 목제 잔(그림 74, 84-1)와 유사한 잔은 파지리크 유적의 2호분(그림 312-1)에서 출토된다. 아르잔-2호와 이 유적의 연대차이가 200년 이상이지만 목제 잔을 사용하는 전통은 계속 이어진 것 같다.

아크 알라하-3유적의 나무잔(그림 288-5)은 손잡이에 두 마리의 호랑이가 서로 마주보게 장식되어 있는데 둥근 손잡이를 응용한 것이다. 파지리크 유적 2호분에서 출토된 펠트제 받침대(그림 312-3)는 베르흐 칼쥔 II유적과 아크 알라하-3유적에서도 출토된 유물이다. 목제잔은 유제품인 쿠미즈를 위한 그릇이다.

아크 알라하-3유적, 아크 알라하-1유적, 베르흐 칼쥔 II유적에서 출토된 목제 쟁반에는 모두 상단에 사용하던 흔적이 남아 있다(N.V. 폴로스막(강인욱 역) 2016). 죽음을 위해서 만든 부장품이 아니라 실제로 사용했던 용기이다. 미라 혹은 사자들이 입고 있는 옷도 전부 수선했던 흔적이 남아 있고, 사용했던 의복이었다. 죽음을 위해서 특별히 만들지 않았다.

⑤ 야크 뿔제 용기

유라시아 초원의 문화에서는 토기가 주요한 유물이 아니다. 신석기시대부터 토기는 발견

그림 314 뿔제 잔과 용기   1. 베르흐 칼쥔 Ⅱ유적 3호분 남성미라 뿔제 잔 | 2. 아크 알라하-3유적 여성 미라 뿔제 용기

되지만 동북아시아 만큼 토기가 흔하게 부장되지 않는다. 그 이유를 필자는 음식문화의 차이 때문이라고 추정한다. 토기가 많지 않은 것은 음식 혹은 식재료가 달라서 굳이 토기로 끓일 필요가 없는 음식문화였기 때문이다(김재윤 2019).

동북아시아의 토기는 자비용도로 많이 사용되었으나, 스키타이 문화에서는 유제품류를 보관하기 위한 용도로 사용된다. 목제나 뿔로 만든 냄비를 사용하는 음식, 예를 들면 유제품과 같은 것이 주종이었을 수 있다. 실제로 루덴코가 발굴한 파지리크 유적에서는 목제 그릇에 유제품이 남아 있었다(루덴코 1953).

유기물질로 제작된 그릇 가운데 뿔로 만든 그릇은 베르흐 칼쥔 Ⅱ유적의 3호분(그림 314-1), 베르흐 칼쥔 Ⅱ유적의 1호분(그림 315-1), 얼음공주(아크 알라하-3유적)(그림 315-2)무덤 등에서 출토되었다.

뿔제 항아리와 뿔제 잔은 몸통 부위와 바닥부분이 서로 나뉘져서 만들어진다. 부위별로 재료도 다른데, 몸통은 야크의 뿔을 이용했고, 잔의 바닥은 야생염소인 아르갈리로 만들어졌다. 보로도프스키이(2000)는 야생동물의 뿔로 그릇을 만드는 방법을 복원했다(그림 315-A, B).

몸통재료인 야크 뿔은 야생의 야크였을 것으로 추정한다. 무덤에서 야크가 발견 된 예는 뿔제 잔과 파지리크 유적의 2호분과 5호분 미라가 확인된 무덤에서 나온 야크 가죽이다.

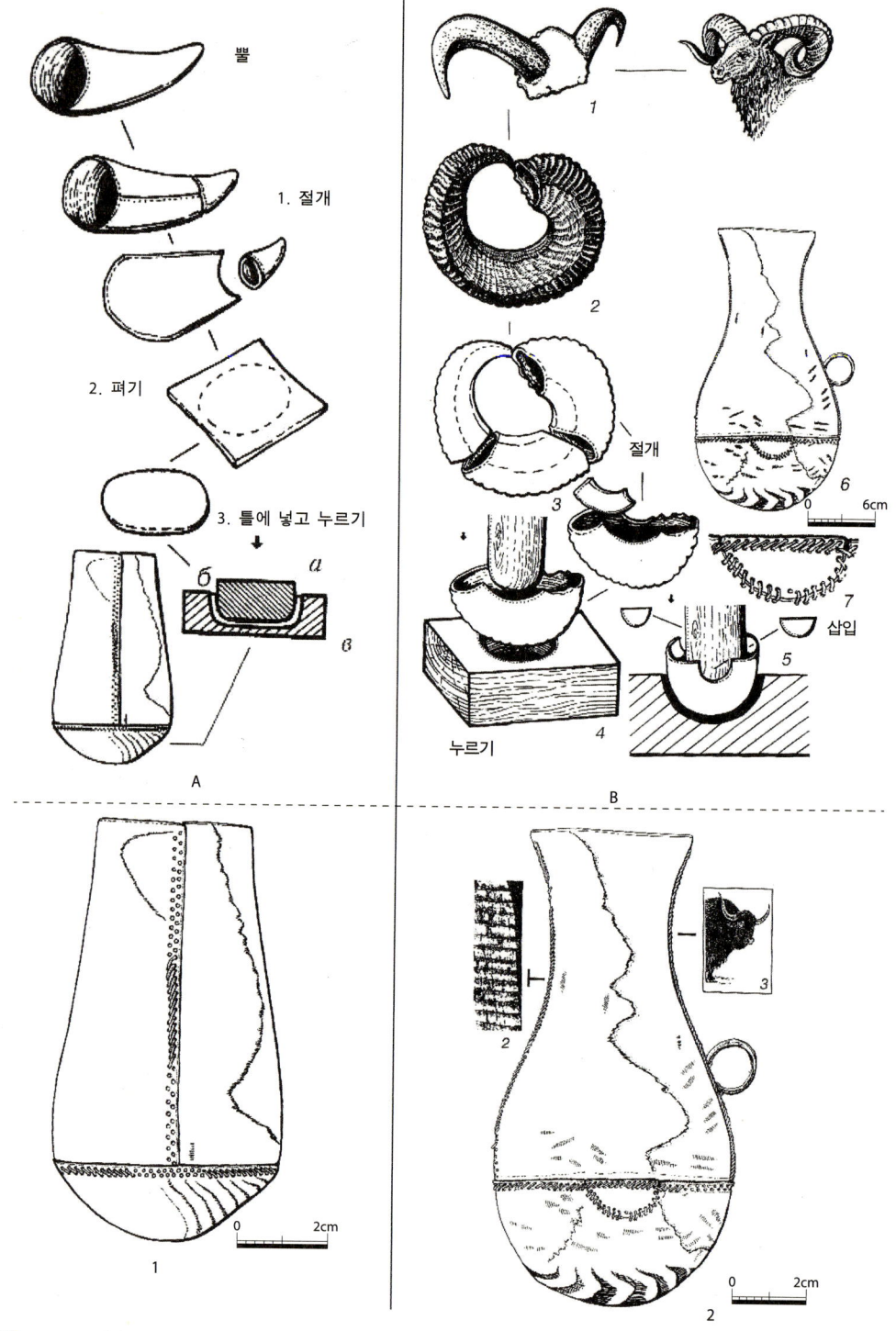

그림 315 베르흐 칼쥔 II유적과 아크 알라하-3유적 뿔제 용기 만드는 방법 A. 베르흐 칼쥔 II유적 1호분 뿔제 용기 만드는 법 | 1. 베르흐 칼쥔 II유적 1호분 출토품 | B. 아크 알라하-3유적 뿔제 용기 제작 방법 | 2. 아크 알라하-3유적 뿔제 용기

그림 316 에르미타주 소장 표트르 1세 시베리아 황금유물 컬렉션

383

흥미로운 유물이 한 점 더 있는데 표트르 1세의 시베리아 황금 유물 컬렉션에서 발견된 미니어쳐(그림 316-21)이다(루덴코 1962). 금으로 제작된 것인데, 귀걸이나 치레걸이의 일부로 사용된 것이다. 바닥이 편평하고, 몸통과 바닥부위가 연결되는 부분에 각이 져 있으며, 몸통의 중앙이 안으로 들어가도록 표현되어 있다. 손잡이도 한쪽에만 붙어 있다. 이 유물은 베르흐 칼쥔 II유적의 3호분에서 출토된 뿔잔과 비슷한 생김새이다(N.V. 폴로스막(강인욱 역) 2016).

앞서 소개한 아르잔-2호 미니어처 금제 잔도 주인공 5호묘(그림 73)에서 출토된 바 있다. 남성의 검집 옆에서 출토되었다(추구노프 외 2017).

이를 참고로 하면, 표트르 1세의 황금 유물컬렉션의 미니어쳐 잔도 비슷하게 체인에 달려서 어딘가에 부적, 정표 혹은 알 수 없는 표식 등으로 사용되었던 것일 수도 있다. 아르잔-2호에서도 출토된 위치가 매우 애매해서 여성의 것인지 남성의 것인지 애매하다고 했는데(추구노프 외 2017) 사람과 사람을 연결하는 그런 의미였을 수도 있다.

의식에서 사용되는 동물은 그 당시 사회에서 인간 삶에 비중을 높이 차지하는 동물일 가능성이 크다. 야생동물의 뿔이 잔으로 만들어져서 무덤 안에서 발견된다는 것 자체가 그 특정 야생동물의 입지가 높은 비중을 차지한다고 폴로스막(2001)은 생각한다. 달리 이야기 하면 야크를 대신해서 야크 뿔로 만든 잔을 무덤에 넣었다는 의미로 해석해 볼 수 있다.

⑥ 활, 화살과 고리트

베르흐 칼쥔 II유적에서는 3호분에 매장된 남성미라의 직업을 알 수 있는 유물이 출토되었는데, 바로 고리트이다. 스키타이 문화의 독특한 화살통으로 활과 화살을 함께 담을 수 있도록 고안된 것이다.

앞에서 이 남성의 무덤 속에서 각 유물의 위치를 설명했다(그림 302). 그 중에서 26번은 고리트의 덮개이고, 27번은 몸통이다. 펠트로 만들어진 고리트 덮개에는 양털을 꼬아서 만든 끈이 6줄 달려 있었고, 그 끝에는 방울모양이 달려 있었다. 비슷한 끈이 확인된 유적으로 바샤다르 2호분(루덴코 1960)에서도 확인되었고, 아크 알라하-1유적의 1호분(폴로스막 1994) 에서도 매듭이 출토되었다(N.V.폴로스막(강인욱 역) 2016).

고리트의 덮개 뿐만 아니라 몸통은 모피로 만들어진 것으로 왼쪽 허리부근에 놓여 있었다(그림 302-27). 이 모피 안쪽에서 활의 부속품(그림 317-1~5)이 출토되어서 고리트의 일부라고 알 수 있다. 그리고 이 유물의 아래쪽에는 화살이 5점(그림 317-6~10) 놓여 있었다. 고리트의 모피로 된 몸통은 전체길이가 85cm가량으로 고리트가 덮어지는 것까지 계산하

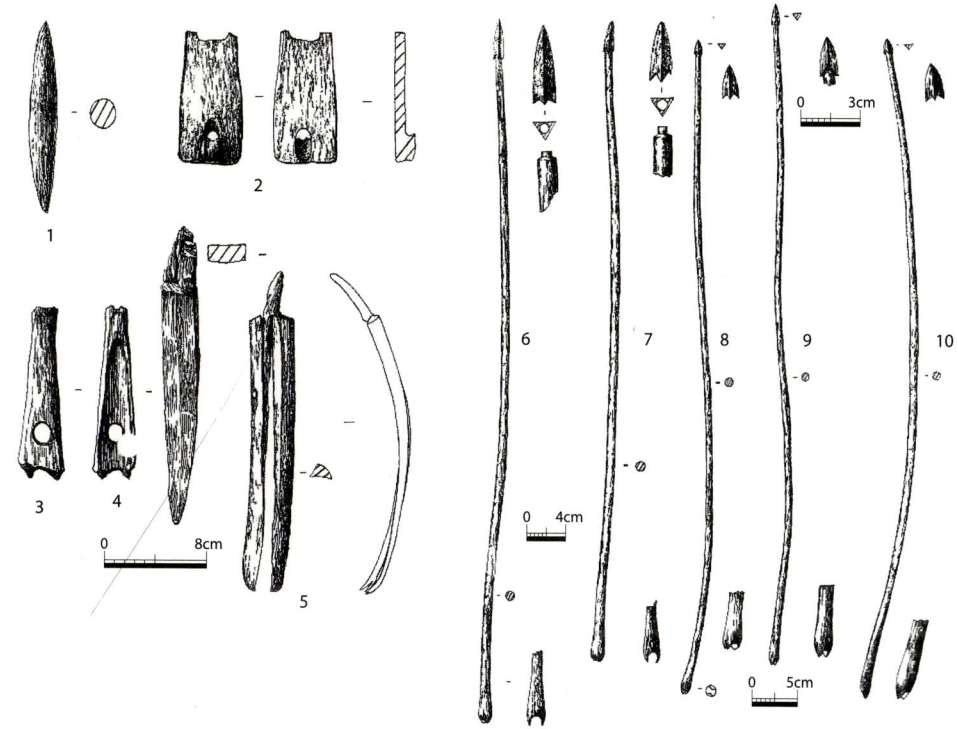

그림 317   베르흐 칼쥔 II유적 3호분 남성전사 화살, 활과 고리트   1~5. 활의 부속품 | 6~10. 화살

면 전체 활의 길이는 110.6cm가량이다. 출토된 화살은 79cm가량으로, 화살촉의 단면은 삼각형이다(몰로딘 외 2001).

활과 화살, 고리트 등은 모든 남성 무덤에서 출토되는 것은 아니다. 예를 들면 울란드리크(Уландрык, Ulandryk) 유적에서는 42기의 고분에서 7기에서만 위의 무기가 출토되었고, 유스티드(Юстыд, Yustyd) 유적에서는 44기의 고분에서 6기에서만 확인되었다(쿠바레프 1992). 앞서 살펴본 아르잔-2호에서도 활과 화살, 투부, 검과 칼 등 무기세트가 완전히 출토된 것은 주인공 무덤인 5호묘 외에 2기의 무덤에서만 출토되었다. 활을 통해서 베르흐 칼쥔 II유적의 남성은 살아생전에 직업이 군인이었을 것으로 추정해 볼 수 있다.

⑦ 전투용 도끼와 붉은색 목검

베르흐 칼쥔 II유적 3호분의 전투용 도끼는 길이 76cm의 나무 자루와 철제 도끼머리로 구성되었다. 도끼 머리의 길이는 20~24cm가량으로 실제크기이다(쿠바레프 1992).

도끼자루의 단면은 타원형이다(그림 318). 아크 알라하-1유적의 2호분 어린 아이의 무덤에서 발견된 소형 투부도 도끼자루가 타원형이었다. 쿠바레프(1987)는 손잡이가 타원형

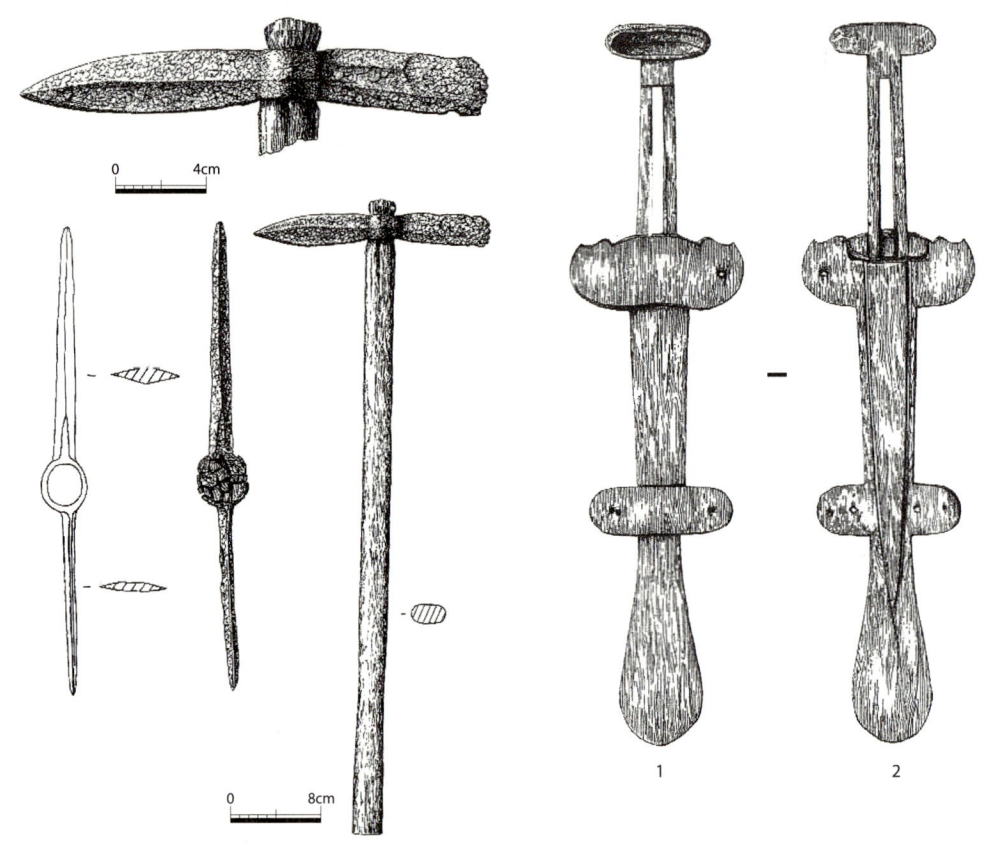

그림 318   베르흐 칼쥔 II유적 3호분 기마전사 투부
그림 319   베르흐 칼쥔 II유적 3호분 기마전사 목제 검   1. 전면 | 2. 후면

인 것은 사용하기에 불편하다는 점을 지적한 바 있다. 그렇다면 이 도끼머리는 실제 전투용이지만, 자루는 실제 사용하기에는 불편한 것으로 보인다.

　이 남성의 또 다른 무기는 목제 검인데, 우측 허벅지 부근의 모피코트 안에서 검집에 들어 있는 모양을 형상화(그림 319)해서 발견되었다. 검집과 검은 모두 나무로 제작된 것이다.

　목검은 파지리크 문화에서는 아주 드물게 확인되는데, 대부분 축소된 크기이다. 비슷한 유물이 울란드릭 유적의 1호분에서 발견된 바 있다(쿠바레프 1987).

　검집은 앞과 뒤가 같은 모양이 아니라 보이는 면만 나무로 만들어진 것이다. 검집의 반대부분은 검의 날 모양을 그대로 삽입할 수 있도록 만들어졌다. 이 면은 실제로는 직조물 혹은 가죽으로 덮었을 것이다. 검집의 아래 부분은 물방울 모양이고, 처음 발견될 당시에는 붉은색으로 칠한 흔적이 남아 있었다(몰로딘 외 2000). 단검은 실제 착용 할 때에 남성의 우측 허벅지 부근에 묶어서 사용했다(솔로비예프 2003). 이 유적의 남성은 실제로는 철제

검을 사용했고 목검은 부장용으로 제작되었다.

　　베르흐 칼쥔 II유적의 3호분 남성이 착용한 목걸이·새머리·고깔모자·목제 검은 일상용은 아니고, 의례용 혹은 부장용으로 제작되었다. 하지만 투부는 애매한 유물이다. 투부의 자루는 타원형으로 실제 사용하면 불편하다는 의견이 있지만, 도끼자루는 실제 전투용이기 때문이다.

⑧ 얼리어답터의 철제 재갈

베르흐 칼쥔 II유적의 3호분에서는 무덤구덩이의 북쪽에 말이 2마리 나란히 놓여 있었는데, 이곳의 상태가 매우 좋지 않아서 말의 두수가 정확하지 않을 수 있다. 마구는 말에 착장하지 않은 상태에서 1벌(그림 320)이 확인되었다. 무덤방의 북서쪽 모서리에서 전부 출토되었다(그림 302). 굴레장식 가운데 몇 점은 말 부근에서 출토되기도 했다. 말의 재갈은 철제로 만들어진 것이고(그림 320-4), 말의 굴레에 달았던 J자형 굴레장식은 멧돼지 송곳니 모양으로 나무로 제작되었다(몰로단 외 2000). 말 이마장식(그림 320-1)은 재갈멈치와 동일하게 나무를 깎아서 만든 것이다. 납작한 원판 위에 약간 두툼한 원판을 붙인 형태로 아크 알라하-3유적, 아크 알라하-1유적, 파지리크 유적에서도 말 이마장식으로 이용된 바 있다.

　　재갈멈치(그림 320-3)는 한쪽 끝이 팔메트 문양으로 장식된 것이다. 재갈멈치 양쪽 끝이 팔메트 문양으로 장식되었으며, S자

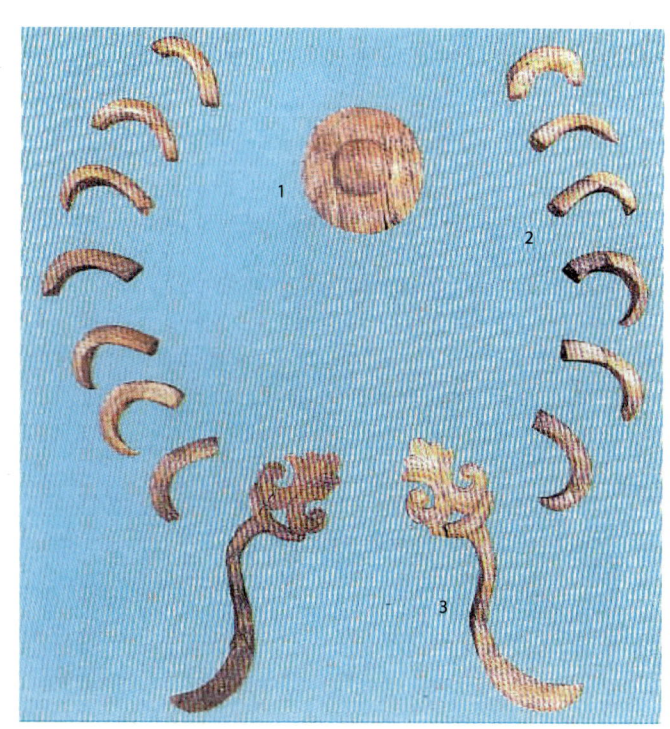

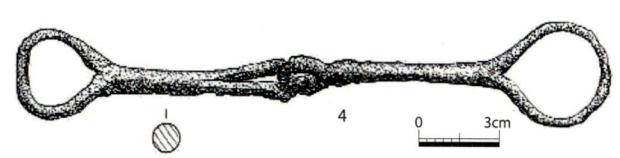

그림 320　베르흐 칼쥔 II유적 3호분 남성전사 마구세트　　1. 이마장식 ｜ 2. 굴레장식 ｜ 3. 재갈멈치 ｜ 4. 철제 재갈

387

형으로 굽은 모양이다.

이 유적의 철제 재갈은 같은 시대의 남성전사 무덤인 아크 알라하-1유적의 고리가 둥근 재갈이 청동으로 제작된 것과는 다르다. 쿠바레프는 아크 알라하-1유적에서 출토되는 청동재갈이 고식이고, 베르흐 칼쥔 II유적에서 출토된 철제재갈은 새로운 스타일로서 새로운 문화요소라고 보았다(쿠바레프, 슐가 2007). 이러한 철제 재갈은 청동 재갈의 형태는 유지된 채, 소재만 바꾸어서 만들어졌다고 볼 수 있다.

철제무기는 이미 2700년 전 아르잔-2호에서 이미 출토되었지만, 재갈은 전부 청동제였다. 아크 알라하-3유적과 아크 알라하-1유적의 재갈도 청동제였다. 그렇다면 현재로서는 베르흐 칼쥔 II유적 3호의 철제 재갈은 기원전 5세기의 유적에서 나온 가장 이른 것이다. 기마전사는 자신의 말에 가장 혁신적인 재갈을 물렸다고 볼 수 있다.

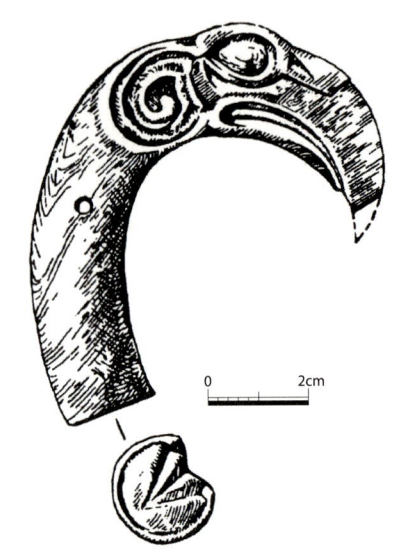

그림 321　아크 알라하-1유적 마구장식

J자형 굴레장식은 아크 알라하-1유적의 1호분(그림 321)의 장식을 더 단순화했을 수 있다. 아크 알라하-1유적의 장식은 멧돼지 송곳니 모양 끝에 그리핀 얼굴이 그려진 것이었다(폴로스막 1994). 베르흐 칼쥔 II유적의 J자형 굴레장식은 그리핀 얼굴이 그려져 있지 않지만, 같은 모양의 이마장식, 재갈멈치 등이 출토된다는 점으로 보아서 충분히 그리핀을 상징하는 유물로 볼 수 있다.

베르흐 칼쥔 II유적의 3호분에는 말이 2마리 밖에 확인되지 않았다. 아크 알라하-3유적에서 6마리, 아크 알라하-1유적의 1호분에서는 9마리가 출토된다는 점과 비교해 보면 매우 적은 수다. 하지만 어느 무덤에도 없었던 철제 재갈로 보아 그는 2500년 전 얼리어답터이지 않을까?

그림 출처

그림 305　솔로하 황금빗(에르미타주 소장)(1. 2. Алексеев А.Ю. 2012, p.130, p.134, 필자 재편집)
그림 306　베르흐 칼쥔 II유적 3호분 고깔모자(필자 촬영)
그림 307　베르흐 칼쥔 II유적 남성미라의 고깔모자(필자 촬영)

그림 308	베르흐 칼쥔 II유적 3호분 남성전사 목걸이(Молодин В.И. 외 2000, p.111 그림 137)
그림 309	베르흐 칼쥔 II유적 3호분(Молодин В.И. 외 2000, p.103 그림 122~123)
그림 310	베르흐 칼쥔 II유적 3호분(필자 촬영)
그림 311	베르흐 칼쥔 II유적 3호분(1. 필자 촬영 | 2, 3. Молодин В.И. 외 2000, p. 99 그림 113, 필자 재편집)
그림 312	파지리크 유적 2호분(Руденко С.И. 1953 인용)
그림 313	베르흐 칼쥔 II유적 3호분 남성미라 목제 잔(필자 촬영)
그림 314	뿔제 잔과 용기(필자 촬영)
그림 315	베르흐 칼쥔 II유적과 아크 알라하-3유적 뿔제 용기 만드는 방법(А.П. Бородовский, 2000, p.150~151 그림 183~184 , 필자 재편집)
그림 316	에르미타주 소장 표트르 1세 시베리아 황금유물 컬렉션(Руденко С.И. 1962 인용)
그림 317	베르흐 칼쥔 II유적 3호분 남성전사 화살, 활과 고리트(Молодин В.И. 외 2000, p.104 그림126, p.109 그림 135)
그림 318	베르흐 칼쥔 II유적 3호분 기마전사 투부(Молодин В.И. 외 2000, p.107 그림 132)
그림 319	베르흐 칼쥔 II유적 3호분 기마전사 목제 검(Молодин В.И. 외 2000, p.110 그림 136)
그림 320	베르흐 칼쥔 II유적 3호분 남성전사 마구세트(1~4. Молодин В.И. 외 2000 인용, p.92 그림 98)
그림 321	아크 알라하-1유적 마구장식(Полосьмак Н.В. 1994 인용)

참고문헌

Алексеев А.Ю. 2012: Золото скифских царей в собрании Эрмитажа. СПб: Изд-во Гос. Эрмитажа. 2012. 272 с. (알렉세예프 2012, 에르미타주박물관 소장 스키타이 차르의 황금유물 콜렉션)

Бородовский, А.П. 2000,Технология изготовления предметов из полого рога, Феномен алтайских мумий. Новосибирск 320 с.(보르도프스키이, 뿔로 만든 유물 제작 기법/ 알타이 미라 현상)

Соловьёв А.И. 2003: Оружие и доспехи: Сибирское вооружение: от каменного века до средневековья. Новосибирск: ИНФОЛИО-пресс. 2003. 224 с.(솔로비예프 2003, 시베리아의 무기)

Руденко С.И. 1953 : Культура населения Горного Алтая в скифское время. М.-Л.: 1953. 402 с. (루덴코 1953, 스키타이 시대 알타이 산의 주민문화)

Руденко С.И. 1960: Культура населения Центрального Алтая в скифское время. М.-Л.: 1960. 360 с.루덴코 1960, 스키타이 문화시기의 알타이 산맥의 주민문화)

Руденко С.И. 1962: Сибирская коллекция Петра I. / САИ Д3-9. М.-Л.: 1962.(루덴코 1962, 표트르 1세 시베리아 콜렉션)

Кубарев В.Д. 1987: Курганы Уландрыка. Новосибирск: 1987. 304 с(쿠바레프 1987, 울란드리크 쿠르간)

Кубарев В.Д. 1992: Курганы Сайлюгема. Новосибирск: 1992. 224 с.(쿠바레프, 1992, 사일류겜 고분)

Кубарев В.Д., Шульга П.И. 2007: Пазырыкская культура (курганы Чуи и Урсула). Барнаул: 2007. 282 с.(쿠바레프, 슐가 2007, 파지르크 문화)

Полосьмак Н.В. Всадники Укока. — Новосибирск: Инфолио-пресс, 2001. — 336 с.(폴로스막 2001, 『우코크의 말타는 전사들』

Полосьмак Н.В. 1994: 《Стерегущие золото грифы》 (ак-алахинские курганы). Новосибирск: 1994. 125 с (폴로스막, 1994, 황금을 지키는 그리핀(아크 알라하 무덤)

Чугунов К.В., Парцингер Г., Наглер А. 2017: Царский курган скифского времени Аржан-2 в Туве. Новосибирск: ИАЭТ СО РАН. 2017. 500 с. (추구노프, 파르칭거, 나게르 2017, 투바의 아르잔-2호, 스키타이 차르 무덤)

김재윤 2019b, 「4,500년 전 중국 신강성 '석기시대'의 문화범위와 교류지역 - 인접한 카자흐스탄, 몽골, 바이칼 지역과의 비교를 통해서」, 『동북아역사논총』

N.V.폴로스막(강인욱 역) 2016, 『알타이 초원의 기마인』

Scythai

IV — West

교과서 밖의 역사 유라시아 초원 스키타이 문화의 미라와 여신상

스키타이 문화의 서부

흑해지역의 스키타이 문화 유적은 기원전 7세기 자료와 기원전 5세기 이후 자료로 구분할 수 있다. 기원전 6세기 자료는 없어서 이 지역을 오랫동안 연구한 '암흑의 시대'라고 표현한다(알렉세예프 2003). 이 책에서는 기원전 7세기 유적와 기원전 5세기 이후의 자료 가운데 왕급무덤으로 이미 한국에 소개된 적이 있는 유적 중 여성 인간형상물과 관련된 유적을 대상으로 소개하고자 한다.

흑해와 인접한 지역의 스키타이 문화 유적은 대부분 평지에 높은 무덤이 축조되어 도굴이 극심했다. 19세기 초에 이미 많은 유적에서 초보적인 발굴이 진행되었으나 각 유적에 대한 상세한 설명은 잘 남아 있지 않다. 하지만 켈레르메스(Келермес, Kelermes) 유적은 1980년대에도 에르미타주 박물관에서 발굴조사를 진행하여 다른 유적에 비해서 비교적 양호한 자료가 남아 있다.

1 기원전 7세기 유적과 유물

1) 켈레르메스(Келермес, Kelermes) 유적

흑해북안의 유적 가운데 가장 이른 시기의 유적으로 알려진 것은 1903년과 1904년에 발굴된 카프카스 산맥 북쪽의 켈레르메스 고분이다. 여러 연구자들이 발굴해서 1903년부터 독일인 슐츠(D.G. Shultz)(23,24,29호) 및 러시아 고고학자 베셀로프스키(Веселвский Н.И., Veselovsky N.I.)(18, 24, 31호)가 발굴했고, 1980년대에도 갈라니나(Галанина Л.К., Galanina L. K)와 알렉세예프(Алексеев А.Ю.,Alekseev A.Y.)가 발굴조사했다. 1980년대 조사에서는 고분을 33개 발견하고 그 중 21개를 발굴했다. 1980년대 조사에서 베셀로프스키가 발굴하면서 만들어진 고분번호를 새로 바꾸었다. 그림 322에서 베셀로프스키가 발굴한 무덤은 18, 24, 31호이다.

유적은 낮은 산등성이를 따라서 22기의 무덤이 2km 걸쳐서 이어졌다. 스키타이문화의 무덤 뿐만 아니라 이보다 이른 청동기시대 마이코프(Майкопская культура, Maikop culture) 문화, 얌(Ямская культура, Yam culture) 문화의 무덤도 확인되었다. 유적의 북쪽에 위치한 6개의 스키타이 무덤은 유적에서 가장 이른 시기의 것으로 기원전 7세기부터 기원전 6세기까지 만들어진 것으로 고분의 높이는 4~7m였다.

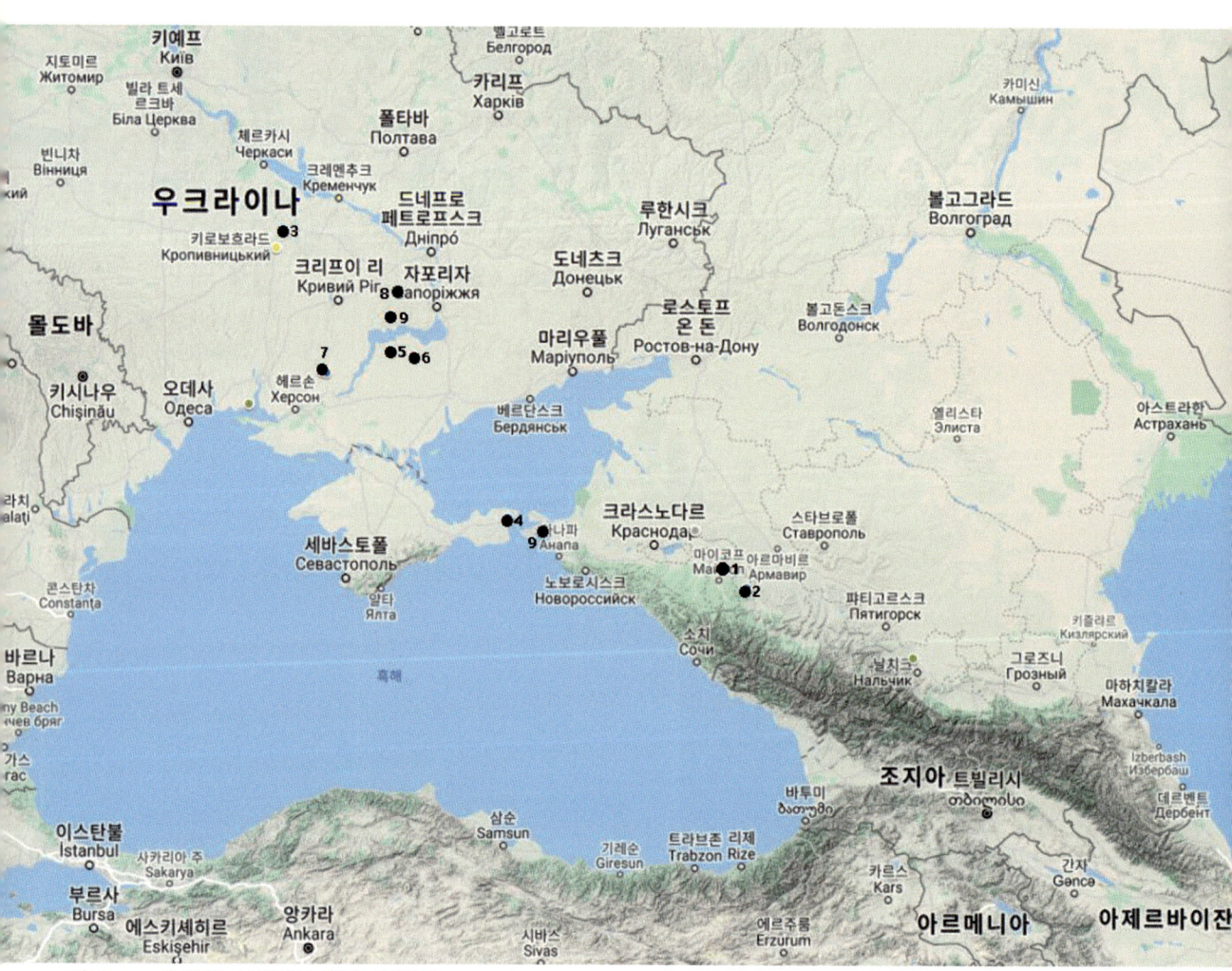

지도 5 흑해의 스키타이 유적, 유적명   1. 켈레르메스 유적 | 2. 코스트롬스카야 유적 | 3. 멜구노프 유적 | 4. 쿨-오바 유적 | 5. 솔로하 유적 | 6. 볼쇼야 침발카 유적 | 7. 톨스타야 마길리 | 8. 체르토믈리크 유적 | 9. 알렉산드로프스키폴 유적

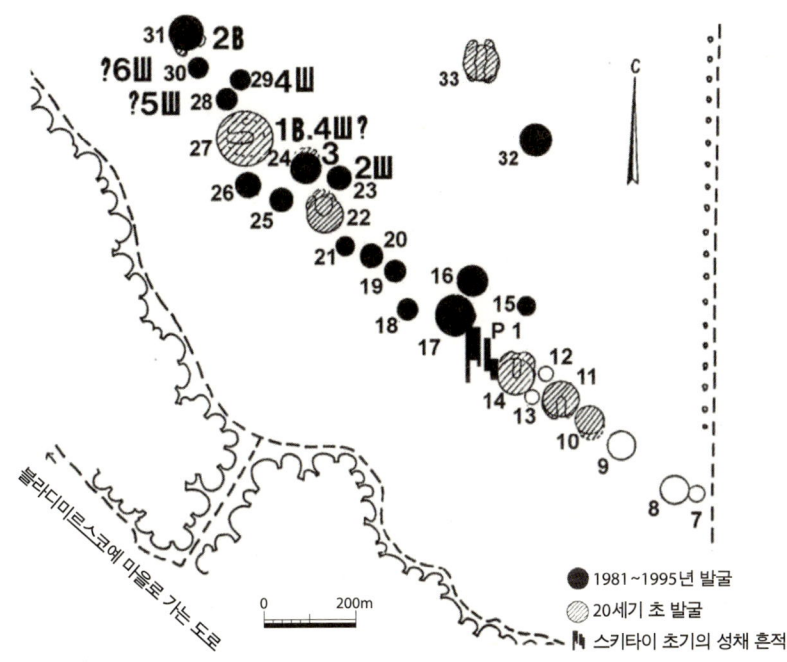

그림 322 켈레르메스 유적 스키타이 고분 20세기 초반 발굴과 1980년대 발굴이 구분되어 있다. 1980년대에도 베셀로프스키(2호)가 발굴한 31호를 계속 조사했다.

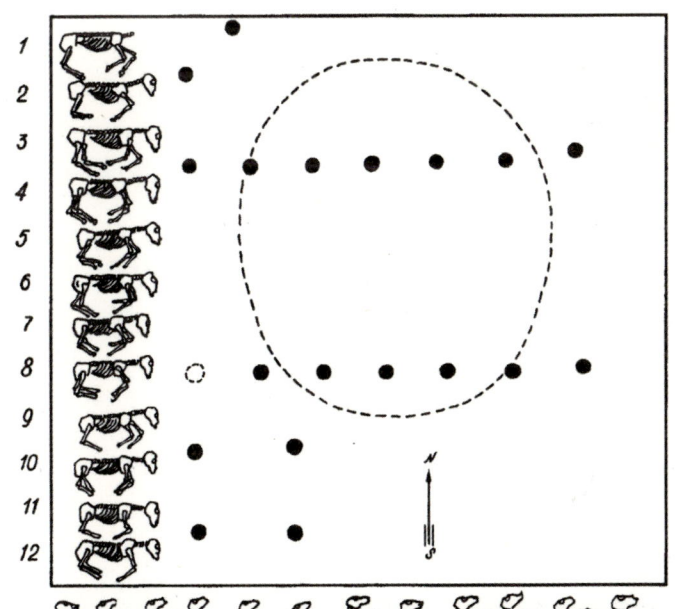

그림 323 베셀로프스키가 발굴한 당시의 무덤 1호 현재는 **그림 322의 27번**이다. 검은색 점은 무덤방이 설치된 기둥구멍이고, 점선은 매장주체부 위치이다.

395

1980년대 에르미타주 박물관에서 조사를 진행할 당시에도 유적은 이미 파괴가 극심해서 유적의 범위와 고분의 대략적인 형태만 알아냈을 뿐이지 무덤의 구조에 대한 자세한 정보는 알지 못했다. 무덤의 구조를 알 수 있는 것은 베셀로프스키가 남긴 1호 도면(그림 323)뿐이다.

평면형태는 정사각형으로 무덤의 크기는 40m²로 알려졌다. 말이 최대 24마리가 묻혔고, 무덤방은 나무로 만들어졌다. 말은 화려하게 금으로 치장되어 있었다.

(1) 외부세계에서 제작된 유물

켈레르메스 유적에서는 자신들의 유물 뿐만 아니라 인접한 국가였던 그리스와 앗시리아에서 제작된 유물들도 출토되었다. 스키타이인들이 주문해서 그리스·앗시리아·우라르트에서 제작한 것, 앗시리아에서 제작해서 스키타이에 선물로 들어온 유물 등 다양하다.

① 거울과 각배

기원전 8~7세기 흑해 스키타이 문화가 번성했을 때 인접 했던 흔적을 찾아 볼 수 있는 유물이 있다. 그리스, 우라르트, 앗시리아에서 제작된 이 유물은 스키타이인이 주문해서 제작했던 것이다. 각 지역의 특색과 스키타이 문양이 남아 있기 때문이다.

그림 324 켈레르메스 유적 4호분 직경 17.3cm

켈레르메스 유적에서는 은제 거울이 출토되었는데 얼굴을 볼 수 있는 면은 은제로 주조된 것이고, 그 반대 부분에는 중앙에 고리가 달렸던 흔적이 남아 있다(그림 324). 8개의 각 섹션은 금제로 만든 판을 은제 거울에 붙이도록 제작된 것이다(그림 328). 섹션 사이의 눈금이 있는 부분은 금테인데 땜질되었다. 거울의 가장자리를 보면 주조한 흔적을 찾을 수 있다.

거울의 가장 상단부에 그려진 여성은 양손에 표범을 들고 있고(1), 대칭되는 곳에는 털로 덮인 괴물들이 사자머리 그리핀(5)과 싸우고 있다. 날개달린 여성(1), 털 달린 괴물(5), 사자머리 그리핀(3,7)은 스키타이 문화에서는 찾아 볼 수 없는 요소이고, 표범(3), 양(5)과 같은 동물은 스키타이 문화의 요소이다. 그리고 중앙에 꼭지가 달려 있는 거울은 시베리아 남부에서 출토되는 유물에서 확인되는 특징이다.

아르타모노프(1966)는 이 유물이 그리스에서 제작된 것으로 보았고, 맹수를 잡은 여성을 사이벨레(Cybele) 여신으로 보았다. 그러나 알렉세예프(2012)의 견해는 다르다. 소아시아(아나톨리 지역)의 사이벨레는 여러 면에서 스키타이 여신 아르김파사(Аргимпаса, Argimpasa)와 닮았다. 동물과 인간세계의 다산의 신이다. 사이벨레(Cybele) 여신 숭배는 원래 아나톨리 지역의 여신숭배사상이고, 기원전 6세기경에 이 지역에 설치된 그리스 식민지에서 그리스로 수입되었다. 그래서 알렉세예프는 거울이 그리스 보다는 고대 이란지역 혹은 코카서스 남부(아나톨리)와 관련 있는 것으로 추정했다.[37]

필자도 알렉세예프의 의견이 더 정확하다고 생각하는데, 이 거울의 문양 가운데 반인반수는 같은 유적에서 출토된 검에 그려진 문양과 유사하다. 이 문화와 동시기에 아나톨리 지역에서 강성했던 우라르트에서는 반인반수상(그림 325)이 출토되었다. 켈레르메스 유적의 의례용 검(그림 331)도 우라르트에서 제작되었다.

켈레르메스 유적에는 사이벨레(Cybele) 혹은 아르김파사가 그려진 유물이 한 점 더 전해진다. 파손이 심해서 잘 알려져 있지 않았는데, 각배(리톤, rhyton, 동물의 뿔 모양으로 만들어진 술잔)이다(그림 326, 그림 327).

거울과 리톤에 그려진 여성은 유사한 점이 많다. 날개 입고 있는 옷의 스타일(튜닉)이다. 하지만 두 여성의 자세는 다르다. 거울에는 가만히 서 있는 모습이고(그림 324-1), 각배에는 무릎을 구부리는 장면이

그림 325　에르미타주 소장 우라르트의 반인반수 청동

37　[거울이 출토된 켈레르메스 고분은 기원전 7세기 이상]

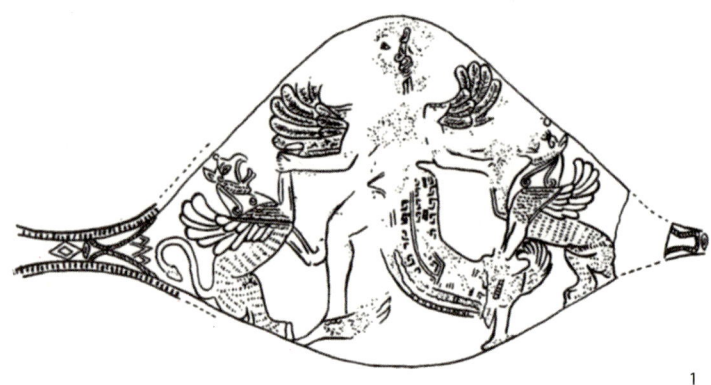

그림 326　켈레르메스 유적 은제 각배　1. 각배에 그려진 여성 | 2. 은제 각배 세부

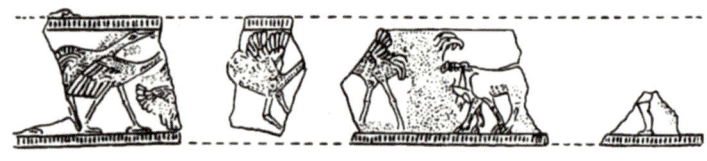

그림 327　켈레르메스 유적 각배 부분에 표현된 왜가리

다(그림 326-1). 물론 양 손에 쥐고 있는 동물도 차이가 있다. 거울은 맹수, 각배에는 그리핀의 앞다리를 쥐고 있다. 거울에서 볼 수 없는 새(그림 327)도 있는데, 왜가리이다.

각배에서 확인되는 문양이 유사성(여러 동물문양과 여성)으로 볼 때 켈레르메스 유적에서 출토된 은제거울과 각배는 스키타이인이 주문해서 외부세계에서 제작되었다는 경위는 같다.

은제거울은 거울의 외형에 장식판을 붙인 것이다. 막시모바(1956)는 거울의 외형은 스키타이에서 제작했고, 장식판만 그리스에서 제작된 것으로 생각했다. 각배도 마찬가지로 스키타이 문화의 세계관을 담고 있지만 만들어진 곳은 외부이다.

하지만 그 외부세계가 그리스 이오니아 지역이라는 설(막시모바 1956, 아르타모노프 1966)과 아나톨리 혹은 고대 이란(키셀 2003, 알렉세예프 2012)일 지도 모른다는 의견이 있다.

필자는 켈레르메스 유

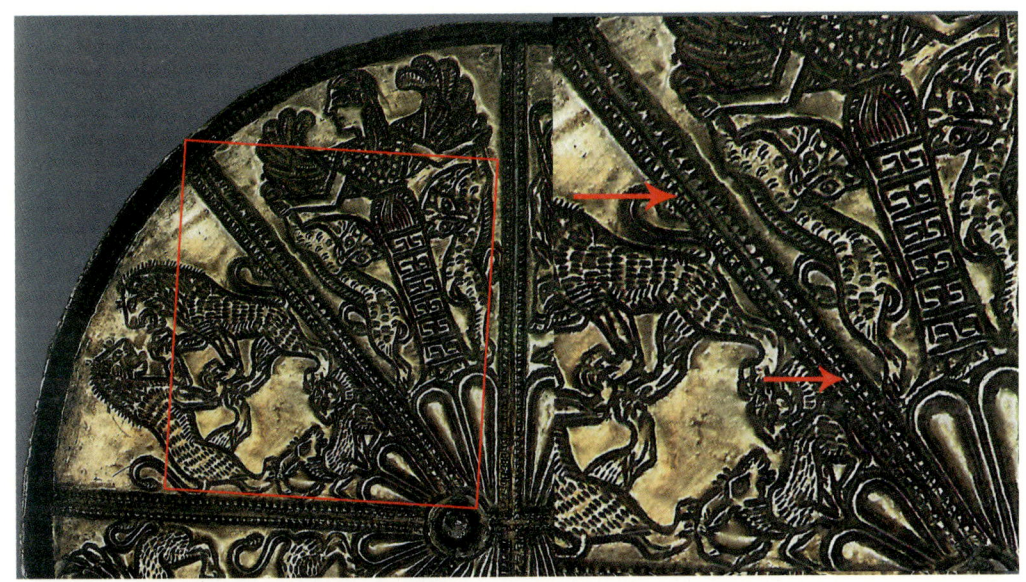

그림 328 켈레르메스 유적 은제 거울 세부

적의 은제 거울에 그려진 여신은 스키타이 전통의 아르김파사일 가능성이 크다고 생각한다. 은제 거울의 반인반수상 아래에는 스키타이 표범문양이 있다(그림 243-3). 이 유적에서 출토된 황금 화살통장식에 표현된 표범과 같다. 외부지역에서 제작되었다고 해도 제작자는 주문자의 요구에 따라서 스키타이인의 세계관과 연결시켜 소비자의 취향에 맞추어야 했을 것이기 때문이다. 이 여성이 스키타이신화 속의 인물이기 때문에 기원전 4세기 이후까지 유물에 반복적으로 나타날 수 있었을 수 있었을 것이다. 같은 형상이 묘사된 각배도 은제 거울과 같은 지역에서 제작되었을 수 있다. 은제 거울에 나타난 반인반수는 우라르트의 유물과도 닮아 있다는 점에서도 유추해 볼 수 있다.

② **그리스 여성머리장식**

여성의 머리를 장식하는 일종의 다이아뎀[38](diadem)(그림 329, 그림 330)은 그리스 장인이 만들었을 것으로 본다. 특히 그림 329은 스키타이 무덤(켈레르메스 고분)에서 출토되었으나, 스키타이적 요소는 보이지 않는다. 흑해 북안에서 출토되는 유물 가운데 스키타이 귀족이 주문 제작한 그리스 스타일의 유물은 스키타이적인 요소 혹은 기법이 더해졌지만(예를 들면 솔로하 출토 황금 빗, 켈레르메스 출토 은제 거울) 이 유물은 전쟁으로 빼앗아 온 획득물일 가능성

---

38 머리띠형 관을 의미하는 그리스용어이다.

그림 329 켈레르메스 유적 1호분(1903년 슐츠 발굴품)　1. 디아댐　2. 디아댐의 일부

그림 330 켈레르메스 유적 3호분 그리스 유물(1904년 슐츠 발굴품)　1. 디아댐　2. 그리핀 머리　3. 디아댐 세부

이 있다(갈라니나 1997, 알렉세예프 2012).

③ 우라르트에서 제작된 철제 검

켈레르메스 고분에서 출토된 기원전 7세기의 철검(그림 331)은 금판으로 장식된 것이다. 철검은 검집에 들어간 채 확인되었고, 금판에는 하이브리드 동물·물고기·사슴 등이 새겨진 것이다. 특히 검집의 귀에는 스키타이 사슴문양(그림 332-1)이 가장 크게 표현되어 있다. 사슴문양 옆의 검집이 시작하는 부위에는 날개달린 두 사람이 의식을 치르는 장면이 상단과 하단에 나누어서 표현되었다(그림 332-2). 검집 끝에는 사자(그림 332-3)가 표현되었다.

검집 중앙에 하이브리드 동물문양은 양머리+맹수(그림 333-1), 독수리머리+맹수(그림 333-2), 사자머리+맹수(그림 333-3)가 반복해서 표현되었다.

검집에 표현된 동물문양은 사슴문양(그림 332-1)을 제외하고는 외부세계의 문양이다. 사자는 카프카스 산맥 남쪽 지역에서 많이 사용하던 문양이다. 하이브리드 동물문양도 몸

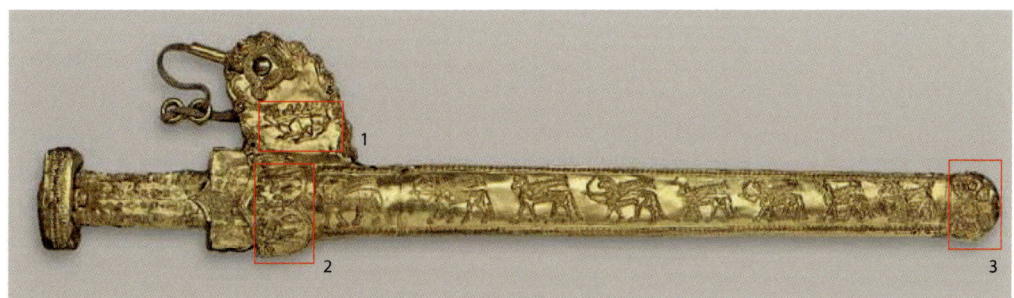

그림 331 켈레르메스 유적 1호분 철검과 검집손잡이 (1903년 술츠 발굴품) 전체 길이: 14.2cm ∣ 날 길이: 46.7cm

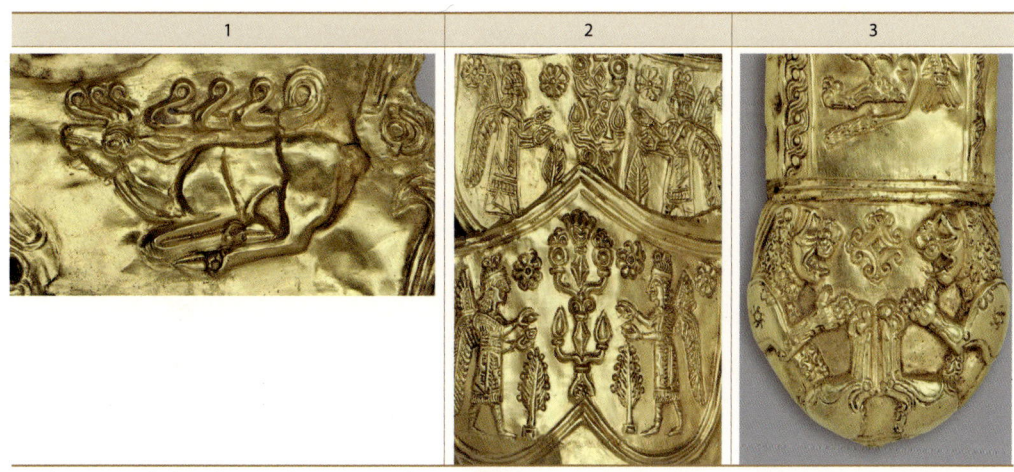

그림 332 켈레르메스 유적 1호분 **그림 331** 세부   1. 사슴문양 ∣ 2. 날개달린 사람 ∣ 3. 사자

  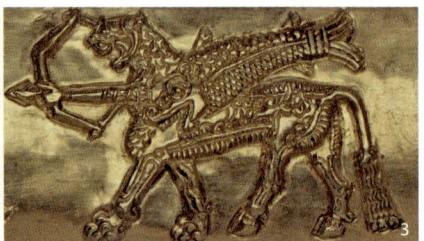

그림 333　켈레르메스 유적 1호분 그림 331 세부　1. 양머리+맹수　|　2. 독수리머리+맹수　|　3. 사자머리+맹수

통 안에 파상문을 채운 점, 물고기를 견갑골에 달아서 표현한 점, 대퇴부와 견갑골의 표현 등은 스키타이 스타일이 아니다.

검집 시작 부위에 표현된 날개 달린 사람은 머리띠(그림 332-2)를 두르고 있는데, 스키타이 사람들의 머리스타일과 다르다.

의례용 투부와 철검은 스키타이인들의 요구에 의해서, 고대 이란에서 제작되었다는 의견이 있고(페레보드치코바 1993) 카프카스 산맥 이남의 강자였던 우라르트에서 제작된 스키타이-우라르트 양식으로 보는 의견도 있다(체르넨코 1980, 갈라리나 2006, 키셀 2003, 알렉세예프 2012). 특히 철검은 거의 비슷하게 생긴 유물이 멜구노프 유적에서도 출토된다(그림 358).

④ 고대 이란에서 제작된 투부와 철검

켈레르메스 유적에서는 의례용 투부와 철제 검이 출토되었다. 투부는 철제품에 금판을 입힌 것이다. 도끼의 형태는 한쪽에는 날이 있고, 다른 한쪽에는 동물문양을 장식한 것이다.

도끼 날 반대쪽 등에는 다리를 접고 목을 뒤로 돌린 염소, 그 아래에는 뒷다리로 서 있는 염소(그림 334-1-a)와 그 옆면에는 도끼를 든 사람(그림 334-1-b)이 있다. 도끼머리 중간에는 다리를 접어 넣은 염소와 사슴이 표현되었다(그림 334-2). 두 동물은 서로 머리방향이 다르다. 도끼자루 끝에는 도끼 등과 같이 두 마리의 염소(그림 334-3)가 있다.

도끼 자루에는 각 면에 28마리의 동물이 표현되었다(그림 335). 직각으로 다리를 굽혀서 앞으로 팬 맹수, 접어 넣은 사슴, 염소와 황소, 멧돼지, 하이브리드 동물 등이 배치되었다. 동물의 종류와 동물자세는 스키타이 문화에서 볼 수 있는 것이다.

그러나 동물의 표면을 섬세한 문양으로 채운 점(별 문양 포함), 대퇴부 안쪽의 홈, 다리를 대퇴부와 견갑부를 분리해서 표현한 점, 견갑부를 이중의 선으로 처리한 점 등이 스키타이 동물문양장식에서 볼 수 없는 방법이다. 고대 이란 삭크이즈 유적의 유물에서 볼 수 있는 기법이다(아르타모노프 1961).

자루에 새겨진 동물은 종에 따라서 자세뿐만 아니라 코·주둥이·귀·몸통표현도 차이

그림 334 켈레르메스 유적 1호분 의례용 투부 1. 도끼날 반대쪽 | 2. 도끼머리 중간 | 3. 도끼 자루 끝 | 전체길이: 72cm | 날의 길이: 22.5cm

가 있다. 이 점은 스키타이 문화의 동물문양 표현체계와 같다(페레보드치코바 1994).

켈레르메스 유적의 황금으로 치장된 투부는 의례용이고 실제 사용된 투부는 날 부분의 끝이 뾰족하게 처리된 것이 대부분이다(그림 336). 동물문양장식은 자루 끝에 장식되었다(그림 336-10).

⑤ 앗시리아의 황금 잔

켈레르메스 유적의 1호에서는 황금 잔 두 개가 세트로 발견되었다. 하나는 동물문양이 장식된 것(그림 338, 그림 339)이고 다른 하나는 꽃잎과 마름모문양(그림 338)이 반복되어 표현되었다. 동물문양(그림 338)은 그릇의 바깥쪽을 눌러서 안쪽에서 문양이 튀어나오도록 되었고, 기하학적 문양은 안에서 눌러서 그릇의 바깥면이 튀어나오도록 표현했다(그림 337-2).

가장 상단에는 타조, 2번째 열, 3번째 열은 사슴과 염소, 바닥에는 꽃 문양이 장식되

그림 335 켈레르메스 유적 1호분 의례용 투부 동체부

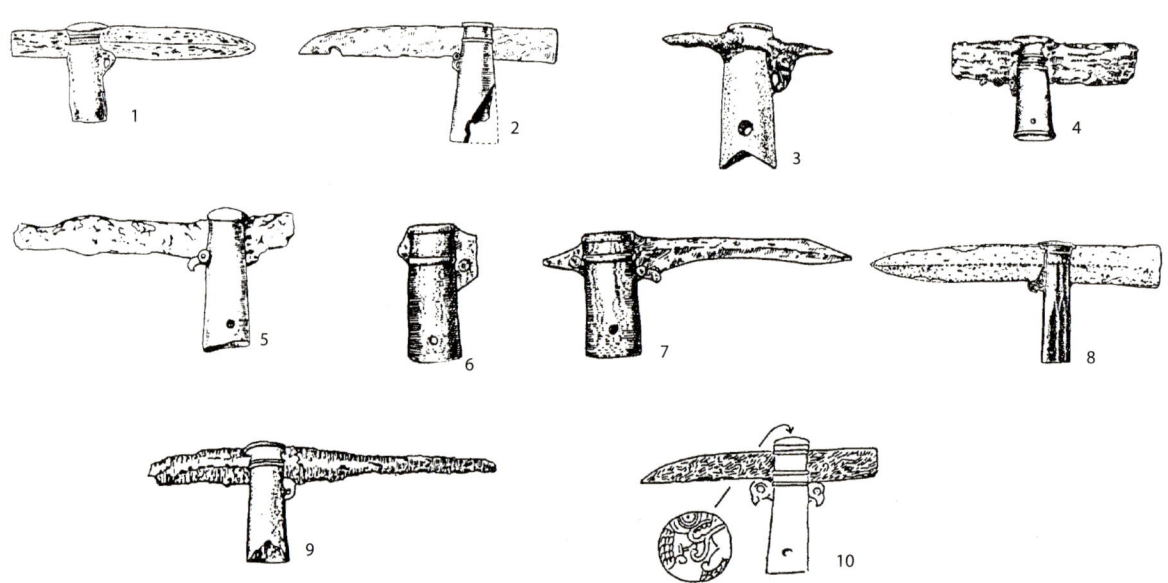

그림 336 유라시아에서 발견된 초기 스키타이 유적의 실제 사용된 투부(켈레르메스 유적 1호분 의례용 투부)

어 있고 이를 중심으로 코젤(산염소), 카프카스 염소(Caucasian tur), 사슴이 교차해서 배열되어 있다. 사슴 등에 올라탄 사자와 코젤을 쫓고 있는 늑대도 2번째 열에 배열되어 있다. 3번째 열에는 사슴, 코젤(산염소), 염소가 앉아 있고 바닥에는 꽃 문양이 있다(그림 339).

켈레르메스 유적이 흑해 부근에서 가장 이른 시기의 무덤인 것을 생각하면 이 그릇에 나타난 사슴 그림은 흑해북쪽에서 가장 빠른 사슴문양 중에 하나이다.

이 그릇에 나타난 사자, 타조는 스키타이 지역에는 없던 문양으로 앗시리아 문화에서는 타조문양이 매우 유행했다고 한다(갈라니나 1997). 사자도 코카서스 산맥 북쪽에서는 나타나지

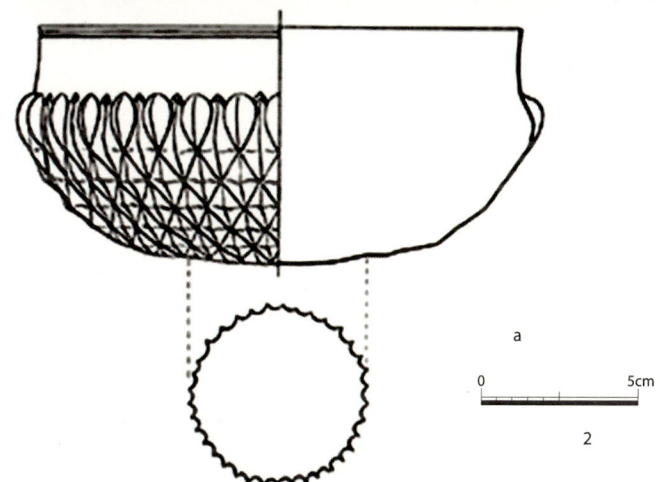

그림 337　흑해지역, 코카서스 산맥 북쪽으로 쿠반 지역, 켈레르메스 1호분(슐츠 발굴품)　1. 황금 잔 ｜ 2. 황금 잔 실측도

않던 문양으로 코카서스 산맥 이남에서 올라온 문양이다. 사자가 이 지역에 등장한 것은 스키타이 문화보다 이전인 청동기시대 마이코프 문화에서 확인된 바 있다(러시아과학아카데미 1989). 코카서스 남부지역과 교류가 처음은 아니었다.

주제뿐만 아니라 동물을 나타나는 방법 중에 갈비뼈를 드러내는 방법은 흑해 북쪽 및 시베리아의 스키타이 문양과는 관련이 없는 앗시리아 양식이다. 이는 뒤에서 소개할 사슴과 표범으로 장식된 화살통장식을 보아도 알 수 있다. 시베리아 알타이에서 확인되는 사슴의 표현방법이 몸통과 뿔에서 차이가 있다(루덴코 1960).

헤로도투스에 의하면 흑해에서 원래 살던 킴메르인들은 스키타이 사람들 때문에 인접한 소아시아로 도망갔다. 스키타이 사람들은 킴메르인들을 추적해서 코카서스 산맥 남쪽

그림 338　켈레르메스 1호분 황금 잔

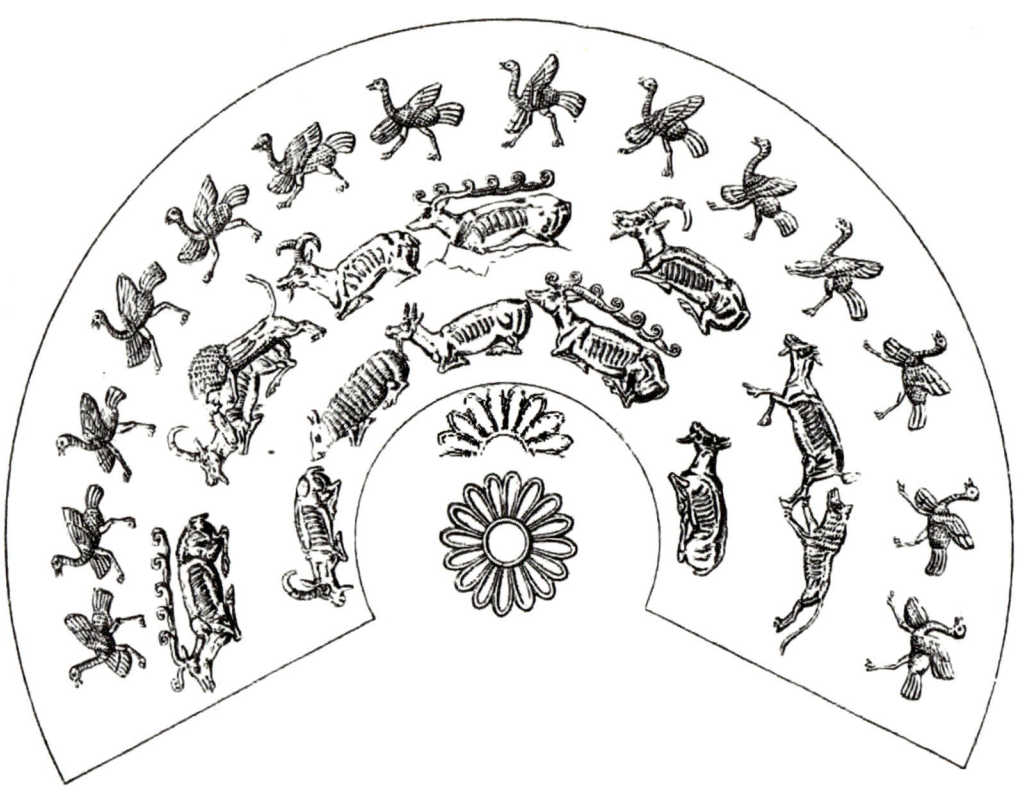

그림 339　켈레르메스 1호분 황금 잔(그림 338)의 평면도

406　교과서 밖의 역사 유라시아 초원 스키타이 문화의 미라와 여신상

까지 내려오게 되는데, 앗시리아 연대기는 이 시점을 기원전 670년부터라고 기록했다. 고대 오리엔트 기록에는 기마병단을 보유한 스키타이 유목민족 때문에 거의 100년 동안 고생하고 공포정치로 치를 떠는 기록들이 많이 남아 있다(아르타모노프 1966).

하지만 이 점도 석연치 않은 것이 스키타이인과 앗시리아는 기원전 680년에 결혼동맹을 맺고 있었고 기원전 623~622년 스키타이 사람들은 앗시리아를 도와서 앗시리아의 수도를 공격하는 메디아인을 섬멸했다(Piotrovsky B. 외 1986).

스키타이인들은 앗시리아인을 도와서 메디아를 함께 막아 주었건만 인접한 국가의 입장에서 쓴 기록에는 그들은 그다지 좋은 사람들로 묘사되지 못했다. 앗시리아 입장에서 쓴 기록에 강력한 군사력을 가진 스키타이 사람을 좋게 묘사했을 리가 없었을 것이다.

앗시리아와 그리스에서는 손잡이가 없는 잔을 'phiales'라고 부른다. 피알레스는 왕권을 상징하는 그릇이다(Piotrovsky B. 외 1986).

이 외에도 의자의 장식(**그림 340**)과 화살통 혹은 활의 장식(**그림 341**) 등이 있다. 동물장식을 사용한다는 점은 같지만 동물을 표현하는 방법은 다른데, 눈·코·입주변 등이 그렇다. **산양(그림 341)**은 앗시리아에서 사용하지 않는 문양으로 앗시리아에서 만들어졌지만 스키타이 왕 혹은 귀족을 위해서 만들어진 기념품이다(갈라니나 1997, 알렉세예프 2012).

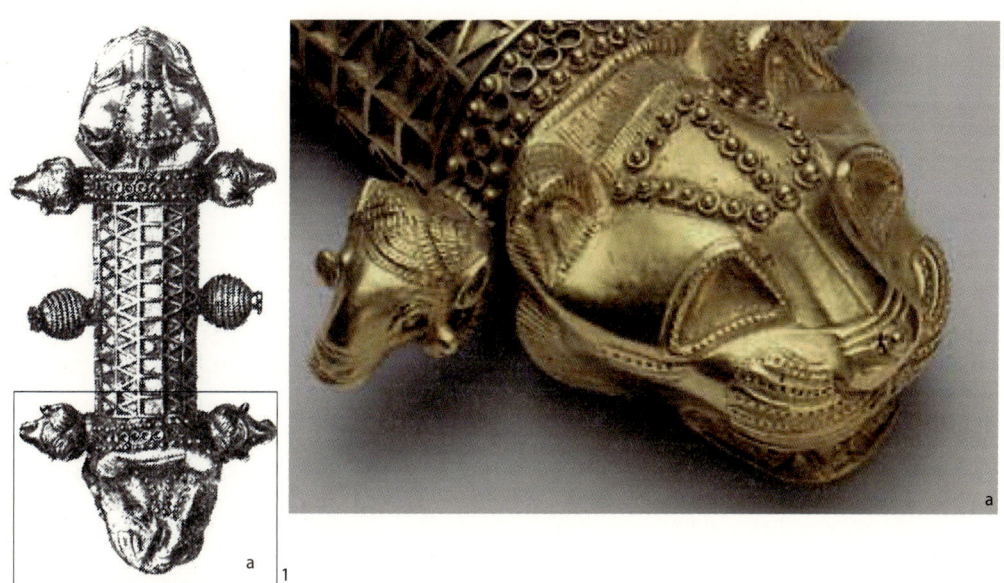

그림 340 켈레르메스 유적 3호분 의자 장식(앗시리아 유물, 1904년 슐츠 발굴품)　1. 의자 장식　|　a. 의자 장식의 세부

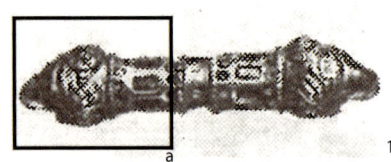

그림 341   켈레르메스 유적 3호분 활 장식(앗시리아 유물, 1904년 슐츠 발굴품)   1. 활 장식 | a. 활 장식의 세부

(2)   스키타이 지역에서 만들어진 유물

① 청동솥

켈레르메스 유적에서는 청동솥 2점이 발견되었다. 청동솥은 다리가 나팔상으로 붙어 있고, 손잡이에 산양 두 마리가 달려 있는 것이다. 솥의 입구에 가까운 동체부에는 삼각형 문양이 표현되었다(그림 342-1). 주물로 만든 흔적이 남아 있다. 청동솥은 1점 더 있는데, 동체부에 산양장식과 기하학적 문양이 붙어 있고 손잡이에도 산양장식이 달려 있다. 청동솥 바닥에는 아래에 다리가 붙었던 흔적만 남아 있다. 전체모양은 그림 342-1과 비슷했을 것으로 생각되며, 출토당시에 이미 부서진 채 확인되었다(갈라리나 2006).

한편 시베리아의 아르잔-2호는 켈레르메스 유적과 거의 비슷한 시기에 만들어진 유적이다. 아르잔-2호의 주인공 5호묘에는 2중으로 나무방이 만들어졌는데, 그 사이에 청동솥 2점(그림 342)이 확인되었다. 청동솥은 나팔상의 다리가 달린 점과 주물로 만든 점 등은 비슷하지만 손잡이의 형태에 차이가 있다.

청동솥은 시베리아 뿐만 아니라 우랄 남부의 사르마트 문화 중에서도 이른 시기의 유적인 필리포프카 유적(프세니축 2012)에서도 출토되어 스키타이 문화권 내에서 넓은 지역에 분포된다는 점을 알 수 있다.

② 스키타이 무기

헤로도투스(2009)는 역사에서 7권 64장에 박트리아인과 스키타인을 비교해서 묘사했다.

그림 342 켈레르메스 고분 청동솥

'박트리아인은 메디아 인과 아주 비슷한 모자를 머리에 쓰고 행군했으나 갈대로 만든 박트리아산 활과 단창을 들었다. 스퀴타이(스키타이)족인 사카이(사카)족은 끝이 뾰족하고 빳빳한 모자를 머리에 쓰고 있었고, 고유의 활과 단검 말고도 사가레이스라고 불리는 투부(전투용 도끼)를 들고 있었다.' 페르시아인들은 스키타이족을 사카이(사카)족이라고 부른다.

7권은 페르시아전쟁을 묘사했기 때문에 참가한 각 민족을 묘사해 놓은 것인데, 스키타이인에 대한 묘사는 고깔모자, 활, 단검, 전투용도끼로 박트리아인과 구분되었다.

페르세폴리스의 아파다나 궁의 북쪽 면에는 스키타이인이 조각되어 있는데, 단검을 들고 있는 사람, 왼쪽 허리에 활집을 차고 있는 사람, 그 뒤에는 활집을 허리에 차고 전투용도끼를 들고 있는 사람이 그대로 묘사되어 있다(갈라리나 2006).

켈레르메스 유적에서는 실제로 화살통의 장식판으로 사용되었던 유물이 출토되었다. 사슴과 표범이 새겨진 유물이다(그림 343). 길이 40.5cm, 폭은 22.2cm로 384.08g가량이다. 원래는 원통형이었겠지만 1904년에 발굴되어서 당시에 편 채로 보관되었다. 그래서 정확한 모습을 알 수 없다. 페르세폴리스 궁전벽에 그려진 것과 더 유사한 유물은 이 책에 이미

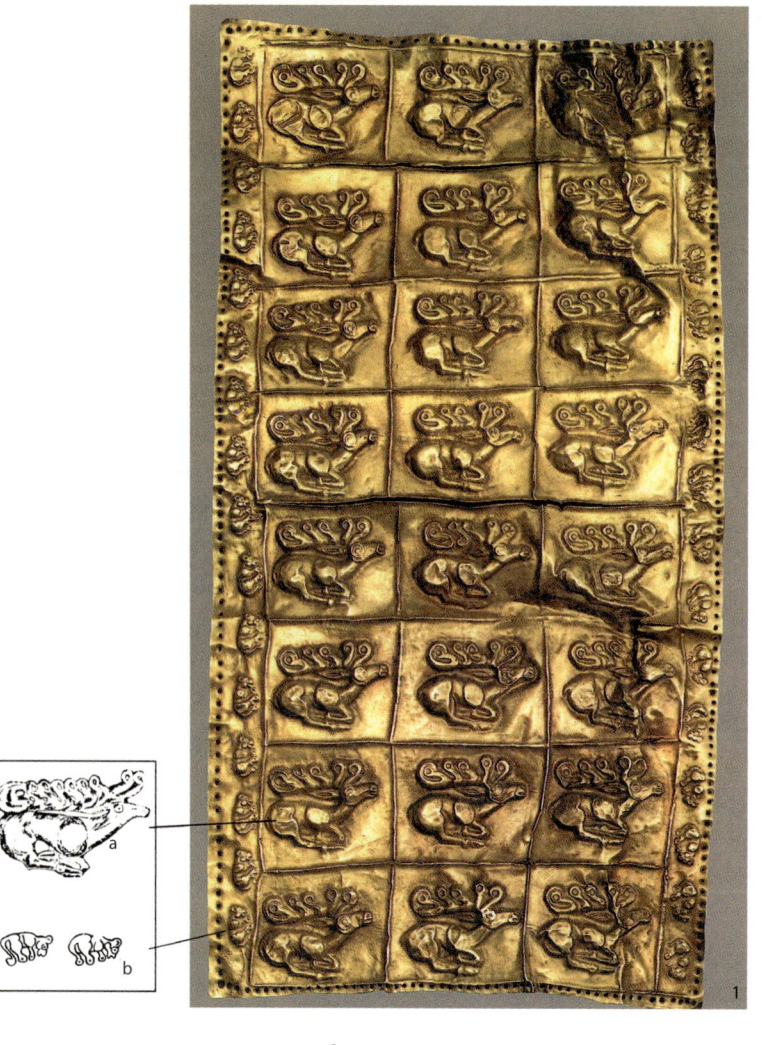

그림 343 켈레르메스 유적 화살통 장식판   a. 사슴문양
b. 표범문양

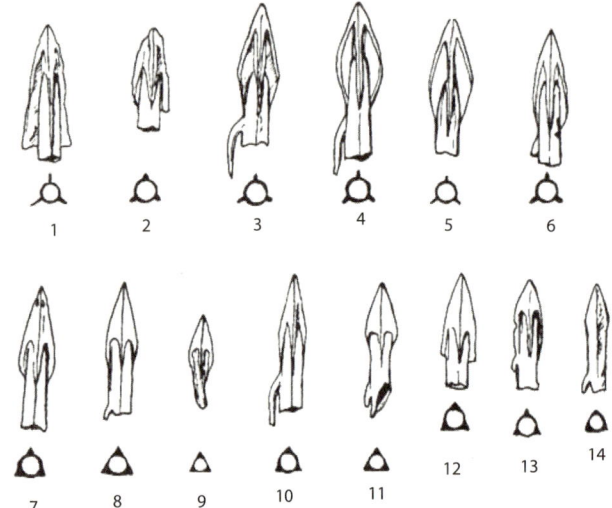

그림 344 켈레르메스 유적 화살촉

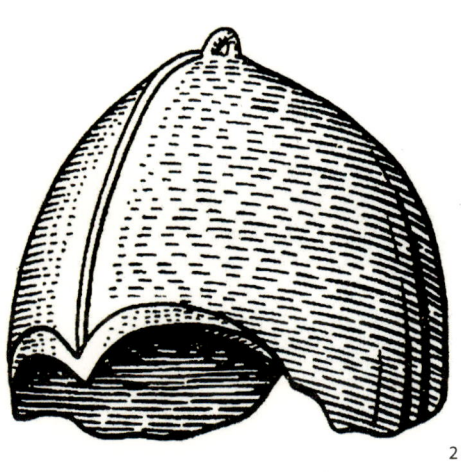

그림 345 켈레르메스 유적 2호분(베셀로프스키 발굴)   1. 청동 투구 | 2. 청동 투구 실측도

소개된 아르잔-2호에서 출토되어 복원되었다.

    스키타이인들의 활은 비교적 짧은데 75~100cm가량이고, 활은 단순하게 만들어지지 않았다. 나무와 심이 들어 있는 복합적인 구조로 만들어지는데 이를 스키타이 활이라고 부른다. 나무 한 겹으로 만들어진 단순한 활 보다는 훨씬 더 튼튼했다(G Rausing 1967).

    화살통 외에도 청동헬멧(투구)과 금제 방패장식(그림 347), 철제찰갑, 청동 화살촉(그림 344) 등이 발견되었다.

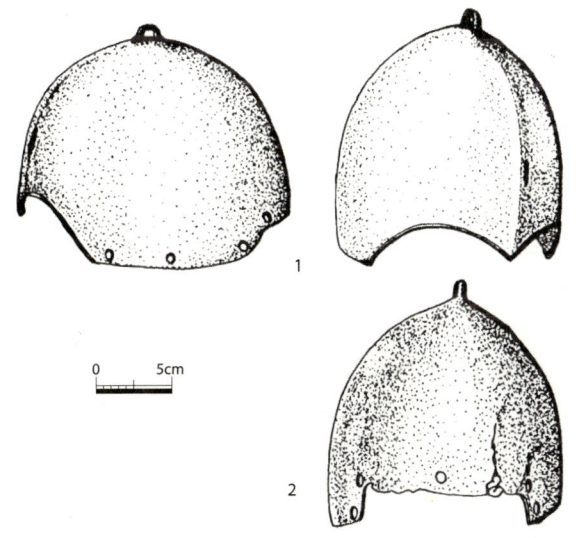

그림 346 켈레르메스 유적 3호분 15무덤 청동투구(1993년 발굴)

    헬멧(그림 345, 346)과 화살통은 흑해 스키타이 사람들의 유물이다. 이 유물은 몽골, 중국 요서지역의 하가점상층 문화인 소흑석구 유적까지 넓은 분포를 보인다(갈라니나 1985, 강인욱 2006, 알렉세예프 2019).

    표범(그림 347)동물문양장식은 뒤에 꼭지가 2개 붙어 있어서 방패와 같은 곳에 붙였을 것으로 추정한다(갈라니나 1983, Piotrovsky B.외 1986) 유물은 흑해 스키타이 동물문양의 특성적인 표현을 그대로 담고 있다. 표범의 뒷다리와 앞다리 부분의 근육을 부조로 표현해서,

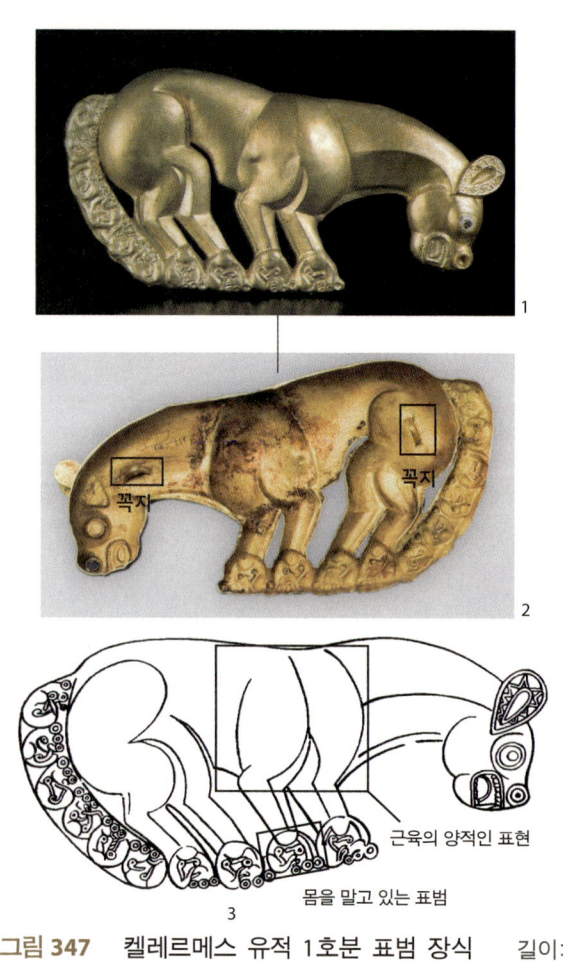

그림 347　켈레르메스 유적 1호분 표범 장식　길이: 32.6cm ｜ 높이: 16.2cm ｜ 1. 표범 장식 앞면 ｜ 2. 표범 장식 뒷면 ｜ 3. 표범 장식의 실측도

같은 유적에서 출토된 화살통의 표범표현(그림 343)과 유사하다. 같은 시기의 코스트롬스카야 유적의 방패장식인 사슴장식(그림 363)도 다리와 목의 근육표현 등이 유사하다(페레보드치코바 1994). 이 유물은 기원전 7세기로 시베리아의 아르잔-1호가 발굴되기 전까지 스키타이 문화에서 가장 이른 동물문양장식 중에 한 점으로 여겨졌다(페레보드치코바 1994, 알렉세예프 2003).

하지만 아르잔-1호가 발굴되고 나서 러시아 학계에서는 스키타이 문화의 기원이 시베리아 일 수 있다고 생각하게 되었다(그랴즈노프 1979).[39] 물론 그리스 스타일의 유물이 스키타이 문화의 요소에서 확인되는 것은 부정할 수 없으나 스키타이 동물양식을 성립시켰다고는 볼 수 없다는 것이다(그랴즈노프 1979, 츨레노바 1997).[40]

③ 마구

베셀로프스키가 발굴한 켈레르메스 유적 1호에서는 모두 24마리의 말이 남서쪽벽에 나란히 매장되었다(그림 323). 서쪽벽에 말 12마리가 누워 있었는데, 그 중 10마리는 마구를 착장하지 않았다. 두 마리에는 은제 마구장식(그림 348)이 착장되었다. 남쪽벽의 말(13~18번)은 6마리는 황금 굴레장식, 나머지 6마리는 뼈로 만들어진 굴레장식(그림 354)을 착장했다(갈라리나 1983).

39　그랴즈노프는 아르잔-1호를 발굴하고 스키타이 문화의 기원을 시베리아로 생각하게 되었고 이를 담아서 '스키토-시베리아' 유형이라고 명명하였다.

40　이 외에도 많은 연구자들이 있다.

그중에서 말의 얼굴장식이 가장 잘 남아
있는 것은 남쪽벽의 13번 말이다(그림 349).
이마부터 콧등까지 가리는 앞 장식판(그림
349-6)과 재갈멈치 위에 달린 볼 가리개(그림
349-12, 13)와 굴레를 감싼 장식판으로 구성
된 것이다. 볼가리개는 양면(그림 349-12, 13)
이 문양이 차이가 있다. 기본적으로 나선문
양을 배치했다는 점은 같으나, 왼쪽 뺨 가리

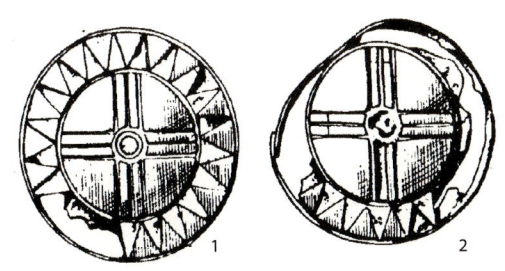

그림 348 켈레르메스 유적 1호분 은제 마구 장식
(베셀로프스키 발굴)

개(그림 349-13)는 다섯 개의 동심원문양 안에 나선문양을 배치한 것이고, 오른쪽 뺨 가리
개(그림 349-12)은 두 개의 동심원문양을 기본 프레임으로 한 것이다. 굴레를 감싼 다른 장

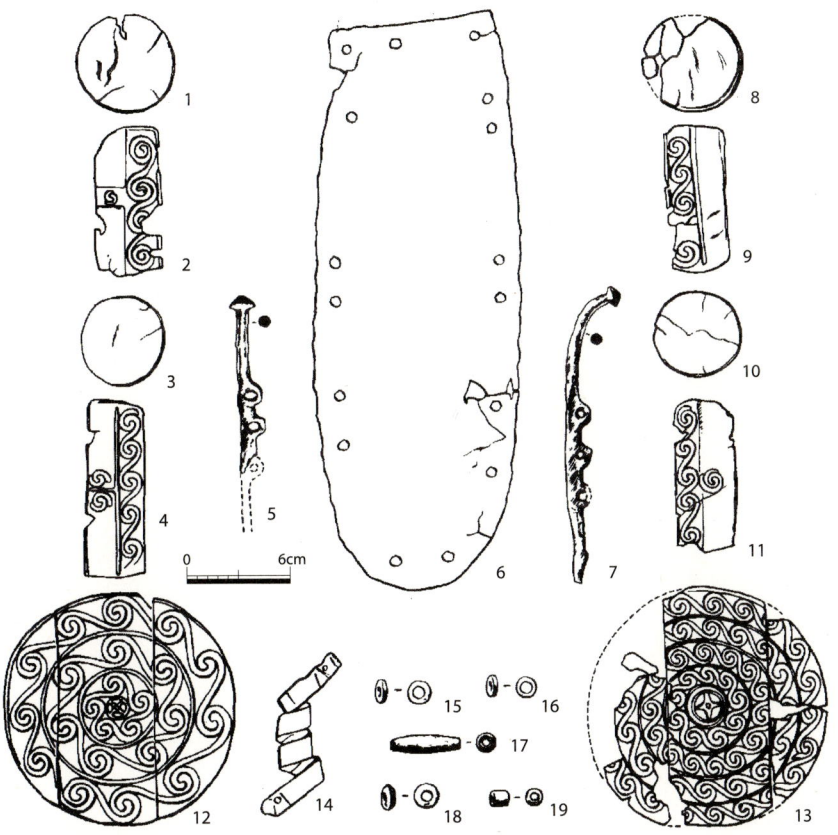

그림 349 켈레르메스 유적 1호분(베셀로프스키 발굴), 황금 굴레장식 13번 말 외 마구장식 1~14. 베
셀로프스키 발굴 1호 13번 말 장식 | 15. 베셀로프스키 발굴 1호 13~16번 말 장식중에 한 점 |
16~19. 베셀로프스키 발굴 2호 6번 말 장식 | 1~4, 6, 8~14. 황금 | 5~7. 철제 | 15~17,
19. 유리 | 18. 홍옥

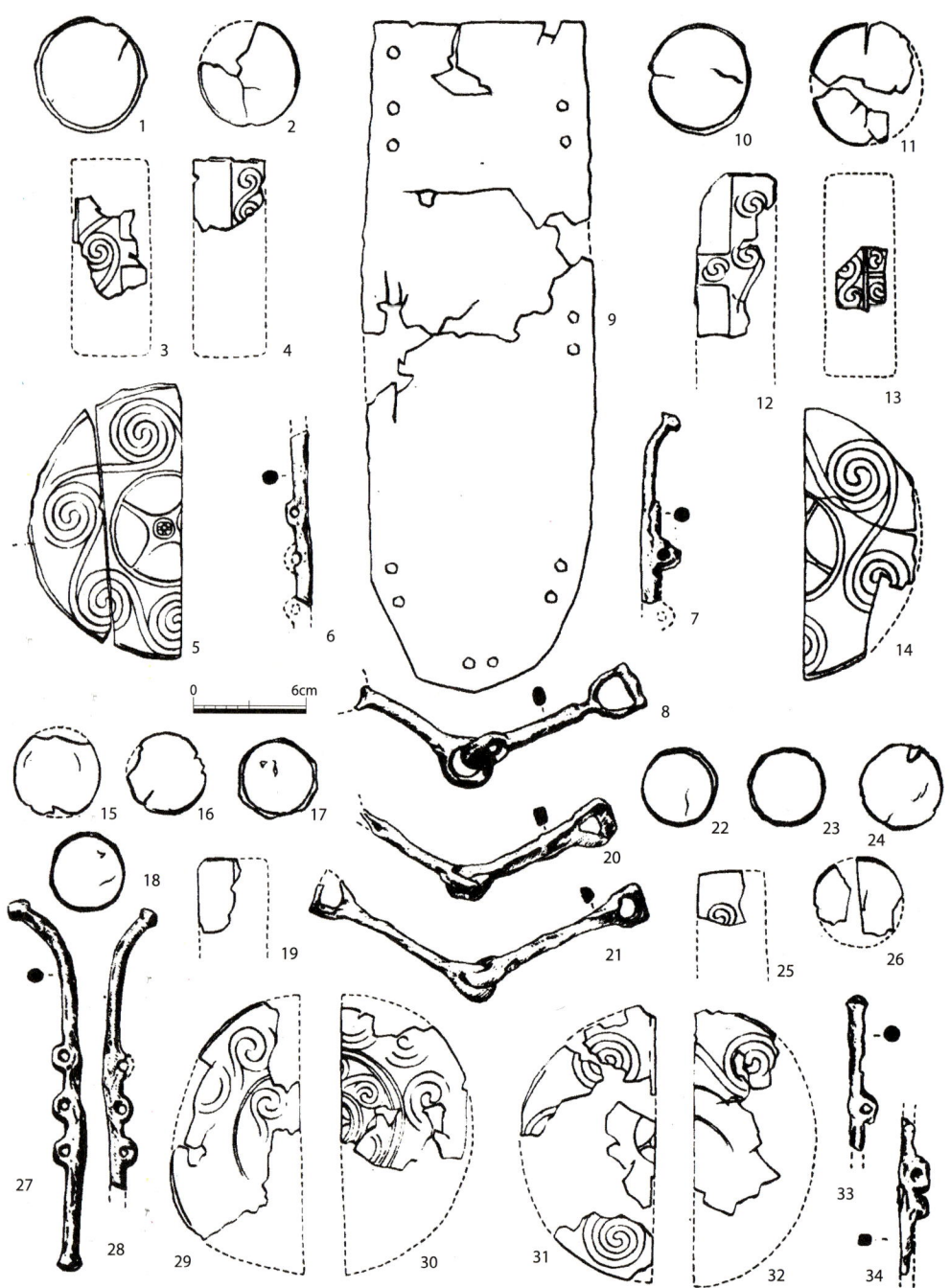

그림 350 켈레르메스 유적 1호분(베셀로프스키 발굴), 14번·15번·16번 말의 마구장식 ┃ 1~10. 베셀로프스키가 발굴한 1호 서쪽벽 말의 마구 ┃ 11~14. 14번 말의 마구 ┃ 15~34. 15번과 16번 말의 마구 ┃ 1~5, 9~19, 22~26, 29~32. 금 ┃ 8. 청동 ┃ 6, 7, 20, 21, 27, 28, 33, 34. 철제품

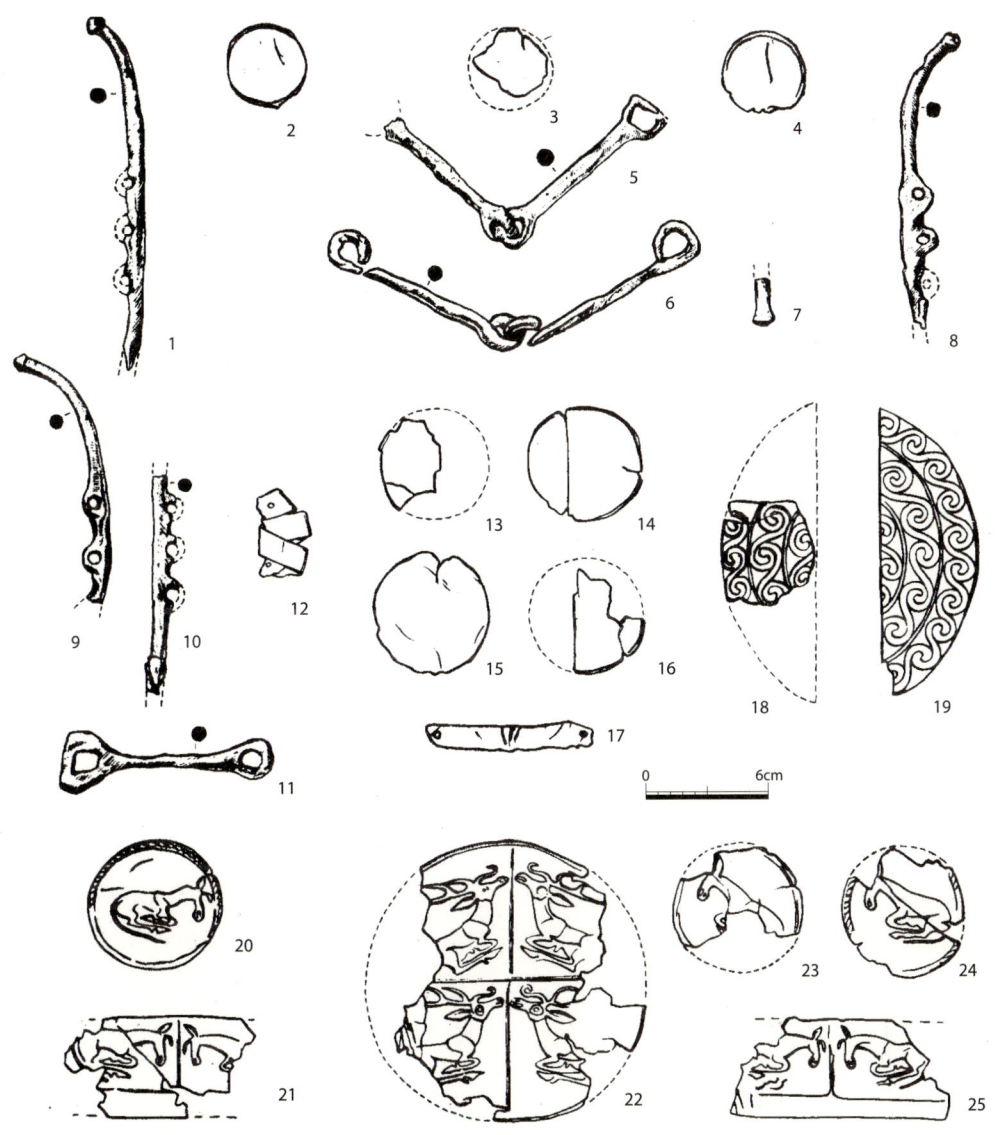

그림 351 켈레르메스 유적 1호분(베셀로프스키 발굴), 17번·18번 말 외 마구장식 | 1~8. 베셀로프스키 1호 17번·18번 말의 마구 | 9~19. 베셀로프스키 2호 6번 말의 마구 | 20~25. 슐츠 발굴 4호 | 1, 5~11. 철제품 | 2~4, 12~25. 금제품

식판에도 모두 나선문양이 그려져 있다(갈라리나 1983).

뼈를 깎아서 만든 굴레장식도 알려졌다. 특히 몸을 말고 있는 맹수 표현(그림 354-4)은 표트르 1세의 시베리아 수집품, 아르잔-1호 등 금속유물에서 볼 수 있는 특징이다.

굴레장식에 표현된 동물문양은 알타이와는 차이가 있다. 산양으로 매부리처럼 굽어진 코에서 입으로 이어지는 표현과 입 아래 턱수염 표현 등은 스키타이 문화의 서쪽 지역 특

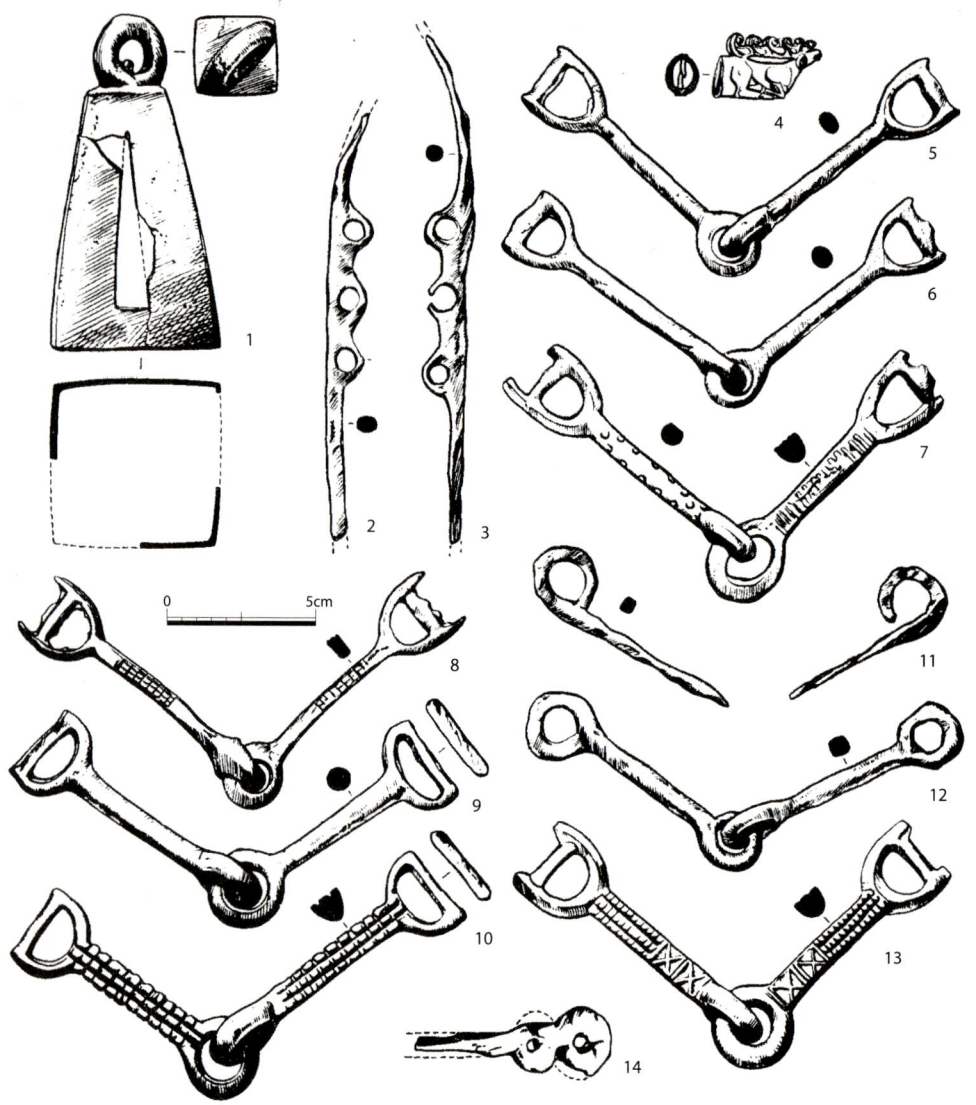

그림 352 켈레르메스 유적 마구 | 1~4, 7~13. 슐츠 발굴 3호와 4호 | 5~6. 슐츠 발굴 1호 | 14. 베셀로프스키 발굴 2호 | 1, 5~10, 13. 청동 | 4. 황금 | 2, 3, 11, 12, 14. 철제품

징이다(페레보드치코바 1994).

뿐만 아니라 지팡이 끝에 끼워서 사용했던 간두령(그림 354)은 완전한 스키타이 서부 스타일이다. 귀가 강조된 독수리 머리 그리핀이 붙어 있다(러시아과학아카데미 1989).

고분에서 남쪽과 서쪽으로 나누어서 말을 매장한 것(그림 323)은 왕실의 환경이 혼합민족으로 구성되었음을 암시하며 스키타이인 뿐만 아니라 인접한 지역의 사람을 의미했을 가능성도 생각해 볼 수 있다. 뿐만 아니라 말의 장식을 은·뼈·금으로 차등을 둔 것에 대해서 사회적 위계를 반영했다는 생각도 있다(갈라리나 2006).

416 교과서 밖의 역사 유라시아 초원 스키타이 문화의 미라와 여신상

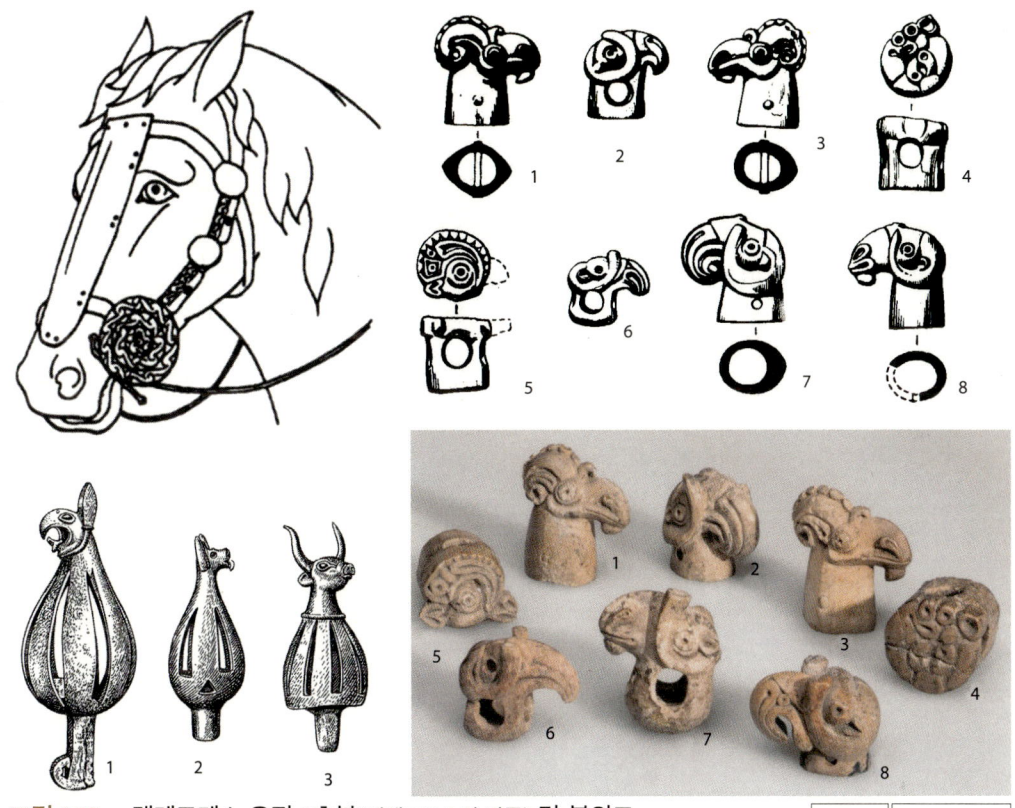

그림 353　켈레르메스 유적 1호분(베셀로프스키 발굴) 말 복원도
그림 354　켈레르메스 유적 1호분(베셀로프스키 발굴)
그림 355　켈레르메스 유적 간두령(슐츠 발굴품)

　　갈라리나의 생각이 딱히 틀렸다고 할 수 없지만, 필자는 말의 장식을 만든 소재가 다른 것은 용도 때문이었을 가능성도 염두해 두어야 한다고 생각한다. 청동 헬멧을 쓴 무사 입장에서 의전용이라면 황금장식판을 단 말을 탔을 것이고, 전쟁에 나갈 참이었다면 뼈로 만든 굴레장식이 달린 말을 탔을 것이다. 동물장식은 일종의 부적(amulet)과 같은 역할을 했기 때문이다.

　　13번 말의 굴레장식은 이 유적에서 출토된 우라르트-스키타이 양식의 유물과는 관련이 없는 지역의 특징적인 유물(그림 349-1~14)이다. 나선문양은 동물문양과 함께 흑해 스키타이에서 유행하던 유물이기 때문이다.

　　켈레르메스 유적에서 출토된 철검과 철검·투부·은제 거울·금제 머리띠 등은 기본소재와 함께 금으로 마감해서 세간의 관심을 받는다. 하지만 좀 더 들여다보면 실제 사용했던 물건은 청동솥, 무기와 마구이다. 켈레르메스 유적은 기원전 7세기 흑해 스키타이 문화의 실용성부터 의전용까지 모든 것을 담았다고 생각한다. 의전용 혹은 의례용은 주로 외부 세계에서 만들어진 것으로 당시의 외교상황을 담고 있다.

2) 멜구노프(Мельгунов, Melgunov) 유적과 유물

멜구노프(Мельгунов, Melgunov) 유적은 키로보그라드(Кировоград, Kirovograd)에서 북쪽으로 30km 떨어진곳에 위치한다(지도 5). 드네프르 강의 우안에 있는 유적인데, 청동기시대 및 초기 철기시대인 스키타이 문화의 무덤이 확인되었다. 멜구노프(А. П. Мельгунов A.P. Melgunov)가 1763년에 발굴했고, 그 뒤에도 야스테레보프(V.N.Yastrebov, В. Н. Ястребов와 볼키N.M.Bokiy, Н. М. Бокий(1990년)가 발굴조사했다. 제국고고학위원회가 만들어지기 전 부터 조사되었는데, 동유럽에서 시작된 최초의 스키타이 문화의 유적이다.

봉분의 높이는 10.7m정도로 알려져 있다. 야스트레보프는 봉분의 동쪽에서 지하묘지 2개와 서쪽 도랑을 발견했다. 볼키는 야스트레보프가 봉분을 잘못 조사했다고 지적하고, 스키타이 문화의 멜구노프 유적이 청동기시대 봉분을 기반으로 해서 만들어진 것으로 보았다. 봉분은 무덤의 호석으로 둘려져 있었고, 인간과 동물의 뼈, 청동기시대 토기 및 그리스식 토기인 암포라(양손잡이 그리스 토기)가 발견되었고, 쿤스트카메라[41]에 옮겨졌다.

이 유적에서 발굴된 독수리 모양 허리띠장식(그림 357)은 최초의 스키타이 동물문양 제작기법으로 만들어진 유물로 모두 17점이 출토되었다. 뿐만 아니라 앞에서 살펴본 켈레르메스의 금제 머리띠와는 또 다른 스타일인 우라르트-스키타이 양식의 머리띠(그림 356)가 발견되었다.

기원전 7세기 흑해의 스키타이 문화 유적에는 인접한 지역과의 밀접한 영향이었다는 사실은 앞서 살펴본 켈레르메스 유적의 유물로도 알 수 있었다.

같은 시기의 멜구노프 유적에서 출토된 금제 머리띠는 우라르트[42] 혹은 시리아와 관련성을 보여준다. 금제 머리띠는 세 줄의 황금 체인(그림 356-1)과 꽃 장식(그림 356-a)으로 치장된 것이다. 이 유물은 우라르트 혹은 시리아에서 기원한 유물로 스키타이 사람들이 응

---

41 러시아 최초의 공립박물관, 상트페테르부르크 소재, 에르메타주 박물관 뒤편으로 네바강을 건너면 바로 위치한다. 한국관도 따로 꾸며져 있다.

42 우라르트는 현재의 아르메니아 지역에 있던 고대 국가로 기원전 8~6세기 서아시아에서 가장 맹주였다(피오트로프스키 1959)

그림 356 멜구노프 유적(1763년 멜구노프 발굴) 길이: 63.8cm | 1. 금제 머리띠 | a. 꽃장식-금, 옥수석(chalcedony)

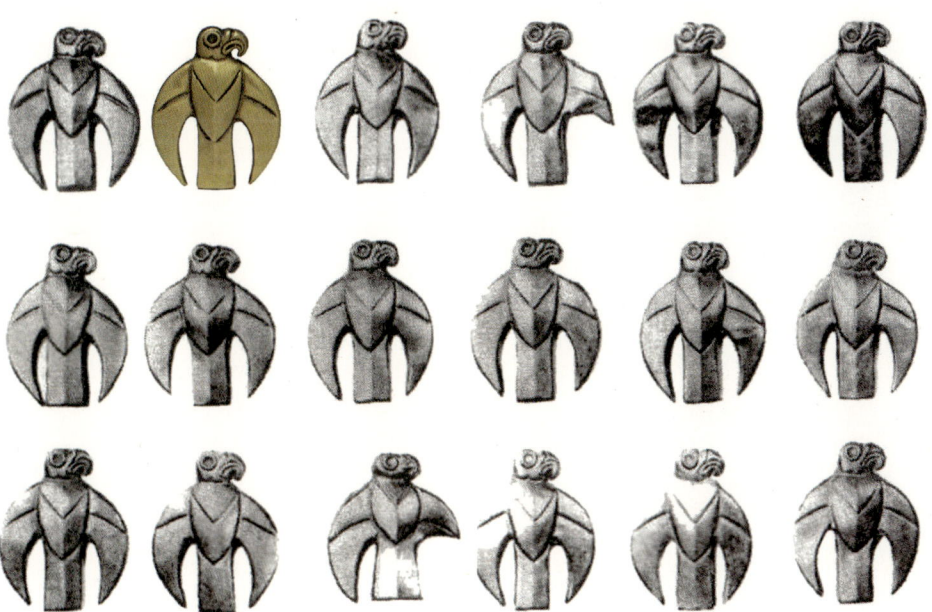

그림 357 멜구노프 유적 독수리 모양 허리띠 장식 크기: 6×4.7cm

그림 358 　멜구노프 유적 철검　　전체길이: 60cm
1. 멜구노프 유적의 철검　｜　2~4. 멜구노프 유적의 철검 상세

그림 359 　페르세폴리스 아파다나 궁전 북면에 그려진 아키나케스 검

420　교과서 밖의 역사　유라시아 초원 스키타이 문화의 미라와 여신상

용해서 다시 재수정했을 것이다(키셀 2003).

꽃 장식(그림 356-a)의 가장자리에 둥근 금구슬을 붙이는 기법은 누금기법이라고 하는데, 스키타이 문화에서 볼 수 있는 제작기법이다. 이미 기원전 7세기 중반 시베리아의 아르잔-2호에서도 발견되었다. 그리스와 오리엔트 양식에도 있지만 아주 작고 세밀하게 같은 크기로 붙이는 것은 스키타이 문화권에서 먼저 시작된 것이다.

특히 아르잔-2호에서 발견된 황금 유물에는 켈레르메스 유적의 그리스제 머리띠 장식과 비슷하게 작은 금구슬을 붙여서 만든 귀걸이와 장신구 등이 출토되었다. 그러나 아르잔-2호의 유물은 아주 균일한 크기의 금구슬이 붙어 있어서 켈레르메스 유적의 그리스제 머리띠 장식과는 제작기법에 차이가 있다(그림 329).

흑해 스키타이 문화인 기원전 7세기 멜구노프 유적에서는 스키타이 전통적인 기술로 제작된 동물양식 뿐만 아니라 인접지역과의 관련성을 보여 주는 유물이 출토되었다.

의례용 철검(그림 358-1)은 켈레르메스와 거의 비슷한 외형이다. 처음에는 페르세폴리스의 아파다나 궁전에 그려진 유물(그림 359)과 거의 비슷해서 아케메니드 왕조(기원전 559-330)에서 제작한 것으로 알려졌다(체르넨코 1980, 페레보드치코바 1994).

그런데 켈레르메스 유적과 멜구노프 유적을 연구하면서 우라르트에서 제작된 황금 머리띠(그림 356)는 검의 연대보다 올라간다는 사실을 알게 되었다. 스키타이에서 새로 고쳐지긴 했지만 우라르트(기원전 880-640)의 유물이라면, 아케메니드 왕조 보다 최소한 100년 이상 올라가는 것이다.

따라서 켈레르메스 유적과 멜구노프 유적의 철검(아키나케스)은 아케메니드 왕조 보다는 더 오래된 시점의 어느 왕조와 관련이 있다. 후보지는 고대 이란 혹은 이란과 흑해 사이에 있는 아나톨리 지역(현재의 아르메니아인데, 후자에 더 많은 학자가 지지하고 있다)(체르넨코 1980, 키셀 2003, 알렉세예프 2012)이다.

철검에 묘사된 하이브리드 동물·그리핀·황소·숫양의 머리가 달린 사자·이빨이 있는 물고기 등은 우라르트 신화와 관련되었다. 철제검을 허리띠에 달아서 연결하는 부위에 묘사된 사슴문양장식(그림 358-2)과 맹금류의 표현은 스키타이 문양이고, 나머지는 우라르트 문양(그림 358-3, 4)이다. 하이브리드 동물문양(그림 358-3)도 우라르트에서 확인되는 맹수몸통+날개+인간얼굴이 조합된 유물(그림 325)에서 발견할 수 있다(키셀 2003, 알렉세예프 2012).

그런데 멜구노프 외에 철제 검이 출토된 켈레르메스 유적의 전투용 투부에 새겨진 동물문양을 표현하는 방법은 앗시리아에서 제작되었다고 앞서 설명했다. 뿐만 아니라 멜구노프 유적의 철제 검은 우라르트-스키타이 양식(체르넨코 1980, 키셀 2003, 알렉세예프 2012)으로 보는 것이 여러 학자들이 지지하는 의견이다. 역시 스키타이인들이 우라르트에 주문해서 제작한 것이다.

3) 코스트롬스카야(Костромская, Kostromskaya) 유적과 유물

코스트롬스카야 (Костромская, Kostromskaya)유적은 켈레르메스 유적 보다 앞서서 베셀로프스키가 19세기말(1897년)에 발굴했다. 켈레르메스 유적, 울스키-아울 유적은 이 유적과 무덤구조가 비슷하다.

　　무덤의 구덩이를 계단처럼 파고 구덩이에 텐트 모양의 목제 구조물을 만들고 그 위를 흙으로 덮은 구조이다. 목제구조물 안에는 엄청나게 많은 수의 희생된 말과 순장(殉葬)(주인공을 위해서 산채로 묻음)된 사람도 있었다. 무덤구덩이의 계단 벽층계에는 13명의 인골이 순장되었다(그림 360). 구덩이 위로는 나무기둥을 방형으로 박고 그 위에 일종의 마루를 설치해서 기단처럼 세워서 부장품을 올려놓았다(그림 361). 부장품을 부장한 공간 위에 원추형으로 집의 지붕과 같은 구조물을 올리고 가장자리에는 마구를 착장한 말 22마리를 부장했다. 원추형 나무지붕을 점토로 덮어서 높이 2m의 봉분으로 만들었다(아르타모노프 1966).

　　베셀로프스키 설명에는 없었으나 계단형 무덤방을 만들고 흙으로 덮은 후 나무기둥을 박고 부장품을 넣는 공간을 만들고 다시 흙으로 덮고 그 위에 원추형으로 집의 지붕을 올

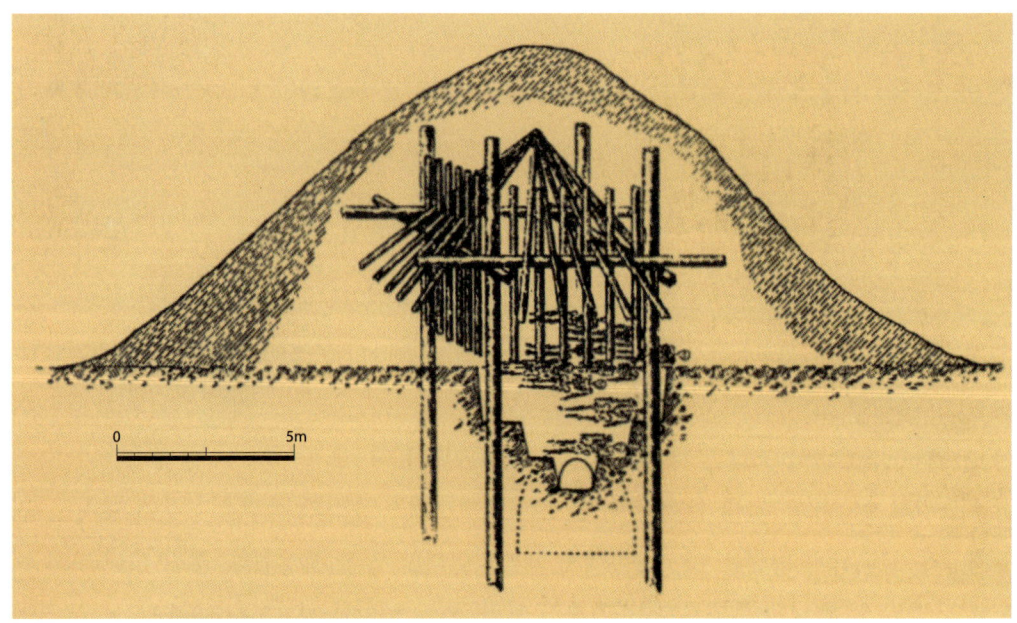

그림 360　코스트롬스카야 무덤 구조

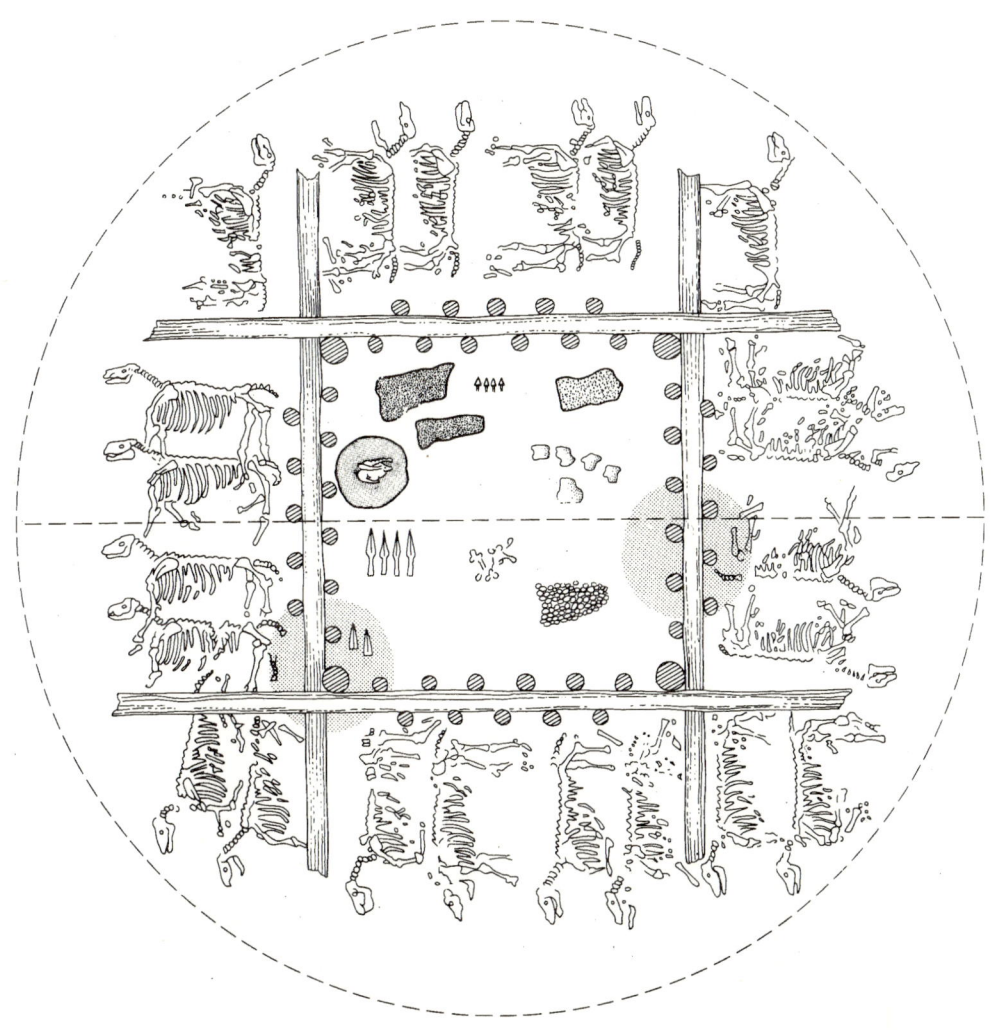

그림 361 코스트롬스카야 무덤 단면도 제물을 받친 기단과 그 위에 말을 부장한 공간을 한번에 그린 것이다.

리고 말 22마리를 부장했던 것으로 보인다.

이곳에서는 사슴문양 방패장식(그림 363)·철제 창 4점·고리트 2통·청동제 화살(그림 362)·철제와 청동제의 비늘갑옷(찰갑)·마구·숫돌·토기 등이 출토되었다. 비늘갑옷은 작은 철판 혹은 청동판을 겹치게 이어붙여서 만든 것이다. 각 금속판에는 이어붙이기 위한 가죽구멍이 남겨져 있다(아르타모노프 1966). 코스트롬스카야 유적에서도 철제갑옷이 알려졌지만 도면은 19세기 보고서에 남겨진 것으로만 알려졌다(체르넨코 1968).

흑해의 스키타이 문화 유적에서는 전투용 도끼, 단검(아키나케스) 등은 기원전 7세기부

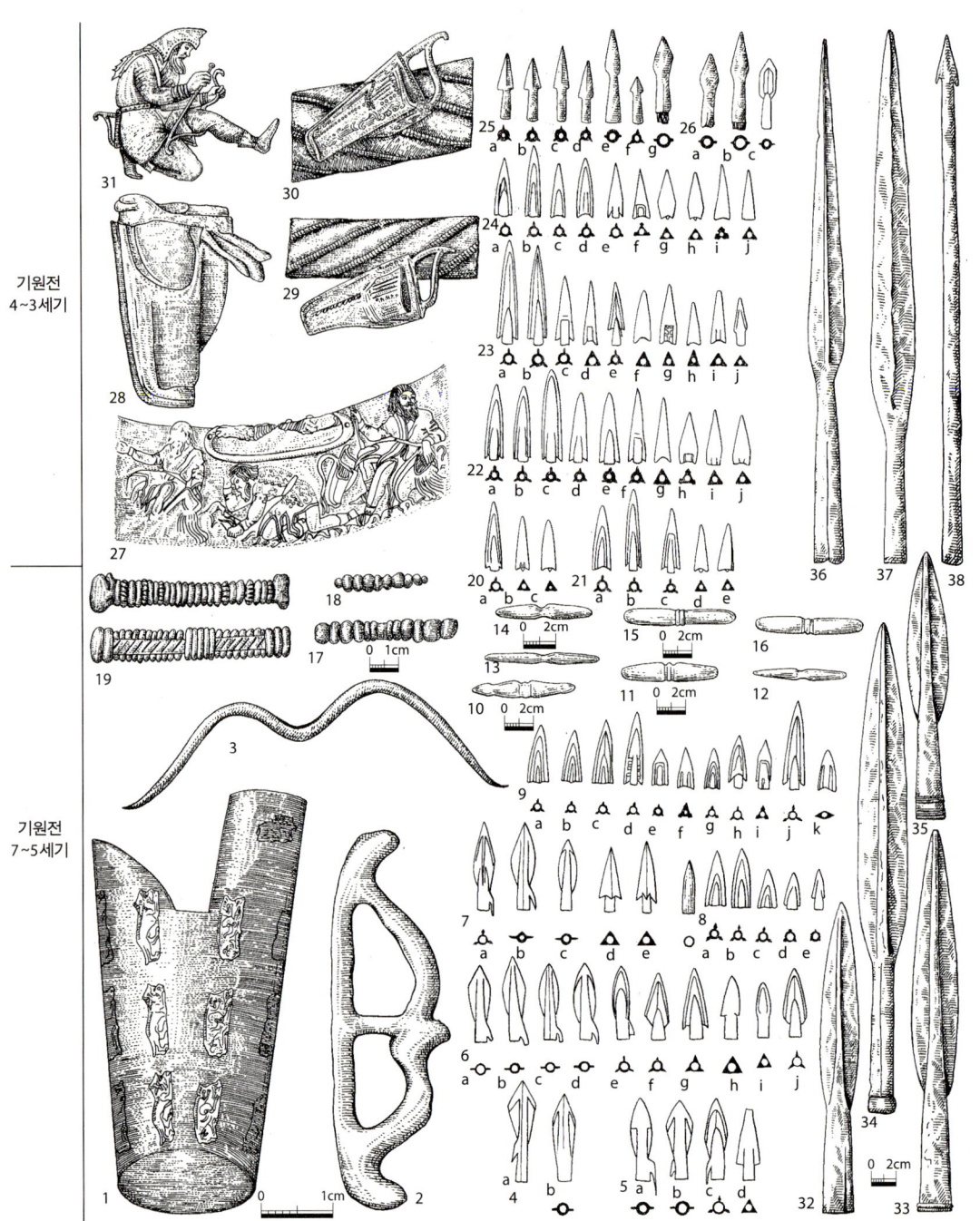

그림 362 유럽지역 스키타이 문화의 무기변화 【기원전 7~5세기】 1. 체르넨코(1981)가 복원한 고리트 | 2. 제르벤트 출토 | 3, 17. 올리비아 | 4a, 4b, 5a~5d. 오스냐기 | 6a~6j. 렌코프치 | 7a~7e, 35. 고랴체보 | 8a~8d. 헤르손 무덤 | 9a~9k. 졸로토이 쿠르간 | 10, 13, 15. 주로프카 | 12. 프루스시 | 14, 33. 스타르샤야 마길라 | 16, 32. 레퍄호프타야 마길라 | 18, 34. 마키예프카 | 19. 오비토치나야 【기원전 5~3세기】 20a~25g, 26a~26c. 챠스티예 쿠르간 | 27. 가이마노프카 유적 출토 그릇 문양 | 28. 사흐노프키 유적의 평판장식 | 29, 31. 톨스타야 마길라 | 30. 쿨-오바 유적의 그릇 문양 | 36. 아크슈틴츠 | 37, 38. 체르토믈리크

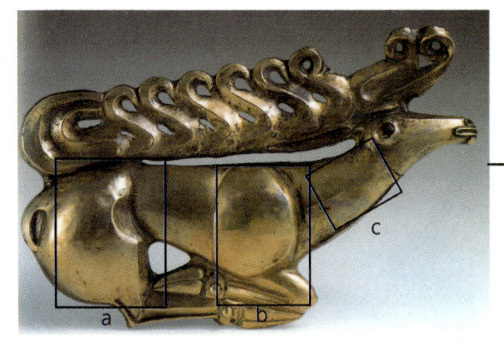
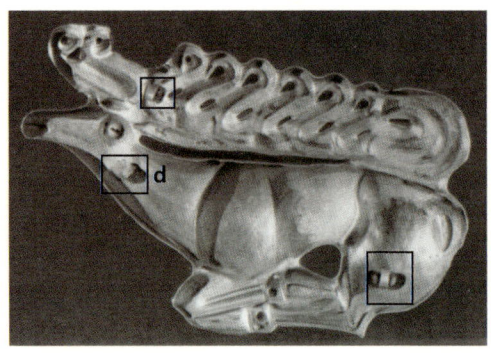
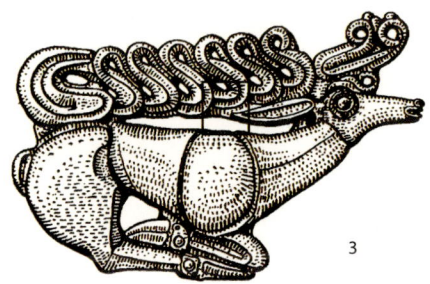

그림 363 코스트롬스카야 무덤의 황금 사슴문양 방패장식   너비: 31.7cm | 높이: 19cm | a, b, c. 각 부위의 근육표현으로 뒷면에서 제작방법을 알 수 있다 | d. 꼭지 | 1. 앞면 | 2. 뒷면 | 3. 실측도

터 있었고, 그 외에도 공격용무기인 청동 화살(그림 362)도 있었다(러시아과학아카데미 1989).

스키타이 문화의 화살은 매우 유명해서 페르세폴리스의 아파다나 궁전에도 여러 번 나온다. 특히 독특하게 생긴 화살통은 '고리트'라고 불린다. 활과 화살을 함께 넣도록 고안되었다. 이 지역의 유적에서는 고리트의 부속품이 많이 출토된다. 켈레르메스 유적에서 출토된 사슴과 표범(그림 343)이 함께 표현된 황금장식판이 화살통 장식으로 잘 알려져 있다(아르타모노프 1966).

그런데 페르세폴리스에서 새겨진 것과 가장 유사한 유물이 흑해에서 멀리 떨어진 기원전 7세기 앞서 소개된 바 있는 아르잔-2호에서는 실제로 확인되었다(그림 51, 그림 52).

이 유적에서 출토된 부조로 양각된 사슴문양 방패장식은 불룩하게 만든 면과 면을 이어서 장식한 것으로 흑해 스키타이 문화의 가장 대표적 유물로 일컬어진다. 앞에서 설명드린 멜구노프 유적의 독수리장식(그림 357)은 앞면을 음각해서 독수리 형상을 나타낸 것이다. 반면에 이 유물은 금판의 뒷면을 눌러서 앞면을 양적이게 표현한 부조방법으로 제작되었다. 켈레르메스 유적에서 발견된 표범장식(그림 347)도 같은 방법으로 제작된다(페레보드치코바 1994).

이러한 기법은 흑해지역의 초기 스키타이 유물의 대표적인 동물문양을 제작하는 기법으로 알려졌으나(페레보드치코바 1994), 남부 시베리아의 아르잔-2호에서도 같은 기법으로 제작된 금제품이 발굴되었다. 특히 남성과 여성이 입고 있는 윗옷에 달린 금장식인데, 훨씬 작은 유물에서 이런 기법이 제작되었다는 점에서 향후의 연구가 기대된다.

그림 출처

그림 322 켈레르메스 유적 스키타이 고분(Алексеев А.Ю. 외 2003 인용)

그림 323 베셀로프스키가 발굴한 당시의 무덤(Алексеев А.Ю. 외 2003 인용)

그림 324 켈레르메스 유적 4호분(Алексеев А.Ю. 2012 p. 109, 필자 재편집)

그림 325 에르미타주 소장 우라르트의 반인반수 청동(Пиотровский Б.Б. 1959 인용)

그림 326 켈레르메스 유적 은제 각배(Максимова М.И. 1956 인용)

그림 327 켈레르메스 유적 각배 부분에 표현된 왜가리(Максимова М.И. 1956 인용)

그림 328 켈레르메스 유적 은제 거울 세부(Алексеев А.Ю. 2012, p.109, 필자 재편집)

그림 329 켈레르메스 유적 1호분(1903년 슐츠 발굴품)(1. Степи европейской части СССР в скифо-сарматское время. 1989 인용 | 2. Piotrovsky B. Galanina L. Grach N. 1986 인용, 필자 재편집)

그림 330 켈레르메스 유적 3호분 그리스 유물(1904년 슐츠 발굴품)(1: Степи европейской части СССР в скифо-сарматское время. 1989 인용, 2: Piotrovsky B. Galanina L. Grach N. 1986 인용, 필자 재편집)

그림 331 켈레르메스 유적 1호분 철검과 검집손잡이(1903년 슐츠 발굴품)(Piotrovsky B., Galanina L., Grach N. 1986 인용, 필자 재편집)

그림 332 켈레르메스 유적 1호분 그림 331 세부(Piotrovsky B., Galanina L., Grach N. 1986 인용, 필자 재편집)

그림 333 켈레르메스 유적 1호분 그림 331 세부(Piotrovsky B., Galanina L., Grach N. 1986 인용, 필자 재편집)

그림 334 켈레르메스 유적 1호분 의례용 투부(Piotrovsky B., Galanina L., Grach N. 1986 인용, 필자 재편집)

그림 335 켈레르메스 유적 1호분 의례용 투부 동체부(Piotrovsky B., Galanina L., Grach N. 1986 인용, 필자 재편집)

그림 336 유라시아에서 발견된 초기 스키타이 유적의 실제 사용된 투부(켈레르메스 유적 1호분 의례용 투부)(Алексеев А.Ю. 2003인용, 필자 재편집)

그림 337 흑해지역, 코카서스 산맥 북쪽으로 쿠반 지역, 켈레르메스 1호분(슐츠 발굴품)(1. 국립중앙박물관 1991 인용 | 2. Кисель В.А. 2003 인용)

그림 338 켈레르메스 1호분 황금 잔(Алексеев А.Ю. 2012, p.88)

그림 339 켈레르메스 1호분 황금 잔(그림 338)의 평면도(Руденко С.И. 1960 인용)

그림 340 켈레르메스 유적 3호분 의자 장식(앗시리아 유물, 1904년 슐츠 발굴품)(1. Степи европейской части СССР в скифо-сарматское время. 1989 재인용 | a. Алексеев А.Ю. 2012, p.96, 필자 재편집)

그림 341   켈레르메스 유적 3호분 활 장식(앗시리아 유물, 1904년 슐츠 발굴품)(1. Степи европейской части СССР в скифо-сарматское время 1989 재인용 | a. Алексеев А.Ю. 2012, p.100)

그림 342   켈레르메스 고분 청동솥(1. 2. Алексеев А.Ю. 2003 인용 | a, b: Галанина Л.К. 2006 인용, 필자 재편집)

그림 343   켈레르메스 유적 화살통 장식판(1. Алексеев А.Ю. 2012, p. 107 | a, b. Переводчикова Е.В. 1994 재인용, 필자 편집)

그림 344   켈레르메스 유적 화살촉(Алексеев А.Ю. 2003인용)

그림 345   켈레르메스 유적 2호분(베셀로프스키 발굴)(Галанина Л.К. 2006, 그림 17)

그림 346   켈레르메스 유적 3호분 15무덤 청동투구(1993년 발굴)(Алексеев А.Ю 2019 인용)

그림 347   켈레르메스 유적 1호분 표범 장식(1. 국립중앙박물관 1991 인용 | 2. Артамонов М.И. 1966 인용 | 3. Ильинская В. А. 1971 인용)

그림 348   켈레르메스 유적 1호분 은제 마구 장식(베셀로프스키 발굴)(Галанина Л.К. 1983 인용)

그림 349   켈레르메스 유적 1호분(베셀로프스키 발굴), 황금 굴레장식 13번 말 외 마구장식(Галанина Л.К. 1983 인용, 필자 재편집)

그림 350   켈레르메스 유적 1호분(베셀로프스키 발굴), 14번·15번·16번 말의 마구장식(Галанина Л.К. 1983 인용, 필자 재편집)

그림 351   켈레르메스 유적 1호분(베셀로프스키 발굴), 17번·18번 말 외 마구장식(Галанина Л.К. 1983 인용, 필자 재편집)

그림 352   켈레르메스 유적 마구(Галанина Л.К. 1983 인용, 필자 재편집)

그림 353   켈레르메스 유적 1호분(베셀로프스키 발굴) 말 복원도(Галанина Л.К. 2006 인용)

그림 354   켈레르메스 유적 1호분(베셀로프스키 발굴)(Галанина Л.К. 2006 인용)

그림 355   켈레르메스 유적 간두령(슐츠 발굴품)(Степи европейской части СССР в скифо-сарматское время. 1989)

그림 356   멜구노프 유적(1763년 멜구노프 발굴)(1. Степи европейской части СССР в скифо-сарматское время. 1989 인용 | 2. Piotrovsky B. Galanina L. Grach N. 1986 인용, 필자 재편집)

그림 357   멜구노프 유적 독수리 모양 허리띠 장식(Тункина И. В. 2006, Алексеев А.Ю. 2012, p.120, 필자 재편집)

그림 358   멜구노프 유적 철검(Алексеев А.Ю. 2012, p.116)

그림 359   페르세폴리스 아파다나 궁전 북면에 그려진 아키나케스 검(Черненко Е.В. 1980 재인용)

그림 360   코스트롬스카야 무덤 구조(Артамонов М.И. 1966, 재인용)

그림 361   코스트롬스카야 무덤 단면도(Артамонов М.И. 1966 인용)

그림 362   유럽지역 스키타이 문화의 무기변화(1-31. Степи европейской части СССР в скифо-сарматское время. 1989 인용)

그림 363   코스트롬스카야 무덤의 황금 사슴문양 방패장식(1. Алексеев А.Ю. 2012, p.64, 필자 재편

집 | 2. Артамонов М.И. 1966, 필자 재편집 | 3. Степи европейской части СССР в скифо-сарматское время. 1989 인용)

참고문헌

Алексеев А.Ю. 2003: Хронография Европейской Скифии VII-IV веков до н.э. СПб: Изд-во Гос. Эрмитажа. 2003. 416 с(알렉세예프 2003, 기원전 7-4세기 유럽스키타이문화의 편년)

Алексеев А.Ю. 2012: Золото скифских царей в собрании Эрмитажа. СПб: Изд-во Гос. Эрмитажа. 2012. 272 с. (알렉세예프 2012, 에르미타주박물관 소장 스키타이 차르의 황금유물 콜렉션)

Алексеев А.Ю. Шлем 《кубанского》 типа из Келермесского могильника (раскопки 1993 г.)// НИЖНЕВОЛЖСКИЙ АРХЕОЛОГИЧЕСКИЙ ВЕСТНИК 2019. Т. 18. № 2(알렉세예프 2019, 켈레르메스 무덤(1993년 발굴)에서 출토된 쿠반 스타일 헬멧)

Артамонов М.И. 1966: Сокровища скифских курганов в собрании Государственного Эрмитажа. Прага — Л.: Артия, Советский художник. 1966. 120 с (아르타모노프 1966, 에르미타주 소장 스키타이 무덤의 보물)

Галанина Л.К. 1983: Раннескифские уздечные наборы (по материалам Келермесских курганов). // АСГЭ. Вып. 24. 1983. С. 32-55.(갈라니나 1983, 켈레르메스 유적에서 출토된 초기 마구 세트)

Галанина Л. К., 1985. Шлемы кубанского типа (вопросы хронологии и происхождения) // Культурное наследие Востока. Л.: Наука. С. 169 – 183.(갈라니나 1985, 쿠반 스타일 헬멧의 편년과 기원)

Галанина Л.К. 1997: Келермесские курганы. 《Царские》 погребения раннескифской эпохи. М.: 1997. 316 с., табл.(갈라니나 1997, 초기 스키타이 시대의 차르 무덤, 켈레르메스 고분)

Галанина Л.К. 2006: Скифские древности Северного Кавказа в собрании Эрмитажа. Келермесские курганы. СПб: Изд-во Гос. Эрмитажа. 2006. 80 с. (Коллекции Эрмитажа)(갈라니나, 2006, 에르미타주 소장, 카프카스 북쪽의 켈레르메스 고분. 스키타이 문화유물)

Грязнов. М.П. 1978, К вопросу о сложении культур скифо-сибирского типа в связи с открытием кургана Аржан.// КСИА. Вып. 158. М.: 1966. С. 9-18(그랴즈노프 1978, 아르잔 무덤 발굴을 통해서 본 '스키토-시베리아 유형'에 대해서)

Максимова .М.И. 1956; Ритон из Келермеса//Советская археология. XXV. М.: 1956(막시모바 1956, 켈레르메스에서 출토된 각배)

Кисель В.А. 2003: Шедевры ювелиров Древнего Востока из скифских курганов. СПб: 2003. 192 с.(키셀 2003, 스키타이 무덤에서 나온 고대 아시아의 걸작품)

Черненко Е.В. 1968: Скифский доспех. Киев:《Наукова думка》. 1968. 190 с(체르넨코 1968, 스키타이의 갑옷

Черненко Е.В. 1980: Древнейшие скифские парадные мечи (Мельгунов и Келермес). // Скифия и Кавказ. Киев: 1980. С. 7-30.(체르넨코 1980, 멜구노프와 켈레르메스 유적 출토 고대 스키타이 의례용 검)

Переводчикова Е.В. 1994, Язык звериных образов. Очерки искусства евразийских степей скифской эпохи(페레보드치코바 1994, 언어로서의 동물문양장식)

Пиотровский Б. Б., Ванское царство (Урарту) / Отв. ред. И. А. Орбели. — Москва: Издательство Восточной литературы, 1959. — 286 с(피오트로프스키 1959, 우라르트의 차르)

Пиотровский Б.Б. 1959: Ванское царство (Урарту). М.: 1959. 260 с.(피트로프스크 1969, 우라르트 제국)

Пшеничнюк А.Х. 2012: Филипповка: Некрополь кочевой знати IV века до н.э. на Южном Урале. Уфа: ИИЯЛ УНЦ РАН. 2012. 280 с. (Документы и материалы по истории башкирского народа.)(피세니축 2012, 남부 우랄지역의 기원전 4세기 유목민의 네크로폴리스, 필리포프카 유적)

Золотые олени Евразии. Каталог выставки в Гос. Эрмитаже, СПб, 18 октября 2001 года — 20 января 2002 года. СПб:《Славия》. 2001. 248 с. (에르미타주 국가박물관 특별전 도록, 유라시아의 황금 사슴, 2001)

Ильинская В. А. 1971, Образ кошачьего хищника в раннескифском искусстве.—
Ильинская В. А. 1971, No 2. (일린스카야 1971, 초기 스키타이문화의 맹수장식)

Степи европейской части СССР в скифо-сарматское время. М.//Археология СССР / А2: рхеология с древнейших времён до средневековья 1989. 464 с(러시아과학아카데미 1989, 소비에트 연방 유럽 내의 스키타이-사르마트 시기, 소비에트 고고학 시리즈 1989)

Тункина И. В. Сокровища Литого кургана и академик Г. Ф. Миллер // Вестник древней истории. 2006. № 3.(투키나 2006, 리토이(멜구노프) 쿠르간의 보물과 대학자 밀러)

G Rausing, The Bow, Some notes Its Origin and Development. Acta Archaeological Lundesia 6. 1967

Piotrovsky B., Galanina L., Grach N. 1986: Scythian Art. The Legacy of the Scythian World: mid-7th to 3rd century B.C. Leningrad: Aurora Art Publishers. 1986. 184 p.

Scythians: warriors of ancient Siberia. [British Museum. The BP exhibition. Organized with the State Hermitage Museum, St Petersburg, Russia] Ed. by St John Simpson and Dr Svetlana Pankova. London: Thames & Hudson Ltd. 2017. 368 p.

강인욱, 2006, 中國 北方地帶와 夏家店上層文化의 청동투구에 대하여-기원전 11~8세기 중국 북방 초원지역의 지역간 상호교류에 대한 접근-, 선사와 고대

역사 (헤로도토스)(천병희 역), 2009, 숲

2 기원전 5세기 이후의 유적

기원전 5세기 이후에는 그 이전 시기와 비교해서 무덤의 구조와 유물이 바뀐다. 기원전 7세기 경의 코스트롬스카야 유적, 켈레르메스 유적과는 달리 무덤 내부에 나무를 사용해서 지상으로 구조물을 올리지 않고 무덤을 깊이 파서 만든다. 대표적으로 체르토믈리크(Чертомлык, Chertomlyk)유적, 알렉산드로프스키폴(Александрополь, Aleksandropol') 유적, 톨스타야 마길라(Толстая Могила, Tolstaya Mogila) 유적이 있다.

뿐만 아니라 흑해와 아조프해를 연결하는 케르치(Керчь, Kerch) 반도에서는 또 다른 구조의 무덤이 확인된다. 대표적으로 기원전 5세기 쿨-오바(Куль-оба, Kul-oba) 유적이 있는데, 스키타이 고분과 그리스 건축양식이 가미된 무덤이다(아르타모노프 1966, 러시아과학아카데미 1989). 이 곳에는 케르치 해협의 그리스 식민도시를 통합하고 케르치 지역 뿐만 아니라 쿠반지역(카프카스 산맥 북쪽)까지 통합했던 보스포로스 왕국이 있었다. 스키타이 문화권에 속하던 여러 부족 중에서 그리스와 중계무역을 하던 국가 혹은 부족으로 알려졌다. 기원전 437~438년에 스파르토키드(Spartocids) 왕조가 들어섰다(아르타모노프 1966).

그러나 정확하게 어떻게 이 왕조가 어떻게 들어섰는지에 대해서는 잘 알려져 있지 않다. 단지, 'Spartok'이란 이름에서 추정해서 그리스에서 보낸 트리아스 용병의 지도자였고 일종의 쿠데타로 이 왕조가 들어섰을 것으로 추정한다. 스키타이 유목민의 특징과 그리스 문화가 함께 복합된 이 국가의 문화를 잘 설명하는 것이 쿨-오바 유적과 같은 고분이다. 기원전 7세기의 유적과 달리 봉분 안에서 돌로 무덤방(그림 364)을 만들었는데, 같은 시기의 스키타이 무덤인 톨스타야 마길라(그림 367), 알렉사드로프스키폴 무덤(그림 369, 그림 371)과도 전혀 구조가 다르다.

그렇다고 보스포러스 왕국을 단순히 그리스화된 국가로 생각할 수 없다. 만약 스파르토키드 왕조가 그리스 왕조였다면 쿨-오바 유적에서 출토된 스키타이 유목민의 남성이 묘사된 황금 장식판과 스키타이신화가 그려진 황금항아리(그림 291-1)가 설명되지 않는다.

스키타이 종족 중에는 부족 독립성을 유지한 트라키아 부족

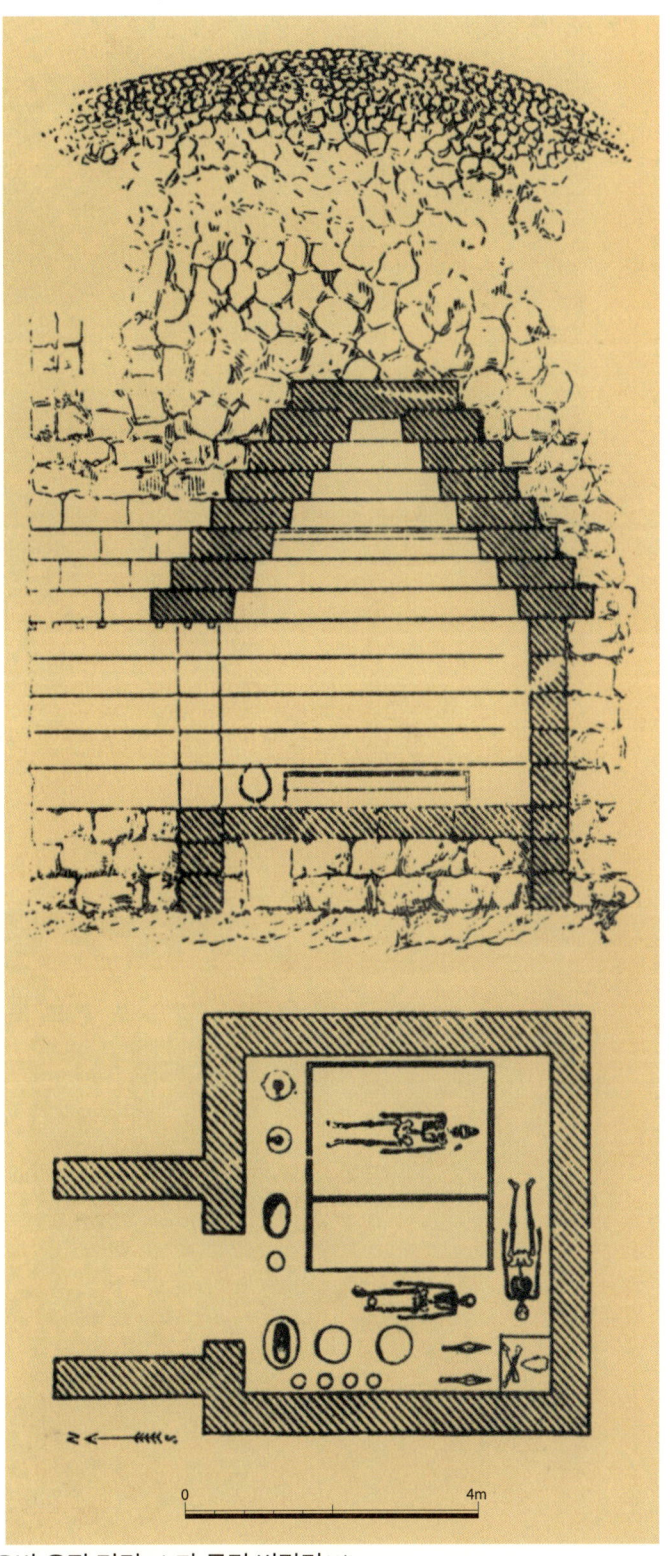

그림 364   쿨-오바 유적 단면(상)과 무덤 바닥면(하)

그림 365 볼샤야 브리즈니차 유적 무덤단면도　쿨-오바 유적과 같은 시기에 케르치 해협에 위치한 유적. 쿨-오바 유적의 무덤 구조와 비슷하다고 알려져 있다.

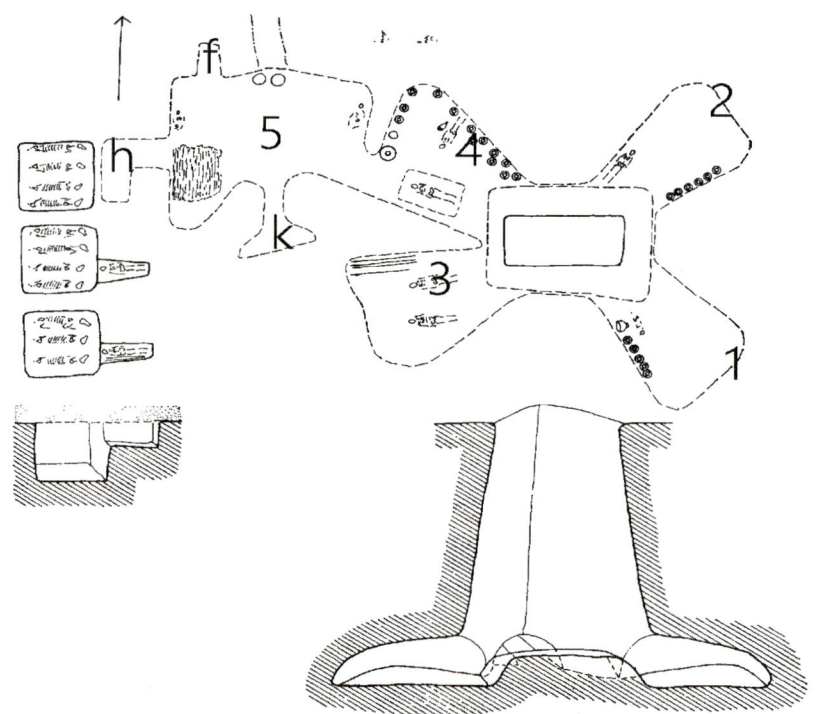

그림 366 체르토믈리크 무덤 평면도

432　교과서 밖의 역사　유라시아 초원 스키타이 문화의 미라와 여신상

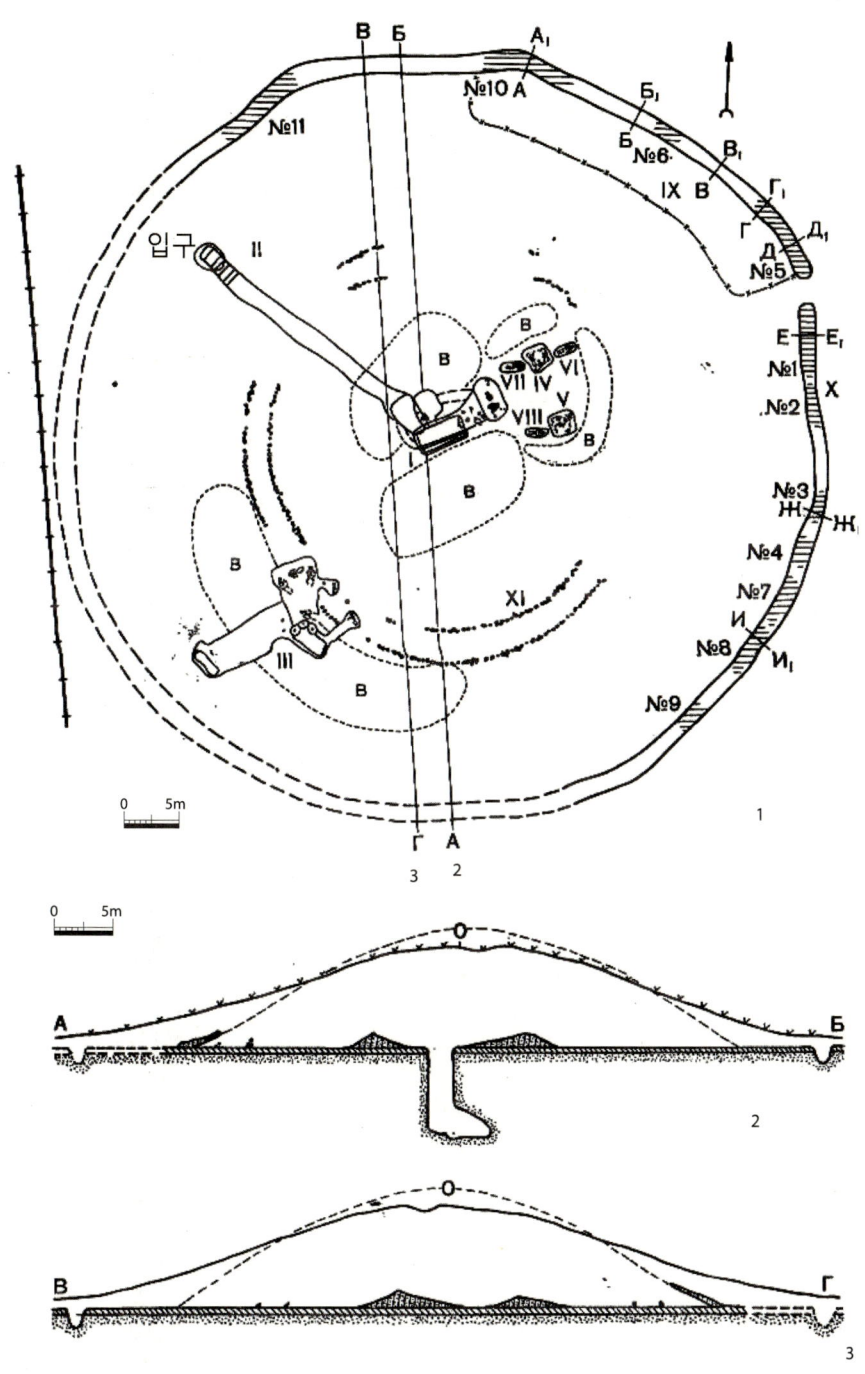

그림 367 톨스타야 마길라 평면도와 단면도 | 1. 평면도, | 2, 3. 단면도 | Ⅰ. 중앙무덤과 2개방 | Ⅱ. 무덤입구 | Ⅲ. 측면 무덤방 | Ⅳ~Ⅴ. 말무덤 | Ⅵ~Ⅷ. 토광묘(인간)

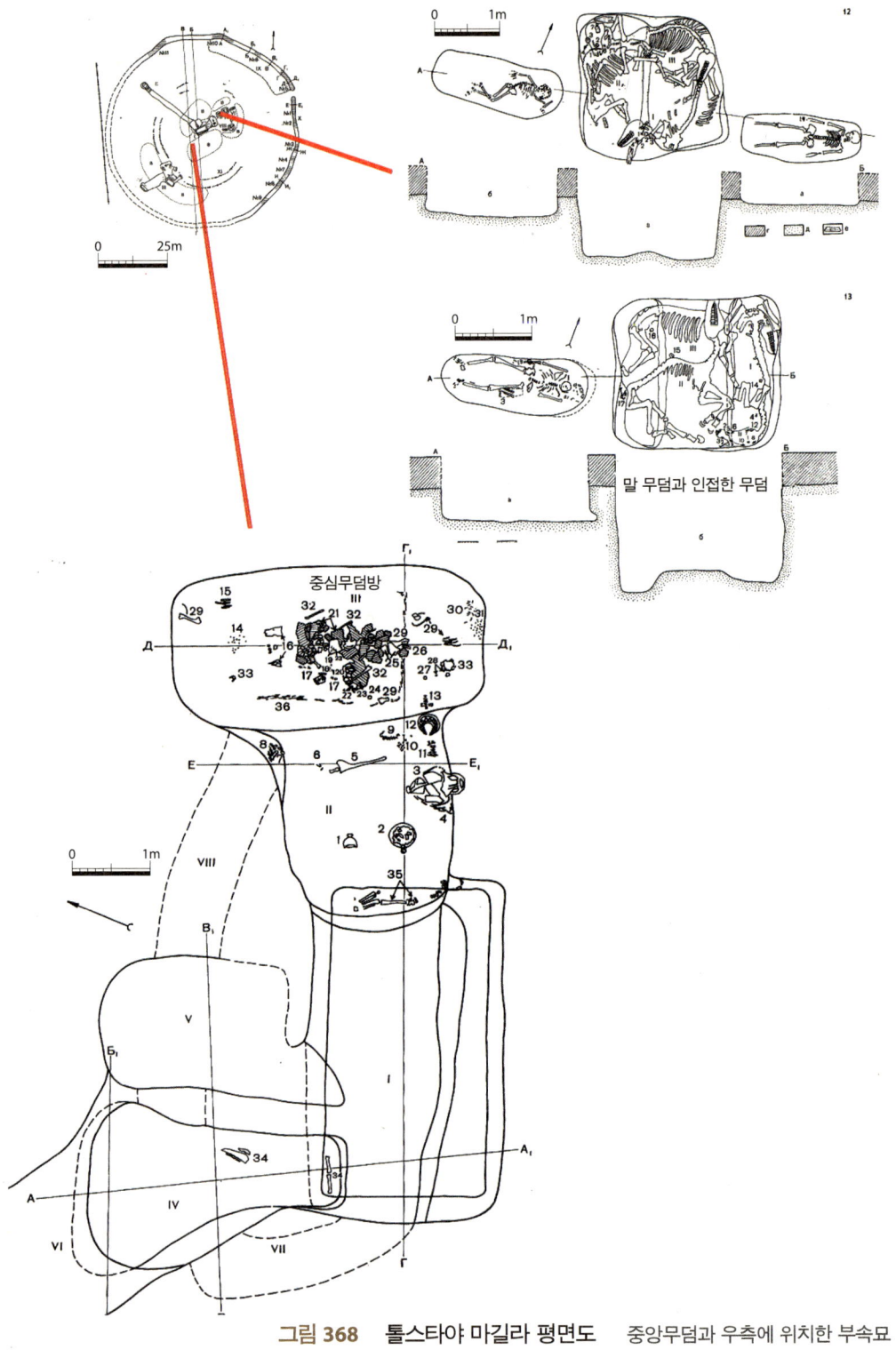

그림 368 톨스타야 마길라 평면도 중앙무덤과 우측에 위치한 부속묘

그림 369 알렉산드로프스키폴 무덤 발굴 전

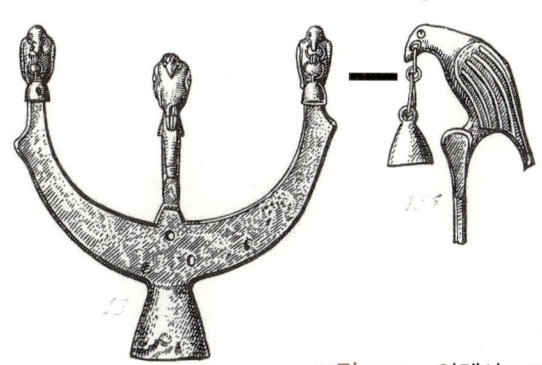

그림 370 알렉산드로프스키폴 무덤 청동제 간두령   높이: 28.9cm

이 있었다고 알려졌다. 더욱이 스키타이 이전에는 흑해를 지배했던 킴메리아인이 곧 트라키아인이고 갑자기 스키타이인들이 들어와서, 그들 중 일부가 흑해 지역에 남아 있었다고 전해진다. 그래서 보스포러스 왕국의 스파르토키드 왕조는 그리스에서 보낸 트라키아 출신이 아니라 지역의 키메르 출신일 가능성이 있다. 흑해에 스키타이인이 등장한 것은 기원전 7세기 혹은 그 보다 약간 이른 시기로 200~300년 동안 스키타이 문화권에서 살았던 킴메르인은 스키타이인과 구분할 수 없었다(아르타모노프 1966, 알렉세예프 2003).

뿐만 아니라 흑해북쪽에서 그리스 문화의 흔적이 남기 시작한 시점은 기원전 5세기

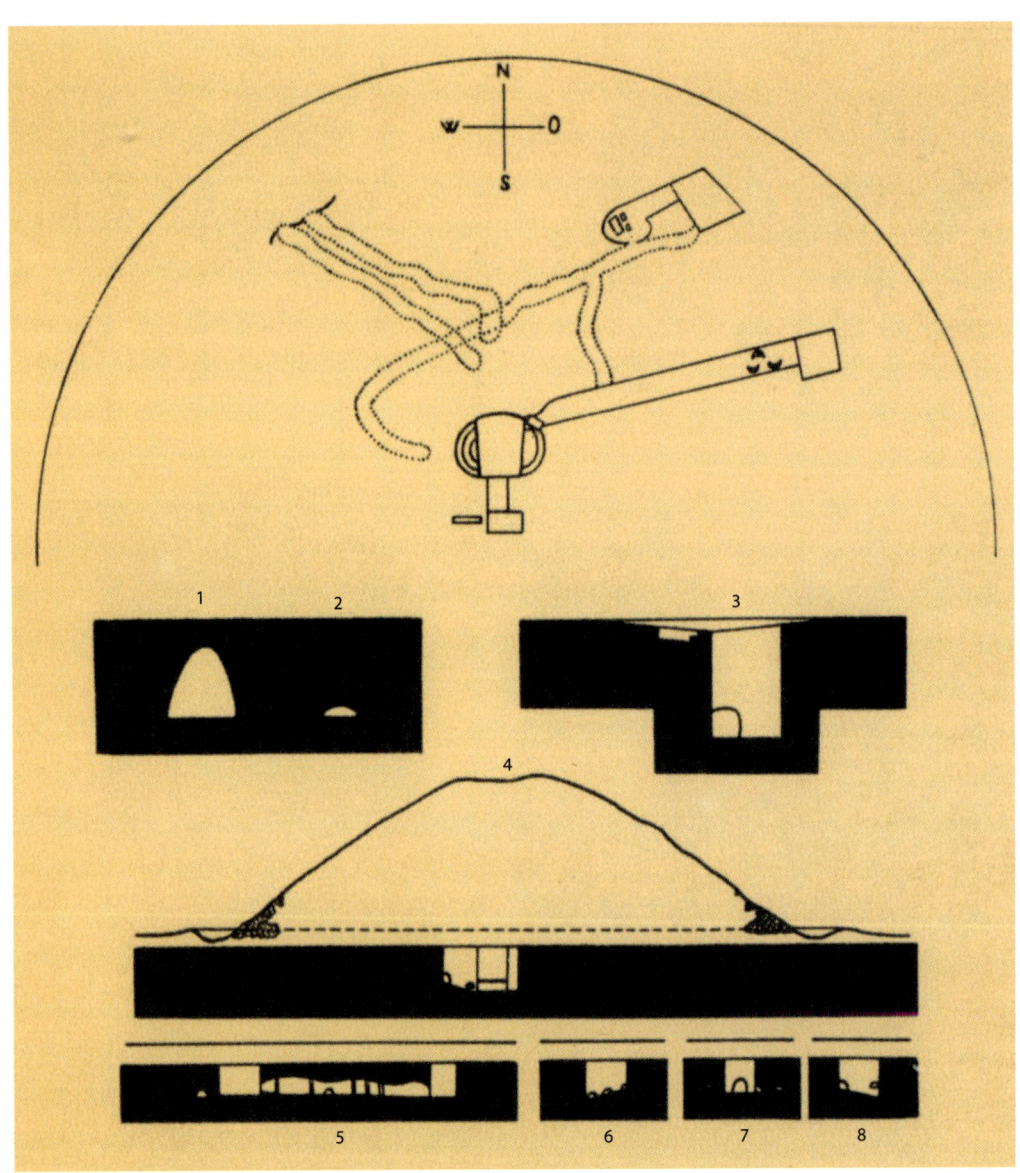

그림 371 알렉산드로프스키폴 무덤 단면도(점선: 도굴의 흔적)   1, 2. 도굴입구 | 3. 추가장(북동쪽 무덤방) 무덤방 단면도 | 4. 봉분과 중심무덤방 동서단면도 | 5. 중심 무덤방 남북단면도 | 6, 7, 8. 중심무덤방 복도 단면도

이지만, 서로의 문화가 교차되는 현상이 보이는 것은 기원전 4~3세기에 집중된다. 따라서 쿨-오바 유적을 근거로 보스포러스 왕국을 단순히 그리스 왕조로 볼 수 없다.

보스퍼러스 왕국의 수도는 파니카페움(Panicapaeum)으로 이 곳에는 공방이 있었고, 스키타이 귀족의 유물을 주문받아 제작했다. 그리스의 식민도시였던 올리비아는 이미 쇠퇴하고 그 역할을 이 도시가 물려받았다. 올리비아·파니카페움 등에 있던 공방에서 그리스-

스키타이 양식의 유물이 나오게 된 것이다(Piotrovsky B. 외 1986). 그래서 기원전 5세기 이후에는 앞선 시기의 유적에 비해서 그리스 유물이 증가되었고, 스키타이 문화지역 내에서 소비하게 되었다.

이 책에서는 기원전 5세기 이후의 유적은 스키타이 여신상 중에서 아르김파사와 관련된 유물이 출토된 유적만을 소개하고자 한다. 이들 유적에서는 수 많은 유물이 현재 알려져 있으나 이에 대해서는 다음 기회에 자세히 소개하고자 한다.

1) 쿨-오바(Куль-оба, Kul-oba) 유적

쿨-오바 유적(그림 364)은 1830년 9월 19일에 군인들이 돌을 채석하다가 발견했다. 1875년에 루첸코가 발굴하기 전에, 1830년 당시 주지사였던 스템코프스키의 허가를 받아 프랑스에서 이주한 'Paul Du Brux'가 책임자로 발굴한 것이 최초이다. 그런데 발굴은 서둘러 진행되었으며, 기록이 거의 남겨져 있지 않고 무덤의 자세한 구조와 유물 목록 등은 전해지지 않는다. 다만 짧은 복도와 지붕이 계단식으로 된 돌로 된 무덤방이었으며, 그 안에는 채색된 나무관이 있었던 것으로 알려졌다. 돌로 된 무덤방을 흙으로 덮어서 만든 구조이다. 나무관 안의 사자(死者)는 거대한 금색 목걸이와 팔찌를 착용했고, 무기세트를 옆에 놓아둔 채였다. 나무 관 옆에 나무거치대가 있었고 그 위에 여성인골이 확인되었다. 황금 항아리는 그녀의 발 옆에서 출토된 것이다. 이 무덤은 발굴하는 과정에서도 도둑을 맞았다(아르타모노프 1966).

2) 체르토믈리크(Чертомлык, Chertomlyk) 유적

드네프르 강의 우안에 위치한다(지도 5). 무덤은 높이 20m, 둘레 330m로 봉분의 최상부는 편평하다. 무덤의 외곽에는 2.8m 높이의 호석이 가장자리를 두르고 있다. 무덤의 내부는 말 무덤과 인골이 매장된 곳이 분리된 구조이다. 무덤의 입구는 북서쪽에 위치하며 입구를 통해 길이 11m의 묘도를 따라 들어가면 장방형의 입구무덤방(5번 묘실)이 있다. 입구 무덤방은 각 벽에 3개의 감실이 따로 마련되어 있다. 입구 무덤방의 동쪽벽에는 인골이 매장된 무덤방과 연결되는데, 천장이 막힌 동굴형태로 4곳(1~4번 무덤방)이다(그림 366). 봉분에서부터 아래로 직하하면 장방형으로 빈 공간이 있고 그 곳의 모서리 부분에 1~4번 무덤방이

만들어졌다(알렉세예프 외 1991).

3) 톨스타야 마길라(Толстая Могила, Tolstaya Mogila) 유적

유적은 드네프르 강의 우안에 위치한다. 톨스타야 마길라에는 중앙에 큰 방이 있고 작은 방 2개에 부장공간이 있는 구조이다(그림 367).

톨스타야 마길라의 무덤구조는 호석을 두르고 무덤방을 중앙에 만들지만, 무덤의 입구는 봉분의 중앙에 두지 않고 가장자리에 위치한다. 중심무덤방까지는 일종의 연도로 연결된다. 톨스타야 마길라에서는 암포라(양쪽에 손잡이가 있고 바닥이 좁고, 입구가 벌어진 형태의 토기) 토기가 출토되는데, 이를 근거로 한 이 유적의 연대는 기원전 340~320년에 해당된다(모졸레프스키이 1979).

4) 알렉산드로프스키폴(Александрополь, Aleksandropol') 유적

알렉산드로프스키폴 무덤은 흑해에서 가장 큰 무덤 중에 하나인데 높이가 21m 이상, 둘레 길이는 320m인 것으로 알려졌다(그림 369). 1851년에 봉분의 남쪽에서 철판이 확인되고, 그때 청동으로 만든 여신상(그림 379)과 청동 삼지창(그림 370)이 함께 노출되었다(폴린, 알렉레예프 2018).

유적조사는 1855~1856년에 실시되었다. 알렉산드로프스키폴 유적의 매장주체부는 가장 중앙에 만들어져 있다. 중앙 무덤의 통로에는 인간 두개골이 확인되었고, 복도의 앞부분에는 말 뼈가 확인되었는데 14마리 이상이었다. 이곳에서도 말과 관련된 유물이 많이 출토되었다. 봉분의 북동쪽에는 두 번째 무덤이 있는데, 봉분이 만들어진 이후에 생긴 추가장이다. 입구와 무덤방으로 연결되는 복도로 구성된 것이다. 두 무덤방 모두 도굴당한 흔적이 생생하다(아르타모노프 1966).

알렉산드로프스키폴 유적은 도굴이 매우 극심했지만 남아 있는 유물로도 매우 중요한 무덤임을 알 수 있다. 비슷한 시기의 쿨-오바 유적, 솔로하 유적과도 다른 무덤 구조이다. 두 유적의 무덤은 외형은 스키타이 문화의 것이지만, 내부는 그리스 건축양식이다. 그러나 알렉산드로프키폴 유적은 스키타이문화의 무덤 양식 그대로이지만 당대에서 가장 크게 만들어진 무덤이다(아르타모노프 1966).

그림 출처

그림 364	쿨-오바 유적 단면(상)과 무덤 바닥면(하)	(Артамонов М.И. 1966 인용)
그림 365	볼샤야 브리즈니차 유적 무덤단면도	(Артамонов М.И. 1966 인용)
그림 366	체르토믈리크 무덤 평면도	(Алексеев А.Ю., Мурзин В.Ю., Ролле Р. 1991 인용)
그림 367	톨스타야 마길라 평면도와 단면도	(Мозолевськiй Б.М. 1979 필자 재인용)
그림 368	톨스타야 마길라 평면도	(Мозолевськiй Б.М. 1979 필자 재인용)
그림 369	알렉산드로프스키폴 무덤 발굴 전	(Артамонов М.И. 1966 인용)
그림 370	알렉산드로프스키폴 무덤 청동제 간두령	(국립중앙박물관 1991, 필자편집)
그림 371	알렉산드로프스키폴 무덤 단면도	(Артамонов М.И. 1966 인용)

참고문헌

Артамонов М.И. 1966: Сокровища скифских курганов в собрании Государственного Эрмитажа. Прага — Л.: Артия, Советский художник. 1966. 120 с (아르타모노프 1966, 에르미타주 소장 스키타이 무덤의 보물)

Алексеев А.Ю., Мурзин В.Ю., Ролле Р. 1991: Чертомлык. (Скифский царский курган IV в. до н.э.). Киев: 《Наукова думка》. 1991. 416 с.(알렉세예프, 무르진, 롤레 1991, 체르토믈리크(기원전 4세기 스키타이 차르의 무덤)

Полин С.В., Алексеев А.Ю. 2018: Скифский царский Александропольский курган IV в. до н.э. в Нижнем Поднепровье. Киев, Берлин: 《Видавець Олег Філюк》. 2018. 930 с. (《Курганы Украины》. Т. 6)(폴린, 알렉세예프 2018, 드네프르강 하류의 기원전 4세기 스키타이 차르 무덤-알렉산드로프스키폴 무덤)

Мозолевськiй Б.М. Товста Могила. Київ, 1979, с. 40(모졸레프스키 1979, 톨스타야 마길라)

Степи европейской части СССР в скифо-сарматское время. М.//Археология СССР / Археология с древнейших времён до средневековья 1989. 464 с(러시아과학아카데미 1989, 소비에트 연방 유럽 내의 스키타이-사르마트 시기, 소비에트 고고학 시리즈 1989)

3   스키타이신화와 여신상

흑해 북안 스키타이 사람들에게는 탄생신화가 있다. 두 가지 버전이 있는데, 스키타이 사람들이 하는 이야기, 그리스인 들이 하는 이야기가 헤로도투스에 의해서 기록되었다.

스키타이인들은 세계에서 가장 최근에 세워진 국가는 자신들의 국가로 사람이 살지 않던 자신들의 땅에 최초로 태어난 자는 타르기타오스 였고, 부모는 제우스와 보르스테네스강의 딸이었다고 믿었다. 보르스테네스 강은 현재의 드네프르 강이다.

그리스인들은 헤라클레스가 드네프르 강 연안 삼림지대인 히레아에 살던 상반신은 사람이고 하반신은 뱀인 여자와 동거해서 낳은 셋째 아들(Schythes)이 스키타이의 원조라고 생각했다.

헤로도투스는 그리스의 올림푸스신들과 스키타이신들을 비교했는데, 헤로도투스의 역사 IV권, 59에서 전해진다.

'헤스티아는 모든 신들보다 높고, 그 다음은 제우스와 땅(제우스의 아내), 그 다음은 아폴로, 아프로디테 우라니아, 헤라클레스, 아레스이다. 이 신들은 스키타이인들이 숭배하고 스키타이 왕족 또한 포세이돈에게 희생물을 바친다. 스키타이에서 헤스티아는 타피티(Табити, Tabiti), 제우스는 파파이(Папай, Papai), 땅은 아피(Апи, Api), 아폴론은 고이토시르(Гойтосир, Goytosir), 아프로디테 우라니아는 아르김파사(Артимпаса, Artimpasa 혹은 Argimpasa), 포세이돈은 파기마사다(Фагимасада, Fagimasada) 라고 한다.'[43]

헤로도투스가 남긴 짧은 메시지에서 스키타이신의 이름을 알 수 있고, 이를 근거로 일곱 신 숭배사상이 있었다고 알려졌다(아바예프 1962). 7신 가운데 여성은 타피티와 아르김파사이다. 헤로도투스가 그리스와 스키타이신을 비교한 것은 각 신의 능력이 같았기 때문이다.

타피티는 그리스의 헤스티아와 같은 능력인 난로 혹은 불의 신이고, 아르김파사는 다산의 여신이다. 헤로도투스는 아프로디테와 비교했으나, 고대 이란(아나톨리) 지역의 신인 '아르티(Арти, Artie)'와 이름이 거의 유사해서 아르티에 더 가깝다는 주장이 있다(아바예프 1962).

---

43   이 부분은 러시아어판을 필자가 번역한 것이다.

이러한 견해를 그리스신과 스키타이신의 이름이 일치하지 않아서 위험한 발상이라고 지적하기도 한다(제벨레프 1927). 아르타모노프(1961)는 스키타이신들과 그리스신들이 일치하지 않는다는 것은 인정하면서도 흑해 북안의 여러 유적의 유물에 표현된 여러 여성형상물을 헤로도투스가 남긴 스키타이신화와 비교해서 해석하고자 했다.

실제로 흑해 스키타이 문화의 유물에는 비슷한 구도의 여성이 반복해서 등장한다. 이 여성은 손을 양쪽으로 펴고 있는데, 손에 쥐고 있는 대상은 시간이 지나면서 변화되지만 같은 인물을 표현하고 있다는 점을 알 수 있다.

1) 전신상: 아르김파사 혹은 키벨레

여성이 표현된 가장 오래된 유물은 기원전 7세기의 켈레르메스 유적에서 출토된 은제 거울이다(그림 372-1). 여성은 양 손에 맹수를 손에 쥐고 있는데, 시간이 지나면서 여성의 모습과 이 여성이 표현된 유물에 변화가 생긴다. 이 여성은 스키타이 여신인 아르김파사(아르타모노프 1961, 알렉세예프 2012) 혹은 소아시아(현재의 아나톨리지역)에서 유행한 키벨레(Cybele)(Piotrovsky B. 외, 1986)로 생각된다.

기원전 7세기경 유적에서는 현재 거울과 각배(그림 372) 속에 묘사된 여신만 발견되었다. 기원전 5세기 이후에는 좀 더 다양한 여신이 나타났다.

기원전 5세기 볼샤야 침발카(Большая Цимбалка, Bol'shaya Tsimbalka) 유적에서 출토된

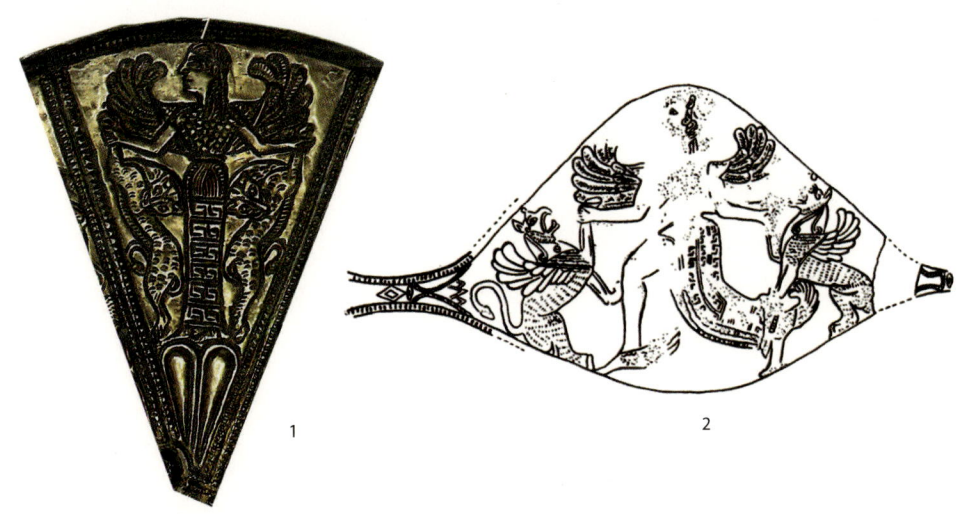

그림 372   켈레르메스 유적 여성   1. 은제거울의 부분 | 2. 각배 부분

마면장식에는 환상의 동물과 여신이 표현되어 있다. 얇고 주름이 많이 진 옷을 입고 있는데 그리스 복장이다. 이 여성의 옷 주름 끝에는 하이브리드 동물이 표현되었다. 몸통은 뱀이고 머리는 뿔이 달린 사자머리 그리핀으로 여성이 두 손으로 잡고 있다. 다리에도 독수리머리에 뱀 몸통인 그리핀이 표현되어 있고, 그 아래에는 꽃 혹은 초본류가 표현되었고 가장 끝에도 뱀이 머리를 서로 말고 있다. 이 여성의 머리 모자에도 초본류를 상징하는 나선형 표현이 있다(그림 373-a)(Piotrovsky B. 외 1986).

이 유물은 나무로 만든 말 얼굴가리개에 덧씌운 금판으로 스키타이인들이 주문해서 그리스에서 제작된 유물이다. 마면 장식은 물고기 모양으로 된 볼 가리개 및 일종의 재갈 멈치와 세트이다(그림 373)(Piotrovsky B. 1986, 알렉세예프 2012).

볼샤야 침발카 유적의 마면장식 여신과 비슷한 유물이 쿨-오바 유적에서 출토된다(그림 374). 황금으로 제작된 전신상으로 하반신의 옷 주름 끝에 뱀의 몸통과 그리핀 머리가 장식되었다. 날개 끝에는 그리핀이 달려 있다. 산양의 뿔이 달린 머리에 뱀의 몸통이 그려진 것이다. 이 여성은 오른손에는 단검을 쥐고 있고, 다른 손에는 수염이 난 머리를 들고 있다.

여성이 입고 있는 얇은 주름의 옷과 머리장식은 그리스에서 유행하던 것으로, 이 유물 역시 그리스에서 제작되었을 수 있다. 쿨-오바 유적은 침발카 유적과 같은 시기로, 기원전 4세기의 유적이다. 이때는 그리스가 올리비아라는 자신의 도시를 이미 흑해에 세웠던 시기로 그리스와 스키타이와 관련이 깊다. '스키타이 귀족의 그리스화(아르타모노프 1966)'라고 표현할 만큼 그리스 유물이 많이 출토된다. 쿨-오바 유적에서도 고대 그리스어가 적힌 그릇이 나오는 등 관련이 깊다(아르타모노프 1966).

그런데 기원전 5세기의 유물 중에는 두 손과 동물이 없고 날개만 있는 여성도 존재한다. 볼쇼야 블리즈니차(Большая Близница, Bol'shaya Bliznitsa) 유적에서 출토된 유물(그림 375)이 있고, 유적명은 잘 알려져 있지 않지만 인접한 곳에서 출토되었을 것으로 추정되는 황금 장식판이다(그림 376).

손은 없고 날개와 하반부의 옷자락 끝이 둥글게 말려 있다. 두 유물(그림 375, 그림 376) 모두 날개 끝과 머리장식에 구멍이 있는데, 어딘가에 걸기 위해서 만들어진 것이다. 두 유물은 얼굴의 크기와 몸 통의 전체 비율에 차이, 하반부의 옷자락 표현에 차이가 있지만, 같은 여성을 형상화 한 것이다.

같은 시기의 톨스타야 마길라 유적에서는 귀걸이 장식판에 두 여성이 표현되어 있다. 양 손을 머리 위로 들고 있고, 하반신 옷자락 부근에 두 마리 그리핀이 표현되어 있다. 다

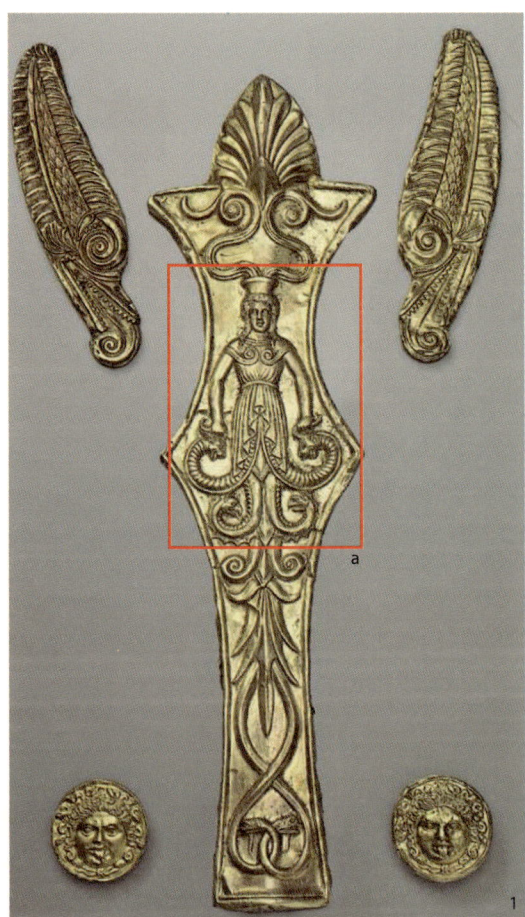

그림 373 침발카 유적 마면장식(청동에 금을 덧 씌움, 1868년 자벨린 발굴) 1. 여신이 그려진 마면(마면 크기: 41.4×12.6cm, 양 옆의 물고기판 크기: 17.8~18.2cm) | a. 여신 상세 | 2. 마면 착장 복원도

그림 374 쿨-오바 유적 여신상 금제품

그림 375 볼쇼야 블리지니차 유적 황금장식판

길이: 5.3cm

그림 376 흑해부근 기원전 5세기 여신상

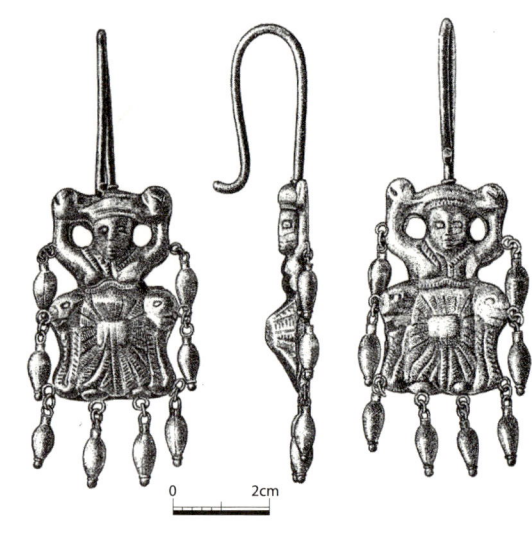
그림 377 톨스타야 마길라 유적 귀걸이

그림 378 알렉산드로프스키폴 무덤 청동 간두식 높이: 15.7cm | 1. 간두식 | 2. 간두식의 실측도

른 유물과 다른 점은 하반신의 옷자락 중간이 불룩하게 솟아 있는데, 임신한 모습일 가능성도 있다(그림 377).

이보다 더 늦은 기원전 4세기(기원전 300년 경)의 유적으로 알렉산드로프스키폴 유적에서는 앞서 살펴본 스키타이 여신과 같은 스타일로 볼 수 있는 청동유물이 출토되었다. 날개가 생기고 양 손이 모두 표현된 것이다. 이 유물 자체는 막대기 끝을 장식하는 일종의 간두식(竿頭飾: 막대기 머리 장식)이다(그림 378).

이외에도 무덤의 봉분이 무너져서 노출된 여신상이 발견되었다. 중심은 철이고, 금판

(얼굴이 있는 면)(그림 379-1)과 은판(뒷면)(그림 379-2)을 덮어서 만든 것이다. 이 여신은 날개가 있고 양손에 동물을 쥐고 있는 모습이다. 가슴에는 동심원문양, 하단에는 옷주름이 표현되었다. 양 날개와 이마, 손에 쥐고 있는 동물, 다리와 다리 아래의 알 수 없는 장치에는 구멍을 뚫고 은못으로 금판을 붙인 흔적이 남아 있다. 뒷면에도 남아 있다(그림 379-2). 잘 만들었다고 할 수 없는 유물이다(폴린, 알렉세예프 2018).

비슷한 유물이 한 점(그림 379-3, 4) 더 출토되었는데, 거의 같은 모습이고 같은 방법으로 제작되었지만 여성의 표현으로 보아서, 쌍(pair)은 아니다. 날개의 표현이 다르고, 여성의 하반부 옷자락 표현, 못의 위치에도 차이가 있다. 처음부터 의도적으로 쌍으로 만들었지만, 현재 유물의 상태가 좋지 않은 게 아니다. 전통적으로 내려오는 아르김파사와 비슷하게 만들었으나 정교하지 못하게 만들어진 유물이다.

2) 얼굴상: 메두사

기원전 7세기경에는 전신상이 출토되지만 기원전 5세기 이후의 유적에서는 아르김파사와 함께 얼굴상인 메두사가 확인된다. 이들 유물은 모두 원형의 장식판에 머리만 표현되었다.

볼사야 침발카 유적에서 출토된 메두사의 머리(그림 380-2)는 아르김파사 여신과 함께 말머리를 장식하던 유물이다. 볼 가리개 부분에 부착되었던 유물이다. 체르토믈리크 유적에는 북동쪽에 위치한 무덤방에서 옷을 장식하던 장식판에 메두사의 머리가 확인되었다. 그 아래에는 펜던트가 5개 부착되었다(그림 380-1)(Piotrovsky B. 1986).

메두사는 엘리자베틴스키 유적과 세미브라트노예 출토 갑옷에도 묘사되었다. 엘레자베틴스키 유적(그림 381)의 메두사의 얼굴이 새겨진 갑옷조각은 가슴가리개 부분인데, 청동으로 제작된 것이다. 그리스로부터 수입된 유물이다(체르넨코 1968).

세미브라트노예 유적의 4호(그림 382)에서 출토된 유물은 엘리자베틴스키 유적의 유물에 비해서 유물의 전체적인 모습을 잘 알 수 있도록 남아 있다. 흑해 스키타이 문화의 갑옷은 철판을 잘라서 가죽끈으로 이어 붙인 비늘 갑옷(찰갑)이다. 앞서 살펴본 여성상이 있는 유물에 비해서 자신을 보호하는 기능이 있는 유물이다(체르넨코 1978).

여성의 전신상은 기원전 7세기, 기원전 5~4세기 오랜 시간 동안 비슷한 형상이 유지된다. 양 손을 바깥으로 내밀고 손에 동물을 쥐고 있다가 알렉산드로프스키폴 유적에서는 손을 허리를 감싸거나 혹은 양손에 동물의 머리를 쥐고 있는 동물 등 자유롭게 변화된다.

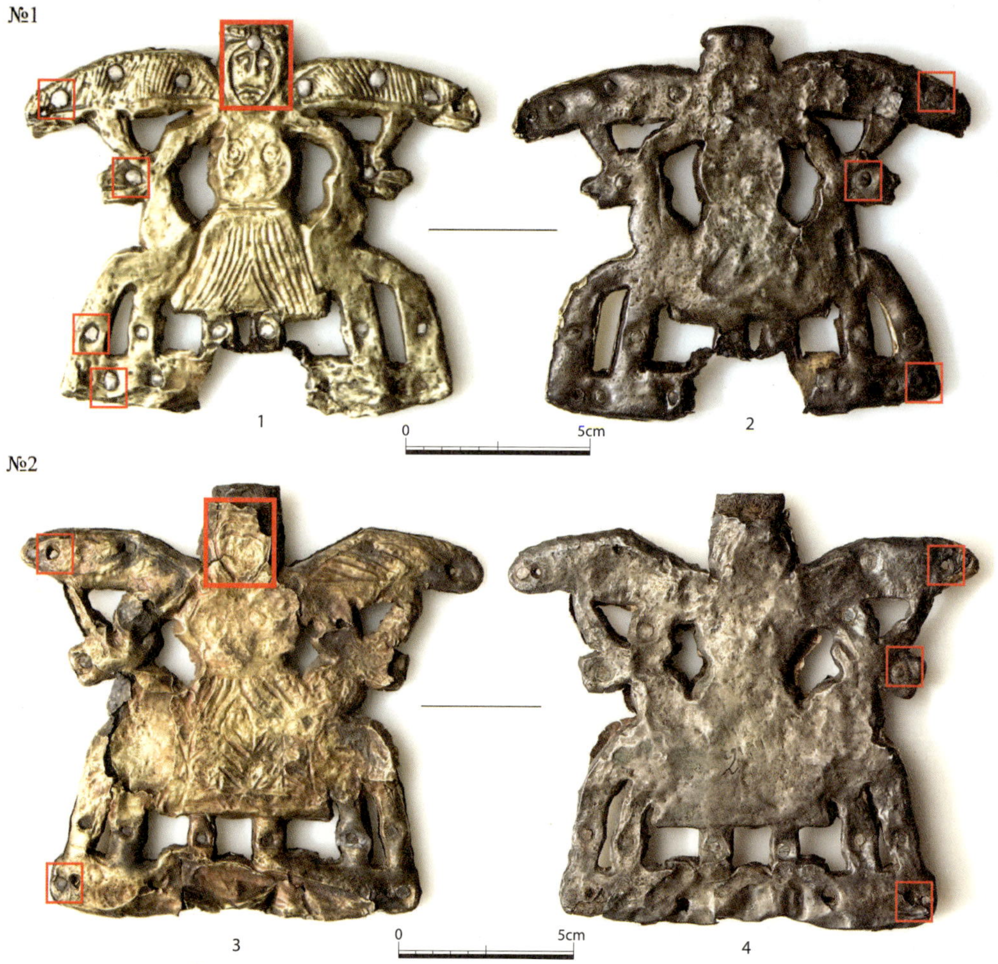

그림 379 알렉산드로프스키폴 유적 1851년 발견품 철제(기본판)+은판+금판   1. 크기: 10×12cm
        3. 크기: 11.6×12.8cm

그림 380 침발카 유적과 체르토믈리크 유적 메두사   1. 체르토믈리크 유적 | 2. 볼사야 침발라 유적

446   교과서 밖의 역사 유라시아 초원 스키타이 문화의 미라와 여신상

켈레르메스 유적의 은제 거울은 그리스에서 제작되었으며, 주인공 여성이 사이벨레 라는 의견(아르타모노프 1966)이 있다. 또 볼샤야 침발카 유적의 마면장식에 표현된 여성(그림 373)도 전체적인 구도와 그리핀과 함께 표현된 모습은 소아시아의 사이벨레(아르타모노프 1961) 또는 이 여성이 입고 있는 복장과 구조는 주로 그리스 헤카테 여신표현으로 볼 수도 있다고 한다(아르타모노프 1966). 침발카 유적의 마면장식과 함께 갖춤새인 볼 가리개에는 메두사가 표현되어 두 인물 모두 메두사로 보는 의견도 있다(알레세예프 2012).

특히 기원전 5세기 쿨-오바 유적에서는 그리스 유물이 많이 출토되기 때문에 그리스 신화 속의 여성으로 해석되는 경향이 많다. 그러나 이 여성이 최초로 등장한 은제 거울이 출토된 켈레르메스 유적에서는 그리스 뿐만 아니라 우라르트, 앗시리아 등지에서 수입된 유물도 있고 스키타이 재지 유물도 출토되어 거울 속의 여성이 반드시 그리스신화 속의 인물(아르타모노프 1966)이라고 확증하기 힘들다.

원래 사이벨레 숭배사상은 아나톨리 지역에서 먼저 생겨서 그리스가 수입해 간 것이다. 또 쿨-오바 유적의 여성(그림 374)이 한 손에는 단검, 한 손에는 헤라클레스의 머리를 들고 있는 것으로 보아서 사이벨레 보다는 스키타이신화의 아르김파사를 상징할 가능성이 많다.

그리고 제벨레프(1927)가 지적한 것처럼 헤로도투스가 기록에 남긴 스키타이신화는 원래의 모습과는 거리가 멀었을 수 있다. 켈레르메스 유적의 은제거울에 그려진 여성은 기원전 7세기에 통용되던 신화 속의 인물이고, 헤로도투스가 기록을 남긴 시점은 기원전 440년이기 때문이다. 실제로 기록을 남긴 시간과 비슷한 시기에 만들어진 기원전 5세기의 유물은 기원전 7세기 켈레르메스 유적의 여신(그림 372)과 모습도 다르며, 이 시기에는 여신이 다양하게 표현된다.

톨스타야 마길라 유적에서 나온 귀걸이(그림 377)에 표현된 여성은 같은 시간대의 침발카 유적의 마면장식에 표현된 여성과 비교해 볼 때 세부 표현이 매우 불분명하다. 물론 각 유물의 제작지가 다르고 만든 이가 달라서 일 수도 있다. 침발카 유적에서는 메두사가 등장하기는 하지만 마면에 표현된 전신상이 아르김파사(그림 373)가 아닌 메두사일 가능성은 없다고 생각한다. 만약 메두사(그림 380-2)가 아르김파사를 대체했다면 메두사도 전신상으로 묘사되어야 할 텐데 얼굴상으로만 만들어진다.

톨스타야 마길라 유적에서 출토된 귀걸이는 종교의 엄격하고 근엄한 여신이라기 보다는 기원전 5세기경에 유행하던 문양일 수 있다. 다산의 여신임을 보여주기 위해서 배가 나오게 표현했을 수 있지만, 다른 유물의 여성은 그렇지 않다. 그만큼 이 시기의 여신숭배 혹

그림 381 기원전 5~4세기 엘리자베틴스키 유적 5호분(1914년 베셀로프스키 발굴) 너비: 41cm │ 길이: 44cm

은 스키타이신화가 자유롭게 해석될 수 있었다고 볼 수도 있다. 엄격한 분위기라면 배 나온 여신을 상상할 수 있을까?

기원전 440년에 헤로도투스가 남긴 스키타이에 대한 기록도 누군가 전해 준 이야기의 한 구절이었을 수 있다. 스키타이신화가 그리스신화와 비교되었다고 해서 스키타이신화가 그리스에서 왔다는 근거로 볼 수는 없다. 다만 남아 있는 스키타이신의 이름은 참고로 할 수 있다.

오랜 기간 동안 여러 유적에서 비슷한 구도의 여성이 계속 출토되는데, 제작지가 다른 곳임에도 불구하고 이런 모습의 형상이 계속 유물에 남아 있을 수 있었던 것은 주문자의 요구가 강력하게 반영된 것으로 해석할 수 밖에 없다. 주문자는 스키타이인이다. 그렇다면 주문자의 신화 속 인물을 물건에 반영했을 가능성이 많다. 그리고 흑해지역에서는 기원전 5~4세기 이후에는 스키타이신화와 그리스신화가 자유롭게 소비되었을 수 있다.

그림 382 기원전 4세기 세미브라트노예 유적 4호   1. 갑옷조각 │ 2. 복원도

448　교과서 밖의 역사 유라시아 초원 스키타이 문화의 미라와 여신상

그림 출처

그림 372   켈레르메스 유적 여성(1, 2. Алексеев А.Ю. 2012, p.108, 필자 재편집)

그림 373   침발카 유적 마면장식(청동에 금을 덧 씌움, 1868년 자벨린 발굴)(1, 2. Алексеев А.Ю. 2012, p.167, 필자 재편집)

그림 374   쿨-오바 유적 여신상 금제품(Артамонов М.И. 1966 인용)

그림 375   볼쇼야 블리지니차 유적 황금장식판(Артамонов М.И. 1966 인용)

그림 376   흑해부근 기원전 5세기 여신상(Ильинская В.А., Тереножкин А.И. 1983 인용)

그림 377   톨스타야 마길라 유적 귀걸이(Мозолевській Б.М. 1979 인용)

그림 378   알렉산드로프스키폴 무덤 청동 간두식(1. Полин С.В., Алексеев А.Ю. 2018 인용, p.895, 그림 268 │ 2. Степи европейской части СССР в скифо-сарматское время. 1989 인용)

그림 379   알렉산드로프스키폴 유적 1851년 발견품 철제(기본판)+은판+금판(Полин С.В., Алексеев А.Ю. 2018, p.895 그림 268, 필자 재편집)

그림 380   침발카 유적과 체르토믈리크 유적 메두사(1. Piotrovsky B., Galanina L., Grach N. 1986 인용 │ 2. Артамонов М.И. 1966 인용, 필자 재편집)

그림 381   기원전 5~4세기 엘리자베틴스키 유적 5호분(1914년 베셀로프스키 발굴)(Артамонов М.И. 1966 인용)

그림 382   기원전 4세기 세미브라트노예 유적 4호(Черненко Е.В. 1968 인용, 필자 재편집)

참고문헌

Абаев В. И. 1962, Культ 《семи богов》 у скифов // Древний мир. Академику В. В. Струве. М.(아베프 1962, 스키타이의 7신에 대한 신화)

Алексеев А.Ю. 2003: Хронография Европейской Скифии VII-IV веков до н.э. СПб: Изд-во Гос. Эрмитажа. 2003. 416 с(알렉세예프 2003, 기원전 7-4세기 유럽스키타이문화의 편년)

Алексеев А.Ю. 2012: Золото скифских царей в собрании Эрмитажа. СПб: Изд-во Гос. Эрмитажа. 2012. 272 с. (알렉세예프 2012, 에르미타주박물관 소장 스키타이 차르의 황금유물 콜렉션)

Артамонов М.И. 1961: Антропоморфные божества в религии скифов. // АСГЭ. [Вып.] 2. Л.: 1961. С. 57-87.(아르타모노프 1961, 스키타이 의례 속의 의인화된 신)

Артамонов М.И. 1966: Сокровища скифских курганов в собрании Государственного Эрмитажа. Прага — Л.: Артия, Советский художник. 1966. 120 с (아르타모노프 1966,

에르미타주 소장 스키타이 무덤의 보물)

Гуляев В.И. 2005: Скифы. Расцвет и падение великого царства. М.:《Алетейя》. 2005(굴랴예프 2005, 스키타이, 위대한 왕국의 흥망성쇠)

Ильинская В.А., Тереножкин А.И. 1983: Скифия VII-IV вв. до н.э. Киев: 1983. 380 с(일린스카야, 테레노쉬킨 1983, 기원전 7~4세기 스키타이인)

Жебелев.С.А. 1927, Геродот и скифские божества. Известия Таврического общества истории, археологии и этнографии, т. I (58), 1927, стр. 89-90.(제벨레프 1927, 헤로도투스와 스키타이의 신들)

Полин С.В., Алексеев А.Ю. 2018: Скифский царский Александропольский курган IV в. до н.э. в Нижнем Поднепровье. Киев, Берлин:《Видавець Олег Філюк》. 2018. 930 с.(《Курганы Украины》. Т. 6)(폴린, 알렉세예프 2018, 드네프르강 하류의 기원전 4세기 스키타이 차르 무덤-알렉산드로프스키폴 무덤)

Черненко Е.В. 1968: Скифский доспех. Киев:《Наукова думка》. 1968. 190 с(체르넨코 1968, 스키타이 갑옷)

Мозолевській Б.М. Товста Могила. Київ, 1979, с. 40(모졸레프스키 1979, 톨스타야 마길라)그림 1 . 흑해 지역 후기구석기시대 비너스상 출토지(1)와 코스텐키 1 유적의 주거지 평면도(2)

Venus

V

교과서 밖의 역사 유라시아 초원 스키타이 문화의 미라와 여신상

스키타이 문화의 미라와 선사시대 비너스상

인류역사상 인간형상물이 최초로 나타난 시기는 후기구석기시대이다. 공교롭게도 시베리아와 흑해지역의 후기구석기시대 유적에서 가장 먼저 출토되는데 각각 대표적인 유적이 말타(Мальта, Malta) 유적과 코스텐키(Костенки, Kostenki) I유적 등이 있다. 시베리아에서는 말타 유적 외에도 부레티(Буреть, Buret´) 유적 등이 알려져 있고, 흑해에서는 이 외에도 가가리노(Гагарино, Gagarino) 유적, 아프제보(Авдеево, Avdeyevo) 유적, 호틸레보(Хотылево, Khotylevo)2 유적 등 시베리아 보다는 많은 유적에서 발견된다(아브라모바 2010, 홀로파체프 2016).[44]

후기구석기시대 인간형상물은 여성을 대상으로 만들어진 것이다. 특히 가슴과 둔부 등 여성성이 강조되어 '비너스상'이라고 불린다.

흑해 지역 코스텐기 I유적에서는 주거지 1기에서 비너스상이 48점 가량 출토되었다(그림 383-2). 이 유적에서는 4기의 주거지가 발견되었고 완벽하게 발굴된 것은 1호와 2호 상층 주거지이다. 그 중에서 1호 주거지에서 인간형상물 48점과 동물형상물도 54점 출토되었다. 인간형상물은 맘모스 상아로 제작된 것 4점이고 나머지는 이회암으로 만들어진 것이다(아브라모바 1987). 대부분 전신상으로 성숙한 여성을 표현하고 있고, 가슴과 엉덩이가 매우 둥글고 불룩해서 가슴과 배가 붙을 정도로 과장되게 표현했다. 머리에는 눈·코·입 표현이 없다. 뿐만 아니라 여성상의 배와 엉덩이를 잘라내는 훼손행위도 발견된다(김재윤 2019c)(그림 384).

시베리아의 말타 유적의 여성형상물은 대부분 맘모스 상아로 제작되었다. 상하반신을 구분하고 상반신에는 가슴, 하반신에는 엉덩이를 표현하고 있지만 흑해의 여성상에 비해서 표현이 과하지 않고, 얼굴에는 표정이 있다(그림 386). 흑해의 유물은 100%로 여성만 표현되었으나 시베리아의 인간형상물 가운데는 비록 소수이지만 남성의 상징(그림 387-24~29, 그림 386-4)과 가까운 유물도 발견되어서 흑해와는 다른 양상이다.

시베리아와 흑해 지역 모두 주거지(그림 385-3) 내에서 발견되었다. 그러나 말타의 주거지는 화덕자리(그림 385-4)에서 인골이 확인되어 주거지 내 무덤 속에 비너스상을 묻어두었다(게라시모프 1961, 김재윤 2019c). 뿐만 아니라 말타 유적은 주거지 15기가 발견된 유적으로 대부분의 유적에서 비너스상이 발견되었다. 반면에 흑해의 코스텐키 I 유적에서는 수

---

[44] 흑해 지역 및 모스크바 인근의 후기구석기시대 인간형상물은 최근에 종합적으로 정리되었다(홀로파체프 2016). 이 자료는 쿤스트카메라(Кунсткамера)의 사이트에서 다운받을 수 있다. http://www.kunstkamera.ru/lib/rubrikator/06/978-5-88431-302-6/

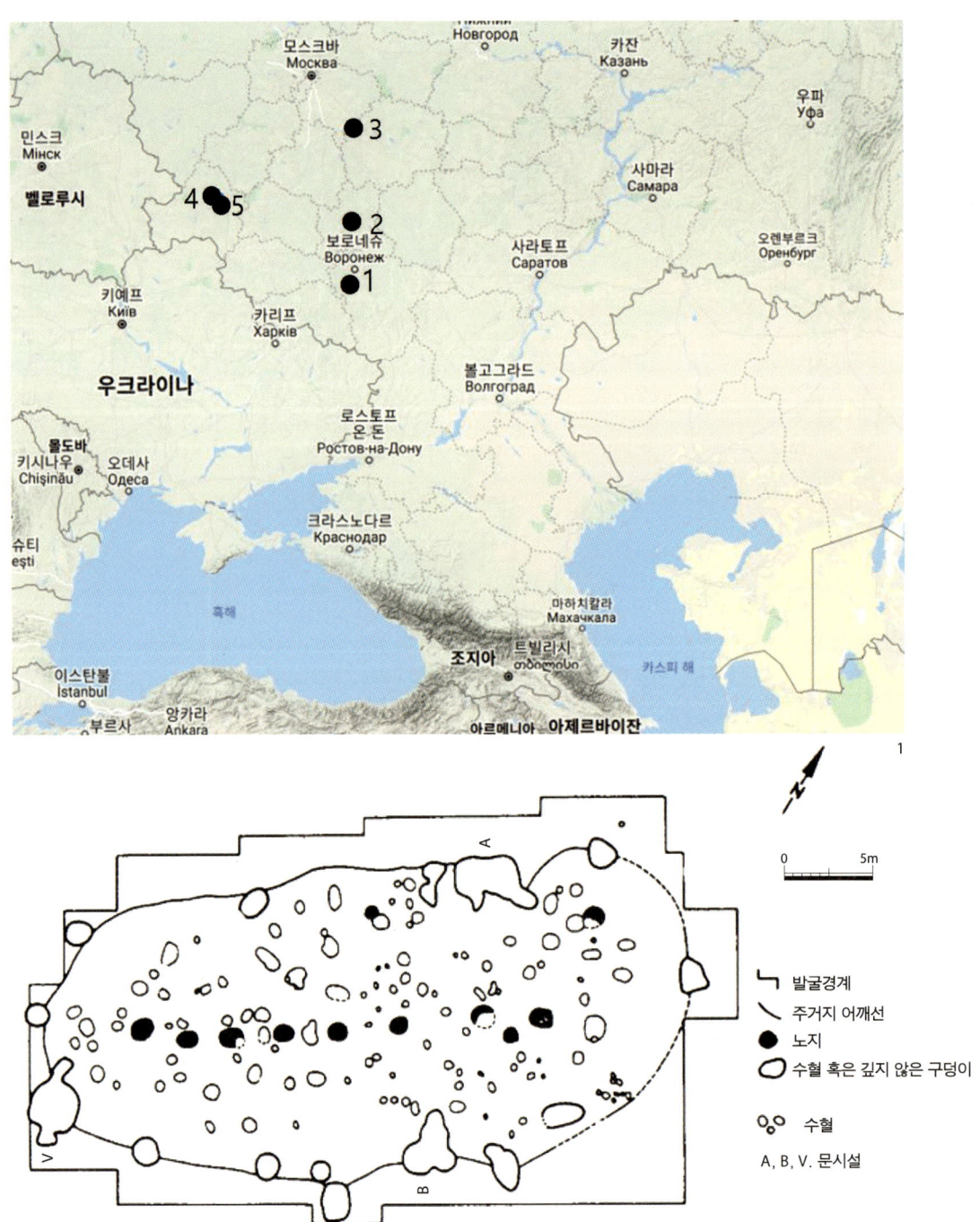

그림 383 흑해 지역 후기구석기시대 비너스상 출토지와 코스텐키 Ⅰ유적의 평면도   1. 출토지(1. 코스텐키 Ⅰ유적, 2. 가가리노 유적, 3. 아프제보 유적, 4. 엘리세비치 유적, 5. 호틸레보 2유적) 2. 코스텐키 Ⅰ유적의 평면도

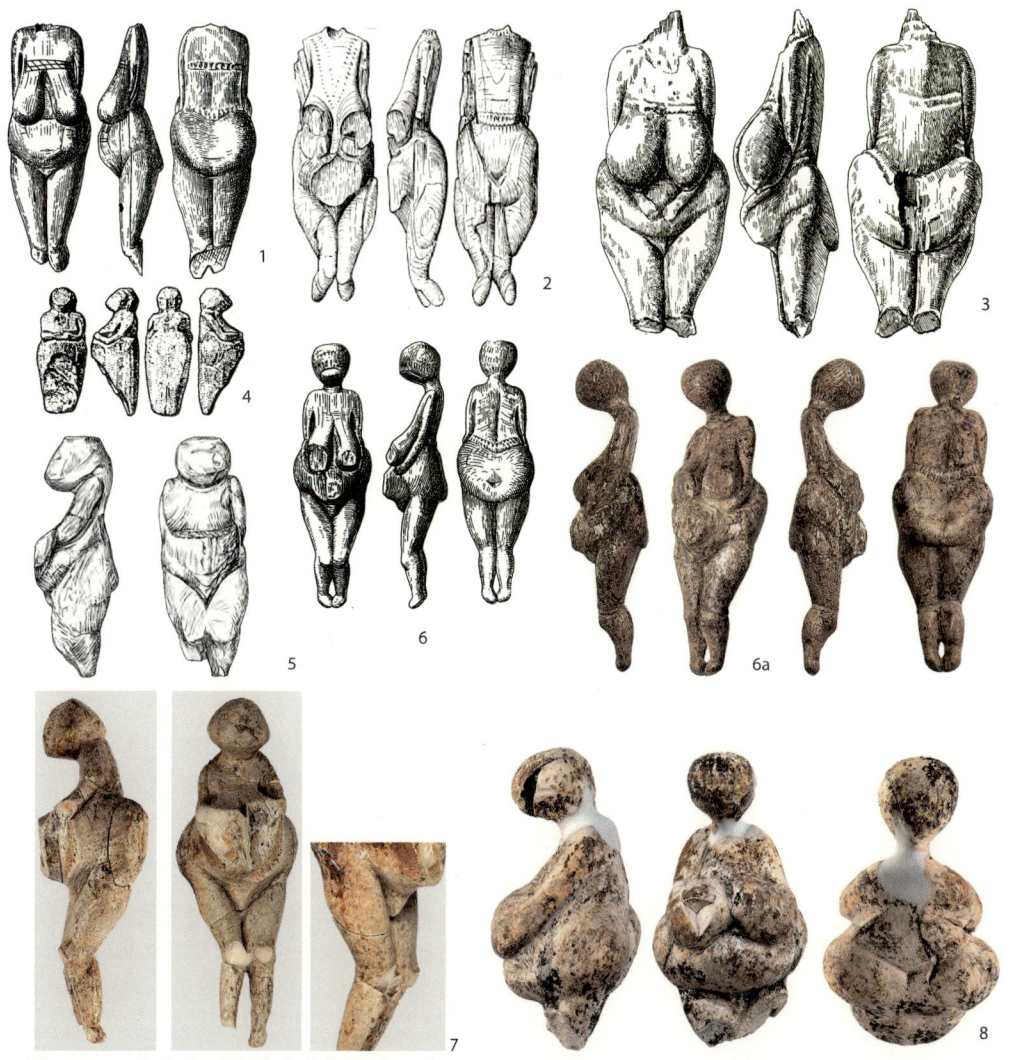

그림 384 흑해 후기구석기시대 비너스상 | 1~6. 코스텐키 I유적 | 7. 호틸레보 2유적 | 8. 가가리노 유적

십개의 인간형상물이 주거지 1기에서 발견되었다. 비슷한 시점에 비너스상은 만들어졌지만 이를 소유하는 이데올로기에는 차이가 있었다고 볼 수 있다.

흑해와 시베리아 모두 후기구석기시대이지만 코스텐키 I유적의 절대연대는 23820~23000년 전이고(시니친 외 1997), 말타 유적은 14750±120(ГИН-97)B.P.(아브라모바 외 1984)로 차이가 있다.

그러나 흑해지역의 연대가 이르다고 시베리아 유물의 기원이라고 볼 수 없다. 말타와 부레티 유적을 발굴한 오클라드니코프는 시베리아 유물은 몽골로이드 여성을 표현해서 흑해지역과 유물 표현의 차이는 인종차이로 보았다(오클라드니코프 1941).

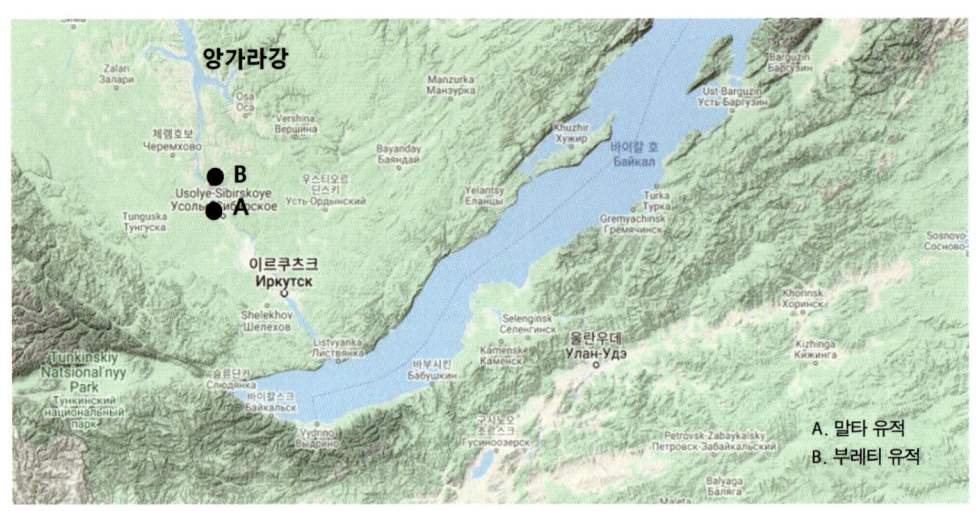
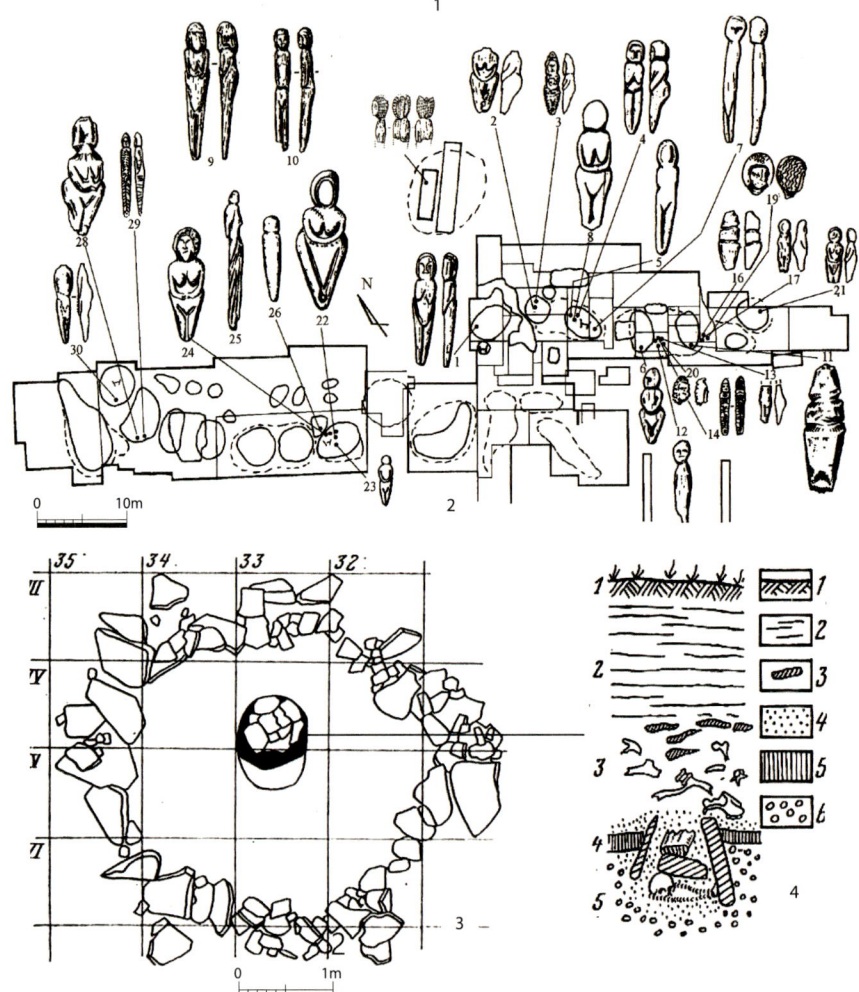

그림 385 시베리아 후기구석기시대 인간형상물 | 1. 출토지(A. 말타유적, B.부레티유적) | 2. 말타유적 인간형상물 출토 상황 | 3. 말타 유적 주거지 평면도 | 4. 말타 유적 화덕자리

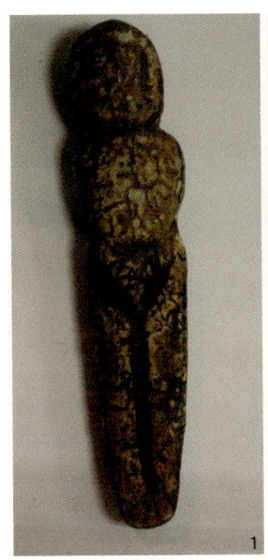   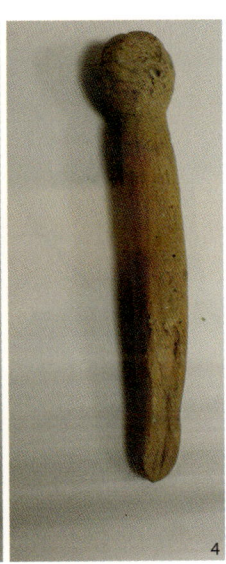

그림 386　말타 유적 인간형상물　1~4. 말타 유적

　　인간형상물로 인종을 단정할 수는 없지만 두 지역에서는 각각 인간형상물을 만들었고, 이를 각각 자신이 속한 사회의 이데올로기에 따라서 주거지에 묻어 두었을 가능성이 있다. 그래서 필자는 흑해지역에서 비너스상이 먼저 나타났다기 때문에 시베리아로 영향을 주었다고는 생각하지 않는다.

　　인간형상물을 부장하는 전통이 지속되는 곳은 시베리아이다. 신석기시대 무덤에서도 부장된다. 주로 인간형상물이 출토되는 곳은 프리바이칼 지역인 앙가라(Ангара, Angara)강 유역이고 이 지역의 7000~6000년 전 키토이(Китой, Kitoy) 문화, 5200~4500년 전 이사코보(Исаково, Isakovo) 문화, 5000~4700년 전 세레보(Серово, Serovo) 문화에서 출토된다. 무덤은 대부분 토광묘이다. 후기구석기시대에는 전신상과 얼굴몸통형이 있지만 신석기시대가 되면서 얼굴형과 얼굴몸통형이 출토된다. 전신상이 출토되지 않아서 여성성을 드러내지 않는다. 전 시대와 달리 석제품도 있으며, 신석기문화에서 가장 늦은 세로보 문화에서는 맘모스 상아로 만든 것이 출토된다. 특히 세로보 유적에서 출토된 유물은 동물과 인간이 약간 굽은 막대기를 통해서 함께 표현되었다는 점이 흥미롭다(그림 388-33). 신석기시대의 인간형상물은 전 시기에 걸쳐서 나오지만 남성과 여성을 구분해서 표현하지 않는다(김재윤 2019d).

　　신석기시대에 비해서 좀 더 뚜렷한 특징을 보이는 것은 순동시대인 4700~4000년 전 나타나는 글라스코보(Глазково, Glazkovo) 문화이다. 토광묘나 석판묘 등 무덤에서 출토되었다. 맘모스 상아로 제작되었고 전신형으로 성(性)을 드러내지 않는다(김재윤 2019b). 유적

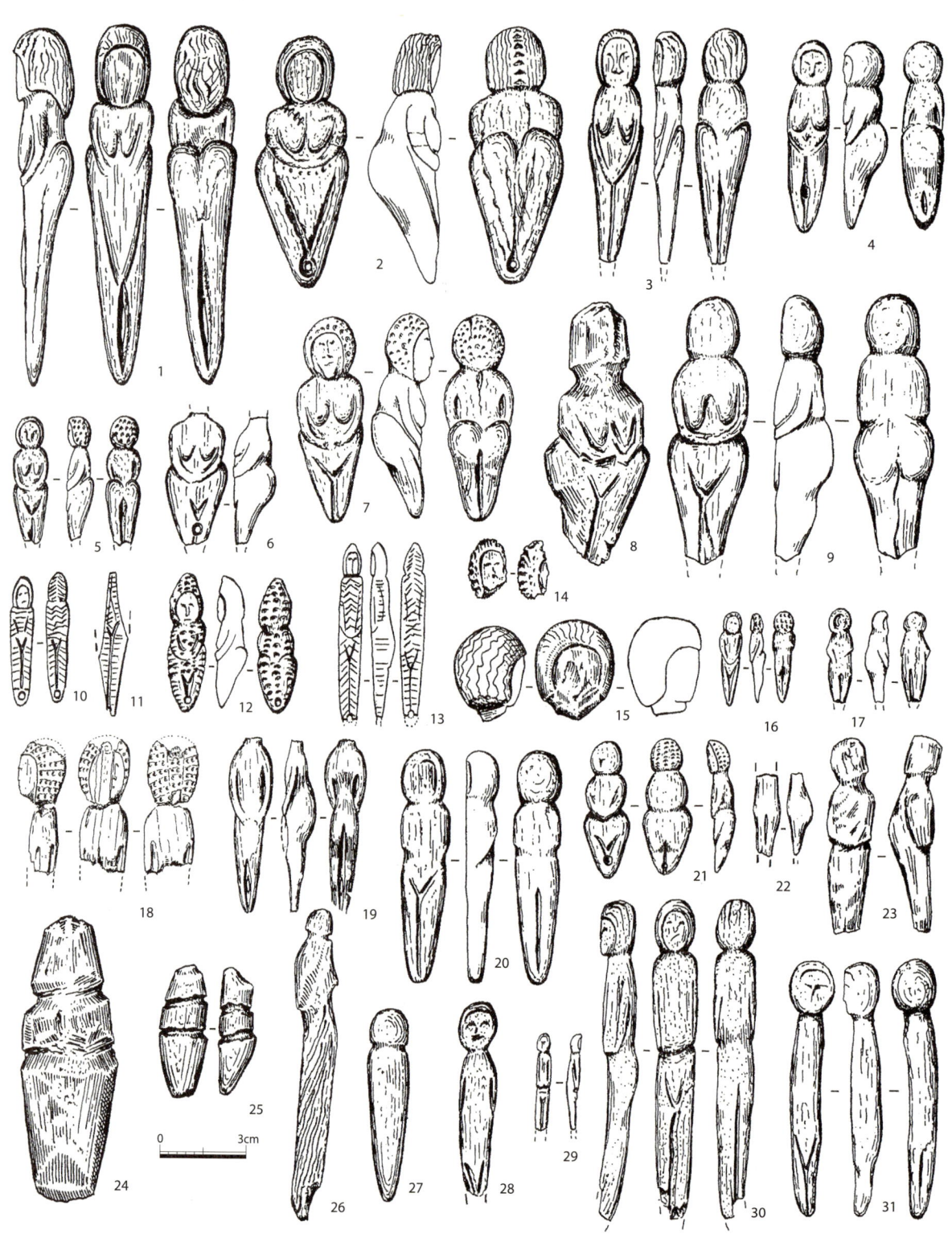

그림 387 말타 유적 인간형상물

458 교과서 밖의 역사 유라시아 초원 스키타이 문화의 미라와 여신상

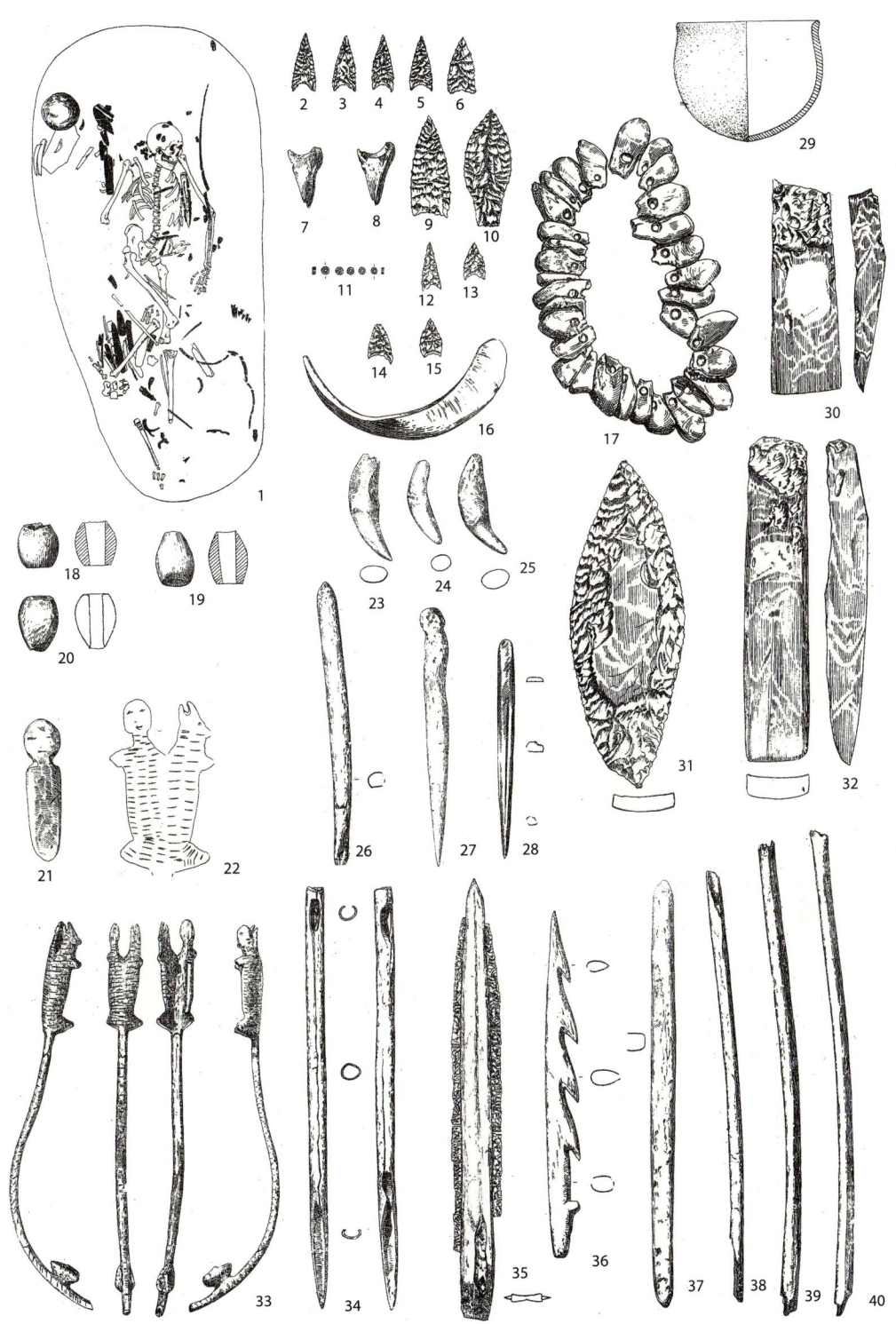

그림 388 세로보 문화의 세로보 유적 12호 출토품

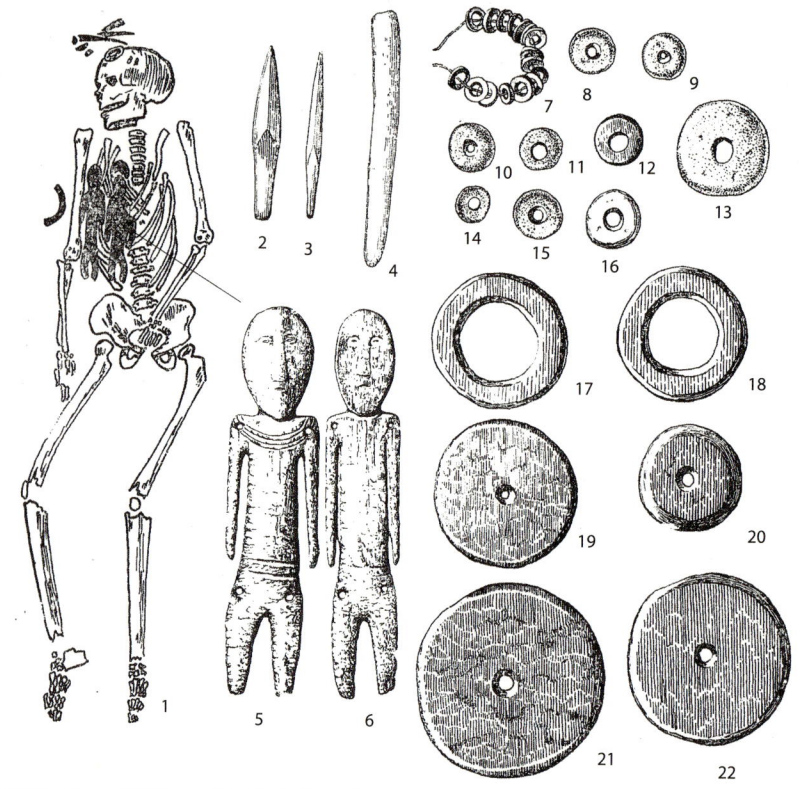

그림 389 글라스코보 문화 우스티 우다 유적 4호

에서 대부분 2개가 쌍으로 출토된다. 대표적인 예로 우스티 우다(Усть-Уда, Ustʹ-Uda) 유적 4호가 있다. 출토 위치로 보아 목에 달았던 것(그림 389-5, 6)으로 보인다. 옷에 달던 옥기와 함께 출토되었다(오클라드니코프 1975, 김재윤 2020b).

시베리아에서 인간형상물을 무덤에 부장하는 전통은 신석기시대와 순동시대 및 청동기시대에도 지속된다. 신석기시대와 순동시대에는 주로 맘모스 상아를 이용해서 제작했는데 후기구석기시대와는 달리 여성성을 드러내지 않는다.

그러다가 시베리아의 오쿠네보 문화(BC25~19)부터 여성성이 드러난 유물이 다시 제작되기 시작한다. 청동기시대 쿠르간이라고 불리는 적석총(그림 390-1) 안에서 출토된다. 우아바트(Уйбат, Uybat) III, 베르흐네 아스키즈(Верхне аскиз, Verkhny askiz) I, 체르노바야(Черновая, Chernovaya) VIII 유적(그림 390)에서 출토되는데, 방형의 호석 안에 석관묘가 설치되었다. 오쿠네보 문화의 인간형상물은 골제로 만들어진 여성형상물과 석제로 만들어진 남성형상물이 뚜렷하게 나타난다. 여성성은 후기구석기시대처럼 가슴과 엉덩이의 표현으로 성(性)을 드러내지 않고 긴 머리카락으로 이를 드러내었다. 함께 발견된 남성형상물과 비교하면 확연하게 차이가 나는데, 남성은 후기구석기시대 이래로 계속 있었던 머리몸통형과 같은 형태이지만 단면이 원형으로 입체적이게 되며, 여성과 구분해서 머리카락을 뒤로 묶어서 표현하였다(김재윤 2021).

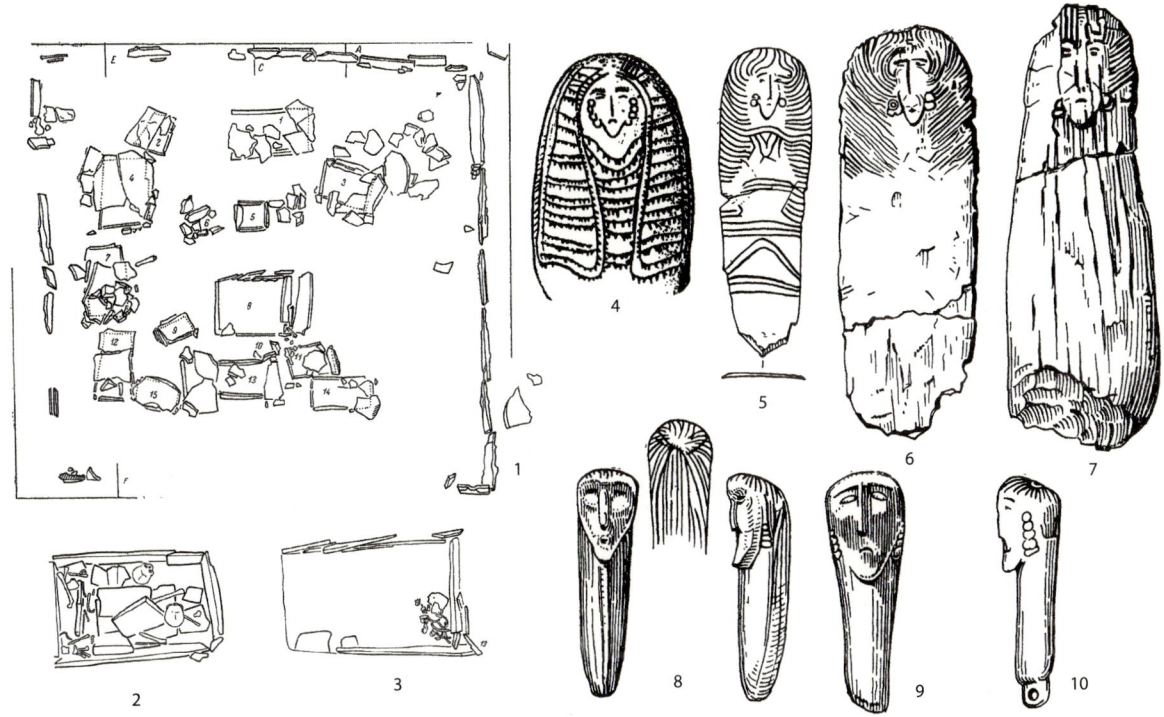

그림 390 오쿠네보 문화의 체르노바야 Ⅶ유적 무덤과 출토품 1~3. 체르노바야 Ⅷ유적 3호 봉분 | 2. 4호묘 | 3. 8호묘 | 4~7,10. 1호 봉분묘 7호묘 | 8. 8호 봉분묘 13호 | 9. 10호 봉분묘 5호

오쿠네보(Окунево, Okunevo) 문화 이후의 안드로노보(Андроново, Andronovo) 문화와 카라숙문화에서는 여성형상물이 발견되지 않는데, 문화의 기원과 관련되어 있다고 생각된다. 오쿠네보 문화는 시베리아 미누신스크 분지에서 발견된 재지의 문화(소콜로바 2007)이고, 안드로노보문화와 카라숙문화는 외부에서 들어온 문화(코마로바 1947, 막시멘코프 1980, 키즐라소프 1986, 소콜로바 2007, 김재윤 2021)이기 때문이다. 오쿠네보 문화는 재지의 문화이기 때문에 인간형상물을 부장하는 전통이 재현되었다고 볼 수 있다(김재윤 2021).

시베리아의 초기철기시대 문화인 알타이 파지리크 문화에서는 무덤속에 더 이상 인간형상물이 출토되지 않는다. 대신에 인간 스스로가 '형상물'이 된 미라가 나타난다. 파지리크 문화에서 미라를 만드는 이유는 죽은 자에게 문상을 오랫동안 받기 위한 것만은 아니었다(N.V.폴로스막(강인욱 역) 2016). 그녀는 이집트 오시리스 신화(페레펠킨 1988)와 보이스(1988)의 견해를 들어서 미라가 부활과 관련있다고 생각했다. 오시리스 신화에도 신을 조각내야만 부활할 수 있다고 믿었고, 사람을 신과 동화시켜야 부활을 할 수 있다고 믿었다(페레펠킨 1988) 또한 고대 이란인에게는 죽은 후 하늘에 가려는 믿음 뿐만 아니라 육체를 부활하려는 희망도 있었다고 한다(보이스 1988).

　　미라가 부장된 무덤은 나무로 된 무덤방 속에 통나무관의 속을 파서 만든 것이다. 미라의 내부도 나무뿌리와 동물의 털 등으로 채워졌다. 시베리아 남부의 투르크인들은 아이를 나무 구멍 속에 매장했고, 나나이족도 비슷한 풍습이 있다(르보바, 옥탸브르스카야 외 1988, 스몰랴크 1976, N.V.폴로스막(강인욱 역) 2016). 어린아이를 나무 혹은 그루터기에 묻는 것은 자연을 다시 자연으로 돌려보낸다는 생각을 내포하고 있다(골로브뇨바 1995, N.V.폴로스막(강인욱 역) 2016).

　　미라 뿐만 아니라 부활을 의미하는 식물도 유적에서 함께 발견되는데 물싸리 꽃(그림 382-2)이다. 파지리크 문화의 울란드릭크Ⅰ유적에서는 물싸리 줄기가 많이 확인되었다(쿠바레프 1987). 이 줄기를 분석한 결과 봄에 유적이 만들어진 것으로 확인되었다. 이 풀은 봄이 되면 노란색 꽃을 피우는데, 파지리크 유적에는 한 다발을 넣었던 것으로 분석되었다(루덴코 1953).

　　투르크에는 절벽에 노란 꽃이 피었을 때, 가을과 겨울에 죽은 사람을 매장하는 전통이 있다(비추린 1950). 아크 알라하-3유적을 발굴한 폴로스막(2016)도 유적에서 발견된 물싸리 꽃을 신화-의식 세계에서 부활을 의미하는 것으로 보았다.

　　앞에서 살펴본 유적 가운데 늦봄에서 여름에 만들어진 곳은 아크 알라하-3유적, 파지리크 유적 2호분, 파지리크 유적 5호분 등이 있었다. 주로 말의 위에서 나온 풀의 상태를 보고 유적이 만들어진 시점을 파악했는데, 함께 발견된 물싸리도 그 근거가 된 것이다.

　　시베리아에서는 후기구석기시대 이래로 파지리크 문화까지 인간을 형상화 한 유물을 오랫동안 뼈로 제작하였다. 물론 신석기시대 머리형과 청동기시대 오쿠네보 문화의 남성 형상품은 석제품으로 제작되기도 하지만 뼈는 전 기간에 걸쳐서 인간을 형상화하는 소재로 사용되었다. 그 중에서도 오랫동안 사용된 것은 맘모스 상아이며, 후기구석기시대와 신석기시대 세로보문화 및 순동시대인 글라스코보 문화에서도 사용되었다.

　　파지리크 문화의 인간형상물인 미라는 복잡한 처리과정을 거쳐 마지막 결과물은 뼈와 피부가 남는다. 미라를 만드는 그 개념은 폴로스막이나 앞선 연구자들이 이미 지적한 바와 같이 '부활'의 의미를 지니고 있을 수 있다. 그런데 이런 관념이 파지리크 문화에서 갑자기 생겨난 것일까?

　　필자는 파지리크 문화 이전 시대에 만들어진 인간형상물도 결국은 같은 관념으로 만들어졌다고 생각한다. 그리고 미라를 제작했던 그 배경도 후기구석기시대 이래로 지속되어 온 인간형상물을 부장하는 장제가 알타이의 스키타이 문화에서는 미라를 부장함으로써

극대화되었다고 생각한다.

스키타이 문화권에서 가장 고지대에 위치한 알타이의 파지리크 문화에서는 인간을 미라로 만들어 자신들의 장제를 완성했다면, 흑해에서는 좀 더 실용적인 방법을 선택했다. 인간형상물은 대부분 실제로 사용하는 도구에 표현된다. 기원전 7세기 의례용 도구인 거울과 각배에 표현되었으며, 기원전 5세기 이후에는 옷의 장식판, 귀걸이 장식판, 갑옷의 장식판, 말의 얼굴장식판 등에서 확인된다. 부적과 같은 역할이다.

기원전 7세기 켈레르메스 유적의 은제 거울과 각배에 나타난 날개를 달고 양손에 동물을 쥐는 여성은 기원전 5세기 이후에도 여러 유물 속에서 확인된다. 물론 양 손에 들고 있는 물건 혹은 손 모양은 변화된다.

흑해와 시베리아의 스키타이 문화권에서 무덤양식은 차이가 있고, 그 내부에서 출토되는 유물도 지역성이 뚜렷하지만 여러 지역을 엮어서 '문화권'이라는 용어로 통일해서 연구된다는 점은 앞서서 서술한 바 있다. 스키타이 3요소라는 공통성이 발견되기 때문이다. 가장 뚜렷한 것은 동물문양이고 가장 연구가 많이 되어 있다.

예를 들면 몸을 말고 있는 원형의 맹수장식은 아르잔-1호에서 발견되어서 흑해 켈레르메스 유적, 쿨라코프 쿠르간에서도 발견되고, 카자흐스탄 피야노프카 유적, 실릭티 유적 등에서도 출토된다. 이들은 각기 맹수의 얼굴모양 등 세부적인 차이는 있지만 가장 원형(原形)인 동물의 자세는 그대로 유지하고 있으며 넓은 지역에서 통용되었다. 그래서 스키타이 문화권의 단일성을 살피기 위해서는 동물문양장식의 연구가 반드시 필요하고 앞으로 연구해서 정보를 제공하고자 한다.

이 책의 목적은 파지리크 유적과 흑해 지역의 유적에 대한 정보를 제공하고, 스키타이 문화권의 미라를 포함한 시베리아 인간형상물에 대한 필자의 생각을 푸는 것이었는데, 동물문양에 대해서는 앞으로 많은 정보를 제공하도록 노력하겠다.

그림 출처

그림 383　흑해 지역 후기구석기시대 비너스상 출토지와 코스텐키 I유적의 평면도(Абрамова З.А. 1987 인용)

그림 384　흑해 후기구석기시대 비너스상(1~6. Абрамова З.А. 2010 인용 | 6a~8. К.Н. Гаврилов, Г.А. Хлопачев. 2018 인용, 필자 편집)

그림 385　시베리아 후기구석기시대 인간형상물(2. Ekaterina A. Lipnina 2012 인용 | 3, 4. Герасимов М.М. 1961 인용)

그림 386   말타 유적 인간형상물(필자 촬영)

그림 387   말타 유적 인간형상물(1~31: Ekaterina A. Lipnina 2012 인용, 김재윤 2019b 재인용)

그림 388   세로보 문화의 세로보 유적 12호 출토품(1~40: Окладников А.П. 1941 인용, 필자 재편집)

그림 389   글라스코보 문화 우스티 우다 유적 4호(Окладников А.П. 1941 인용, 김재윤 2019b 재인용)

그림 390   오쿠네보 문화의 체르노바야 VII유적 무덤과 출토품(1~10. Максименков Г.А.1980 인용, 필자 재편집)

참고문헌

Абрамова З.А. 1987, "о некоторых особенностях палеолитических женских статуэток сибири", Антропоморфные изображения, pp.28-36(아브라모바 1987, 시베리아 후기구석기시대 여성형상물에 대해서)

2010, Древнейший образ человека. Каталог по материалам палеолитического искусства европы. — Спб.: петербургское востоковедение, . — 304 p.(아브라모바 2010, 고대의 인간형상물)

Абрамова З.А.,Аникович М.В,.Бразер Н.О.,Борисковский П.И., Любин В.П..Праслов Н.Д.,Рогачев А.Н.(1984),Палеоит СССР, Москва: НАУКА, C.328-329(아브라모바 외, 1984, 소비에트 구석기시대)

Бойс М. 1988, Зороастрийцы. Верования и обычаи. 2-е изд. М.: Наука, 1988. 303 c(보이스 1988, 조로아스터교의 신앙과 관습)

Гаврилов К.Н., Хлопачев Г.А. 2018, Новая женская статуэтка со стоянки Хотылево 2: изобразительный канон и археологический контекст/Camera praehistorica №1(가브리로프, 흘로파체프 2018, 호텔레보 2 유적의 새로운 여성형상물)

Герасимов М.М.(1961), "Круглое жилище стоянка Мальта", Краткие сообщения ИА РАН, №82, C. 128-134(게라시모프 1961, 말타 유적의 원형 주거지 유적)

Головнёв А.В. Говорящие культуры. Традиции самодийцев и угров. Екатеринбург: Изд-во УрОРАН, 1995б. 600 c.(골로브뇨바, 사모예드 족과 우그리아족의 문화)

Кубарев В.Д. 1987: Курганы Уландрыка. Новосибирск: 1987. 304 c(쿠바레프 1987, 울란드리크 유적)

Максименков Г.А.1980 Могильник Черновая VIII – эталонный памятник окуневской культуры // Памятники окуневской культуры. – Л.: Наука, 1980. – C. 3–34(막시멘코프 1980, 체르노바야 VIII유적)

Львова Э.Л., Октябрьская И.В., Сагалаев А.М. и др. Традиционное мировоззрение тюрков Южной Сибири. Пространство и время. Вещный мир. Новосибирск: Наука, 1988. 224 с.(르보바, 옥탸브르스카야, 사가라예프 외 1988, 시베리아 남부 투르크인의 전통적인 세계관)

Окладников А.П. 1941, "Палеолитические жилище в Бурети", Палеолит и неолит СССР. М.-Л.// КСИМК, С.1-10(오클라드니코프 1941, 부레티 유적의 후기구석기시대 주거지)

1975 Неолитические памятники Средней Ангары. Новосибириск (오클라드니코프 1975, 앙가라 중류의 신석기시대 유적)

1976 Неолитические памятники Нижней Ангары. (오클라드니코프 1976, 앙가라 하류의 신석기시대 유적)

Перепёлкин Ю.Я. Старое Царство (большая часть III тыс. до н.э. III-VIII династии) // История Древнего Востока. Зарождение древнейших классовых обществ и первые очаги рабовладельческой цивилизации. М.: Наука, 1988. Ч. 2. С. 326-391. (페레펠킨 1988, 기원전 3천년기 고대의 왕국)

Руденко С.И. 1953: Культура населения Горного Алтая в скифское время. М.-Л.: 1953. 402 с. (루덴코 1953, 스키타이 시대 알타이 산의 주민문화)

Синицын А. А., Праслов Н. Д., Свеженцев Ю. С., Сулержицкий Л. Д.(1997), "Радиоуглеродная хронология верхнего палеолита Восточной Европы", Радиоуглеродная хронология палеолита Восточной Европы и Северной Азии. Проблемы и перспективы. СПб., 1997. pp.21-66. (시니친, 프라슬로프, 스베젠체프, 수레르쥐츠키이 1997, 동유럽 후기구석기시대의 절대연대)

Смоляк А.В. Представления нанайцев о мире // Природа и человек в религиозных представлениях народов Сибири и Севера. Л.: Наука, 1976. С. 129-161.(스몰랴크 1976, 나나이족의 세계관)

Хлопачев Г.А.. Верхний палеолит: образы, символы, знаки: Каталог предметов искусства малых форм из археологического собрания МАЭ РАН / отв. ред., науч. ред., сост. Г.А. Хлопачев. – СПб: Экстрапринт, 2016. – 383 с.: ил.(흘로파체프 2016, 후기구석기시대의 형상, 상징과 사인)

김재윤, 2019c, 「시베리아 말타유적과 흑해북안 코스텐키 1유적의 여성형상물(비너스상)비교고찰」, 『동북아문화연구』, 58호

2019d, 「시베리아 선사시대 인간형상물의 변화에 대한 검토」, 『韓國新石器研究』 제38호

김재윤 2020b, 「바이칼 지역 순동시대 글라스코보 문화의 무덤변화와 옥기부장양상 검토」, 『러시아연구』, 30

김재윤 2021, 「시베리아 청동기시대 오쿠네보 문화 골제 인간형상물에 대한 검토」, 『영남고고학』, 89호

N.V.폴로스막(강인욱 역) 2016, 『알타이 초원의 기마인』, 주류성

Ekaterina A. Lipnina 2012, Mal'ta: Paleolithic Cultures and Small From Sculptures, Archaemetria, The University Museum, The University of Tokyo 2012

참고문헌

러시아어

Абаев В. И. 1962, Культ 《семи богов》 у скифов // Древний мир. Академику В. В. Струве. М.(아베프 1962, 스키타이의 7신에 대한 신화)

Абрамова З.А. 1987, "о некоторых особенностях палеолитических женских статуэток сибири", Антропоморфные изображения, pp.28-36(아브라모바 1987, 시베리아 후기구석기시대 여성형상물에 대해서)

Абрамова З.А. 2010, Древнейший образ человека. Каталог по материалам палеолитического искусства европы. — Спб.: петербургское востоковедение, . — 304 p.(아브라모바 2010, 고대의 인간형상물)

Абрамова З.А.,Аникович М.В,.Бразер Н.О.,Борисковский П.И., Любин В.П..Праслов Н.Д.,Рогачев А.Н.(1984),Палеоит СССР,Москва : НАУКА, С.328-329(아브라모바 외, 1984, 소비에트 구석기시대)

Азбелев П.П. 2011, Пятый Пазырыкский курган в экспозиции Государственного Эрмитажа. Методическое пособие. СПб: Изд-во Гос. Эрмитажа. 2011. 32 с.(아즈벨레프 2011, 에르미타주 박물관 파지리크 5호분 특별전)

Азбелев П.П. 2019 : Пазырыкские лебеди. // Актуальные вопросы истории кыргызского народа: прошлое, настоящее и будущее. Сб. статей в честь 70-летия кыргызского историка и востоковеда Мокеева А.М. Бишкек: 2019.(아즈벨레프 2019, 파지리크 유적의 백조)

Алексеев А.Ю. 2003 : Хронография Европейской Скифии VII-IV веков до н.э. СПб: Изд-во Гос. Эрмитажа. 2003. 416 c(알렉세예프 2003, 기원전 7-4세기 유럽스키타이문화의 편년)

Алексеев А.Ю. 2012 : Золото скифских царей в собрании Эрмитажа. СПб: Изд-во Гос. Эрмитажа. 2012. 272 с.(알렉세예프 2012, 에르미타주박물관 소장 스키타이 차르의 황금유물 콜렉션)

Алексеев А.Ю. 2019, Шлем 《кубанского》 типа из Келермесского могильника (раскопки 1993 г.)//НИЖНЕВОЛЖСКИЙ АРХЕОЛОГИЧЕСКИЙ ВЕСТНИК 2019. Т. 18. №. 2(알렉세예프 2019, 켈레르메스 무덤(1993년 발굴)에서 출토된 쿠반 스타일 헬멧

Алексеев А.Ю., Мурзин В.Ю., Ролле Р. 1991 : Чертомлык. (Скифский царский курган IV в.

до н.э.). Киев:《Наукова думка》. 1991. 416 с.(알렉세예프, 무르진, 롤레 1991, 체르토믈리크(기원전 4세기 스키타이 차르의 무덤)

Артамонов М.И. 1961 : Антропоморфные божества в религии скифов. // АСГЭ. [Вып.] 2. Л.: 1961. С. 57-87.(아르타모노프 1961, 스키타이 의례 속의 의인화된 신)

Артамонов М.И. 1966 : Сокровища скифских курганов в собрании Государственного Эрмитажа. Прага — Л.: Артия, Советский художник. 1966. 120 с (아르타모노프 1966, 에르미타주 소장 스키타이 무덤의 보물)

Артамонов М.И. 1973 : Сокровища саков. М.: 1973. 280 с. (《Памятники древнего искусства》.)(아르타모노프 1973, 사카족의 부(富))

Баркова Л.Л. 1987 : Образ орлиноголового грифона в искусстве древнего Алтая (по материалам Больших Алтайских курганов). // АСГЭ. [Вып]. 28. Л.: 1987. С. 5-29.(바르코바, 1987, 고대 알타이의 독수리머리 그리핀의 모습)

Баркова Л.Л., Гохман И.И. 2001 : Ещё раз о мумиях человека из Пазырыкских курганов. // АСГЭ. [Вып.] 35. СПб: 2001. С. 78-90(바르코바,고흐만 2001, 파지리크유적의 무덤에서 나온 미라에 대해서 한 번 더)

Баркова Л.Л., Панкова С.В. 2005 : Татуировки на мумиях из Больших Пазырыкских курганов (новые материалы). // АЭАЕ. 2005. №2 (22). С. 48-59.(바르코바, 판코바 2005, 파지리크 대형 고분의 미라에 새겨진 문신(최신자료))

Баркова Л.Л., Чехова Е.А. 2006 : Войлочный колпак из Второго Пазырыкского кургана. // СГЭ. [Вып.] LXIV. СПб: 2006. С. 31-35(바르코바, 체호바 2006, 파지리크 유적에서 나온 펠트제 고깔모자)

Бойс М. 1988, Зороастрийцы. Верования и обычаи. 2-е изд. М.: Наука, 1988. 303 с(보이스 1988, 조로아스터교의 신앙과 관습)

Бородовский, А.П. 2000,Технология изготовления предметов из полого рога, Феномен алтайских мумий. Новосибирск 320 с.(보르도프스키이 2000, 뿔로 만든 유물 제작 기법/ 알타이 미라 현상)

Вишневская О.А. 1973 Культура сакских племё н низовьев Сырдарьи в VII-V вв. до н.э.По материалам Уйгарака./ Тр. ХАЭЭ. VIII. М.: 1973. 160 с.(비시네프스카야 1973, 우이가라크 유적에서 출토된 기원전 7~5세기 사르다리야 강 하류의 사카 족의 문화)

Волков В.В. 2002 : Оленные камни Монголии. М.: Научный мир. 2002. 248 с.(볼코프 2002, 몽골의 사슴돌)

Гаврилов К.Н., Хлопачев Г.А. 2018, Новая женская статуэтка со стоянки Хотылево 2: изобразительный канон и археологический контекст/Camera praehistorica №1(가브리로프, 흘로파체프 2018, 호텔레보 2 유적의 새로운 여성형상물)

Галанина Л.К. 1983 : Раннескифские уздечные наборы (по материалам Келермесских курганов). // АСГЭ. Вып. 24. 1983. С. 32-55.(갈라니나 1983, 켈레르메스 유적에서 출토된 초기 마구 세트)

Галанина Л.К. 1985. Шлемы кубанского типа (вопросы хронологии и происхождения) // Культурное наследие Востока. Л. : Наука. С. 169-183.(갈라니나 1985, 쿠반 스타일 헬멧의 편년과 기원)

Галанина Л.К. 1997 : Келермесские курганы. 《Царские》 погребения раннескифской эпохи. М.: 1997. 316 с., табл.(갈라니나 1997, 초기 스키타이 시대의 차르 무덤, 켈레르메스 고분)

Галанина Л.К. 2006 : Скифские древности Северного Кавказа в собрании Эрмитажа. Келермесские курганы. СПб: Изд-во Гос. Эрмитажа. 2006. 80 с. (Коллекции Эрмитажа)(갈라니나, 2006, 에르미타주 소장, 카프카스 북쪽의 켈레르메스 고분. 스키타이 문화유물)

Герасимов М.М., 1961, "Круглое жилище стоянка Мальта", Краткие сообщения ИА РАН, №. 82, С. 128-134(게라시모프 1961, 말타 유적의 원형 주거지 유적)

Головнё в А.В. 1995, Говорящие культуры. Традиции самодийцев и угров. Екатеринбург: Изд-во УрОРАН, 1995. 600 с.(골로브뇨바, 1995, 사모예드 족과 우그리아족의 문화)

Грязнов М.П. 1950, Первый Пазырыкский курган. Ленинград.(그랴즈노프 1950, 파지리크 1호분, 레닌그라드)

Грязнов М.П. 1968 Древнее искусство Алтая. Л.: Государственный Эрмитаж. 1958(그랴즈노프 1968, 알타이의 고대 예술

Грязнов М.П. 1978 : К вопросу о сложении культур скифо-сибирского типа в связи с открытием кургана Аржан. // Ранние кочевники. / КСИА. Вып. 154. М.: С. 9-18. (그랴즈노프 1978, 아르잔 쿠르간의 발굴을 통해서 본 스키토-시베리아 유형의 문화성격에 대해서)

Грязнов М.П. 1980, Аржан. Царский курган раннескифского времени. (그랴즈노프 1980, 초기 스키타이 차르 무덤, 아르잔)

Гук Д.Ю., Николаев Н.Н. Замечания к реконструкции погребального шатра из пятого Пазырыкского кургана. // Методика междисциплинарных археологических исследований. Омск: 2011. С. 49-61.(국, 니콜라예프 2011, 파지리크 5호분에서 출토된 벽걸이 캐노피의 복원)

Гуляев В.И. 2005 : Скифы. Расцвет и падение великого царства. М.:《Алетейя》. 2005(굴랴예프 2005, 스키타이, 위대한 왕국의 흥망성쇠)

Жебелев.С.А. 1927, Геродот и скифские божества. Известия Таврического общества истории, археологии и этнографии, т. I (58), 1927, стр. 89-90.(제벨레프 1927, 헤로도투스와 스키타이의 신들)

Зеймаль Е.В. Амударьинский клад: Каталог выставки. Л.: Искусство, 1979. С. 39, 44, 51-52, 64.(제이말 1979, 아무다르 유적: 전시회도록)

Иванов С.В.1976, Представления нанайцев о человеке и его жизненном цикле // Природа и человек в религиозных представлениях народов Сибири и Севера. М.: Наука, 1976. С. 161-189.(이바노프 1976, 나나이족의 사람과 인생에 대한 이데아)

Иессен А.А. 1953 : К вопросу о памятниках VIII-VII вв. до н.э. на юге европейской части СССР. // СА. XVIII. М.: 1953. С. 49-110. (이예셴 1953, 소비에트 유라시아 남부의 기원전 8~7세기 유적에 대한 제문제)

Ильинская В.А. 1968, Скифы днепровского Лесостепного Левобережья. Киев.(일린스카야 1968, 산림스텝지역의 드네프르 강 좌안의 스키타이 유적)

Ильинская В.А. 1971, Образ кошачьего хищника в раннескифском искусстве.—€А . 1971, No 2. (일린스카야 1971, 초기 스키타이문화의 맹수장식)

Ильинская В.А., Тереножкин А.И. 1983 : Скифия VII-IV вв. до н.э. Киев: 1983. 380 с(일린스카야, 테레노쉬킨 1983, 기원전 7~4세기 스키타이인)

Киле Н.Б. Лексика, 1976, связанная с религиозными представлениями нанайцев // Природа и человек в религиозных представлениях народов Сибири и Севера. Л.: Наука, 1976. С. 189-203.(킬레, 레크시카 1976, 나나이족의 종교적 관념에 대해서)

Кисель В.А. 2003 : Шедевры ювелиров Древнего Востока из скифских курганов. СПб: 2003. 192 с.(키셸 2003, 스키타이 무덤에서 나온 고대 아시아의 걸작품)

Кузьмина Е.Е. 1994 : Откуда пришли индоарии? Материальная культура племё н андроновской общности и происхождение индоиранцев. М.:《Восточная литература》. 1994. 464 с.(쿠즈미나 1994, 인도아리아인은 어디에서 왔는가?)

Кубарев В.Д. 1987 : Курганы Уландрыка. Новосибирск: 1987. 304 с(쿠바레프 1987, 울란드리

크 쿠르간)

Кубарев В.Д. 1992 : Курганы Сайлюгема. Новосибирск: 1992. 224 с.(쿠바레프, 1992, 사일류겜 고분)

Кубарев В.Д., Шульга П.И. 2007 : Пазырыкская культура (курганы Чуи и Урсула). Барнаул: 2007. 282 с.(쿠바레프, 슐가 2007, 파지르크 문화)

Курочкин Г.Н. 1994, Скифские корни сибирского шаманизма: попытка нового 《прочтения》 Пазырыкских курганов // Петербург. археол. вестн. 1994. №8. С. 60-70.(쿠로킨 1994, 시베리아 샤머니즘의 스키타이 기원: 파지리크 쿠르간의 해석에 대한 새로운 시도)

Кузьмина Е.Е. 1994 : Откуда пришли индоарии? Материальная культура племё н андроновской общности и происхождение индоиранцев. М.:《Восточная литература》. 1994. 464 с.(쿠즈미나 1994, 인도아리아인은 어디에서 왔는가?)

Львова Э.Л., Октябрьская И.В., Сагалаев А.М. и др. Традиционное мировоззрение тюрков Южной Сибири. Пространство и время. Вещный мир. Новосибирск: Наука, 1988. 224 с.(르보바, 옥탸브르스카야, 사가라예프 외 1988, 시베리아 남부 투르크인의 전통적인 세계관)

Максименков Г.А. 1980 Могильник Черновая VIII-эталонный памятник окуневской культуры // Памятники окуневской культуры.-Л.: Наука, 1980.-С. 3-34(막시멘코프 1980, 체르노바야 VIII유적)

Максимова М.И. 1956 : Ритон из Келермеса. // СА. XXV. 1956. С. 215-235.(막시모바 1956, 켈레르메스에서 출토된 리톤)

Мартынов А.И. 1987, О мировоззренческой основе искусства скифо-сибирского мира. — Скифо-сибирский мир. Искусство и идеология. Новосибирск, 1987.(마르티노프 1987, 스키토-시베리아 세계의 예술품에서 세계관)

Молодин В.И., Полосьмак Н.В., Чикишева Т.А 2000, Феномен алтайских мумий. Новосибирск: 2000. 320 с.(몰로딘, 폴로스막, 치키세바 2000, 알타이 미라 현상, 2000)

Мелетинский Е.М. Поэтика мифа. М., 1976.(멜레틴스키, 1976, 신화의 시학(poetics)

Миколайчук Е.А. 1999 Исследование физико-химического состояния ворсового шерстяного ковра из пятого Пазырыкского кургана // Реставрационный сб. СПб.: АО《Славия》, 1999. Вып. 2. С. 13-17. (미콜라이축 1999, 파지리크 유적의 5호에서 출토된 카펫의 화학적 분석

Мыльников В.П. Технология изготовления деревянных рогов для парадных погребальных масок коней на Алтае в скифское время// АРХЕОЛОГИЯ, ЭТНОГРАФИЯ И АНТРОПОЛОГИЯ ЕВРАЗИИ// Новосибирск: 2018, 49-58С. (밀리니코프 2018, 스키타이 시대 알타이 무덤에서 출토된 목제 뿔의 제작방법)

Николаев Н.Н., Гук Д.Ю. 2017, Проверка гипотезы на 3D модели находок из Пятого Пазырыкского кургана. // V (XXI) Всероссийский археологический съезд [Электронный ресурс]. / отв. ред. А.П. Деревянко, А.А. Тишкин. Электрон. текст. дан. (36,739 Мб). Барнаул: ФГБОУ ВО 《Алтайский государственный университет》. 2017(니콜라예프, 국 2017, 파지리크 5호분 출토 유물을 3D그래픽 복원으로 검증)

Новгородова Э.А. Древняя Монголия. М.: Наука, 1989. 383 с. (노브고르도바 1989, 몽골의 고대문화)

Окладников А.П. 1941, "Палеолитические жилище в Бурети", Палеолит и неолит СССР. М.-Л.// КСИМК, С.1-10(오클라드니코프 1941, 부레티 유적의 후기구석기시대 주거지)

Окладников А.П. 1975 Неолитические памятники Средней Ангары. Новосибирск (오클라드니코프 1975, 앙가라 중류의 신석기시대 유적)

Окладников А.П. 1976 Неолитические памятники Нижней Ангары. (오클라드니코프 1976, 앙가라 하류의 신석기시대 유적)

Полин С.В., Алексеев А.Ю. 2018 : Скифский царский Александропольский курган IV в. до н.э. в Нижнем Поднепровье. Киев, Берлин:《Видавець Олег Філюк》. 2018. 930 с. (《Курганы Украины》. Т. 6)(폴린, 알렉세예프 2018, 드네프르강 하류의 기원전 4세기 스키타이 차르 무덤-알렉산드로프스키폴 무덤)

Пшеничнюк А.Х. 2012 : Филипповка: Некрополь кочевой знати IV века до н.э. на Южном Урале. Уфа: ИИЯЛ УНЦ РАН. 2012. 280 с. (Документы и материалы по истории башкирского народа.)(피세니축 2012, 남부 우랄지역의 기원전 4세기 유목민의 네크로폴리스, 필리포프카 유적)

Раевский Д.С. 1985, Модель мира скифской культуры. Проблемы мировоззрения ираноязычных народов евразийских степей I тысячелетия до н.э.// М.: ГРВЛ. 256 с.(라에프스키 1985, 스키타이 문화의 세계의 모델화)

Ростовцев М.И. 1925, Скифия и Боспор. Л.(로스토프체프 1925, 스키타이와 보스포러스)

Руденко С.И. 1953 : Культура населения Горного Алтая в скифское время. М.-Л.: 1953. 402 с. (루덴코 1953, 스키타이 시대 알타이 산의 주민문화)

Руденко С.И. 1960 : Культура населения Центрального Алтая в скифское время. М.-Л.: 1960. 360 (루덴코 1960, 스키타이 문화시기의 중부알타이 산맥의 주민문화)

Руденко С.И. 1962 : Сибирская коллекция Петра I. / САИ Д3-9. М.-Л.: 1962.(루덴코 1962, 표트르 1세 시베리아 콜렉션

Руденко С.И. 1961 Искусство Алтая и Передней Азии (середина I тыс. до н.э.). М.: Издат. фирма РАН 《Восточная литература》, 1961. 66 с.(루덴코 1961, 알타이와 근동의 예술)

Руденко С.И. 1968, Древнейшие в мире художественные ковры и ткани. М.: Искусство,121 с.(루덴코 1968, 고대 예술적인 양탄자와 직조물)

Сарианиди В.И. Печати-амулеты мургабского стиля. — СА, 1976, №1.(사리아디니 1976, 무르가브 스타일의 도장부적)

Синицын А. А., Праслов Н. Д., Свеженцев Ю. С., Сулержицкий Л. Д.(1997), "Радиоуглеродная хронология верхнего палеолита Восточной Европы", Радиоуглеродная хронология палеолита Восточной Европы и Северной Азии. Проблемы и перспективы. СПб., 1997. pp.21-66. (시니친, 프라슬로프, 스베젠체프, 수레르쥐츠키이 1997, 동유럽 후기구석기시대의 절대연대)

Ситникова Е.Е. О некоторых предметах быта в традиционной обрядности южных алтайцев // Генезис и эволюция этнических культур Сибири. Новосибирск: ИИФФ АН СССР, 1986. С. 84-94.(시트니코바 1986, 남부 알타이의 전통적인 풍속에 관한 몇 가지)

Смирнов Н. Ю. 2012, На чем ездил аржанский 《царь》? // Культуры степной Евразии и их взаимодействиес древними цивилизациями. Материалы международной научной конференции, посвящё нной 110-летию со дня рождения выдающегося российского археолога М. П. Грязнова.-СПб., 2012.-Т. 2.-С. 424-431(스미르노프, 2012, 아르잔의 차르는 무엇을 타고 다녔나?)

Смоляк А.В. Представления нанайцев о мире // Природа и человек в религиозных представлениях народов Сибири и Севера. Л.: Наука, 1976. С. 129-161.(스몰랴크 1976, 나나이족의 세계관)

Степи европейской части СССР в скифо-сарматское время. М.//Археология СССР / Археология с древнейших времё н до средневековья 1989. 464 с(러시아과학아카데미 1989, 소비에트 연방 유럽 내의 스키타이-사르마트 시기, 소비에트 고고학 시리즈 1989)

Соловьё в А.И. 2003 : Оружие и доспехи: Сибирское вооружение: от каменного века до средневековья. Новосибирск: ИНФОЛИО-пресс. 2003. 224 с.(솔로비예_ 2003, 시베리아의 무기)

Переводчикова Е.В. 1994, Язык звериных образов. Очерки искусства евразийских степей скифской эпохи(페레보드치코바 1994, 언어로서의 동물문양장식)

Переводчикова Е.В., Раевский Д.С. 1981 : Ещё раз о назначении скифских наверший. // Средняя Азия и её соседи в древности и средневековье. М.: ГРВЛ. 1981. С. 42-52((페레보드치코바, 라에프스키 1981, 스키타이인의 상계에 대한 의미에 대해서 다시 한 번)

Перепё лкин Ю.Я. Старое Царство (большая часть III тыс. до н.э. III-VIII династии) // История Древнего Востока. Зарождение древнейших классовых обществ и первые очаги рабовладельческой цивилизации. М.: Наука, 1988. Ч. 2. С. 326-391. (페레펠킨 1988, 기원전 3천년기 고대의 왕국)

Погребова Н.Н. 1948, Грифон в искусстве Северного Причерноморья в эпоху архаики. // КСИИМК. Вып. XXII. 1948. С. 62-65.(포그레보바 1948, 고대 흑해북안의 그리핀연구)

Полосьмак Н.В. 1994 : 《Стерегущие золото грифы》 (ак-алахинские курганы). Новосибирск: 1994. 125 с (폴로스막, 1994, 황금을 지키는 그리핀(아크 알라하 무덤)

Прокофьева Е.Д. 1977, Некоторые религиозные культы тазовских селькупов // Памятники культуры народов Сибири и Севера. / МАЭ. Вып. 33. Л.: Наука, 1977. С. 66-79(프로코피예바 1997, 셀쿠트 족의 몇 가지 종교 관습)

Полосьмак Н.В. 2001, Всадники Укока. — Новосибирск: Инфолио-пресс, 2001. — 336 с.(폴로스막 2001, 우코크 고원의 말타는 전사들

Полосьмак Н.В. 2013, Двадцать лет спустя//НАУКА из первых рук, Сентябрь • 2013 • № 3(51) (폴로스막 2012, 20여년이 지나서)

Томилов Н.А. Астральные представления нарымских селькупов // Ранние формы религии народов Сибири / Материалы III советско-французского симп. СПб.: МАЭ РАН, 1992. С. 166-173.(토밀로프 1992, 나림 분지 셀쿠프 족의 우주적 표상)

Тункина И. В. Сокровища Литого кургана и академик Г. Ф. Миллер // Вестник древней истории. 2006. № 3.(투키나 2006, 리토이(멜구노프) 쿠르간의 보물과 대학자 밀러)

Фармаковский Б.В. 1914, Архаический период в России. — МАР, №34.(파르모코프스키 1914, 러시아에서 (그리스)고대기)

Черненко Е.В. 1968 : Скифский доспех. Киев: 《Наукова думка》. 1968. 190 с(체르넨코 1968, 스키타이의 갑옷

Черненко Е.В. 1980 : Древнейшие скифские парадные мечи (Мельгунов и Келермес). // Скифия и Кавказ. Киев: 1980. С. 7-30.(체르넨코 1980, 멜구노프와 켈레르메스 유적 출토 고대 스키타이 의례용 검)

Членова Н.Л. 1967, Происхождение и ранняя история племён тагарской культуры. М.Л., 1967.(츨레노바 1967, 타가르 문화의 기원)

Чугунов, К. В. 2011, "Аржан-2: реконструкция этапов функционирования погребально-поминального комплекса и некоторые вопросы его хронологии." Российский археологический ежегодник. СПб: Издательство СПб ГУ, 2011, С. 262-335 (추구노프 2011, 아르잔-2호: 무덤의례복합 유구의 복원과 연대에 대한 몇 가지 질문)

Чугунов К.В., Парцингер Г., Наглер А. 2017 : Царский курган скифского времени Аржан-2 в Туве. Новосибирск: ИАЭТ СО РАН. 2017. 500 с. (추구노프, 파르칭거, 나게르 2017, 투바의 아르잔-2호, 스키타이 차르 무덤

Хлопачев Г.А.. Верхний палеолит: образы, символы, знаки: Каталог предметов искусства малых форм из археологического собрания МАЭ РАН / отв. ред., науч. ред., сост. Г.А. Хлопачев.-СПб: Экстрапринт, 2016.-383 с.: ил.(흘로파체프 2016, 후기구석기시대의 형상, 상징과 사인)

Шкурко А.И., 1982, Фантастические существа в искусстве лесостепной Скифии.// рхеологические исследования на юге Восточной Европы. Ч. 2. / Тр.ГИМ. Вып. 54. М.: 1982.(시쿠르코 1982, 초원 스키타이의 예술에서 상상의 주제(동물)에 대해서)

Шульга П. И. Снаряжение верховой лошади и воинские пояса на Алтае.-Ч I. Раннескифское время.-Барнаул, 2008.-276 с.(슐가 2008, 알타이의 군사용과 승마용말의 마구연구

Шульц М. и др 2017, Палеопатологические исследования : Царский курган скифского времени Аржан-2 в Туве. Новосибирск: ИАЭТ СО РАН. 2017, 297-301с.(슐비츠 외 2017, 「고인류학 자료에 대한 연구」, 『투바의 아르잔-2호, 스키타이 차르 무덤』)

Яценко, Раевский, 1980. Некоторые аспекты скифо-сарматской проблемы (обзорная статья). — НАА, №5.(야첸코, 라에프스키 1980. 스키타이-사르마토프 문제의 여러 관점에 대해서)

신문기사 및 인터넷인용

Летягин А. Ю., Савелов А. А. Жизнь и смерть《Алтайской принцессы》(레탸긴, 사벨로프 2014 알타이 얼음공주의 삶과 죽음)// : 29 Сен 2014 , Мой НГУ , том 57/58, №3/4

https://rg.ru/2010/12/09/ermitaj-altay.html

우크라이나

Мозолевські́й Б.М. Товста Могила. Київ, 1979, с. 40(모졸레프스키 1979, 톨스타야 마길라)

영어

A.Yu. Alekseev, N.A.Bokovenko, Yu. Boltrik, K.V.Chugunov, G.Cook, V.A.Dergachev, N.Kovaliukh, G.Possnert, J.van der Plicht, E.M.Scott, A.A.Sementsov, V.Skripkin, S.Vasiliev and G.I.Zaitseva. Some problems in the study of the chronology of the ancient nomadic cultures in Eurasia (9th-3rd centuries BC) // Geochronometria-Journal on Methods and Applications of Absolute Chronology. Vol.21. pp 143-150, 2002

G Rausing, The Bow, Some notes Its Origin and Development.Acta Archaeological Lundesia 6. 1967

Piotrovsky B., Galanina L., Grach N. 1986 : Scythian Art. The Legacy of the Scythian World: mid-7th to 3rd century B.C. Leningrad: Aurora Art Publishers. 1986. 184 p.

Scythians: warriors of ancient Siberia. [British Museum. The BP exhibition. Organized with the State Hermitage Museum, St Petersburg, Russia] Ed. by St John Simpson and Dr Svetlana Pankova. London: Thames & Hudson Ltd. 2017. 368 p.

J. Curtis, N. Tallis. Forgotten empire: the world of ancient Persia (неопр.). — University of California Press, 2005.

The Golden Deer of Eurasia. Scythian and Sarmatian Treasures from the Russian Steppes, Exhibition catalogue, New York, 2000.

Zaitseva GI, Vasiliev SS, Marsadolov LS, van der Plicht J, Sementsov AA, Dergachev VA, Lebedeva LM. 1998. A tree-ring and 14C chronology of the key

Sayan-Altai monuments. Radiocarbon 40(1):571-80.

한국어

강인욱, 2006, 「中國 北方地帶와 夏家店上層文化의 청동투구에 대하여-기원전 11~8세기 중국 북방 초원지역의 지역간 상호교류에 대한 접근-」, 『선사와 고대』

강인욱, 2015, 「스키토-시베리아 문화의 기원과 러시아 투바의 아르잔 1호 고분」, 『중앙아시아연구』, 20

강인욱 2018, 「사카 황금문화의 확산과 고대 실크로드의 형성」, 『카자흐스탄 초원의 황금문화』, 국립문화재연구소

강인욱 외 2018, 『북방고고학개론』

김재윤 2019a, 「선사시대 동심원문 암각화를 통해서 살펴본 환동해문화권의 범위와 교류」, 『한국상고사학보』, 102호

김재윤 2019b, 「4,500년 전 중국 신강성 '석기시대'의 문화범위와 교류지역-인접한 카자흐스탄, 몽골, 바이칼 지역과의 비교를 통해서」, 『동북아역사논총』 65

김재윤, 2019c, 「시베리아 말타유적과 흑해북안 코스텐키 1유적의 여성형상물(비너스상)비교고찰」, 『동북아문화연구』, 58호

김재윤, 2019d, 「시베리아 선사시대 인간형상물의 변화에 대한 검토」, 『韓國新石器研究』 제38호

김재윤 2020, 「바이칼 지역 순동시대 글라스코보 문화의 무덤변화와 옥기부장양상 검토」, 『러시아연구』, 30

김재윤 2020b, 「유라시아 시베리아와 천전리 암각화의 비교고찰」, 『천전리 암각화발견 50주년 기념학술대회』

김재윤 2021, 「시베리아 청동기시대 오쿠네보 문화 골제 인간형상물에 대한 검토」, 『영남고고학』, 89호

국립중앙박물관, 1991, 『스키타이 황금』 소련국립 에르미타주 박물관 소장 특별전 도록

국립중앙박물관 1995, 『알타이문명전』

역사 (헤로도토스)(천병희 역), 2009, 숲

최몽룡·이헌종·강인욱, 2003, 『시베리아의 선사고고학』, 주류성

N.V.폴로스막(강인욱 역) 2016, 『알타이 초원의 기마인』, 주류성

데이비드 W. 앤서니(저), 2015, 『말, 바퀴, 언어: 유라시아 초원의청동기 기마인은 어떻게 근대 세계를 형성했나』, 에코리브르.

일본어

Ekaterina A. Lipnina 2012, Mal'ta: Paleolithic Cultures and Small From Sculptures, Archaemetria, The University Museum, The University of Tokyo 2012